江苏文脉整理与研究工程

江苏文库

研究编

江苏文化 专门史

# 江苏书院史

崔海东 著

江苏人民出版社

**图书在版编目(CIP)数据**

江苏书院史/崔海东著. --南京:江苏人民出版
社,2024.3
(江苏文库. 研究编)
ISBN 978 - 7 - 214 - 28432 - 7

Ⅰ.①江…　Ⅱ.①崔…　Ⅲ.①书院-教育史-江苏
Ⅳ.①G649.299.53

中国国家版本馆 CIP 数据核字(2023)第 190982 号

| | | |
|---|---|---|
| 书　　　名 | 江苏书院史 |
| 著　　　者 | 崔海东 |
| 出 版 统 筹 | 张　凉 |
| 责 任 编 辑 | 魏　冉 |
| 责 任 监 制 | 王　娟 |
| 装 帧 设 计 | 姜　嵩 |
| 出 版 发 行 | 江苏人民出版社 |
| 地　　　址 | 南京市湖南路 1 号 A 楼,邮编:210009 |
| 照　　　排 | 江苏凤凰制版有限公司 |
| 印　　　刷 | 苏州市越洋印刷有限公司 |
| 开　　　本 | 718 毫米×1000 毫米　1/16 |
| 印　　　张 | 29　插页 4 |
| 字　　　数 | 420 千字 |
| 版　　　次 | 2024 年 3 月第 1 版 |
| 印　　　次 | 2024 年 3 月第 1 次印刷 |
| 标 准 书 号 | ISBN 978 - 7 - 214 - 28432 - 7 |
| 定　　　价 | 97.00 元 |

(江苏人民出版社图书凡印装错误可向承印厂调换)

# 江苏文脉整理与研究工程

## 总主编

信长星　许昆林

## 学术指导委员会

# 编纂出版委员会

# 出版说明

　　江苏文化源远流长、历久弥新,文化经典与历史文献层出不穷,典藏丰富;文化巨匠代有人出、彪炳史册,在中华民族乃至整个人类文明的发展史上有着相当重要的地位。为科学把握江苏文化的内涵与特征,在新时代彰显江苏文化对中华文化的贡献,江苏省委、省政府决定组织实施"江苏文脉整理与研究工程",以梳理江苏文脉资源,总结江苏文化发展的历史规律,再现江苏历史上的文化高地,为当代江苏构筑新的文化高地把准脉动、探明趋势、勾画蓝图。

　　组织编纂大型江苏历史文献总集《江苏文库》,是"江苏文脉整理与研究工程"的重要工作。《文库》以"编纂整理古今文献,梳理再现名人名作,探究追溯文化脉络,打造江苏文化名片"为宗旨,分六编集中呈现:

　　(一)书目编。完整著录历史上江苏籍学人的著述及其历史记录,全面反映江苏图书馆的图书典藏情况。

　　(二)文献编。收录历代江苏籍学人的代表性著作,集中呈现自历史开端至一九一一年的江苏文化文本,呈现江苏文化的整体景观。

　　(三)精华编。选取历代江苏籍学人著述中对中外文化产生重要影响、在文化学术史上具有经典性代表性的作品进行整理,并从中选取十余种,组织海外汉学家翻译成各国文字,作为江苏对外文化交流的标志性文化成果。

　　(四)方志编。从江苏现存各级各类旧志中选择价值较高、保存较好的志书,以充分发挥地方志资治、存史、教化等作用,保存江苏的地方文献与历史文化记忆。

（五）史料编。收录有关江苏地方史料类文献，反映江苏各地历史地理、政治经济、文化教育、宗教艺术、社会生活、风土民情等。

（六）研究编。组织、编纂当代学者研究、撰写的江苏文化研究著作。

文献、史料、方志三编属于基础文献，以影印方式出版，旨在提供原始文献，以满足学术研究需要；书目、精华、研究三编，以排印方式出版，既能满足学术研究的基本需求，又能满足全民阅读的基本需求。

"江苏文脉整理与研究工程"工作委员会

# 江苏文库·研究编编纂人员

**主　编**

王月清　张新科

**副主编**

徐之顺　姜　建　王卫星　胡发贵　胡传胜　刘西忠

# 一脉千古成江河

## ——江苏文库·研究编序言

樊和平

"江苏文脉整理与研究工程"是江苏文化史上继往开来的一个浩大工程。与当下方兴未艾的全国性"文库热"相比,江苏文脉工程有三个基本特点:一是全面系统的整理;二是"整理"与"研究"同步;三是以"文脉"为主题。在"书目编—文献编—精华编—史料编—方志编—研究编"的体系结构中,"研究编"是十分独特的板块,因为它是试图超越"修典"而推进文化传承创新的一种学术努力。

"盛世修典"之说不知起源于何时,不过语词结构已经表明"盛世"与"修典"之间的某种互释甚至共谋,以及由此而衍生的复杂文化心态。历史已经表明,"修典"在建构巨大历史功勋的同时,也包含内在的巨大文化风险,最基本的是"入典"的选择风险。《四库全书》的文化贡献不言自明,但最终其收书的数量竟与禁书、毁书、改书的数量大致相当,还有高出近一倍的书目被宣判为无价值。"入典"可能将一个时代的局限甚至选择者个人的局限放大为历史的文化局限,也可能由此扼杀文化多样性而产生文化专断。另一个更为潜在和深刻的风险,是对待传统的文化态度。文献整理,尤其是地域典籍的整理,在理念和战略上面临的最大考验,是以何种心态对待文化传统。当今之世,无论对个体还是社会,传统已经不仅是文化根源,而且是文化和经济发展的资源甚至资本。然而一旦传统成为资源和资本,邂逅市场逻辑的推波助澜,就面临沦为消费和运作对象的风险,从而以一种消费主义和工具主义的文化态度对待文化传统和文献整理。当传统成为消费和运作的对象,其文化价值不仅可能被误读误用,而且也可能在对传统的消费中使文化坐吃山空,造就出文化上的纨绔子弟,更可能在市场运作中使文化不断被糟蹋。"江苏文脉整理与研究工程"的"整理工程"以全面系统的整理的战略应对可能存在的第一种风险,即入典选择的风险;以"研究工程"应对第二种可能的风险,即消费主义与工具主义的风险。我们不仅是既往传统的继承者,更应当是未来传统的创造者;现代人的使命,不仅是继承优秀传统,更应当创造新的优秀传统,这便是传统的创造性转化与创新性发展的真义。诚然,创造传统任重道远,需要经过坚忍不拔的卓越努力和大浪淘沙般的历史积淀,但对"江苏文脉整理与研究工程"而言,无论如何必须在"整理"的同时开启"研究"的千里之行,在研究中继承和发展传统。这便是"研究编"的价值和使命所在,也是"江苏文脉整理与研究工程"在"文库热"中于顶层设计层面的拔群之处。

## 一 倾听来自历史深处的文化脉动

20世纪是文化大发现的世纪,20世纪以来西方世界最重要的战略,就是文化战略。20世纪20年代,德国社会学家马克斯·韦伯的《新教伦理与资本主义精神》,揭示了西方资本主义文明的文化密码,这就是"新教伦理"及其所造就的"资本主义精神",由此建构"新教伦理+资本主义"的所谓"理想类型",为西方资本主义进行了文化论证尤其是伦理论证,奠定了20世纪以后西方中心论的文化基础。20世纪70年代,哈佛大学教授丹尼尔·贝尔的《资本主义文化矛盾》,揭示了当代资本主义最深刻的矛盾不是经济矛盾,也不是政治矛盾,而是"文化矛盾",其集中表现是宗教释放的伦理冲动与市场释放的经济冲动分离与背离,进而对现代西方文明发出文化预警。20世纪70年代之后,亨廷顿的《文明的冲突与世界秩序的重建》将当今世界的一切冲突归结为文明冲突、文化冲突,将文化上升为西方世界尤其是美国国家战略的高度。以上三部曲构成西方世界尤其是美国文化帝国主义的国家文化战略,正如一些西方学者所发现的那样，时至今日，文化帝国主义被另一个概念代替——"全球化"，显而易见，全球化不仅是一种浪潮，更是一种思潮，是西方世界的国家文化战略。文化虽然受经济发展制约甚至被经济发展水平所决定，但回顾从传统到现代的中国文明史，文化问题不仅逻辑地而且历史地成为文明发展的最高最难的问题，正因为如此，文化自信才成为比理论自信、道路自信、制度自信更具基础意义的最重要的自信。

在全球化背景下，文脉整理与研究具有重大的国家文化战略意义，不仅必要，而且急迫。文化遵循与经济社会不同的规律，全球化在造就广泛的全球市场并使全球成为一个"地球村"的同时，内在的最大文明风险和文化风险便是同质性。全球化催生的是一个文化上的独生子女，其可能的镜像是：一种文化风险将是整个世界的风险，一次文化失败将是整个人类的文化失败。文化的本质是什么？梁漱溟先生说，文化就是人的生活的根本样法，文化就是"人化"。丹尼尔·贝尔指出，文化是为人的生命过程提供解释系统，以对付生存困境的一种努力。据此，文化的同质化，最终导致的将是人的同质化，将是民族文化或西方学者所说地方性知识的消解和消失；同时，由于文化是人类应对生存困境的大智慧，或治疗生活世界痼疾的抗体，它所建构的是与自然世界相对应的精神世界和意义世界，文化的同质性将导致人类在面临重大生存困境时智慧资源的贫乏和生命力的苍白，从而将整个人类文明推向空前的高风险。应对全球化的挑战和西方文化帝国主义的国家战略，"江苏文脉整理与研究工程"是整个中华民族浩大文化工程的一部分和具体落实，其战略意义决不止于保存文化记忆的自持和自赏，在这个全球化的高风险正日益逼近的时代，完整地保存地方文化物种，认同文化血脉，畅通文化命脉，不仅可以让我们在遭遇全球化的滔滔洪水之时可以于故乡文化的山脉之巅"一览众山小"地建设自己的精神家园和文化根据地，而且可以在患上全球化的文化感冒甚至某种文化瘟疫之后，不致乞求"西方药"来治"中国病"，而是根据自己的文化基因和文化命理，寻找强化自身的文化抗体和文化免疫力之道，其深远意义，犹如在今天经过独生子女时代穿越时光隧道，回首当年我们的"兄弟姐妹那么多"

和父辈们儿孙满堂的那种天伦风光,不只是因为寂寞,而且是为了中华民族大家庭的文化安全和对未来文化风险的抗击能力。

"江苏文脉整理与研究工程"是以江苏这一特殊地域文化为对象的一次集体文化自觉和文化自信,与其他同类文化工程相比,其最具标识意义的是"文脉"理念。"文脉"是什么?它与"文献"和文化传统的关系到底如何?这是"文脉工程"必须解决的基本问题。

庞朴先生曾对"文化传统"与"传统文化"两个概念进行了审慎而严格的区分,认为"传统文化"可能是历史上曾经存在过的一切文化现象,而"文化传统"则是一以贯之的文化道统。在逻辑和历史两个维度,文化成为传统都必须同时具备三个条件:历史上发生的,一以贯之的,在现实生活中依然发挥作用的。传统当然发生于历史,但历史上发生的一切,从《道德经》《论语》到女人裹小脚,并不都成为传统,即便当今被考古或历史研究所不断发现的现象,也只能说是"文化遗存",文化成为传统必须在历史长河中一以贯之而成为道统或法统,孔子提供的儒家学说,老子提供的道家智慧,之所以成为传统,就是因为它们始终与中国人的生活世界和精神世界相伴随,并成为人的生命和生活的文化指引。然而,文化并不只存在于文献典籍之中,否则它只是精英们的特权,作为"人的生活的根本样法"和"对付生存困境"的解释系统,它必定存在于芸芸众生的生命和生活之中,由此才可能,也才真正成为传统。《论语》与《道德经》之所以成为传统,不只是因为它们作为经典至今还为人们所学习和研究,而且因为在中国人精神的深层结构中,即便在未读过它们的田夫村妇身上,也存在同样的文化基因。中国人在得意时是儒家,"明知不可为而偏为之";在失意时是道家,"后退一步天地宽";在绝望时是佛家,"四大皆空",从而建立了与自给自足的自然经济结构相匹合的自给自足的文化精神结构,在任何境遇下都不会丧失安身立命的精神基地,这就是传统。文化传统必须也必定是"活"的,是在现实中依然发挥作用的,是构成现代人的文化基因的生命因子。这种与人的生活和生命同在的文化传统就是"脉",就是"文脉"。

文脉以文献、典籍为载体,但又不止于文献和典籍,而是与负载它的生命及其现实生活息息相关。"文脉"是什么?"文脉"对历史而言是

"血脉"，对未来而言是"命脉"，对当下而言是"山脉"。"江苏文脉"就是江苏人的文化血脉、文化命脉、文化山脉，是历史、现在、未来江苏人特殊的文化生命、文化标识、文化家园，以及生生不息的文化记忆和文化动力。虽然它们可能以诸种文化典籍和文化传统的方式呈现和延续，但"文脉工程"致力探寻和发现的则是跃动于这些典籍和传统，也跃动于江苏人生命之中的那种文化脉动。"江苏文脉整理与研究工程"的最大特点就在于它是"文脉工程"而不是一般的"文化工程"，更不是"文库工程"。"文化工程""文库工程"可能只是一般的文化挖掘与整理，而"文脉工程"则是与地域的文化生命深切相通，贯穿地域的历史、现在与未来的生命工程。

"江苏文脉整理与研究工程"是"整理"与"研究"的璧合，在"研究工程"中能否、如何倾听到来自历史深处的文化脉动，关键是处理好"文献"与"文脉"的关系。"整理工程"是对文脉的客观呈现，而"研究工程"则是对文脉的自觉揭示，若想取得成功，必须学会在"文献"中倾听和发现"文脉"。"文献"如何呈现"文脉"？文献是人类文明尤其是人类文化记忆的特殊形态，也是人类信息交换和信息传播的特殊方式。回首人类文明史，到目前为止，大致经历了三种信息方式。最基本也是最原初的是口口交流的信息方式，在这种信息方式中，信息发布者和信息传播者都同时在场，它是人的生命直接和整体在场并对话的信息传播方式，是从语言到身体、情感的全息参与，是生命与生命之间的直接沟通，但具有很大的时空局限。印刷术的产生大大扩展了人类信息交换的广度和深度，不仅可以以文字的方式与不在场的对象交换信息，而且可以以文献的方式与不同时代、不同时空的人们交换信息，这便是第二种信息方式，即以印刷为媒介的信息方式或印刷信息方式。第三种信息方式便是现代社会以电子网络技术为媒介的信息方式，即电子信息方式。文献与典籍是印刷信息方式的特殊形态，它将人类文化史和文明史上具有特殊价值的信息以印刷媒介的方式保存下来，供后人学习和研究，从而积淀为传统。文字本质上是人的生命的表达符号，所谓"诗言志"便是指向生命本身。然而由于它以文字为中介，一旦成为文献，便离开原有的时空背景，并与创作它的生命个体相分离，于是便需要解读，在解读中便可能发生误读,但无论如何,解读的对象并不只是文字本身,而是文字背后的生命现象。

文献尤其是典籍是不同时代人们对于文化精华的集体记忆,它们不仅经受过不同时代人们的共同选择,而且经受过大浪淘沙的历史洗礼,因而其中不仅有创造它的那个个体或文化英雄如老子、孔子的生命表达,而且有传播和接受它的那个民族的文化脉动,是负载它的那个民族的文化生命,这种文化生命一言以蔽之便是文化传统。正因为如此,作为集体记忆的精华,文献和典籍是个体和集体的文化脉动的客观形态,关键在于,必须学会倾听和揭示来自远方的生命旋律。由于它们巨大的时空跨度,往往不能直接把脉,而需要具有一种"悬丝诊脉"的卓越倾听能力。同时,为了把握真实的文化脉动,不仅需要对文献和典籍即"文本"进行研究,而且需要对创造它们的主体包括创作的个体和传播接受的集体的生命即"人物"进行研究。正如席勒所说,每个人都是时代的产儿,那些卓越的哲学家和有抱负的文学家却可能成为一切时代的同代人。文字一旦成为文献或典籍,便意味着创作它的个体成为一切时代的同代人,但无论如何,文献和它们的创造者首先是某个时代的产儿,因而要在浩如烟海的文献和典籍中倾听到来自传统深处的文化脉动,还需要将它们还原到民族的文化生命之中,形成文化发展的"精神的历史"。由此,文本研究、人物研究、学派流派研究、历史研究,便成为"文脉研究工程"的学术构造和逻辑结构。

## 二 中国文化传统中的江苏文脉

江苏文脉是中国文化传统的一部分,二者之间的关系并不只是部分与整体的关系,借助宋明理学的话语,是"理一"与"分殊"的关系。文脉与文化传统是民族生命的文化表达和自觉体现,如果只将它们理解为部分与整体的关系,那么江苏文脉只是中国文化传统或整个中华文化脉统中的一个构造,只是中华文化生命体中的一个器官。朱熹曾以佛家的"月映万川"诠释"理一分殊"。朗月高照,江河湖泊中水月熠熠,此番景象的哲学本真便是"一月普现一切水，一切水月一月摄"。天空中的"一月"与江河中的"一切水月"之间的关系是"分享"关系，不是分享了"一月"的某一部分，而是全部。江苏文脉与中国文化传统之间的关系便是"理一分殊"，中国文化传统是"理一"，江苏文脉是"分殊"，正因为如此，关于江苏文脉的研究必须在与整个中国文化传统的关系中整体性地把握和展开。其中，文化与地域的关系、江苏文化在中华文化发展中的贡献和地位，是两个基本课题。

到目前为止的一切人类文明的大格局基本上都是由以山河为标志的地理环境造就的，从轴心文明时代的四大文明古国，到"五大洲四大洋"的地理区隔，再到中国山东—山西、广东—广西、河南—河北、江苏的苏南—苏北的文化与经济差异，山河在其中具有基础性意义。在这个意义上，可以将在此以前的一切文明称为"山河文明"。如今，科技经济发展迎来一个"高"时代：高铁、高速公路、电子高速公路……正在并将继续推倒由山河造就的一切文明界碑，即将造就甚至正在造就一个"后山河时代"。"后山河时代"的最后一道屏障，"山河时代"遗赠给"后山河时代"的最宝贵的文明资源，便是地域文化。在这个意义上，江苏文脉的整理与研究，不仅可以为经过全球化席卷之后的同质化世界留下弥足珍贵的"文化大熊猫"，而且可以在未来的芸芸众生饱尝"独上高楼，望尽天涯路"的孤独之后，缔造一个"蓦然回首"的文化故乡，从中可以鸟瞰文化与世界关系的真谛。江苏独特的地域环境与江苏文化、江苏文脉之间的关系，已经不是所谓"一方水土一方人"所能表达，可以说，地脉、水脉、山脉与江苏文脉之间的关系，已经是一脉相承。

我们通过考察和反思发现，水系，地势，山势，大海，是对江苏文脉尤其是文化性格产生重大影响的地理因素。露水不显山，大江大河入大海，低平而辽阔，黄河改道，这一切的一切与其说是自然画卷和自然事件，不如说是江苏文脉的大地摇篮和文化宿命的历史必然，它们孕生和哺育了江苏文明，延绵了江苏文脉。历史学家发现，江苏是中国唯一同时拥有大海、大江、大湖、大平原的省份，有全国第一大河长江，第二大河黄河（故道），第三大河淮河，世界第一大人工河大运河，全国第三大淡水湖太湖，全国第四大淡水湖洪泽湖。江苏也是全国地势最低平的一个省区,绝大部分地区在海拔 50 米以下,少量低山丘陵大多分布于省际边缘,最高峰即连云港云台山的玉女峰也只有 625 米。丰沛而开放的水系和低平而辽阔的地势馈赠给江苏的不只是得天独厚的宜居,更沉潜、更深刻的是独特的文化性格和文脉传统,它们是对江苏地域文化产生重大影响的两个基本自然元素。

不少学者指证江苏文化具有水文化特性,而在众多水系中又具长江文化的特性。"水"的文化特性是什么?"老聃贵柔",老子尚水,以水演绎世界真谛和人生大智慧。"天下莫柔弱于水,而攻坚强者莫之能胜。"柔弱胜刚强,是水的品质和力量。西方文明史上第一个哲学家和科学家泰勒斯向全世界宣告的第一个大智慧便是:水是万物的始基。辽阔的平原在中国也许还有很多,却没有像江苏这样"处下"。老子也曾以大海揭示"处下"的智慧:"江海所以能为百谷王者,以其善下之,故能为百谷王。"历史上江苏的文化作品、江苏人的文化性格,相当程度上演绎了这种"水性"与"处下"的气质与智慧。历史上相当时期黄河曾经从江苏入海,然而黄河改道、黄河夺淮,几番自然力量或人力所为,最终黄河在江苏留下的只是一个"故道"的背影。黄河在江苏的改道当然是一个自然事件或历史事件,但我们也可能甚至毋宁将它当作一个文化事件,数次改道,偶然之中有必然,从中可以发现和佐证江苏文脉的"长江"守望和江南气质。不仅江苏的地脉"露水不显山",而且江苏的文化作品,江苏人的文化性格,一句话,江苏文脉,也是"露水不显山",虽不是"壁立千仞",却是"有容乃大"。一般说来,充沛的水系,广阔的平原,往往造就自给自足的自我封闭,然而,江苏东临大海,无论长江、淮河,还是历史上的黄河,都从这里入大海,归大海,不只昭示江苏的开放,而且演绎江苏文化、江苏文脉、江苏人海纳百川的博大和静水深流的仁厚。

黄河与长江好似中华文脉的动脉与静脉,也好似人的身体中的任督二脉,以长江文化为基色的江苏文化在中华文脉的缔造和绵延中作出了杰出贡献。有学者指出,在中国文明史上,长江文化每每在黄河文化衰弱之后承担起"救亡图存"的重任。人们常说南京古都不少为小朝廷,其实这正是"救亡图存"的反证,"天下兴亡,匹夫有责"的口号首先由江苏人顾炎武喊出,偶然之中有必然。学界关于江苏文化有三次高峰或三次大贡献,与两次大贡献之说。第一次高峰是开启于秦汉之际的汉文化,第二次高峰是六朝文化,第三次高峰是明清文化。人们已对六朝文化与明清文化两大高峰对中国文化的贡献基本达成共识,但江苏的汉文化高峰及其贡献也应当得到承认,而且三次文化高峰都发生于中国社会的大转折时期,对中国文化的承续作出了重大贡献。在秦汉之际的大变革和大一统国家的建构中,不仅在江苏大地上曾经演绎了波澜壮阔的对后来中国文明产生深远影响的历史史诗,而且演绎这些历史史诗的主角刘邦、项羽、韩信等都是江苏人,他们虽然自身不是文化人,但无疑对中国文化产生了深远影响。董仲舒提出"罢黜百家,独尊儒术"的主张,奠定了大一统的思想和文化基础,他本人虽不是江苏人,却在江苏留下印迹十多年。江苏的汉文化高峰对中国文化的最大贡献,一言概之即"大一统",包括政治上的大一统和思想文化上的大一统。六朝被公认为中国文化发展的高峰,不少学者将它与古罗马文明相提并论,而六朝文化的中心在江苏、在南京。以南京为核心的六朝文化发生于三国之后的大动乱,它接纳大量流入南方的北方士族,使南北方文化合流,为保存和发展中国文化作出了杰出贡献。明朝是中国历史上第一次在南京,也是第一次在江苏建立统一的帝国都城,江苏的经济文化在全国处于举足轻重的地位,扬州学派、泰州学派、常州学派,形成明清时代中国文化的江苏气象,形成江苏文化对中国文化的第三次重大贡献。三大高峰是江苏的文化贡献,在重大历史转折关头或者民族国家危难之际挺身而出,海纳百川,则是江苏文化的精神和品质,这就是江苏文脉。也正因为如此,江苏文化和江苏文脉在"匹夫有责"的担当精神中总是透逸出某种深沉的忧患意识。

江苏文脉对中国文化的独特贡献及其特殊精神气质在文化经典中得到充分体现。中国四大文学名著,其中三大名著的作者都来自江苏,这就是《西游记》《红楼梦》《水浒》,其实《三国演义》也与江苏深切相关,虽然罗贯中不是江苏人,但却以江苏为重要的时空背景之一。四大名著中不仅有明显的江苏文化的元素,甚至有深刻的江苏地域文化的基因。《西游记》到底是悲剧还是喜剧?仔细反思便会发现,《西游记》就是文学版的《清明上河图》。《清明上河图》表面呈现一幅盛世生活画卷,实际却是一幅"盛世危情图",空虚的城防,懈怠的守城士兵……被繁华遗忘的是正在悄悄到来的深刻危机。《西游记》以唐僧西天取经渲染大唐的繁盛和开放,然而在经济的极盛之巅,中国人的精神世界却空前贫乏,贫乏得需要派一个和尚不远万里,请来印度的佛教,坐上中国意识形态的宝座,入主中国人的精神世界。口袋富了,脑袋空了,这是不折不扣的悲剧。然而,《西游记》的智慧,江苏文化的智慧,是将悲剧当作喜剧写,在喜剧的形式中潜隐悲剧的主题,就像《清明上河图》将空虚的城防和懈怠的士兵淹没于繁华的海洋一样。《西游记》喜剧与悲剧的二重性,隐喻了江苏文脉的忧患意识,而在对大唐盛世,对唐僧取经的一片颂歌中,深藏悲剧的潜主题,正是江苏文脉"匹夫有责"的担当精神和文化智慧的体现。鲁迅说,悲剧将人生的有价值的东西毁灭给人看。《西游记》是在喜剧形式的背后撕碎了大唐时代人的精神世界的深刻悲剧。把悲剧当作喜剧写,喜剧当作悲剧读,正是江苏文化、江苏文脉的大智慧和特殊气质所在,也是当今江苏文脉转化发展的重要创新点所在。正因为如此,"江苏文脉研究"必须以深刻的哲学洞察力和深厚的文化功力,倾听来自历史深处的江苏文化的脉动,读懂江苏,触摸江苏文脉。


## 三　通血脉,知命脉,仰望山脉

江苏文化的巨大魅力和强大生命力,是在数千年发展中已经形成一种传统、一种脉动,不仅是一种客观呈现的文化,而且是一种深植个体生命和集体记忆的生生不息的文脉。这种文化和文脉不仅成为共同的价值认同,而且已经成为一种地域文化胎记。在精神领域,在文化领域,江苏不仅有灿若星河的文学家,而且有彪炳史册的思想家、学问家,更有数不尽的才子骚客。长江在这片土地上流连,黄河在这片土地上改道,淮河在这片土地上滋润,太湖在这片土地上一展胸怀。一代代中国人,一代代江苏人,在这里缔造了文化长江、文化黄河、文化淮河、文化太湖，演绎了波澜壮阔的历史诗篇，这便是江苏文脉。

为了在全球化时代完整地保存江苏文脉这一独特地域文化的集体记忆，以在"后山河时代"为人类缔造精神家园提供根源与资源，为了继承弘扬并创造性转化、创新性发展中国优秀传统文化，2016年江苏启动了"江苏文脉整理与研究工程"。根据"文脉"的理念，我们将研究工程或"研究编"的顶层设计以一句话表达："通血脉，知命脉，仰望山脉。"由此将整个工程分为五个结构：江苏文化通史，江苏历代文化名人传，江苏文化专门史，江苏地方文化史，江苏文化史专题。

"江苏文化通史"的要义是"通血脉"，关键词是"通"。"通"的要义，首先是江苏文化与中国文明的息息相通，与人类文明的息息相通，由此才能有民族感或"中国感"，也才有世界眼光，因而必须进行关于"中国文化传统中的江苏文脉"的整体性研究；其次是江苏文脉中诸文化结构之间的"通"，由此才是"江苏"，才有"江苏味"；再次是历史上各个重要历史时期文化发展之间的"通"，由此才能构成"史"，才有历史感；最后是与江苏人的生命与生活的"通"，由此"江苏文脉"才能真正成为江苏人的文化血脉、文化命脉和文化山脉。达到以上"四通"，"江苏文化通史"才是真正的"通"史。

"江苏文化专门史"和"江苏文化史专题"的要义是"知命脉"，关键词是"专"，即"专门"与"专题"。"江苏文化专门史"在框架上分为物质文化史、精神文化史、制度文化史、特色文化史等，深入研究各类专门史，总体思路是系统研究和特色研究相结合，系统研究整体性地呈现江苏历史上的重要文化史，如哲学史、文学史、艺术史等，为了保证基本的完整性，我们根据国务院学科分类目录进行选择；特色研究着力研究历史上具有江苏特色的历史，如民间工艺史、昆曲史等。"江苏文化史专题"着力研究江苏历史上具有全国性影响的各种学派、流派，如扬州学派、泰州学派、常州学派等。

"江苏地方文化史"的要义是"血脉延伸和勾连"，关键词是"地方"。"江苏地方文化史"以现省辖市区域划分为界，13市各市一卷。每卷上编为地方文化通史，讲述地方整体历史脉络中的文化历史分期演化和内在结构流变，注重把握文化运动规律和发展脉络，定位于地方文化总体性研究；下编为地方文化专题史，按照科学技术、教育科举、文学语言、宗教文化等专题划分，以一定逻辑结构聚焦对地方文化板块加以具体呈现，定位于凸显文化专题特色。每卷都是对一个地方文化的总结和梳理，这是江苏文化血脉的伸展和渗入，是江苏文化多样性、丰富性的生动呈现和重要载体。

"江苏历代文化名人传"的要义是"仰望山脉"，关键词是"文化"。它不是一般性地为江苏历朝历代的"名人"作传，而只是为文化意义上的名人作传。为此，传主或者自身就是文化人并为中国文化的发展、为江苏文脉的积累积淀作出了重要贡献；或者虽然自身主要不是文化人而是政治家、社会活动家等，但对中国文化发展具有重大影响。如何对历史人物进行文化倾听、文化诠释、文化理解，是"文化名人传"的最大难点，也是其最有意义的方面。江苏历史上的文化名人汗牛充栋，"文化名人传"计划为100位江苏文化名人作传，为呈现江苏文化名人的整体画卷，同时编辑出版一部"江苏文化名人辞典"，集中介绍历史上的江苏文化名人1000位左右。

一脉千古成江河，"茫茫九派流中国"。江苏文脉研究的千里之行已经迈出第一步，历史馈赠我们一次千载难逢的宝贵机遇，让我们巡天遥看，一览江苏数千年文化银河的无限风光，对创造江苏文化、缔造江苏文脉的先行者们献上心灵的鞠躬。面对奔涌如黄河、悠远如长江的江苏文脉，我们惟有以跋涉探索之心，怵惕敬畏之情，且行且进，循着爱因斯坦的"引力波"，不断走近并播放来自江苏文脉深处的或澎湃，或激越，或温婉静穆的天籁之音。

我们一直在努力；

我们将一直努力！

# 目　录

绪论　学统与政统演进视域下的江苏书院 …………………………… 001

第一章　江苏书院概述 ……………………………………………… 011

  第一节　书院之简论 …………………………………………… 011

  第二节　江苏书院之总论 ……………………………………… 019

  第三节　势理文互动视域下的江苏书院 ……………………… 032

  第四节　江苏历代书院一览表 ………………………………… 042

第二章　宋元江苏书院之一：北宋之兴起 ………………………… 065

  第一节　宋元书院概述 ………………………………………… 065

  第二节　北宋江苏书院之发展 ………………………………… 070

  第三节　本期重要书院——邳州敬简书院 …………………… 084

第三章　宋元江苏书院之二：南宋之全盛 ………………………… 091

  第一节　南宋书院概述 ………………………………………… 091

  第二节　南宋江苏各市新建、重建书院 ……………………… 099

  第三节　本期重要书院——南京明道书院 …………………… 116

第四章　宋元江苏书院之三：元代之衰落 ………………………… 126

  第一节　元代书院概述 ………………………………………… 126

  第二节　元代江苏各市之书院 ………………………………… 133

  第三节　本期重要书院——南京江东书院 …………………… 141

第五章　明代江苏书院之一：早期之百年沉寂 …………… 148

　　第一节　明代江苏书院概述 ………………………… 148

　　第二节　明代早期江苏书院概述 …………………… 153

　　第三节　明代早期江苏各市之书院 ………………… 159

第六章　明代江苏书院之二：中期之迅猛发展 …………… 163

　　第一节　明代中期江苏书院概述 …………………… 163

　　第二节　明代中期江苏各市新建书院 ……………… 170

　　第三节　明代中期江苏各市重建书院 ……………… 191

　　第四节　本期重要书院——东台东淘精舍 ………… 199

第七章　明代江苏书院之三：后期之向死而生 …………… 203

　　第一节　明代后期江苏书院概述 …………………… 203

　　第二节　明代后期江苏各市新建书院 ……………… 210

　　第三节　明代后期江苏各市重建书院 ……………… 222

　　第四节　本期重要书院——无锡东林书院 ………… 226

第八章　清代江苏书院之一：顺康之禁绝与默许 ………… 239

　　第一节　清代江苏书院概述 ………………………… 239

　　第二节　顺康时期江苏书院概述 …………………… 248

　　第三节　顺康时期江苏各市新建书院 ……………… 255

　　第四节　顺康时期江苏各市重建书院 ……………… 269

　　第五节　本期重要书院——苏州紫阳书院 ………… 274

第九章　清代江苏书院之二：雍乾之反复与兴盛 ………… 280

　　第一节　雍乾时期江苏书院概述 …………………… 280

　　第二节　雍乾时期江苏各市新建书院 ……………… 292

　　第三节　雍乾时期江苏各市重建书院 ……………… 317

　　第四节　本期重要书院——南京钟山书院 ………… 330

第十章　清代江苏书院之三：嘉道咸之衰落与毁灭 ……… 342

　　第一节　嘉道咸时期江苏书院概述 ………………… 342

　　第二节　嘉道咸时期江苏各市新建书院 ······················· 351

　　第三节　嘉道咸时期江苏各市重建书院 ······················· 364

　　第四节　本期重要书院——南京惜阴书院 ····················· 370

第十一章　清代江苏书院之四：同光之中兴与终结 ··············· 375

　　第一节　同光时期江苏书院概述 ····························· 375

　　第二节　同光时期江苏各市新建书院 ························· 386

　　第三节　同光时期江苏各市重建书院 ························· 400

　　第四节　本期重要书院之一——江阴南菁书院 ··············· 409

　　第五节　本期重要书院之二——宜兴鹅西讲舍 ··············· 413

结语 ························································· 418

参考文献 ····················································· 423

后记 ························································· 438

# 绪论　学统与政统演进视域下的
## 江苏书院

　　吾人首出庶物，崛起苍黄，欲仁民爱物，参赞化育，如何可能？以儒家而言，曰学统（明明德），曰政统（新民），合为道统（止于至善）以致之。① 然则，儒者所依何物，可独立而不改，周行而不殆，承学统，襄政统，开道统？中古以后，书院庶几。就主体而言，书院几乎集中了一个时代最优秀的知识分子，山长皆老师宿儒，生徒咸读书种子，可谓天地间元气生机之所在；就功能而言，书院联结民间与政府，集祭祀、讲学、自修、议政、处理基层公务、藏刻书、文化交流、经营学田于一身，是儒家之根据地，进则造士参政，退则化民成俗，往圣所谓在朝美政、在乡美俗者，端赖乎是。如以欧洲文明作为对比，其实综西人之教堂、学校、议会、基层政府、民间俱乐部等多种功能，是在我国历史肌体内自然生长出来的文明发动机之一。而我省江苏，天文则分野斗牛女星纪之次，地理则合纵扬徐豫禹贡之域，南浸吴楚，北兼鲁宋，唐宋以后成为全国文化及书院中心之一，宋之明道书院，明之东林书院，清之钟山书院等，各自代表彼时之最高水准，一时无两，可谓无江苏，不书院。然则，江苏书院在学统、政统之演进中，究竟有何独特的作用与价值？下就其荦荦大者试述之。

---

① 在一般的意义上来说，学统即学术文化传统，政统即政权治道传统，合而为一文明之传统，即道统。狭义的解释可参牟宗三《略论道统、学统、政统》，引自牟宗三著《生命的学问》，广西师范大学出版社，2005年，第50—60页。

# 一、学统发展与江苏书院

以理想状态而言,儒家学统之核心在体仁,王伯圣贤,常麟凡介,与命与仁,服膺天命之无限,修证德性之尊严,挺立主体,豁醒承担人在宇宙间的权利、责任、义务和作用、价值、意义。而后以仁摄智,格物致知,开出知识系统,再以智助气,去安排苍生的慧命。然在现实演进中,其随时势而有一相应的调适。

其一,古代学统之演进。儒学体用一贯,于体而言,本有宗教、哲学、政治、法律、史地、文学、科学、军事等诸多向度;于用而言,则为修身成己,齐家化乡,治国平天下,爱物成物,直至参赞化育;体用间则以工夫贯穿,是为下学而上达、上达而存养、存养而践履。然每代之学术,仅享毒一二而已,由此形成学术史之现实演变链条,是为先秦子学→汉唐经学(中有魏晋玄学、隋唐佛学夺嫡)→宋明道学(理学→心学→气学)→清代实学(清初实学→乾嘉汉学→今文经学→西方新学)。下略言之。

秦火煨烬,汉儒拾掇修补,西汉重今文经,东汉重古文经,此亦现实之需。然其诟病,一在世界观不够圆融,完全在经验界打圈;二在缺乏心性本体与修身工夫,完全偏在发用一路,大悖孔门体用一贯之规模,故无法与释道抗衡。因此,由两汉名教之僵滞,则有魏晋玄学之锄蓟,欲破其胶固也;由五胡末世之纷乱,则有释迦解脱之究竟,欲安身立命也。泊乎宋儒习二氏之长,补两汉之短,外则开出形上之天理世界,内则开出具体之心性工夫,由此道学立焉。

宋明道学,包括理学→心学→气学三阶段。程朱理学以天理为本体,个体之生存是为第二序列,此是以本质优先,压倒存在,其突出人的普遍本质,在理性之层面区分人禽,冀由此理性之主导,超越感性之存在,使内圣成为可能。然则,本质即封闭之堡垒,天理即强制之囚牢,存在的个体性、多样性、现实性、过程性、有限性,皆被忽略、抹杀、囚禁、放逐;所谓成圣之过程亦为命定,是为天理对个人之外铄。就工夫而言,朱子蔽在预设先天(验)、超验合一之本体,陷入形上之独断,其天理遂成孤悬天宇之强制规范。其所谓上达工夫,其实是向一个不证自明的本体之回归。故此由本体说工夫,遂成天堑无法打通,且无涉主体之个体性、现实性、过程性,遑论其又采取外向格物之知识路线。故阳明以存在与本质之辨,出本体论转向,由超绝天理至真吾良知;以本体与工夫之辨,出工夫论之转向,由程朱之本体说工夫转为本体工夫相即之知行合一。但是阳明心学仍囿于先验论范围内,其本体之天赋性又使其工夫具有封闭性。故王门后学又将之发展为由工夫说本体,如李贽提出"德性日新论",黄宗羲云"心无本体,工夫所至,便是本体"。至船山,则远绍横渠,以气学超越理学、心学,提出"性日生日成",遂击破先天超验之因牢,展开现实之过程,使主体获得了空前的历史性,从而跳出二重性转为一元论,开出全新之意义与价值世界。①

然宋明道学是为哲学化之儒学,清初儒学则予以整体批判,或由体转用,或由哲学转经史,或由虚言转实行,是为实学,此派分支众多。② 但在政治高压下,实学迅速缩小为朴学,学者为避刀俎,遂转宗汉儒,以考据、训诂之法研究经史,是为反宋学之乾嘉汉学。然汉学崇东汉之古文经,反东汉则有今文经学之兴起,其求通经致用,则又回应清初实学之宗旨,殊料二千年中半隐道教、半传畴人③之科技,如天文、历法、算学、机械、化学等,勃然重兴,又因缘际会,正与欧美传来之西学相接轨。

其二,江苏书院在学统演进中的作用。祭祀等姑且不论,书院功能之首要者,是自由讲学以传承知识,所谓为往圣继绝学。上述学术之发展,似螳螂捕蝉,黄雀在后,环环相扣,逻辑之发展异常清晰。然在现实历史之演进中,这些学术中古之后大都在书院特别是江苏书院中完成。道学南传,二程弟子周孚先兄弟首先在常州创建城东、城西书院,由此江南始知道学,而后杨时至无锡创建东林书院,寓居梁溪十八载,培养大量弟子,随着北方沦陷,道学大兴于南方。南宋时,南京明道书院更

---

① 详见拙文:《杨国荣教授"儒学研究四书"义理初探》,《贵州文史丛刊》,2019 年第 3 期。
② 清初实学气象极大,包括王船山之哲学、顾炎武之经史、颜元之力行、阎(若璩)胡(渭)之考据等。
③ 清乾隆年间阮元撰《畴人传》四十六卷,是为历代科技学者传记集,后道光年间罗士琳撰《续畴人传》六卷,光绪时诸可宝撰《畴人传三编》,后又有黄钟俊撰《畴人传四编》,皆是对《畴人传》之增补。

是全国最高学府。入元后,朝廷严控书院,唯南京江东书院前有草庐吴澄,后有畏斋程端礼,皆传朱子学,成为为数不多的讲学型书院。明初严禁书院,中叶湛甘泉、王阳明之学兴起,心学流布,书院方大盛,甘泉长期在南京为官,阳明后学也有多人在南直隶地区讲学,兴建多所书院,尤其是心斋王艮在东台有东淘精舍,影响巨大。晚明,朱子学复兴,批判王学,又以无锡东林书院为中心。清初,顾炎武揭开实学大帜,其在常熟有亭林书院。康熙时,朱子学兴盛,张伯行在苏州创建紫阳书院。乾嘉汉学兴起,产生诸多大经师,其在江苏拥有南京钟山、苏州紫阳、扬州梅花、广陵等著名书院作为基地。且产生著名的汉学流派,吴派、扬州学派自不必论,皖派亦多在扬州、南京一带教学活动。而后以公羊学为代表的今文经学兴起,常州学派独步宇内,又有李兆洛主讲于江阴暨阳。

其次是教育以化民成俗。此是与官学之弊相对而言,后者功能较狭隘,主要为取士,且普及性不够,主要集中于府州厅县,乡村分布严重不足。故若官学凋零未兴,书院则传道授业解惑,主动承担起教育主体之责任,此如北宋之茅山书院。如官学强盛,书院一则倡正纠偏以良性竞争,此如元代之江东书院,二则深入乡村补其不足,此如阳明后学系列书院。如官学衰败,则书院取而代之,如清中后期各级书院。

故南宋以后,江苏书院在学统发展中的地位极为重要,此言颇可成立。

## 二、政统发展与江苏书院

以理想状态而言,儒家政统之核心在公权,由其所有而论则公天下,由其治理而论则选贤与能,由其分配而论则明分使群,以人文化成一有道人间、大同社会,使人各司天职,各因其能,各安其业,有伦彝而无亲疏,有君臣而无尊卑,有分工而无贵贱,乃一有机生长、和谐有序之圆满整体,正合易云之"乾道变化,各正性命"。然现实政治之演进,虽不至离的万里,又别有途辙。

其一，古代政统之演进。我国之政治，独化于中土，前后相承，自然生长，其势之缓骤，环环相因，张弛之间，辩证否定，概莫能外。由天时言，上古时受制于胡焕庸线，①其范围随降水线而进退，为一典型聚族定居农耕文明，环之则为边地半月型游牧、渔猎文明。② 于地利言，其一直面临人类史上最强大游牧军事之压力，故只能采取集体主义以求生存发展，此诚天命，不可非之。由此天命之整体主义，故开出迥异于西欧之政统。③ 是以匈奴盛而七国一，周制演为秦制，此势之必然，非仅出于秦之暴也。而后随中央集权效率之高下，我国政统竟开出两脉。常论皆以古代唯周制、秦制，此只是粗说，自汉至清，可分汉制之君臣与胡制之主奴两种政治，秦制弱而为汉制，强则为胡制。

汉至两宋乃中原政权独立、正常之发展，间有五胡坐大，然犹奄有半壁，政统得以始终。汉制所谓阴法阳儒，可以萧公权先生所言之"君主臣治"四字概括，即君臣政治，公权之所有独享于君，而治权则由世卿世禄之贵族逐渐下放至普通士人。彼时封建解而为郡县，世卿既涣，门阀继矣，至隋唐前，其经常表现为君主与贵族共治，东晋"王与马，共天下"即为典型。唐宋之后，藩镇毕而为科场，武乱既消，士人兴矣，君主"与士大夫共治天下"，君臣虽有尊卑，然如曳大木，本质还是共治关系。此类政治两宋臻其巅，王权相当克制，士权相当自觉，率先迈入近代社会，然不幸被蒙古横刀截断。

秦制虽二世而亡，然鲜卑南面，亡秦却借之还魂，其将游牧之主奴

① 我国地理学家胡焕庸(1901—1998)于1935年提出划分我国人口密度的对比线，从黑龙江省瑷珲(1956年改称爱辉，1983年改称黑河市)到云南省腾冲，大致为倾斜45度基本直线。线东南方36％国土居住着96％人口，以平原、水网、丘陵、喀斯特和丹霞地貌为主要地理结构，自古以农耕为经济基础;线西北方人口密度极低，是草原、沙漠和雪域高原的世界，自古游牧民族的天下。因而划出两个迥然不同的自然和人文地域。

② 童恩正先生1987提出我国从东北至西南，大小兴安岭→蒙古高原→青藏高原，形成"边地半月形文化传播带"，此是在考古学与文化人类学意义上提出的。这样的半月形边地，在地理、气候、生产、墓葬等各方面都具有高度的一致性。其实我们可以更进一步，自文化上来看，所谓半月形边地，恰恰都是信仰藏传佛教(藏族、蒙古族、满族等)地区。以此边地为界，东西各不同。西边的西域、中亚(包括西亚)是伊斯兰教文化圈，东边的东亚则是儒家文化圈。

③ 西方文明不必远绍希伯莱、希腊、罗马，近自英格兰即可。由于其远离欧亚草原游牧之攻击，故可从容试验东方无法实施之新政治(如大宪章)、宗教、经济、科技、军事等，此诚天命也。又由英岛扩至西欧，竟可产生一全新之文明。而后全球拓殖，鸦片一战，将老大之中国强行拖出寰臼。由此降维打击，吾大陆农耕之一整套文明体系都告终结。

制施于北方,后女真亦效仿之。① 俟蒙元奄有天下,则以皇室奴仆怯薛之骨干组成整个官僚阶层。② 清则变本加厉,主奴政治甚至延伸到州县地方形成宗法性的主奴集团。③ 此主奴政治之性质与气质已与汉宋格格不入。其全面推行诸如"种姓制"、匠籍制、文字狱等,从社会等级、世袭职业和思想精神等层面,冻结了社会的流动性、开放性和活力,人伦关系全面主奴化,同时纲常亦片面化、极端化。④

明则半汉半胡制。明初承元统未复宋规,行主奴政治,去宰相以收士权,定匠户以约四民,王权专制化。中晚期,内则皇权稍弱,士权微苏,外则经济、科技等皆在未察觉中被纳入全球化。域中工商迅猛发展,市民阶层形成,四民观变迁,认为"工商皆本"(黄宗羲),士商异业而同道,并无尊贵卑贱之分,⑤士商互动,有儒家弃儒经商,以财富开拓民间社会,⑥又有商而优则学,所谓"良贾何负闳儒"(汪道昆),如王艮之崛起并非孤例,社会风气也有所变化,注重个体存在、反叛本质主义的思潮形成,故李贽之出现亦非偶然。⑦ 更向天主教文明学习,西方之宗教、科技汹涌而入。彼时真可谓一足已踏入全球化,然又为清所截断。

其二,江苏书院在政统发展中的作用。儒家于此现实演进中则竭力因应之。一是造士以优化政统。不论汉制、胡制或半汉半胡,隋唐之

---

① 如北魏法律明定社会等级,于孝文帝太和五年(481)定良贱等级,列工匠于杂户,与奴婢同入贱籍,另《剑桥辽金西夏史》指出,金国区别于宋朝的一个特点是使用有奴隶,这是其本来社会制度影响下的产物,奴隶的使用构成金朝社会中的一个特征。奴隶位于金朝社会的最底层,但是在这个"遭遇悲惨的贱民"内部,按照财产的多少又可明显分出不同阶层。事实上,奴隶并不意味着在任何情况下都是绝对贫穷地生活于最低生活水准之下。有时候,一个奴隶可能以大管家的身份获得某些影响和地位。而除了战争情况以外,百姓沦为奴隶有一个普遍原因,每逢遇饥荒或因贫穷不能糊口时,便卖身或卖子女为奴。傅海波、崔瑞德编,史卫民等译:《剑桥中国辽西夏金元史》,中国社会科学出版社 1998 年版,第 294—296 页。

② 屈文军:《论元代君臣关系的主奴化》,《江海学刊》2004 年第 1 期。

③ 魏光奇:《清代州县的"主奴集团"统治——透视"秦制"的根本特征》,《北京师范大学学报》(社会科学版)2011 年第 1 期。

④ 乐爱国:《儒家"三纲五常"的本义、演变及其辨正——以朱熹理学的诠释为中心》,《学习与实践》2018 年第 12 期。

⑤ 如王阳明就认为"古者四民异业而同道","其归要于有益生人之道,则一而已"。见王守仁:《王阳明全集》卷二五《节庵王公墓表》,上海古籍出版社 1992 年版,第 941 页。

⑥ 参见余英时:《士商互动与儒学转向》,《余英时文集》第三卷,广西师范大学出版社 2004 年版,第 163 页。

⑦ 杨国荣:《王学通论——从王阳明到熊十力》,华东师范大学出版社 2009 年版,第 60—61 页。

后,政权虽垄断传袭于家天下之君主,然其不得不育材养士以填充官僚系统,故治权在士人阶级,是以士之优劣对政统之良莠作用极大。儒者针对此现实,学优则仕,努力汰澈纯化治权,以提升政治之质量。而千年之造士,其形式有官方庠序,有民私授受;其途径有育才取士,有自修成己;其内容有八比虚言,有实学实行;其途径有外铄浇铸,有自由研究;其成果,有满垄病梅,有千里之驹……可谓错综复杂,不一而足,而官学不足待,大半倚仗书院造士,此则为定论。南宋之书院,上行以得君行道,明代之书院,则成化乡之所,下行以觉民行道为自任。清代则书院普及,基本取代官学成为育才养士之所,其中江苏书院对造士之贡献,自南宋后可谓名列前茅。以历代状元而论,江苏居全国前茅,以清代为例,自顺治三年丙戌(1646)至光绪三十年甲辰恩科(1904),共计开科112科,出状元114名(其中旗籍2人),江苏为49名,约占总数43%。① 其又多与书院有关,如李春芳,兴化人,明世宗嘉靖二十六年(1547)状元,曾创立句容华阳书院;孙继皋,无锡人,明神宗万历二年(1574)状元,出于常州知府施观民所创之龙城书院;焦竑,南京人,明神宗万历十七年(1589)状元,学于耿天台之崇正书院;张謇,南通人,清光绪二十年(1894)状元,任教于南京文正书院。至于进士、举人等更在全国独占鳌头,其与书院关系更不待赘言。如清代李兆洛掌教江阴暨阳书院十八年,育才极众,"江阴人官于江阴,督学使以下,命子弟受业及远方来者以千计,其杰者,考道著书,学成一家,及取科第去者以千百计。次亦勤习举子业,得指受知所宗尚。其殁也,来者皆哭失声,如丧慈父母。"②

二是创新以改良政统。不论汉制、胡制,君主则一,士唯涉治权,故其一则追求治权之独立、完整与尊严,二则反思批判君主之弊,三则对旧政治展开改造。在此实践中,作为造士主体之书院又渐渐在中土的肌体内缓慢生长出诸多新的功能,为政统之改进提供了新的契机和载体,点燃新型政治之曙光。如晚明东林诸子已准政党化,彼将书院拓展为一议政机构,梨洲《明夷待访录》得于东林启示甚多。清代苏南乡村

① 江苏省地方志编纂委员会:《江苏省志·教育志》,江苏古籍出版社2000年版,第93页。
② 蒋彤:《养一子述》,陈谷嘉、邓洪波:《中国书院史资料》,浙江教育出版社1998年版,第1501页。

书院又拓展出读法、行乡约、处理公务等功能,甚至成为民间抵抗基督教之中坚,实将书院拓展为一基层公共机构,综西人之教堂、学校、议会等诸多实体之功能于一身。星星之火既燃,本可襄助政统,在君臣、主奴政治之外,生长出另一全新之伟大文明,为万世开太平,然则虽殉旧制,其败犹荣。

故南宋之后,江苏书院对政统的发展贡献极为特殊,此言亦公允。

## 三、文献综述与叙述凡例

既已就学统与政统略发江苏书院之奥,下则就与本书相关之文献与凡例作一交待。

其一,文献综述。乾隆《江南通志》云:"自言游氏兴于东吴,为圣门文学称首,所谓南方之学,得其精华者,千百年来积而日盛,挟策缀文之士,常倍于他省"。① 江苏文教发达,书院极夥,然兵燹天灾,湮灭无数,所幸文字材料存余尚多,其中史乘、方志以及各类文集、笔记、碑刻中存在着诸多书院之记载,此不赘论,与本书相关的研究专著、论文则有以下几类。

一是治中国之书院或教育史,其中多有涉及江苏之部分。在历史义理方面,远如马端临《文献通考·学校考》既对书院多有总结,船山《宋论》中则有对宋明书院之专门检讨;近如胡适先生亦有论文《书院制史略》,对我国书院之制度与精神作纲要之论述,毛泽东《湖南自修大学创立宣言》对书院之利弊有整体之反思。今人白新良先生《中国古代书院发展史》、李国钧先生《中国书院史》、邓洪波先生《中国书院史》、章柳泉先生《中国书院史话》则为体大意宏之专述。在书院资料收集整理方面,则有如陈谷嘉、邓洪波先生主编的《中国书院史资料》、赵所生先生主编的《中国历代书院志》等上乘精品。在书院专题研究方面,又有民国盛朗西先生《中国书院制度》,今人陈谷嘉、邓洪波先生《中国书院

---

① 黄之隽、赵弘恩:乾隆《江南通志》卷九十《学校志》,永瑢、纪昀等编纂:《四库全书》第509册,上海古籍出版社1987年版,第446页。

制度研究》、邓洪波先生《中国书院学规集成》等精专独到之研究。另陈青之《中国教育史》、孙培青《中国教育史》、陈学恂《中国教育史研究》均涉及江苏书院，多有精辟之论述。

二是专治江苏之书院或教育史。如柳诒徵先生之《江苏书院志初稿》广采史志，论述精深，开创之功，当推第一。又如江苏省地方志编纂委员会曾编著《江苏省志·教育志》所涉书院，全面精准，明达清晰。陈乃林、周新国主编《江苏教育史》等也有涉及。

三是个体之研究。一是对某市书院之研究，如朱军《扬州书院和藏书家史话》。二是对某一书院之研究，如东林书院之研究有《东林书院志》《东林书院》《东林书院丛谈》等。三是对江苏某学派或学者之研究，如对明之阳明、甘泉学派，清之吴派、扬州学派、常州学派之研究，即涉及其讲学与兴建书院事宜。

上述诸种对江苏书院之研究，在材料上蒐集整理，补白开创，各具神采，奠定了今人研究之基础。除此之外，学界还发表了对书院以及江苏书院为数众多之论文，提供了许多全新之研究材料、视角与成果。拙著正在是学习以上研究成果的基础上，加以考辨整理，方可能最大程度上还原江苏书院发展之历史。

其二，叙述凡例。拙著叙述，除时间截至1949年之外，尚有以下几点需说明：

一是行政区划。江苏省各市的名称、范围以及所属市区、县，均以现行为准。凡单独划市者，如上海；已迁出本省者，如徐之萧县、砀山等均不讨论。省内各市之区域，彼此重叠交错往来，极为繁杂，均以现行为准。消失或合并之地名，如常州之阳湖、宜兴之荆溪、淮安之桃源、扬州之甘泉；两三市中来回摇摆者，若如皋、东台之属，皆以现行行政区划为准。外省划入本省者，亦同视之，如皖之盱眙。另外书院属地，只详细标至地级市所属之县与县级市，市属区因古今变迁，难以尽数厘清，故不再单列，只冠以市名。

二是诸市的排列次序，以市名拼音顺序为准，若首字相同则较次字，类推。则其顺序为：常州，淮安，连云港，南京，南通，宿迁，苏州，泰州，无锡，徐州，盐城，扬州，镇江。

三是各时期之书院,分为新建与重建两类。所谓重建,乃指毁(如兵燹)圮(如岁久)后之重建,仅仅对书院之修理不列入计算。如苏州文正书院,自南宋建祠至清,修理不辍,我们以毁圮之标准,仅取同治重建为正。①

若仍沿原址原名,此是最清晰之重建;若易址但沿用旧名,则视为同一书院之重建,如泰州安定书院,然若易市,则为新建,如淮海书院始建高邮,后迁镇江,则作新建;若原址易名,视同重建,如宜兴宜荆试院;若易址且更以新名,虽有脉络可查,亦算新建,如扬州甘泉书院→崇雅书院→梅花书院,一座书院,前后多次易名、易址,虽有传承,亦算新建之书院。

四是引用方志史乘之原则。首先因篇幅所限,对于一些著名书院,无法完全、深入论述,只能作大概之介绍,非惜墨也。为避枝蔓,则以信息完整为标准,以记载详备的材料为主以引用,其他材料则补充说明。其次,为避免行文繁赘,以及引用文献的割裂,如一所书院多次重建,则在文献初次引用时即选择录全,以保障其完整性。而在后文论述中,则仅简介而不再赘引原文,以求简洁。只有那些在后世得到飞跃性发展而确有必要论述者,如无锡东林书院,或者后世出现必须单列之材料,如盱眙崇圣书院,才会在新建、重建时分开引用并说明。再次,在介绍具体每一书院时,为节约版面,不采用先引原文再作解释、评论之模式,且为权威考虑,亦不以白话介绍夹杂引文之模式,而是尽量以引用原文为主。若是浅显文言,即不再译为白话。最后,若引文繁奥难解,为便阅读,则以夹注括号加按语说明之。

---

① 李铭皖、谭钧培修,冯桂芬纂:同治《苏州府志》卷二十六《学校》,《中国地方志集成·江苏府县志辑7》,江苏古籍出版社 1991 年版,第 620—621 页。

# 第一章　江苏书院概述

江苏之学脉可溯先秦，其时季子北上，震烁华夏，已夺先声；而后言偃之鲁，此是南人北学之初，子羽赴吴，又是圣学南传之始。汉时孔安国镇于淮，董仲舒宦于扬，可谓接武。至永嘉南渡，冠盖南朝，楚楚多士，花开叶茂，生机一时独步。隋唐之际，经师辈出，如扬之曹宪、苏之陆德明、润之马怀素，皆饮善誉。彼时之讲学，或有书院之实，然此名至残唐五代，尚无痕迹。演至北宋，或出祭祀先贤，或出游宦藏修，或出名贤过化，或出处士讲学，二三子方于不经意间，揭开江苏书院之大幕，而后千载之中，书院建设曲折发展，宋尚自由讲学，明则官民共进，清待涅槃重生。论建置，自省府延及州县乡村；论性质，有私立官办官私合办；论学术，自宋学独尊至汉学复兴至新学传入；论影响，其赫赫者如明道、东林、钟山、紫阳、南菁之属似五曜行空，余皆星汉灿烂，如练如虹，如鱼如龙。

## 第一节　书院之简论

既言书院，则先就其发展历史、性质、精神以及与官方学校、民间学校之关系简要论述。

# 一、书院之界定

关于书院之产生与性质等问题，学界讨论已久，多有定论，[①]不再赘述，姑自下几者列其纲要。

其一，书院之定义。所谓书院，书即诗书，乃儒家之典籍，院则周垣，即固定之场馆，简单地说，书院就是古代官方或民间力量兴建的，以学术文化教育事业为主、性质多元、功能复杂的一种特殊的文化共同体。其性质不同于各级学校，也不同于政府部门，它是中国文化特有的修德进业、研究讲学、祭祀圣贤、藏刻书籍、培养人才、服务社会的根据地，是儒家修身齐家治国平天下的根据地、蓄水池、大本营。于儒者而言，江湖之远，庙堂之高，书院乃穷达之转折，儒者于此，阖户则独成一统，修身于密，开门则由居仁由义，兼济天下。于儒家工夫而言，三纲八目，此为中枢。于儒家经典之保存、义理之发展而言，四书五经，此为中坚。故学统赓续，端赖乎此，学优则仕，政统亦系于是，而后谋万世之道统，斯文不坠，厥功至伟。

其二，书院名实之发展。袁子才云："书院之名，起于唐玄宗时丽正书院、集贤书院，皆建于朝省，为修书之地，非士子肄业之所也。"[②]其实先秦诸子之讲学，乃有其实而无其名。如孔子首创私人讲学，其杏坛可

---

① 如李国均先生认为："书院教育是指以私人创建或为主持为主，收藏一定数量图书，聚徒讲学和探讨，高于一般蒙学的特殊教育组织形式。其中广收图书、聚徒讲学为书院教育的本质特征。"见李国均、王炳照、李才栋：《中国书院史》，湖南教育出版社1994年版，第2页。又如邓洪波先生认为："书院产生于唐代，它源出于私人治学的书斋与官府整理典籍的衙门，即书院有官府与民间两大源头。民间书院源出于读书个人的书斋。与书斋不同的是它向社会开放，成为公众活动的场所，儒生、道士、和尚等皆可出入其间。由私密而公众，这是书斋与书院的分野。从私家专有走向服务公众，是书院从书斋中脱颖而出并走上独立发展的关键一步，书斋也因此成为书院根植于民间的源头之一，这也是早期书院绝大多数以读书为主要功能的原因所在。书院的另一个源头在官府的丽正、集贤书院，由朝廷整理图书典籍的机构脱胎而来，设有学士、直学士、侍讲学士、修撰、校理、知书、书直、写御书、拓书手、装书直、造笔直等职，集藏书、校书、刊书、讲书等于一体。其主要职责《唐六典》记作：'刊缉古今之经籍，以辨明邦国之大典，而备顾问应对，凡天下图书之遗逸，贤才之隐滞，则承旨而征求焉。'以学术文化事业为主，而无具体的政务，这就是作为官府书院与一般政府职能部门的区别所在。官府书院有着将千百年国家藏书、校书、修书及由此而辨彰学术的经验传输给新生的书院组织的桥梁作用。书院起源于官民二途，使自己同时拥有了民办和官办的传统。从此以后，书院就在民间和官府这两大力量体系的交相影响之下，开始了更加辉煌的发展历程。"见邓洪波：《中国书院史》，武汉大学出版社2012年增订版，第54—55页。

② 袁枚：《随园随笔》卷十四，《袁枚全集》第5册，江苏古籍出版社1993年版，第247页。

谓最早之书院,唯无此名而已。至于七十子之徒散居海内,此风流播,诸子百家,云从景集,蔚为大观,皆有书院性质之私人讲学。汉晋之时,则书院有其实而另有其名,精舍(庐)是也。《后汉书·儒林列传》所记众多,如包咸"住东海,立精舍讲授"。①范晔评论曰:"自光武中年以后,干戈稍戢,专事经学,自是其风世笃焉。其服儒衣,称先王,游庠序,聚横塾者,盖布之于邦域矣。若乃经生所处,不远万里之路,精庐暂建,赢粮动有千百,其耆名高义开门受徒者,编牒不下万人,皆专相传祖,莫或讹杂。"②此讲学之盛况,比于宋元明清,无丝毫逊色。至唐之丽正、集贤,虽披书院之名,然功能只得其一,主要承担收藏、校勘经籍之皇家图书馆职务,后来方演变成为讲学修业之场所。

其三,书院性质之广狭。书院有狭义与广义之分。狭义之书院,为民间自由讲学、养士之所。就此而言,书院至少有三大特征。一是要有社会性(公共性),纯粹私人书斋不能视为书院,如北宋如皋诸君之家塾、南宋陆秀夫之读书处。二是要有独立性,完全官学化的学校不能视为真正之书院。如元廷严格控制之书院,或明清时专习八股时文之"科举补习班"。三是要有学术性,如历代不乏以祭祀为主之书院,虽名书院,实乃祠庙。此如清人彭定求云:"书院之建,表扬风化,诚属一方嘉庇,非私创无名祠宇之比。"③明人瞿景淳亦云:"仅容俎豆,而不足以聚生徒,则崇教之道未备也。"④而广义之书院,乃以学术研究为主,兼及祭祀、藏刻书乃至制艺等等,综此方是一所完整之书院。而在书院现实发展历史中,其是由藏刻书、祭祀、藏修、讲学等多路向,或单独或综合发展,最终汇集而来。故拙著取广义之书院,即在历史上自名为书院或时人目以为书院,而不论其功能是否单一。

## 二、书院之精神

我们可以看到书院史中有这样一个反复出现的现象,宋元明清每

① 范晔:《后汉书》卷七十九下《儒林列传》,中华书局 1965 年版,第 2570 页。
② 范晔:《后汉书》卷七十九下《儒林列传》,中华书局 1965 年版,第 2588 页。
③ 彭定求:《募建澹台书院引》,《南畇文稿》卷十二,清乾隆三十九年(1774)刻本。
④ 黄之隽、赵弘恩:乾隆《江南通志》卷九十《学校志》,永瑢、纪昀等编纂:《四库全书》第 509 册,上海古籍出版社 1987 年版,第 523—524 页。

朝之初,对书院都采取负面措施,或短期利用(如宋元),或长期压制(如明清),皆大兴官学以育才取士,但官学由于管理、教学、师资、生源等多种原因,每每不可避免走向衰败,无法承担此功能,最后朝廷不得不回过头来倚仗书院。此处我们不讨论官学兴衰,只欲问,为什么书院有此功效?只是自由精神而已。自由研究、讲学乃至干政,此是吾国书院核心之精神。

此点胡适之先生已有绝佳之说明。1923 年 12 月 10 日其在南京东南大学发表《书院制史略》之演讲,将我国古代书院精神概括为三点,其一,代表时代精神。"一个时代的精神,只有一个时代的祠祀,可以代表,因某时之所尊奉者,列为祠祀,即可觇某时代民意的趋向。古时书院常设神祠祀,带有宗教色彩,其为一千年来民意之所寄托,所以能代表各时代的精神。"其二,讲学与议政。"书院既为讲学的地方,但有时亦为议政的机关。因为古时没有正式代表民意的机关;有之,仅有书院可以代行职权了。汉朝的太学生,宋朝朱子一派的学者,其干涉国家政治之气焰,盛极一时。以致在宋朝时候,政府立党禁籍碑,禁朱子一派者应试,并不准起复为官。明朝太监专政,乃有无锡东林书院学者出而干涉,鼓吹建议,声势极张。此派在京师亦设有书院,如国家政令有不合意者,彼辈虽赴汤蹈火,尚仗义直言,以致为宵小所忌,多方倾害,死者亦多,政府并名之曰东林党。然而前者死后者继,其制造舆论,干涉朝政,固不减于昔日。于此可知书院亦可代表古时候议政的精神,不仅为讲学之地了。"其三,自修与研究。"书院真正的精神惟自修与研究。书院里的学生,无一不有自由研究的态度。虽旧有山长,不过为学问上之顾问,至研究发明,仍视平日自修的程度如何。所以书院与今日教育界所提倡道尔顿制的精神相同。在清朝时候,南菁、诂经、钟山、学海四书院的学者,往往不以题目甚小即淡漠视之,所以限于一小题或一字义,竟终日孜孜,究其所以,参考书籍,不惮烦劳,其自修与研究的精神,实在令人佩服。"①

钱穆先生亦说"中国传统教育制度,最好的莫过于书院制度",因其

---

① 胡适:《书院制史略》,《胡适文集》第 12 册,北京大学出版社 1998 年版,第 451—452 页。

"私人讲学,培养通才",此一人文主义精神于传统教育体系乃最有价值、最值保存之部分。①

官方教育的本质要求,其养士取士的载体与途径且不论,其目的是奴才,还是人才? 学术研究的内在规律,是自由,还是驯服? 二者在帝制时代的矛盾冲突,于书院体现得非常明显。书院本为自由讲学之机构,所谓究天人之际,察古今之变,成一家之言。奉此最典型者,莫过于宋之乾淳诸老、明之湛王二门。若就学术而言,南宋之明道,当称魁首,柳诒徵先生谓:"其开堂讲义,均载在《景定志》,彬彬乎有鹅湖、鹿洞之风焉。"②数百年后,自有公论,乾隆二十四年(1759)江苏学政李因培《兴建暨阳书院记》:"夫书院之兴,莫盛于南宋,维时天下四大书院皆大儒倡率,从者至数百人,切劘乎身心性命,其所造就蔚然为儒家,流风余思,百余祀而弗坠。"(道光《江阴县志》)③于政统而言,明末东林贡献尤巨,此世所周知。清代书院基本沦为官办,故距此自由精神最远,若巨鲸迫入江河,规规小儒,呻吟于钦定之四书学,借以谋稻粱而已,所谓书院,堕为各级地方政府兴办之政治学校或科举补习班。

### 三、书院与其他类型学校之关系

其一,书院与官学之区别。作为民间书院的参照物,官学包括从中央到各州府县的儒学系统,是国家培育人才的主要渠道。二者关系,大体有三种观点。

一是补助官学。南宋吕祖谦云:"国初,斯民新脱五季锋镝之阨,学者尚寡,海内向平,文风日起,儒先往往依山林、即闲旷以讲授,大率多至数十百人。"④此是说宋朝开国官学不兴,故民间私人兴之以助学。分而言之,太学与州县之学在数量与教学性质上有其局限性,此如船山云:"后世之天下,幅员万里,文治益敷,士之秀者,不可以殚计,既非一

① 钱穆:《新亚遗铎》,三联出版社 2004 年版,第 11 页。
② 柳诒徵:《江苏书院志初稿》,赵法生、薛正兴主编:《中国历代书院志》第 1 册,江苏教育出版社 1995 年版,第 6 页。
③ 转引自陈谷嘉、邓洪波:《中国书院史资料》,浙江教育出版社 1998 年版,第 1045 页。
④ 吕祖谦:《白鹿洞书院记》,《吕祖谦全集》第 1 册《文集》卷五,浙江古籍出版社 2008 年版,第 99—100 页。

太学之所能容。违子舍,涉关河,抑立程限以制其来去,则士之能就学于成均者,盖亦难矣。若夫州县之学,司于守令,朝廷不能多得彬雅之儒与治郡邑,而课吏之典,又以赋役狱讼为黜陟之衡,虽有修业之堂,释菜之礼,而迹袭诚亡,名存实去,士且以先圣之宫墙,为干禄之捷径。课之也愈严,则遇之也益诡;升之也愈众,则冒之也愈多。天人性命,总属雕虫,月露风云,只供游戏。有志之士,其不屑以此为学也,将何学而可哉?恶得不倚赖鸿儒,代天子而任劳来匡直之任哉?"①乡村之学亦多不堪,此如民国士子云:"各乡则有社学,其教士之法本甚详备,及乎既久,学官不能举其职,士亦不复就学,校舍浸成虚设,于是民间各建书院,聘山长以课士子,天下郡邑,大抵各有书院,则又学校之一变矣。"②故黄以周总结云:"学校兴,书院自无异教,学校衰,书院所以扶其弊也。"③

二是等同官学。清代常州《青山书院记》云:"考之古无书院之名,有之自宋开国时始,所以致其养贤尊士之义,厥后诸儒辈起,席以设教,胜国因之,遂有山长、教授诸官之名,而为之师,实则本诸《周礼》,命乐司成,专主教事,党正州正,考其德行道艺,纠其过恶,或劝或惩,或以德举,或以事进,或以言扬,升成均而于国,培植其根本之大者。然皆建自国家,设自司牧。"④此是以书院完全等同于官学体系。

三是并行官学。《东林书院志》云:"国家建学造士,士子或视为徼求利达之涂,圣贤修己淑人之旨则荒焉。即先贤遗址建祠宇、立讲堂,仔肩道脉,启迪英贤,则书院者,学校之辅翼也。"⑤此是认为书院是在官学之外另立一个系统,去官学之逐利,而崇道德者也。清代江都教谕吴锐特《梅花书院碑记》所说相同:"书院何为而设也?稽之《王制》,既立之党庠术序以处士矣,士于是隶籍其中,争先角艺。先儒又以为恐近喧器,乃退求水木清虚之地,相与俯仰揖让,以为扶树道德之所,其功与学

---

① 王夫之:《宋论》卷三《真宗》,《船山全书》第11册,岳麓书社2008年版,第80页。
② 冯煦等:民国《重修金坛县志》卷六《学校志》,《中国地方志集成·江苏府县志辑33》,江苏古籍出版社1991年版,第71—76页。
③ 黄以周:《儆季杂著七种》,《史学略四·论书院》,清光绪年间刊本。
④ 见《青山书院记》、《重修青山书院记》,武进《青山门赵氏支谱》,民国十七年崇礼堂刻本,卷六"青山书院"。
⑤ 高陞等增辑:《东林书院志》卷一《建置》,光绪七年重印本,赵法生、薛正兴主编:《中国历代书院志》第7册,江苏教育出版社1995年版,第192页。

校相垺。今所传四大书院是已。"①

公允而言,民间书院在政策、经费等方面存在先天不足,容易人亡政息,正如钱穆先生所云:"夫书院讲学,其事本近于私人之结社,苟非有朝廷之护持,名公卿之提奖,又不能与应举科第相妥洽,则其事终不可以久持。"②然完全官学化,其弊又在于因经费、师资等原因,造成书院内部腐败不堪、人才凋零。此如元人程文海所云:"国家树教育材之本,莫先于学校,而天下之学,廪稍不足者,士既无所于养,廪稍之有余者,只益郡县勾稽觊望之资,教官率以将迎为勤,会计为能,而怠于教事。非其人皆不贤,其势然也。惟书院若庶几焉,而居城邑隶有司者,其弊政与前等。近世士君子之贤者,往往因前修之迹,据江山之会,割田析壤,建为书院,既不隶于有司,而教育之功乃得专焉。"③历史上官学与书院多番拉锯,无不证明此点。唐末五代、明清之初均因官学凋敝,方不得不倚仗书院育才养士。

其二,书院与民间社学、义学之区别。后二者均是依靠民间力量兴学,其主要教育对象为少年蒙童。社学是半官方、半民间性质,始于元代,④明亦承袭,于洪武八年(1375)诏天下兴办。⑤ 其性质是由中央政府倡起的、地方政府予以监督的、经济上以由乡民负担、管理上由胥吏执行的以社为依托的具有强制性的蒙学。⑥ 但由于经费不继,师资不力,管理扰民等原因,至洪武十三年(1380)革去,十六年(1383)复设,变

① 阿克当阿修,姚文田、江藩等纂:嘉庆《重修扬州府志》卷十九《学校》,《中国地方志集成·江苏府县志辑 41》,江苏古籍出版社 1991 年版,第 317 页。

② 钱穆:《中国近三百年学术史》,中华书局 1986 年版,第 20 页。

③ 程文海:《代白云山人送李耀州归白兆山建长庚书院序》,《雪斋集》卷十五,永瑢、纪昀等编纂:《四库全书》第 1202 册,上海古籍出版社 1987 年版,第 201 页。

④ 柯劭忞:《新元史·食货志》:"至元二十六年,命诸县所属村疃,五十家为一社……每社立学校一,择通晓经者为学师,农隙使子弟入学。"开明书店 1935 年版,第 168 页。

⑤ 洪武八年正月(1375),"丁亥,命天下立社学。上谓中书省臣曰:昔成周之世,家有塾,党有庠,故民无不知学,是以教化行而风俗美。今京师及郡县皆有学而乡社之民未睹教化。宜令有司更设社学,延师儒以教民间子弟。庶可导民善俗也。"《明太祖实录》卷九十六,上海书店影印中研院校勘本,1982 年版,第 1655 页。

⑥ 陈时龙:《论明代社学性质的渐变与明清小学学制的继承》,《纪念〈教育史研究〉创刊二十周年论文集(3)——中国教育制度史研究》,2009 年。

成民间自办。<sup>①</sup> 有书院降而为社学，如苏州学道书院，元初为豪僧所夺，至元间山长祖宗震改创之。元末复为僧夺。明嘉靖二年(1523)知府胡缵宗因景德寺改建，其后几经修葺。三十年由知府金城改为督粮道署，迁书院至社学。有社学升为书院，如明正统十二年(1447)建立的苏州"共社学"，于嘉靖末年废转为学道书院。<sup>②</sup>

义学也称"义塾"，是民间用公款或私资自办的基础教育之蒙学。义学的招生对象多为贫寒子弟，免费上学。如清人王韬云："义学者，即以补官学之所不及。"<sup>③</sup>其源甚久，《新唐书·王潮传》即载其"乃作四门义学，还流亡，定赋敛，遣吏劝农，人皆安之"<sup>④</sup>，后世则进一步推广。书院与其区别可参清人石韫玉所云："古者家有塾、党有庠、术有序，十室之邑必有弦诵之声，是以教化行而风俗美，人心感而天下和平也。三代之制，大学在国中，国之元子与贵游子弟皆就学焉，小学在四郊则国人子弟之秀良者聚乎其中，先王岂故为此琐琐而不惮烦哉？良以学校者，教化之本也。自古制既废，所谓学宫者，止为春秋释奠先师之地，而博士之庭不闻有过而请业者，由是变而为书院以课士，然书院止课成学之士，而殿最之童蒙不得而入焉，则又广而为义学，义学正古时四郊小学之遗制也。"<sup>⑤</sup>

江苏很多书院性质上近于义学，如清代淮安"明德书院在安定祠内，同治十年(1871)立。节孝书院，在节孝祠内，同治十年立。养蒙书

<hr>

① 洪武十六年十月："癸巳，诏郡县复设社学。先是命天下有司设社学以教民间子弟，而有司以是扰民，遂命停罢。至是复诏民自立社学、延师儒以教子弟，有司不得干预。"《明太祖实录》卷一五七，上海书店影印中研院校勘本，1982年版，第2346页。

② 同治《苏州府志》："共社学在清嘉坊东，雍熙寺桥西。明洪武八年诏府州县每五十家设社学一，本府城市乡村共建七百三十七所，岁久渐废。正统十二年(1447)，知府朱胜乃总建一所，名为共社学，中曰正学堂，东西各斋舍六间，左立朱文公祠，外立升俊、育英二坊，选民间俊秀子弟教之。成化二年，提学御史陈先修，嘉靖末废，改为学道书院。"李铭皖、谭钧培修，冯桂芬纂：同治《苏州府志》卷二十六《学校》，《中国地方志集成·江苏府县志辑7》，江苏古籍出版社1991年版，第625页。

③ 王韬：《征设香山南屏乡义学序》，《弢园文录外编》卷八，见《续修四库全书》编纂委员会：《续修四库全书》第1558册，上海古籍出版社2002年版，第606页。

④ 欧阳修、宋祁：《新唐书》卷一九〇《王潮传》，中华书局1975年版，第5492页。

⑤ 石韫玉：《吴县木渎镇义学记》，《独学庐四稿》卷一，《续修四库全书》第1466册，上海古籍出版社2002年版，第671页。

院,在河下,同治三年(1864)立。以上三书院皆绅士经理,规制类义学。"①扬州广陵书院,乃清康熙五十一年(1712)知府赵宏煜建。初为义学,乾隆二十五年(1760)改为竹西书院。四十六年(1781)知府恒豫、马慧裕先后移建于东关街,更名"广陵",专课童生。

甚至出现书院、义学、社学合一。如常熟思文书院,光绪《常昭合志稿》载:"道光十一年(1831),常熟知县周岱龄集捐洋银二千余元,以半作修理费并增建书厅,以半并田租学租等为师生修膳之资,仍名思文书院,而勒虞阳义学四字于院墙。"又云:"思文实为常邑社学,琴川实为昭邑社学,故不称院长、山长,而称社师、课师也。考吾邑社学始于明洪武八年,诏五十家设一社学,岁久渐废。"②

至于清末有西人传教士在省内开设之学校,虽冠书院之名,实西式教会学校而已,自与传统书院不同。

## 第二节　江苏书院之总论

兹对江苏书院之基本建置、功能、分期、特点予以集中论述如下。

### 一、江苏书院之基本建置

江苏书院的建置,包括基础设施、人员构成、规章制度等。

其一,基础设施。依省会级、州县级、乡村级之不同,江苏书院规模大小不等,大者百多间房屋,小书院仅十数间或数间,祭祀型书院甚至仅有一二间亦属正常。书院设施则繁简不一,一般都设有祠祀、教学、生活场所,少数还配有园榭等。省府级书院自不必论,一般的州县书院亦甚完备。如乾隆三十三年(1768)仪征乐仪书院落成,江苏学政曹秀先在《书院落成碑记》中写道,"院之中讲堂开焉,墙外环之为门、为厅

① 孙云锦修,吴昆田、高延第纂:光绪《淮安府志》卷二十一《学校》,《中国地方志集成·江苏府县志辑54》,江苏古籍出版社1991年版,第298页。
② 郑钟祥、张瀛修,庞鸿文等纂:光绪《常昭合志稿》卷十四《学校》,《中国地方志集成·江苏府县志辑22》,江苏古籍出版社1991年版,第200页。

事、为危楼、为学舍、为储偫庖湢之宇,计五十余间,吁,备矣!院之中崇楼祀焉,有若濂溪周夫子,有若洛阳程氏二夫子,有若郿县张夫子,有若新安朱夫子。以大节祀者,有若文忠烈公、郝文忠公。以著载祀者,有若欧阳文忠公。吁,肃矣。"还有藏书楼,"院之中,书籍具焉,经也,史也,子也,集也,传世之文,荣世之文,以次购得,贮庋中楼,曰柜者四,几俾四库,吁,美矣。"还有花园之属,"院之中树木植焉,而桃,而杏,而松,而竹,而杂卉,而山石之类,匠构自然,游目寻芳,无需远涉。吁,华矣"。①清代江阴南菁书院,甚至筑有观星台一座,供诸生考察天文之用。

其二,管理人员。一般而言,祭祀类书院仅有管理者,其他类则包括山长(清称院长)、管理人员、师生、杂役等。如上述乐仪书院,"院之中,课业修焉。有师曰院长,延聘贽见饩膳,舟车以时迎送也如礼。有徒曰诸生童子,正课者三十人,附课者三十人,值日者二人,岁时膏火,会期酒食也如礼。若乃阍役灶卒伺应者,咸给其直"。②又如清代扬州梅花书院,其主要控制者为州府长官,其聘掌院为书院主讲,另设监院负责发放膏火、点名收卷、聘用学师等事务,掌握财务人事权。

具体至各时代,北宋时江苏书院多为民间自发建立运行,故其主要建立者自任院长,如茅山之侯遗、常州之周孚先兄弟。"南宋时期,主讲或主持书院的学者多为理学大师,称山长,监院多由府、州、县学官充任,董事由地方士绅选派,书吏办理事务,直学掌管钱谷,还有斋夫勤杂。南宋晚期,有的书院山长由官府幕僚充任。元初,宋儒多不愿出仕,自创书院,授徒讲学。元政府为缓和民族矛盾,争取知识分子,吸收了一批南宋著名儒师及其门生担任书院山长,如程端礼出任江东书院。随后加强了对书院控制,山长由礼部、行省或宣尉司任命,向朝廷备案。元代著名的书院山长,除程端礼外,还有苏州学道书院山长祖宗震,和靖书院山长王达、吴颜,镇江淮海书院山长黄一龙、曹鉴,濂溪书院山长

---

① 阿克当阿修,姚文田、江藩等纂:嘉庆《重修扬州府志》卷十九《学校》,《中国地方志集成·江苏府县志辑 41》,江苏古籍出版社 1991 年版,第 326 页。

② 阿克当阿修,姚文田、江藩等纂:嘉庆《重修扬州府志》卷十九《学校》,《中国地方志集成·江苏府县志辑 41》,江苏古籍出版社 1991 年版,第 326 页。

徐苏孙等"。① 明代江苏讲学型书院基本有两种,一是朱子学,多由信奉之的地方官员或乡绅主持,如常州"道南书院"乃嘉靖四年(1525)常州知府陈实所建,祭祀宋儒杨时。二是湛、王及门人创立,自任山长,故多忤逆朝廷,如溧阳"嘉义书院"乃嘉靖二十九年(1550)阳明弟子史际建,学生则自由选择。入清后,书院一般由地方官员主持,由地方乡绅或商人参与,故官办色彩浓厚,省会级书院,如紫阳书院由江苏巡抚张伯行创建,钟山书院由两江总督查弼纳创建,惜阴书院由两江总督陶澍创建。州县级亦如此,如常州延陵书院由延陵裔孙、武进诸生吴发祥捐资,布政慕天颜、知府骆钟麟主持重建。院成,集郡邑名士定期会讲,曾聘名儒李颙讲学其中。

其三,规章制度。江苏书院多以朱子所订《白鹿洞书院教条》为准。南宋孝宗淳熙六年(1179)朱子任南康军太守,重修白鹿洞书院,制定《白鹿洞书院揭示》,对书院之宗旨、目的、要求作出明确规定,以"父子有亲、君臣有义、夫妇有别、长幼有序、朋友有信"为"为学之目",以"博学之、审问之、慎思之、明辨之、笃行之"为"为学之序",以"言忠信、行笃敬、惩忿窒欲、迁善改过"为"修身之要",以"正其谊,不谋其利;明其道,不计其功"为"处事之要",以"己所不欲,勿施于人,行有不得,反求诸己"为"接物之要"。② 此后,江苏书院多以其作为施教准则。元代程端礼依朱子读书法制订《读书分年日程》,也被后世江苏书院普遍采用。

历代书院也会根据自身特点制订详细院规。省府级书院,如清代南京钟山书院由山长杨绳武制订《钟山书院规约》,分先励志、务立品、慎交游、勤学业、穷经学、通史学、论古文源流、论诗赋派别、论制义得失、戒抄袭倩代、戒矜夸忌毁等共十一条。③ 州县级如明代《虞山书院会约》规定:"每月初三日,诸生会文于精舍、经房,儒学监会。会卷该房多备,听来者领用。卷面粘一浮签,听本生自书其名。文完,该学吏收齐,

① 江苏省地方志编纂委员会:《江苏省志·教育志上》,江苏古籍出版社 2000 年版,第 73 页。
② 朱熹:《白鹿洞书院揭示》,《晦庵文集》卷七十四,《朱子全书》第 24 册,上海古籍出版社、安徽教育出版社 2002 年版,第 3586—3587 页。
③ 邓洪波:《中国书院学规》,湖南大学出版社 2000 年版,第 25—26 页。

揭去浮签,于卷后角上实填本名,弥封用印。即日儒学会同三纲孝廉入有本室闭阅。阅完,本县复阅,以三等发落。一等复试,亲阅。"①镇江宝晋书院亦制订《规条》:"肄业生、童生各二十名,每名月给膏火银一两。在院居住者为正课,在外者为附课。附课生、童生亦各以二十名为率,无膏火。每月课文二次,以初二、十六日为期,道、府轮次考试,每课计四书文一篇,经文一篇,诗一首。生员考居超等者给奖资三钱,特等者给奖资二钱,童生优取一名亦给奖资二钱。课期生童均给一粥饭,八人一席,每席价银五钱(柳诒徵按:咸同以来,生童多不住院,每月官师各一课,仅试一文一诗)。"②

书院经费更是从严管理,如高邮珠湖书院存典铺生息足钱三千串,书院明确规定:"自乾隆四十七年三月初一日起,有典商……发领状存案,官设联票,每季着书院司年执票支息,放给膏火,有印发联票而无司年经手,及有司年经手而无官印联票俱不准典铺支发。"③膏火发放,如《白下琐言》所记:"《钟山书院志》载:'月课奖赏,按照名次将银封固,写明某生姓名。江宁府前一日晓谕诸生,届期面给,不假手胥役,每月初二日给,薪水亦然。'今则无郡守管理之事矣。胡心斋师云:'康芳园方伯放薪水,必悬牌谕诸生赴署面给。赏拔之士,且谆谆垂问以察勤惰,犹存古风'。"④另外还有考试、膏火细则,甚至借阅书规章等。如徐州睢宁县之昭义书院规定:"书院所储书籍定章,不得携带出外,斋长于某人限阅某书,亦须立一号簿详细注明,按期索取,至迟不得过十日。如果瞻狥情面,紊乱旧章,致有散佚,定惟斋长赔偿。"⑤

---

① 张萧等纂:《虞山书院志》卷四,赵法生、薛正兴主编《中国历代书院志》第8册,江苏教育出版社1995年版,第70页。

② 柳诒徵:《江苏书院志初稿》,赵法生、薛正兴主编:《中国历代书院志》第1册,江苏教育出版社1995年版,第77页。

③ 杨宜仑修,夏之蓉、沈之本纂:嘉庆《高邮州志》卷一,《中国地方志集成·江苏府县志辑46》,江苏古籍出版社1991年版,第77页。

④ 甘熙:《白下琐言》卷三,南京出版社2007年版,第43页。

⑤ 侯昭瀛修,丁显纂:光绪《睢宁县志稿》卷八《学校志》,《中国地方志集成·江苏府县志辑65》,江苏古籍出版社1991年版,第395页。

## 二、江苏书院之基本功能

讲学、议政、祭祀、自修、制艺、藏刻书、文化交流、经营学田等是江苏书院主要功能。

其一，讲学。绪论已述，此是传承学术、化民成俗。阳明云："天下首务，孰有急于讲学耶？"①此乃书院之主要功能。依孔门之义理，其理想政体，托名为唐虞之治，政道是天下为公，治道是为政以德。克成此理想之途径，首在于教化天下，改变气质，培养生民做天民，此乃万古不易之途径。因个体始有二性。孔子云"克己复礼"（《论语·颜渊》，下引皆称篇名），又云"为仁由己"（《颜渊》），即表明同是一己，已含二性。当人"首出庶物"（《易传》），走出自然后，既保留了与物相同的如食色等生理属性，又进化出"异于禽兽者几希"（《孟子·离娄下》，下引皆称篇名）的道德属性。前者本为善，过或不及则为恶，故要克之。后者是仁义诸性，其纯善无恶，故要率性为之。然人群终分三品。孔子云"唯上智与下愚不移"（《阳货》），即认为人群可分上智、下愚以及中人。其下"不移"二字，乃是褒定上智、下愚二者不为利欲而移嬗己性。上智指圣人，其"所欲不逾矩"（《为政》），已达自觉状态，故完全自由，纯是天地气象。下愚指纯朴赣直之愚夫愚妇，其依本性而行，时能暗合天地，是为自然状态。唯有中人，因后天之习染，暗合时少，过或不及为多，常常陷溺"罟擭陷阱"（《中庸》），处于异化状态。由此三品，故云"性近习远"（《阳货》）。当然，孔子认为生理、道德二性的区分是历史而非终极的，每个个体均可凭工夫，一则反躬性体，化此两橛于一归，如告司马牛"内省不疚，夫何忧何惧"（《颜渊》），即是点示性体清宁和平之本状与工夫下手处。二则上达道体，体证天命流行境，故孔子频言"上达"（《宪问》）。从而"人皆可以为尧舜"（《告子下》），"涂之人可以为禹"（《荀子·性恶》下引皆称篇名）。但是现实中，工夫或由己悟，或因外缘，不能整齐划一，故个体始有二性，人群终分三品。是以讲明学问，痛做工夫，学政合一，乃儒家之责任。而书院则提供实现此目标之载体。儒门师弟于此自由

---

① 王守仁：《王阳明全集》卷三十二《传习录拾遗》，上海古籍出版社1992年版，第1171页。

讲学,师者传道授业解惑,学者默识涵养。不同学派或不同观点之学者之间,可以组织会讲或讲会,会讲是指不同学术观点的学者聚会讲学,以辨析异同,共趋大道。讲会则是将此会讲发展成学者定期聚会讲学之组织,此如明朝书院,详后文。

其二,议政。此功能在江苏书院尤为突出。于儒家体用一贯而言,学而优则仕,从政乃从学目的之一,吾岂匏瓜,达则兼济天下也。故议政乃古典书院之自由精神之表现。自南宋乾淳诸老始,此便成为传统。彼时朱子即便委身乡村山野,亦褒贬政事,关心时局,极有贡献。明末清初之无锡东林书院,其所标榜之"风声雨声读书声,声声入耳;家事国事天下事,事事关心"亦是赓续《诗经》"风雨如晦,鸡鸣不已"之精神,颠沛造次必于是。而东林之议政,更为黄宗羲所摄,欲以为学校改革之方向,此诚我国书院精神之一大跃进也。所惜后辈雌伏清廷之淫威,直至西人坚船利炮击碎此胶固,方浴血重生之。

其三,祭祀。民国《吴县志》云:"案古之学校为教而设,春秋释菜必祭先圣先师者,仍寓教孝教敬之意也。自师儒之选渐失古意,于是继有书院之立。"[①]释曰大雄,道曰天尊,皆一超越之伟力,而儒家所祭祀者,只是寻常人间之优秀者,或以立德,或以立功,或以立言,后生祭祀之,使传承有序,以为往圣继绝学。其是一个非常重要的维度,通天人古今,乃道统之赓续。书院祭祀对象众多,一是孔门圣哲,如江苏首家书院,乃北宋邳县之敬简,即是祭祀孔门高弟冉雍,南宋苏州之学道则祀乡贤、孔门高弟言偃,常熟文学书院亦供祀言偃。二是前世贤能或学术大师,如泰州安定书院祭祀宋儒胡瑗,南京明道书院则祭祀北宋五子之程颢,南轩书院祭祀张栻,常州道南书院祭祀杨时,镇江濂溪书院供祀周敦颐,苏州甫里书院供祀陆龟蒙,鹤山书院供祀魏了翁,溧阳嘉义书院供祀王阳明、湛若水,无锡崇正书院供祀杨时、顾宪成、高攀龙等人。三是为本地作出突出贡献的官员或乡绅,如沛县镇山书院,乃明隆庆初,邑人为纪念治河名臣朱衡而建之生祠,朱氏号镇山。四是有的私人读人处,后人纪念而立书院,则可归为祭祀,如晏殊在西溪之读书处。

① 曹允源、李根源纂:民国《吴县志》卷二十七《书院》,《中国地方志集成·江苏府县志辑11》,江苏古籍出版社1991年版,第404—405页。

五是专门祭祠祖先,如苏州的文正书院,即是范氏后人祭祀范仲淹。一些书院甚至建于当地先贤的专祠或故居内,即所谓设学奉祀,并以先贤的名号命名书院。在特定的历史条件下,祭祀型书院又会退回单纯的祭祀,如南宋魏了翁建立的苏州鹤山书院,至明弘治十一年(1498)由了翁裔孙魏芳奏请改为专祠。六是本学院之创建者与历代山长等,所谓祭祀报本也。如清《白下琐言》所言:"钟山书院讲堂之左设神龛,奉雍正间始创书院之制军查弼纳与德沛及历代山长之有望者,如杨皋里、钱竹汀、卢抱经、姚惜抱诸先生神位。尊经书院于阁上设龛,奉制军铁保,春秋诸生致祭,所以报本也。凤池书院创于盐巡道某公,重修于嘉庆十年方伯康公基田,改建于道光十年太守俞公德渊,而掌教最久、文望最隆者,莫如浦柳愚先生。工竣之后,三学士子感思德教之由,遂仿照钟山、尊经成法,于院之文星阁下增设□公、康公、俞公及浦山长神牌,以伸报祀礼也。"①

其四,制艺。科举自宋至清,每朝皆有,本来官办学校应该承担此功能,以行国家育才取士之功能。故宋元明清之初,朝廷均有意重振官学,只是后来官学衰败而不得不依赖书院而已。而就士子个体而言,其穷达出处之间,科举亦不失为堂堂正正之途辙,诗书宽大之风亦不必与此相排斥,故南宋张栻云:"岂将使子群居族谭,但为决科利禄计乎?抑岂使子习为言语文词之工而已乎?盖欲成就人才,以传斯道而济斯民也。"②湛若水提醒"请生其慎勿以举业、德业为二矣……今之科举其圣代之制矣,志学之士有不遵习焉,是生今反古也,生今反古者,非天理也。虽孔孟复生,亦必由此而出矣。虽孔孟教人,亦不外此而求之矣。"③阳明也认为"能立志坚定,随事尽道,不以得失动念,则虽勉习举业,亦自无妨圣贤之学。若是原无求为圣贤之志,虽不业举,日谈道德,亦只成就得务外好高之病而已"。④ 又在《与辰中诸生》中云:"举业不患妨功,惟患夺志。只如前日所约,亦自两无相碍。"⑤

① 甘熙:《白下琐言》卷八,南京出版社 2007 年版,第 159 页。
② 张栻:《张栻集》卷十《潭州重修岳麓书院记》,中华书局 2015 年版,第 900 页。
③ 湛若水:《二业合一训》,《湛甘泉先生文集》卷五,广西师范大学出版社 2014 年版,第 169—170 页。
④ 王守仁:《寄闻人邦英邦正》,《王阳明全集》卷四,上海古籍出版社 1992 年版,第 168 页。
⑤ 王守仁:《与辰中诸生》,《王阳明全集》卷四,上海古籍出版社 1992 年版,第 144 页。

其五,藏刻书。明人张鼐云:"古之学者以天地万物为大身,故其胸次识见常不安于耳目寻常之陋,而网罗今古穷搜六合,以大其眼目而畅其灵性,是以能受书籍之益而不沦于玩物丧志之累。夫读书用世,千条万沠,只是一源,识得源头便是真读书真用世,万卷无一字,尧舜事业无一点,此之谓人而圣人。夫信得,则何病书籍,不信得则损又不在书籍,聚书者之苦心也,原能信者之善读之,而识其天地万物之大也。"① 故藏书是学习之硬件基础,无藏书,何以致学。书院肇始,其主要职能即是藏书,如元代欧阳玄在《贞文书院记》中称:"以故家积书之多,学者就其书之所在而读之,因号为书院。"② 历代书院或大或小,均设有藏书室。如南宋明道书院有藏书阁"奉宸翰",阁广八丈,深四丈,共五间,内中"环列经籍"。③ 苏州"和靖书院,(南宋)嘉熙四年,提举陈振孙建藏书堂。"④宋代镇江淮海书院入元后建有"书楼二间,在明伦堂后"⑤。明代万历三十四年前后,常熟虞山书院藏图书二百六十五部,每书只记书名一项,共分为十一类,即圣制、典故、经部、子部、史部、理学部、文部、诗部、经济部、杂部、类部。⑥ 入清后,南京尊经书院"明代贮国学经籍二十一史板,国朝因之。"⑦江阴南菁书院既成,黄体芳"以为士多枵腹,既责以读书而使之自备,微特寒士不能也。乃檄江左右、浙江、湖南北、山东诸书局汇所刻书藏之中楼"。⑧ 苏州学古堂,建书楼五楹,楼储四部书八

① 张鼐等纂:《虞山书院志》卷六《书籍志》,赵法生、薛正兴主编《中国历代书院志》第 8 册,江苏教育出版社 1995 年版,第 120 页。沠字疑误,沠为水名,出晋至津入海,沠水《元和郡县志》记为派水。故当为派,脉络之意。
② 欧阳玄:《圭斋文集》卷五,永瑢、纪昀等编纂《四库全书》第 1210 册,上海古籍出版社 1987 年版,第 34 页。
③ 马光祖修,周应合纂:景定《建康志》卷二十九《儒学二·建明道书院》,《宋元方志丛刊》第 2 册,中华书局 1990 年版。
④ 李铭皖、谭钧培修,冯桂芬纂:同治《苏州府志》卷二十六《学校》,《中国地方志集成·江苏府县志辑 7》,江苏古籍出版社 1991 年版,第 638 页。
⑤ 俞希鲁编纂:至顺《镇江志》卷十一《学校志》,江苏古籍出版社 1999 年版,第 462 页。
⑥ 张鼐等纂:《虞山书院志》卷六《书籍志》,赵法生、薛正兴主编《中国历代书院志》第 8 册,江苏教育出版社 1995 年版,第 121—123 页。
⑦ 吕燕昭修,姚鼐纂:嘉庆《新修江宁府志》卷十六《学校》,《中国地方志集成·江苏府县志辑 1》,江苏古籍出版社 1991 年版,第 148 页。
⑧ 张文虎《南菁书院崇祀汉高密郑氏、宋新安朱子栗主记》,转引自柳诒徵《江苏书院志初稿》,赵法生、薛正兴主编《中国历代书院志》第 1 册,江苏教育出版社 1995 年版,第 67 页。

万卷以上，至新译泰西所谓重气化电诸书，非算不明，一切悉隶算学。[1] 小邑藏书亦可观，如睢宁之昭义书院，藏书九十一部。[2] 句容之华阳书院更有详细储院书目，得瞻其富。[3]

雕版印刷技术得到普及后，刻书亦为书院之重要工作，如南宋明道书院修程子之书，明代溧阳嘉义书院整理出版阳明年谱及著作。常熟孙慎行、张鼎于万历三十四年（1606）刻《虞山书院志》十卷，无锡刘元珍亦于万历年间刻《东林书院志》。入清后则更为盛行，据《江苏省志》载，李二曲南行到无锡东林书院讲学，刊印《锡山语要》《东林会语》。朱琦在钟山书院主讲时，刊有钟山书院课艺。胡培翚主钟山书院时的课艺，与任泰主讲于尊经书院时的尊经书院课艺同时会梓。卢文弨在钟山书院主讲时，刊《群书拾补》《西京杂记》《钟山札记》。姚鼐主钟山，刻有《三传国语补注》《文集》17 卷。钱大昕主钟山书院时，著《廿二史考异》100 卷。沈德潜主苏州紫阳书院时，选刻紫阳书院课艺二集。俞樾主紫阳书院讲席，选刻紫阳课艺 2 卷。冯桂芬主正谊书院讲席时，重刻《段氏说文注》。李兆洛主讲暨阳书院时，著有《地理韵编》。光绪十一年（1885），江苏学政王先谦奏准在南菁书院中设刊书局，汇刊《皇清

① 江苏省地方志编纂委员会：《江苏省志·教育志上》，江苏古籍出版社 2000 年版，第 66 页。
② 《十三经注疏》一百二十本，《理学宗传》六本，《性理精义》六本，《二程全书》二十本，《御批通鉴辑览》八十本，《朱子纲目》一百二十本，《史记》二十六本，《国朝骈体正宗》六本，《前汉书》十六本，《后汉书》十六本，《胡刻文选》二十四本，《古文辞类纂》十六本，《唐宋文醇》二十四本，《梅氏丛书》二十四本，《皇朝经世编》八十本，《瀛环志略》四本，《国朝先正事略》二十四本，《圣武记》十本，《五种遗规》十二本，《蓝鹿洲集》二十四本，《唐宋诗醇》二十四本，《大清律例》二十四本，《南河成案》四十本，《洋板字典》六本，《钦定四书文》二十四本，《粤西五家文集》八本，《车战图说》二本，《杜诗镜原》六本。侯昭瀛修，丁显纂：光绪《睢宁县志稿》卷八《学校志》，《中国地方志集成·江苏府县志辑65》，江苏古籍出版社 1991 年版，第 395 页。
③ 共有《十三经注疏》一百六十本，石印《正续皇清经解》六十四本，石印《资治通鉴》，《正续编明纪附肆拾号》八本，二十四史二百本，石印汉魏丛书十六本，《正续皇朝经世文编》三十二本，《古文渊鉴》三十二本，《五子近思录》四本，石印《文献通考》二十本，《郡国利病方舆纪要》二种一百二十本，《困学纪闻》六本，《日知录》六本，石印《康熙字典》六本，石印《佩文诗韵府》二十四本，石印《段氏说文》八本，《正续古文辞类纂》二十四本，《古文雅正》八本，《昭明文选》十本，《楚辞》四本，《唐宋诗醇》五本，《赋钞笺略》八本，《五诗别裁》四十本，石印四书文八本，《小题传薪》十本，《策学要要》两本，石印《瀛环志略》四本，《各国时事统编》四本，《钦定数理精蕴》四十本，《则古昔斋重学几何算学》三种二十本，石印《九章算术》四本。以上各书最为切要，其余应涉猎旁览者，无虑数百种，兹因诸事草创域于经费未能多储，以期陆续添补焉，所有规条开列于后。略。见张绍棠修，萧穆等纂：光绪《续纂句容县志》卷三下，《中国地方志集成·江苏府县志辑35》，江苏古籍出版社 1991 年版，第 77 页。

经解续编》，越两载全书告成，共 1430 卷，体例一仿阮刻《皇清经解》。又刊《南菁丛书》144 卷、《南菁礼记》21 卷、《南菁讲舍文集》6 卷。南菁书院刊印的《皇清经解续编》《南菁丛书》都是解经和考订的重要著作。①

其六，读书自修。孔子云："古之学者为己，今之学者为人。"（《宪问》）为己之学彰，则治天下易如反掌。又云："邦有道则仕，邦无道则可卷而怀之。"（《卫灵公》）故借书院自修是儒者进德修业、调适生命之重要选择。如唐末"五代之乱极矣，传所谓'天地闭，贤人隐'之时欤？……干戈兴，学校废而礼义衰，风俗隳坏"，②士子多隐居山林大泽，创学馆，建书堂，潜心自修，并延四方之士。就江苏而言，此类书院宋元之际亦不在少数，如北宋有王安石之钟山书院、晏殊之晏溪书院，南宋有卫泾之玉峰书院、尤袤之遂初书院，明代则有虎丘之查公书院等，入清后由于全盘官学化，此类型方渐消遁。

另外，江苏书院还有一类，颇似家塾，亦冠书院之名，正如柳诒徵先生所说："儒风所扇，遍于大江南北。至陆忠烈读书故址，及王俊义、丁天锡等之书院，虽传自宋时，徒以景仰名贤，标榜家塾，非若他书院之讲学养士。"③

其七，经营学田。支持一个书院，花费甚巨，其开支包括山长束脩、监院薪俸、生徒膏火、书院维修与教学设备、祭祀、赴考费用及其他支出等。一般而言，书院经费主要来自官私两方，如官方拨款、学田收租、存银生息、赋税杂捐、士绅捐赠等，其中又以学田为主，故经营学田是为学院生存之根本。

早在北宋天圣二年（1024），处士侯遗于茅山经营书院，教授生徒。积十余年，自营粮食，江宁知府王随上奏欲于茅山斋粮庄田内量给三顷充书院赡用，中央从之。此制一直延至清代，极为普遍。如常熟游文书院田产："殷案官田一百亩。西林寺没官田一百亩四毫。周昂捐田一顷二十七亩九分。张南华捐田五亩五分。天福沙田五百九十九亩四分九

---

① 江苏省地方志编纂委员会：《江苏省志·教育志上》，江苏古籍出版社 2000 年版，第 76—77 页。
② 欧阳修：《新五代史》卷三十四《一行传》，中华书局 1974 年版，第 369 页。
③ 柳诒徵：《江苏书院志初稿》，赵法生、薛正兴主编：《中国历代书院志》第 1 册，江苏教育出版社 1995 年版，第 12 页。

厘八毫。嘉庆十三年督粮道劳树棠委昭文县轮征查垦沙滩成田四数十亩，十八年常熟县轮征查垦高滩成田六百余亩，二十一年督粮道魏元煜委昭文县轮征查垦高滩成田二百余亩、芦滩三顷一十七亩四分九厘八毫，又新垦芦滩内转重田五十六亩二分三厘九毫。"①徐州云龙书院："其经费陆续捐置者，有孟家庵田二顷三十二亩、张家桥田一顷九十八亩有奇、茶庵田五十二亩、石狗湖田三十顷三十一亩又九顷七十亩有奇、砀山县武家庄田十一顷五亩有奇、阎家庄田十顷二十二亩有奇、郭家楼田十三顷二十九亩有奇、常家楼田三顷七十九亩、大庄田二顷四十一亩有奇、宿迁县滩地十顷有奇，公田局上则田四十顷、下则田二十顷。存典生息，本银二百六十六两六钱六分，又六百六十六两六钱六分，又四百四十四两四钱四分，又生息本钱一千四百六十、六千六百六十六文，计每年共收租息钱二千九十、一千五百一文，共收租息银二百七十七两二钱五分八厘，又有境山新涸微湖滩地七十四顷三十二亩。"②

其八，文化交流。江苏地方书院多有"会文之所"的记载，如明代湛若水在南京江浦建"新江书院"，祀故南京吏部郎中庄昶，"为文会之所"。③ 又如无锡县荡口镇"学海书院"，"为里人文会之所，号学海书院，向无经费，道光十年，徐熿、华文桂、华汾等粜捐田二百亩为修脯饮馔及春秋祭费，每月一举，生童咸集，至今行之"。④ 再如兴化"景范书院"，祭祀范仲淹，始建不详，咸丰尤盛，"在范公祠内，为邑人会文之所"。⑤ 此表明书院经常充当基层社会中文化俱乐部之角色。

此外，江苏书院发展至清代，尚生长出处理基层公共事务之功能，后文详述。

① 李铭皖、谭钧培修，冯桂芬纂：同治《苏州府志》卷二十七《学校》，《中国地方志集成·江苏府县志辑7》，江苏古籍出版社 1991 年版，第 657 页。
② 余家谟、章世嘉、王嘉铣、王开平纂：民国《铜山县志》卷十六《学校考》，《中国地方志集成·江苏府县志辑 62》，江苏古籍出版社 1991 年版，第 248 页。
③ 黄之隽、赵弘恩：乾隆《江南通志》卷九十《学校志》，永瑢、纪昀等编纂：《四库全书》第 509 册，上海古籍出版社 1987 年版，第 521 页。
④ 裴大中、倪咸生修，秦缃业等纂：光绪《无锡金匮县志》卷六《学校》，《中国地方志集成·江苏府县志辑 24》，江苏古籍出版社 1991 年版，第 108 页。
⑤ 梁园棣修，郑之侨、赵彦俞纂：咸丰《重修兴化县志》卷四《学校》，《中国地方志集成·江苏府县志辑 48》，江苏古籍出版社 1991 年版，第 121 页。

## 三、江苏书院之分期

依学统与政统是否合一，书院能否自由讲学，与官方之关系是否和谐，江苏书院之发展可分三个阶段，一是宋元之自由讲学，二是明代之官民并行，三是清代之涅槃重生。

其一，宋元。赵宋依文人立国，号称"与士大夫共治天下"，宋初官方科举取士又无力恢复唐代官学规模，故鼓励民间书院，江苏方正式开启书院。一是祭祀，始有邳州之敬简；一是讲学，方外之人，此如侯遗之茅山；一是自修，儒宦名士，如晏殊过化之邦，后世皆有书院。然此皆是偶然、个体、自发之行为。仁宗、神宗、徽宗有三次官学化运动，流风所及，民间书院均大幅萎缩。然由宋代之崇文，优待士人，故儒者于学于政则发万古未有之豪情，遂有道学之兴起，其于民间四处讲学，然则书院方死灰复燃，以江苏而言，南宋时道南一脉自觉兴建书院，传播斯学，周氏兄弟于武进建城东书院，杨时之无锡建东林书院，方才星火燎原，风起云涌，日新月异，蔚为大观。官方亦并未压制，故书院得以维系自由发展之局面，又兴官方书院，并行不悖。故南宋可谓江苏书院独立自由发展之良好时期。待元廷入主，初始允许书院存在，以书院涵纳遗民怀念故国之情绪，化解其反抗，随后则又将书院官学化，全面纳入官方控制，书院遂渐趋凋敝。

其二，明代。洪武独兴官学，故有明立国百年，书院几无。成化、弘治后，禁令稍弛，湛王攘臂，宋人自由讲学之风重兴，书院始恢复元气，随之有井喷之发展。于江苏境内，除湛王类书院之外，尚有朱子学书院。朱子学为官方钦定之教材，尊朱子之书院虽遭王门之挑战，一时式微，然犹坚劲不坠，至泾阳辈，东林执士林牛耳，朱子学重盛。然不论朱子学或阳明学之书院，皆抵触官学，故庙堂灭之不息，是为嘉靖、万历、天启三次禁毁书院。待崇祯拨乱反正，不日清兵入关矣，书院又复坎陷。故明代书院为官方与民间书院之斗争期。

其三，清代。清初统治者尚未平定天下，无力顾及文教，故遗民尚可承东林余绪，自由讲学，四逸江湖，如顾炎武至常熟之语濂泾，陈瑚至昆山之蔚州村，皆薪火不绝，孤诣宏远。俟清廷定鼎，文字狱大兴，由此学术开始转型,为汉学、为官(朱)学、为妾妇之学,然皆不为自由之讲学,故书院之精神几死矣,可谓全面驯化,形式则官学,内容则科举与考据。待西学传来,我国古典学问已告终结,儒者花果飘零,书院此一古老学校形式,遂与官学一起,为新式之学校所取代,无回天之转圜也,唯待涅槃以重生。

故江苏之书院史,可分为自由发展、官民并行、涅槃重生三大阶段。

## 四、江苏书院之特点

其一,层次完整,规模宏大。江苏书院于省府级、州县级、乡村级三个层次建构十分完整。省府级书院历代不乏,且在全国地位极为重要,如南宋南京之明道书院、明代南京之崇正书院、无锡之东林书院、清代南京之钟山书院、苏州之紫阳书院、无锡之南菁书院等,皆是一方学术重镇,对当时全国的思想界、政治界均产生极大影响。至于州县级、乡村书院更是不胜枚举,此不赘述。

其二,性质多元,地域均衡。其建立者有官方有民间有半官半民。官方又分以下几种,地方政府所建如明道、钟山、紫阳,在盐城、南通等地又多盐场主办之书院,徐州丰沛有系列因治水而生之书院,淮安则有榷关主持之书院,扬州则有盐商支持、半官半民之书院,如广陵、梅花之属。民间书院则更是错综,有圣贤硕儒后裔所申,如孔子五十二代孙孔元虔所建之马洲,言子后裔所建之文学,魏了翁裔孙魏起所建之鹤山,陆龟蒙裔孙陆德源所建之甫里等。有学者私立,如北宋侯遗之茅山,南宋杨龟山之东林,明之湛王后学所立更是满天星斗。有家族主办,如南宋金坛之申义、清代武进之青山。更有乡绅邑人主办,不胜枚举。甚至有佛道人士,如明初道士黄彦辉之富春。清末,宜兴有对抗天主教之书院。南京、苏州则兴起基督教所办之书院。特别是各级官吏中涌现出一批勤办书院者,如在江南地区兴建多所书院的胡缵宗、宋楚望、康基田等尤应表彰。在民族身份上亦众多,满蒙尤其突出,元代有蒙古族官员主持建立的书院,如纳琳布哈建盱眙崇圣,清代则多满族官员主持之书院。

于功能而言,除讲学课士外,祭祀特发达,藏刻书亦不遑多让。具见前文。地域则随时代而变化,北宋时南北均衡,南宋时由于国家分裂为宋金等多部,苏北属军事区域,故书院南迁,苏南进入繁盛期。入元后,南北再度均衡。明代江苏书院延伸至今连云港等地,清代更是遍布南北。

其三,学术性强,名师辈出,学派伴生。江苏书院学术之发展已见前文。以程朱理学,宋有明道,元有江东,明有东林,清有钟山、紫阳,吴澄、程端礼、顾宪成、高攀龙、张伯行、姚鼐等皆是一代名儒。以湛王心学,有甘泉、清凉、嘉义等,耿定向、焦竑均是心学干城,尤其是王艮之泰州学派如日中天,有东淘精舍。若论汉学,则清代江苏书院掌院者有王鸣盛、钱大昕、汪中、刘台拱、江藩、段玉裁、王念孙、王引之、任大椿、朱珔、孔广森、金榜、程瑶田、凌廷堪、胡培翚等名儒。而公羊学横空出世今文经独步天下,又有李兆洛、龚自珍。至清末新学,又蹊径别开。除大经师外,江苏书院之发展往往又有学派伴生之现象,如明之湛王学派、东林学派,清之吴派、扬州学派、常州学派等。而且很多书院之间可以互相借师,如扬州之安定、梅花,南京之钟山、尊经、惜阴。

其四,公共性突出。江苏书院不论官立私办,均以面向社会为主,除讲学之学校教育、藏刻书之图书馆、出版社之功能外,公共职能尤其突出。一地之书院往往成为一方之议政中心,大如东林书院,小如乡村书院。宜兴的国山书院读法、昆山的崇文书院讲乡约,更有宜兴的鹅西书院抵抗天主教,吴江的许多小书院完全是里人、邑绅公捐。故江苏书院,综西人学校、教堂、议政中心等之职能。而南京学山书院已成七乡公所,黄宗羲学校议政之思想竟然在民间通过基层书院得以实现,此诚可叹。

# 第三节　势理文互动视域下的江苏书院

书院之生发,必有因缘相关之事物,曰势,曰理,曰文,本节则在此视域下,讨论江苏书院之发展。势、理向为论述之常用范畴,拙著只打算在一般的历史时势与儒家义理的意义上借用之搭建讨论框架。文则指广义上的宗教文化。

## 一、势:自然社会发展与江苏书院

势指包括天文地理、经济科技、政治军事等在内的历史发展综合之无限,即所谓"历史的上帝"。个别具体之势指特定的历史发展阶段。其对江苏书院的发展起着基础性的作用,姑举数例以说明之。

其一,自然之影响。江苏濒海,今盐城、南通一带,古来即是重要产盐地,所以范仲淹、晏殊等人在此为盐官,都直接或间接地影响了书院之兴起,其后盐场官员所建之书院历代不乏。江苏地理从南往北天然分太湖流域、长江流域、淮河流域、古泗水流域,隋开大运河,又连通上述四大水系,在交叉处又诞生众多城市,如长江两岸之扬州、镇江,淮河流域之淮安,均以运河成,亦以运河衰。在这些运河城市中,多盐商支持之书院。

下面重点以江苏境内的古泗水流域为例,来说明自然地理之势对徐州书院之影响。《江南通志》云:"泗河在(徐州)府东北由山东历沛县至府东北,受汴水,合流而东南入邳州,韩愈诗所谓'汴泗交流郡城角'是也"。① "泗水源于山东省沂蒙山区,古为淮河支流。泗水经山东省曲阜、兖州南流至徐州,西会古汴水。至下邳东会沂水,至宿迁西纳睢水,至淮阴杨庄汇入淮河。"② 它与南下之黄河、北上之运河都曾发生交集。

一是黄河夺泗入淮。历史上黄河多次改道,③然南宋前均在冀、鲁改道流入渤海,南宋建炎二年(1128)冬,东京留守杜充为阻女真南下,决黄河南流,夺泗入淮,以水代兵。绍熙五年(1194),黄河大决于阳武(今河南省原阳县境),主流循道南下,由封丘至徐州入泗水,自淮阴以下全面侵占淮河入海故道。从此黄河南下,由泗入淮,离开传统的北流和东流,进入南流时期,在金元明期间,夺泗之黄河又多次决口,清咸丰

---

① 黄之隽、赵弘恩:乾隆《江南通志》卷十四《舆地志》,永瑢、纪昀等编纂:《四库全书》第 507 册,上海古籍出版社 1987 年版,第 478 页。
② 江苏省地方志编纂委员会:《江苏省志·水利志》"泗水条目",江苏古籍出版社 2001 年版,第 24 页。
③ 对于黄河下游在历史上究竟发生过多少次大改道,说法不一。清代有不少学者根据不同历史时期的黄河演变情况提出了不同的见解,胡渭在《禹贡锥指》中指出,黄河自大禹到明代凡五大改道。清末刘鹗在《历代黄河变迁图考》中,绘出黄河 6 次变迁图。中华人民共和国成立后出版的《邓子恢文集》提出,黄河下游在 3000 多年中发生泛滥、决口 1500 多次,重要改道 26 次,其中大的改道 9 次。1999 年科学出版社出版的《黄河下游河流地貌》一书中,又提出黄河下游共有 7 次大改道。

五年(1855)黄河又由河南兰阳铜瓦厢(今兰考县境)决口北徙,由山东大清河入海,黄淮分离,结束了黄河夺淮长达 661 年的灾难历史,夺泗入淮之黄河才变成废河道。① 在这期间,特别是明朝,黄河多次决口,工部主事在此长期主持治水工程,纷纷兴建书院,以发展教育。如嘉靖五年(1526)黄河夺道造成丰县洪灾,县治移至华山镇,知县叶烓遂于二十五年创华山书院。又如沛县镇山书院乃明隆庆初,邑人为纪念治河名臣朱衡而建之生祠,朱氏号镇山。

二是泗运合流。在徐州境内京杭大运河与原泗水大部分合为一体,造成诸多危险之地,为保漕运顺畅则须治水,由治水则产生诸多书院。古泗水流经徐州形成三处险滩,秦梁洪、百步洪、吕梁洪,以后者最为凶险,《水经注》称此地"县涛奔崩,实为泗险",是元明南北运河漕运上的主要障碍。元至正八年(1348)在吕梁洪设立差官监督协助江淮粮船过洪,明永乐九年(1411)又在此设工部分司属管理漕运,直至万历三十八年(1610)。此二百余年间吕梁洪成为交通要道、国之命脉,其中出现了诸多相关书院,如嘉靖十二年(1533)工部主事郭持平建吕梁书院。又如上沽头。元明时期,沛县境内水利设施最为集中,依次排列着大闸、中闸、小闸、上沽头、下沽头、南沽头等闸坝渡口,设在上沽头的工部分司②为其统领。工部官员在此地兴建多所书院,如嘉靖初年,工部主事施笃臣在此兴建沽头精舍,嘉靖二十九年(1550)沽头工部分司主事吴衍兴建仰圣书院。③

其二,政治之影响。一是官学与民间书院之互动。唐末五代,官学尽毁,故北宋提倡民间办学,由此江苏书院开始兴盛,南宋时官学重兴,但民间书院并未受限,二者俱荣,和谐发展,南京明道书院既是全国最大规模书院,也是理学的研究重镇。唯在金国军事高压下,苏北书院南

---

① 江苏省地方志编纂委员会:《江苏省志·水利志》,江苏古籍出版社 2001 年版,第 5 页。
② 明代之工部,为中央行政管理机构六部之一,大致综合今之水利、交通和工业三部之相关职能。其下设营缮、虞衡、都水和屯田四个清吏司,都水清吏司掌管稽核、估销河道、海塘、江防、沟渠、水利、桥梁、道路工程经费等事务,属下的分司则是设在地方上之分理官署,在我国水利史、交通史特别是漕运史上占有重要地位。
③ 黄清华:《微山湖西岸沽头城荣兴史话》,徐州日报社,A13 徐州地理,2017 - 01 - 13,http://epaper.cnxz.com.cn/pczm/html/2017 - 01/13/content_402541.htm

迁,如高邮之淮海书院迁至镇江,南北分治又导致苏南书院昌盛而苏北凋敝,但在苏南,官方与民间尚保持平衡,书院不失为一自由发展之佳期。元朝开始限制民间书院并全面官学化,书院主要执行祭祀功能。明初则独兴官学,全面禁止民间书院。然明廷设南直隶,[①]南京更设为留都,成为仅次于北京的政治中心,大批学者在此或出仕或治学,适湛、王横空出世,加之官学堕坏,书院方重盛。此又引起官方打压,多次禁毁。清初亦弹压书院,扶持官学,由于书院传统悠久、民间基础雄厚,官学又屡兴屡败,于是转而认可书院,全面官学化。

二是政治多中心化。此点在书院设立上表达得淋漓尽致。如清代,据嘉庆《大清一统志》:"两江总督驻江宁府,辖江苏、安徽、江西三省。江苏巡抚,驻苏州府。漕运总督,驻淮安府。河道总督,驻清江浦,管江南河道,旧有副总河,嘉庆十五年裁。提督江苏学政,驻江阴县。巡视两淮盐政,驻扬州府,辖江南、江西、湖广、河南汝宁等处。督理织造二员,一驻江宁府,兼管龙江西新关税务,一驻苏州府,兼管游墅纱关税务。淮宿等关监督,驻淮安府。江宁布政使司,驻江宁府,辖江宁、淮安、扬州、徐州四府,海、通二州,乾隆二十五年增设,并置理问以下官。江苏布政使司,驻苏州府,辖苏州、松江、常州、镇江四府,太仓州,海门厅。江苏按察使司,驻苏州。江安督粮道,驻江宁府。苏松粮储道,驻常熟县。盐法道,驻江宁府。河库道,驻清江浦。分巡松太兵备道,驻上海。分巡淮扬河务兵务道,旧驻淮安府,乾隆五十七年移驻清江浦。分巡淮徐海河务兵备道,驻徐州府。分巡淮海河务兵备道,驻安东县。分巡常镇通海兵备道,驻镇江府。两淮盐运使,驻扬州府。"[②]由上可见政治之多中心可谓淋漓尽致。江宁府(治今南京市)设统管三省之最高军政首脑两江总督,苏州府(治今苏州市)则有江苏最高行政长官江苏巡抚,江苏乃全国唯一一省两省会、总督巡抚同省不同城之省份。又为应对江苏"钱谷殷繁",清廷在江宁和苏州各设一布政使,以分理钱粮刑

---

① 所谓南直隶是明代直属中央六部的南京及附近府与直隶州的统称,包括十四府(应天府、凤阳府、淮安府、扬州府、苏州府、松江府、常州府、镇江府、庐州府、安庆府、太平府、池州府、宁国府、徽州府)和四直隶州(徐州、滁州、和州、广德州),范围大体与今之苏皖沪相当。

② 穆彰阿、潘锡恩等纂修:《大清一统志》卷七十二《江苏统部》,《续修四库全书》第614册,上海古籍出版社2002年版,230—231页。

谷,江宁布政使辖江宁、扬州、淮安、徐州四府及通州、海州二直隶州;苏州布政使辖苏州、松江、常州、镇江、太仓五府州及海门厅。因而,江苏又是全国唯一的一省设有两布政使的省份。① 故南京、苏州此两大中心城市各兴省级书院。淮安不遑多让,管理大运河江南漕粮北运的漕运总督驻淮安,而管理黄河南段的南河河道总督亦驻淮安清江浦。咸丰五年(1855)黄河北走后,南河总督地位方始下降,十年(1860)裁并于漕督。故淮安历史上亦兴建众多书院。前述徐州治水机构众多,故出现多所由工部主事兴建之书院。扬州一带自古是重要产盐地,如西汉时吴王"濞招致天下亡命者铸钱,煮海水为盐",②明代宋应星则称:"凡盐,淮扬场者,质重而黑,其他质轻而白。以量较之,淮场者一升重十两,则广浙长芦者只重六七两。"③故此地区多盐场兴建之书院。扬州又是盐政盐商集中地,清代扬州设两淮巡盐察院署和两淮都转盐运使司两个机构,前者长官称巡盐御史,是两淮盐区职位最高的盐务官员,可直接向皇帝报告,后者长官称盐运使,具体掌管盐业相关事宜,盐政、盐商历史上则大力兴建书院。镇江位于运河与长江之交汇,则此黄金地点书院林立更在情理之中。江阴以一县之规模,却拥有省级书院,如暨阳、南菁,乃因其是江苏学政驻地。

三是行政区划变更较为频繁。如雍正二年(1724),从两江总督查弼讷之请,析长洲县地置元和县;析吴江县地置震泽县;析常熟县地置昭文县;析昆山县地置新阳县。以苏州府领吴县、长洲、元和、吴江、震泽、常熟、昭文、昆山、新阳九县。同年9月升太仓州为直隶州,与府平级,同属省管。并析太仓州地置镇洋县,割嘉定、崇明与之,并析嘉定县地置宝山县。以太仓州领镇洋、嘉定、宝山、崇明四县。④ 这样一来,就会引起书院的归属之变迁。有一书院为两县共管,如宜荆试

---

① 另外还曾设江南巡抚。清廷定鼎后,顺治二年(1645)变明之南直隶为江南省,又废南京为江宁府,设江南巡抚驻江宁(南京)。康熙六年(1667),拆江南省为江苏(含上海)、安徽二省。江苏布政使驻苏州,安徽布政使则常驻江宁后移安庆,随后又新设江宁布政使于江宁。苏皖两省乡试共用南京江南贡院,预试考场为上江(安徽)考棚、下江(江苏)考棚。
② 司马迁:《史记》卷一百六《吴王濞列传》,中华书局1963年版,第2822页。
③ 宋应星:《天工开物·作咸第五卷》,《海水盐》,商务印书馆1933年版,第106页。
④ 曹允源、李根源纂:民国《吴县志》卷十八上《舆地考》,《中国地方志集成·江苏府县志辑11》,江苏古籍出版社1991年版,第277页。

院。又有直隶省管而规格增加者,如太仓之娄东书院,高邮、通州亦类似之。

其三,经济之影响。在南宋黄河夺淮前,淮河流域向来经济发达,文教昌盛,这也是江苏首家书院会出现在邳州之原因。南宋后,淮河成为前线,故沿淮地区,以军事为主,经济发展受到严重限制,书院亦进入低潮。其后元明清,由于漕运之发展,则经济发达,书院众多,与江南相比,不遑多让。长江流域,以南京为中心,一直是政治中心,经济功能并不明显。二千年间,攻守数易,在多个政权的拉锯战中,忽建忽毁,兵锋肆虐,故经济亦处中流,书院亦列中位。太湖流域,随着六朝之开发,逐渐取代北方,成为国家主要的粮食和赋税中心。宋明时,工商兴起,四民平等互动,太湖流域的经济更上层楼,故其书院亦特发达。

淮安为明清盐榷税务中心,在板闸便设有淮安榷关,乃明清财政收入极重要来源,有关税居天下强半、天下盐利淮为大之誉,故淮关榷使创建书院为一大特色,如清嘉庆三年(1798),阿厚安建"文津书院"。扬州书院经费或由盐引捐款拨给,或由盐商捐款兴办。书院大都为历代盐运使所建,一直隶属盐官,可说是官办和商办的结合。如吴锡麒《曾都转校士记》:"东南书院之盛,扬州得其三焉。其附郭者,曰安定,曰梅花;其在仪征者,曰乐仪,而皆隶于盐官。籍其财赋之余,以为养育人才之地,故饩禀之给,视他郡为优。"[1]朱方增《广陵书院增额记》:"嘉庆十三年,长白阿厚庵直指巡视两淮,宏奖士类,下车后即添设安定、梅花、乐仪三书院膏火资。既又念广陵为童子肄业之地,人才发轫实基于此,旧时设额过隘,且岁入数百金,不足以瞻多士,遂于十四年秋广课额、益膏火、加修脯,以为学者劝。"[2]

## 二、理:儒学义理发展与江苏书院

本书之理特指儒家之义理,就普遍言,其有普遍定义,就分殊言,此

① 柳诒徵:《江苏书院志初稿》,赵法生、薛正兴主编:《中国历代书院志》第1册,江苏教育出版社1995年版,第50页。

② 柳诒徵:《江苏书院志初稿》,赵法生、薛正兴主编:《中国历代书院志》第1册,江苏教育出版社1995年版,第50页。

普遍定义在不同时代有不同之呈现。考察书院之发展,须先明儒学之发展。以义理来看,可分为下面几个层次。

其一,广义儒学与狭义道学。二者因时各异,就江苏书院而言,则当从宋始。

北宋时广义儒学,有荆公之新学、温公之史学、三苏之文学等,在此之外,宋初三先生、北宋五子崛起,宋明道学横空出世。二者之损益,与江苏书院关系不大,略过不表。

南宋时广义儒学,道学之外则有浙学,代表人物如吕祖谦、叶适、陈亮等;在道学内部则分理学与心学,理学内部又有湖湘之学与闽学之分。宋室南渡后,一般而言,道学南传有两大脉络,如真德秀云:"二程之学,龟山得之而南,传之豫章罗氏,罗氏传之李氏,李氏传之考亭朱氏,此一派也。上蔡传之武夷胡氏,胡氏传其子五峰,五峰传之南轩张氏,此又一派也。"①实际上,江苏道学之正式发生,不在龟山(杨时)而在常州周孚先兄弟,龟山后来居上而已。二程弟子周孚先兄弟学成归来即在常州建立城西书院,随后二程弟子杨时又在无锡建立东林书院。

至元明,道学一统天下,程朱定谳为官学,则又有王阳明、湛若水之横空出世,道学内部表现为理学与心学之争。此二派对江苏书院之发展影响深远,其领袖人物王阳明、湛若水及其门人在江苏兴建大量书院传播心学,同时程朱理学的大本营东林书院也发挥了巨大的时代作用。

至清代,广义儒学则有道学、经学、实学等。在道学内部,则有程朱理学复兴对阳明心学予以反制,而后又有以船山为代表的气学对理学与心学均予批判,冀以超越之。由此理学→心学→气学,环环相因,儒学的哲学化——宋学之内在可能性已穷尽。

其二,宋学与汉学。所谓宋学,即以道学为代表之哲学化的儒学,是为上文所述的理学→心学→气学。而汉学则是以训诂考据为核心内容的经学。宋代书院,以研授理学为主,故主持书院者,多为

---

① 真德秀:《真文忠公读书记》卷三十一,永瑢、纪昀等编纂:《四库全书》第 706 册,上海古籍出版社 1987 年版,第 106 页。

理学大师。明代中期,阳明致良知,甘泉随处体认天理,风行天下,晚期东林诸子出,批判王学末流,其主要特征虽为道学内部心学与理学之争,但是道学中亦有考据,如朱子与黄宗羲均有相当之考据成绩,此可谓汉学之先声。入清,因批判宋明道学,遂有经世致用之实学复盛,如顾炎武。因超越宋学之心性命理,遂有儒学之经史化复兴,乾嘉汉学兴起,如吴派、皖派。待汉学之饾饤,如《皇清经解》等结集,东汉古文经毕矣,而后前溯至西汉,则今文经学又兴矣,此又是待常州学派之崛起。

其三,实学与新学。实学指经世致用之学,早在南宋已有所谓浙东功利之学。明末清初诸儒更掀起高潮,如梨洲云:

> 儒者之学,经天纬地,而后世乃以语录为究竟,仅附答问一二条于伊洛门下,便厕儒者之列,假其名以欺世。治财赋者则目为聚敛,开阃捍边者则目为粗材,读书作文者则目为玩物丧志,留心政事者则目为俗吏,徒以生民立极、天地立心、万世开太平之阔论,钤束天下。一旦有大夫之忧,当报国之日,则蒙然张口,如生云雾。世道以是潦倒泥腐,遂使尚论者以为立功建业别是法门,而非儒者之所与也。[1]

颜习斋之力行,顾宁人之践履,皆是。至清末在"三千年未有之变局"刺激下,"士大夫沉浸于章句小楷之积习"已无啻井蛙矣。新学则指明清在西方文化影响下的新式学问。此二者,一属本土另类,一属西来异端,竟合流共辙,为儒学辟出新境遇,是为儒学发展不可思议之转折,由此江苏书院又兴起了新风,如江阴南菁书院。

## 三、文:宗教文化发展与江苏书院

此处之文指除儒家文化之外的佛教、道教、天主教等文化对江苏书院发展之影响。古来书院与佛道的关系极为密切,唐朝书院的创办已

---

[1] 黄宗羲:《赠编修弁玉吴君墓志铭》,《黄宗羲全集》第 10 册,浙江古籍出版社 1985 年版,第 421 页。

证明此点，①江苏书院的发展也不例外。

宋元时期，佛道占优。如茅山素为道教圣地，南朝陶弘景所创的茅山宗是以茅山为祖庭而形成的道教上清派，宋初侯遗创茅山书院，不能不说受到其影响。而茅山书院衰败后则"为崇禧观所据"，亦可见彼时道教势力之强盛。

元代佛教大兴，则书院与佛教关系极为紧张。一是佛教公然侵占书院财产，柳诒徵先生云："蒙古之教，抑儒崇释，江南隶元，书院辄为异教侵占。"②佛寺往往夺取前朝书院房屋田产。"元人崇信佛教，祖护僧侣，故书院常常为寺庙侵夺。如苏州学道书院，元初学田全为豪僧所夺，书院遂废，至元间，山长祖宗震重建，元末又为寺僧夺取。苏州和靖书院，元初为云岩寺僧据有。镇江淮海书院，至元二十七年为甘露寺僧侵占，山长郭景星力诉不得胜。镇江濂溪书院，元初被鹤林寺僧拆毁，占有其地。无锡东林书院，元至正年间废作僧庐"。③ 二是其中著名的佛教官员江南释教都总统杨琏真珈④更是作恶多端，《元史》载其"擅发宋诸陵，取其宝玉，凡发冢一百有一所，戕人命四，攘盗诈掠诸脏为钞十一万六千二百锭，田二万三千亩，金银、珠玉、宝器称是"，⑤并且侵毁书院，如至元中，和靖书院为其所毁，其恶迹终于被江淮行省发现，其人亦被惩处。⑥

---

① 邓洪波先生认为："作为儒者之区的书院，往往与僧院、道观并立而又强调其与佛道的区别，这是唐至五代时期书院发展的一个特点。如攸县石山书院与朱阳观、惠光寺为邻，李宽中、李泌书院分建于寻真观、玉真观中。见于《唐诗》的13所书院中，有3所与僧院有关，2所与道教有关，合计占总数的38.5%。它反映了儒者与释道两家争势夺地而又与之抗衡的情形。但同时儒生、和尚、道士又和平共处，切磋学术，甚至对国家的前途命运'寒宵未卧共思量'，又体现出一种文化的交融之势。事实上，士人'读书林下寺'，在虚坛、疏钟、丹炉间吟诗、攻文字，对佛的极乐世界，对神仙家的道气、丹术必有一定程度的感知或体认。儒释道三者是相互沟通和影响的，这正是书院产生的思想文化背景。"见邓洪波：《中国书院史》，武汉大学出版社，2012年增订版，第63页。

② 柳诒徵：《江苏书院志初稿》，赵法生、薛正兴主编：《中国历代书院志》第1册，江苏教育出版社1995年版，第13页。

③ 江苏省地方志编纂委员会：《江苏省志·教育志上》，江苏古籍出版社2000年版，第54页。

④ 又作琏真伽、杨琏真珈、杨琏真加，元廷宗教职员，其本西夏人，藏传佛教僧人，吐蕃高僧八思巴帝师的弟子，见宠于忽必烈，至元二十二年（1285年），任江南总摄。

⑤ 宋濂等：《元史》卷十七《世祖本纪》，中华书局1976年版，第362页。

⑥ 佚名：《庙学典礼》卷三《郭签省咨复杨总摄元占学院产业》，永瑢、纪昀等编纂：《四库全书》第648册，上海古籍出版社1987年版，第360页。

明以后书院对佛道则取攻势。如淮安忠孝书院，本是尼寺，巡抚成英毁之，崇正书院，本是如意庵，知县张性诚改。连云港观音院改为崇正书院，长安寺改为明道书院，伊卢石佛寺旧址兴建伊卢书院。南京江干书院，在浦口玉虚观内。镇江句容南轩书院，乃改接待寺为之。苏州学道书院以景德寺改建，和靖书院从虎丘西庵迁至龙兴寺废基，乐圃书院以慈济庵改建。盐城阜宁观澜书院始就废五通庙而设。

其时甚至有反复拉锯。如泰州"胡公书院，在州治西、泰山前，宋宝庆二年，守陈垓于泰山左建堂一楹祀胡瑗，扁曰安定书院。明正统间，同知王思旻改建泰山祠。明正德间，千户王华改建玉女祠。嘉靖初，御史雷应龙撤祠更置书院，祀范仲淹、胡瑗，建堂二，曰经义，曰治事，建亭一，曰后乐。十七年巡按御史杨瞻檄知州朱篯移祀仲淹名宦祠专祀，瑗复曰安定书院，祠曰安定胡先生祠，改后乐亭曰观海亭。后祠圮。里人改祀碧霞元君。隆庆元年，督学耿定向撤元君祀，仍为讲堂"。① 苏州富春书院则是天顺年间道士所建。

清朝佛道与书院渐融为一体。如苏州紫阳书院"地度于学宫之旁，材取于僧庐之毁"，又"拨吴县水北庵僧入官田，以禀诸生"。吴江震泽（笠泽）书院，乾隆八年（1743）知县陈和志设义学于文昌道院，十一年（1746）和志改建书院。甚至有佛教徒兴建书院，如苏州澹台书院，清儒彭守求云："寺中明宗上人来自嘉禾，殷然有志于重兴书院，告募鸠工，属余一言为引。余惟敬事先贤、修复古迹，固素志也，若是举出自禅门，所谓礼失而求诸野者，其在斯乎。"② 又有书院中居佛子，如光绪《靖江县志》载骥腾书院："堂东有净室一楹，居守院僧。"③此表明至清时，书院与佛道已经水乳交融。

清代江苏书院在宗教上最新之变化则是基督教之传入，先是天主教，后来则是基督新教。基督教传入江南，引起基层民众自发之反对，广建书院以对抗之，如宜兴之鹅西讲舍、鹅山书院。清末基督新教传

---

① 王有庆等修，陈世镕等纂：道光《泰州志》卷八《学校》，《中国地方志集成·江苏府县志辑 50》，江苏古籍出版社 1991 年版，第 58 页。
② 彭定求：《募建澹台书院引》《南畇文稿》卷十二，清乾隆三十九年（1774）刻本。
③ 叶滋森修，褚翔等纂：光绪《靖江县志》卷六《书院》，《中国地方志集成·江苏府县志辑 5》，江苏古籍出版社 1991 年版，第 536 页。

人,则陆续在南京、苏州等地建立诸多中西合璧之新式书院,如南京汇文书院、基督书院和益智书院,苏州宫巷书院、博习(存养)书院,它们后来成为教会大学之源头。

上述时势、义理与文化,一多共殊,隐显卷舒,摩荡相生,江苏书院就在这样的大背景从无至有,茁壮成长。

## 第四节　江苏历代书院一览表

目前统计所得,江苏历代共新建书院329所,重建143所。其中,宋代新建34所,重建2所;元代新建11所,重建8所;明代新建93所,重建37所;清代新建184所,重建96所;另外还有不详书院7所。除此之外,定有若干书院被遗漏,容后再补。

### 一、宋代江苏书院

#### (一)北宋新建书院

| | 名称 | 时间 | 地点 | 创始人 | 属性 |
|---|---|---|---|---|---|
| 1 | 敬简书院 | 大中祥符二年(1009)之后 | 徐州 | 邑人 | 祭祀 |
| 2 | 茅山书院 | 天圣二年(1024) | 镇江 | 处士侯遗 | 讲学 |
| 3 | 都官书院 | 天圣五年(1027)后 | 苏州 | 邑人 | 祭祀 |
| 4 | 晏溪书院 | 约大中祥符四年至六年(1011—1013)之后 | 盐城 | 晏殊 | 祭祀 |
| 5 | 钟山书院 | 元丰元年(1078)后 | 南京 | 王安石 | 个人藏休 |
| 6 | 城东书院 | 大观元年(1107) | 常州 | 周恭先、周孚先 | 讲学 |
| 7 | 城西书院 | 大观元年(1107) | 常州 | 周恭先、周孚先 | 讲学 |
| 8 | 东林书院 | 政和元年(1111) | 无锡 | 杨时 | 讲学 |
| 9 | 王俊乂书院 | 徽宗年间 | 南通 | 王俊乂 | 私人书斋 |
| 10 | 丁天赐书院 | 徽宗提间 | 南通 | 丁天赐 | 私人书斋 |

## （二）南宋新建书院

| | 名称 | 时间 | 地点 | 创始人 | 属性 |
|---|---|---|---|---|---|
| 11 | 南山书院 | 建炎、绍兴年间（1127—1162） | 苏州 | 邑人 | 祭祀 |
| 12 | 金渊书院 | 绍兴十八年（1148） | 常州 | 知县施祐 | 讲学 |
| 13 | 城南书院 | 淳熙年间（1177—1179） | 常州 | 郡守杨万里 | 讲学 |
| 14 | 文会学舍 | 嘉定八年（1215） | 南通 | 教授卢端谊 | 讲学 |
| 15 | 申义书院 | 嘉定三年至嘉熙四年（1210—1240） | 常州 | 乡绅张镐 | 族学 |
| 16 | 淮海书院 | 嘉定四年（1211） | 扬州 | 龚基先 | 讲学 |
| 17 | 明道书院 | 嘉定八年（1215） | 南京 | 主簿范和 | 讲学、祭祀、刻书 |
| 18 | 紫薇书院 | 嘉定年间（1208—1224） | 南通 | 不详 | 讲学 |
| 19 | 安定书院 | 宝庆二年（1226） | 泰州 | 知州陈埈 | 讲学、祭祀 |
| 20 | 和靖书院 | 端平二年（1235） | 苏州 | 提举曹豳 | 讲学、祭祀 |
| 21 | 鹤山书院 | 端平三年（1236） | 苏州 | 魏了翁 | 讲学 |
| 22 | 淮海书院 | 淳祐八年（1248） | 镇江 | 龚基先 | 讲学 |
| 23 | 陆公书院 | 淳祐十年（1250） | 盐城 | 陆秀夫 | 私人读书精舍 |
| 24 | 濂溪书院 | 宝祐元年（1253） | 镇江 | 郡守徐栗 | 讲学、祭祀 |
| 25 | 乐圃书院 | 宝祐三年（1255） | 苏州 | 敕建 | 祭祀 |
| 26 | 昭文精舍 | 咸淳三年（1267） | 南京 | 方拱辰 | 讲学 |
| 27 | 南轩书院 | 咸淳四年（1268） | 南京 | 知府马光祖 | 讲学、祭祀 |
| 28 | 南轩书院 | 咸淳四年（1268） | 镇江 | 邑人 | 祭祀 |
| 29 | 学道书院 | 咸淳五年（1269） | 苏州 | 知府黄铺 | 讲学、祭祀 |
| 30 | 马洲书院 | 咸淳年间（1265—1274） | 泰州 | 孔子后裔 | 讲学 |
| 31 | 石湖书院 | 南宋前期 | 苏州 | 邑人 | 祭祀 |
| 32 | 玉峰书院 | 南宋 | 苏州 | 卫泾 | 私人书斋 |
| 33 | 遂初书院 | 南宋 | 无锡 | 尤袤 | 藏书、讲学 |
| 34 | 万竹书房 | 不详，约南宋时 | 南通 | 不详 | 讲学 |

### （三）南宋重建书院

| | 名称 | 时间 | 地点 | 重建人 | 属性 |
|---|---|---|---|---|---|
| 1 | 城东书院 | 绍定三年(1230) | 常州 | 郡守郑必万 | 讲学、祭祀 |
| 2 | 茅山书院 | 端平二年(1235) | 镇江 | 金坛人刘宰 | 讲学、祭祀 |
| | | 淳祐六年(1246) | 镇江 | 知府王埜等 | 讲学、祭祀 |
| | | 咸淳七年(1271) | 常州 | 邑人 | 讲学、祭祀 |

## 二、元代江苏书院

### （一）元代新建书院

| | 名称 | 时间 | 地点 | 创始人 | 属性 |
|---|---|---|---|---|---|
| 1 | 东坡书院 | 至大年间(1308—1311) | 常州 | 不详 | 祭祀 |
| 2 | 江东书院 | 至治元年(1321) | 南京 | 邑人 | 讲学 |
| 3 | 扬氏书院 | 泰定二年(1325) | 苏州 | 邑人 | 讲学 |
| 4 | 文学书院 | 至顺二年(1331) | 苏州 | 邑人 | 祭祀,讲学 |
| 5 | 甫里书院 | 至顺年间(1330—1332) | 苏州 | 总管钱光弼 | 祭祀,讲学 |
| 6 | 崇圣书院 | 至元四年(1338) | 淮安 | 监县纳琳布哈 | 讲学,祭祀 |
| 7 | 文正书院 | 至正六年(1346) | 苏州 | 总管吴秉彝等 | 祭祀 |
| 8 | 澄江书院 | 至正年间(1341—1368) | 无锡 | 里人 | 讲学 |
| 9 | 节孝书院 | 至正十五年(1355) | 淮安 | 奉议大夫危素 | 祭祀 |
| 10 | 陈省元书院 | 不详 | 如皋 | 陈省元 | 私人书斋 |
| 11 | 许芳书院 | 不详 | 如皋 | 许芳 | 私人书斋 |

### （二）元代重建书院

| | 名称 | 时间 | 地点 | 重建人 | 属性 |
|---|---|---|---|---|---|
| 1 | 龟山书院 | 不详 | 常州 | 官立 | 不详 |
| 2 | 南轩书院 | 至元年间(1264—1294)迁址,大德元年(1297)重建 | 南京 | 官立 | 祭祀 |

| | 名称 | 时间 | 地点 | 重建人 | 属性 |
|---|---|---|---|---|---|
| 3 | 和靖书院 | 元初重建 | 苏州 | 有司、山长王建 | 祭祀 |
| | | 延祐元年(1314)迁址 | | 有司 | 祭祀 |
| | | 至元二年(1336)迁回原址重建 | | 山长吴希颜等 | 祭祀 |
| 4 | 学道书院 | 至元二十九年(1292) | 苏州 | 山长祖宗震 | 不详 |
| 5 | 鹤山书院 | 至顺元年(1330) | 苏州 | 魏了翁裔孙魏起 | 祭祀 |
| 6 | 甫里书院 | 元统二年(1334) | 苏州 | 陆龟蒙裔孙陆德源 | 祭祀 |
| 7 | 淮海书院 | 元贞元年(1295) | 镇江 | 教授黄一龙 | 不详 |
| 8 | 濂溪书院 | 元初 | 镇江 | 山长徐苏孙 | 不详 |

## 三、明代江苏书院

### (一)明代前期新建书院

| | 名称 | 时间 | 地点 | 创始人 | 属性 |
|---|---|---|---|---|---|
| 1 | 澹台书院 | 洪武十一年(1378) | 苏州 | 乡绅练塝 | 义塾 |
| 2 | 濂溪书院 | 洪武十八年(1385) | 镇江 | 知县顾信 | 祭祀 |
| 3 | 句曲书院 | 正统二年(1437) | 镇江 | 巡抚工部侍郎周忱 | 不详 |
| 4 | 练湖书院 | 景泰三年(1452) | 镇江 | 同知俞端 | 使臣驻节 |
| 5 | 资政书院 | 景泰六年(1455) | 扬州 | 知府王恕 | 讲学 |
| 6 | 富春书院 | 天顺年间(1457—1464) | 苏州 | 道士黄彦辉 | 祭祀 |

### (二)明代中期新建书院

| | 名称 | 时间 | 地点 | 创始人 | 属性 |
|---|---|---|---|---|---|
| 7 | 延陵书院 | 成化五年(1469) | 无锡 | 知县谢廷桂 | 讲学、祭祀 |
| 8 | 虞溪书院 | 弘治年间(1488—1505) | 苏州 | 知县计宗道 | 祭祀 |
| 9 | 东坡书院 | 弘治年间(1488—1505) | 无锡 | 邑人沈晖 | 祭祀、讲学 |

| | 名称 | 时间 | 地点 | 创始人 | 属性 |
|---|---|---|---|---|---|
| 10 | 石洞书院 | 弘治年间（1488—1505） | 南京 | 邑人严纮 | 讲学 |
| 11 | 二泉书院 | 正德五年（1510） | 无锡 | 名臣邵宝 | 祭祀 |
| 12 | 仰止书院 | 正德十一年（1516） | 淮安 | 御史张鳌山 | 祭祀 |
| 13 | 忠孝书院 | 正德十四年（1519） | 淮安 | 巡抚成英 | 祭祀、讲学 |
| 14 | 清风书院 | 正德十五年（1520） | 镇江 | 知县李东 | 祭祀 |
| 15 | 杏花书屋 | 正德年间（1506—1521） | 苏州 | 刑部侍郎周广 | 不详 |
| 16 | 金乡书院 | 嘉靖二年（1523） | 苏州 | 知府胡缵宗 | 祭祀,讲学 |
| 17 | 崇正书院 | 嘉靖二年（1523） | 连云港 | 知州廖世昭 | 讲学 |
| 18 | 明道书院 | 嘉靖二年（1523） | 连云港 | 知州廖世昭 | 讲学 |
| 19 | 石棚书院 | 嘉靖二年（1523） | 连云港 | 致仕指挥张沄 | 讲学 |
| 20 | 伊庐书院 | 嘉靖二年（1523） | 连云港 | 板浦诸生时筏 | 讲学 |
| 21 | 道南书院 | 嘉靖四年（1525） | 常州 | 知府陈实 | 讲学、祭祀 |
| 22 | 高淳书院 | 嘉靖四年（1525） | 南京 | 知县刘启东 | 讲学 |
| 23 | 中山书院 | 嘉靖四年（1525） | 南京 | 知县王从善 | 祭祀 |
| 24 | 新江书院 | 嘉靖四年（1525） | 南京 | 湛若水 | 祭祀 |
| 25 | 维扬书院 | 嘉靖五年（1526） | 扬州 | 巡盐御史雷应龙 | 讲学、祭祀 |
| 26 | 崇川书院 | 嘉靖六年（1527） | 南通 | 判官史立模 | 不详 |
| 27 | 谢公书院 | 嘉靖六年（1527） | 扬州 | 给事中彭汝实 | 祭祀 |
| 28 | 新泉书院 | 嘉靖三至六年间（1524—1527） | 南京 | 湛若水 | 讲学 |
| 29 | 甘泉书院 | 嘉靖七年（1528） | 扬州 | 贡士葛涧、巡盐御史朱廷立 | 讲学 |
| 30 | 崇正书院 | 嘉靖八年（1529） | 无锡 | 邑人 | 祭祀 |
| 31 | 亲民馆 | 嘉靖九年（1530） | 扬州 | 知县王暐 | 讲学 |

| | 名称 | 时间 | 地点 | 创始人 | 属性 |
|---|---|---|---|---|---|
| 32 | 吕梁书院 | 嘉靖十二年(1533) | 徐州 | 工部主事郭持平 | 讲学 |
| 33 | 葵竹山房 | 嘉靖十二年(1533) | 通州 | 知州董汉儒 | 不详 |
| 34 | 修篁书院 | 嘉靖十二年(1533) | 南通 | 不详 | 讲学 |
| 35 | 泗上书院 | 嘉靖十四年(1535) | 徐州 | 工部主事张镗 | 祭祀 |
| 36 | 东淘精舍 | 嘉靖十五年(1536) | 盐城 | 御史洪垣 | 讲学 |
| 37 | 通川书院 | 嘉靖十六年(1537) | 南通 | 同知舒缨 | 不详 |
| 38 | 泰山书院 | 嘉靖十七年(1538) | 泰州 | 知州王臣 | 祭祀 |
| 39 | 三友书院 | 嘉靖十七年(1538) | 镇江 | 县令周仕 | 不详 |
| 40 | 正学书院 | 嘉靖十七年(1538) | 盐城 | 县丞胡鳌 | 讲学 |
| 41 | 泗滨书院 | 嘉靖二十二年(1543) | 徐州 | 不详 | 不详 |
| 42 | 彭东书院 | 嘉靖二十五年(1546) | 徐州 | 副使王梃 | 讲学 |
| 43 | 彭西书院 | 嘉靖二十五年(1546) | 徐州 | 副使王梃 | 武举弟子居业之所 |
| 44 | 华山书院 | 嘉靖二十五年(1546) | 徐州 | 知县叶煃 | 讲学 |
| 45 | 五贤书院 | 嘉靖二十六年(1547) | 扬州 | 江防同知魏炯 | 祭祀、讲学 |
| 46 | 仰圣书院 | 嘉靖二十七年(1548)后 | 徐州 | 主事吴衍 | 讲学 |
| 47 | 新泉精舍 | 嘉靖二十九年(1550) | 南京 | 阳明门人吕怀等 | 祭祀、讲学 |
| 48 | 嘉义书院 | 嘉靖二十九年(1550) | 常州 | 阳明门人史际 | 讲学、祭祀、刻书 |
| 49 | 养正书院 | 嘉靖三十五年(1556) | 徐州 | 主事王应时 | 讲学 |
| 50 | 沽头精舍 | 嘉靖三十五年(1556)后 | 徐州 | 工部主事施笃臣 | 讲学 |
| 51 | 文明书院 | 嘉靖三十八年(1559) | 泰州 | 邑人 | 祭祀 |
| 52 | 吴陵书院 | 嘉靖四十四年(1565) | 泰州 | 耿定向 | 祭祀王艮 |
| 53 | 崇正书院 | 嘉靖四十五年(1566) | 南京 | 耿定向 | 讲学 |
| 54 | 文正书院 | 嘉靖年间(1522—1566) | 苏州 | 户部侍郎方鹏 | 讲学、祭祀 |

| | 名称 | 时间 | 地点 | 创始人 | 属性 |
|---|---|---|---|---|---|
| 55 | 文节书院 | 嘉靖年间（1522—1566） | 淮安 | 不详 | 不详 |
| 56 | 梧溪书院 | 嘉靖年间（1522—1566） | 无锡 | 知县李元阳 | 不详 |
| 57 | 查公书院 | 正德、嘉靖年间 | 苏州 | 查应兆 | 读书自修 |
| 58 | 碧山书院 | 正德、嘉靖年间 | 苏州 | 吏部侍郎徐缙 | 不详 |
| 59 | 天池书院 | 成弘、正德、嘉靖年间 | 苏州 | 吏部御史毛珵 | 不详 |
| 60 | 可贞书院 | 弘治、正德、嘉靖年间 | 苏州 | 邑人 | 祭祀 |
| 61 | 铁渠书院 | 不详 | 南通 | 进士顾磐 | 讲学 |

## （三）明代后期新建书院

| | 名称 | 时间 | 地点 | 创始人 | 属性 |
|---|---|---|---|---|---|
| 62 | 东园书院 | 隆庆元年（1567） | 扬州 | 知县申嘉瑞 | 讲学 |
| 63 | 镇山书院 | 隆庆三年（1569） | 徐州 | 邑人 | 祭祀 |
| 64 | 河清书院 | 隆庆三年（1569） | 徐州 | 知州章世祯 | 不详 |
| 65 | 境山书院 | 隆庆四年（1570） | 徐州 | 吕梁洪主事吴自新 | 不详 |
| 66 | 崇正书院 | 隆庆五年（1571） | 淮安 | 知县张惟诚 | 讲学 |
| 67 | 朐阳毓秀 | 隆庆六年（1572） | 连云港 | 知州郑复亨 | 讲学 |
| 68 | 龙城书院 | 隆庆六年（1572） | 常州 | 知府施观民 | 讲学 |
| 69 | 爱溪书院 | 隆庆年间（1567—1572） | 无锡 | 训导范丞宠 | 讲学 |
| 70 | 正学书院 | 万历二年（1574） | 淮安 | 都御史王宗沐 | 讲学 |
| 71 | 华阳书院 | 万历三年（1575） | 镇江 | 应天巡抚宋仪望 | 讲学 |
| 72 | 正心书院 | 万历三年（1575） | 镇江 | 不详 | 不详 |
| 73 | 凌云书院 | 万历五年（1577） | 宿迁 | 知县喻文伟 | 讲学 |
| 74 | 西书院 | 万历十年（1582） | 盐城 | 知县杨瑞云 | 讲学 |
| 75 | 芥隐书院 | 万历十七年（1589）后 | 苏州 | 不详 | 祭祀 |
| 76 | 泰东书院 | 万历十八年（1590） | 盐城 | 分运周汝登 | 祭祀 |

| | 名称 | 时间 | 地点 | 创始人 | 属性 |
|---|---|---|---|---|---|
| 77 | 志道书院 | 万历二十一年(1593) | 淮安 | 推官曹于汴 | 讲学 |
| 78 | 图南书院 | 万历二十七年(1599) | 南京 | 知县徐必达 | 讲学 |
| 79 | 崇儒书院 | 万历三十二年(1604) | 无锡 | 县令王镆 | 祭祀、讲学 |
| 80 | 明道书院 | 万历三十三至三十八年(1605—1610) | 无锡 | 知县喻致知 | 讲学 |
| 81 | 江干书院 | 万历四十年(1612) | 南京 | 邑人沈自明 | 不详 |
| 82 | 文昌书院 | 万历四十三年(1615) | 南京 | 助教许令典 | 讲学 |
| 83 | 苏公书院 | 万历四十七年(1619)后 | 苏州 | 知县苏寅宾 | 祭祀 |
| 84 | 五山书院 | 万历年间(1573—1620) | 南通 | 知州林云程 | 不详 |
| 85 | 中阳书院 | 泰昌元年(1620) | 徐州 | 知县宋士中 | 讲学 |
| 86 | 三贤书院 | 万历末年 | 南京 | 邑人 | 祭祀 |
| 87 | 江左书院 | 天启初年 | 镇江 | 邑人 | 祭祀 |
| 88 | 凝秀书院 | 天启年间(1621—1627) | 泰州 | 不详 | 不详 |
| 89 | 延令书院 | 天启年间(1621—1627) | 泰州 | 不详 | 不详 |
| 90 | 正修讲院 | 崇祯十六年(1628) | 苏州 | 县令牛若麟 | 祭祀、讲学 |
| 91 | 白马书院 | 崇祯七年至十四年(1634—1641) | 南京 | 知县李维樾 | 私人读书处、祭祀 |
| 92 | 黄公书院 | 崇祯年间 | 淮安 | 知县黄文焕 | 讲学 |
| 93 | 明德会馆 | 万历天崇年间 | 南京 | 邑人 | 讲学 |

## （四）明代前期重建书院

| | 名称 | 时间 | 地点 | 重建人 | 属性 |
|---|---|---|---|---|---|
| 1 | 淮山书院 | 洪武八年(1375) | 淮安 | 不详 | 不详 |
| 2 | 乐圃书院 | 洪武年间 | 苏州 | 不详 | 祭祀 |
| 3 | 学道书院 | 宣德九年(1434) | 苏州 | 知县郭世南 | 讲学、祭祀 |
| 4 | 城南书院 | 宣德年间 | 常州 | 知府莫愚 | 不详 |

| | 名称 | 时间 | 地点 | 重建人 | 属性 |
|---|---|---|---|---|---|
| 5 | 玉峰书院 | 正统年间(1435—1449) | 苏州 | 侍郎周忱 | 祭祀 |
| 6 | 节孝书院 | 天顺二年(1458) | 淮安 | 知县丘陵 | 祭祀 |
| 7 | 鹤山书院 | 宣德年间(1426—1435) | 苏州 | 不详 | 祭祀 |

### (五) 明代中期重建书院

| | 名称 | 时间 | 地点 | 重建人 | 属性 |
|---|---|---|---|---|---|
| 8 | 龟山书院 | 成化五年(1469) | 常州 | 邑人 | 祭祀 |
| 9 | 濂溪书院 | 成化年间(1465—1487) | 镇江 | 邑宰蔡实 | 祭祀 |
| 10 | 东林书院 | 成化年间(1465—1487) | 无锡 | 邵宝 | 讲学、祭祀 |
| 11 | 龙山书院 | 正德十一年(1516) | 常州 | 邑令刘天和 | 讲学 |
| 12 | 淮山书院 | 正德年间(1506—1521) | 淮安 | 官员薛渭野 | 祭祀 |
| 13 | 和靖书院 | 嘉靖二年(1523) | 苏州 | 知府胡缵宗 | 祭祀、讲学 |
| 14 | 学道书院 | 嘉靖二年(1523) | 苏州 | 知府胡缵宗 | 讲学 |
| 15 | 安定(泰山)书院 | 成化年间(1465—1487) | 泰州 | 南畿学政娄谦 | 讲学、祭祀 |
| | | 弘治五年(1492) | | 判官方岳 | 讲学、祭祀 |
| | | 嘉靖初 | | 巡盐御史雷应龙 | 讲学、祭祀 |
| 16 | 鹤山书院 | 嘉靖九年(1530) | 苏州 | 知府李显 | 祭祀 |
| 17 | 文会学舍 | 嘉靖十六年(1537) | 南通 | 同知舒缨 | 讲学 |
| 18 | 忠孝书院 | 嘉靖二十七年(1548) | 南通 | 巡盐御史陈其学等 | 讲学、祭祀 |
| 19 | 文学书院 | 嘉靖四十三年(1564) | 苏州 | 县令王叔杲 | 讲学、祭祀、藏刻书 |
| 20 | 明道书院 | 嘉靖初年 | 南京 | 御史卢焕 | 讲学、祭祀 |
| 21 | 节孝书院 | 嘉靖年间(1522—1566) | 淮安 | 御史成英 | 祭祀 |
| 22 | 南轩书院 | 嘉靖年间(1522—1566) | 镇江 | 知县周仕 | 不详 |

## （六）明代后期重建书院

| | 名称 | 时间 | 地点 | 重建人 | 属性 |
|---|---|---|---|---|---|
| 23 | 敬简书院 | 隆庆年间(1567—1572) | 邳州 | 不详 | 祭祀 |
| 24 | 登瀛书院 | 万历六年(1578) | 盱眙 | 知县沈梦斗 | 不详 |
| 25 | 陆公(景忠)书院 | 万历十年(1582年) | 盐城 | 知县杨瑞云 | 祭祀 |
| 26 | 五贤书院 | 万历十三年(1585) | 扬州 | 官员张某 | 祭祀 |
| 27 | 崇雅书院 | 万历二十三年(1595) | 扬州 | 巡按御史牛应元 | 讲学 |
| 28 | 龙城书院 | 万历三十一年(1603) | 常州 | 知府欧阳东凤 | 讲学 |
| 29 | 东林书院 | 万历三十二年(1604) | 无锡 | 顾宪成、高攀龙 | 讲学 |
| 30 | 虞山书院 | 万历三十四年(1606) | 苏州 | 知县耿橘 | 讲学、祭祀 |
| | | 崇祯六年(1633) | 苏州 | 知县杨鼎熙 | 讲学、祭祀 |
| 31 | 华阳书院 | 万历四十年(1612) | 镇江 | 学使熊廷弼建 | 讲学 |
| 32 | 金渊书院 | 万历年间 | 常州 | 邑人 | 讲学 |
| 33 | 南山书院 | 万历年间 | 苏州 | 督学御史柯挺 | 祭祀 |
| 34 | 金乡书院 | 崇祯九年(1636) | 苏州 | 巡抚张国维 | 祭祀、讲学 |
| 35 | 马洲书院 | 崇祯十一年(1638) | 靖江 | 知县陈函辉 | 不详 |
| 36 | 香山书院 | 崇祯十四年(1641) | 镇江 | 知县郑一岳 | 讲学 |
| 37 | 维扬书院 | 崇祯十六年(1643)前 | 扬州 | 巡漕御史杨仁愿 | 讲学 |

# 四、清代江苏书院

## （一）清代第一期新建书院（顺康之禁绝与默许）

| | 名称 | 时间 | 地点 | 创始人 | 属性 |
|---|---|---|---|---|---|
| 1 | 亭林书院 | 顺治元年(1644) | 苏州 | 顾炎武 | 讲学 |
| 2 | 梅岩书院 | 顺治初 | 苏州 | 知县王鑨 | 讲学、课士 |
| 3 | 白公讲院 | 顺治十一年(1654) | 苏州 | 邑人 | 生祠 |
| 4 | 杏坛书院 | 顺治十三年(1656) | 镇江 | 知县张晋 | 讲学 |

| | 名称 | 时间 | 地点 | 创始人 | 属性 |
|---|---|---|---|---|---|
| 5 | 安定书院 | 康熙元年(1662) | 扬州 | 盐使胡文学 | 祭祀、讲学 |
| 6 | 讲德书院 | 康熙初年 | 苏州 | 邑人 | 祭祀 |
| 7 | 养贤书院 | 康熙四年(1665) | 苏州 | 督粮道参政卢绒 | 讲学 |
| 8 | 清和书院 | 康熙六年(1667) | 苏州 | 邑人 | 祭祀 |
| 9 | 延陵书院 | 康熙十年(1671) | 常州 | 布政慕天颜等 | 讲学 |
| 10 | 骥腾书院 | 康熙十一年(1672) | 泰州 | 里绅 | 讲学、课士 |
| 11 | 东山书院 | 康熙十二年(1673) | 南京 | 知县徐龙光 | 不详 |
| 12 | 翁公书院 | 康熙十六年(1677) | 淮安 | 邑人 | 祭祀 |
| 13 | 思文书院 | 康熙十六年(1677) | 苏州 | 邑人 | 祭祀 |
| 14 | 虹桥书院 | 康熙二十一年(1682) | 南京 | 两江总督于成龙 | 讲学 |
| 15 | 敬亭书院 | 康熙二十二年(1683) | 扬州 | 两淮盐商 | 讲学 |
| 16 | 虹桥书院 | 康熙二十二年(1683) | 扬州 | 两江总督于成龙 | 讲学 |
| 17 | 安道书院 | 康熙二十五年(1686) | 苏州 | 巡抚汤斌 | 祭祀 |
| 18 | 安道书院 | 康熙二十五年(1686) | 苏州 | 巡抚汤斌 | 祭祀 |
| 19 | 观澜书院 | 康熙二十五年(1686) | 盐城 | 海防同知郎文煌 | 讲学 |
| 20 | 去思书院 | 康熙二十七年(1688) | 镇江 | 士绅 | 祭祀 |
| 21 | 共学山居 | 康熙三十年(1691) | 无锡 | 邑人 | 讲学、祭祀 |
| 22 | 临川书院 | 康熙三十二年(1693) | 淮安 | 知县管巨 | 讲学 |
| 23 | 新安书院 | 康熙三十八年(1699) | 苏州 | 徽商 | 不详 |
| 24 | 诚意书院 | 康熙四十年(1701) | 盐城 | 大使关所芳 | 讲学 |
| 25 | 图公书院 | 康熙四十四年(1705) | 淮安 | 邑人 | 祭祀 |
| 26 | 凤鸣书院（乐育馆） | 康熙四十四年(1705) | 盐城 | 知县王初集 | 讲学、课士 |
| 27 | 东川书院 | 康熙五十年(1711) | 泰州 | 诸生杨坦等 | 讲学 |
| 28 | 紫阳书院 | 康熙五十二年(1713) | 苏州 | 江苏巡抚张伯行 | 讲学、祭祀 |

| | 名称 | 时间 | 地点 | 创始人 | 属性 |
|---|---|---|---|---|---|
| 29 | 禊湖书院（黎川学舍） | 康熙五十四年(1715) | 苏州 | 里人 | 讲学 |
| 30 | 姜公书院 | 康熙五十七年(1718) | 徐州 | 知州姜焯 | 不详 |
| 31 | 桂林书院 | 康熙五十七年(1718) | 徐州 | 县令刘如晏 | 讲学、课士 |
| 32 | 道南书院 | 康熙五十八年(1719) | 苏州 | 布政使杨朝麟 | 祭祀 |
| 33 | 醴泉书院 | 康熙五十八年(1719) | 徐州 | 邑人 | 不详 |
| 34 | 赵公书院 | 康熙五十九年(1720) | 南京 | 邑人 | 祭祀 |
| 35 | 静宁书院 | 康熙年间 | 苏州 | 邑人 | 祭祀 |
| 36 | 大新书院 | 康熙中 | 南京 | 邑人 | 不详 |
| 37 | 三山书院 | 康熙年间 | 南京 | 江南粮储道章钦文私人 | 讲学 |
| 38 | 清风书院 | 康熙年间 | 苏州 | 邑人 | 祭祀 |
| 39 | 南华书院 | 康熙年间 | 苏州 | 邑人 | 讲学 |
| 40 | 阳城书院 | 康熙年间 | 无锡 | 邑人 | 祭祀 |

## （二）清代第二期新建书院（雍乾之反复与兴盛）

| | 名称 | 时间 | 地点 | 创始人 | 属性 |
|---|---|---|---|---|---|
| 41 | 钟山书院 | 雍正二年(1724) | 南京 | 两江总督查弼纳 | 讲学 |
| 42 | 崇正书院 | 雍正二年(1724) | 南通 | 知县曹枢 | 课士 |
| 43 | 游文书院 | 雍正三年(1725) | 苏州 | 督粮副使扬本植 | 课士、祭祀 |
| 44 | 云龙书院 | 雍正十三年(1735) | 徐州 | 知府李根云 | 讲学 |
| 45 | 邗江学舍 | 雍正十三年(1735) | 扬州 | 知县朱辉 | 课童生 |
| 46 | 桐山书院 | 乾隆初 | 无锡 | 邑人 | 祭祀 |
| 47 | 昭阳书院 | 乾隆初 | 泰州 | 知县李希舜 | 课士 |
| 48 | 淮阴书院 | 乾隆初 | 淮安 | 漕督常安 | 讲学 |
| 49 | 惜阴书院 | 乾隆初 | 淮安 | 知府陶易 | 课士 |

| | 名称 | 时间 | 地点 | 创始人 | 属性 |
|---|---|---|---|---|---|
| 50 | 甪里学舍 | 乾隆三年(1738) | 扬州 | 邑人 | 不详 |
| 51 | 松陵书院 | 乾隆四年(1739) | 苏州 | 邑人 | 课士 |
| 52 | 卫公书院 | 乾隆八年(1743) | 连云港 | 知州卫哲治 | 课乡人子弟 |
| 53 | 玉峰书屋 | 乾隆八年(1743) | 苏州 | 昆山知县吴韬等 | 课士 |
| 54 | 鹤林书院 | 乾隆八年(1743) | 镇江 | 知县宋楚望 | 不详 |
| 55 | 松陵学舍 | 乾隆八年(1743) | 苏州 | 里人 | 课士 |
| 56 | 汤公书院 | 乾隆九年(1744) | 苏州 | 邑人 | 祭祀 |
| 57 | 天池书院 | 乾隆十年(1745) | 连云港 | 盐场 | 课灶籍子弟 |
| 58 | 金沙学舍 | 乾隆十年(1745) | 常州 | 知县魏廷 | 不详 |
| 59 | 紫琅书院 | 乾隆十年(1745) | 南通 | 知州董权文 | 讲学 |
| 60 | 正谊书院 | 乾隆十年(1745) | 泰州 | 知县杨逢泰 | 课士 |
| 61 | 南沙书院 | 乾隆十年(1745) | 盐城 | 场使姚德璘 | 课童生 |
| 62 | 震泽书院 | 乾隆十一年(1746) | 苏州 | 知县陈和志 | 讲学 |
| 63 | 养正书院 | 乾隆十一年(1746) | 南京 | 知县严森 | 课童生 |
| 64 | 六峰书院 | 乾隆十二年(1747) | 南京 | 知县严森 | 课士 |
| 65 | 雉水书院 | 乾隆十二年(1747) | 南通 | 知县赵廷健 | 讲学 |
| 66 | 同川书院 | 乾隆十二年(1747) | 苏州 | 知县陈□镶 | 不详 |
| 67 | 表海书院 | 乾隆十二年(1747) | 盐城 | 知县黄垣 | 课士 |
| 68 | 娄东书院 | 乾隆十七年(1752) | 苏州 | 知州宋楚望等 | 课士 |
| 69 | 正心书院 | 乾隆二十一年(1756) | 盐城 | 盐场大使郝月桂 | 不详 |
| 70 | 崇文书院 | 乾隆二十三年(1758) | 苏州 | 监生王拱辰 | 课里中子弟 |
| 71 | 蜀山(阳羡)书院 | 乾隆二十四年(1759) | 无锡 | 邑人 | 课士 |
| 72 | 胸山书院 | 乾隆二十四年(1759) | 连云港 | 知州李永书建 | 课士 |
| 73 | 珠湖书院 | 乾隆二十四年(1759) | 扬州 | 知州李涛德 | 课士 |

| | 名称 | 时间 | 地点 | 创始人 | 属性 |
|---|---|---|---|---|---|
| 74 | 竹西书院 | 乾隆二十五年(1760) | 扬州 | 知府劳宗发 | 课童生 |
| 75 | 珠江书院 | 乾隆二十六年(1761) | 南京 | 邑人 | 讲学 |
| 76 | 平江书院 | 乾隆二十七年(1762) | 苏州 | 知府李永书 | 课童生 |
| 77 | 宝晋书院 | 乾隆二十八年(1763) | 镇江 | 知县贵中孚 | 课士 |
| 78 | 琴川课院 | 乾隆二十八年(1763) | 苏州 | 县令康基田 | 讲学 |
| 79 | 正修书院 | 乾隆二十八年(1763) | 苏州 | 县令康基田 | 讲学 |
| 80 | 梅李(里)书院 | 乾隆二十八年(1763) | 苏州 | 县令康基田 | 讲学 |
| 81 | 智林书屋 | 乾隆二十八年(1763) | 苏州 | 县令康基田 | 讲学 |
| 82 | 清水书屋 | 乾隆二十八年(1763) | 苏州 | 县令康基田 | 讲学 |
| 83 | 海东书屋 | 乾隆二十八年(1763) | 苏州 | 县令康基田 | 讲学 |
| 84 | 厚邱书院 | 乾隆二十九年(1764) | 宿迁 | 知县钱汝恭 | 课士 |
| 85 | 崇文书院 | 乾隆二十九年(1764) | 泰州 | 诸生沈泓等 | 课士 |
| 86 | 丽正书院 | 乾隆三十一年(1766) | 淮安 | 漕督杨锡绂 | 讲学、课童生 |
| 87 | 于公书院 | 乾隆三十一年(1766) | 宿迁 | 同知于中行 | 课士 |
| 88 | 崇实书院 | 乾隆三十三年(1768) | 淮安 | 江南河道总督李弘 | 不详 |
| 89 | 乐仪书院 | 乾隆三十三年(1768) | 扬州 | 知县卫晞骏 | 课士 |
| 90 | 鸣凤(云阳)书院 | 乾隆三十六年(1771) | 镇江 | 知府周樽 | 课士 |
| 91 | 青山书院 | 乾隆四十年(1775) | 常州 | 张、赵两姓 | 族学 |
| 92 | 平陵书院 | 乾隆四十一年(1776) | 常州 | 邑人考职主簿史楚 | 讲学、课童生 |
| 93 | 凤池书院 | 乾隆四十二年(1777) | 南京 | 官立 | 专课童生 |
| 94 | 明道书院 | 乾隆四十五年(1780) | 南通 | 邑人 | 讲学课士 |
| 95 | 歌风书院 | 乾隆四十六年(1781) | 徐州 | 县令孙朝干 | 课士 |
| 96 | 金沙书院 | 乾隆五十年(1785) | 常州 | 不详 | 不详 |
| 97 | 艾湖学舍 | 乾隆五十九年(1794) | 扬州 | 通判赵履元 | 课生童 |

| | 名称 | 时间 | 地点 | 创始人 | 属性 |
|---|---|---|---|---|---|
| 98 | 紫阳书院 | 乾隆中 | 盐城 | 知县李元奋 | 课士 |
| 99 | 锡山书院 | 始建年代不详,乾隆中犹存 | 无锡 | 官立 | 课童生 |

### (三)清代第三期新建书院(嘉道咸之衰落与毁灭)

| | 名称 | 时间 | 地点 | 创始人 | 属性 |
|---|---|---|---|---|---|
| 100 | 画川书院 | 嘉庆元年(1796) | 扬州 | 知县孙源潮 | 科举 |
| 101 | 文津书院 | 嘉庆三年(1798) | 淮安 | 榷使阿克当阿 | 讲学 |
| 102 | 郁洲书院 | 嘉庆三年(1798) | 连云港 | 海州运判 | 课灶籍子弟 |
| 103 | 石室书院 | 嘉庆七年(1802) | 连云港 | 知州唐仲冕 | 课士 |
| 104 | 尊经书院 | 嘉庆十年(1805) | 南京 | 布政使康基田 | 课士 |
| 105 | 鸡鸣书院 | 嘉庆十年(1805) | 南京 | 布政使康基田 | 课士 |
| 106 | 西溪书院 | 嘉庆十年(1805) | 盐城 | 邑绅 | 课士 |
| 107 | 正谊书院 | 嘉庆十年(1805) | 苏州 | 两江总督铁保等 | 课士 |
| 108 | 东徐书院 | 嘉庆十二年(1807) | 徐州 | 知州丁观堂 | 课士 |
| 109 | 孝廉堂 | 嘉庆十三年(1808) | 扬州 | 盐政阿克当阿 | 专课举人 |
| 110 | 师山书院 | 嘉庆十四年(1809) | 南通 | 同知刘平骄 | 课士 |
| 111 | 仰云书塾 | 嘉庆二十一年(1816) | 苏州 | 同知罗琦 | 课士 |
| 112 | 奎光书院 | 嘉庆二十五年(1820) | 南京 | 邑人 | 专课童生 |
| 113 | 溪南书院 | 嘉庆年间 | 常州 | 邑人 | 不详 |
| 114 | 钟吾书院 | 道光三年(1823) | 宿迁 | 邑人 | 课士 |
| 115 | 邗阳书院 | 道光四年(1824) | 扬州 | 邑人 | 会文之地 |
| 116 | 锦峰书院 | 道光十三年(1833) | 苏州 | 织造豫堃 | 课士 |
| 117 | 文正书院 | 道光十四年(1834) | 泰州 | 知县龚善思 | 课士 |
| 118 | 敦善书院 | 道光十七年(1837) | 连云港 | 连判童濂 | 课士 |
| 119 | 峄阳书院 | 道光十八年(1838) | 徐州 | 廪生徐景山等 | 课士 |

| | 名称 | 时间 | 地点 | 创始人 | 属性 |
|---|---|---|---|---|---|
| 120 | 惜阴书院 | 道光十八年(1838) | 南京 | 两江总督陶澍 | 讲学 |
| 121 | 选青书院 | 道光二十六年(1846) | 连云港 | 知县彭荣诰 | 课士 |
| 122 | 临津书院 | 道光二十七年(1847) | 无锡 | 知县高长绅 | 课士,祭祀 |
| 123 | 崇文书院 | 道光二十八年(1848) | 盐城 | 伍祐场大使 | 不详 |
| 124 | 道南书院 | 道光年间 | 常州 | 邑人 | 祭祀 |
| 125 | 襟江书院 | 咸丰十年(1860) | 泰州 | 知县金以诚 | 课士 |
| 126 | 学海书院 | 不详 | 无锡 | 邑绅 | 讲学 |
| 127 | 同文书院 | 不详 | 南京 | 不详 | 讲学 |
| 128 | 英华书院 | 不详 | 南京 | 不详 | 讲学 |
| 129 | 道一书院 | 不详 | 镇江 | 不详 | 不详 |
| 130 | 景范书院 | 不详 | 泰州 | 知县陈垓 | 祭祀 |
| 131 | 石鹿书院 | 不详 | 泰州 | 不详 | 祭祀 |
| 132 | 崇义堂 | 不详 | 南京 | 淮商 | 课士 |

## (四) 清代第四期新建书院(同光之中兴与终结)

| | 名称 | 时间 | 地点 | 创始人 | 属性 |
|---|---|---|---|---|---|
| 133 | 西郊书院 | 同治元年(1862) | 无锡 | 邑人 | 生童肄业 |
| 134 | 养蒙书院 | 同治三年(1864) | 淮安 | 士绅 | 讲学,类义学 |
| 135 | 太平洲书院 | 同治五年(1866) | 镇江 | 知府李仲良 | 课士 |
| 136 | 东渐书院 | 同治七年(1868) | 南通 | 李鸿章等 | 课士 |
| 137 | 盛湖书院 | 同治八年(1869) | 苏州 | 里人 | 不详 |
| 138 | 博习(存养)书院 | 同治十年(1871) | 苏州 | 美国基督教监理公会 | 传教 |
| 139 | 明德书院 | 同治十年(1871) | 淮安 | 士绅 | 课士 |
| 140 | 尊道书院 | 同治十二年(1873) | 苏州 | 知州吴承潞 | 课士 |
| 141 | 鹅西讲舍 | 同治十二年(1873) | 无锡 | 邑人 | 课士 |

江苏书院史

| | 名称 | 时间 | 地点 | 创始人 | 属性 |
|---|---|---|---|---|---|
| 142 | 澹台书院 | 同治年间 | 苏州 | 邑人 | 祭祀 |
| 143 | 切问书院 | 光绪元年(1875) | 苏州 | 邑人 | 祭祀 |
| 144 | 高山书院 | 光绪元年(1875) | 常州 | 邑人 | 不详 |
| 145 | 登瀛书院 | 光绪二年(1876) | 徐州 | 知县蒋志建 | 课士 |
| 146 | 鸳湖寄塾 | 光绪三年(1877) | 苏州 | 县令金吴澜 | 科举 |
| 147 | 棠荫书院 | 光绪四年(1878) | 常州 | 邑人 | 不详 |
| 148 | 勺湖书院 | 光绪四年(1878) | 淮安 | 邑人 | 课士 |
| 149 | 三近书院 | 光绪五年(1879) | 常州 | 邑人 | 生童肄业 |
| 150 | 华阳书院 | 光绪六年(1880) | 镇江 | 知县袁照 | 未设课 |
| 151 | 射阳书院 | 光绪六年(1880) | 淮安 | 知县陆元鼎 | 课士 |
| 152 | 鹅山书院 | 光绪六年(1880) | 无锡 | 邑人 | 课士 |
| 153 | 金台书院 | 光绪六年(1880) | 常州 | 邑人 | 不详 |
| 154 | 国山书院 | 光绪七年(1881) | 无锡 | 邑人 | 祭祀 |
| 155 | 岘阳书院 | 光绪七年(1881) | 常州 | 邑人 | 生童肄业 |
| 156 | 临津书院 | 光绪七年(1881) | 常州 | 邑人 | 不详 |
| 157 | 筑川书院 | 光绪八年(1882) | 盐城 | 里人 | 课士 |
| 158 | 南菁书院 | 光绪九年(1883) | 无锡 | 学政黄体芳 | 课士 |
| 159 | 涓南书院 | 光绪十年(1884) | 无锡 | 里人 | 课士 |
| 160 | 道乡书院 | 光绪十一年(1885) | 常州 | 邑人 | 生童肄业 |
| 161 | 文节书院 | 光绪十一年(1885) | 苏州 | 里人 | 祭祀 |
| 162 | 丽黄书院 | 光绪十二年(1886) | 泰州 | 知县杨激云 | 不详 |
| 163 | 溯沂书院 | 光绪十三年(1887) | 连云港 | 知县王豫熙 | 不详 |
| 164 | 汇文书院 | 光绪十四年(1888) | 南京 | 传教士博罗 | 传教 |
| 165 | 学古堂 | 光绪十四年(1888) | 苏州 | 布政使黄彭年 | 课士 |
| 166 | 培风书院 | 光绪十五年(1889) | 镇江 | 知县王芝兰 | 课士 |

| | 名称 | 时间 | 地点 | 创始人 | 属性 |
|---|---|---|---|---|---|
| 167 | 文正书院 | 光绪十六年(1890) | 南京 | 江宁布政使许振祎 | 课士、祭祀 |
| 168 | 尊经书院 | 光绪十七年(1891) | 南京 | 知县陶在铭 | 课士 |
| 169 | 基督书院 | 光绪十七年(1891) | 南京 | 美国传教士美在中 | 传教 |
| 170 | 南濡学舍 | 光绪十八年(1892) | 镇江 | 知府王仁堪 | 讲学经古 |
| 171 | 益智书院 | 光绪二十年(1894) | 南京 | 美国传教士贺子夏 | 传教 |
| 172 | 梁丰书院 | 光绪二十一年(1895) | 无锡 | 里人 | 课士 |
| 173 | 尚志书院 | 光绪二十一年(1895) | 盐城 | 知县刘崇熙 | 课士 |
| 174 | 宫巷书院 | 光绪二十二年(1896) | 苏州 | 美国基督教监理公会 | 传教 |
| 175 | 犹龙书院 | 光绪二十三年(1897) | 淮安 | 知县侯绍瀛 | 不详 |
| 176 | 袁江书院 | 光绪二十三年(1897) | 淮安 | 知县侯绍瀛 | 课士 |
| 177 | 锦带书院 | 光绪二十三年(1897) | 无锡 | 里人 | 课士 |
| 178 | 蒙城书院 | 光绪二十六年(1900) | 镇江 | 邑人 | 课士 |
| 179 | 宏育书院 | 光绪三十二年(1906) | 南京 | 美国传教士美在中等 | 传教 |
| 180 | 学爱精庐 | 光绪初 | 苏州 | 昭文知县陈康祺 | 课士 |
| 181 | 敷文书院 | 不详 | 镇江 | 八旗驻防江宁将军穆腾阿 | 课士 |
| 182 | 南麓书院 | 光绪年间 | 常州 | 邑人 | 课士 |
| 183 | 竹(竺)西书院 | 不详 | 无锡 | 不详 | 不详 |
| 184 | 崇化书院 | 前志未记,不详其始,光绪时犹存 | 泰州 | 不详 | 文社 |

## (五)清代第一期重建书院(顺康之禁绝与默许)

| | 名称 | 时间 | 地点 | 重建人 | 属性 |
|---|---|---|---|---|---|
| 1 | 两河书院 | 顺治十六年(1659) | 徐州 | 工部郎中顾大申 | 讲学、课士 |
| 2 | 马洲书院 | 顺治、康熙年间 | 泰州 | 孔氏后裔 | 祭祀 |

| | 名称 | 时间 | 地点 | 重建人 | 属性 |
|---|---|---|---|---|---|
| 3 | 东林书院 | 顺治年间 | 无锡 | 高世泰、熊赐履 | 讲学 |
| | | 康熙年间 | 无锡 | 高节培 | 讲学 |
| 4 | 明道书院 | 康熙六年(1667) | 南京 | 知府陈开虞、推官谢铨 | 讲学 |
| 5 | 正心书院 | 康熙八年至十年(1669—1671)之间 | 苏州 | 巡抚马祐 | 不详 |
| 6 | 东坡书院 | 康熙三十七年(1698) | 无锡 | 道士蒋普 | 不详 |
| 7 | 乐圃书院 | 康熙五十八年(1719) | 苏州 | 朱长文后裔 | 祭祀 |

## （六）清代第二期重建书院（雍乾之反复与兴盛）

| | 名称 | 时间 | 地点 | 重建人 | 属性 |
|---|---|---|---|---|---|
| 8 | 澹台书院 | 雍正初 | 苏州 | 里绅彭定求、明宗上人 | 不详 |
| 9 | 安定书院 | 雍正十一年(1733) | 扬州 | 鹾使高斌、运使尹会一 | 课士,祭祀 |
| 10 | 梅花书院 | 雍正十二年(1734) | 扬州 | 盐商马曰琯 | 课士 |
| 11 | 文学书院 | 雍正中 | 苏州 | 言子后裔言德坚 | 祭祀 |
| 12 | 澄江书院 | 乾隆三年(1738) | 无锡 | 知县蔡澍 | 讲学 |
| | 暨阳书院 | 乾隆二十年(1755) | 无锡 | 江苏学政李因培 | 讲学 |
| 13 | 华阳书院 | 乾隆六年(1741) | 镇江 | 知县宋楚望 | 课士 |
| 14 | 敬一书院 | 乾隆九年(1744) | 淮安 | 知县郭起元 | 课士 |
| 15 | 龙城书院 | 乾隆十九年(1754) | 常州 | 知府宋楚望 | 课士 |
| 16 | 延令书院 | 乾隆二十二年(1757) | 泰州 | 知县介玉涛 | 讲学 |
| 17 | 玉山书院 | 乾隆二十三年(1758) | 苏州 | 知县康基田 | 课士 |
| 18 | 东坡书院 | 乾隆二十二至二十四年(1757—1759)之间 | 无锡 | 邑人 | 课士 |
| 19 | 昭义书院 | 乾隆三十三年(1768) | 徐州 | 知县严安儒 | 课士 |
| 20 | 表海书院 | 乾隆三十五年(1770) | 盐城 | 知县朱洛臣 | 课士 |

| | 名称 | 时间 | 地点 | 重建人 | 属性 |
|---|---|---|---|---|---|
| 21 | 高平书院 | 乾隆四十年(1775) | 南京 | 知县凌世御 | 祭祀 |
| 22 | 观海书院 | 乾隆四十年(1775) | 盐城 | 知县阎循霖 | 课士 |
| 23 | 广陵书院 | 乾隆四十六年(1781) | 扬州 | 知府恒豫等 | 专课童生 |
| 24 | 珠湖书院 | 乾隆四十九年(1784) | 扬州 | 乡绅 | 课士 |
| 25 | 甫里书院 | 乾隆四十九年(1784) | 苏州 | 陆龟蒙裔孙陆肇域 | 不详 |
| 26 | 朐山书院 | 乾隆五十三年(1788) | 连云港 | 知州李逢春 | 课士 |
| 27 | 文正书院 | 乾隆五十八年(1793) | 南通 | 不详 | 课士 |
| 28 | 怀仁书院 | 乾隆六十年(1795) | 连云港 | 知县王城 | 课士 |
| 29 | 敬简书院 | 乾隆三四十年代 | 徐州 | 不详 | 祭祀 |

（七）清代第三期重建书院（嘉道咸之衰落与毁灭）

| | 名称 | 时间 | 地点 | 重建人 | 属性 |
|---|---|---|---|---|---|
| 30 | 观海书院 | 嘉庆六年(1801) | 盐城 | 知县宗守 | 课士 |
| 31 | 明道书院 | 嘉庆八年(1803) | 南通 | 程氏后人 | 课士 |
| 32 | 敬简书院 | 嘉庆十二年(1807) | 徐州 | 不详 | 祭祀 |
| 33 | 临川书院 | 嘉庆十五年(1810)后 | 淮安 | 邑人 | 课士 |
| 34 | 松陵书院 | 嘉庆年间 | 苏州 | 知县陈汝栋 | 课士 |
| 35 | 梅花书院 | 嘉庆年间 | 无锡 | 诸生 | 课士 |
| 36 | 安定书院 | 道光元年(1821) | 南通 | 知县托克托布 | 不详 |
| 37 | 虞溪书院 | 道光二年(1822) | 苏州 | 不详 | 祭祀 |
| 38 | 学山书院 | 道光八年(1828) | 南京 | 知县许心源 | 课士 |
| 39 | 六峰书院 | 道光九年(1829) | 南京 | 知县云茂琦 | 课士 |
| 40 | 怀文书院 | 道光十三年(1833) | 宿迁 | 知县王梦龄 | 课士 |
| 41 | 昭义书院 | 道光十五年(1835) | 徐州 | 知县刘与权 | 不详 |
| 42 | 金沙书院 | 道光十七年(1837) | 镇江 | 教谕戴开文、县令毛德辉 | 课士 |

| | 名称 | 时间 | 地点 | 重建人 | 属性 |
|---|---|---|---|---|---|
| 43 | 安道书院 | 道光十八年(1838) | 苏州 | 知州黄冕 | 课士 |
| 44 | 延陵书院 | 道光十八年(1838) | 常州 | 知府黄冕 | 讲学 |
| 45 | 凤池书院 | 道光二十一年(1841) | 南京 | 太守俞德渊 | 课童生 |
| 46 | 敬一书院 | 道光二十三年(1843) | 淮安 | 邑绅 | 课士 |
| 47 | 淮滨书院 | 道光二十七年(1847) | 宿迁 | 知县姚维城 | 课士 |
| 48 | 文台书院 | 咸丰二年(1852) | 泰州 | 知州魏源 | 课士 |
| 49 | 诚意书院 | 咸丰年间 | 盐城 | 邑人 | 课士 |

## (八)清代第四期重建书院(同光之中兴与终结)

| | 名称 | 时间 | 地点 | 重建人 | 属性 |
|---|---|---|---|---|---|
| 50 | 崇实书院 | 同治元年(1862) | 淮安 | 漕运总督吴棠 | 科举 |
| 51 | 学山书院 | 同治二年(1863) | 南京 | 邑人 | 课士 |
| 52 | 钟山书院 | 同治三年(1864) | 南京 | 曾国藩 | 讲学 |
| 53 | 珠湖书院 | 同治三年(1864) | 扬州 | 知州马鸿翔 | 课士 |
| 54 | 敬一书院 | 同治三年(1864) | 淮安 | 邑绅 | 课士 |
| 55 | 广陵书院 | 同治四年(1865) | 扬州 | 知府孙恩寿 | 向课童生,自此兼课生监 |
| 56 | 正谊书院 | 同治四年(1865) | 苏州 | 李鸿章 | 课士 |
| | | 同治十二年(1873) | 苏州 | 巡抚张树声 | |
| 57 | 龙城书院 | 同治四年(1865) | 常州 | 知府札克丹 | 课士 |
| 58 | 华阳书院 | 同治四年(1865) | 镇江 | 知县周光斗 | 课士 |
| 59 | 平江书院 | 同治六年(1867) | 苏州 | 知府蒯德模 | 专课童生 |
| 60 | 松陵书院 | 同治六年(1867) | 苏州 | 知县沈锡华 | 课士 |
| 61 | 金沙书院 | 同治六年(1867) | 镇江 | 邑人袁昶 | 课士 |
| 62 | 惜阴书院 | 同治七年(1868) | 南京 | 李鸿章 | 课士 |
| 63 | 歌风书院 | 同治七年(1868) | 徐州 | 知县王荫福 | 课士 |

| | 名称 | 时间 | 地点 | 重建人 | 属性 |
|---|---|---|---|---|---|
| 64 | 安定书院 | 同治七年(1868) | 扬州 | 运司丁日昌 | 向课生监,今则兼课童生 |
| 65 | 梅花书院 | 同治七年(1868) | 扬州 | 运司丁日昌 | 课士 |
| 66 | 凤池书院 | 同治七年(1868) | 南京 | 知府涂宗瀛 | 课士 |
| 67 | 安道书院 | 同治八年(1869) | 苏州 | 知州蒯德模 | 课士 |
| 68 | 道南书院 | 同治八年(1869) | 常州 | 邑人 | 祭祀 |
| 69 | 玉山书院 | 同治九年(1870) | 苏州 | 知县廖纶 | 祭祀 |
| 70 | 游文书院 | 同治九年(1870) | 苏州 | 邑人 | 祭祀、课士 |
| 71 | 节孝书院 | 同治十年(1871) | 淮安 | 清淮同善局 | 讲学,类义学 |
| 72 | 礼延书院 | 同治十一年(1872) | 无锡 | 知县林达泉 | 课士 |
| 73 | 太湖书院 | 同治十一年(1872) | 苏州 | 同知朱守和 | 课士 |
| 74 | 选青书院 | 同治十二年(1873) | 连云港 | 邑人 | 课士 |
| 75 | 怀仁书院 | 同治十三年(1874) | 连云港 | 知县吴启英 | 课士 |
| 76 | 怀文书院 | 同治十三年(1874) | 宿迁 | 知县张光甲 | 课士 |
| 77 | 紫阳书院 | 同治十三年(1874) | 苏州 | 巡抚张树声 | 课士 |
| 78 | 去思书院 | 同治初 | 镇江 | 不详 | 不详 |
| 79 | 奎文书院 | 同治初 | 淮安 | 知府顾思尧 | 课士 |
| 80 | 文正书院 | 同治中 | 苏州 | 不详 | 不详 |
| 81 | 珠江书院 | 同治中 | 南京 | 知县曹袭先 | 不详 |
| 82 | 乐仪书院 | 光绪元年(1875) | 扬州 | 不详 | 课士 |
| 83 | 同文书院 | 光绪二年(1876) | 南京 | 不详 | 讲学 |
| 84 | 娄东书院 | 光绪二年(1876) | 苏州 | 知州吴承潞、知县谭明经 | 课士 |
| 85 | 宝晋书院 | 光绪二年(1876) | 镇江 | 邑人 | 课士 |
| 86 | 溪南书院 | 光绪四年(1878) | 常州 | 知县鹿伯元 | 不详 |
| 87 | 表海书院 | 光绪六年(1880) | 盐城 | 知县张振镇 | 不详 |

| | 名称 | 时间 | 地点 | 重建人 | 属性 |
|---|---|---|---|---|---|
| 88 | 正修书院 | 光绪六年(1880) | 苏州 | 里人 | 不详 |
| 89 | 临津书院 | 光绪十三年(1887) | 无锡 | 县令薛星辉 | 不详 |
| 90 | 青山书院 | 光绪十四年(1888) | 常州 | 张、赵两族 | 课士 |
| 91 | 甫里书院 | 光绪十五年(1889) | 苏州 | 乡绅 | 课士 |
| 92 | 宜荆试院 | 光绪十八年(1892) | 无锡 | 宜兴县令万立钧、荆溪县令薛星辉 | 课士 |
| 93 | 昭阳书院 | 光绪二十五年(1899) | 泰州 | 知县谢元洪 | 课士 |
| 94 | 邗阳书院 | 光绪年间 | 扬州 | 里人 | 里人会文之地 |
| 95 | 崇文书院 | 光绪初 | 盐城 | 场使翟乐善 | 不详 |
| | | 光绪二十八年(1902) | | 场使龙纳言 | 不详 |
| 96 | 新石室书院 | 光绪年间 | 连云港 | 知州吴增仅 | 不详 |

附:不详书院。

1. 南京"清惠书院":《古今图书集成》:"在三山门外,江南绅士为巡抚徐建立,今为护国庵。"[1]

2. 南京"长干书院":《古今图书集成》:"在雨花台下。"[2]

3. 淮安"清江书院":《古今图书集成》:"在清江浦,前堂、大堂各五间,牌坊一座,曰斯文在兹,诸生会课之所。东有文昌楼阁。"[3]

4. 徐州沛县"建中书院":民国《沛县志》:"建中书院,在县治南。"[4]

5. 徐州沛县"高祖书院":据民国《沛县志》:"泗滨书院在泗河东岸,即汉高祖书院故址。"[5]

6. 徐州沛县"延中书院"。万历《徐州志》:"延中书院在县治南,久废。"[6]

7. 南通海安"凤山书院"。据《海安考古录》:"凤山书院创自前明,旧为一镇会文之地。群贤毕集,造就多人,至今犹悬凤山书院之额。"[7]

---

[1] 陈梦雷编纂,蒋廷锡校订:《古今图书集成》第 12 册《方舆汇编·职方典》第六百五十七卷《江宁府学校考》,中华书局、巴蜀书社 1985 年版,第 13678 页。

[2] 陈梦雷编纂,蒋廷锡校订:《古今图书集成》第 12 册《方舆汇编·职方典》第六百五十七卷《江宁府学校考》,中华书局、巴蜀书社 1985 年版,第 13678 页。

[3] 陈梦雷编纂,蒋廷锡校订:《古今图书集成》第 12 册《方舆汇编·职方典》第七百四十六卷《淮安府学校考》,中华书局、巴蜀书社 1985 年版,第 14445 页。

[4] 于书云修,赵锡蕃纂:民国《沛县志》卷七《学校》,《中国地方志集成·江苏府县志辑 63》,江苏古籍出版社 1991 年版,第 100 页。

[5] 于书云修,赵锡蕃纂:民国《沛县志》卷七《学校》,《中国地方志集成·江苏府县志辑 63》,江苏古籍出版社 1991 年版,第 100 页。

[6] 姚应龙等纂修:万历《徐州志》卷二《古迹》,《江苏历代方志全书·徐州府部》第 3 册,凤凰出版社 2018 年版,第 60 页。

[7] 叶玉衢辑:《海安考古录》卷一《建置》,《江苏历代方志全书·扬州府部》第 41 册,凤凰出版社 2018 年版,第 142 页。

# 第二章　宋元江苏书院之一：北宋之兴起

"霸祖孤身取二江，子孙多以百城降"，荆公《金陵怀古》一语成谶，道尽赵宋三百年冷暖。两宋委身之汴州、杭州间，便是江苏，其书院文化亦随政治经济军事之嬗变，在南北拉锯中自无至有，盘旋直上，巅峰之际，又遽然坠落。

## 第一节　宋元书院概述

宋元为江苏书院发展第一个单元，盛衰自成体系。宋初江苏由于官学体系尚存，故书院不发达，且与中原、江南、岭南相比，均为晚出，其始或出于乡人之祭祀，或出于处士之讲学，或出于游宦之自修，殆为自发。至道学南传，常州城东、无锡东林崛起，方至自觉，由官学之替代组织，恢复其自由研究讲学之本来面目。南宋江苏书院则高度成熟，官方与学界彬彬相宜，乡党与家族云合景从，南京明道跃为全国书院之模范。入元后，由于政治高压，形式官学化、内容祭祀化，江苏书院盛极而衰。

### 一、宋代全国书院大兴与江苏书院晚出之原因

北宋书院之兴起，除去唐代所遗之基础，于社会安定、经济繁荣等之外有下列原因。

其一，官学久未恢复。残唐五代以来，战乱频仍，官学废弛，宋室初

定,尚无力顾及文教,彼时中央已无六学二馆之盛,地方州县之学咸处瘫痪,遑论恢复盛唐之规模。故八十余年间,生口既蕃,人才之需,唯靠民间之自我培养,贤达士子,则于乡党创建书院,自由讲学,如此则民间之教育反盛于官方。此正如朱子所云:"惟前代庠序不能,士病无所于学,往往相与择胜地,立精舍,以为群居讲习之所。"①又如马端临云:"宋兴之初……是时未有州县之学,先有乡党之学。盖州县之学,有司奉诏旨所建也,故或作或辍,不免具文。乡党之学,贤士大夫留意斯文者所建也,故前规后随,皆务兴起。后来所至,书院尤多,而其田土之赐,教养之规,往往过于州县学。"②

其二,国策重文抑武。有唐五代饱尝藩镇割据、武人作乱之祸,故宋太祖全面调整,压制武人阶层,大力支持文士,构建文官体系,如此则急需大量读书士子补充官僚队伍,既然官学不济,则唯有鼓励民间书院。故自太宗太平兴国二年(977)至仁宗宝元元年(1038)之六十余年内,朝廷连续赐田、赐匾、赐书、召见山长、封官嘉奖,以褒扬书院,地方官员亦交相推广表彰,书院遂得声闻于天,风化于下,一时士病无所于学,趋之书院,官病无所于养,亦取之书院。

其三,儒学复兴之学术背景。有宋儒学复兴,苏欧之文学、温公之史学、荆公之新学,又有宋初三先生、北宋五子之道学,彼此之间,相互竞争,遂广为传播,兴办书院即是途径之一。

其四,家族势力之支持。宋朝书院有大发展,除学术、政治外,尚得力于宗族之兴起。如范文正公于皇祐二年(1050)在苏州置田千亩兴建范氏义庄,以赡养同族之贫穷成员。家族既兴,则自筹书院以养子弟,此类家塾。

然与全国相比,江苏书院初生羸弱,且极为晚出,不仅迟于中原,而且与邻近省份如江西、浙江相比亦属后发。此如柳诒徵先生云:"书院始于唐而盛于宋。江苏当北宋时,惟茅山有侯遗自创之书院,虽拨官

---

① 朱熹:《衡州石鼓书院记》,《晦庵集》卷七十九,《朱子全书》第24册上海古籍出版社、安徽教育出版社2002年版,第3783页。

② 马端临:《文献通考》卷四十六《学校考七·郡国乡党之学》,中华书局1986年版,第432页。

田,殆犹家塾。"①

自唐至五代江苏均无书院。据邓洪波先生统计,唐代地方书院见于地方志的有41所,其中陕西1所、山西1所、河北2所、山东1所、浙江5所、福建6所、江西8所、湖南8所、广东2所、贵州1所、四川6所,又唐诗记载14所,去其重复,地方书院共50所;②至五代,官府书院无法统计,民间书院共有13所,其中新建12所,兴复唐代书院1所。其地域分布,北及幽燕,南达珠江流域,基本上仍在唐代书院的分布范围之内,其中今北京1所、河南2所、江西8所、福建1所、广东1所。③而江苏竟无一所。

即便至两宋,江苏书院的数量在全国也仅占较少比例。据白新良先生统计,北宋全国新建书院已有71所,④南宋则当在500所以上,其中新建书院299所。⑤另有始建不详于两宋何时,然南宋犹盛者计125所⑥。另外,北宋修复了唐五代、南宋修复北宋所建书院18所。⑦据拙著统计,江苏在北宋时只建10所书院,南宋新建24所、重建2所,在全国所占比例极低。此与江苏历史、文化、经济之地位极不相称,然则江苏书院为何晚出?主要原因大概有以下两点。

其一,与宋初全国范围内官学未兴相比,江苏官学尚存,故不需要大规模兴办私学。江苏官学,最早可推溯至汉成帝河平三年至阳朔元年(前26—前24),何武任扬州刺史时所至"必先即学官见诸生,试其诵论,问以得失,然后入传舍"。⑧东汉光武帝建武六年(30),李忠任丹阳(今南京)太守,其"以丹阳越俗不好学,嫁娶礼仪,衰于中国,乃为起学校,习礼容,春秋乡饮,选用明经,郡中向慕之"。⑨而后历朝不辍,尤其

① 柳诒徵:《江苏书院志初稿》,赵法生、薛正兴主编:《中国历代书院志》第1册,江苏教育出版社1995年版,第1页。
② 邓洪波:《中国书院史》,武汉大学出版社2012年增订版,第20—29页。
③ 邓洪波:《中国书院史》,武汉大学出版社2012年增订版,第47页。
④ 白新良:《中国书院发展史》,天津大学出版社1995年版,第4—5页。
⑤ 白新良:《中国书院发展史》,天津大学出版社1995年版,第10页。
⑥ 白新良:《中国书院发展史》,天津大学出版社1995年版,第14页。
⑦ 白新良:《中国书院发展史》,天津大学出版社1995年版,第16页。
⑧ 班固:《汉书》卷八十六《何武传》,中华书局1962年版,第3483页。
⑨ 范晔:《后汉书》卷二十一《李忠传》,中华书局1965年版,第756页。

是唐代学校制度完备,如唐高祖武德七年(624)诏诸、州县令置学,中央设六学,地方自府、州、县直至市镇皆立学,因此江苏官学陆续兴办,五代时江苏州县官学体系保留较好。宋初,江苏以范仲淹立苏州官学为契机,又补充完善了地方官学系统。如江宁府学,宋初设于钟山南麓,天圣二年(1024)移至府治西北,景祐间(1034—1037)迁至府治东南。据学者统计,苏州府学,景祐二年(1035)由范仲淹请建,由胡瑗主持教学,建炎年间毁,绍兴复建。常州府学,南唐刺史李栖筠建,宋太平兴国(976—983)初,郡守石雄改建于郡治西南,景祐三年(1036)复建,嘉祐、崇宁、大观、淳熙、绍熙、嘉熙等年间扩建,德祐毁。镇江府学,太平兴国八年(983)建,知府柳开创建于朱方门内,宝元初(1038—1039),范仲淹任郡守,加以扩新,后历有扩建、修缮,绍兴毁,复建。扬州府学,宋初建。淮安府学,景祐二年(1035)建,建炎毁;绍兴十三年(1143)草创,隆兴间废;乾道、淳熙、嘉定年间屡复,嘉熙重修。海州州学,太平兴国八年(983)建,历有扩建、修缮;绍兴毁,复建。太仓州学,宋初建。通州州学,太平兴国五年(980)始创,乾兴迁建,绍兴初着火焚毁,绍兴复创;淳祐又毁于焚,咸淳重建。高邮州学,至和二年(1055)始建。泰州州学,唐代建。[①] 其中尤为显著者,乃范仲淹于景祐二年创苏州府学,并延宋初三先生之一的胡瑗讲学,安定又创"苏湖教法",为中央所取推布天下。

其二,其时书院本是私人之自由讲学,需有核心人物方可产生,而北宋时学术中心在北方,如荆公之新学盛于中原,道学初生尚未南传,江苏无人兴起自由讲学之风,故无书院。

## 二、宋元江苏书院分期概述

宋元时期,江苏书院之发展可分为三大阶段,其分期与主要特征如下。

其一,北宋,此是江苏书院之肇始。宋初官学不兴,故支持民间书院,流风所及,江苏遂有零星之出现,或出先贤之祭祀,如邳州之敬简,

---

① 朱季康:《江淮文明浸华夏:述论宋元明时期江苏高等级教育的繁盛》,《江苏大学学报》(社会科学版)2018年第2期。

或出处士之讲学,如句容之茅山,或出士宦之自修,如苏州之都官、荆公之钟山、东台之晏溪。其时书院经唐五代之发展,藏书性递弱,教学性增强,且以私人性为主。邳州北宋时属于中原文化圈,彼时杜充尚未决黄河,淮河流域经济富庶、文化昌明,故产生出江苏首座书院敬简实属正常,而后,书院逐渐南下,句容茅山、虎丘都官接武,自邳而润而苏,此与宋代以降,我国经济、文化南下之历史大趋势若合符节。然仁宗朝官学勃兴,州县大幅普及,士子迁移几尽,书院遂落千丈。唯待道学兴起,北宋五子横空出世,二程高弟躬行讲学,始于官学外别开一番天地,方出现书院第二波高潮。于江苏而言,即道南一脉,周氏兄弟于常州城东引沆于先,杨时龟山于无锡东林试啼于后。

其二,南宋,此是全盛期。彼时国土奄有半域,加之淮南乃临战地,故苏北书院几尽;唯道学大行,江南极讲学之盛,故书院遍布,此是江苏书院史第一次之高潮。虽逐渐规范化、半官学化,如南京明道,然官方之丰厚饩廪,民间之自由讲学,并行不悖,更水乳交融,可谓是空前绝后之佳构。

其三,元代,此是衰败期。蒙古入主,书院官方化。灰烬之余,又夺于释氏。新生义塾,更控于行省。故此期书院形式则官学化,性质则祭祀化。唯遗民草庐,后劲畏斋,犹与道学,赓续于南京江东,实寥若晨星,余皆卑之无甚高论矣。后期虽有复建,然亦皆官学、祭祀化。

### 三、宋元江苏书院之数据

其一,北宋共新建书院 10 所。真宗朝 2 所,仁宗朝 2 所,神宗朝 1 所,徽宗朝 5 所。

其二,南宋,全省共新建 24 所,重建 2 所。新建书院:高宗朝 2 所,孝宗朝 1 所,宁宗朝 5 所,理宗朝 7 所,度宗朝 5 所,另有新建时间不详 4 所。重建书院:理宗、度宗朝重建 2 所(其中茅山书院重建 3 次)。

其三,元代新建 11 所,重建 8 所。新建书院:武宗 1 所、英宗 1 所、泰定帝 1 所、文宗 2 所、惠宗 4 所;另外 2 所不详何时所建。重建书院:成宗 1 所、文宗 1 所、惠宗 2 所;2 所多次重建;另有 2 所不详时间。

# 第二节　北宋江苏书院之发展

北宋江苏书院可分偶然自发与自觉开展两个阶段,而二者之转变是为官学之重兴与道学之南传。

## 一、北宋江苏书院之数据

需要首先说明的是,下表所列城市之排序,因分苏南、苏北,故以省会居首,余则大致地自南而北排列。其他相似章节也作同样处理。

其一,从数量来看。北宋江苏新建书院 10 所。真宗朝,邳州敬简书院、盐城晏溪书院。仁宗朝,句容茅山书院(天圣二年)、苏州都官书院(天圣五年)。神宗朝,南京钟山书院(元丰元年)。徽宗朝,常州城东、城西书院(大观元年),无锡东林书院(政和元年),如皋王俊义书院,如皋丁天赐书院。

其二,从地域来看,苏南苏北相差不大,苏南新建 6 所,苏北新建 4 所。

| 序号 | 城市 | 数量 | | 地域 | 总数 | | 备注 |
|---|---|---|---|---|---|---|---|
| | | 新建 | 重建 | | 新建 | 重建 | |
| 1 | 南京 | 1 | | 苏南 | 6 | 0 | |
| 2 | 苏州 | 1 | | | | | |
| 3 | 无锡 | 1 | | | | | |
| 4 | 常州 | 2 | | | | | |
| 5 | 镇江 | 1 | | | | | |
| 6 | 扬州 | | | 苏北 | 4 | 0 | |
| 7 | 泰州 | | | | | | |
| 8 | 南通 | 2 | | | | | |
| 9 | 淮安 | | | | | | |
| 10 | 宿迁 | | | | | | |

| 序号 | 城市 | 数量 | | 地域 | 总数 | | 备注 |
|---|---|---|---|---|---|---|---|
| | | 新建 | 重建 | | 新建 | 重建 | |
| 11 | 盐城 | 1 | | 苏北 | 4 | 0 | |
| 12 | 连云港 | | | | | | |
| 13 | 徐州 | 1 | | | | | |
| 合计 | 全省 | 10 | | 全省 | 10 | 0 | |

其三,从创建者身份来看,此10家书院全是民办。

| 序号 | 城市 | 性质 | | | 地域 | 总数 | | | 备注 |
|---|---|---|---|---|---|---|---|---|---|
| | | 官办 | 民办 | 不详 | | 官办 | 民办 | 不详 | |
| 1 | 南京 | | 1 | | 苏南 | | 6 | | |
| 2 | 苏州 | | 1 | | | | | | |
| 3 | 无锡 | | 1 | | | | | | |
| 4 | 常州 | | 2 | | | | | | |
| 5 | 镇江 | | 1 | | | | | | |
| 6 | 扬州 | | | | 苏北 | | 4 | | |
| 7 | 泰州 | | | | | | | | |
| 8 | 南通 | | 2 | | | | | | |
| 9 | 淮安 | | | | | | | | |
| 10 | 宿迁 | | | | | | | | |
| 11 | 盐城 | | 1 | | | | | | |
| 12 | 连云港 | | | | | | | | |
| 13 | 徐州 | | 1 | | | | | | |
| 合计 | 全省 | | 10 | | 全省 | | 10 | | |

其四,从书院功能来看。江苏书院之功能一般而言有讲学、祭祀、藏刻书、自修、经营学田等。如有二者以上即定为综合,藏刻书、经营学田为共项,故不计算,只有较为突出者在备注中说明。

| 序号 | 城市 | 性质 | | | | | 地域 | 总数 | | | | | 备注 |
|---|---|---|---|---|---|---|---|---|---|---|---|---|---|
| | | 综合 | 讲学 | 祭祀 | 自修 | 不详 | | 综合 | 讲学 | 祭祀 | 自修 | 不详 | |
| 1 | 南京 | | | | 1 | | 苏南 | | 4 | 1 | 1 | | |
| 2 | 苏州 | | | 1 | | | | | | | | | |
| 3 | 无锡 | | 1 | | | | | | | | | | |
| 4 | 常州 | | 2 | | | | | | | | | | |
| 5 | 镇江 | | 1 | | | | | | | | | | |
| 6 | 扬州 | | | | | | 苏北 | | | 2 | 2 | | |
| 7 | 泰州 | | | | | | | | | | | | |
| 8 | 南通 | | | | 2 | | | | | | | | |
| 9 | 淮安 | | | | | | | | | | | | |
| 10 | 宿迁 | | | | | | | | | | | | |
| 11 | 盐城 | | | 1 | | | | | | | | | |
| 12 | 连云港 | | | | | | | | | | | | |
| 13 | 徐州 | | | 1 | | | | | | | | | |
| 合计 | 全省 | | 4 | 3 | 3 | | 全省 | | 4 | 3 | 3 | | |

## 二、北宋江苏书院之自发阶段

北宋江苏书院,首先是自发产生阶段,或是民间祭祀先贤,或是处士隐逸讲学,或是官员读书自修,或是士子私人书斋,皆具有极大的偶然性。

1. 邳州敬简书院。此是江苏首家书院,大中祥符二年(1009)之后,邳州民众为祭祀孔门高弟仲弓而建,详见本章第三节。

2. 句容茅山书院。南宋范成大开列宋初四大书院,"天下有书院四:徂徕、金山、岳麓、石鼓"(《石鼓山记》),其中金山即茅山。其地处今镇江句容,为北宋处士侯遗所创。侯遗,字仲遗,句容通德乡人(今属句容石狮)。茅山书院材料甚众,略撮如下:

> 至正《金陵新志》"茅山书院"条引南宋《庆元建康志》云:天圣二年,知府王随奏处士侯仲遗于茅山营葺书院,教授生徒,积十余

年，自营粮食，望于茅山斋粮所剩庄田内给三顷，充书院瞻用，从之。事见《垂拱元龟》，后不详何年废。今额在镇江路。①

弘治《句容县志》：天圣二年处士侯遗于茅山营书院，教授生徒，积十余年，自营粮食，知江宁府王随奏欲于茅山斋粮庄田内量给三顷，充书院膳用，从之。遗迹尚存。②

《古今图书集成》：宋天圣中侯仲逸创建于茅山，教授生徒，知府事王随奏给田三顷充书院瞻用，仁宗尝赐束帛，仲逸卒，其徒散去，地为崇禧观所并。③

康熙《茅山志》：侯学士遗字仲遗，家县西。尝分俸以济乡邻，众德之，名其里为通德乡。后居茅山，营创书院，教授生徒，兼饮食之，积十有余岁。天圣二年，王随知江宁府，奏请于三茅斋粮庄田内给三顷充书院瞻用。从之。④

乾隆《句容县志》：茅山书院，天圣二年处士侯遗于茅山书院教授生徒十余年，自营粮食，随奏请欲茅山斋粮田内量给三顷充书院膳用之资，遗址今不可考。⑤

由上面所引用的材料可见，有两处争议：

一是籍贯名字。宋时俱记作句容侯仲遗，自元始作金坛侯仲逸。当以前者为准。句容、金坛二县相邻，分占茅山，遗、逸发音相近，时隔久远，文献湮灭，误录亦可理解。

二是建院时间。上引大部分资料都出现仁宗天圣二年，一作书院创建之时间，一作郡守奏请给田之时间，尚难定论，但该年对茅山书院极为重要则无疑义，由此上溯或下推十余年，即宋真宗后期或宋仁宗前

① 张铉：至正《金陵新志》卷九《学校志》，《宋元方志丛刊》第6册，中华书局1990年版，第5659页。愚按，原作至大，误，当为至正。余同。
② 王僖征修，程文纂：弘治《句容县志》卷五，《天一阁藏明代方志选刊》，上海古籍书店1963年影印本。
③ 陈梦雷编纂，蒋廷锡校订：《古今图书集成》第12册《方舆汇编·职方典》第七百二十八卷《镇江府学校考》，中华书局、巴蜀书社1985年版，第14304页。
④ 转自柳诒徵：《江苏书院志稿》，赵法生、薛正兴主编：《历代书院志》第1册1995年版，第1页。按"侯学士遗字仲遗"后，柳氏加按语云："遗按：当作逸"。则柳先生以侯遗字仲逸。
⑤ 曹袭先纂修：乾隆《句容县志》卷六《学校》，《中国地方志集成·江苏府县志辑34》，江苏古籍出版社1991年版，第616页。

期,大体可以断定为茅山书院兴学年限。①

综上可知:侯遗,句容人,未仕,隐居茅山,私人兴学,创建书院,教授生徒,积十余年,自营粮食。仁宗天圣二年(1024),王随知江宁府,得知此事后,奏请于茅山斋粮所剩庄田内给三顷充书院赡用,仁宗从之。

侯遗有《茅山书院》诗云:"精舍依岩壑,萧条自卜居。山花红踯躅,庭树绿枬楠。荷锸朝芸陇,分灯夜读书。浮云苍狗纪,一笑不关余。"②

侯遗死后,茅山书院逐渐废弛,生徒尽散,房舍空闭,为旁近的崇禧观占用。数十年后,句容人巫伋(1099—1173)曾凭吊侯氏并作《茅山书院谒侯处士像》:"斋粮资讲舍,遗像拜山中。不尚神仙术,特存儒者风。斯文真未丧,吾道岂终穷。为忆皋比拥,庭前古木丛。"

然茅山书院之衰败并非纯出于侯生之死或道教侵占,实由于北宋教育政策的调整。仁宗时官学大兴,民间书院大量萎缩,士子普遍转入州县学,如此一来,茅山书院后继无人即在情理之中。只有等到道学兴起,并在南宋逐渐争取了主流地位后,才会有书院的复兴,茅山书院之重建亦如此。

3. 苏州都官书院。北宋龚宗元读书处,约建于天圣五年(1027)之后。《桐桥倚棹录》载:"都官书院,在虎丘山寺。任《志》:宋龚都官宗元读书处。《中吴纪闻》:宗元字会之。读书虎丘山寺,为乡贡首选,天圣五年擢第,终都官员外郎,著有《虎阜居士文稿》。"③按龚宗元,字曾之,昆山人,仁宗天圣五年(1027)进士,少时曾于虎丘读书,后人建书院纪念,以其官职命名,莫详其始,殆其擢第之后。

4. 东台晏溪书院。《宋史·晏殊传》载:"(晏殊)改应天府,延范仲淹以教生徒。自五代以来,天下学校废,兴学自殊始。"④其实晏殊早年在今盐城东台即兴办书院。按晏殊(991—1055),字同叔,江西临川(今抚州)人,官至右谏议大夫、集贤殿学士、同平章事兼枢密使、礼部刑部尚书、观文殿大学士知永兴军、兵部尚书,谥元献。

---

① 邓洪波:《中国书院史》,武汉大学出版社2012年增订版,第107页。
② 句容市地方志办公室:《句容茅山志》,黄山书社1998年版,第342页。
③ 顾禄:《桐桥倚棹录》卷八,中华书局2008年版,第342页。
④ 脱脱等:《宋史》卷三百十一《列传》七十,中华书局1977年版,第10196页。

其一,书院创建者为晏殊本人。此历代史乘记录不辍。嘉靖《惟扬志》:"宋晏溪书院,在泰州治东北西溪镇之西南,晏元献读书所。"①嘉庆《重修扬州府志》:"案县治西溪镇有晏溪书院,宋晏元献公殊读书处。"②又云:"晏殊字同叔,抚州人,尝官泰州西溪镇,民思不忘,改名晏溪,镇有书院、南风亭,皆殊建。"③嘉庆《东台县志》:"晏溪书院在县治西南西溪镇,与南风亭相对,晏元献公读书处也,遗迹久废无存。"④

其二,书院创建时间。今人考证,晏殊在真宗大中祥符四年(1011)到六年(1013)丧父以前的二三年间任西溪盐官,⑤监泰州西溪盐仓,故而当是在此期间创此书院。

其三,书院始名。柳诒徵先生云:"泰州有晏殊所创之书院,地望可考,莫详其名"。⑥ 乾隆《江南通志》:"晏溪河一称西溪,在泰州东北百二十里,东通梁垛场,西入运河,有西溪镇,宋相晏殊尝监西溪盐仓,民思之因名。"⑦清人夏荃(1793—1842,字文若,号退庵,泰州人)云:"晏公殊尝官泰州西溪镇,镇有书院,公所建。考元献官西溪,在真宗朝,所建书院,不知何名。泰之有书院,惟此为最久。越二百余年,州守程公珌始有安定书院之建,而元献实开其先。嘉庆《东台县志》云:晏溪书院在西溪镇,宋晏元献读书处,遗迹久废。夫晏溪本名西溪,后人思公,改名晏溪,因并其所建书院亦以晏溪名,示不忘也,非公创建书院时便有此名。如县志所云,似后人因公读书处而建书院,非公官西溪政绩矣,恐未可

① 盛仪撰:嘉靖《惟扬志》卷七《公署志·书院》,《天一阁藏明代方志选刊》,上海古籍书店 1963 年影印本。

② 阿克当阿修,姚文田、江藩等纂:嘉庆《重修扬州府志》卷十九《学校》,《中国地方志集成·江苏府县志辑 41》,江苏古籍出版社 1991 年版,第 335 页。

③ 阿克当阿修,姚文田、江藩等纂:嘉庆《重修扬州府志》卷四十三《宦迹》(一),《中国地方志集成·江苏府县志辑 41》,江苏古籍出版社 1991 年版,第 749 页。

④ 周右修,蔡复干等纂:嘉庆《东台县志》卷十二《学校》,《中国地方志集成·江苏府县志辑 60》,江苏古籍出版社 1991 年版,第 439 页。

⑤ 陈钧:《北宋三相与东台西溪》,《盐城师范学院学报》(人文社会科学版)2007 年第 4 期,第 48—52 页。

⑥ 柳诒徵:《江苏书院志初稿》,赵法生、薛正兴主编:《中国历代书院志》第 1 册,江苏教育出版社 1995 年版,第 1 页。

⑦ 黄之隽、赵弘恩:乾隆《江南通志》卷十四《舆地志》,永瑢、纪昀等编纂:《四库全书》第 507 册,上海古籍出版社 1987 年版,第 468 页。

据。此等故实，舍州乘别无可考，自当以从泰州旧志为正。"①

综上可知，晏殊在此读书讲学，冠以西溪书院之名，后来邑人改为晏溪，以示纪念。此书院历经南宋、元至明，代有兴废，已不可详。明陈宣(1438—1509)曾有《过晏溪书院》诗，描写彼时书院情形："精舍潇潇枕水傍，红尘飞不到沧浪。寒光夜月清光溜，帘卷西风爽气凉。充栋千编储典籍，盈囊百咏富文章。道真共羡哗嚅久，源委深探意味长。"②可见其规模不算太小，且藏书丰富。清嘉庆十年(1805)明确记载重建，详后文。

5. 南京钟山书院。北宋邵伯温《邵氏闻见录》载："王荆公晚年于钟山书院多写'福建子'字，盖悔恨于吕惠卿者，恨为惠卿所陷，悔为惠卿所误也。每山行多恍惚，独言若狂者。"③故有学者据此认为至迟在宋神宗元丰年间荆公即已建立钟山书院。④ 按清人蔡上翔《王荆公年谱考略》云："元丰元年(1078)年五十八，公以集禧观使居钟山。"⑤又云："公自熙宁九年(1076)十月，罢判江宁府归金陵，自是不复在朝，终元丰八年，神宗行新法不疑，公不复与其事，而亦未尝有自悔之意。稍见之语言文字，即世所传收'福建子'三字，亦邵氏造谤者为之。"⑥毋论邵氏动机如何，此钟山书院当是荆公归钟山藏修之所。此后直至南宋中前期此书院仍有活动。如《朱子语类》载："先生游钟山书院，见书籍中有释氏书，因而揭看。先君问：其中有所得否？曰：幸然无所得。吾儒广大精微，本末备具，不必它求。"⑦另外朱子《三朝名臣言行录》等也载之。其后逸亡俱不可详。

6. 如皋诸书院。旧志颇谓如皋宋元时曾有王俊乂、丁天锡、陈省

---

① 夏荃：《退庵笔记·州志·名宦》，转引自柳诒徵：《江苏书院志初稿》，赵法生、薛正兴主编：《中国历代书院志》第1册，江苏教育出版社1995年版，第2页。

② 陈宣(1438—1509)，字文德，号潜斋，慕贤东乡柘园(今苍南县钱库镇柘园村)人。明成化十七年(1481)进士，历官工部主事、刑部郎中、夷陵知州、河南府知府、云南布政司左参政。

③ 邵伯温：《邵氏闻见录》卷一二，中华书局1983年版，第128页。

④ 参见孟义昭：《清代江宁钟山书院研究》，南京大学2014年硕士毕业论文。

⑤ 蔡上翔：《王荆公年谱考略》卷二十一，上海人民出版社1973年版，第286页。

⑥ 蔡上翔：《王荆公年谱考略》卷二十一，上海人民出版社1973年版，第296页。

⑦ 朱熹：《朱子语类》卷一二六《释氏》，《朱子全书》第18册，上海古籍出版社、安徽教育出版社2002年版，第3937页。

元、许芳诸书院。如嘉靖《惟扬志》:"王俊乂书院,在如皋县西北水泽中,宣和元年,俊乂上舍释褐第一人。丁天锡书院,在如皋县西北窑子头。陈省元书院,在安定旧祠侧,延祐间开封解元陈应雷读书所。"①嘉庆《如皋县志》:"宋王俊乂书院在县西北水泽,丁天锡书院在窑子头。元陈应雷书院在胡安定祠侧,许芳书院在县北柴市湾。按以上书院考旧志皆家塾,今俱废。"②

按王俊乂(1036—1103),字尧民,如皋人,宣和元年(1119)徽宗钦点状元,《宋史》有传,评价甚高,称:"俊乂与李祈友善,首建正论于宣和间,当是时诸公卿稍知分善恶邪正者,二人力也。"③丁锡(1021—1069),字天锡,如皋人,为宋代著名孝子,徽宗时创书院,死后由王观作《丁锡墓志》,其中云:"丁锡,字孝先……熙宁二年(1069)卒,年四十九。"④

对于此四书院之性质,又颇有争议。清雍正年间,如皋名士胡香山(1675—1737,字梦白,号成村、成林,雍正元年进士)认为"如皋故无书院,宋以来家自为塾,其载于邑者,县西北水泽王尧明书院,窑子头丁天锡书院,安定祠侧陈省元书院,柴市湾许芳书院,然考之旧乘,皆家塾,非书院也"。⑤

若是一族子弟聚学,当为家塾,若是士子自修之书斋,则称为读书院或更妥当。如《维扬志》载:"富郑公读书院,在泰州景德寺之东,郑公尝随父任,读书于此。"⑥富弼(1004—1083),字彦国,洛阳人,北宋名臣,此可为佐证。然此类家塾或个人藏修之所是江苏早期书院之重要类型,故列入统计。此处既已说明,则陈应雷、许芳书院后文不再赘引。

---

① 盛仪撰:嘉靖《惟扬志》卷七《公署志·书院》,《天一阁藏明代方志选刊》,上海古籍书店1963年影印本。
② 杨受廷、左元镇等修,马汝舟、江大键纂:嘉庆《如皋县志》卷九《学校》,江苏省地方志编纂委员会办公室:《江苏历代方志全书·扬州府部》第41册,凤凰出版社2018年版,第182页。
③ 脱脱等:《宋史》卷三百四十四《列传》第一百三,中华书局1977年版,第10946页。
④ 王观:《丁锡墓志》,四川大学古籍整理研究所:《全宋文》第36册,卷一五七七,巴蜀书社1993年版,第639页。
⑤ 马汝舟、江大键纂:嘉庆《如皋县志》卷九《学校》,江苏省地方志编纂委员会办公室:《江苏历代方志全书·扬州府部》第41册,凤凰出版社2018年版,第182—183页。
⑥ 盛仪撰:嘉靖《惟扬志》卷七《公署志·书院》,《天一阁藏明代方志选刊》,上海古籍书店1963年影印本。

## 三、北宋江苏书院之转变

上述自发之发展又因官学重兴而止。宋初由于官学未备,故鼓励民间书院之补充。然随着仁宗、神宗、徽宗三朝三次官学运动之递进,江苏府州县学在旧有基础上更上层楼,体系更加完备。

一是仁宗朝由范仲淹推动。仁宗景祐二年(1035)范仲淹创建苏州府学,又推荐胡瑗讲学于苏州府学与湖州州学,分经义、治事二斋进行教学,创苏湖教法,仁宗取之立太学法。范仲淹又发起"庆历新政",其中针对教育"不务耕而求获"之弊端,要求整顿国子监,并令州县皆立学,建立自中央至地方的完整的学校教育体系。仁宗纳其言,庆历四年(1044)诏州县兴学校。如欧阳修云:"庆历三年秋,天子开天章阁,召政事之臣八人,问治天下其要有几,施于今者宜何先……其明年三月,遂诏天下皆立学,置学官之员。然后海隅徼塞,四方万里之外,莫不皆有学。呜呼,盛矣!……宋兴,盖八十有四年,而天下之学始克大立。"①又如洪迈云:"及庆历中,诏诸路、州、郡皆立学,设官教授,则所谓书院者尝合而为一。"②元人郑元佑亦云:"天下郡县学莫盛于宋,然其始亦由于中吴,盖范文正公以宅建学,延安定胡先生为之师,文教之事自此兴焉。"③

二是神宗朝由王安石推动。神宗熙宁二年(1069),参知政事王安石推行新法,以学校养士取代科举取士。《宋史》载:"太学生员,庆历尝置内舍生二百人。熙宁初,又增百人,寻诏通额为九百人。四年,尽以锡庆院及朝集院西庑建讲书堂四,诸生斋舍、掌事者直庐始仅足用。自主判官外,增置直讲为十员,率二员共讲一经,令中书遴选,或主判官奏举。生员厘为三等:始入学为外舍,初不限员,后定额七百人;外舍升内舍,员二百;内舍升上舍,员百。各执一经,从所讲官受学,月考试其业,优等上之中书。其正、录、学谕,以上舍生为之,经各二员;学行卓异者,

① 欧阳修:《吉州学记》,《欧阳修全集》第 2 册,中华书局 2001 年版,第 572 页。
② 洪迈:《容斋随笔·三笔》卷五《州郡书院》,上海古籍出版社 1978 年版,第 477—478 页。
③ 郑元祐:《吴县儒学门铭》,《侨吴集》卷七,永瑢、纪昀等编纂:《四库全书》第 1216 册,上海古籍出版社 1987 年版,第 493 页。

主判、直讲复荐之中书,奏除官。始命诸州置学官,率给田十顷赡士。初置小学教授。帝尝谓王安石曰:'今谈经者人人殊,何以一道德?卿所著经,其以颁行,使学者归一。'八年,颁王安石《书》《诗》《周礼》义于学官,是为《三经新义》。"①后南宋淳熙十五年(1188)陈傅良评之云:"熙宁初,行三舍之法,颇欲进士尽由学校,而乡举益重教官之选,举子家状必自言尝受业某州教授,使不得人自为说。崇宁以后,舍法加密,虽里间句读童子之师,不关白州学者皆有禁。"②

三是徽宗朝由蔡京推动。徽宗崇宁(1102—1106)间,即建辟雍,增加州县学学生名额,设置各路提举学司,管理一路州县之学政,以加强国家对官学教育之领导。"诏县学生三岁不赴升试者除其籍,诸路宾兴,会试辟雍,独常州中选者多,知州、教授官升一级。"③

由此三次官学运动,宋代基本上恢复了从中央到地方完整的官方学校体系,并确立其权威性,尤其是以升舍法取代科举考试,集养士取士于官学于一途。由此宋初书院在教育养士中的作用克已完成,整个书院发展亦告暂停。只有等道学兴起,这才有第二阶段自觉之转出。

## 四、北宋江苏书院之自觉阶段

上述书院,乃本地之处士隐逸或游宦之先知先觉偶或为之,故其教学内容等都不能窥见。江苏书院的正式揭幕还要等到道学南传,程门弟子周恭先、周孚先兄弟以及杨时次第南归,才自觉创建书院。先秦子羽去鲁,孔学南传,两宋周杨归吴,道学亦南传,千百年后,竟如出一辙。

1. 常州城东、城西书院。江苏书院之有意识自觉之建立,即是常州之城东书院。北宋五子,开天辟地,倡道学于中原,二程之裔,道学南传,一般说来皆谓龟山杨时,然道学之真正南传,则始于龟山同门周孚先兄弟。其生平史乘漫灭,大概有以下几则材料:

南宋咸淳《毗陵志》:周孚先,字伯忱,晋陵人。建中靖国初,偕

① 脱脱等:《宋史》卷一百五十七《选举志三》,中华书局1977年版,第3660页。
② 陈傅良:《潭州重修岳麓书院记》,《止斋集》卷三十九,永瑢、纪昀等编纂《四库全书》第1150册,上海古籍出版社1987年版,第807页。
③ 马端临:《文献通考》卷四十六《学校考七·郡国乡党之学》,中华书局1986年版,第433页。

弟恭先从程伊川游，与杨龟山相友善，龟山好著书，伊川每以多言害道为戒，谓孚先兄弟气质纯明，可与入道。其语邢和叔亦曰，二周与杨时似同胞，以所疑为书，请质于先生，辄得亲笔开谕，服膺拳拳，惟以颜子为法，程门高弟皆推之。谒太学，特恩调四明盐场，改建德尉，皆不就。朝廷命白衣上殿，赐承事郎，改奉议丐祠。绍熙间黄守灏奉孚先兄弟袝飨于城东书堂。恭先字伯温，初见伊川先生，先生曰：从事觉有所得否？学者要自得。孚先（愚按，当是恭先）问：如何可以自得？曰：思曰睿，睿作圣，须是于思虑间得之。又问：颜子如何学孔子到此深邃？曰：颜子所以大过人者，只是得一善则拳拳服膺，与能屡空耳。兄弟俱由乡荐入太学，气质不少于异，尤笃于信道。释褐，授坑冶干官。每以沽名为戒，终身恬于进取，谓子孙曰：吾没后，毋为志文碑铭，以重吾不德。终身恬于进取。①

《古今图书集成》：按《武进县志》：周孚先字伯忱，晋陵人。偕弟恭先往河南，从学程伊川，与杨龟山友善。伊川每谓孚先兄弟，气质纯明，可与入道。在门十七年，闻父疾，兄弟驰归，五日抵家，父已卒，哀甚，牛马亦为之泪下。不食既葬，庐于墓。免丧。闻伊川讣，驰至洛哭之，归为城东书院，以祀二程。生徒远方至者千五百人，乃于城西复创书院，孚先主教于东，恭先主教于西。及龟山至郡，谓诸生曰：先生百倍予兄弟，真尔师也。以城西书院让龟山主之，孚先由乡荐入太学，调四明盐场，改建德尉，皆不就。朝廷命白衣上殿，赐承仕郎，改奉议，后为临安教授。所著有《伊川语录》《论语解》，朱子多采其说。绍兴间，郡守黄灏奉孚先兄弟，配飨城东书院。

又，周恭先字伯温，伯忱弟也。初见伊川，伊川曰：学者要自得，从事觉有所得否？问何如可以自得？曰：思作睿，睿作圣，须是于思虑间得之。又问：如何可以有所得？曰：但将圣人言沈味，久则自有所得，当深求于《论语》，将诸弟子问处便作己问，将圣人答

---

① 史能之：咸淳《毗陵志》志十七《人物》，《宋元方志丛刊》第 3 册，中华书局 1990 年版，第 3111 页。

处便作今日耳闻,自然有得。又问:颜子如何学孔子到此深邃?曰:颜子所以大过人者,只是得一善,则拳拳服膺,与能屡空耳。由乡荐入太学,释褐授坑冶干官。每以沽名为戒,终身恬于进取,谓子孙曰:吾没后,毋为志文碑铭,以重吾不德。与杨龟山、唐彦思在同门为深交云。①

元末《宋史翼》:周孚先,字伯忱,晋陵人。偕弟恭先从伊川游,与杨包(愚按,当是龟,下同)山相友善,包山好著书,伊川每以多言害道为戒,谓孚先兄弟气质纯明,可与入道。程门高弟皆推之,谒太学,特恩以迪功郎监明州鹤鸣买纳盐场,改建德尉,皆不受。绍兴五年,著作郎张九成等,言孚先学问渊源,操履方正,久游痒序,士论推服,欲望朝廷处以师儒之职,为后学矜式,庶几尽其所长,少补教化,十一月癸酉,赐同进士出身,添差临安府学教授。六年三月改左承事郎。(咸淳毗陵志,参系年要录)②

明万历《万姓统谱》:孚先字伯忱,晋陵人。与弟恭先俱从程颐学。颐尝谓孚先兄弟气质清明,可以入道。其后俱由乡荐入太学。孚先调四明盐场,改建德尉,不就,后丙祠。恭先终坑冶官。

又,恭先字伯温,初见伊川先生。先生曰:"从事觉有所得否?学者要自得。"恭先问:"如何可以自得。"曰:"思曰睿,睿作圣,须是于思虑间得之。"又问"颜子如何学孔子到此深邃。"先生曰:'颜子所以大过人者,只是得一善,则拳拳服膺,与能屡空耳。'兄弟由荐入太学,气质不少异,尤笃于信道,释褐,授坑冶干官,每以沽名为戒,谓子孙曰:"吾殁后,毋为志文碑铭,以重吾不德。"终身恬于进取。③

《明一统志》:龟山书院在(常州)府城东南六里。宋杨时号龟山,寓常州讲道于此。绍定间,郡守郑必万增创其旧书堂为书院。

① 陈梦雷编纂,蒋廷锡校订:《古今图书集成》第62册《理学汇编·学行典》第一百七十卷《志道部名贤列传一》,中华书局、巴蜀书社1985年版,第74607页。
② 陆心源辑:《宋史翼》卷二十四《周孚先传》:续修四库全书编纂委员会:《续修四库全书》第311册,上海古籍出版社2002年版,第532页。
③ 凌迪知:万历《万姓统谱》,永瑢、纪昀等编纂:《四库全书》第956册,上海古籍出版社1987年版,第920页。

元设山长主教事。①

康熙《常州府志》：城东书堂，在定安东乡夹城图，杨龟山先生讲学处。先是，周恭先创建书堂，以居从游者，日益众，复创城西书堂，孚先主教于东，恭先主教于西。龟山先生至，遂让馆焉。书堂后毁于兵，地归他族。绍熙二年郡守陈谦赎以公帑，四年，郡守黄灏即其地立龟山先生祠，以二周侑。淳祐间，郡守王圭以存福寺私田归书堂，为养士用。元改创龟山书院，设山长一员主之，至正间毁于兵。明成化间，郡人陈观复建祠其地，未几又废，遂改祠先生于朝京门，详见祠庙内。其城西书堂地，无考。②

道光《武进阳湖合志》：龟山书院在市街西地与关神勇庙相近，宋时在怀德门内十余步，即今定东乡夹城图，本杨龟山先生旧书堂也。有周孚先恭先兄弟从游问答数条遗墨。游定夫酢寄二周帖云：昆陵士人前欲买田以赡志完，今闻买宅以延中立，高谊□此，可振颓风、激衰俗，非好贤乐善未易能尔，俱刻石真壁间。胡苍梧理挽之曰：一区归老谈元宅，三鳣空余讲道堂。后毁于兵，地归他族。绍熙二年，郡守陈谦赎以公帑，四年，郡守黄灏立祠于旧址，以二周侑。绍定三年，郡守郑必万增创堂字扁曰师友渊源，中绘诸儒遗像，周濂溪、程明道、伊川、邵康节、张横渠、尹和靖、杨龟山、谢上蔡、游建安、胡安定、朱晦庵、张南轩、吕东莱、陆象山共十有四人合祭，又葺旧堂曰尊德乐道，中奉龟山先生及二周塑像。淳祐间，郡守王圭以存福寺私田归书堂，为养士用。元改创书院，设山长一员主之，至正丙申，兵毁，地复侵于民。明成化五年，广西佥事、郡人郑观即今地创建祠层四楹，中塑龟山先生像，以二周配，同知谢庭桂助之，今废。③

光绪《武进阳湖县志》：龟山书院在阳湖□□厢□□，旧在定东

① 李贤：《明一统志》卷十，永瑢、纪昀等编纂：《四库全书》第 472 册，上海古籍出版社 1987 年版，第 250 页。

② 于琨修，陈玉璂纂：康熙《常州府志》卷十五《学校》，《中国地方志集成·江苏府县志辑 37》，江苏古籍出版社 1991 年版，第 295 页。

③ 孙琬、王德茂修，李兆洛、周仪暐纂：道光《武进阳湖合志》卷十二《学校》，《江苏历代方志全书·常州府部》第 20 册，凤凰出版社 2018 年版，第 451 页。

乡夹城图,宋时建,绍定三年重修,明成化五年移建。①

《古今图书集成》:城东书堂,在定安东乡,即杨龟山先生讲学处。先是周恭先创建书堂,以居从游者。徒日益,众复创城西书堂,孚先主教于东,恭先主教于西。龟山先生至,遂让馆焉,书堂后煅于兵,地归他族。宋绍熙二年郡守陈谦赎以公帑。四年郡守黄灏即其地,立龟山先生祠,以二周侑。淳祐间郡守王圭以荐福寺私田,归书堂为养士用。元改龟山书院,设山长一员主之,至正间煅于兵。明成化间郡人郑观复建祠,其地未几,又废,遂改祀龟山先生于朝京门,其城西书堂地无考。②

综上所述,可以推知城东书院创立时间。按伊川去世是宋徽宗大观元年(1107 年 10 月 5 日),周氏兄弟驰至洛阳哭之,归为城东书院,则书院创立时间必在 1107 年末。恭先在定东乡夹城图(今常州雪堰镇东)创建城东书院,后因难以纳众,又在城西建书院,兄弟分讲。政和元年(1111)同门龟山杨时至毗陵(常州旧称)探视故友邹浩③,周孚先遂邀龟山至城东书院讲学,后又将城西书院让于他,龟山寓居"毗陵讲学十八年"便由此开始。同年,龟山又因李纲之缘,在无锡梁溪创办东林书院,另开一枝。

龟山与周氏兄弟学术践履之异同,此处无暇细析,然公允而言,"吾道南矣",虽为龟山而发,然二程弟子南下首创书院者不是龟山,而是周氏兄弟,其方是道学南传第一,也是江苏自觉建立书院、传播道学之第一次努力。后人因龟山三传而有朱子,遂以龟山压周氏兄弟一头,以二周侑龟山,诚喧宾夺主,无此必要也。而此书院元时演为龟山书院,明时又迁址,不再赘引。

2. 无锡东林书院。道学(狭义,尤指二程之学)南传史上,洛学一

---

① 王其淦、吴康寿修,汤成烈等纂:光绪《武进阳湖县志》卷五《学校》,《中国地方志集成·江苏府县志辑 37》,江苏古籍出版社 1991 年版,第 151 页。

② 陈梦雷编纂,蒋廷锡校订:《古今图书集成》第 12 册《方舆汇编·职方典》第七百十四卷《常州府学校考》,中华书局、巴蜀书社 1985 年版,第 14168 页。

③ 邹浩(1060—1111),字志完,号道乡居士,北宋神宗间进士、曾任宝文阁待制等。《宋史》载:"杨时过常,往省之。恬然仅存余息,犹眷眷以国事为问,语不及私。"见脱脱等:《宋史》卷三百四十五《邹浩传》,中华书局 1977 年版,第 10958 页。

变而为吴中之学,再变而为闽学,龟山其人,东林其地,是为中介。杨时(1053—1135),字中立,号龟山,祖籍弘农华阴(今陕西华阴东),南剑西镛州龙池团(今福建省三明市明溪县)人,师从程颢、程颐,与游酢、吕大临、谢良佐同列为程门四大弟子。

徽宗政和元年(1111)三月,龟山前往无锡梁溪拜访同乡福建邵武人李纲,感佩吴中人文昌明,是年五月再次前往,遂在无锡城东弓河之上创办东林书院,之所以命名为东林,是因为龟山初至觉得此地颇似庐山之东林寺。政和四年(1114)十一月龟山奉徽宗旨自余杭正式寓居毗陵,直至建炎元年(1127)离开,在此共讲学十八载,其间北方沦陷,二程之洛学在中原渐渐湮灭,端赖龟山独力支撑,方致斯文不坠。

龟山在东林整理二程遗言,著书授徒,传播道学,至此无锡一带始知有程氏之学,其功实首被之。其著名弟子,喻工部玉泉先生亲授业,而尤文简遂初先生,李肃简小山先生,蒋文忠实斋先生遂相师承。后入闽三传,一传豫章,再传延平,三传而紫阳,终发扬光大,演成道学史上著名的道南一派。

龟山离开后,东林书院逐渐荒废。元至正十年(1350),有僧人秋潭在原址上建东林庵,"其学亦遂沦于佛老、训诂、词章者,且四百年"。① 其再度兴盛,则要等到明代后期。

## 第三节 本期重要书院——邳州敬简书院

一般认为,茅山书院是江苏境内第一所书院,此说非是,江苏最早之书院乃邳州之敬简,其以庙祀孔门高弟冉雍而得名。柳诒徵先生云:"邳州之敬简书院以庙祀仲弓得名。"然其继云:"不详其所自始也。"② 敬简之资料极少,所辑两则如下:

咸丰《邳州志》:敬简书院在泇口镇,宋时追封仲弓为下邳公,

① 王守仁:《东林书院记》,《王阳明全集》卷二十三《外集五》,上海古籍出版社 1992 年版,第 898 页。
② 柳诒徵:《江苏书院志初稿》,赵法生、薛正兴主编:《中国历代书院志》第 1 册,江苏教育出版社 1995 年版,第 13 页。

故州人庙祀之,书院以名。镇旧有三教堂,巡检祝涟、州人江浦教谕陈嘉琮、监生白士玿等,始去二氏像,移圣像入书院祀焉。①

民国《邳志补》:敬简书院,隆庆中建,中废,嘉庆间邑人增生陈世辅、白佐华等重修,学正陈燮《记》曰:"泇口镇敬简书院,建自前明隆庆时,按朱竹垞太史《孔子弟子考》,鲁冉子雍,宋赠下邳公,邳地宜有专祠,此书院所由昉兴。又相传旧有三教堂,圮于水,因奉圣像于祠之正殿,以冉子配焉,前巡检祝涟、绅士江浦教谕陈嘉琮、贡生陈嘉来、监生白士玿、白康歧增建门庑,其后巡检邵棠又增四大贤,诸先贤神座虽与建祠初意不符,要其尊师重道则一也。自频遭水患,祠宇寖颓,吾宗增生世辅力任其事,改而张之,与其昆季贡生世隆、世儒,廪生世显,增生世玺及白氏诸贤,经营其事,起嘉庆丁卯,迄庚午告成,属燮为之记。"②

二志所记,语焉不详,吾人即据此还原其创立发展之简史。

## 一、邳州简介

邳州今属徐州,位于其西北,邳州历史悠久。姑取古籍几则:

许慎《说文解字》:邳,奚仲之后,汤左相仲虺所封国,在鲁薛县。又,下邳,县名。③

《元和郡县志》:下邳县,本夏时邳国,后属薛。《左传》薛之祖奚仲迁于邳是也。春秋并于宋,战国时属楚,后属齐,至秦曰下邳县。汉属东海郡,《魏志》:"曹公征吕布于下邳,生擒布,令东中郎将镇下邳"。宋改为下邳县,属东徐州。周改东徐为邳州,隋省邳州,以县属泗州。④

段玉裁《说文解字注》:邳,奚仲之后,汤左相仲虺所封国(《左

---

① 董用威、马轶群修,鲁一同纂:咸丰《邳州志》卷七,《中国地方志集成·江苏府县志辑 63》,江苏古籍出版社 1991 年版,第 292 页。

② 窦鸿年:民国《邳志补》卷九,《中国地方志集成·江苏府县志辑 63》,江苏古籍出版社 1991 年版,第508 页。

③ 许慎:《说文解字》卷六下《邑部》,中华书局 1963 年版,第 135 页。

④ 李吉甫:《元和郡县志》卷十,永瑢、纪昀等编纂:《四库全书》第 468 册,上海古籍出版社 1987 年版,第 249 页。

传》定元年：薛宰曰：薛之皇祖奚仲居薛，以为夏车正。奚仲迁于邳，仲虺居薛，以为汤左相。谊云：薛，任姓。黄帝之苗裔，奚仲封为薛侯，今鲁国薛县是也。奚仲迁于邳，仲虺居薛，以为汤左相。武王复以其胄为薛侯，齐桓黜为伯。小国无记，世不可知，亦不知为谁所灭。按：杜亦云仲虺、奚仲之后，与许合。邳者，所封国名……《左传》昭元年云：虞有三苗，夏有观扈，商有姺邳，周有徐奄，皆国名也。"杜云：姺、邳二国，商诸侯。按：盖谓仲虺之后为乱者也）。在鲁，薛县是也（谓商之邳国，在今汉之鲁国，鲁国薛县是其地也。鲁国薛二志同。前志云：夏车正奚仲所国。后迁于邳，汤相仲虺居之。合班、许所云。盖奚仲所迁之邳，距薛密迩，如邾迁于绎之比。迁于邳则国名邳，仲虺所居薛，而邳名不改。姺邳与观扈徐奄同，则国尝灭矣，周复封其后于邳为薛侯也。应劭注东海下邳曰：邳在薛，其后徙此，故曰下。臣瓒曰：有上邳，故曰下邳。按：吕后三年封楚元王子郢客为上邳侯。上邳即薛也。然则昭元年、定元年杜注皆云邳，下邳县。非是。下邳在今江苏徐州府之邳州，薛县在今山东兖州府滕县，县南四十里有故薛城）。[1]

朱骏声《说文通训定声》颐部第五：邳，奚仲之后，汤左相仲虺所封，国在鲁薛县，从邑丕声。《左·昭元传》："商有姺邳，盖仲虺之裔为乱者。国灭，武王复封其后于邳为薛侯。"汉之上邳，薛县也，在今山东兖州府滕县。其下邳，则今江苏徐州府之邳州。[2]

综上可知，相传禹封车正官奚仲为侯，先居于薛（鲁国薛县，今山东滕州市南），后迁于邳（今江苏邳州），建立邳国。其十二世孙仲虺辅佐商汤，被封于薛。商亡后，仲虺后裔作乱被周扑灭，复封于薛。由于奚仲曾迁于邳，故又称薛为上邳、邳则为下邳。

泇口在古代为重邑，春秋属宋，名柤，后入楚。《左传·襄公十年》载："十年（前 563）春，公会晋侯、宋公、卫侯、曹伯、莒子、邾子、滕子、薛伯、杞伯、小邾子、齐世子光会吴于柤。夏，五月甲午，遂灭偪阳。"《水

---

[1] 段玉裁《说文解字注》第六篇下，上海古籍出版社 1981 年版，第 297 页。
[2] 朱骏声：《说文通训定声》，中华书局 1984 年版，第 209 页。

经·沭水注》引京相璠曰："柤，宋地，今彭城偪阳县西北。"①按偪阳，春秋小邑，即鄅（国），《谷梁传》作傅阳，秦汉以降在此设傅阳县。柤邑临近偪阳也。清人齐召南《注疏考证》之《春秋左氏传注疏卷三十一考证》载："'会吴于柤'。《注》：'柤，楚地。'臣召南按，此时楚地恐尚不及淮北，若果系楚地，晋宋诸国安得会吴于此乎？杜云楚地，由后遡前之称也。《后汉·郡国志》'彭城国傅阳有柤水'，即此柤也。前《志》'楚国傅阳，故偪阳国'，是柤即近偪阳之地，既会于柤，即灭偪阳耳。傅阳故县在今峄县南，柤即峄县泇口也。"又《江南通志》邳州"泇口镇，州西北九十里，接山东峄县界"。②

自古泇口即是南北军事要冲，《宋史》载："（绍兴）十年（1140）金人败盟，兀术率撒离曷、李成等破三京（东京开封府、南京应天府、西京河南府），分道深入，八月（韩）世忠围淮阳（今邳县西南），金人来救，世忠迎击于泇口镇，败之。"③

泇河与运河又于此交汇，《江南通志》载："漕河自山东台庄抵邳州东南，历泇口镇，由直河东经宿迁之小河，会于黄河。"④又："泇河在邳州西北九十里，源出山东峄县，会沂水，接州东之直河，又东南入宿迁县境之黄墩湖。"⑤故泇口经济、文化极为繁荣，因此方有下文所及之设巡检置于此。

## 二、冉雍之追封与书院之创建

冉雍，字仲弓，孔门高弟，四科十哲之一。"仁而不佞"，孔子称其"可使南面"（《雍也》）。《荀子·非十二子》更认为仲弓得孔子真传，称真儒当"法仲尼、子弓之义"，子弓即仲弓。

① 郦道元：《水经注》卷二十六《沭水注》，永瑢、纪昀等编纂：《四库全书》第 573 册，上海古籍出版社 1987 年版，第 405 页。
② 黄之隽、赵弘恩：乾隆《江南通志》卷二十六《舆地志·关津二》，507 册，上海古籍出版社 1987 年版，第 762 页。
③ 脱脱等：《宋史》卷三百六十四《列传》第一百二十三《韩世忠》，中华书局 1977 年版，第 11366 页。
④ 黄之隽、赵弘恩：乾隆《江南通志》卷十四《舆地志》，永瑢、纪昀等编纂：《四库全书》第 507 册，上海古籍出版社 1987 年版，第 479 页。
⑤ 黄之隽、赵弘恩：乾隆《江南通志》卷十四《舆地志》，永瑢、纪昀等编纂：《四库全书》第 507 册，上海古籍出版社 1987 年版，第 480 页。

唐开元二十七年(739)仲弓被追封为"薛侯"。宋大中祥符二年(1009)加封"下邳公"。南宋咸淳三年(1267)封为"薛公",明嘉靖九年(1530)改称"先贤冉子"。历届政府并非只封仲弓一人,孔门高弟后世多有追封,宋真宗大中祥符二年五月,诏追封孔子弟子颜回为国公,闵损等九人为郡公,曾参等六十二人为列侯。

宋人王钦若(962—1025,字定国,今江西新喻人),于大中祥符二年五月作《东平公冉耕赞》《下邳公冉雍赞》,后者曰:"不佞之仁,具体之贤。登彼堂奥,用之山川。代逢偃革,礼毕升禋。锡以三壤,贲兹九泉。"①

据咸丰《志》"宋时追封仲弓为下邳公,故州人庙祀之,书院以名",民国《志》则谓"鲁冉子雍,宋赠下邳公,邳地宜有专祠",味其意,乃封下邳公,州人以为荣,方建庙祭仲弓,是为书院之始。

书院之名,即取自《论语·雍也》:"仲弓问子桑伯子。子曰:'可也,简。'仲弓曰:'居敬而行简,以临其民,不亦可乎?居简而行简,无乃大简乎?'子曰:'雍之言然。'"将其精炼为"敬简"二字。

但是其具体创立时间,咸丰《志》虽明确断在宋时,然北宋还是南宋则未定。愚以为,仲弓在北宋时被封"下邳公",南宋则为"薛公",薛乃上邳,在鲁地,故此书院肯定是在北宋时所建,约在真宗大中祥符二年仲弓被追封为"下邳公"后不久。

因封爵而庙祀者,江苏尚有苏州金乡书院,"金乡书院在府西市坊内,宋赠澹台子羽为金乡侯,故名。嘉靖二年,知府胡缵宗建。"②

## 三、敬简书院之重建

民国《志》有明隆庆云云,则是第一次重建。具体情况已不详,书院年久颓圮,至清,又予重建。第二次重建,综咸丰《志》、民国《志》,乃是巡检祝涟、州人江浦教谕陈嘉琮、监生白士玿等人,改造镇上旧有之三教堂,去(释道)二氏像,移入孔子圣像,以冉子配祀,后来另一巡检邵棠

① 四川大学古籍整理研究所:《全宋文》第5册,卷一九二,巴蜀书社1989年版,第308页。
② 黄之隽、赵弘恩:乾隆《江南通志》卷九十《学校志》,永瑢、纪昀等编纂《四库全书》第509册,上海古籍出版社1987年版,第522页。

又在书院中增加四大贤,虽然此举与书院创设之庙祭仲弓之初衷不合,但都是尊师重道之举。只是具体时间未交待。下面即根据已有信息推测之。

一则巡检。官署名巡检司,官名巡检使,省称巡检。始于五代后唐庄宗。宋时于京师府界东西两路,各置都同巡检二人,京城四门巡检各一人。又于沿边、沿江、沿海置巡检司。掌训练甲兵,巡逻州邑,职权颇重,后受所在县令节制。明清时,凡镇市、关隘要害处俱设巡检司,巡检为主官正九品,归县令管辖。《文献通考》:"宋朝有沿边溪洞都巡检,或蕃汉都巡检,或数州数县管界,或一州一县巡检,掌训练甲兵、巡逻州邑、擒捕盗贼事;又有刀鱼船战棹巡检,江、河、淮、海置捉贼巡检,又巡马递铺、巡河、巡捉私茶盐等,各视其名分,以修举职业,皆掌巡逻机察之事。中兴后,凡沿江沿海招集水军,控扼要害及地分阔远处,皆置巡检一员。往来接连合相应援处,则置都巡检以总之。皆以才武大小使臣充。各随所在,听州县守令节制,本寨事并用取州县指挥。若海南琼管及归、峡、荆门等处跨连数郡,控制溪峒,又置水陆都巡检使或三州都巡检使,以增重之。"[1]《江南通志》载:"邳州新安巡检署,在泇口镇。"[2]

二则江浦教谕。明洪武九年(1376),江浦设县。宋代于京师所设小学和武学中始置教谕。元、明、清县学皆置教谕,掌文庙祭祀,教育所属生员。《明史·职官志四》:"儒学,府教授一人,训导四人。州,学正一人,训导三人。县,教谕一人,训导二人,教授、学正、教谕,掌教诲所属生员,训导佐之。"[3]明清时代县设"县儒学",是一县之最高教育机关,内设教谕一人。故江浦教谕,必是明后所置。

三则监生、贡生等。监生是国子监监生员的简称,明清两代取得入国子监读书资格的人称国子监生员。

四则知网可检得一条关于祝涟之信息:清乾隆三十三年(1768)东台建县后,县城有县署,乃于乾隆三十九年(1774)置巡检司驻富安场;

---

① 马端临:《文献通考》卷五十九《职官考十三》,中华书局 1986 年版,第 541 页。

② 黄之隽、赵弘恩:乾隆《江南通志》卷十四《舆地志》,永瑢、纪昀等编纂:《四库全书》第 507 册,上海古籍出版社 1987 年版,第 681 页。

③ 张廷玉:《明史》卷七十五《志》五一《职官》四,中华书局 1977 年版,第 1851 页。

四十六年(1781),县巡检祝涟领公帑购民居,建富安巡检司署。①

综上可定,此次重建,是乾隆三十、四十年代之间,咸丰《志》去乾隆未远,故谓"镇旧有三教堂"云云。

第三次重建,民国《志》中记载甚清,嘉庆间邑人增生陈世辅、白佐华率其族人重修,始于嘉庆丁卯,至庚午止,即嘉庆十二年(1807,丁卯)至十五年(1810,庚午)。

泇口今日只是一个湮没风尘而极为寻常的苏北小镇,然经过我们上面的梳理,可以得出其曾兴起江苏第一所书院,自北宋真宗大中祥符年间,直至明清,代有兴废。

---

① 朱兆龙、杨爱国:《富安场安澜圩兴修考略》,《盐城师范学院学报》(人文社会科学版)2017 年第 4 期,第 45—48 页。

# 第三章　宋元江苏书院之二:南宋之全盛

"胜日寻芳泗水滨,无边光景一时新。等闲识得东风面,万紫千红总是春"。朱子此诗用来形容南宋之书院,亦十分贴切,彼时是中国书院史上一黄金时代,王权与士权相辅相成,政治自由度较高,道学蓬勃兴旺,东南三贤、乾淳诸老,皆办有书院,流风所及,江苏境内书院较北宋有极大之发展。

## 第一节　南宋书院概述

南宋时,由于战争影响,苏北书院大幅减少,苏南书院则快速发展,且官方开始涉入,一改北宋纯民间运作之局面,由此在物质保障、制度规范层面有极大提升,但自由研究讲学之精神并未受限,故江苏书院建设进入最佳时期。

### 一、南宋江苏书院之数据

从南宋开始,书院分新建、重建,故表格中某些项目以"/"予以区分。

其一,从数量来看。南宋江苏共新建书院 24 所,重建 2 所。

建炎年间(1127—1130):新建 1 所,苏州南山书院。

绍兴年间(1131—1162):新建 1 所,常州金渊书院(十八年)。

淳熙年间(1174—1189):新建 1 所,常州城南书院。

嘉定年间(1208—1224):新建 5 所,高邮淮海书院(四年)、南京明道书院(八年)、南通文会学舍(八年)、常州申义书院、南通紫薇书院。

宝庆年间(1225—1227):新建 1 所,泰州安定书院(二年)。

绍定年间(1228—1233):重建 1 所,常州城东书院(三年)。

端平年间(1234—1236):新建 2 所,苏州和靖书院(二年)、苏州鹤山书院(三年)。

淳祐年间(1241—1252):新建 2 所,镇江淮海书院(八年)、盐城陆公书院(十年)。

宝祐年间(1253—1258):新建 2 所,镇江濂溪书院(元年)、苏州乐圃书院(三年)。

咸淳年间(1265—1274):新建 5 所,南京昭文精舍(三年)、南京南轩书院(四年)、句容南轩书院(四年)、苏州学道书院(五年)、泰州马洲书院。

另有新建时间不详的昆山石湖书院、昆山玉峰书院、无锡遂初书院、如皋万竹书房。句容茅山书院分别于端平二年、淳祐六年、咸淳七年三次重建。

其二,从地域分布来看。苏南新建 17 所、重建 2 所,苏北仅新建 7 所,这 7 所都在长江北岸的扬州、泰州、南通、盐城等地,而淮河流域则没有一家书院,此与彼时宋金对峙之现实相吻合。

| 序号 | 城市 | 数量 | | 地域 | 总数 | | 备注 |
|---|---|---|---|---|---|---|---|
| | | 新建 | 重建 | | 新建 | 重建 | |
| 1 | 南京 | 3 | | 苏南 | 17 | 2 | |
| 2 | 苏州 | 7 | | | | | |
| 3 | 无锡 | 1 | | | | | |
| 4 | 常州 | 3 | 1 | | | | |
| 5 | 镇江 | 3 | 1 | | | | 淮海书院由高邮迁来,同于新建。茅山书院重修 3 次。 |

| 序号 | 城市 | 数量 | | 地域 | 总数 | | 备注 |
|---|---|---|---|---|---|---|---|
| | | 新建 | 重建 | | 新建 | 重建 | |
| 6 | 扬州 | 1 | | 苏北 | 7 | 0 | |
| 7 | 泰州 | 2 | | | | | |
| 8 | 南通 | 3 | | | | | |
| 9 | 淮安 | | | | | | |
| 10 | 宿迁 | | | | | | |
| 11 | 盐城 | 1 | | | | | |
| 12 | 连云港 | | | | | | |
| 13 | 徐州 | | | | | | |
| | 全省 | 24 | 2 | 全省 | 24 | 2 | |

其三,从创建主体来看。新建书院中,官立、民立均为 12 所,其中苏南官办 8 所、民办 9 所,苏北官办 4 所、民办 3 所,可见南宋时官办、民办基本均衡。重建书院中,常州城东书院为官方重建,而茅山书院重建 3 次,其中民间重建 2 次,官方重建 1 次。

| 序号 | 城市 | 性质 | | | 地域 | 总数 | | | 备注 |
|---|---|---|---|---|---|---|---|---|---|
| | | 官办 | 民办 | 不详 | | 官办 | 民办 | 不详 | |
| 1 | 南京 | 2/ | 1/ | / | 苏南 | 8/ | 9/ | / | |
| 2 | 苏州 | 3/ | 4/ | / | | | | | |
| 3 | 无锡 | / | 1/ | / | | | | | |
| 4 | 常州 | 2/ | 1/1 | / | | | | | |
| 5 | 镇江 | 1/1 | 2/2 | / | | | | | 茅山书院,官方重建 1 次,民间重建 2 次。 |
| 6 | 扬州 | / | 1/ | / | 苏北 | 4/ | 3/ | / | |
| 7 | 泰州 | 1/ | 1/ | / | | | | | |
| 8 | 南通 | 3/ | / | / | | | | | |
| 9 | 淮安 | / | / | / | | | | | |

| 序号 | 城市 | 性质 | | | 地域 | 总数 | | | 备注 |
|---|---|---|---|---|---|---|---|---|---|
| | | 官办 | 民办 | 不详 | | 官办 | 民办 | 不详 | |
| 10 | 宿迁 | / | / | / | | | | | |
| 11 | 盐城 | / | 1/ | / | | | | | |
| 12 | 连云港 | / | / | / | | | | | |
| 13 | 徐州 | / | / | / | | | | | |
| | 全省 | 12/ | 12/ | / | 全省 | 12/ | 12/ | / | |

其四,从执行功能来看。新建书院,综合 6 所,讲学 12 所,祭祀 4 所,自修 2 所;重修书院中,讲学 2 所。可见功能还是非常丰富多元的,后世清代完全集中于课士制艺。

| 序号 | 城市 | 性质 | | | | | 地域 | 总数 | | | | | 备注 |
|---|---|---|---|---|---|---|---|---|---|---|---|---|---|
| | | 综合 | 讲学 | 祭祀 | 自修 | 不详 | | 综合 | 讲学 | 祭祀 | 自修 | 不详 | |
| 1 | 南京 | 2/ | 1/ | / | / | / | 苏南 | 5/ | 7/2 | 4/ | 1/ | / | |
| 2 | 苏州 | 2/ | 1/ | 3/ | 1/ | / | | | | | | | |
| 3 | 无锡 | / | 1/ | / | / | / | | | | | | | |
| 4 | 常州 | / | 3/1 | / | / | / | | | | | | | |
| 5 | 镇江 | 1/ | 1/1 | 1/ | / | / | | | | | | | |
| 6 | 扬州 | / | 1/ | / | / | / | 苏北 | 1/ | 5/ | / | 1/ | / | |
| 7 | 泰州 | 1/ | 1/ | / | / | / | | | | | | | |
| 8 | 南通 | / | 3/ | / | / | / | | | | | | | |
| 9 | 淮安 | / | / | / | / | / | | | | | | | |
| 10 | 宿迁 | / | / | / | / | / | | | | | | | |
| 11 | 盐城 | / | / | / | 1/ | / | | | | | | | |
| 12 | 连云港 | / | / | / | / | / | | | | | | | |
| 13 | 徐州 | / | / | / | / | / | | | | | | | |
| | 全省 | 6/ | 12/2 | 4/ | 2/ | / | 全省 | 6/ | 12/2 | 4/ | 2/ | / | |

## 二、南宋书院兴盛之原因

南宋江苏书院之所以迅速发展，大致有以下几个方面原因。

其一，官学衰败。北宋三兴官学，然南渡以后，官学渐蠹。一则太学崩坏。如绍熙三年(1192)吏部尚书赵汝愚奏云："炎祚中兴，始建太学于行都，行贡举于诸郡。然奔竞之风胜，忠信之俗微，亦惟荣辱升沈，皆不由乎学校，至于德行道艺，惟取决于糊名，苟为雕篆之文，无复进修之志，视庠序如传舍，目师儒如路人，季考月书，尽成文具。"①朱子《学校贡举私议》亦云："所谓太学者，但为声利之场，而掌其教事者，不过取其善为科举之文，而尝得售于场屋者耳……师生相视漠然如行路之人，间相与言，亦未尝闻之以德行道艺之实，而月书季考者，又只以促其嗜利苟得、冒昧无耻之心，殊非国家之所以立学教人之本意也。"②二则州县官学亦崩坏。宁宗嘉定年间，兵部侍郎虞俦亦奏云："近来州郡之学，往往多就废坏。士子游学，非图啜餔以给朝夕，则假衣冠以诳流俗。而乡里之自好者，过其门而不入。为教授者，则自以为冷官，而不事事。自一郡观之，若未甚害也，举天下皆然，则实关事体也……朝廷建一官，盖欲使之治一职，苟以为迂阔于事，无补于时，曷不一举而废之！吏禄学粮，犹可省也。"③朱子亦云："今郡县之学，官置博士弟子员，皆未尝考其德行道艺之素，其所授受，又皆世俗之书，进取之业，使人见利而不见义，士之有志于为己者，盖羞言之。是以，常欲别求燕闲清旷之地，以共讲其所闻。"④

其二，南宋内外交迫，财政艰难，无力完全支撑庞大的官学体系。北宋赋税最多的熙丰年间"所入乃至六千余万"贯，南渡后奄有半域，然

---

① 马端临：《文献通考》卷四十二《学校考》三，中华书局 1986 年版，第 399 页。
② 朱熹：《学校贡举私议》，《晦庵集》卷六十九，《朱子全书》第 23 册，上海古籍出版社、安徽教育出版社 2002 年版，第 3363 页。
③ 钦定《续文献通考》卷五十《学校考·郡国乡党之学》，永瑢、纪昀等编纂：《四库全书》第 627 册，上海古籍出版社 1987 年版，第 388 页。
④ 朱熹：《衡州石鼓书院记》，《晦庵集》卷七十九，《朱子全书》第 24 册，上海古籍出版社、安徽教育出版社 2002 年版，第 3783 页。

"逮淳熙末,遂增六千五百三十余万焉",①故朱子愤道"古者刻剥之法,本朝皆备"。② 而这些赋税大都用于"三冗"与岁币,无力顾及地方官学。如朱子叹州县学经费困难道:"诸生无所仰食,而往往散去,以是殿堂倾圮,斋馆荒芜。……然养士之需,至以天下之力奉之而不足,则亦岂可不谓难哉。"③

其三,民间道学发展得到官方支持。北宋晚期道学被禁,延及南渡初,经师生努力终于解禁。《宋史》云:"程王之学,数年以来,宰相执论不一,赵鼎主程颐,秦桧主王安石。至是,诏自今毋拘一家之说,务求至当之论。道学之禁稍解矣。"④后来虽然也有针对朱子伪学之禁,但为期不长,伤害不深,须臾恢复。自宁宗朝开始,宋廷逐渐将道学定为官方哲学。故一方面,道学信徒愈来愈多,四处讲学,大力推动了书院的发展。另一方面,最高统治者大加扶持,尤其是理宗、度宗两朝,向书院赐额、赐田,任命山长、教授史不绝书。仅《续文献通考》就记录了20所,白新良先生辑录仅赐额就有27所。就江苏而言,端平三年(1236)有苏州鹤山书院,淳祐九年(1249)有江宁明道书院,淳祐年间又有镇江淮海书院,由此江苏书院之发展一飞冲天。

除此之外,南宋的经济发展,雕板印刷术进一步普及,私人刻书业也有了更大发展,书籍流通日广等,也为书院的发展提供了便利条件。

## 三、南宋江苏书院特点

经过北宋之私人创建,南宋时江苏书院则进入了官方化、制度化、标准化的成熟期。

其一,数量上北少南多。南宋时期,苏北地处边境,前后历经残酷的宋金、宋元战争,旷日持久,故苏北的书院除极少数长江北岸城市零

---

① 李心传:《建炎以来朝野杂记》甲集卷十四《国初至绍熙天下岁收数》,中华书局2007年版,第289页。

② 朱熹:《语类》卷一百十《论兵》,《朱子全书》第18册,上海古籍出版社、安徽教育出版社2002年版,第3550页。

③ 朱熹:《建宁府崇安县学田记》,《晦庵集》卷七十九,朱子全书第24册,上海古籍出版社、安徽教育出版社2002年版,第3773页。

④ 脱脱等:《宋史》卷一百五十六《选举二》,中华书局1977年版,第3630页。

星所及外，几一片沉寂，高邮淮海书院也迁于镇江。故《续文献通考》称：书院"至理宗时尤夥。其得请于朝，或赐田，或赐额，或赐御书，间有设官者。应天有明道书院，苏州有鹤山书院，丹阳有丹阳书院……丹徒有濂溪书院、淮海书院"，①江北徐淮地区则没有记载。

其二，主体上官方与民间关系较为和谐。南宋是我国书院发展最良善之阶段，其间名儒辈出，道学大兴，官方亦高度认同，官方与民间于书院教育功能上达成一致，官学与书院的关系最为正常，公私并行不悖。考彼时江苏书院，半数由官员建立，其中有些还是道学信徒。② 然书院的办学性质却未改变，民间书院依是自由研究讲学，官办书院在学习内容与教学方式上并未加以控制。

其三，种类、功能比较齐全。祭祀如苏州和靖书院祭祀尹和靖，学道书院祭祀言子，南京明道书院祭祀大程，镇江濂溪书院祭祀周敦颐，泰州安定书院祭祀胡瑗。又有将名人读书处建为书院，如盐城建阳陆公书院主要纪念陆秀夫。学术如周氏兄弟的城东书院、杨时无锡东林书院，乃是道学嫡传，成为理学发展的根据地。藏书如南京明道书院有御书阁五门以"严奉宸翰，环列经籍"。另外，尤袤为大藏书家，其"遂初书院"当为藏书之所。

其四，规范化发展，经由北宋之粗放式发生，南宋时书院特别是官办书院逐渐规范。

一是各种规章制度日趋完善。江苏书院一般都以朱子的《白鹿洞书院揭示》、吕祖谦的《丽泽书院学规》等为基础制订规章制度。如在教学安排上，明道书院规定"每旬三八讲经，一六讲史。每月三课，上旬经疑，中旬史疑，下旬举业"，甚至学生"请假有簿，出不书簿者罚"。

① 《钦定续文献通考》卷五十《学校考·郡国乡党之学》，永瑢、纪昀等编纂：《四库全书》第 627 册，上海古籍出版社 1987 年版，第 389 页。
② 溧阳金渊书院，知县施祐创建；常州城南书院，郡守杨万里建；江宁昭文精舍，方拱辰建；南通文会学舍，教授卢端谊创建；金坛申义书院，太府寺丞张镐建，南轩再传弟子刘宰命名；高邮淮海书院，太仆寺卿龚基先建；南京明道书院，祭祀程颢；泰州安定书院，知州陈垓建，祀胡瑗；苏州和靖书院，提举曹豳始建，祀尹和靖；苏州鹤山书院，道学名臣魏了翁建；盐城陆公书院，祀南宋末名相陆秀夫；镇江濂溪书院，郡守徐栗建，祭祀周敦颐；靖江马洲书院，孔子五十二代孙孔元虔创；南京南轩书院，祭祀张栻；苏州学道书院，知府黄铺奏立书院、祠，以祀言偃；金坛龙山书院，原茅山书院，几经毁迁，由句容茅山至顾龙山重建；昆山玉峰书院，参知政事卫泾建；无锡遂初书院，杨时三传弟子尤袤建。

二是人员结构职务安排更加合理。以教职人员而言，北宋以前，只有山长、洞主的记载。南宋时期，山长之外，一些规模较大的书院还有副山长，其下尚有堂长、堂录、讲书、职事各职，分管教学和维持纪律。其中公立书院之山长，大多由州学教授兼任或由地方行政长官延聘知名学者出任。理宗以后，又由政府统一规定由朝廷选派正式通过科举考试或从太学毕业符合教职人员标准的官员担任山长。招收生徒，也有一定规定，如明道书院："士之有志于学者，不拘远近，诣山长入状帘引疑义一篇，文理通明者，请入书院，以杜其泛。"内部的职事设置日趋合理，基本形成研究教学、行政管理、财务后勤、学生自治等相互联属的几大条块，说明书院的组织管理已臻完善。①

三是基础建设更加完善。由于生徒众多，内部结构细密，供生徒学习之斋舍及各种建筑也愈加完备。如端平中所建之苏州和靖书院，"有四斋：三省、务本、朋来、明哲"。宝佑中所建之江苏丹徒濂溪书院，"有堂二、斋二、亭二"。南京明道书院，有祠堂专祀程颢，有御书阁五门以"严奉宸翰，环列经籍"，有春风堂以作会讲之所，有主敬堂以作会食会茶之所，有燕夫堂以设先圣及十四先神位于堂中，有供生徒学习之尚志、明善、敏行、成德、省身、养心等六斋，还有后勤机构公厨、米敖、钱库、直房、疏园等。而南京南轩书院，始建时"知府杜杲为屋六七楹"，咸淳中，马光祖重修又修主一堂，求仁、任道、明理、潜心四斋，极高明楼，为屋九十二间，辟路前。

四是经济来源比较稳定。一是官府赐田拨款。如南京南轩书院，知府杜杲"拨田百亩为祀事"，咸淳中马光祖建"拨田四十亩入焉"。② 南京明道书院，由"帅府累政拨到田产四千九百八亩三角三十步，岁入米一千二百六十九石有奇，稻三千六伯六十二石，菽麦一百一十余石，折租钱一百一十贯七百文，又有白地房廊钱，本府每月拨下赡士支遣钱五千贯，十七界官会并芦柴四十束"。③ 苏州学道书院，"拨官田以赡士，又

---

① 邓洪波：《中国书院史》，武汉大学出版社2012年增订版，第187—188页。
② 张铉：至正《金陵新志》卷九《学校志》，《宋元方志丛刊》第6册，中华书局1990年版，第5654页。
③ 马光祖修，周应合纂：景定《建康志》卷二十九《儒学二·建明道书院》，《宋元方志丛刊》第2册，中华书局1990年版，第1812页。

置育材庄,专充言氏子孙费"。① 二是官员捐俸,如昆山玉峰书院,乃卫泾私人藏修。三是家族办学,如金坛申义书院"且拨田为经久计"。② 四是邑人捐资,如靖江马洲书院,即由孔元虔创。相较而言,由官方出资者,可以延长生存时间,而由个人兴建者,则人去楼空,往往不会长久。

# 第二节　南宋江苏各市新建、重建书院

自南宋开始,江苏书院建设开始进入第一次高潮,重建则甚少,故并附于后。

## 一、常州新建书院

1. 溧阳金渊书院。嘉庆《溧阳县志》:"在县治东北,宋绍兴间知县施祐建。明宣德间改为都察院行馆,万历间邑人副使史继志建屋数间,为士子肄业地,久而垣栋颓废,其孙庠生史梦帆修葺佃居。今废。"③

按南宋景定《建康志》卷二十七《官守志四·诸县令》:"施祐,右承事郎,绍兴十五年(1145)十一月到任,十九年三月(1149)得替。"④清宣统乙酉年(元年,1909)《溧阳施氏宗谱》⑤收录了南宋龙图阁学士、溧阳人钱周材所写《世安公传》,详述施祐生平事迹,其中有其知溧阳"越三年,政通人和,易创残之地为富庶之区。于是捐俸鸠工,重新文庙,次儒学,次公署,老少皆踊跃趋事"。则可知,书院之建当在绍兴十八年(1148)。后文重建仅列其事,不再赘引。

---

① 李铭皖、谭钧培修,冯桂芬纂:同治《苏州府志》卷二十六《学校》,《中国地方志集成·江苏府县志辑7》,江苏古籍出版社1991年版,第622页。

② 俞希鲁编纂:至顺《镇江志》卷十一《学校志》,江苏古籍出版社1999年版,第471页。

③ 李景峄、陈鸿寿修,史炳、史津纂:嘉庆《溧阳县志》卷七《学校》,《中国地方志集成·江苏府县志辑32》,江苏古籍出版社1991年版,第181页。

④ 马光祖修,周应合纂:景定《建康志》卷二十七《官守志四·诸县令》,《宋元方志丛刊》第2册,中华书局1990年版,第1795页。

⑤ 星河皓月:《施祐和溧阳——〈溧阳施氏宗谱〉源头考》,http://m.jsly001.com/wap/thread/view-thread/tid/3344317。据文中记载,施祐(1086—1154),字世安,号春雨,乌城县(今浙江湖州)杼山里人,于南宋绍兴五年从浙江乌城来溧阳任知县,为溧阳始迁祖,最早的《溧阳施氏宗谱》由他的独子阳和于乾道六年(1170)纂修。

2. 常州城南书院。道光《武进阳湖合志》:"在永胜东乡殷薛,宋乾道末年,张栻过毗陵讲学于此,淳熙间郡守杨万里私淑其教,即其地建为城南书院,为士人讲诵之所,并设主以祀之,其裔孙张镗避地来寓,构堂曰世恩,后殉国难。明宏治十三年巡抚南直副都御史彭礼从贤裔、生员张铨之请,檄守修整缮建魏宣遗泽堂,以镗侑食。入明以来,为南轩先生专祠而书院之名隐矣。"①按,杨万里(1127—1206),字廷秀,号诚斋,江西省吉水人。万里学于绵竹张浚(张栻之父),张浚学于涪陵谯定,谯定学于程颐,故此书院亦当是讲求理学之所在。又按《年谱》,万里于淳熙四年春至六年正月(1177—1179)知常州,故此书院必在此期间兴建。城南书院后于明宣德年间重修。

3. 常州申义书院。金坛乡绅张镐建于嘉定三年至嘉熙四年间(1210—1240),此是张氏族学。至顺《镇江志》:"在金坛县之希墟,宋邑人太守寺丞张镐建。(镐,文简公纲之孙,以其居去庠序远,因建书院,招名师,合族之子弟教之。且拨田为经久计。漫塘先生刘宰,为取孟子'申之以孝弟之义'之语名之。)今废。"②民国《重修金坛县志》:"在县西五十里西垆村。"③按,张镐为两宋之际名臣张纲(1083—1166,谥文简)之孙。此书院由刘宰(1167—1240)取名,刘宰字平国,号漫塘病叟,金坛人,是南轩再传弟子。其隐居三十年,④去世时是1240年,故当于1210年归乡。申义于其家乡,由他命名,故当建于嘉定三年(1210)至嘉熙四年(1240)间。另外,正是刘宰迁前述茅山书院于三角山。

## 二、南京新建书院

1. 南京明道书院。此是南宋全国著名书院,建于嘉定八年(1215),详见本章第三节。

---

① 孙琬、王德茂修,李兆洛、周仪晫纂:道光《武进阳湖合志》卷十二《学校》,《江苏历代方志全书·常州府部》第20册,凤凰出版社2018年版,第451页。

② 俞希鲁编纂:至顺《镇江志》卷十一《学校志》,江苏古籍出版社1999年版,第471页。

③ 冯煦等:民国《重修金坛县志》卷六《学校志》,《中国地方志集成·江苏府县志辑33》,江苏古籍出版社1991年版,第75页。

④ 绍熙元年(1190)举进士,历江宁尉、泰兴令,"有能声。寻告归。理宗立,以为籍田令。迁太常丞,知宁国府,皆辞不就。端平间,时相收召誉望略尽,不能举者仅宰与崔与之二人。隐居三十年,于书无所不读。既卒,朝廷嘉其节,谥文清"。

2. 南京昭文精舍。至正《金陵新志》:"在湖熟镇北,有台高十余丈,下临秦淮,亦名太子台,旧传梁昭明太子宴游之所。《景定志》:'太子台下,东桥之东,有太子东湖,昭明尝植莲其中,台上有昭明像。'宋咸淳丁卯(三年,1267),方拱辰扁曰昭文精舍,里人杜氏守之。至元间,定今额。"①又,"至元间定额,省设山长"。②此方拱辰生平不详。元廷"至元"年号共三十一年(1264—1294),至元十六年(1279)元灭南宋,昭文方可重新命名并设山长,故此时间当定在至元十六年至三十一年(1279—1294)间。

3. 南京南轩书院。南宋咸淳四年(1268)建于南京城内。此地本为南宋硕儒张栻所立之精舍与讲学之所,张栻(1133—1180),字敬夫,又字钦夫,号南轩,世称南轩先生,谥宣,故又称张宣公,生前与朱子、吕祖谦友善,号"东南三贤"。后真德秀建祠祀之,真德秀(1178—1235),字景元,号西山,福建浦城人,亦南宋后期之硕儒名臣,世称西山先生。淳祐、咸淳间,继任官员又陆续增修,拨学田,辟为书院。相关资料剔除重复,主要有以下几则:

> 景定《建康志》:南轩,旧传在保宁寺方丈,今皆指天禧寺方丈旁小室是南轩张宣公读书处。考证:祝穆编《方舆胜览》谓张魏公开督府时其子读书于保宁寺方丈小室,号南轩。西山真公德秀建南轩先生祠堂于天禧寺方丈后,盖以此为张宣公读书南轩之旧址。王潜斋埜又设西山像侑食祠中,作其亭其旁,扁曰仰宣。③

> 又,大使马光祖重修南轩,祠在南门外长干寺之东,依山为祠,由寺而入,盖宣公旧读书所也。杜公杲为尹时尝拨田百亩属有学奉祠祀,且设煎(前)漕使西山真文忠公像于旁,春秋仲丁校官率诸生行舍菜祀,亭其上曰仰宣,示不忘也。然岁仅两至,平时足迹所不到,栋桡簷颓,求像设于烟煤蛛网之中,甚非所以崇教化而励风俗也。咸淳丁卯夏五月鼎新修缮,视昔有加,大使又念儒先鸣道之

---

① 张铉:至正《金陵新志》卷九《学校志》,《宋元方志丛刊》第 6 册,中华书局 1990 年版,第 5663 页。
② 张铉:至正《金陵新志》卷六上《官守志》,《宋元方志丛刊》第 6 册,中华书局 1990 年版,第 5592 页。
③ 马光祖修,周应合纂:景定《建康志》卷二十二,《宋元方志丛刊》第 2 册,中华书局 1990 年版,第1673 页。

地,不可与缁流之室相混殽,乃翦荆榛辟正路作高门,俾学士大夫之出入是涂者,知所宗向,仍属两校官朔望一谒,下置阍人以司启闭,再拨田四十亩有奇,俾葺治无坏而不负仰宣之意志。①

又,南轩先生张子,公(张栻)在建康干父谋国之暇,尝游城南天禧寺,竹间爱其清邃,扫室读书名曰南轩,后人因建祠焉。②

又,杜杲《重修祠堂记》:淳祐三年七月丙子后学杜某记。③

《宋史·度宗本纪》:咸淳四年十二月命建康府建南轩书院,祠先儒张栻。④

至正《金陵新志》:南轩书院,祠南轩先生张栻,本设精舍,后移城东,为今书院(淳祐三年,杜杲《记》曰:"天禧寺侧屋六七楹,曰南轩,实先生讲习之地,日就倾圮,甚至春时为游宴之所,杲昨在江淮幕下,犹扃闭空阒,心窃念之,告之长而莫之听,兹冒阃事,比至不可举目,于是治葺之,绘像于中礵石琢词云。"《景定志》天禧寺方丈后,张宣公读书处也。真文忠公为转运使,建祠屋于旧址,其后总领所以为榷酤之场,知府杜杲为屋六七楹,拨田百亩为祀事。咸淳中,马光祖建主一堂,求仁、任道、明理、潜心四斋,极高明楼,为屋九十二间,辟路前。除命两校朔望虔谒,又拨田四十亩入焉。归附后,移于城东仪宾馆,在明道书院西南)。⑤

又,南轩书院迁旧仪宾馆地基。大德元年刌,盖南轩先生、华阳伯、张宣公祠堂。⑥

综上可见,南轩书院之发展分为四步:一是绍兴三十一年(1161),张浚知建康府,谋划北伐,张栻辅佐父亲之暇,游城南天禧寺,竹间爱其清邃,扫室读书,名曰南轩。二是嘉定八年(1215),真德秀出任江东路

① 马光祖修,周应合纂:景定《建康志》卷二十二,《宋元方志丛刊》第 2 册,中华书局 1990 年版,第1675 页。

② 马光祖修,周应合纂:景定《建康志》卷四十七,《宋元方志丛刊》第 2 册,中华书局 1990 年版,第2092 页。

③ 马光祖修,周应合纂:景定《建康志》卷三十一,《宋元方志丛刊》第 2 册,中华书局 1990 年版,第1870 页。

④ 脱脱:《宋史》第 3 册,卷四十六《度宗本纪》,中华书局 1977 年版,第 901 页。

⑤ 张铉:至正《金陵新志》卷九《学校志》,《宋元方志丛刊》第 6 册,中华书局 1990 年版,第 5654 页。

⑥ 张铉:至正《金陵新志》卷九《学校志》,《宋元方志丛刊》第 6 册,中华书局 1990 年版,第 5663 页。

转运副使，①于张栻讲习旧址建祠祀之，后沦为榷酤之场。三是淳祐三年(1243)，新任建康知府、抗元名将杜杲(1173—1248，字子昕，福建邵武人)整修南轩祠，绘其画像挂在堂中，石刻"张宣公读书处"，并拨田百亩，改造房屋，又作《重修张南轩先生祠堂记》。四是咸淳四年(1268)末，度宗赵禥命建康府知府马光祖(约1201—1273，浙江金华人)在长干里建南轩书院。主要建筑包括主一堂，求仁、任道、明理、潜心四斋，极高明楼，为屋九十二间，辟路前。除命两校朔望虔诣，又拨田四十亩入焉。

### 三、南通新建书院

1. 南通文会学舍。光绪《通州志》："在学宫东，宋嘉定中教授卢端谊建。前为堂，左右有简谅、谨信二斋，后为直舍。"②万历《通州志》卷五"小学"条载宋静海尉詹仁泽《记》，详述其过程："同里卢君端宜分教，大葺学宫，拓棂星门，疏泮水，创版筑，括隐租，丰饩廪，增弟子员，士为之兴起，弦诵之声不绝东偏。故有小学基，请于前守仓使吴公困，得公钱三百万，营土田间架之赢剪草立屋前，仰清池，翼堂前为二斋，左曰简谅，右曰谨信，后敞直舍，榜曰文会，书籍床几庖湢器物略具，乃立教谕、学长、集正，春秋有考，月有书，旬有课，督其勤惰而进退之。文会者，翰林侍读郑公獬亭名也。初，公未第时来自安六(即湖北安陆)，习举子业于县东志道院，暇日游息于斯亭，亭在城南文殊院……嘉定八年九月始作，明年三月成。"又，"文会亭在州城南之文殊院，宋状元郑獬读书所。"③故可知，此书院乃嘉定八年(1215)教授卢端谊建。"文会"取自宋状元郑獬读书所之亭名。

2. 南通紫薇书院。建于南宋，至嘉定年间(1208—1224)已废。明万历《通州志》："紫薇书院在州西北光孝塔右，今遗址四水尚存。"又，

① 林日波：《真德秀年谱》，华东师范大学硕士论文2006年，第71页。
② 梁悦馨、莫祥芝修，季念诒、沈锽纂：光绪《通州直隶州志》卷五《学校》，《中国地方志集成·江苏府县志辑52》，江苏古籍出版社1991年版，第259页。
③ 林云程、沈明臣：万历《通州志》卷五《杂志·古迹》，《天一阁藏明代方志选刊》，上海古籍书店1963年影印本。

"通州贡院"条载"（贡院）嘉定中迁于州西紫薇旧宅，久之废……王应凤有《记》"。王氏所撰《通州贡院记》则云："……逮于嘉定，文惠乔公来守是邦，病其湫溢，遂迁于州治之西溪，紫薇旧宅，光孝塔巍然表于东南……"[①]按王应凤乃淮南节制参议，文惠乔公即知州乔行简。由王《记》可知，南宋嘉定年间，知州乔行简将通州贡院迁于紫薇旧宅，由此亦可知紫薇书院建于南宋时期，至嘉定年间已废弃。

3. 如皋万竹书房。嘉靖《惟扬志》载"万竹书房，在如皋县治西"。[②] 嘉庆《如皋县志》载胡香山《崇正书院记》中提到"昔县治内，宋有万竹书院，明有修篁书院"。[③] 未注明北宋还是南宋。但如皋北宋时多私人读书，如王俊义、丁天赐辈，故此之"万竹书院"当是南宋时所建，其情形类于通州之"文会学舍"，具体不详。

### 四、苏州新建书院

1. 苏州南山书院。南宋建炎至绍兴初，苏州士民为纪念故县令赵忠果而建。乾隆《元和县志》："宋宗室赵忠果公故祠也。公名训之，为吴令，多有惠政。后知永丰，遇统制杜彦叛，拒战以殁。子贵一卜筑横溪彩云里，士庶不忘忠果旧泽，就所居构书院祀之。明万历间，督学御史柯挺按吴，重其裔孙凤风节，造庐访谒，询所欲，凤愀然以称祠毁于兵火，即为新之。"[④]按《宋史》载建炎三年（1129）十一月"护卫统制杜彦及后军杨世雄率众叛，犯永丰县，知县事赵训之死之"。[⑤] 则其书院之建当在建炎四年以至于绍兴初。明代重建，不再详引。

2. 昆山石湖书院。南宋前期昆山民众将范成大在昆山之读书处改建而成。范成大（1126—1193），字至能，晚年号石湖居士，苏州吴县

---

① 林云程、沈明臣：万历《通州志》卷五《杂志·古迹》，《天一阁藏明代方志选刊》，上海古籍书店1963年影印本。

② 盛仪撰：嘉靖《惟扬志》卷七《公署志·书院》，《天一阁藏明代方志选刊》，上海古籍书店1963年影印本。

③ 杨受廷、左元镇等修，马汝舟、江大键纂：嘉庆《如皋县志》卷九《学校》，江苏省地方志编纂委员会办公室：《江苏历代方志全书·扬州府部》第41册，凤凰出版社2018年版，第183页。

④ 许治修、沈德潜、顾诒禄纂：乾隆《元和县志》卷六《坛祠》，《中国地方志集成·江苏府县志辑14》，江苏古籍出版社1991年版，第83页。

⑤ 脱脱等：《宋史》第2册，卷二十五《高宗本纪》，中华书局1977年版，第470页。

人,南宋名臣、文学家。高宗绍兴二十四年(1154)进士,官至参知政事,谥"文穆",与杨万里、陆游、尤袤合称南宋"中兴四大诗人"。成大少时父母去世,其父范雩同榜好友、昆山人王葆将其接至家中抚养长大,[①]故自绍兴十四年(1144)至二十三年(1153),他曾读书于昆山县城东边的荐严资福禅寺。[②] 后人为了纪念,遂建是院。

嘉靖《昆山县志》载:"范公亭,在荐严寺后圃,范成大少读书寺中,游息其上……后人遂以范公名之,赵仲穆书扁(匾)。"[③]明《姑苏志》载:"巡抚行台,在县治东、荐严寺左,即宋范文穆公读书处,号'石湖书院',内有范公亭(赵雍书扁)。正统间,侍郎周忱重构堂宇,改称玉峰书院,亭曰思范。"[④]乾隆《江南通志》:"苏州府试院,在昆山县治东南、荐严寺左,故范石湖书院。明宣德间,知县罗永年建为巡抚行台,后为督学校士之署。"[⑤]同治《苏州府志》:"今废。"[⑥]

此书院明时重建,改名玉峰书院,下文不再赘引。另,成大晚年隐居苏州上方山之石湖,故明代又有人在那里兴建了另一座石湖书院,二者同名而异时异处,不可不别。

3. 苏州和靖书院。端平二年(1235)提举曹豳建,祀尹焞。尹焞(1071—1142),字彦明,一字德充,洛阳人,二程高弟,靖康初年召至京师,不欲留,赐号和靖处士,绍兴间,自洛至吴。后人遂于其读书处建书院纪念之。关于此书院,记载颇多,略辑如下:

顾禄《桐桥倚棹录》:先儒尹肃公祠,在西庵故址,今十八折上,祀宋和靖先生焞。绍兴中焞尝读书西庵,扁所居曰三畏斋。嘉定

---

① 其晚年自云:"王葆,字彦光,昆山人……成大以早孤废业,(王葆)一日呼前,喻勉切至,加以诘责。留之席下,程课甚严,未几,亦忝科第。见范成大:《吴郡志》卷二七《人物》,《宋元方志丛刊》第1册,中华书局,1990年版,第895—896页。

② 于北山:《范成大年谱》,上海古籍出版社1987年版,第18—33页。

③ 杨逢春修,方鹏纂:嘉靖《昆山县志》卷四《第宅》,《天一阁藏明代方志选刊》,上海古籍书店1963年影印本。

④ 王鏊:《姑苏志》卷二十一,永瑢、纪昀等编纂:《四库全书》第493册,上海古籍出版社1987年版,第390页。

⑤ 黄之隽、赵弘恩:乾隆《江南通志》卷九十一《学校志》,永瑢、纪昀等编纂:《四库全书》第509册,上海古籍出版社1987年版,第544页。

⑥ 李铭皖、谭钧培修,冯桂芬纂:同治《苏州府志》卷二十六《学校》,《中国地方志集成·江苏府县志辑7》,江苏古籍出版社1991年版,第648页。

七年士人黄士毅请于知府陈峕为祠山西北,绘像祀之,黄干记。九年郡人孟猷移建上方通幽轩南,胡淳请吏部即祠下讲授、提举吴格割公田四十亩为岁修费。端平二年秘书曹豳奏改为书院。①

乾隆《江南通志》:在长洲县界,宋尹焞读书虎邱西庵,题斋曰三畏。端平二年,胡淳、曹豳奏立书院以祀焞,后圮。②

同治《苏州府志》:在虎邱云岩寺西。宋和靖先生尹肃公焞,于绍兴间读书虎邱西庵,题其斋曰三畏。嘉定七年,知府陈峕度西庵隙地建祠祀之。后二年,孟猷改建于通幽轩之南。端平间,提举曹豳请即其地为书院,以和靖为额,建三省、务本、朋来、时习四斋。后提举马述又建君子堂。嘉熙四年,提举陈振孙建藏书堂。景定二年,提举陈淳祖建曹豳祠。咸淳初,提举李峕建燕居堂,以奉先圣。③

刘宰《平江府虎丘山书院记》:秘书丞永嘉曹君提举常平茶盐事于浙西……一日领客登虎丘,致敬于先正和靖先生尹公焞祠下,慨然有怀……初,先生退自经筵,来馆于此,犹榜曰三畏斋,其持敬不倦如此。后以其婿居会稽,近以就养,殁葬其地。嘉定中,郡守陈君峕始因郡人黄士毅等请,即三畏斋之旧,绘像建祠。君以为貌象之有严,虽足慰典型之仰,而佩衿之益远,宁能无城阙之嗟,拟计积累之赢,略仿先朝四书院之制,立祠筑室,以舍学者,买田收谷以食之,而储和靖与其师若友之书于中……事方权舆,而知府事真宁张君嗣古,提点刑狱、前使者浚仪赵君汝穟,后使者南丰曾君颖秀复从旁从臾之,且各捐资以助,由是材不靳直,工不靳庸,指期而成……时端平乙未八月。④

据此,其发展如下:南宋绍兴间,尹焞自洛至吴,读书于虎丘云严寺西庵,题斋曰三畏。嘉定七年(1214),士人黄士毅请于知府陈峕,绘像

---

① 顾禄:《桐桥倚棹录》卷八,中华书局 2008 年版,第 283—284 页。
② 黄之隽、赵弘恩:乾隆《江南通志》卷九十《学校志》,永瑢、纪昀等编纂:《四库全书》第 509 册,上海古籍出版社 1987 年版,第 523 页。
③ 李铭皖、谭钧培修,冯桂芬纂:同治《苏州府志》卷二十六《学校》,《中国地方志集成·江苏府县志辑7》,江苏古籍出版社 1991 年版,第 638 页。
④ 陈谷嘉、邓洪波,《中国书院史资料》,浙江教育出版社 1998 年版,第 135—136 页。

祀之。端平二年(1235),胡淳请即其地为学仓,曹豳因奏立书院,斋凡四,曰三省、务本、朋来、时习,提举马述建君子堂。嘉熙四年(1240)提举陈振孙作藏书堂。景定二年(1261)陈淳祖建曹豳祠堂。咸淳初提举李苸建燕居堂。元明各有发展,详后文。

4. 苏州学道书院。同治《苏州府志》:"祀吴公言偃,初在府城东北隅(旧长洲县学南)。宋咸淳五年(1269),知府赵顺孙改建于武状元坊北,普贤寺院故址。知府黄镛继成之,奏以学道为额,选言氏与先贤后及民间俊秀教之。别建殿曰燕居,以奉先圣。讲堂曰师友渊源,斋四:曰正己、选贤、问礼、知本。拨官田以瞻士,又置育材庄,专充言氏子孙费。七年,知府常楙建先贤祠于讲堂西,祀颜、曾、思、孟,左次澹台子羽,两序列周、程以下九贤。"[1]学道之名,取自《论语》。[2] 元明各有发展,详见后文。

5. 苏州鹤山书院。魏了翁所创,魏了翁(1178—1237),字华父,号鹤山,四川蒲江人,为南宋硕儒、名臣。了翁在四川蒲江、湖南靖州、四川泸州和苏州创办四所鹤山书院。宋宁宗嘉定二年(1209)了翁因父丧归家,筑室蒲江县白鹤山下,取名鹤山书院,次年春建成。宝庆二年(1226)了翁谪居湖南靖州(今怀化),又创鹤山书院。绍定五年(1232),了翁知泸州,于城南三创鹤山书院。了翁后居苏州,在南宫坊有赐第,故四创鹤山书院。同治《苏州府志》载:

> 鹤山书院在南宫坊。初,宋参知政事魏文靖公了翁讲学于蜀之白鹤山下,学者称为鹤山先生。端平三年(1236),理宗书"鹤山书院"四大字以赐,致仕,卒,诏赐第宅于苏州,有高节堂、事心堂、靖共堂、读易亭。元至顺元年(1330),了翁曾孙起请于朝,愿即苏之故居教学奉祠,学士虞集奉敕题鹤山书院额。明宣德间,改为巡抚行台,移书院于东南隅。弘治十一年(1498),裔孙芳奏请以书院为专祠。嘉靖四年(1525),巡抚都御史吴廷举修。国

---

① 李铭皖、谭钧培修,冯桂芬纂:同治《苏州府志》卷二十六《学校》,《中国地方志集成·江苏府县志辑7》,江苏古籍出版社1991年版,第622页。

② 《论语·阳货》:"子之武城,闻弦歌之声,夫子莞尔而笑曰:'割鸡焉用牛刀?'子游对曰:'昔者,偃也闻诸夫子曰:君子学道则爱人,小人学道则易使也。'子曰:'二三子! 偃之言是也,前言戏之耳!'"

朝康熙二十四年（1685），巡抚都御史汤斌重修，缪彤《记》，今废。①

元明重建，具见下文，不再赘引。

6. 昆山玉峰书院。同治《苏州府志》："在昆山县马鞍山南麓，先儒状元卫泾藏修于此，赵孟頫书额。"②按，昆山别称玉峰，③卫泾乃孝宗淳熙十一年（1184）状元，也是昆山历史上第一位状元，后官至参知政事，逝后被追赠太师，谥文节，故后人称卫文节公。此书院位于昆山马鞍山南麓，是卫氏个人藏书、研读之地。宋末元初著名书画家赵孟頫（1254—1322）书额，可见元初此书院声名犹赫。明初昆山人龚诩（1381—1469）有诗《前此承与中约同诸士友登玉峰吊祭宋先贤卫文节公祠有感》："卫公名德久传芳，祠宇荒凉付夕阳。地绝扫除多积藓，径通樵牧半无墙。不缘著丽薰穹壤，安得怀贤奠酒浆。流俗但能知谄媚，强将夫妇塑城隍。"由诗中可见明初此书院已荒圮。

7. 苏州乐圃书院。乾隆《元和县志》："在城内地三邑，祀宋先贤太学博士朱长文，贤嗣进士朱发配享。公没于元符元年（1098），弟子范纯仁等建明教堂祀之，宝祐三年（1255）敕建乐圃书院。元毁于兵。明太祖时新之，岁久倾圮。康熙己亥（五十八年，1719）有司因其裔孙之请以慈济庵改建，西傍有忠节祠，祀宋海监尉朱良，东傍有孝友祠，祀□旌表孝子朱劢。"④

## 五、泰州新修书院

1. 泰州安定书院。南宋宝庆二年（1226），州守陈垓为了纪念北宋先贤胡瑗而建。在方洲、泰山之间。胡瑗（993—1059），字翼之，北宋硕

① 李铭皖、谭钧培修，冯桂芬纂：同治《苏州府志》卷二十六《学校》，《中国地方志集成·江苏府县志辑7》，江苏古籍出版社1991年版，第624页。

② 李铭皖、谭钧培修，冯桂芬纂：同治《苏州府志》卷二十七《学校》，《中国地方志集成·江苏府县志辑7》，江苏古籍出版社1991年版，第647页。

③ 因昆山有马鞍山，又号玉峰山、玉山，光绪《昆新两县续修合志》载"县中之山名马鞍，产玲珑石，如玉。故又名玉峰。"宋朝凌万顷编纂的昆山县志就题名《玉峰志》。

④ 许治修，沈德潜、顾诒禄纂：乾隆《元和县志》卷六《坛祠》，《中国地方志集成·江苏府县志辑14》，江苏古籍出版社1991年版，第82页。

儒、名臣,二程老师,理学先驱。① 其祖籍今陕西省子长县安定堡,故世称"安定先生",出生于泰州如皋(今属南通)。

嘉靖《惟扬志》:安定书院,在泰州城西,胡安定先生名瑗,如皋人,为师有道,后人仰之,因立书院。②

乾隆《江南通志》:安定书院在泰州治东,提举陈垓创于方洲泰山之间,以祀胡瑗,岁久废。成化间,提学陈选塑像儒学中,娄谦迁于小西湖上。弘治五年,泮官方岳移今地,有祀堂三间,经义治事二斋,嘉靖间,知府王臣重建。③

道光《泰州志》:胡公书院,在州治西、泰山前,宋宝庆二年,守陈垓于泰山左建堂一楹祀胡瑗,扁曰安定书院。④

《古今图书集成》:泰山,在(泰州)州治西城内,垒土而成,高五丈,周一百二十余丈,以州名名之。登山四望,距城百里皆在目前,京口诸峰亦见。宝庆三年,守陈垓浚山下湖砾,为往来泊舟之次,祠胡瑗于山左,建安定书院,山木青苍,湖光掩映,为一郡诸山之秀。⑤

综上,南宋宝庆二年(1226),泰州知州陈垓在泰州方洲、泰山间建祠祀胡瑗,名曰安定书院,此是其始。按道光《志》,陈垓只建一楹而已,为专祠而非实质之书院。然据宋遗民、著名诗人郑思肖所撰其父郑震之《传》,郑震曾于理宗宝祐二年(1254)后任书院山长,该书院是讲学之

---

① 其祖父胡修己任泰州司寇参军,遂举家迁居泰州海陵。其父胡讷曾任宁海军节度推官,后迁居泰州如皋(今如皋划属南通),淳化四年(993)胡瑗便出生于如皋。胡瑗少赴泰山,与孙复、石介苦读,号"宋初三先生"。然科举不第,遂于泰州华佗庙旁经武祠一带立塾讲学。后至姑苏,见识于范仲淹,创苏湖教法、明体达用之学,以白衣官至太子中舍、光禄寺丞、天章阁侍讲等。
② 盛仪撰:嘉靖《惟扬志》卷七《公署志·书院》,《天一阁藏明代方志选刊》,上海古籍书店 1963 年影印本。
③ 黄之隽、赵弘恩:乾隆《江南通志》卷九十《学校志》,永瑢、纪昀等编纂:《四库全书》第 509 册,上海古籍出版社 1987 年版,第 529 页。
④ 王有庆等修、陈世镕等纂:道光《泰州志》卷八《学校》,《中国地方志集成·江苏府县志辑 50》,江苏古籍出版社 1991 年版,第 58 页。
⑤ 陈梦雷编纂、蒋廷锡校订:《古今图书集成》第 12 册《方舆汇编·职方典》第七百五十五卷《扬州府山川考》,中华书局、巴蜀书社 1985 年版,第 14515 页。

书院。① 久废。因胡瑗贡献巨大,故后世对安定书院屡作修建。其后之发展详见后文明中期之重建。

2. 靖江马洲书院。光绪《通州志》:"泰兴县马洲书院,在今崇圣寺侧,宋咸淳中,邑人孔元虔建。"②元明之际诗人王逢(字原吉,江阴人)《马洲书院诗序》详其创建:

> 马洲书院,孔圣五十二代孙元虔昆季所建也。其五世祖若罕,高抗不群,长于《春秋》。宋南渡,自阙里将之衢,留滞泰兴。见河流达南江,询之老人,曰:"此龙开河也,西北通淮泗。"因叹曰:"吾洙泗龙泉之支流其在此乎。"遂筑室河上,与其子端志,各授弟子业,从游日众,乃有田百亩,人助以力,官复其税。戒子孙:治生勿求富,读书勿求荣。年六十卒,葬河之阳。端志克守父道,荐辟不就。淳祐二年冬,邑毁于北兵,元虔避地马洲。咸淳间,书院落成,教授复如初。然皆无后。今崇圣寺旁惟破屋蔓草、遗像瓦墟而已。逢惧变迁殆尽,故叙其慨于壁间,庶后之起废者得以考焉。
>
> 诗曰:"蝌蚪秦皆废,灵光鲁独存。豆笾漂海国,丹雘暗淮村。藓藓花侵础,蒲芦叶拥门。青春深雾潦,白日老乾坤。德化三王并,威仪百代尊。郊麟初隐遁,野兕遂崩奔。先辈俱冥漠,诸生罢讲论。断编尘树冷,遗像网虫昏。尽变衣冠俗,终归礼义源。江南游学士,瞻拜敢忘言。"③

北宋建炎年间,曲阜孔氏南渡衢州,其中有孔若罕者滞留泰兴,因当地

---

① 清代泰州人夏荃(1793—1842,字文若,号退庵)《退庵笔记》云:"道光《州志》附书院于学校,详其建制、规条并岁出入之数,而附院长题名于后,为旧《志》所无。其院长题名,自乾隆间李公道南始,前此无可考矣。案郑所南先生撰其父菊山翁家传云:'甲寅絜居吴门,浙西仓台请为尹和靖书院堂长,淮东阃请为泰州胡安定书院山长。公环翕淮左、浙右,据坐皋比,深衣行笏,讲性理学,一时学者翕然从之。'又《姑苏志·卓行传》:'郑思肖,字亿翁,号所南,连江人。父震,字叔起,淳祐道学君子,为安定、和靖二书院山长,有《菊山诗集》。'泰之安定书院创于宝庆二年州守陈公垓,甲寅为宋理宗宝佑二年,距创院二十九年耳。阃帅延菊山翁主讲吾州,盖慎其选也。具见一时尊崇儒,讲求实学,非若今之书院,官司视为具文,吏胥视为利孔,其流翕可胜慎哉!然则安定书院院长前辈莫菊山翁若矣,后之修志者慎勿忽诸。"

② 梁悦馨、莫祥芝修,季念诒、沈锽纂:光绪《通州直隶州志》卷五《学校》,《中国地方志集成·江苏府县志辑52》,江苏古籍出版社1991年版,第262页。

③ 梁悦馨、莫祥芝修,季念诒、沈锽纂:光绪《通州直隶州志》卷五《学校》,《中国地方志集成·江苏府县志辑52》,江苏古籍出版社1991年版,第262页。

龙开河为洙泗支流,遂定居于此,并教授子弟。南宋淳祐二年(1242)冬,蒙古入侵,泰兴毁于兵。若罕五世孙孔元虔率家人迁至马洲(今属靖江),咸淳间(1265—1274)辟地建成马洲书院。明清各有重建,详下文。

## 六、无锡新修书院

无锡"遂初书院"。光绪《无锡金匮县志》:"宋尤文简袤建,在惠山第二峰下,久废。"①尤袤(1127—1194),字延之,无锡人,少从杨时弟子喻樗等人学,尝以晋代名士孙绰《遂初赋》遂初二字以自号,官至礼部尚书,谥文简。尤袤为大藏书家,有《遂初堂书目》存世,故此书院疑为私人藏书与修习之所,具体建成时间则不能定。

## 七、盐城新修书院

建湖"陆公书院"。光绪《盐城县志》:"在建阳镇,相传为陆忠烈公读书处,废。"②陆忠烈公即陆秀夫(1238—1279),字君实,宋末名相,盐城建湖县建阳镇人,崖山海战中,负少帝赵昺投海,与文天祥、张世杰并称"宋末三杰"。据《宋史·陆秀夫传》秀夫"生三岁,其父徙家镇江"。③ 据陆秀夫长子陆繇所撰《叙世谱原》,宋绍定三年(1230)其祖父母为避寇逃往镇江丹徒,端平三年(1236)生秀夫,待其"年长十五,祖以先君学业成就,庶可回籍考试。于淳祐十年(1250)庚戌三月起行,回籍复居盐城",秀夫"就建阳庄建立读书精舍(今醋神庙是其遗址,见奉考秀夫公神位在内)。先君读书其中,冬夏不逾域"。④ 故此书院乃陆秀夫私人之读书精舍,后里人建祠以祀之,至明时则有官员在此旧址建立书院以祭祀陆公。

① 裴大中、倪咸生修,秦缃业等纂:光绪《无锡金匮县志》卷六《学校》,《中国地方志集成·江苏府县志辑 24》,江苏古籍出版社 1991 年版,第 107 页。
② 刘崇照修,陈玉树、龙继栋纂:光绪《盐城县志》卷五《学校》,《中国地方志集成·江苏府县志辑 59》,江苏古籍出版社 1991 年版,第 105 页。
③ 脱脱等:《宋史》第 38 册,卷四百五十一《列传》二百一十,中华书局 1977 年版,第 13275 页。
④ 凤凰网曾载:陆秀夫长子陆繇的《叙世谱原》里记载,陆秀夫于淳祐十年(1250)庚戌三月起行回籍,归后在建阳庄建立读书精舍。https://www.sohu.com/a/43164978_115402,2015-11-20。

## 八、扬州新修书院

高邮淮海书院。南宋嘉定四年(1211),高邮人太常少卿龚基先偕邑人建于高邮城内。道光《续增高邮州志》:"淮海书院,宋太常龚基先创建,见邑志本传,今不详所在。"①淳祐年间(1241—1252)迁镇江。详见下文。

## 九、镇江新修书院

1. 镇江淮海书院。其系高邮淮海书院之南迁。至顺《镇江志》:"淮海书院在府治西南斜桥之儒林里,旧在北固山西凤凰池上。宋淳祐中,太常少卿高邮龚基先首议创立。(宋端平丙午后,淮士多避地京口,时太常少卿高邮龚基先悯乡士之修藏无所,首建创书院以教养之。时秘书修撰章琰、工部王夬亨相与协成,白于台府,饷使兼郡王埜,慨然拔郡之胜地,得凤凰池,因卜筑焉。凡淮乡先达之持橐者,皆捐金致助。经始于淳祐戊申之春,会李迪来守是邦,徐栗继以总领兼郡极力经营,累年始就,复以其事白于朝,有旨以'淮海书院'为额。时贾似道为两淮制置使,动钱五万贯及拨范家沙芦场二所,岁收颇为丰厚。理宗书额以赐之。)"②此书院之发展分为南宋、元、明、清四阶段。宋理宗端平(1234—1236)以后,金人南下,淮上士人渡江避难,龚基先遂于淳祐八年(1248)在镇江北固山重建淮海书院,作为淮士安身修业之所,理宗赐额。此书院自高邮迁往镇江,虽用旧名,类同新建。元、明、清之发展见后文。

2. 镇江濂溪书院。北宋道学开山祖师、北宋五子之一之周敦颐(1017—1073),字茂叔,谥元公,湖南道县人,世称濂溪先生。宝祐元年(1253),郡守徐栗在黄鹤山建书院,祭祀濂溪。

至顺《镇江志》:在府治东南定波门内,为屋凡十有七楹。初,书院在鹤林门外黄鹤山下,宋宝祐中郡守徐栗建,以奉元公,以处

---

① 左辉春等纂修:道光《续增高邮州志》第二册《古迹》,《中国地方志集成·江苏府县志辑46》,江苏古籍出版社1991年版,第632页。
② 俞希鲁编纂:至顺《镇江志》卷十一《学校志》,江苏古籍出版社1999年版,第459页。

四方之士。堂三：曰晞贤、曰立善、曰养心。斋二，曰正道、曰和德。亭二，曰爱莲、曰光风霁月(濂溪周先生，父宰桂岭，卒于官，奉母仙居太君郑氏，自营道入京师，依舅氏郑龙学。郑之故里在润之黄鹤山。先生随侍，居于精舍。时天禧九年，先生年十有五。母卒，遂葬于润。宝祐癸丑，郡守徐栗谓，先生幼而学于斯，殁宜祀于斯，今在在有祠，润乃先生墓迹所履，独未之建，于典为阙。乃相攸视土，中立祠堂，以明道、伊川配食，以郡博士兼山长领之。景定五年，始专□官府委法曹司其出内。时乡士归郡庠，淮士归淮海书院，此则四方之士萃焉。岁入视淮海不逮，餐钱取之郡帑云)。归附初，为鹤林寺僧撤毁，并有其地。山长徐苏孙再创于皇祐桥之南。大德九年，廉访分司视学，谓栋宇湫陋，非致崇奉之意，命郡学及淮海书院鸠钱置今所。燕居堂三间。元公祠二间，在燕居堂后。①

至顺《志》认为敦颐父殒于任上，其母便携子投奔兄长、龙图阁学士郑向，郑是镇江人，敦颐便居于镇江黄鹤山读书，其母去世后也葬于此山。此说误。郑氏祖籍乃河南开封，后迁湖南衡阳，并非家在镇江，而是曾为官镇江。按《宋史·地理志四》北宋"两浙路"包括"府二：平江，镇江。州十二：杭，越，湖，婺，明，常，温，台，处，衢，严，秀。县七十九。"②其时镇江属于两浙路管辖，所以《宋史·郑向传》方谓其"出为两浙转运副使，疏润州蒜山漕河达于江，人以为便……后以龙图阁直学士知杭州，卒。"③故当如光绪《丹徒县志》云"奉母依舅氏郑龙图居润，母卒，遂葬焉，读书鹤林寺旁"，④方是正确表述。此书院入元后为僧所占，两次重建。

3. 句容南轩书院。弘治《句容县志》："在县治东北三十里移风乡，宋咸淳四年(1268)创立，大德元年(1297)起，盖南轩先生华阳伯张宣公祠堂，书院墙垣尚存，本县至今有南轩书院田粮。"⑤此书院祭祀张栻，至

① 俞希鲁编纂：至顺《镇江志》卷十一《学校志》，江苏古籍出版社1999年版，第466—468页。
② 脱脱等：《宋史》卷八十八《志》四十一，中华书局1977年版，第2173页。
③ 脱脱等：《宋史》卷三百一《列传》第六十，中华书局1977年版，第9998页。
④ 何绍章、冯寿镜修，吕耀斗等纂：光绪《丹徒县志》卷十九《学校》，《中国地方志集成·江苏府县志辑29》，江苏古籍出版社1991年版，第371页。
⑤ 王僖征修，程文纂：弘治《句容县志》卷五，《天一阁藏明代方志选刊》，上海古籍书店1963年影印本。

明弘治年间尚存,嘉靖间重建,详见后文。

## 十、南宋江苏重建书院

南宋重建书院不多,仅城东与茅山二所。

1. 常州城东书院。北宋之城东书院于绍定三年(1230)重建。前述城东、城西书院,后毁于兵,地归他人。绍熙二年(1191),常州知府陈谦以公帑赎回原地,两年后知府黄灏在此立龟山先生祠,以二周侑。至绍定三年(1230),知府郑必万增扩,重建为书院。此时书院尚未更名,沿用原名,入元后方更为龟山书院。具见前文,不赘引。

2. 句容茅山书院。南宋时,句容茅山书院历经三次重建。

> 至顺《镇江志》:茅山书院在金坛县南五里顾龙山之麓,宋天圣中,侯先生仲逸创建于三茅山,后为崇禧观所据(金坛县西有三茅山,侯先生中逸创置书院,以教其乡人。仁宗朝赐以束帛。先生殁,其后废弛,居空徒散,地为崇禧观包入。咸淳《续志》又云"宋国初时置",未详所本)。端平中,漫塘刘宰再创于三角山,寻复废。淳祐中,总领兼郡王埜乃草创(淳祐六年,总领王埜兼郡事,会茅山道士有田产没官,因下其事,知县孙子秀使往营度,草创书院,以其所没田为教养资。)开庆间复为势家所夺。咸淳七年,乃徙建今所,屋凡二十七间。先圣庙大成殿三间,两庑各三间。先贤祠在殿后东偏,祀濂溪、明道、伊川、横渠、康节、涑水、晦庵、南轩、东莱、漫塘、实斋、鲁斋诸先生,并处士侯先生为一室。明诚堂三间,在殿后。两庑为斋四,曰明明德、止善、正心、修身。祭器(尊二、罍一、枓二、爵十三,坫十二,俎十一,豆、笾各二十有四,簠簋各九,筐八,皆竹木器)。祭服(衣裳、皮弁、璲、玉佩各四)。学产:田,六顷三十七亩三分四厘(免官赋一顷二十三亩一分三厘,输官赋五顷一十四亩二分一厘)。地,一十一亩一分六厘(并输官赋)。租税:粮,二百九石九斗七升(米一百九十三石三斗四升,小麦一十六石一斗三升)。钞,九十贯(并纳中统钞)。[1]

---

[1] 俞希鲁编纂:至顺《镇江志》卷十一《学校志》,江苏古籍出版社1999年版,第468—470页。

乾隆《江南通志》：茅山书院在金坛县茅山。宋天圣中，侯仲逸创建，教授生徒。知府事王随奏给田三顷充书院用，后为崇禧观所并。端平中再建于三角山，寻圮。淳祐中，郡守王埜复之，未几，又圮。咸淳七年，更建于顾龙山，今改为圆通庵。①

乾隆《镇江府志》：天圣中侯先生仲逸创建于茅山，教授生徒，知府事王随奏给田三顷充书院赡用，仕宗赐束帛，仲逸卒，其徒散去，地为崇禧观所并，端平中，刘宰再建于三角山，寻废。淳祐中，郡守王埜复之，未久复为人有。咸淳七年，乃更建于顾龙山，有先圣殿、两庑、先贤祠、诚明堂四斋，今废。②

民国《重修金坛县志》：宋仁宗天圣中，侯先生仲逸建于三茅山，理宗淳祐中，知县孙子秀因故址而新之，后为崇禧观所据，理宗端平中，漫塘刘宰别创于三角山，寻废，度宗咸淳七年，徙建于顾龙山，今亦废。③

《古今图书集成》：宋天圣中侯仲逸创建于茅山，教授生徒，知府事王随奏给田三顷充书院赡用，仁宗尝赐束帛，仲逸卒，其徒散去，地为崇禧观所并。端平中，刘宰再建于三角山，寻废。淳祐中，郡守王野复之，未久，复为人有。咸淳七年，乃更建于顾龙山。今废。④

第一次是理宗端平二年（1235），金坛人漫塘刘宰在茅山南三角山重建茅山书院，后废。

第二次是理宗淳祐六年（1246），镇江知府王埜（字子文，号潜斋，浙江金华人），适逢茅山道士有田产没官，遂让金坛知县孙子秀乘此良机在茅山书院原址重建，以所没收的田产作为教养之资。孙氏字元实，浙

① 黄之隽、赵弘恩：乾隆《江南通志》卷九十《学校志》，永瑢、纪昀等编纂：《四库全书》第 509 册，上海古籍出版社 1987 年版，第 528 页。
② 高得贵修，张九征等纂，朱霖等增纂：乾隆《镇江府志》卷十五《学校》，《中国地方志集成·江苏府县志辑 27》，江苏古籍出版社 1991 年版，第 335 页。
③ 冯煦等：民国《重修金坛县志》卷六《学校》，《中国地方志集成·江苏府县志辑 33》，江苏古籍出版社 1991 年版，第 75 页。
④ 陈梦雷编纂，蒋廷锡校订：《古今图书集成》第 12 册《方舆汇编·职方典》第七百二十八卷《镇江府学校考》，中华书局、巴蜀书社 1985 年版，第 14304 页。

江余姚人,绍定五年(1232)进士,《宋史·孙子秀传》载其知金坛县时"崇学校,明教化,行乡饮酒礼。访国初茅山书院故址,新之,以待远方游学之士"。① 然开庆年间,书院又被地方豪强所夺。

第三次是度宗咸淳七年(1271),邑人又将茅山书院迁建于金坛城南的顾龙山,有屋二十七间。后圮。这就是后文所述明时重建之金坛龙山书院。至清康熙时旧址并入圆通庵。具见前文,不赘引。

116

## 第三节　本期重要书院——南京明道书院

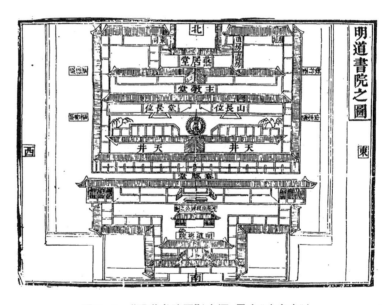

图 3-1　"明道书院图"(来源:景定《建康志》)

柳诒徵先生云:"讲学之所,著称历代者,当首推明道书院。"②明道书院,位于南京镇淮桥(今中华门北)东北,嘉定八年(1215)正式创建,奉祀北宋道学家明道先生程颢,故名。

---

① 脱脱等:《宋史》卷四百二十四《列传》第一百八十三,中华书局 1977 年版,第 12663 页。
② 柳诒徵:《江苏书院志初稿》,赵法生、薛正兴主编:《中国历代书院志》第 1 册,江苏教育出版社 1995年版,第 2 页。

## 一、发展过程

关于明道书院之创建过程，方志记载甚众，去其重复，可得其梗概：

> 景定《建康志》：先是，淳熙初，忠肃刘公珙祠程子于学宫，朱文公为之记。绍熙间，主簿赵君师秀来居其官，即厅事西偏绘像祠之。嘉定乙亥，主簿危君和复请于太守刘公榘，乃于簿廨之东得钤辖旧廨之地，改筑新祠。部使者西山真公捐金三十万、粟二千斛以助之。未几，李公珏来继刘公，咸相其役。前护重门，中严祠像，扁其堂曰"春风"，上为楼，旁二塾，曰"主敬"，曰"行恕"，名其泉曰"泽物"，表其坊曰"尊贤"。既成，率郡博士及诸生行舍菜礼，于是春秋中丁率为彝典。置堂长及职事员，延致好修之士，西山尝记其事，刻诸石。崇重未几，忽就隳废，堂宇虽存，讲肄阙如，遂为军储宾寓之所。淳祐己酉二月，天大雷电，书阁忽灾，退庵吴公因更创之。阁视旧益伟，下为春风堂，聘名儒以为长，招志士以共学，广斋序、增廪稍，仿白鹿洞规以程讲课，士趋者众。圣天子闻而嘉之，亲洒"明道书院"四大字赐为额，与四书院等。宝祐丙辰，裕斋马公得西山断碑于瓦砾中，重刻之，跋其后。开庆己未，马公再建大闸，视事之始，与部使者刻像属会讲于春风堂，听讲之士数百，乃属山长修程子书，刻梓以授诸生，给田以增廪，而教养之事备焉。①
>
> 又，重修明道书院，景定四年姚公希得任内重修门楼厅廊墙壁，粲然一新，总费一万一千一百二十余缗、米三十硕。②
>
> 乾隆《江南通志》：元圮。明嘉靖初，御史卢焕即今址为书院，祀程子其中，岁久复倾。国朝康熙六年，知府陈开虞同推官谢铨倡

---

① 马光祖修，周应合纂：景定《建康志》卷二十九《儒学二·建明道书院》，《宋元方志丛刊》第2册，中华书局1990年版，第1811页。

② 马光祖修，周应合纂：景定《建康志》卷二十九《儒学二·建明道书院》，《宋元方志丛刊》第2册，中华书局1990年版，第1818页。

修，复旧制。①

　　道光《上元县志》：元废。明宏（弘）治复祀于学。嘉靖初，御史卢焕始别建明道书院于镇淮桥东北，即今祠焉。按金陵志，嘉定危和请新祠于簿屏之东，得钤辖旧屏之地，宜与今县署相近，金陵图考亦谓在上元县东。旧志又谓里仁街在大中桥西，明道书院故基是也。或以今祠为即宋之书院故址，非是。②

　　《金陵待征录》：明道先生书院，宋明在上元县治右尊贤坊，详景定《志》，平章（阿术占）舁弃塑像，儒人古之学等告还复书院制，见至正《志》。明初移下江考棚，今在其西而名曰祠。然康熙二十二年，汤公斌行查尚言士子讲习，仍书院也。四十八年，章公秉法则请禁借寓作践，熊孝感记亦言制府于公檄修乃不至没于僧舍，陈菁后记，则深慨就寓之非矣。章公又著纪绩三卷，编辑颇详。③

　　由此可知明道书院发展历程，其一，明道先生程颢曾经当过上元县主簿，摄邑事，政事甚隆。此是其与南京之渊源。景定《建康志》："嘉祐四年，程颢主上元簿，摄邑事，均田塞堤及民之政为多，脯龙折竿，教民之意亦备。"④真德秀《明道先生书堂记》："先生之仕也，尝主江南之上元簿。考其设施，见均田赋、兴水利、息邪说、正人心等事，皆天理之流行著见者也。"⑤其二，立祠堂。淳熙三年（1176），⑥建康知府刘珙建祠于

① 黄之隽、赵弘恩：乾隆《江南通志》卷九十《学校志·书院》，永瑢、纪昀等编纂：《四库全书》509 册，上海古籍出版社 1987 年版，第 520 页。

② 武念祖修、陈道恒纂：道光《上元县志》卷九《书院》，《中国地方志集成·江苏府县志辑 3》，江苏古籍出版社 1991 年版，第 173—174 页。

③ 金鳌：《金陵待征录》卷二，台北成文出版社 1984 年影印本，第 30—31 页。

④ 马光祖修、周应合纂：景定《建康志》卷十三《建隆以来为年表》，《宋元方志丛刊》第 2 册，中华书局 1990 年版，第 1484 页。

⑤ 马光祖修、周应合纂：景定《建康志》卷二十九《儒学二·建明道书院》《宋元方志丛刊》第 2 册，中华书局 1990 年版，第 1815 页。

⑥ 按景定《建康志》卷十四《建炎以来为年表》："淳熙二年三月二十一日资政殿大学士、中大夫刘珙知府事。三年八月十七日珙转太中大夫。珙重建府学，立明道先生祠，朱熹记之。"（见《宋元方志丛刊》，第 1504 页。）又按朱子《建康府学明道先生祠记》："资政殿大学士建安刘公某居守建之明年春某月，始立明道先生之祠于学。"（见《晦庵集》卷七十八，《朱子全书》第 24 册，第 3732 页。）可知立祠当在淳熙三年春。

学宫祀之,朱子有《建康府学明道先生祠记》。绍熙年间,主簿赵师秀移祠于主簿厅。其三,立精舍。嘉定八年(1215,乙亥),主簿危和改建,置堂长及职事员,延致学者,时称明道先生书堂,此是书院事实之开始。其时真德秀参与,有《明道先生书堂记》。此后不久,沦为军储宾寓之所。其四,立书院。淳祐九年(1249,己酉),书阁为雷电所毁,知府吴渊即地构屋重建,理宗赐"明道书院"额,规制始备,聘名儒主讲,招志士共学,并仿白鹿洞规讲课,从游甚众。其五,宝祐四年(1256,丙辰),知府马光祖重刻真德秀碑,开庆元年(1259,己未),率僚属会讲,听讲之士数百,规制大备。景定四年(1263),知府姚希得重修,山长周应合奉命撰修府志,史称景定《建康志》,流传至今。

元至元十二年(1275)二月,元军进入集庆(今南京),"大军入城,平章阿珠占居明道书院,军士舁弃圣像野中。书院儒人古之学等诣丞相淮安王前,告给榜文,还复书院房屋租产,招安秀才。当奉钧旨,令书院依例复旧。由是,诸学弦诵不辍"。[1] 可谓仍宋旧规无所更易。至明初移下江考棚,与科举合一,嘉靖初年,御史卢焕在旧址重建书院,年久倾废。清康熙六年(1667),在知府陈开虞、推官谢铨倡导下,明道书院得以恢复旧制,继任屡维修,嘉庆年间废。

## 二、规制特点

其一,建筑规模宏大。明道书院作为官立府级书院,规模甚大。景定《建康志》载:"祠堂居中三间,广四丈,深三丈,中设塑像,榜曰河南伯程纯公之祠,东西两廊各一十五间。御书阁在春风堂之上,五间,广八丈,深四丈,严奉宸翰,环列经籍。春风堂在祠堂之后,七间,广十丈,五讲丈,盖会讲之所也。中设讲座,四围设听讲位,临皆垂帘,前筑一台,植以四桂。主敬堂在春风堂之北,三间,广三丈八尺,深二丈三尺,盖会食会茶之所也。庭中荷池,前植三槐。燕居堂在主敬堂之后,山长张显设先圣及十四贤神位于堂中。山长位在主敬堂之左。堂长位在主敬堂之右。堂录位在春风堂上之左。讲书位在春

① 张铉:至正《金陵新志》卷九《学校志》,《宋元方志丛刊》第 6 册,中华书局 1990 年版,第 5665 页。

风堂后之右。职事位二所：一在春风堂上之右，一在春风堂后。尚志斋三间，在主敬堂前东序之南。明善斋三间，在主敬堂前西序之南。敏行斋三间，在主敬堂前东序之北。成德斋三间，在主敬堂前西序之北。省身斋在春风堂前之左，系续添。养心斋在春风堂前之右，系续添。公厨在主敬堂前东序之后。米敖（廒）在主敬西前在序之南。钱库在主敬堂前西序之南。直房在公厨之侧。蔬园在书院之右。后土祠居大门内之左。中门屋三间，广四丈，深二丈五尺，揭御书明道书院四字于楣，左为幕次，右为吏舍。大门屋三间，广四丈四尺，深一丈八尺，左右设栌缭以垣墙。"①

其二，经费充足，后勤保障完善。景定《建康志》载："具廪稍：帅府累政，拨到田产四千九百八亩三角三十步，岁入米一千二百六十九石有奇，稻三千六百六十二斤，菽麦一百一十余石，折租钱一百一十贯七百文。又有白地、房廊钱，本府每月拨下赡士支遣钱五千贯十七界官会，并芦柴四十束。钱粮官掌其出纳，所支供俸有差，岁终有会。月俸：山长一百贯，钱粮官二十贯，堂长一百贯、米二石，堂录六十贯、米一石五斗，讲书五十贯、米一石五斗，堂宾二十六贯、米一石二斗，直学二十四贯、米一石二斗，讲宾一十七贯、米一石二斗，司计一十五贯、米一石二斗，掌书一十五贯、米一石二斗，掌祠一十四贯、米一石二斗，斋长一十贯、米一石，正供生员每名五贯，医谕米七斗。日供：职事生员米二升五合、造食钱三百文，山、堂长贴食钱七百文，堂录、讲书贴食钱五百文，堂宾至斋长贴食钱二百文，各照亲书食簿支请，不行供者不支。宿斋职事生员每夜支油钱二百文，堂长、堂录、讲书每夜支油二两，各照亲书宿斋簿支送，不宿斋者不支。寒月送炭，山长入堂日支五斤，堂长日五斤，堂录、讲书日各三斤，众职事生员日各二斤。自十月初一日为始，至正月终。住支行食、住斋者全支，不宿斋者半支。凡支钱并用十八界官会，凡支米并用文思斛斗。"②

---

① 马光祖修，周应合纂：景定《建康志》卷二十九《儒学二·建明道书院》《宋元方志丛刊》第 2 册，中华书局 1990 年版，第 1811—1812 页。

② 马光祖修，周应合纂：景定《建康志》卷二十九《儒学二·建明道书院》《宋元方志丛刊》第 2 册，中华书局 1990 年版，第 1812—1813 页。

邓洪波先生据此制表如下：

### 南宋明道书院经费开支统计表①

| 职称 \ 开支 | 月俸 | | 日供 | | | 备注 |
|---|---|---|---|---|---|---|
| | 钱(贯) | 米(石) | 帖(造)食钱(文) | 灯油钱(文)油(两) | 寒炭(斤) | |
| 山长 | 100 | — | 700 | — | 5 | |
| 钱粮官 | 20 | — | — | — | — | |
| 堂长 | 100 | 2 | 700 | 油2两 | 5 | 1. 寒炭供应自十月初一日始，至次年正月底止。 |
| 堂录 | 60 | 1.5 | 500 | 2 | 3 | 2. 山长至斋长日供叫贴食钱，职事生员叫造食钱。 |
| 讲书 | 50 | 1.5 | 500 | 2 | 3 | 3. 灯油，堂长至讲书供油，其余折钱。 |
| 堂宾 | 26 | 1.2 | 200 | 钱200 | 2 | 4. 日供部分得凭亲书食簿、宿斋簿支限。 |
| 直学 | 24 | 1.2 | 200 | 200 | 2 | 5. 生员的具体数字不见记载。 |
| 讲宾 | 17 | 1.2 | 200 | 200 | 2 | 6. 支钱皆用十界官会，支米皆用文思斛斗。 |
| 司计 | 15 | 1.2 | 200 | 200 | 2 | |
| 掌书 | 15 | 1.2 | 200 | 200 | 2 | |
| 掌祠 | 14 | 1.2 | 200 | — | — | |
| 斋长 | 10 | 1 | 200 | 200 | 2 | |
| 正供生员 | 5 | — | — | — | — | |
| 医谕 | — | 0.7 | — | — | — | |
| 职事生员 | — | — | 300/米2升5合 | 200 | 2 | |
| 合计 | 456 | 13.9 | | 钱1400油6 | 30 | |

　　其三，职务设置完备。邓先生据上表认为，从月俸、日供多少，可见山长、堂长属高层负责人，山长由其他官吏兼任，不住院，故无米与灯油钱，书院事务实际由堂长住斋掌理。堂录、讲书属中层管理者，直学至斋长为基层管理员，钱粮官和医谕二职，可能为兼职而不专属于书院，所领为兼职费项目，数额皆少。生员人数不详，但月俸钱标准为5贯，若以30人计算，则此项每月150贯，正好相当于堂长、讲书二人的月俸

① 邓洪波：《中国书院史》，武汉大学出版社2012年增订版，第187页。

之和,相对数较少,所谓尊师重教,于此可见一斑。[1]

其四,教学管理严格。《明道书院规程》规定了其招生、教学、祭祀、考试、考勤、惩罚等各方面的内容:"一、春秋释菜,朔望谒祠,礼仪皆仿白鹿书院。一、士之有志于学者,不拘远近,诣山长入状帘引疑义一篇,文理通明者,请入书院,以杜其泛。一、每旬山长入堂,会集职事、生员授讲、签讲、覆讲如规。三八讲经,一六讲史,并书于讲簿。一、每月三课,上旬经疑,中旬史疑,下旬举业(以孟、仲、季月分本经、论、策三场)。文理优者,传斋书德业簿。一、诸生德业修否,置簿书之,掌于直学,参考黜陟。一、职事生员出入,并用深衣。一、请假有簿,出不书簿者罚。一应书院士友,不许出外请谒投献,违者议罚。有讼在官者给假,事毕日参。一、请假逾三月者,职事差替,生员不复再参。一、凡谒祠、听讲、供课,若无故而不至者,书于簿,及三,罢职住供。一、凡职事生员犯规矩而出者,不许再参。"[2]

景定《建康志》尚记载诸多山长及其讲义大略:山长吴坚,淳祐十二年(1252)二月,以江东抚干兼充,开堂讲义题讲"子曰吾十有五而志于学"一章;胡崇,淳祐十一年(1251)六月,以江东抚干兼充,开堂讲义"大学之道"一节;朱貔孙,宝祐二年(1254)□月,以江东抚干充,讲义"大司徒以乡三物教万民"一节;赵汝訚,宝祐三年(1255)□月,以建康节推充,开堂讲义"大学"经义;潘骥,宝祐四年(1256)□月,以江东帅参充,开堂讲义"复卦词象词";周应合,开庆元年(1259)四月,以江东抚干充,开堂讲义"子曰学而时习之"一章"有子曰"至"鲜矣仁";张显,开庆元年(1259)闰十一月,以添差江州教授权充,景定二年(1261)正月荐除史馆检阅,开堂讲义(《中庸》)"博学之"五句;胡立本,景定元年(1260),准吏部差正任迪功郎充建康明道书院山长,四月初十日到任,开堂讲义"大学之道"一章;翁泳,以上元县尉暂权,开堂讲义"大学之道"一章。[3] 另,

---

[1] 邓洪波:《中国书院史》,武汉大学出版社 2012 年增订版,第 186 页。

[2] 马光祖修,周应合纂:景定《建康志》卷二十九《儒学二·建明道书院》《宋元方志丛刊》第 2 册,中华书局 1990 年版,第 1813 页。

[3] 马光祖修,周应合纂:景定《建康志》卷二十九《儒学二·建明道书院》《宋元方志丛刊》第 2 册,中华书局 1990 年版,第 1820—1830 页。

程必贵景定三年(1262)任掌仪,也开堂讲《大学》之道一章,《中庸》天命之谓性三句。①

其五,书院功能齐全。除讲学外,明道书院祭祀功能亦甚发达。明道书院本是祭祀程颢,故"兼为程颢立后,馆之官宇,供其衣廪",极尽优厚。

> 景定《建康志》:先是往岁朝廷曾札池州,选择伊川五世孙曰偃孙者为之后。前政马观文以是邦明道书堂在焉,迎就教育,并其母曾,馆之官宇,月给有差。未及两载,而偃孙亡,曾母无依,先贤弗嗣,委为可念。景定三年,据学官申,遂再行下池州访问。别无本宗嫡派可以昭穆,据申,选到程掌仪必贵兄程子材男庆老,年方十岁,生质厚重,家世诗书,可为明道之后。于是择日行释菜之礼,告于纯公之祠,立为偃孙之子,命名幼学,俾职掌祠,就学于其叔父程掌仪,旬有课程,讲学不废……祖母曾氏,送五百贯十七界为衣被之用。掌祠程幼学,送五百贯十七界置衣服。生父程子材,送一千贯土绢四匹。建康府月支三百贯十七界、米两石,一半付程掌仪收支,为曾母日逐供给之用,一半椿之书堂为曾母衣服等用。明道书堂每日行供,折钱月支四十五贯十七界、米七斗五升,拨过程掌仪家,为幼学日食之用。程掌仪必贵任教导之责,书院月馈束脩五十贯十七界、米五斗。②

此外藏刻书之功能亦甚了得。如前引御书阁之"环列经籍",设掌书以司借阅。开庆己未,马光祖属山长修程子书,刻梓以授诸生。

## 三、性质影响

在性质上,明道书院是奇妙的半官方半民间之结合。所谓半官方,有以下两点特征。一是官方在物质上给予强大保障,以支撑书院有效运作,具见上文。二是官派管理人员,以总摄书院事务。景定《建康志》

---

① 马光祖修,周应合纂:景定《建康志》卷二十九《儒学二·建明道书院》《宋元方志丛刊》第2册,中华书局1990年版,第1819—1820页。
② 马光祖修,周应合纂:景定《建康志》卷二十九《儒学二·建明道书院》《宋元方志丛刊》第2册,中华书局1990年版,第1818页。

载:"置山长一员,教养之事皆隶焉。自建书院以来,阃府于诸幕官中选请兼充,景定元年以后则从吏部注差。"①又载:"置提举官:开庆元年,从山长之请,仿东湖书院例,置提举官,以制干文及翁兼充,寻省。"②可见明道书院建立以来,地方政府就挑选合适人员兼任山长,但随着明道书院地位越来越重要,开庆元年(1259),官方又欲在书院中专门设置提举官,按宋之提举乃主管专门事务之职官,其时人选已定文及翁[生卒不详,字时学,号本心,绵州人,徙居吴兴,宝祐元年(1253)进士],后罢,当是已有山长,不必床上叠床。次年景定元年(1260)中央即收拢委派山长之权,由吏部直接任命。故由前引山长讲义可见,自淳祐十一年(1251)至景定三年(1262),有以江东抚干、建康节推、上元县尉、江东帅、迪功郎等职兼充、充任、权充、参充山长,也有以吏部差正任迪功郎充山长,还有以添差江州教授权充山长,则明道书院之山长地位性质与州府官学已相同矣。

但是明道书院之发展,亦有浓厚的民间与私人色彩,其创建时,官员私人与有力焉,如真德秀私人捐款甚巨,后来官方才拨田供养等。且所谓官派山长只是逢开堂讲授之日才赴书院讲学,平时不在书院,彼辈皆一时名儒,其讲学亦甚自由,无有限制。按书院的核心精神乃是自由讲学,与二氏隐逸解脱相异,其价值取向并非方外或彼岸,而是立在当世之人间,教养民众以造士、取士。故如此之官学,极类后世之公立大学,正如柳诒徵先生称之"彬彬乎有鹅湖、鹿洞之风焉"。③

因此,班书阁先生将宋代书院称为半官制,而以元代为纯官学,④此亦不够精准,客观而言,南宋时官派山长并未普及,只在重点书院施行,察彼时乾淳诸老之民间书院,完全是私人运作、自由讲学,与官方无半点牵涉。正是全社会高度认同书院之自由研究,故才有明道之官方强

① 马光祖修,周应合纂:景定《建康志》卷二十九《儒学二·建明道书院》《宋元方志丛刊》第2册,中华书局1990年版,第1820页。
② 马光祖修,周应合纂:景定《建康志》卷二十九《儒学二·建明道书院》《宋元方志丛刊》第2册,中华书局1990年版,第1817页。
③ 柳诒徵:《江苏书院志初稿》,赵法生、薛正兴主编:《中国历代书院志》第1册,江苏教育出版社1995年版,第6页。
④ 邓洪波:《中国书院史》,武汉大学出版社2012年增订版,第239页。

化保障、有限管理，以最大程度保持自由研究教学之优势。故由此看，以明道书院为代表的南宋书院，实是中国古代书院之巅峰。

与北宋相比，明道无纯民间模式的供养之虞、散漫之弊、零落之局。若与后世相比，更见其孤峰独立。元之官派山长，虽说只是沿南宋故事，予以规范，形成定制而已，然而就是此一点前进，鸿沟既逾，书院最宝贵之自由研究顿熄，遂成霄壤之别。官方控制森严、祭祀为主而自由讲学几乎消失，遑论取士。当然，元代建设书院之动机与目的大相径庭，此具见下文。明代大兴官学，直至湛王讲学大兴后方形成民间书院建设高潮，然官方极力反对，多次禁毁，民间与官方在书院层面一直处于激烈的博弈之中。至于入清后，则书院全面官学化，无论矣。

# 第四章 宋元江苏书院之三:元代之衰落

"寄语林和靖,梅花几度开？黄金台下客,应是不归来。"宋恭宗入元后因此诗被赐死,此诗表达了对南宋黄金时代之无奈追忆。书院亦如此诗所示。宋元战争中,江苏处于兵燹之地,书院焚荡一空。入元后,元廷对儒学并未如明清初立之全盘禁示,书院尚可生存,只是形式上官学化,功能上祭祀化,书院生机几尽,进入本单元之衰落期。

## 第一节 元代书院概述

元代南北混统,苏北书院在隔绝百年后,又渐恢复,然讲学精神既衰,唯南京江东书院有吴澄、程端礼等大儒主持,尚存生气,余皆匏瓜,系而不食。

### 一、元代江苏书院之数据

其一,从数量来看。元代新建11所,重建8所。

元贞年间(1295—1297):重建1所,镇江淮海书院。

至大年间(1308—1311):新建1所,常州东坡书院。

至治年间(1321—1323):新建1所,南京江东书院(元年)。

泰定年间(1324—1327):新建1所,太仓扬氏书院(二年)。

至顺年间(1330—1332):新建2所,常熟文学书院(二年),苏州甫里书院;重建 1 所,苏州鹤山书院。

元统年间(1333—1334):重建 1 所,苏州甫里书院。

至元年间(1335—1340):新建 1 所,盱眙崇圣书院(四年);重建 1 所,苏州学道书院。

至正年间(1341—1368):新建 3 所,苏州文正书院(六年)、淮安节孝书院(十五年)、江阴澄江书院。

新建中还有如皋陈省元、许芳书院,具体时间不详。重建具体时间不详:常州龟山书院、镇江濂溪书院。多次重建:南京南轩书院、苏州和靖书院。

其二,从地域分布来看。苏南新建 7 所,重建 8 所,苏北新建 4 所,无重建。元朝江苏书院分布比南宋均匀,改变了南宋时苏北书院较少的局面。北宋书院分布比较均衡,北有邳州敬简,中有南京钟山、句容茅山、东台晏溪,南有武进城东、无锡东林。南宋由于苏北处于前线,战争压力大,故除了泰州安定外,别无书院,几乎完全压缩在江南。淮海书院还是从高邮迁至镇江。至元代,苏北地区有盱眙崇圣与淮安节孝。另外,出现了蒙古族官员主持建立的书院,如盱眙的崇圣书院,此是多民族融合形成中华民族过程中的重要事件。

| 序号 | 城市 | 数量 | | 地域 | 总数 | | 备注 |
|---|---|---|---|---|---|---|---|
| | | 新建 | 重建 | | 新建 | 重建 | |
| 1 | 南京 | 1 | 1 | 苏南 | 7 | 8 | |
| 2 | 苏州 | 4 | 4 | | | | |
| 3 | 无锡 | 1 | | | | | |
| 4 | 常州 | 1 | 1 | | | | |
| 5 | 镇江 | | 2 | | | | |
| 6 | 扬州 | | | 苏北 | 4 | 0 | |
| 7 | 泰州 | | | | | | |
| 8 | 南通 | 2 | | | | | |
| 9 | 淮安 | 2 | | | | | |
| 10 | 宿迁 | | | | | | |

| 序号 | 城市 | 数量 | | 地域 | 总数 | | 备注 |
|---|---|---|---|---|---|---|---|
| | | 新建 | 重建 | | 新建 | 重建 | |
| 11 | 盐城 | | | | | | |
| 12 | 连云港 | | | 苏北 | 4 | 0 | |
| 13 | 徐州 | | | | | | |
| | 全省 | 11 | 8 | 全省 | 11 | 8 | |

其三,从创建主体来看。新建中,官办 4 所,民办 6 所,不详 1 所。重建,官办 6 所,民办 2 所。官办共 10 所,民办 8 所,不详 1 所。

| 序号 | 城市 | 性质 | | | 地域 | 总数 | | | 备注 |
|---|---|---|---|---|---|---|---|---|---|
| | | 官办 | 民办 | 不详 | | 官办 | 民办 | 不详 | |
| 1 | 南京 | /1 | 1/ | / | 苏南 | 2/6 | 4/2 | 1/ | |
| 2 | 苏州 | 2/2 | 2/2 | / | | | | | |
| 3 | 无锡 | / | 1/ | / | | | | | |
| 4 | 常州 | /1 | / | 1/ | | | | | |
| 5 | 镇江 | /2 | / | / | | | | | |
| 6 | 扬州 | / | / | / | 苏北 | 2/ | 2/ | / | |
| 7 | 泰州 | / | / | / | | | | | |
| 8 | 南通 | / | 2/ | / | | | | | |
| 9 | 淮安 | 2/ | / | / | | | | | |
| 10 | 宿迁 | / | / | / | | | | | |
| 11 | 盐城 | / | / | / | | | | | |
| 12 | 连云港 | / | / | / | | | | | |
| 13 | 徐州 | / | / | / | | | | | |
| | 全省 | 4/6 | 6/2 | 1/ | 全省 | 4/6 | 6/2 | 1/ | |

其四,从执行功能来看。综合 3 所、讲学 3 所、祭祀 7 所、自修 2 所、不详 4 所,可见以祭祀为主。

| 序号 | 城市 | 性质 | | | | | 地域 | 总数 | | | | | 备注 |
|---|---|---|---|---|---|---|---|---|---|---|---|---|---|
| | | 综合 | 讲学 | 祭祀 | 自修 | 不详 | | 综合 | 讲学 | 祭祀 | 自修 | 不详 | |
| 1 | 南京 | / | 1/ | /1 | / | / | 苏南 | 2/0 | 3/0 | 2/4 | 0/0 | 0/4 | |
| 2 | 苏州 | 2/ | 1/ | 1/3 | / | /1 | | | | | | | |
| 3 | 无锡 | / | 1/ | / | / | / | | | | | | | |
| 4 | 常州 | / | / | 1/ | / | /1 | | | | | | | |
| 5 | 镇江 | / | / | / | / | /2 | | | | | | | |
| 6 | 扬州 | / | / | / | / | / | 苏北 | 1/0 | 1/0 | 0/0 | 2/0 | 0/0 | |
| 7 | 泰州 | / | / | / | / | / | | | | | | | |
| 8 | 南通 | / | / | / | 2/ | / | | | | | | | |
| 9 | 淮安 | 1/ | / | 1/ | / | / | | | | | | | |
| 10 | 宿迁 | / | / | / | / | / | | | | | | | |
| 11 | 盐城 | / | / | / | / | / | | | | | | | |
| 12 | 连云港 | / | / | / | / | / | | | | | | | |
| 13 | 徐州 | / | / | / | / | / | | | | | | | |
| | 全省 | 3/0 | 3/0 | 3/4 | 2/0 | 0/4 | 全省 | 3/0 | 4/0 | 2/4 | 2/0 | 0/4 | |

## 二、形式官学化

其一,攻伐期之怀柔。元廷在征服南宋的过程中,为安抚遗民,"凡有书院,亦不得令诸人骚扰"。① 如至元十二年(1275)元军入南京城,占据明道书院,舁弃圣像,经士子申告,均予还复。在平定南方后,元廷亦承认、注意保护民间书院。至元二十八年(1291),忽必烈明令"江南诸路学及各县学内,设立小学,选老成之士教之,或自愿招师,或自受家学于父兄者,亦从其便。其他先儒过化之地,名贤经行之所,与好事之家出钱粟赡学者,并立为书院"。② 如南京江东书院、常熟澄江书院就是借此由义塾更为书院。

---

① 佚名:《先圣庙岁时祭祀禁约骚扰安下》,《庙学典礼》卷一,永瑢、纪昀等编纂:《四库全书》第648册,上海古籍出版社1987年版,第326页。
② 宋濂等:《元史》卷八十一,《选举志一·学校》,中华书局1976年版,第2032页。

其二，砥定全国后则全面官学化。清人朱彝尊《日下旧闻》称："书院之设莫盛于元，设山长以主之，给廪饩以养之，几遍天下。"①书院官学化始于南宋，但彼时只是偶尔为之，元廷则将书院全盘官学化。其特点如下。

一是以制度程序严控书院建立。据邓洪波先生研究，一般来讲，书院兴办前要层层申报，待批准之后才能动工，建成后还得报官，请设山长等教官管理。申报创建书院的公文需经县、州、府、廉访司、都使者、路、行省、宣慰使、中书省、吏部、礼部、集贤院、国子监等各级职能部门审查核准，逐级上报，批准之后，又要次第返回，其间是一个漫长的历程，甚至还要通关节走后门，因此，拿到批文并不容易。如宋末名儒魏了翁的曾孙魏起欲恢复苏州鹤山书院，从泰定元年（1324）秋到至顺元年（1330）八月，努力六年，最后靠博士柯九思的关说，由皇帝顾问其事才成功。②

二是在人员方面严格控制。《元史·选举志》载，至元二十八年（1291）元廷即规定路、府、州、县各级地方学校之构成，包含官学以及书院、小学。③ 首先是由官方任命山长。至大《金陵新志》："凡书院皆省设山长，掌钱粮教育，与路州学皆有府设直学赞焉。"④如南京的明道、南轩、江东书院，"今省设山长一员，主领钱粮教事"，昭文书院"至元间定额，省设山长"。⑤

---

① 朱彝尊：《日下旧闻》卷四十九，永瑢、纪昀等编纂：《四库全书》第 497 册，上海古籍出版社 1987 年版，第 685—686 页。

② 邓洪波：《中国书院史》，武汉大学出版社 2012 年增订版，第 239—241 页。

③ "凡师儒之命于朝廷者，曰教授，路府上中州置之。命于礼部及行省及宣慰司者，曰学正、山长、学录、教谕，路州县及书院置之。路设教授、学正、学录各一员，散府上中州设教授一员，下州设学正一员，县设教谕一员，书院设山长一员。中原府县学正、山长、学录、教谕，并受礼部付身。各省所属州县学正、山长、学录、教谕，并受行省及宣慰司札付。凡路府州书院，设直学以掌钱谷，从郡守及宪府官试补。直学考满，又试所业十篇，升为学录、教谕。凡正、长、谕（学）录、教谕，或由集贤院及台宪等官举充之。谕、录历两考，升正、长。正、长一考，升散府上中州教授。上中州教授又历一考，升路教授。教授之上，各省设提举二员，正提举从五品，副提举从七品，提举凡学校之事。后改直学考满为州吏，例以下第举人充正、长，备榜举人充谕、录，有荐举者，亦参用之。"宋濂等：《元史》卷八十一，《选举志一·学校》，中华书局 1976 年版，第 2032—2033 页。

④ 张铉：至正《金陵新志》卷九《学校志》，《宋元方志丛刊》第 6 册，中华书局 1990 年版，第 5654 页。

⑤ 张铉：至正《金陵新志》卷六上《官守志》，《宋元方志丛刊》第 6 册，中华书局 1990 年版，第 5592 页。

其他城市，如原南宋之城东书院，"元改创龟山书院，设山长一员主之"；①文学书院"有司上其事，设山长主之"；②甫里书院"设山长主教事"；③文正书院不设山长，因为其主要功能是祭祀和家族教育，但另设主奉之职进行管理，主奉虽在族人中选拔，亦须得到官府的认可；新安人吴希颜则从浙江和靖书院山长调任苏州和靖书院山长，并主持重建书院；通州则官设书院山长一人，月米三石，俸米三石。④

其次，书院生徒也与官学学生同等待遇。"自京学及州县学以及书院，凡生徒之肄业于是者，守令举荐之，台宪考核之，或用为教官，或取为吏属"。⑤ 如建康路有建康路学、上元县学、江宁县学、明道书院、南轩书院等五所学校，大德元年(1297)在"申明学校规式"时规定，各校在籍儒生一体分治经、治赋名目"坐斋读书，延请讲书训诲"，"晡后书名会食"，都享受免费"午食"，每月出赋论、经义、史评之类的题目考试，"路学，明道、南轩书院，上元、江宁两县学，考中儒人花名，试中经赋，每月开申本路儒学，转申总管府照验，仍将试中经赋装褙成册，每季申解合干上司，以备岁贡相应"。⑥

三是在经济方面严格控制。书院经费由政府划拨官田供给，以此控制书院的经济命脉。并设官管理钱粮，即便民间筹措、私人资助，亦由官府掌管。至元二十八年(1291)，令各地书院在山长之下，"凡路府州书院，设直学以掌钱谷"。据学者研究，书院经费不但要有专人管理，而且往往设有专门的"藏货"之地。如镇江路就建有学库、学廪两处独立建筑，学库存路学、淮海、濂溪、茅山三书院及丹阳、丹徒、金坛三县学官吏之俸钱，学廪则存放各书院、儒学学吏之禄米。其时淮海书院还拥

① 陈梦雷编纂、蒋廷锡校订：《古今图书集成》第12册《方舆汇编·职方典》第七百十四卷《常州府学校考》，中华书局、巴蜀书社1985年版，第14168页。

② 李铭皖、谭钧培修、冯桂芬纂：同治《苏州府志》卷二十七《学校》，《中国地方志集成·江苏府县志辑7》，江苏古籍出版社1991年版，第655页。

③ 李铭皖、谭钧培修、冯桂芬纂：同治《苏州府志》卷二十六《学校》，《中国地方志集成·江苏府县志辑7》，江苏古籍出版社1991年版，第638页。

④ 梁悦馨、莫祥芝修、季念诒、沈锽纂：光绪《通州直隶州志》卷八《秩官》，《中国地方志集成·江苏府县志辑52》，江苏古籍出版社1991年版，第322页。

⑤ 宋濂等：《元史》卷八十一，《选举志一·学校》，中华书局1976年版，第2032—2033页。

⑥ 佚名：《行省坐下监察御史申明学校规式》，陈谷嘉、邓洪波：《中国书院史资料》，浙江教育出版社1998年版，第424—425页。

有"学产田"一百三十五顷七十亩二分六厘、地五十五顷四十九亩一厘三毫、山九十二亩四分一毫、水地一亩,租税粮四千三百九十七石二斗七升五合,钞三百二十九贯八钱六分,于是又在院中明伦堂南创建"学庚"以为仓贮,明伦堂西北则是"公厨"(《至顺镇江志》卷十一《学校·书院》)。①

故柳诒徵先生云:"元以山长讲学宫,故书院等于郡县之学校。"②

## 三、功能祭祀化

书院官学化可以有效抵抗地方豪强、僧道势力等的侵扰,但也要付出重大代价,那就是自由讲学精神之大幅消退。祭祀一直是书院的重要职能,但并不是唯一功能,元廷统治稳定之后,有意限制书院的讲学功能,引导书院祭祀化发展。故彼时江苏书院大部分仅剩下祭祀功能,如常熟文学书院祀言子,苏州甫里书院祀陆龟蒙,盱眙崇圣书院祀孔安国,苏州文正书院祀范仲淹,淮安节孝书院祀徐积,鹤山书院祭祀魏了翁。唯有吴澄、程端礼主讲的江东书院犹有宋人遗风。吴草庐为朱子三传(朱子传双峰饶鲁,再传勿斋程若庸,三传草庐),又为南宋遗民,犹有道学遗风,故在江东书院继续自由讲学,非能为官学所拘囿,不似后世之万马齐喑。程端礼任江东书院山长时,根据朱子"居敬持志、循序渐进、熟读精思、虚心涵泳、切己体察、着紧用力"的原则,拟订《读书分年日程》,为生徒分年读书自学开列书目、划分阶段、规定程序、指导方法、阐明目的、提出要求,为书院教学改革开创了新局面,享誉一时。

## 四、深受战争影响

江苏书院在宋末至明初这段时间饱受宋元之战、明元之战之蹂躏。元廷于1276年攻入杭州,然1350年韩山童即率红巾军在北方起义,1353年张士诚亦举兵占据苏南,而后即是明太祖外逐元室、内收群雄,直至1368年攻克北京,江苏书院处于时代的暴风雨下,命运无常,如元

---

① 参见孙显军:《江苏宋元时期书院考论》,《盐城师范学院学报》(人文社会科学版),2004年第1期。
② 柳诒徵:《江苏书院志初稿》,赵法生、薛正兴主编:《中国历代书院志》第1册,江苏教育出版社1995年版,第7页。

末和靖书院、东坡书院、龟山书院、文学书院等相继毁废。

此外,元代书院与佛教关系极为紧张,详见第一章第一节,不赘述。

综上,元代书院之弊端正如吴澄就说:"今日所在,书院鳞比栉密,然教之之师,官实置之,而未尝甚精于选择,任满则去矣;养之之费,官虽总之,而不能尽塞其罅漏,用匮则止矣。是以学于其间者,往往有名无实,其成功之藐也固宜。"①

## 第二节　元代江苏各市之书院

因元代新建、重建书院数量极少,故集中于一节说明。

### 一、新建书院

（一）常州新建书院

常州东坡书院。坡公终老常州,因此后人建书院祭祀之。康熙《常州府志》:"东坡书院在顾塘桥北,即孙氏馆故址。乾道壬辰（九年,1173）,郡守晁子健塑像建祠。元至大间（1308—1311）改建东坡书院,至正末废为民居,至今无考。"②

（二）淮安新建书院

1. 盱眙崇圣书院。至元四年（1338）,盱眙监县纳琳布哈率民众在第一山建立崇圣书院,纪念汉孔安国。康熙《盱眙县志》云:"汉孔安国,字子国。孔武之弟,鲁申公弟子,治古文尚书,承诏作传。武帝时为谏议大夫,文章政事,名于当时。与兄武相继为临淮太守,以诗书教化,一郡称治。尝创崇圣书院于第一山西崖,遗迹尚存。"③按孔安国（前156—前74）,字子国,孔子裔孙,西汉名臣、经学家,曾任临淮太守,治盱

① 吴澄:《儒林义塾记》,《吴文正集》卷四十一,永瑢、纪昀等编纂:《四库全书》第1197册,上海古籍出版社1987年版,第431页。
② 于琨修、陈玉璂纂:康熙《常州府志》卷十五《学校》,《中国地方志集成·江苏府县志辑37》,江苏古籍出版社1991年版,第295页。
③ 朱弘修、周洙等纂:康熙《盱眙县志》卷二十一《名宦》,《江苏历代方志全书·直隶州（厅）部》第58册,凤凰出版社2018年版,第551页。

眙。其创崇圣书院则是后人附会。故光绪《盱眙县志》澄清云:"按书院之名,见于唐代,时州郡尚无其制,至南宋渐盛,前明及国朝始遍于天下,西汉不闻有书院,当是晏居殿建自安国,后人即其遗址为书院耳。"①真实的情况,元代著名的馆阁文臣、京师诗人苏天爵(1294—1352)所撰《盱眙县崇圣书院记》记叙得非常清楚:

> 长淮之东,地多平衍。虎山在盱眙县南一里,石润而土美,木茂而泉洁,昔人表之曰第一山,盖因其胜而名之也。至元四年戊寅,监县纳琳布哈勤于为政,讼日清简,兴学以训诸生,制雅乐以祠夫子。他日耆老来告曰:"吾邑在汉为临淮郡,有孔武者,由国子博士来为郡守,卒于官,遗爱在民,民祠事之,宋季祠毁于兵。今吾幸生治平之世,又遇县侯兴学,作士民之俊秀,将日益盛,愿即虎山别建黉舍,以广为学之所,并为祠以祀孔公,不亦可乎!"监县曰:"是维某之责也。"首捐俸五百贯,以倡其众,寮寀士民,咸乐输财助役。是岁四月经始,九月告成,十月丁酉,泗州守帅邑官属行释奠礼。黉舍在山之阴,山三级,上为燕居堂,以祀夫子,配以兖郯沂邹四公;中为两庑,右祀周程十儒,左祀郡守孔公,侑以晋侍中陈骞等六人;下为淮山堂,以居其师。进学斋,以教其子弟,庖厨门亭咸有,其所合三十八楹。买田四百亩,给其饩廪。以孔公于夫子为十一世孙,故名之曰崇圣书院。乃请于朝,立师以司其教。②

由上可知,至元四年(1338),盱眙监县纳琳布哈在第一山建立崇圣书院以纪念汉孔安国。时山阳马仲良、汝南陈天章、大梁谢景阳与纳琳布哈同游唱酬,陈奎编为《第一山唱和诗》,《序》云:"适监邑高昌纳公鼎建淮山书院于上,以为斯道倡。观览之余,非徒得山水之乐,抑又喜夫监邑化民□德教也。"③陈《序》中,淮山为书院别名,高昌则是以纳公为色目人,"按纳琳布哈,纳琳,蒙古语细也,布哈,犍牛也。旧作纳怜不花,今

① 王锡元修,高延第等纂:光绪《盱眙县志稿》卷五《学校》,《中国地方志集成·江苏府县志辑58》,江苏古籍出版社1991年版,第74页。
② 苏天爵:《盱眙县崇圣书院记》,《滋溪文稿》卷二,永瑢、纪昀等编纂:《四库全书》第1214册,上海古籍出版社1987年版,第26页。
③ 陈奎:《第一山唱和诗序》,《全元文》第55册,凤凰出版社2004年版,第117—118页。

译改。"①彼时元廷恢复科举，②故除祭祀外，此书院当尚有讲学之功能。此书院于明清多次重建，具见下文。

2. 淮安节孝书院。名儒吴澄弟子危素立于至正十五年(1355)，祀徐积。徐积(1028—1103)，字仲车，北宋楚州山阳(今属江苏淮安)人，初学胡瑗，以孝行闻名，政和六年(1116)赐谥节孝处士。危素(1303—1372)，字太朴，号云林，江西金溪人，学于吴澄，仕元明二朝。明初宋濂在危素《墓碑铭》中述其曾"请立宋徐节孝书院于淮安"。③ 按《年谱》，时值元顺帝至正十五年(1355)，危素五十三岁，升奉议大夫、礼部郎中。④

（三）南京新建书院

南京江东书院。邑人王进德创于至治元年(1321)。详见本章第三节。

（四）南通新建书院

元时，如皋有陈应雷书院在胡安定祠侧，许芳书院在县北柴市湾。前文已述，不赘。

（五）苏州新建书院

1. 太仓扬氏书院。光绪《常昭合志稿》："旧志载有杨氏义学官聘山长，亦可称为书院，在沙头镇南，元泰定二年(1325)，杨伯麟所建，筑学舍，置田租。今沙头久割隶太仓，特附述之。"⑤

2. 苏州甫里书院。此书院祭祀陆龟蒙，元明清三朝历兴废、屡迁移，辗转甫里→长洲县治东→虎丘山下塘→角直四地。同治《苏州府志》："在虎邱山下塘，旧在长洲县治东。初，元至顺中，总管钱光弼因唐陆龟蒙故居，奏建书院于甫里。元统二年，龟蒙裔孙德原移建于郡城而增广焉，并建龟蒙专祠，有宣圣燕居殿、明伦堂、大小学二斋，设山长主

---

① 朱彝尊：《日下旧闻》卷一百四十二《京畿·平谷县》引《平谷县志》，永瑢、纪昀等编纂：《四库全书》第499册，上海古籍出版社1987年版，第227页。
② 1313年，元仁宗下诏恢复科举。1315年第一次开科取士，以后三年一次，直到元亡。其间1336—1339停办。共举行十六次，称元十六考。
③ 宋濂：《故翰林侍讲学士中顺大夫知制诰同修国史危公新墓碑铭》，《文宪集》卷十八，永瑢、纪昀等编纂：《四库全书》第1224册，上海古籍出版社1987年版，第127—134页。
④ 吴愫劼：《元明易代之际悲剧人物危素研究》，西北师范大学，2013年硕士毕业论文。
⑤ 郑钟祥、张瀛修，庞鸿文等纂：光绪《常昭合志稿》卷十四《学校》，《中国地方志集成·江苏府县志辑22》，江苏古籍出版社1991年版，第202页。

教事。乾隆四十九年,裔孙肇域移建今所,咸丰十年毁,惟头门尚存。"①民国《吴县志》:"光绪十五年,甪直镇绅士沈国琛等捐助钜金就鲁望祠畔重建书院,捐元昆新田四百余亩为士人肄业膏火资。三十一年,国琛仲子浚源改为甫里公学。"②

综上可知:其一,元至顺年间(1330—1333)总管钱光弼在唐代诗人陆龟蒙故居甫里创建书院以祭祀之。其二,元统二年(1334),龟蒙裔孙德原移建于长洲县治东移址重建。其三,乾隆四十九年(1784),陆肇域移建虎丘山下塘。咸丰十年(1860)毁。其四,光绪十五年(1889),甪直镇绅士沈国琛在鲁望祠畔重建,三十一年(1905),国琛次子改为甫里公学。后文仅列其事,不再赘引。

3. 苏州文正书院。南宋咸淳十年(1247)(吴县)知县潜说友奏建范公祠以祀范仲淹,元至正六年(1346)廉访佥事赵承禧、总管吴秉彝改为书院。

南宋遗民李祁有《文正书院记》叙其创建:"咸淳甲戌,郡守潜公说友始请建祠,而割田以供祀事,公之子孙亦世守之不废,然而未有书院也。至正丙戌,郡守吴公秉彝建议,请以书院易祠。令宪赵公承僖按行吴中,是其议,遂得请于行省,行省上之中书。中书议以兹事有关世道,且不设教官而以其子孙之居嫡者世主之,于事便,乃下从其请。公八世孙文美适主祠祀事,专力殚虑,改制增扩。"③

同治《苏州府志》详其演迁:"在吴县治东北禅兴寺桥西。宋咸淳十年,知县潜说友奏建祠于义宅之东,祀公及公四子,拨公田三百余亩,以公大宗子孙主奉祠事。元至正六年,廉访佥事赵承僖、总管吴秉彝奏改祠为书院,不设教官,以嫡嗣主之。明宣德九年,知府况钟修。成化二年,巡抚都御史刘显孜修。十六年,巡按御史刘魁、巡盐御史戴仁、知府刘瑀修,祝颢记。嘉靖四年,知府胡缵宗、知县苏祐修。四十二年,巡按

---

① 李铭皖、谭钧培修,冯桂芬纂:同治《苏州府志》卷二十六《学校》,《中国地方志集成·江苏府县志辑7》,江苏古籍出版社1991年版,第638页。

② 曹允源、李根源纂:民国《吴县志》卷二十七《书院》,《中国地方志集成·江苏府县志辑11》,江苏古籍出版社1991年版,第405页。

③ 李铭皖、谭钧培修,冯桂芬纂:同治《苏州府志》卷二十六《学校》,《中国地方志集成·江苏府县志辑7》,江苏古籍出版社1991年版,第621页。

御史温如璋重修,创建三公堂,祀公之先三世。四十五年巡按御史董尧封、万历二年巡按选御史邵陛相继成之,袁洪愈记。陛又建先忧阁,皇甫汸记。四十四年,巡盐御史胡继升修。崇祯六年,飓风摧圮,裔孙参议允临主奉安柱重修。国朝康熙二十年,裔孙浙江巡抚承谟修。三十四年,裔孙两江总督承勋修。四十四年,圣祖仁皇帝帝南巡,赐御书额曰济时良相。乾隆二年,裔孙太学兴禾、大同知府瑶重修。十六年,高宗纯皇帝南巡,赐御书额曰学醇业广。咸丰十年毁,同治中重建。"①

此书院为典型的元代书院,不设教官,完全没有任何讲学,纯任祭祀。

4. 常熟文学书院。此书院乃邑人建以祀孔门弟子言偃。康熙《常熟县志》叹其嬗变:"按书院初名文学,在县治东北,后废,改建儒学西,即旧驿馆为之,巡抚周公更名学道,又废。后建于县治西北,与墓相近,万历中载新之名虞山书院,凡三易其名,亦三易其地矣。"②

同治《苏州府志》则详其过程:"文学书院在书院街,初在醋库桥。元至顺二年,邑人曹善诚建,祀吴公言偃,辟讲堂,列斋舍。有司上其事,设山长主之(宣慰使王都中题额,杨刚中、黄潜《记》)。至正末毁于兵。明宣德元年,知县郭南改建儒学西,巡抚侍郎周忱更其额为学道。嘉靖十一年,知县徐溁改为学中射圃。四十三年,知县王叔杲得废圃于县治西北,去吴公墓二百步辟书院,仍名学道。万历十年废。三十四年,知县耿橘倡建,更今名,构弦歌楼,楼前甃墨井,筑方塘,堂中镌先圣像,两庑镌贤哲像,申时行、王锡爵记。天启六年,逆珰矫诏拆毁。崇祯六年,言氏后裔复其地,知县杨鼎熙重建"有本"、"学道"二堂。国朝康熙四十六年,参政马逸姿修,岁久圮。雍正中,五经博士言德坚重建,后又圮,惟言子祠、莞尔堂存,后裔随时葺治。咸丰十年毁,惟言子祠存。"③

① 李铭皖、谭钧培修,冯桂芬纂:同治《苏州府志》卷二十六《学校》,《中国地方志集成·江苏府县志辑7》,江苏古籍出版社1991年版,第620—621页。
② 高士鸛、杨振藻修,钱陆燦等纂:康熙《常熟县志》卷四《学校》,《中国地方志集成·江苏府县志辑21》,江苏古籍出版社1991年版,第63页。
③ 李铭皖、谭钧培修,冯桂芬纂:同治《苏州府志》卷二十七《学校》,《中国地方志集成·江苏府县志辑7》,江苏古籍出版社1991年版,第655页。

综上可知其变迁如下。(1) 元至顺二年(1331),州人曹善诚始建。(2) 元末毁,明宣德九年(1426)知县郭南改建他址,巡抚周忱改名学道书院。寻圮。(3) 明嘉靖四十三年(1564),知县王叔杲改建他址,仍名文学书院。(4) 明万历三十四年(1606),知县耿橘重修,更名虞山书院。天启议毁书院,废。(5) 明崇祯六年(1633),知县杨鼎熙重建。(6) 清康熙四十六年(1707),粮道马逸姿重修。寻圮。(7) 清雍正中,言氏后裔德坚修之,又圮。至咸丰十年(1860),所余莞尔堂亦毁,只存言子祠。

其在元代,虽是祭祀型书院,有司依然向上级禀报,并由上级委任山长管理,尤可见彼时书院政策之严峻也。此处已明其变迁,后文涉及处仅列其事,不再赘引。

（六）无锡新建书院

江阴澄江书院。乾隆《江南通志》:"在江阴县布政坊巷西南。元至正中(1341—1370),里人蔡以忠以别业立义塾,事闻于上,赐额曰澄江书院,设山长。其讲会之所曰德义堂,后圮,其遗址今为关壮缪祠。"[1]此书院创建与元初政策有关,政府主动收编义塾为书院以加强控制,南京江东书院亦有相同经历。

## 二、重建书院

（一）常州重建书院

常州龟山书院。前述城东书院,南宋绍定三年(1230)知府郑必万重建。入元之后,则改名为龟山书院——在道学传授史上,因杨时三传而有朱子,故后人推崇杨时,遂将周氏之书院更名为龟山书院,并依政府之要求,设山长一名,纳入规范化管理。具见前文。

（二）南京重建书院

南京南轩书院。南宋之南轩书院于至元年间(1264—1294)迁至城东"仪宾馆",在明道书院西南。至大德元年(1297),又迁回长干旧地重建。后圮。具见前文,此不赘引。

---

① 黄之隽、赵弘恩:乾隆《江南通志》卷九十《学校志》,永瑢、纪昀等编纂:《四库全书》509 册,上海古籍出版社 1987 年版,第 528 页。

（三）苏州重建书院

1. 苏州学道书院。同治《苏州府志》载："元初，总统杨琏真珈据为僧司，田悉夺去。至元二十九年（1292），山长祖宗震、金德修市徐贵子桥高氏园第改建，寻废。"[1]胡缵宗《重建学道书院记》："元末复夺于僧。"[2]

2. 苏州和靖书院。和靖书院入元后毁于杨琏真珈。后三次重建。一是有司在府治东南角、故宋检法厅事基上，再扩若干亩，重建书院祭祀尹和靖，大德十一年（1307，丁未）书院山长王建更是创建大成殿，但整个书院仍然非常简陋。二是延祐元年（1314），移置长洲县治东、乌鹊桥北（宋常平提举司故址）。三是至元二年（1336，丙子）新任山长吴希颜多方努力，在总管道童的帮助下，终于在旧址重建书院。

元人郑元祐《重建和靖书院记》详其重建："……江南内附，夺于僧，有司以尊前贤、励后学不可泯泯遂已也，于是以府治东南陬、故宋检法厅事基合若干亩建书院祠先生。大德丁未，山长王建为刱大成殿，前无门径，旁无两庑，居民又加侵牟，益见简陋，而士病焉。元统丙子（愚按，元统无丙子，当是至元二年丙子，与同治《苏州府志》所记至元中相同），新安吴希颜来为山长，克复故址，又请常平提干厅基以益之，剔蠹弊、搏浮滥，积力稍久，有志重建，然犹惧或中沮，于是白于大府，时中书左丞耿公介督餫吴下，闻而善之，俄被召复，请参政张侯杰侯，又入为天官，今郡守道童公廉明刚正，治称第一，希颜请新书院，公曰治不本于学，岂稽古崇德之谓哉。即选其从事分董程役，而籍书院粒米之在廪者粜之，得中统钞八千六百贯，搆大成殿即新址，而前为仪门，门少西为先生祠，又西为上祠，又西临广衢为外门，翼殿为两庑，殿后建习堂，堂东斋庐曰六有，总为屋若干楹。其即工始于夏六月，甫冬孟十月而书院落成矣。初先生卒于越，越亦有先生书院，先是希颜尝为越之书院长，亦既尽瘁

① 李铭皖、谭钧培修，冯桂芬纂：同治《苏州府志》卷二十六《学校》，《中国地方志集成·江苏府县志辑7》，江苏古籍出版社1991年版，第622页。
② 李铭皖、谭钧培修，冯桂芬纂：同治《苏州府志》卷二十六《学校》，《中国地方志集成·江苏府县志辑7》，江苏古籍出版社1991年版，第623页。

完葺,及今再调而入吴,故希颜每加太息曰,先生学继濂洛,道被海寓,其大者断不系于一祠宇之兴坠,然已何幸而一再获长先生祠下哉。既不佞无以绍隆斯道之统绪,若区区祠宇而复不能殚尽心力,则岂成承学小子之谓哉。斯其志有可尚者已,若夫先生师友渊源出处,大致皆具勉斋记,兹不敢渎,惟概言其修建始末云。"①

3. 苏州鹤山书院。元至顺元年(1330),魏了翁曾孙魏起"请于朝,愿即苏之故居,教学奉祀",学士虞集奉敕题"鹤山书院"额。具见前文,不赘引。

4. 苏州甫里书院。元元统二年(1334),陆龟蒙裔孙陆德源将书院从长洲县治东旧址移建于城内。具见前文,不赘引。

(四)镇江重建书院

1. 镇江淮海书院。元至元中,并入甘露寺。元贞元年(1295)教授黄一龙重建于儒林里。大德三年(1299)、九年(1305),延祐三年(1316)继任山长屡作修葺。

至顺《镇江志》:"归附后,至元二十七年,为甘露寺僧所夺,山长郭景星力诉于有司,弗胜,僦民居以肄诸生。元贞改元,教授黄一龙摄书院事,辍岁租之赢以置今所,凡为屋八十楹有奇(即工部王夬亭故居),然草创未备也。江浙儒学舍提举陈友龙《记》。……碑在路学渊源堂之东,累任继葺,然后苟完。先圣庙大成殿三间,元贞元年教授黄一龙建,并立灵星门塑圣师十哲像。旧址狭隘,不足以容殿宇,乃复买民居,悉撤之,以建斯庙。戟门三间,大德三年山长杨如并建。东西庑二十间,九年山长曹鑑建,并绘从祀诸贤于壁,凿池戟门之南而桥其上。殿后行廊七间,延祐三年山长于泰来建。"②

2. 镇江濂溪书院。元初,并入鹤林寺。山长徐苏孙又在黄祐桥南重建。大德九年(1305)又改置于利涉门内的花山下。后圮。具见前文,不再赘引。

---

① 郑元祐:《侨吴集》卷九《重建和靖书院记》,永瑢、纪昀等编纂:《四库全书》第1216册,上海古籍出版社1987年版,第533—534页。
② 俞希鲁编纂:至顺《镇江志》卷十一《学校志》,江苏古籍出版社1999年版,第460—461页。

# 第三节  本期重要书院——南京江东书院

元代江苏书院既已官学化、祭祀化，则万马齐喑中，唯元初南京江东书院犹有宋人讲学遗意，其存世虽短，但亦有硕儒执教其中，立下了规制与读书法，为宋学留下一点血脉，亦为盛事。按其时间分为三期略述于下。

## 一、前期

前期主要是郡人王进德创建、吴澄制订规制、政府将之官学化此一期间。

至元二十八年辛卯（1291）春正月，元廷"令江南诸路学及各县学内设立小学，选老成之士教之。其他先儒过化之地，名贤经行之所，与好事家出钱粟赡学者，并立为书院。凡师儒之命于朝廷者曰教授，路、府、上中州置之；命于礼部及行省及宣慰司者，曰学正、山长、学录、教谕，路、州、县及书院置之。"①此命令下达后，各路奉行，至治元年（1321）五月，郡人王进德创建江东书院，次年名儒吴澄为其订立规制，泰定元年（1324），元廷正式赐名"江东书院"。

> 至大《金陵新志》：在城内永安坊盐仓街。至治元年五月，郡人王进德创建，子霖又为营度，庙屋通六十余间。地临秦淮南，竹木修茂，置田溧阳九百亩，供赡生徒。前翰林学士草庐吴公尝于其中讲授，群士往从受业甚众。泰定元年定今额。②
>
> 乾隆《江南通志》：在江宁府治盐仓街。元郡人王进德创建，南临秦淮。吴澄尝于其中讲授，从受业者甚众。泰定元年定额曰江东书院，今无存。③

---

① 陈邦瞻：《元史纪事本末》卷二《科举学校之制》，永瑢、纪昀等编纂：《四库全书》第353册，上海古籍出版社1987年版，第783页。
② 张铉：至正《金陵新志》卷九《学校志》，《宋元方志丛刊》第6册，中华书局1990年版，第5663页。
③ 黄之隽、赵弘恩：乾隆《江南通志》卷九十《学校志·书院》，永瑢、纪昀等编纂：《四库全书》第509册，上海古籍出版社1987年版，第520—521页。

此书院本为王进德之义塾，经其子王霖扩充，规模甚大，接人亦多。南临秦淮河，房屋六十余间，竹木修茂，是一规模甚大之花园式书院。且又在溧阳置田九百亩，可见王氏财力不菲。此书院完全是一典型的宋代民间书院，由个人出厚资、延名师，以教里中子弟。

此王进德，《江南通志》载："字仁甫，家金陵，富而好施。出七万余缗，构郡学讲堂，置一切礼器。又买宅一区，割田九百亩，创建江东书院，朝锡以额，设官掌其教。置义庄，以赡族。修城隍，以捍井里。"①吴澄则详记如下：

> 居士姓王氏，其先自汴来南，一徙再徙，而家金陵。讳进德，字仁甫，少孤，奉母涂氏至孝，上有四兄，其一、其四蚤世，其二君祥，其三君玉，居士其五也。勤苦自植，趋时贸迁，道途不避寒暑，严事其兄如父，协力兴家。二兄既逝，君祥之子曰子清，君玉之子曰子渊、子淳、子澄，母三分其产，畀一子四孙异居异财。居士所有，浸浸以赢，创立虽艰，而振郁不吝，三四十年间，每遇饥歉，施面施米施钞施粥，日甚久，数甚伙，费甚赀，泰然行之如常。每遇疫疠，市善药，命良医家至户到，随证治疗，煮药之器，佐药之用，纤悉毕备，病愈能食，则啖以糜，其所全活甚众，寒卧无以盖覆者，施楮衾，贫死无以殡葬者，施棺木。公府傥有劝，率所出，必倍他人，亲疏之族，内外之姻，周济尤笃，礼聘名师教子，郡庠毁于火，为构讲堂，高壮宏敞，并其中陈设器具一新，计缗钱七万有奇，皆独力所办。买宅一区，割田九顷，刱建江东书院，朝锡以额，设官掌其教。仿范文正公义庄规制，以赡亲属。城隍外门坏、内屋敝，运石于吴，取材于江，而更易其楹柱，而修完其栋宇。若此类布施不一，固其余事尔。配于氏，婉顺温惠，孝其姑、友其姒如居士之事母事兄，父母之没已多历年，凡忌日及时祭，夫妇哀感不异初丧，宽厚谦和，崇伦纪，敦信义，未尝以赀富齿长而骄贫傲少，炎天独处，衣冠俨然，见者竦

---

① 黄之隽、赵弘恩：乾隆《江南通志》卷一百五十七《人物志》，永瑢、纪昀等编纂：《四库全书》第511册，上海古籍出版社1987年版，第509页。

肃,病剧语言不乱,神色不变,天历二年五月二十九日,终年八十
有四。①

其中可知王进德平生梗概,乃经商起家,富而好礼,博施济众,兴教乡里
之士君子。

第一位来此兴教之大儒是吴澄(1249—1333),字幼清,抚州崇仁
(今江西乐安)人,号草庐。草庐为朱子三传,朱子传双峰饶鲁,再传勿
斋程若庸,三传草庐。其学以朱子为主,兼象山。全祖望谓:"草庐出于
双峰,固朱学也,其后亦兼陆学。盖草庐又师程氏绍开,程氏尝筑道一
书院,思和会两家。然草庐之著书,则终近乎朱。"②草庐尝言:"朱子于
道问学之功居多,而陆子以尊德性为主。问学不本于德性,则其蔽必偏
于语言训释之末,故学必以德性为本,庶几得之。"③草庐为元代第一流
之儒者。《元史》谓澄"弱冠时,尝著说曰:'道之大原出于天,神圣继之,
尧舜而上,道之元也;尧舜之下,其亨也;洙泗邹鲁,其利也;濂洛关闽,
其贞也。分而言之,上古则羲黄其元,尧舜其亨,禹汤其利,文武周公其
贞乎。中古之统,仲尼其元,颜曾其享乎,子思其利,孟子其利乎。近古
之统,周子其元,程张其亨也,朱子其利也,孰为今日之贞乎? 未之有
也。然则,可以终无所归哉。'其早以斯文自任如此。故出登朝署,退归
于家,与郡邑之所经由,士大夫皆迎请执业,而四方之士不惮数千里,蹑
履负笈来学山中者,常不下千数百人"。④

按草庐《年谱》,"英宗至治二年壬戌(1322)七十四岁,如建康,定王
氏义塾规制。有司上其事,赐额'江东书院'。十月还家。《易纂言》
成。"⑤则草庐是在晚年至江东书院,其学问已完全成熟,可无疑也。其
所教授安排,亦当是朱子学之内容为多。其所定之规制虽未详内容,但
可由其早年所定者窥其一斑。草庐曾于皇庆元年(1312)"升司业,用程

① 吴澄:《吴文正集》卷八十五《金陵王居士墓志铭》,永瑢、纪昀等编纂:《四库全书》第1197册,上海古
   籍出版社1987年版,第799—800页。
② 黄宗羲:《宋元学案》卷九十二《草庐学案》,中华书局1986年版,第3036页。
③ 黄宗羲:《宋元学案》卷九十二《草庐学案》,中华书局1986年版,第3037页。
④ 宋濂等:《元史》卷一百七十一《列传》第五十八,中华书局1976年版,第4013—4014页。
⑤ 路剑:《吴澄年谱》,《抚州师专学报》1992年第2期,第64—72页。

纯公《学校奏议》、胡文定公《六学教法》、朱文公《学校贡举私议》，约之为教法四条：一曰经学，二曰行实，三曰文艺，四曰治事。未及行。"草庐之至江东书院，乃进德所延，非由上司任命，故其得有机会实践教法，则必以此四条为准。

## 二、中期

此期乃进德之子王霖与山长程端礼合作之时也。至大《金陵新志》载："江东书院，至治元年五月，郡人王霖创建，出田供祀，今省设山长一员，主领钱粮教事。"①此处云王霖创建，不实，只是继承乃父事业青出于蓝而已，然已省设山长，显为一郡之学。

端礼（1271—1345）亦一代名儒，字敬叔，号畏斋，明州鄞县（今浙江宁波）人，少从乡贤史蒙卿②游，治朱子学，学者及门甚众。举荐为建平、建德两县儒学教谕，历信州稼轩书院及建康江东书院山长，授铅山州儒学教授，秩满，以台州路儒学教授致仕。

其弟端学《乙丑初至江东精舍，山主王岂岩写示诗盈轴，辄次首篇韵为谢》诗描述了初到江东之印象："苍壁卫精舍，轻霞冠崇构。门迳既威夷，竹树亦森秀。前临秦淮流，后倚钟山岫。道讲如砥矢，学谨不径窦。高堂奉宣尼，两厢来异茂。涧溪虔米苹，尊爵严奠酎。入者既得门，而渐见美富。主人造士心，四教顺时候。顾我如爱居，入耳眩金奏。满百不以闻，岂但容其复。"③按，乙丑为泰定二年（1325），正值端礼继草庐之后任江东山长，当时端学随兄同至。后来端礼则在《江东书院寿王岂岩诗序》中描述了对王霖之印象："升岂岩王公，其学得敖、吴二先生之传，既广博而精演，明体而达用，用咸宜之，斯之未信，自守益重，其居德已足以善俗，矧扩乃父仁斋翁之志，力创江东精舍，公之于朝，以裨教

① 张铉：至正《金陵新志》卷六上《官守志》，《宋元方志丛刊》第 6 册，中华书局 1990 年版，第 5592 页。

② 史蒙卿（1247—1306），字景正，号果斋，鄞县人，独善先生（史）弥巩之孙也。年十二，入国子学，通《春秋》《周官》。时江益公万里为祭酒，甚器之。咸淳元年进士。授景陵主簿，历江阴、平江教授。先生务明体以达用，著书立言，一以朱子为法。宋亡，不复仕，自号静清处士。黄宗羲：《宋元学案》卷八十七《静清学案》，中华书局 1986 年版，第 2910 页。

③ 程端学：《乙丑初至江东精舍，山主王岂岩写示诗盈轴，辄次首篇韵为谢》，《积斋集》卷一，永瑢、纪昀等编纂：《四库全书》第 1212 册，上海古籍出版社 1987 年版，第 316 页。

建极焉。凡诸生受其教者方且人人修之而吉也,受者且然,矧施者乎。"①可知王霖继承乃父遗志,在官学化的情况下,维系江东书院,兴办地方教育。霖或字岂岩,又起岩,有箔谷邵焕记其与起岩交往旧事:

> 曩余游学金陵,日与同门二三辈谒见起岩王先生,起岩曰:"新学切当以礼义廉耻四者存心,涵养得熟,家业不患不成功,名不患不至,学问不患不精,上而天子下而庶人,何莫不本于四者乎。"余旦旦而思之,四者根于心,内有所主,则揖让进退合其节,动用制作得其宜,取予得其当,刚介有所守矣。内无所主,则傲纵自肆,诗张贪暴,不可胜言矣。验诸行事,观诸人品,于是言而益信。盖起岩,乃吴草庐门人也,斯言咸有源委。近僻处江村,嘉言日无闻,因是而书以自警。又起岩尝招程敬叔先生教其子弟,建江东书院以处之,学徒如云,衣食或不充,咸资于王,程先生丧偶,有孤女一,如己女,丰其奁具以遣之。王,江东名士也,近隔于兵,重为斯文惜。②

端礼学宗朱子,在江东期间,其教人,首宗"朱子读书法"之居敬持志、循序渐进、熟读精思、虚心涵泳、切己体察、著紧用力,端礼对此详尽阐明。又在此基础上,综罗多家,拟订《读书分年日程》,以授诸生。此《分年日程》在我国教育史、学术史上具有重要地位,为书院教学提供了详尽的操作性极强的课程范本,对后世影响深远,乾隆间,朝廷将其与朱子《白鹿洞书院揭示》一起推广,成为书院标准课程系统。

## 三、后期

程端礼之后,又有蒋远静、石仲方等人陆续执教江东。端礼弟端学有《送蒋远静山长序》云:"泰定初,江浙行省铨教官,议者言百里之师所在当择建康,台宪在焉,尤当得人,以副宣明。于是执政周谧密访有望之士以充之,其郡有岂岩王君,创江东书院,请于公,得设山长,而远静蒋君承

---

① 程端礼:《江东书院寿王岂岩诗序》,《畏斋集》卷四,永瑢、纪昀等编纂:《四库全书》第1199册,上海古籍出版社1987年版,第679页。
② 陆楫:《古今说海》卷一百十五,永瑢、纪昀等编纂:《四库全书》第885册,上海古籍出版社1987年版,第704页。

之、韩君及、余兄敬叔与是，选敬叔首设讲，为人敦厚谨畏，终日危坐，与诸生相对，必使熟读精思真知实践，本之晦庵、西山教人之意，酌以今日取士之法，为书一编，以行于世，守其辙者，往往有成。韩君则余未识其人，蒋君乃余兄之友也，四明文献之家，惟蒋氏最远，而克世其家如蒋君者，百不一二，然蒋君之性，疏通旷远，博览强记，为文章而尤长于诗，今其往而接余兄之武，余恐受业者未安其教也，故先为道其质之所近、意之所安，与其并行而不相悖者，俾无间然于其初。虽然，蒋君升堂进诸生而见抠趋之，翼翼考其业而见其华实之班班，将如萧规而曹随，则余不能知之矣。"①按文中所记，蒋静远出自四明文献世家，能远绍祖业，乃是接替程端礼者。其中也提到了端礼在江东期间制定了《分年读书日程》行之卓有功效。后来曾任明道书院山长的陶安②有《送石仲方诗并序》：

> 升秦淮之南，有庠舍突然新丽者，江东书院也。郡书院四，曰明道、南轩、昭文，皆先贤遗迹，或老屋腐垣，劳于补葺，或基构庳隘，与编户等，或贫无岁入，乏祭养之资。独江东后兴，栋宇坚完，丹垩炳炫，崇严靓深，不劳于补葺，而无庳隘之嫌，贯粟出纳，丰俭适宜，祭养有给，是乃郡士仁斋王君之创造，而草庐吴先生之所规制也。始长教者，四明程氏敬叔，以考亭读书法，启诲后觉，文风大振，近岁石仲方来长教事，恪恭厥职，刚介不阿，优礼宾师，招徕弟子员，析理厚伦，建棂星门，砻石购材，华质得宜，宫墙改观，过者见而生敬矣，程氏去官二十余年，独见石君如此。初君谕晋陵，创造庙学，斜录京口泮宫，代庖学事，复设产数千亩，今江东考满，将典郡教益，当弘敷圣谟，钟鸣铎徇，轰曚警迷，其功必有过于斯矣，告别归毗陵，遂酌之酒，而为之歌曰：

> 延陵季子之旧邦，林麓秀郁泉流淙。文物萃美如瑶珥，隐居未许慕老庞。涵潜理海心在腔，书帷永夜挑灯釭。去家不远观大江，

---

① 程端学：《积斋集》卷三，永瑢、纪昀等编纂：《四库全书》第 1212 册，上海古籍出版社 1987 年版，第336—337 页。

② 陶安（1315—1371）明太平府当涂人，字主敬。元顺帝至正四年（1344）举人。授明道书院山长，避乱家居。朱元璋取太平，安出迎，留参幕府，任左司员外郎。洪武元年（1368）任知制诰兼修国史，寻出任江西行省参知政事，卒官。有《陶学士集》。

江边龙虎盘洪厖。秦淮抱城驾石矼,精舍丹碧临奔泷。莫言无笔长如杠,文词力健鼎可扛。论堂考鼓醒愚惷,法言浪浪金石拟。上窥邹鲁驱杂哤,异学不敢操戈钑。子衿环拱心自降,取友必端戒羿逢。飞觞谈笑月在窗,川后屏息无淙淙。榻前松竹翠羽幢,雪点吟鬓秋蓬双。豸府荐誉声如撞,酌别缆系堤柳桩。俸米载归红满缸,迎门喜动花阴骁。溯河北上乘艨艟,天街雪晴驰骏骁。①

由序中可知,石氏是在端礼去官二十余年后继任山长者。

其末任山长当为陈遇,明人朱谋垔曾记其事:"静诚先生陈遇,字中行,博通经史,尤邃先天之学。元末为江东书院山长,后归隐建康。太祖渡江,聘参帷幄,幸其第者三,及定天下,屡授以显官,固辞,上曰:'士之有志节者,功名不足以介意,朕不强卿,以成卿之名。'遇善山水,曾写太祖御容称旨。弟中复,亦精绘事,幼年在静诚侧,戏弄笔墨,静诚叱之曰:'吾岂他无所长,汝乃习其下者乎。'亦工写照。"②《明史·陈遇列传》云"陈遇,字中行,先世曹人。高祖义甫,宋翰林学士,徙居建康,子孙因家焉。遇天资沉粹,笃学博览,精象数之学……遇自开基之始,即侍帷幄",③对明朝开业立有功勋,后辞官归隐,卒葬钟山。

由此可见,终元一朝,江东书院之地位甚高,官方为其所任命之山长皆为一时名儒,其对元代学术乃至整个古代学术史之贡献亦不可谓低矣。

---

① 陶安:《送石仲方诗并序》,《陶学士集》卷二,永瑢、纪昀等编纂:《四库全书》第 1225 册,上海古籍出版社 1987 年版,第 598 页。
② 朱谋垔:《画史会要》卷四,永瑢、纪昀等编纂:《四库全书》第 816 册,上海古籍出版社 1987 年版,第 516 页。
③ 张廷玉:《明史》卷一百三十五《列传》第二十二,中华书局 1977 年版,第 3913—3914 页。

# 第五章　明代江苏书院之一：
## 早期之百年沉寂

"滚滚长江东逝水,浪花淘尽英雄",升庵此叹,如用来回顾明代之书院,亦甚恰当。两宋、元清书院发展较为单纯,明代前后却甚不同。其早承元制,皇权独尊,职业世替,除科举外,为一封闭性社会,然中晚期,缧绁渐开,工商强劲发展,经济极为繁荣,且士商互动,四民异业,甚至士权挑战皇权,渐演为一开放性社会。其时甘泉、阳明、心斋辈,皆我国文化史上不世出之巨擘,凭二三子之力,起身草莽,崛起江湖,以民间书院为基地,在学术上予朱子学以哥白尼之转向,又有东林诸子锚定江山,在政治上赤手以搏龙蛇,与皇权相缠斗,可不谓之英雄乎!然江山易姓,一朝而尽,良可叹也。

## 第一节　明代江苏书院概述

明代书院之概况,前贤述之颇精,如盛朗西先生云:"宋元之间,书院最盛,至明而寝衰。盖国家网罗人才,士之散处书院者,皆聚之于两雍,虽有书院,其风不盛。其后国学之制渐隳,科举之弊孔炽,士大夫复倡讲学之法,而书院又因之以兴。"[①]具体至江苏,则如柳诒徵先生云:"景泰、成弘间,稍稍兴起,至正德而渐盛,嘉、隆、万历所建尤多。顾诸书院虽聚徒讲学,无大影响于当世。甘泉湛氏之学,故与姚江伯仲;而

---

① 盛朗西:《中国书院制度》,《民国丛书》第三编第 54 册,上海书店 1991 年影印,商务印书馆 1934 年版,第 77 页。

新泉书院之风尚,不能及阳明诸书院也。私人讲学之书院,赫然树一徽帜,风靡宇内,左右朝政。师儒行谊,及讲析心性之微言,固足以独成学派,而其同志之进退存亡,昭然有关于天下之大,遂以书院之名,被政党之目。合宋元明清四代江苏之书院衡之,盖无有过于东林书院者矣"。①

## 一、明代江苏书院之分期

明代江苏书院自成一生命体,有其不得已而复兴,因缘际会之壮大,而后因鼎革而遽然消亡,兹可分为三大阶段。

一是明初期之沉寂,洪武至天顺之间(1368—1464),近百年时间是为第一期,官方禁止书院,大兴官学。学术上依旧以朱子学为主,江苏书院处于低谷期。

二是明中期之兴盛。成化、弘治、正德、嘉靖四朝(1465—1566),此百年时间是为第二期。成化以后,由于官学腐朽败落,加之湛若水、王阳明横空出世,大兴讲学,江苏书院遂逐渐恢复,其间虽有嘉靖之毁,然所及有限,且愈禁愈多。本期书院在形式上以讲会为主,学术上则广泛传播心学。

三是明晚期之衰落。隆庆、万历、泰昌、天启、崇祯诸朝(1567—1644)是为第三期。于形式而言,官府与民间继续缠斗,书院在曲折中发展,其间交织着明廷两毁书院。于义理而言,湛王心学继续发展,然理学大举复兴,尤以东林书院为代表,一则在学术上对心学进行批判,二则在政治上对庙堂予以批判。崇祯时期,阉党伏诛,书院方还生机,然稍有恢复,旋遭清军入关,天崩地裂之际,书院之恢复势头,亦因此外力戛然而止。

## 二、明代江苏书院之特点

其一,明代书院最大的特点,即是心学兴起对书院产生极大之推

---

① 柳诒徵:《江苏书院志初稿》,赵法生、薛正兴主编:《中国历代书院志》第1册,江苏教育出版社1995年版,第18—22页。

动。有明心学,白沙开其端,①甘泉赓其绪,②阳明大其成,③崛起于正德,泛滥于嘉靖、隆庆、万历,湛、王及其弟子后学建书院、开讲会,在南宋之后,又将道学推向高峰,并形成波澜壮阔的书院运动。

阳明变朱子"得君行道"为"觉民行道",以教化为重返三代之根本,故云:"天下首务,孰有急于讲学耶?"④其在平息南赣民变后,深感"破山中贼易,破心中贼难",故广兴书院。其一生所涉十数所,既有亲创如贵州之龙冈,也有修复如南赣之濂溪,既有万松之类省级书院,又有平山之属乡村书院,既有纯正高端之绍兴阳明书院,也有赣州义泉、正蒙、富安、镇宁、龙池之社学书院,可谓全方位、多层次立体覆盖。⑤

湛若水亦热衷于书院建设,为了弘扬师说,从 40 岁以后一直到 95 岁死前数日,无日不讲学,足迹遍及江南各地,"合天下之士出其门者四千人,车从所至,咸有精舍"。⑥ 罗洪先谓其"道德尊崇,四方风动,虽远蛮夷,皆知向慕,相从士三千九百有余,于其乡则有甘泉、独冈、莲洞馆谷;于增城、龙门则有明诚、龙潭馆谷;于羊城则有天关、小禺、白云、上塘、蒲涧馆谷;于南海之樵西则有大科、云吞、天阶馆谷;于惠之罗浮则有朱明、青霞、天华馆谷;于韶之曲江则有帽峰,英德则有清溪、灵泉馆谷;南都则有新泉、同人、惠化馆谷;溧阳则有张公、洞口、甘泉馆谷;杨州则有城外、行窝、甘泉山馆谷;池州则有九华山、中华馆谷;在徽州则有福山、斗山馆谷;福建武夷则有六曲仙掌、一曲王湛会讲馆谷;湖南则

① 陈献章(1428—1500),字公甫,别号石斋,广东新会人,世称白沙先生。初师江西吴与弼,后自身体帖,复兴心学,提出"天地我立,万化我出,宇宙在我"等义理和"静坐中养出端倪"之工夫进路。
② 湛若水(1466—1560),字元明,号甘泉,广东增城人,有明硕儒,少赴新会拜白沙为师,弘治十八年(1505)中进士,先后授为翰林院编修、侍读。嘉靖三年(1524),升为南京国子监祭酒,后历任南京礼部尚书、吏部尚书、兵部尚书,追赠太子少保。湛若水以"随处体认天理"为宗,提出"格物为体认天理"与"为学先须认仁,仁与天地万物为一体"之理念,创立"甘泉学派"。
③ 王守仁(1472—1529),字伯安,别号阳明,浙江余姚人,心学宗师。弘治十二年(1499年)进士,仕孝宗、武宗、世宗三朝,自刑部主事历任贵州龙场驿丞、庐陵知县、右佥都御史、南赣巡抚、两广总督等职,接连平定南赣、两广盗乱及宸濠之乱,因功获封新建伯,晚年官拜南京兵部尚书、左都御史。嘉靖七年十一月(1529年1月)逝世。明穆宗时追赠新建侯爵,谥"文成"。阳明颠覆理学,提出"心即理""致良知""知行合一""万物一体"等,总心学之大成。
④ 王守仁:《王阳明全集》卷三十二《传习录拾遗》,上海古籍出版社1992年版,第1171页。
⑤ 邓洪波:《王阳明的书院实践与书院观》,《湖南大学学报》(社会科学版)2005年第6期,第23—28页。
⑥ 洪垣:《墓志铭》,《湛甘泉先生文集》卷三十二《外集》,广西师范大学出版社2014年版,第1903页。

有南岳、紫云。先生以兴学养贤为己任,所至之地,咸有精舍赡田,以馆谷来学,故所造就之士,皆有得于先生之学,以淑其身,以惠诸人,是表之在门弟矣"。① 若水长期在南京任职,其在南京、扬州一带建有多所书院。

王阳明逝世后,其门生弟子为了弘扬师说,纷纷于各地建立或修复书院,讲授"致良知"之说。如钱德洪"在野三十年,无日不讲学,江、浙、宣、歙、楚、广,名区奥地,皆有讲舍";王畿"林下四十余年,无日不讲学,自两都及吴、楚、闽、越、江、浙,皆有讲舍"。② 就江苏而言,一是自建书院以讲学,自州府至乡村广建书院,自由讲学传播义理,此是主要形态,如南京崇正书院、泰州安定书院、盐城东淘精舍、仪征亲民馆等。二是自建书院以祭祀、藏刻书等,部分书院执行此类功能,如扬州维扬书院、泰州泰山书院、溧阳嘉义书院、南京新泉精舍、泰州吴陵书院等。通过书院之基地,阳明学在南直隶地区慢慢成长,逐渐取代了朱子学,占据了学院派精英的讲坛,并且走出城市深入民间,为南中王门的壮大奠定了坚实的基础。

其二,书院讲学结合讲会③之形式。王门讲会之风极盛,如黄宗羲云:"南中之名王氏学者,阳明在时,王心斋、黄五岳、朱得之、戚南玄、周道通、冯南江,其著也。阳明殁后,绪山、龙溪所在讲学,于是泾县有水西会,宁国有同善会,江阴有君山会,贵池有光岳会,太平有九龙会,广德有复初会,江北有南谯精舍,新安有程氏世庙会,泰州复有心斋讲堂,几乎比户可封矣。而又东廓、南野、善山先后官留都,兴起者甚众。"④江苏地区,溧阳嘉义书院,"延四方同志讲会,馆谷之","是月,同志周贤

① 罗洪先:《墓表》,《湛甘泉先生文集》卷三十二《外集》,广西师范大学出版社 2014 年版,第 1884—1886 页。
② 王守仁:《王阳明全集》卷三十六《年谱附录一》,上海古籍出版社 1992 年版,第 1328—1350 页。
③ 学者"依据自愿结合的原则,各书院之间成立讲会。会有会宗、会长、会正、会赞、会通各职,以管理会内事务。讲会分月会和大会两种。月会每月一至两次,大会每年一次,一般皆在本学派创始人生辰或忌日举行,会各三日。讲会开始时,一般先举行隆重的祭祀典礼,然后由本届讲会的主持人任讲四书五经之一章。此后,则按序互相辩驳问答。凡与会者,各虚怀以听。为了办好讲会,不少书院主持人制定会约、学程、院规等对参加讲会或前来就学的士子的学习方式、学习步骤以及注意事项一一作出规定"。见白新良:《中国书院发展史》,天津大学出版社 1995 年版,第 142—143 页。
④ 黄宗羲:《明儒学案》卷二十五《南中王门学案》,中华书局 2008 年版,第 578 页。

宣、赵大河,诸生彭若思、彭适、袁端化、王襞、徐大经、陈三谟等数十人,(史)际率子侄史继源、继志、史铨、史珂、史继书、继辰、致詹,偕吾子婿叶迈、郑安元、钱应度、应量、应礼、应乐定期来会,常不下百余人"。①

其三,明代书院已经具有平民化倾向,开始成为实施平民教育的场所。明代之儒学,已由朱子的得君行道变成觉民行道,由道学精英团队向民间普通群众推进,从城市深入乡村,从书斋深入田野,从庙堂深入市井,此是明代与宋代最大的区别。如王门上下更多是因其际缘,随机指点。阳明门下最著名者即是泰州学派,更是将平民教育视为主要事业,心斋之东淘精舍即为此类书院。

其四,书院政治化,以致与官方相缠斗,亦是明代书院一大特点。相比而言,宋时朝野一致,清时完全驯服,而明代书院则与官方互有胜负,多次毁立,其中尤其是无锡东林书院,高度政治化、社团化,在我国书院史上可谓奇峰突起,只此一家,详见下文。

### 三、明代江苏书院之数据与总表

明朝经历了 276 年(1368—1644),历经十二世、十六位皇帝。

其一,明代早期共新建书院 6 所、重建 7 所,共 13 所。

洪武朝,新建 2 所、重建 2 所;宣德朝,重建 3 所;正统朝,新建 1 所、重建 1 所;景泰朝,新建 2 所;天顺朝,新建 1 所、重建 1 所。

其二,明代中期,全省共新建 55 所,重建 15 所。

成化朝,新建 1 所、重建 3 所;弘治朝,新建 3 所;正德朝,新建 5 所、重建 2 所;嘉靖朝,新建 41 所、重建 10 所;另明中期有 5 所新建,具体时间不详。

其三,明代晚期共新建书院 32 所,重修 15 所。

隆庆朝,新建 8 所;万历朝,新建 17 所、重建 10 所;天启朝,新建 3 所;崇祯朝,新建 3 所、重建 5 所。另晚期还有 1 所新建,具体时间不详。

---

① 王守仁:《王阳明全集》卷三十六《年谱附录一》,上海古籍出版社 1992 年版,第 1337 页。

| | 朝代 | 新建 | 重建 | 合计 |
|---|---|---|---|---|
| 第一期 | 洪武 | 2 | 2 | 4 |
| | 建文 | | | |
| | 永乐 | | | |
| | 洪熙 | | | |
| | 宣德 | | 3 | 3 |
| | 正统 | 1 | 1 | 2 |
| | 景泰 | 2 | | 2 |
| | 天顺 | 1 | 1 | 2 |
| | 合计 | 6 | 7 | 13 |
| 第二期 | 成化 | 1 | 3 | 4 |
| | 弘治 | 3 | | 3 |
| | 正德 | 5 | 2 | 7 |
| | 嘉靖 | 41 | 10 | 51 |
| | 不详 | 5 | | 5 |
| | 合计 | 55 | 15 | 70 |
| 第三期 | 隆庆 | 8 | | 8 |
| | 万历 | 17 | 10 | 27 |
| | 天启 | 3 | | 3 |
| | 崇祯 | 3 | 5 | 8 |
| | 不详 | 1 | | 1 |
| | 合计 | 32 | 15 | 47 |

按明光宗朱常洛年号泰昌,仅存 29 天,故不计算。

## 第二节　明代早期江苏书院概述

元代江苏书院本来为数就少,经元末明初数十年兵燹,荡然无存。入明以后,又遭到朝廷系列钳制,故百年之中,几销声匿迹。

## 一、明代早期江苏书院之数据

其一,从数量来看。共新建书院6所,重建7所。

洪武朝(1368—1398):新建2所:苏州澹台书院(十一年)、丹阳濂溪书院(十八年);重建2所:盱眙淮山书院(八年)、苏州乐圃书院。

宣德朝(1425—1435):重建3所:常熟学道书院(元年)、常州城南书院、苏州鹤山书院。

正统朝(1435—1449):新建1所:句容句曲书院(二年);重建1所:苏州玉峰书院。

景泰朝(1449—1456):新建2所:丹阳练湖书院(三年)、扬州资政书院(六年)。

天顺朝(1457—1464):新建1所:苏州富春书院;重建1所:淮安节孝书院(二年)。

其二,从地域分布来看。苏南新建5所、重建5所,苏北新建1所、重建2所,苏北少于苏南。

| 序号 | 城市 | 数量 | | 地域 | 总数 | | 备注 |
| --- | --- | --- | --- | --- | --- | --- | --- |
| | | 新建 | 重建 | | 新建 | 重建 | |
| 1 | 南京 | | | 苏南 | 5 | 5 | |
| 2 | 苏州 | 2 | 4 | | | | |
| 3 | 无锡 | | | | | | |
| 4 | 常州 | | 1 | | | | |
| 5 | 镇江 | 3 | | | | | |
| 6 | 扬州 | 1 | | 苏北 | 1 | 2 | |
| 7 | 泰州 | | | | | | |
| 8 | 南通 | | | | | | |
| 9 | 淮安 | | 2 | | | | |
| 10 | 宿迁 | | | | | | |
| 11 | 盐城 | | | | | | |

| 序号 | 城市 | 数量 | | 地域 | 总数 | | 备注 |
|---|---|---|---|---|---|---|---|
| | | 新建 | 重建 | | 新建 | 重建 | |
| 12 | 连云港 | | | 苏北 | 1 | 2 | |
| 13 | 徐州 | | | | | | |
| | 全省 | 6 | 7 | 全省 | 6 | 7 | |

其三,从创建主体来看。新建者,以官立为主,民办只是化外之人道士所为。重建,则是官办 3 所,民办 1 所,不详 3 所。整体而言,是官立为主。

| 序号 | 城市 | 性质 | | | 地域 | 总数 | | | 备注 |
|---|---|---|---|---|---|---|---|---|---|
| | | 官办 | 民办 | 不详 | | 官办 | 民办 | 不详 | |
| 1 | 南京 | / | / | /1 | 苏南 | 3/2 | 2/1 | /3 | |
| 2 | 苏州 | /1 | 2/1 | /2 | | | | | |
| 3 | 无锡 | / | / | / | | | | | |
| 4 | 常州 | /1 | / | / | | | | | |
| 5 | 镇江 | 3/ | / | / | | | | | |
| 6 | 扬州 | 1/ | / | / | 苏北 | 1/1 | / | / | |
| 7 | 泰州 | / | / | / | | | | | |
| 8 | 南通 | / | / | / | | | | | |
| 9 | 淮安 | /1 | / | / | | | | | |
| 10 | 宿迁 | / | / | / | | | | | |
| 11 | 盐城 | / | / | / | | | | | |
| 12 | 连云港 | / | / | / | | | | | |
| 13 | 徐州 | / | / | / | | | | | |
| | 全省 | 4/3 | 2/1 | /3 | 全省 | 4/3 | 2/1 | /3 | |

其四,从执行功能来看。新建书院,讲学 2 所,祭祀 2 所,1 所为使臣驻节之所,空有书院之名。书院之存在几无意义。

| 序号 | 城市 | 性质 | | | | | 地域 | 总数 | | | | | 备注 |
|---|---|---|---|---|---|---|---|---|---|---|---|---|---|
| | | 综合 | 讲学 | 祭祀 | 自修 | 不详 | | 综合 | 讲学 | 祭祀 | 自修 | 不详 | |
| 1 | 南京 | / | / | / | / | / | 苏南 | /1 | 1/ | 2/2 | / | 2/2 | |
| 2 | 苏州 | /1 | 1/ | 1/2 | / | /1 | | | | | | | |
| 3 | 无锡 | / | / | / | / | / | | | | | | | |
| 4 | 常州 | / | / | / | / | /1 | | | | | | | |
| 5 | 镇江 | / | / | 1/ | / | 2/ | | | | | | | 其中练湖书院为使臣驻节所 |
| 6 | 扬州 | / | 1/ | / | / | / | 苏北 | / | 1/ | /1 | / | /1 | |
| 7 | 泰州 | / | / | / | / | / | | | | | | | |
| 8 | 南通 | / | / | / | / | / | | | | | | | |
| 9 | 淮安 | / | / | /1 | / | /1 | | | | | | | |
| 10 | 宿迁 | / | / | / | / | / | | | | | | | |
| 11 | 盐城 | / | / | / | / | / | | | | | | | |
| 12 | 连云港 | / | / | / | / | / | | | | | | | |
| 13 | 徐州 | / | / | / | / | / | | | | | | | |
| | 全省 | /1 | 2/ | 2/3 | | 2/3 | 全省 | /1 | 2/ | 2/3 | | 2/3 | |

## 二、大兴官学

明初大战甫停,举国凋敝,百废待兴,为快速、大量培养人才,明廷认为"治国以教化为先,教化以学校为本",[1]"内设国学,外设郡学及社学,且专宪臣以董之",[2]迅速建立了完备的三级教育机构。

一是中央之国子监。《明史》载"国子学之设自明初乙巳始。洪武元年令品官子弟及民俊秀通文义者,并充学生"。[3] 早在元至正二十五年(1365),朱元璋就改应天府学为国子学,洪武初年,又在南京鸡鸣山

---

① 张廷玉:《明史》卷六十九《志第四十五·选举一》,中华书局 1977 年版,第 1686 页。

② 胡谧:《伊洛书院记》,转引自陈谷嘉、邓洪波:《中国书院史资料》,浙江教育出版社 1998 年版,第 474 页。

③ 张廷玉:《明史》卷六十九《志第四十五·选举一》,中华书局 1977 年版,第 1676 页。

下建国子监,民国《首都志》载:"明太祖初定金陵,以元路学为国子学。洪武十四年改建于鸡鸣山阳,翌年落成,改名国子监。至正统六年,始称南京国子监……规模之广,东汉以降,未能或先……最多时达九千余人,设官师四十余,以约束之。"①永乐年间,国都北迁又增国子监于北京,由此南北国子监并立。

二是地方之州县官学体系。洪武二年(1369)朱元璋谕中书省臣曰:"学校之教至元其弊极矣!使先王衣冠礼义之教,混为夷狄上下之间,波颓风靡,故学校之设名存实亡。况兵燹以来,人习于战斗,唯知干戈,莫识俎豆。朕恒谓治国之要教化为先,教化之道学校为本。今京师虽有太学而天下学校未兴,宜令郡县皆立学,礼延师儒,教授生徒,以讲论圣道,使人日渐月化,以复先王之旧,以革污染之习,此最急务,当行之。"②《命郡县立学校诏》又曰:"古昔帝王育人材、正风俗,莫先于学校。自胡元入主中国,夷狄腥膻污染,华夏学校废弛,人纪荡然。加以兵乱以来,人习斗争,鲜知礼义。今朕一统天下,复我中国先王之治,宜大振华风,以兴治教。今虽内设国子监,恐不足以尽延天下之俊秀,其令天下郡县并建学校,以作养士类。其府学设教授一员,秩从九品,训导四员,生员四十人;州学设学正一员,训导三员,生员三十人;县学设教谕一员,训导二员,生员二十人。师生月廪食米人六斗,有司给以鱼肉,学官月俸有差。学者专治一经,以礼、乐、射、御、书、数,设科分教,务求实才,顽不率者黜之。"③于是地方官学纷纷执行。《明史·选举志》载:"郡县之学,与太学相维,创立自唐始。宋置诸路州学官,元颇因之,其法皆未具。迄明,天下府州县卫所,皆建儒学,教官四千二百余员,弟子无算,教养之法备矣。……盖无地而不设之学,无人而不纳之教。庠声序音,重规叠矩,无间于下邑荒徼、山陬海涯。此明代学校之盛,唐宋以来所不及也。"④据学者统计,洪武末年全国已有73%的府州县设立官学,

① 叶楚伧、柳诒徵主编,王焕镳主纂:《首都志》卷七《教育上》,《民国丛书》第5编第76册,正中书局1937年版影印,第645—655页。
② 张廷玉:《明史》卷六十九《志第四十五·选举一》,中华书局1977年版,第1686页。
③《明太祖实录》卷四十六,上海书店影印中研院校勘本1982年版,第925页。
④ 张廷玉:《明史》卷六十九《志第四十五·选举一》,中华书局1977年版,第1686页。

数量在 1440 至 1480 所之多。①

三是基层之社学。社学始于元代，②明亦承袭，于洪武八年（1375）诏天下兴办。③《明史·选举志》亦云："社学，自洪武八年，延师以教民间子弟，兼读《御制大诰》及本朝律令"。④ 其性质是由中央政府倡起的、地方政府予以监督的、经济上以由乡民负担、管理上由胥吏执行的以社为依托的具有强制性的蒙学。⑤ 据学者统计，明代有社学 1438 所，其中知县所建 1060 所，知州所建 69 所，知府所建 177 所，杂职官员如同知、参政、推官、通判等所建 24 所，合计 1330 所，占总数的 92.49%，而民间义民所建仅 6 所。这些社学遍布城乡，以朱元璋的《御制大诰》、明代律令、《小学》《孝经》《孝顺事实》《百家姓》《千字文》等为主要教材，并辅之以经史历算等基本知识，意在普及教化。⑥

上述官学尤其是地方州县学与基层社学的广泛设立，将地方生源一网打尽，明初书院的发展遭到釜底抽薪。

四是明廷将科举与官学挂钩。洪武三年（1370）下诏曰："使中外文臣皆由科举而进，非科举者毋得与官。"⑦"明制，科目为盛，卿相皆由此出，学校则储才以应科目者也"，"科举必由学校"。⑧ 由此士人舍弃书院而选官学乃合情合理之举。

## 三、压制书院

明廷既兴官学，则压制书院。"洪武元年（1368），改天下山长为训

---

① 李国钧、王炳照主编：《中国教育制度通史》第四卷，山东教育出版社 2004 年版，第 172 页。

② 柯劭忞：《新元史·食货志》："至元二十六年（1286），命诸县所属村疃，五十家为一社……每社立学校一，择通晓经书者为学师，农隙使子弟入学。"开明书店 1935 年版，第 168 页。

③ 洪武八年正月（1375），"丁亥，命天下立社学。上谓中书省臣曰：昔成周之世，家有塾，党有庠，故民无不知学，是以教化行而风俗美。今京师及郡县皆有学而乡社之民未睹教化。宜令有司更置社学，延师儒以教民间子弟。庶可导民善俗也。"《明太祖实录》卷九十六，上海书店影印中研院校勘本，1982 年版，第 1655 页。

④ 张廷玉：《明史》卷六十九《志第四十五·选举一》，中华书局 1977 年版，第 1690 页。

⑤ 陈时龙：《论明代社学性质的渐变与明清小学学制的继承》，《纪念〈教育史研究〉创刊二十周年论文集（3）——中国教育制度史研究》，2009 年。

⑥ 王兰荫：《明代之社学》，1936 年 9 月刊《师大月刊》第 25 期。转引自邓洪波：《中国书院史》，武汉大学出版社 2012 年增订版，第 290 页。

⑦ 张廷玉：《明史》卷七十《志第四十六·选举二》，中华书局 1977 年版，第 1695—1696 页。

⑧ 张廷玉：《明史》卷六十九《志第四十五·选举一》，中华书局 1977 年版，第 1675 页。

导,田皆令入官。洪武五年(1372)革罢训导,弟子员归于邑学,书院因以不治,而祀亦废"。① 将旧元残留书院关停并转,如《江南通志》载镇江淮海书院"元贞元年,教授黄一龙重建于儒林里,明初并入县学",此书院元廷犹能重建,明代则完全消失。故江苏书院几陷湮灭,一则数量骤减,一百年中,仅有 5 所新建、7 所重修。以百年平均数来看,是江苏历朝修建书院最低时期。二则功能退化,有的书院虽仍保留书院名称却改作他用,如丹阳濂溪书院,"以濂溪裔孙周寿山奉祀",完全执行祭祀功能,无关风教。正如柳诒徵先生所言:"明初教士一归儒学,士夫讲学书院之风一变,其存者徒以崇祀儒先耳。"②故此时期书院已如木乃伊,质量也下降到了南宋以来的最低点。

## 第三节　明代早期江苏各市之书院

本期新建、重建书院数量极少,故依并在一节交待。

### 一、新建书院

明代初期江苏新建书院寥寥无几,只有以下几所:

(一)苏州新建书院

1. 苏州澹台书院。民国《吴县志》:"澹台子祠……旧在尹山巅,祀先贤澹台灭明。宋南渡后尹和靖读书其中,遂以和靖先生附祀。明练塽设义塾于其中,改名澹台书院。后毁。"③按,宋濂有《长洲练氏义塾记》详细介绍之,洪武八年(1375),明太祖诏令各郡县闾里兴办书塾、地方官需切实监督,于是全国落实之。洪武十一年(1378),长洲绅士练塽兄弟出资在尹山澹台子祠兴建义塾,延师教学,并捐赠三十亩田地作膏

---

① 阳正笋修,冯鸿模纂:《(雍正)慈溪县志》卷四《学校》,清雍正八年刊本,第 248 页。

② 柳诒徵:《江苏书院志初稿》,赵法生、薛正兴主编:《中国历代书院志》第 1 册,江苏教育出版社 1995 年版,第 7 页。

③ 曹允源、李根源纂:民国《吴县志》卷三十五《坛庙祠宇三》,《中国地方志集成·江苏府县志辑 11》,江苏古籍出版社 1991 年版,第 528 页。

火。① 此书院乃基层之义学，然亦号书院，后毁，康熙中乡人拟重建未果，雍正始成，后毁于战火，同治间迁往葑门外郭巷镇。详见后文。

2. 苏州富春书院。同治《苏州府志》："在富春桥北，明天顺间(1457—1464)道士黄彦辉以祠其父子澄及高士垄诩，今废。"②此乃方外人之所建，非儒士，又是祭祀而非讲学，亦颇可见明初三教混统之趋向。

（二）扬州新建书院

扬州资政书院。嘉靖《惟扬志》："在府堂东，景泰六年(1455)知府王恕创建，选士子英锐者肄业其中，亲为讲授程课，一时造就成材者众多"。③ 乾隆《江南通志》："在府治东隅。明成化间，知府王恕建以教郡邑学弟子。弘治间，知府冯忠重修，今圮。"④扬州一直到明代才正式出现书院，资政即是首座。乾隆《江南通志》谓王恕于成化年间修此书院（乾隆《江都县志》、嘉庆《重修扬州府志》亦相同，不赘引），误。《明史》载："王恕，字宗贯，三原人，正统十三年进士，由庶吉士授大理左评事，进左寺副，尝条刑罚不中者六事，皆议行之。迁扬州知府，发粟振饥不待报，作'资政书院'，以课士。天顺四年，以治行最，超迁江西右布政使，平赣州寇。……成化元年，南阳、荆、襄流民啸聚为乱，擢恕右副都御史抚治之。"⑤按王恕天顺四年(1460)已迁江西，成化元年(1465)即另擢治匪。故当以嘉靖《惟扬志》为准，修建时间定在景泰六年(1455)。

（三）镇江新建书院

1. 丹阳濂溪书院。光绪《丹阳县志》："在泮宫左，明洪武十八年(1385)，邑宰顾信建，以濂溪裔孙周寿山奉祀。成化间，邑宰蔡实移于文昌阁东。国朝康熙二十年(1681)，邑宰吴之彦以裔孙周炜奉祀。雍

---

① 宋濂：《文宪集》卷四，《四库全书》第 1223 册，上海古籍出版社 1987 年版，第 333—334 页。

② 李铭皖、谭钧培修，冯桂芬纂：同治《苏州府志》卷二十七《学校》，《中国地方志集成·江苏府县志辑 7》，江苏古籍出版社 1991 年版，第 647 页。

③ 盛仪撰：嘉靖《惟扬志》卷七《公署志·书院》，《天一阁藏明代方志选刊》，上海古籍书店 1963 年影印本。

④ 黄之隽、赵弘恩：乾隆《江南通志》卷九十《学校志·书院》，永瑢、纪昀等编纂：《四库全书》第 509 册，上海古籍出版社 1987 年版，第 529 页。

⑤ 张廷玉：《明史》卷一百八十二《列传》第七十，中华书局 1977 年版，第 4831 页。

正十二年（1734）总督赵□题额无极心传，巡抚高□题额首续绝学，后废。"①乾隆《镇江府志》："宋濂溪书院，今改为都察院。"②

2. 丹阳练湖书院。《古今图书集成》："在城隍庙西，邑人潘遵建。明景泰三年（1452），本府同知俞端经画材费建为使臣驻节之所，因滨湖故名。"③光绪《重修丹阳县志》："今废。"④

3. 句容句曲书院。乾隆《句容县志》："在县治西北，正统二年（1437）巡抚工部侍郎周忱改建，寻废。"⑤

## 二、重建书院

### （一）常州重建书院

常州城南书院。南宋淳熙年间（1177—1179），郡守杨万里创建于升西乡殷薛村，光绪《武阳志余》谓："久废。明宣德间（1425—1435），知府莫愚重修。"⑥

### （二）淮安重建书院

1. 盱眙淮山书院。前述元代至元四年（1338），盱眙监县纳琳布哈率民众在第一山建立"崇圣书院"，纪念汉孔安国。明初，崇圣书院旧址上重建淮山书院，重建者、时间皆不详。明人郑真《荥阳外史集》卷九十八《濠梁录》即有关于淮山书院的记载："洪武八年乙卯（1375）……（六月）初九日早到盱眙，登岸入学中，谒教谕周伯虎及小秀才王宗善，伯虎早饭，遂登淮山书院。在半山中，凿岩石为梯径，山势四重，树屋其上，四望无际，山光水色，俨如图画，下有玻璃泉，凿作狮子口，流注前后，上

① 刘浩、凌焯等修，徐锡麟、姜璘纂：光绪《重修丹阳县志》卷十《学校》，《中国地方志集成·江苏府县志辑31》，江苏古籍出版社1991年版，第105—106页。

② 高得贵修，张九征等纂，朱霖等增纂：乾隆《镇江府志》卷十五《学校》，《中国地方志集成·江苏府县志辑27》，江苏古籍出版社1991年版，第331页。

③ 陈梦雷编纂，蒋廷锡校订：《古今图书集成》第13册《方舆汇编·职方典》第七百二十八卷《镇江府学校考》，中华书局、巴蜀书社1985年版，第14303页。

④ 刘浩、凌焯等修，徐锡麟、姜璘纂：光绪《重修丹阳县志》卷十《学校》，《中国地方志集成·江苏府县志辑31》，江苏古籍出版社1991年版，第106页。

⑤ 曹袭先纂修：乾隆《句容县志》卷六《学校》，《中国地方志集成·江苏府县志辑34》，江苏古籍出版社1991年版，第616页。

⑥ 庄毓铉、陆鼎翰纂修：光绪《武阳志余》卷三《书院》，《中国地方志集成·江苏府县志辑38》，江苏古籍出版社1991年版，第144页。

覆以亭,下注以池,甃以砖石隔分之,实为绝胜地。"①郑真,字千之,元末明初浙江鄞县人,时任中立府②临淮县儒学教谕。此书院嘉靖年间又重建,万历重修后更为名"登瀛书院",入清后则有"敬一书院",具见后文。

2. 淮安节孝书院。前述元时节孝书院,明天顺二年(1458)知县丘陵重建,后陆续修葺。《古今图书集成》载:"在东门外三里塘节孝祠内,明天顺二年,知府丘陵建。成化五年(1469),知府杨昶重修。正德十年(1515),知府薛鋆重新之。"③

（三）苏州重建书院

1. 苏州乐圃书院。前述南宋宝祐三年(1255)敕建,元季毁于兵,洪武时重建。详见前文,此不赘引。

2. 昆山玉峰书院。前述南宋之昆山石湖书院,明宣德年间建为巡抚台,正统年间侍郎周忱重修之,并改名为"玉峰书院"。详见前文,此不赘引。

3. 常熟学道书院。前述元代至顺二年(1331)邑人曹善诚所建之文学书院,元末毁,明宣德九年(1434)知县郭南改建他址,巡抚周忱(1381—1453,字恂如,号双崖,江西吉水人)改名学道书院。具见元代之新建书院。康熙《常熟县志》作宣德九年,④其他如乾隆《江南通志》、同治《苏州府志》、光绪《常昭合志稿》等皆作宣德元年,误。按《明史》载,宣德五年(1430)九月,周忱方得大学士杨荣之荐,授工部右侍郎,巡抚江南,总督税粮事宜。⑤

4. 苏州鹤山书院。宣德年间(1426—1435),鹤山书院原址改建巡抚行台,书院迁至东南角。详见前文,此不赘引。

---

① 郑真:《荥阳外史集》卷九十八《濠梁录》,永瑢、纪昀等编纂:《四库全书》第1234册,上海古籍出版社1987年版,第626—627页。
② 洪武三年朱元璋把临濠府改名为中立府,定为中都,后改为凤阳府。
③ 陈梦雷编纂,蒋廷锡校订:《古今图书集成》第12册《方舆汇编·职方典》第七百四十六卷《淮安府学校考》,中华书局、巴蜀书社1985年版,第14445页。
④ 高士鹏、杨振藻修,钱陆燦等纂:康熙《常熟县志》卷四《书院》,《中国地方志集成·江苏府县志辑21》,江苏古籍出版社1991年版,第61—63页。
⑤ 张廷玉:《明史》卷一百五十三《列传》四十一,中华书局1977年版,第4212页。

# 第六章 明代江苏书院之二：中期之迅猛发展

自宪宗成化至明宗嘉靖(1464—1566)百余年间，是为第二期，此时江苏书院发展进入一个高潮。湛王攘臂，心学横空出世，书院方破土渐苏，更盛行天下。

## 第一节 明代中期江苏书院概述

明代初期百年之中，皇权唯我独尊，当者皆蘁，书院雌伏，中期太祖、成祖刻薄专制之风渐消，皇权既涣，士权升焉，侯权威稍弛，湛王横出，遂以擎开天地之力量，打碎胶着，重拈自由讲学之精神，书院亦随之复兴。

### 一、明代中期江苏书院之数据

其一，从数量来看。明代中期，全省共新建 55 所，重建 15 所。

成化朝(1465—1487)：新建 1 所，江阴延陵书院；重建 3 所，有常州龟山书院(五年)、无锡东林书院、丹阳濂溪书院。

弘治朝(1488—1505)：新建 3 所，常熟虞溪书院、南京石洞书院、宜兴东坡书院。

正德朝(1505—1521)：新建 5 所：无锡二泉书院(五年)、淮安仰止书院(十一年)、淮安忠孝书院(十四年)、镇江清风书院(十五年)、昆山杏花书屋；重修 2 所：常州龙山书院(十一年)、盱眙淮山书院。

嘉靖朝(1522—1566)：新建 41 所：苏州金乡书院(二年)，连云港崇正书院(二年)、明道书院(二年)、石棚书院(二年)、伊卢书院(二年)、常州道南书院(四年)、高淳书院(四年)、南京中山书院(四年)、南京新江书院(四年)、扬州维扬书院(五年)、南通崇川书院(六年)、扬州谢公书院(六年)、南京新泉书院(三至六年间)、扬州甘泉书院(七年)、无锡崇正书院(八年)、仪征亲民馆(九年)、徐州吕梁书院(十二年)、南通葵竹山房(十二年)、如皋修篁书院(十二年)、徐州泗上书院(十四年)、盐城东淘精舍(十五年)、南通通川书院(十六年)、泰州泰山书院(十七年)、句容三友书院(十七年)、盐城正学书院(十七年)、沛县泗滨书院(二十二年之前)、徐州彭东书院(二十五年)、徐州彭西书院(二十五年)、丰县华山书院(二十五年)、扬州五贤书院(二十六年)、沛县仰圣书院(二十七年)、南京新泉精舍(二十九年)、溧阳嘉义书院(二十九年)、徐州养正书院(三十五年)、沛县沽头精舍(三十五年)、兴化文明书院(三十八年)、泰州吴陵书院(四十四年)、南京崇正书院(四十五年)、苏州文正书院、淮安文节书院、江阴梧溪书院。重建10所:苏州和靖书院(二年)、苏州学道书院(二年)、苏州鹤山书院(九年)、南通文会学舍(十六年)、南通石港忠孝书院(二十七年)、常熟文学书院(四十三年)、南京明道书院、淮安节孝书院、句容南轩书院等。

此外新建中,苏州查公书院、苏州碧山书院当在正德、嘉靖年间,苏州天池书院、昆山可贞书院当在成弘、正德、嘉靖年间,南通铁渠书院则具体时间不详,约在明中期。重建中,泰州安定书院于成化年间、弘治五年、嘉靖初年重建3次。

其二,从地域分布看。苏南苏北十分均衡,苏南新建24所、重建10所,苏北新建31所、重建5所,苏南之苏州新建8所,苏北之徐州则新建9所。特别是连云港地区首次出现书院。

| 序号 | 城市 | 数量 | | 地域 | 总数 | | 备注 |
| --- | --- | --- | --- | --- | --- | --- | --- |
| | | 新建 | 重建 | | 新建 | 重建 | |
| 1 | 南京 | 7 | 1 | 苏南 | 24 | 10 | |
| 2 | 苏州 | 8 | 4 | | | | |
| 3 | 无锡 | 5 | 1 | | | | |

| 序号 | 城市 | 数量 | | 地域 | 总数 | | 备注 |
|---|---|---|---|---|---|---|---|
| | | 新建 | 重建 | | 新建 | 重建 | |
| 4 | 常州 | 2 | 2 | 苏南 | 24 | 10 | |
| 5 | 镇江 | 2 | 2 | | | | |
| 6 | 扬州 | 5 | | 苏北 | 31 | 5 | |
| 7 | 泰州 | 3 | 1 | | | | 安定书院本期3次重建 |
| 8 | 南通 | 5 | 2 | | | | |
| 9 | 淮安 | 3 | 2 | | | | |
| 10 | 宿迁 | | | | | | |
| 11 | 盐城 | 2 | | | | | |
| 12 | 连云港 | 4 | | | | | |
| 13 | 徐州 | 9 | | | | | |
| | 全省 | 55 | 15 | 全省 | 55 | 15 | |

其三,从创建主体来看,新建中,官办 36 所、民办 17 所,2 所不详。重建中,12 所官办,2 所民办,1 所不详。官办高于民办,然所谓官办者,其中都是崇信道学者所为。

| 序号 | 城市 | 性质 | | | 地域 | 总数 | | | 备注 |
|---|---|---|---|---|---|---|---|---|---|
| | | 官办 | 民办 | 不详 | | 官办 | 民办 | 不详 | |
| 1 | 南京 | 2/1 | 5/ | / | 苏南 | 13/7 | 11/2 | /1 | |
| 2 | 苏州 | 5/4 | 3/ | / | | | | | |
| 3 | 无锡 | 2/ | 3/1 | / | | | | | |
| 4 | 常州 | 2/1 | /1 | / | | | | | |
| 5 | 镇江 | 2/1 | / | /1 | | | | | |
| 6 | 扬州 | 4/ | 1/ | / | 苏北 | 23/5 | 6/ | 2/ | |
| 7 | 泰州 | 2/1 | 1/ | / | | | | | |
| 8 | 南通 | 3/2 | 2/ | / | | | | | |
| 9 | 淮安 | 2/2 | / | 1/ | | | | | |
| 10 | 宿迁 | / | / | / | | | | | |

| 序号 | 城市 | 性质 | | | 地域 | 总数 | | | 备注 |
|---|---|---|---|---|---|---|---|---|---|
| | | 官办 | 民办 | 不详 | | 官办 | 民办 | 不详 | |
| 11 | 盐城 | 2/ | / | / | 苏北 | 23/5 | 6/ | 2/ | |
| 12 | 连云港 | 2/ | 2/ | / | | | | | |
| 13 | 徐州 | 8/ | / | 1/ | | | | | |
| | 全省 | 36/12 | 17/2 | 2/1 | 全省 | 36/12 | 17/2 | 2/1 | |

其四,从执行功能上来看,新建中,综合功能有 9 所,21 所以讲学为主,14 所祭祀,1 所自修,10 所不详;重建中,综合有 6 所,3 所讲学,5 所祭祀,1 所不详。可见还是以讲学为主流。

| 序号 | 城市 | 性质 | | | | | 地域 | 总数 | | | | | 备注 |
|---|---|---|---|---|---|---|---|---|---|---|---|---|---|
| | | 综合 | 讲学 | 祭祀 | 自修 | 不详 | | 综合 | 讲学 | 祭祀 | 自修 | 不详 | |
| 1 | 南京 | 1/1 | 4/ | 2/ | / | / | 苏南 | 6/4 | 4/2 | 8/3 | 1/ | 5/1 | |
| 2 | 苏州 | 2/2 | /1 | 2/1 | 1/ | 3/ | | | | | | | |
| 3 | 无锡 | 1/1 | / | 3/ | / | 1/ | | | | | | | |
| 4 | 常州 | 2/ | /1 | /1 | / | / | | | | | | | |
| 5 | 镇江 | / | / | 1/1 | / | 1/1 | | | | | | | |
| 6 | 扬州 | 2/ | 2/ | 1/ | / | / | 苏北 | 3/2 | 17/1 | 6/2 | / | 5/ | |
| 7 | 泰州 | /1 | / | 3/ | / | / | | | | | | | |
| 8 | 南通 | /1 | 2/1 | / | | 3/ | | | | | | | |
| 9 | 淮安 | 1/ | / | 1/2 | / | 1/ | | | | | | | |
| 10 | 宿迁 | / | / | / | / | / | | | | | | | |
| 11 | 盐城 | / | 2/ | / | / | / | | | | | | | |
| 12 | 连云港 | / | 4/ | / | / | / | | | | | | | |
| 13 | 徐州 | / | 7/ | 1/ | / | 1/ | | | | | | | |
| | 全省 | 9/6 | 21/3 | 14/5 | 1/ | 10/1 | | 9/6 | 21/3 | 14/5 | 1/ | 10/1 | |

## 二、明代书院恢复之原因

江苏书院在明代中期的恢复与大发展,主要原因在于官学之凋敝与心学之发展。

其一,官学之弊端。王阳明云:"惟我皇明,自国都至于郡邑咸建庙学,群士之秀,专官列职而教育之。其于学校之制,可谓详且备矣。而名区胜地,往往复有书院之设,何哉?所以匡翼夫学校之不逮也。"①所谓学校之不逮,即指弥补官学之弊端。

永乐迁都后,南京国子监地位下降,江南士子仕途大受影响,而后渐至蠹坏,如阳明云:"应天,京兆也。其学为东南教本,国初以为太学。洪武辛酉,始改创焉;再修于正德之己酉。自是而后,浸以敝圮。"②而州县学则因位置偏远、交通不便、疏于管理、吏治腐败和士子唯务科举成名等而逐渐流于形式,如南京下属之六合县。阳明云:"六合之学,敝久矣。师生因仍以苟岁月,有司者若无睹也,故废日甚。正德甲戌,县尹安福万廷瑲氏既和辑其民,始议拓而新之。"③由上可知,南京之国子监与下属之县学,荒废已久,到正德年间才重修。至于社学,由于经费不继,师资不力,管理扰民等原因,至洪武十三年(1380)革去,十六年(1383)复设,变成民间自办,④逐渐泡沫化。苏州共社学的成立就是在社学崩溃基础上的,而后共社学又转为书院。

其二,心学之发展。此点前文已述。宋朝中后期书院兴盛出于理学发达所推动,明代也相同,由湛王之学兴盛之后才有大规模书院之风起。阳明持"致良知",甘泉持"随处体认天理",发动了对官学化的程朱理学的转向,并接上宋人书院风气,广建书院,自由讲学,很快风靡天下。如《明史》载:"成弘以上,学术醇而士风正,其时讲习未盛也。正嘉之际,王守仁聚徒于军旅之中,徐阶讲习于端揆之日,流风所被,倾动朝

① 王守仁:《万松书院记》,《王阳明全集》卷七《文录四》,上海古籍出版社1992年版,第252—253页。
② 王守仁:《应天府重修儒学记》,《王阳明全集》卷二十三《外集五》,上海古籍出版社1992年版,第899页。
③ 王守仁:《重修六合县儒学记》,《王阳明全集》卷二十三《外集五》,上海古籍出版社1992年版,第900页。
④ 洪武十六年十月:"癸巳,诏郡县复设社学。先是命天下有司设社学以教民间子弟,而有司以是扰民,遂命停罢。至是复诏民间自立社学、延师儒以教子弟,有司不得干预。"《明太祖实录》卷一五七,上海书店影印中研院校勘本1982年版,第2346页。

野。于是缙绅之老,联讲会,立书院,相望于远近。"①阳明已如前言,徐阶②"素称姚江弟子,极喜良知之学。一时附丽之者,竟依坛坫,旁畅其说"。③沈德符《野获编》亦云:"书院之设,昉于宋之金山、徂徕及白鹿洞,本朝旧无额设明例。自武宗朝王新建以良知之学行江浙两广间,而罗念庵、唐荆川诸公继之,于是东南景附,书院顿盛,虽世宗力禁,而终不能止。嘉靖末年,徐华亭以首揆为主盟,一时趋骛者人人自托吾道,凡抚台莅镇,必立书院,以鸠集生徒,冀当路见知。其后间有他故,驻节其中,于是三吴间,竟呼书院为中丞行台矣。"④

其三,书院取代官学执行科举教育功能。伴随着官学的衰落,书院开始发展起来。正德、嘉靖时期,书院普遍发展并有逐渐取代官学之势,地方官开始为教化民众支持书院,至隆万时期,书院已完全取代官学而成为主要的教育机构。

但是官学的重要职能是科举取士,故书院欲取代官学,则必然要执行此功能。所以明代书院就遇到了如何认识书院与科举关系的问题。对此明儒认为二者可以统一。阳明虽然也强力批判科举之弊,如认为"自科举之业盛,士皆驰骛于记诵辞章,而功利得丧分惑其心,于是师之所教,弟子之所学者,遂不复知有明伦之意矣",⑤但其本人并不反对科举,见前文所引其致闻人邦英兄弟之书。湛若水在正德十五年(1520)制订《大科训规》时,就规定:"朝廷立有太学及府州县学,所以教养人材甚密。本山书院,不过初为退居求志之地,四方儒士因而相从,间有生员向慕而来,亦所不却。但只可以请假养病行之,盖提学学师乃朝廷所立之师也,辞师以从师,于义理恐有碍。"⑥他还提出:"请生其慎勿以举业、德业为二矣……今之科举其圣代之制矣,志学之士有不遵习焉,是生今反古也,生今反古者,非天理也。虽孔孟复生,亦必由此而出矣。

① 张廷玉:《明史》卷二百三十一《列传》第一百十九,中华书局1977年版,第6053页。
② 徐阶(1503—1583),字子升,号少湖、存斋,松江华亭(今上海松江)人,明代中期名臣,嘉靖后期至隆庆初年内阁首辅,谥文贞。
③ 沈德符:《万历野获编》卷八,中华书局1959年版,第215页。
④ 沈德符:《万历野获编》卷二十四,中华书局1959年版,第608页。
⑤ 王守仁:《万松书院记》,《王阳明全集》卷七《文录四》,上海古籍出版社1992年版,第252—253页。
⑥ 湛若水:《湛甘泉先生文集》卷六《大科训规》,广西师范大学出版社2014年版,第213—214页。

虽孔孟教人亦不外此而求之矣。"①

故明中期后，书院已经接替官学执行科举之教育功能，"儒学（按，此指官学）自明而后，但为春秋释奠习礼之地，其考课讲贯之事，悉归书院。"②如明人张元徵《（扬州）资政书院记》载，知府王恕初来慨叹"兹郡自谢泾第进士来，垂五十年无继者，岂曰乏才？建化之未至耳"，于是建书院以教，当地士子"登名甲科者遂数有其人"。③万历初，盱眙知县沈梦斗《登瀛书院记》云"万历六年，余奉命来尹盱眙，既至，则诸生咸集，济如肃如。及询科目于往牒，则自嘉靖辛卯后寥乎无人矣。余喟然叹曰：是岂地之乏才耶，亦振作熏陶者之无人耳"，于是在学宫之东建登瀛书院。④

最后，徐州境内因治水而产生诸多书院，绪论已详，此不赘述。

## 三、官方禁毁书院之始

历朝开国，皆由勋贵武人阶级掌握治权，只有等此一股历史的惯性消歇，民间精英或文人集团才能逐渐取代之，登上历史舞台，俟文教事业发展，书院才能大规模出现，但因为其迅猛发展，必然又引起中央之警惕，故又会有控制之举措。书院便在此王权与士权之较量历史中，消歇增减，蹒跚向前。终有明一代，书院与官学、士人与朝廷、民间与官方之矛盾可谓是贯穿始终，共有嘉靖、万历、天启三次禁毁。本期是首次，书院稍有起色即横遭禁毁。

因学术与政治之原因，阳明生前即遭攻击。学术上，阳明心学批判程朱理学，门徒众多，声势壮于天下，故引起程朱信徒之反击。政治上，王阳明所立三大事功，震古烁今，亦引起诸人之攻击，斥其学为伪学。嘉靖元年（1522），阳明守丧居家讲学，"四方来游其门益众，科道官迎当路意，以伪学举劾"。⑤如礼科给事中章侨上疏："三代以下，正学莫如朱熹。近有聪明才智，倡异学以号召天下。好高务名者靡然

---

① 湛若水：《湛甘泉先生文集》卷五《二业合一训》，广西师范大学出版社 2014 年版，第 169—170 页。
② 饶宗颐：《潮州志·教育志》，潮州地方志办公室 2005 年刊印，第 1761 页。
③ 尹会、程梦星等纂修：雍正《扬州府志》卷十二《学校》，成文出版社 1976 年版，第 124 页。
④ 王锡元修纂，高延第等纂：光绪《盱眙县志稿》卷五《学校》，《中国地方志集成·江苏府县志辑58》，江苏古籍出版社 1991 年版，第 74 页。
⑤ 黄绾《阳明先生行状》，见《王阳明全集》卷三十八《世德纪》，上海古籍出版社 1992 年版，第 1424 页。

宗之,取陆九渊之简便,诋朱熹为支离,乞行天下,痛为禁革。"河南道御史梁世骠亦许是言,礼部复议,以二臣之言深切时弊,世宗遂云:"自今教人取士,一依程朱之言,不许妄为叛道不经之书,私自传刻,以误传正学。"①阳明逝世之次年,吏部会廷臣议故新建伯王守仁功罪,言:"守仁事不师古,言不称师。欲立异以为名,则非朱熹格物致知之论;知众论之不与,则为朱熹晚年定论之书。号召门徒,互相倡和。才美者乐其任意,或流于清谈;庸鄙者借其虚声,遂敢于放肆。传习转讹,背谬日甚。"故世宗曰:"卿等议是,守仁放言自肆,诋毁先儒,号召门徒,声附虚和,用诈任情,坏人心术,近年士子传习邪说,皆其倡导。"②

阳明既逝,甘泉则木秀于林,其时,"学禁方严",湛氏任职南京,仍不改建院讲学之习,和王门高足邹守益、河东学派吕楠,"九载南都","共主讲席,东南学者,尽出其门",③故遭攻击。嘉靖十六年(1537),御史游居敬上疏参劾若水"学术偏陂,志行邪伪,乞斥之,并毁所创书院",帝慰留若水,而令有司毁其书院。④ 次年,吏部尚书许赞,以"抚按司府多建书院,聚生徒,供亿科扰,亟宜撤毁",世宗从之。⑤

嘉靖之毁,虽世宗力禁,而终不能止,然主要针对湛若水活动的南京地区,也仅针对湛若水所建的书院。此后湛若水与朝廷达成一个微妙平衡,稍示谦让,庙堂达到目的也即罢休,并未彻底毁灭之,不同于后二次。

# 第二节　明代中期江苏各市新建书院

## 一、常州新建书院

1. 常州道南书院。嘉靖四年(1525),常州知府陈实建,次年建成,

---

① 《明世宗实录》卷十九,上海书店影印中研院校勘本 1982 年版,第 569 页。
② 《明世宗实录》卷九十八,上海书店影印中研院校勘本 1982 年版,第 2300 页。
③ 黄宗羲:《明儒学案》卷八《河东学案下》,中华书局 1983 年版,第 138 页。
④ 沈德符:《万历野获编》卷二《讲学见绌》,中华书局 1959 年版,第 52 页。
⑤ 《钦定续文献通考》卷五十《学校考·郡国乡党之学》,永瑢、纪昀等编纂;《四库全书》第 627 册,上海古籍出版社 1987 年版,第 402 页。

祭祀宋儒杨时等人，延名儒讲学其中。

邵宝《道南书院记》：道南书院曷为而建也？为祠宋龟山先生文靖杨公中立而建也。公，南剑人也。常曷为祠之？公学于程门，还自伊洛，至常而留焉，谓泰伯、延陵之墟也，而邹、周三公又与有故，故周旋延陵、句吴之间，与诸生讲道者十有八年，其风流在士林，功化在后学者，博且宏矣。是以没而祠之，比诸乡先生。越绍熙初，郡始立祠，绍定、淳祐间继祠益严，至胜国时，乃有龟山书院之创，而其圮也久矣。国朝成化初，尝起废焉，而公像寓二贤祠者如故。前郡守宜宾王侯欲改图未果，今郡守前监察御史琼台陈侯实乃卜吉而别建之，中祠公，二周既仍侑坐，今又益以道乡而下七公，礼也……其始曷日，嘉靖乙酉七月丙子，其讫曷日，明年丙戌某日甲子。其地焉在？在朝京门内若干步。所所？谓旧驿基者。①

康熙《常州府志》：在朝京门内南察院东，即元万户侯府也。天顺间改为毗陵驿。正德巳卯，迁驿于朝京外。知府陈实即其地创建道南书院，祀杨龟山先生。奉邹忠公配，而以周恭先、周孚先、唐棣……九人从祀，又延毛给事宪讲学其中，一时士子多所兴启，无锡邵宝为之记。嘉靖间，倭寇告警，分设常镇兵备驻扎武进，因改书院为兵备道，迁诸贤少时诵诗书主于二贤祠，书院遂废。②

乾隆《江南通志》：在常州府朝京门内。宋杨时尝监本州事务，因讲道焉。绍兴初，知府黄灏始立祠祀之，寻毁于兵。明正统间，知府叶蓁即西山公馆塑公像，与苏轼合祀，名二贤祠。正德十四年，徙毗陵驿于朝京门外。知府陈实即驿址建道南书院，延给事毛宪讲学其中，士子云集。嘉靖间，改为兵备道署。③

综上可知，常州朝京门内有一座故元王侯之旧宅，明天顺年间

---

① 邵宝：《道南书院记》，《容春堂续集》卷十一，永瑢、纪昀等编纂：《四库全书》第1258册，上海古籍出版社1987年版，第585页。

② 于琨修、陈玉璂纂：康熙《常州府志》卷十五《学校》，《中国地方志集成·江苏府县志辑37》，江苏古籍出版社1991年版，第295页。

③ 黄之隽、赵弘恩：乾隆《江南通志》卷九十《学校志》，永瑢、纪昀等编纂：《四库全书》第509册，上海古籍出版社1987年版，第525页。

（1457—1464）辟为毗陵驿，正德十四年（1519）该驿站移往他处。嘉靖四年（1525），知府陈实即在此址建道南书院，祭祀杨时，并延名儒毛宪讲学。后因备战倭寇，改为兵备道署。

清道光年间，邑人把传闻中的杨时在新塘乡（今雪堰）龟山的旧宅复建为道南书院，咸丰年间毁于火。同治八年（1870），阳湖县令张清华和士绅筹资在火毁原址最后一次复建"道南书院"。虽同名，然易址，类同新建。详见后文。

2. 溧阳嘉义书院。嘉靖二十九年（1550），阳明弟子史际建。嘉庆《溧阳县志》："在救荒潹，明太仆少卿史际建，以待四方学者，有楼曰五同，取五经大同之义，或曰潹字如同字，其字画周遭处皆水道云。"①阳明去世后，其弟子星散各地，其中史际于嘉靖二十九年（1550）在溧阳建嘉义书院，此书院有三项功能，一是讲学，二是展开阳明全书、年谱的收集整理工作，刻书出版，三是祭祀阳明及湛甘泉。阳明《年谱·附录》载："二十九年庚戌正月，吏部主事史际，建嘉义书院于溧阳，祀先生。书院在溧阳救荒潹，史际因岁青筑潹塘以活饥民，塘成而建书院于上。延四方同志讲会，馆谷之。籍其田之所入，以备一邑饥荒，名曰嘉义，钦玉音也。际与吕光洵议延洪主教事。乃先币聘，越三年，兹来定盟。是月，同志周贤宣、赵大河，诸生彭若思、彭适、袁端化、王襞、徐大经、陈三谟等数十人，际率子侄史继源、继志、史铨、史珂、史继书、继辰、致詹，偕吾子婿叶迈、郑安元、钱应度、应量、应礼、应乐定期来会，常不下百余人。立师与甘泉湛先生位，春秋奉祀。"②以上是书院建设与讲会之情况。

钱德洪在此起草阳明年谱，钱氏撰《阳明先生年谱序》载："始谋于薛尚谦顾三纪未就，同志日且凋落，邹子谦之遗书督之，洪亦大惧湮没，假馆于史恭甫'嘉义书院'，越五月草半，就趋谦之，而中途闻讣矣。"③阳明《年谱·附录》载："四十二年癸亥四月先师年谱成，师既没，同门薛

---

① 李景峄、陈鸿寿修，史炳、史津纂：嘉庆《溧阳县志》卷七《学校》，《中国地方志集成·江苏府县志辑32》，江苏古籍出版社1991年版，第181页。

② 王守仁：《王阳明全集》卷三十六《年谱附录一》，上海古籍出版社1992年版，第1337页。

③ 王守仁：《王阳明全集》卷三十六《年谱附录二》，上海古籍出版社1992年版，第1357—1358页。

侃、欧阳德、黄弘纲、何性之、王畿、张元冲,谋成年谱,使各分年分地搜集成藁,总裁于邹守益。越十九年庚戌,同志未及合并,洪分年得师始生至谪龙场,寓史际嘉义书院具稿以复守益。又越十年,守益遗书曰,同志注念师谱者今多为隔世人矣,后死者宁无惧乎。谱接龙场以续其后修饰之役,吾其任之!洪复寓嘉义书院,具稿得三之二,壬戌十月至洪都,而闻守益讣,遂与巡抚胡松吊,安福访罗洪先于松原,洪先开关有悟,读年谱若有先得者,乃大悦,遂相与考订,促洪登怀玉,越四月而谱成。"①除整理年谱外,还刻了部分阳明著作:"增刻先生《朱子晚年定论》《朱子定论》,师门所刻止一卷,今洪增录二卷,共三卷。际令其孙致詹梓刻于书院……重刻先生《山东甲子乡试录》。《山东甲子乡试录》皆出师手笔,同门张峰判应天府,欲翻刻于嘉义书院,得吾师继子正宪氏原本刻之。"②

## 二、淮安新建书院

1. 淮安仰止书院。乾隆《江南通志》:"在淮安府城东南名臣祠内,明正德十一年(1516),提学张鳌山建,今废。"③其位于名臣祠内,当以祭祀为主。

2. 淮安忠孝书院。乾隆《江南通志》:"在淮安府城东门外,旧为尼寺,明正德十四年(1519)巡抚成英毁之,建书院以祀徐积、陆秀夫,设六馆以肄多士,今废。"④此书院兼祭祀与讲学之功能。

3. 淮安文节书院。光绪《淮安府志》:"明嘉靖中(1522—1566)毁开元废寺建,今寺存而书院毁。"⑤其功能不详。

---

① 王守仁:《王阳明全集》卷三十六《年谱附录一》,上海古籍出版社 1992 年版,第 1349 页。

② 王守仁:《王阳明全集》卷三十六《年谱附录一》,上海古籍出版社 1992 年版,第 1337 页。

③ 黄之隽、赵弘恩:乾隆《江南通志》卷九十《学校志》,永瑢、纪昀等编纂:《四库全书》第 509 册,上海古籍出版社 1987 年版,第 528 页。

④ 黄之隽、赵弘恩:乾隆《江南通志》卷九十《学校志》,永瑢、纪昀等编纂:《四库全书》第 509 册,上海古籍出版社 1987 年版,第 528—529 页。

⑤ 孙云锦修,吴昆田、高延第纂:光绪《淮安府志》卷二十一《学校》,《中国地方志集成·江苏府县志辑 54》,江苏古籍出版社 1991 年版,第 298 页。

### 三、连云港新建书院

崇正、明道、石棚、伊卢四书院。此是连云港地区首次出现书院,乃以知州廖世昭为中心,于嘉靖二年(1523)建立。

> 隆庆《海州志》:本州旧无书院,嘉靖二年,知州廖世昭申行,提督学校萧御史鸣凤改观音院为崇正,长安寺为明道,以业童生课诵,委学官考学业。郭外曰石棚,在石棚山坡;曰伊卢,在伊卢山麓。伊卢旧有石佛寺,预址尚存,板浦生员时霨愿修创,以居本乡子弟,知州廖世昭为书匾焉。石棚,州东郭,佳山水也,相传数十年前尚有石曼卿桃树。近来以无居人,花木光洁,樵采无禁。郡人致仕指挥张瀛思创泉石,开草堂,树植桃杏,复曼卿旧胜,筑石棚书院,令乡子弟居业焉。嘉靖二年四月,知州廖世昭立匾为记。①

按廖世昭是福建怀安人,嘉靖元年(1522)由进士知海州。另,州人致仕指挥张瀛,淮安卫指挥佥事,武人兴办书院,尤为可贵。

### 四、南京新建书院

1. 南京石洞书院。光绪《江浦埤乘》载:"石洞书院在治北石洞山,明弘治(1488—1505)中,邑人严纮建,今废。"②

2. 南京新泉书院。柳诒徵先生《首都志》云:"明代理学湛若水与姚江伯仲,卓然成一学派,其新泉书院,则亦理学发源地也"。③ 嘉靖三至六年间(1524—1527),湛若水建以讲学。道光《上元县志》载:"新泉书院在长安街,明嘉靖间礼部侍郎湛若水建,置田数顷,以延四方之士,后圮。"④《古今图书集成》则言彼时"史际以宅舍为之,因掘地得

---

① 张峰纂修:隆庆《海州志》卷五《教典》,《天一阁藏明代方志选刊》,上海古籍书店 1962 年影印本。

② 侯宗海、夏锡宝纂:光绪《江浦埤乘》卷十二《学校下》,《中国地方志集成·江苏府县志辑 5》,江苏古籍出版社 1991 年版,第 129 页。

③ 叶楚伧、柳诒徵主编,王焕镳主纂:《首都志》卷七《教育》上,《民国丛书》第 5 编 76,正中书局 1937 年版影印,第 737 页。

④ 武念祖修,陈道恒纂:道光《上元县志》卷九《书院》,《中国地方志集成·江苏府县志辑 3》,江苏古籍出版社 1991 年版,第 174 页。

泉,乃名焉,有学田。"①史际见前文嘉义书院。泰州学派创始人王艮曾来新泉讲学。其《年谱》载:"嘉靖六年(1527),至金陵,会湛甘泉若水、吕泾野楠、邹东廓、欧南野聚讲新泉书院,作《天理良知说》。时甘泉湛公有揭'随处体认天理'六字以教学者,意与阳明稍异,先生乃作是说。"②按《湛若水年谱》嘉靖三年(1524)秋,湛若水始任南京国子监祭酒,③六年王艮已记有此书院,则此书院当在 1524—1527 年间建。

3. 南京高淳书院。嘉庆《新修江宁府志》:"在(高淳)县治西北察院左,明嘉靖四年(1525)知县刘启东建,即今遗爱堂。"④清道光八年(1828)重建,改名学山书院,详见后文。

4. 南京中山书院。嘉靖四年(1525)溧水知县王从善创建,设于县城望京街,内祀兵部尚书齐泰。

> 光绪《溧水县志》:县令王从善建,祀明尚书齐泰,即表忠祠也。后因屋宇倾废,移祀于徐公良彦祠,祀徐公于安公祠,与朱公并号三贤,自是,中山书院竟荡为菜圃不可问矣。⑤

> 嘉庆《新修江宁府志》:在溧水北门外,祀明兵部尚书齐泰,知县谢廷□置义田给其子孙,在归政乡,租银一十八两四分一厘六毫。⑥

按齐泰(? —1402 年),溧水人,本名德,字尚礼,别号南塘,明太祖赐名泰,顾命为建文帝之兵部尚书,靖难之役,兵败被杀。明万历三年(1575),朝廷为之平反,故"中山书院"亦改为"表忠祠",至此"表忠之实彰,而造士之名湮矣"。清初,书院倾圮,移至旁边的徐公祠(祀明知县徐良彦),故改徐公祠为表忠祠,又将徐氏移祀于旁之安公祠(祀明知县

① 陈梦雷编纂,蒋廷锡校订:《古今图书集成》第 12 册《方舆汇编·职方典》第六百五十七卷《江宁府学校考》,中华书局、巴蜀书社 1985 年版,第 13678 页。

② 王艮:《明儒王心斋先生遗集》卷三《年谱》,《王心斋全集》,江苏教育出版社 2001 年版,第 72 页。

③ 黎业明:《湛若水年谱》,上海古籍出版社 2009 年版,第 112 页。

④ 吕燕昭修,姚鼐纂:嘉庆《新修江宁府志》卷十六《学校》,《中国地方志集成·江苏府县志辑 1》,江苏古籍出版社 1991 年版,第 149 页。

⑤ 傅观光等修,丁维诚纂:光绪《溧水县志》卷七《学校志》,《中国地方志集成·江苏府县志辑 33》,江苏古籍出版社 1991 年版,第 362 页。

⑥ 吕燕昭修,姚鼐纂:嘉庆《新修江宁府志》卷十六《学校》,《中国地方志集成·江苏府县志辑 1》,江苏古籍出版社 1991 年版,第 149 页。

朱身修），邑人将三人合称为三贤，至此，中山书院荡为菜圃，不可问矣。

5. 南京新江书院。嘉靖六年（1527），南京礼部尚书湛若水建，祀故南京吏部郎中庄昶。乾隆《江南通志》："在江浦县南门外，祀明庄昶，南京礼部尚书湛若水建，为文会之所。"①光绪《江浦埤乘》："在治城南门外，梓潼祠右，明南京礼部尚书湛若水檄知县刘缙拓建（后为定山祠），今废。"②庄昶（1437—1499），字孔旸，一作孔阳、孔抃，号木斋，晚号活水翁，学者称定山先生，江浦孝义人，成化二年（1467）进士，历翰林检讨等。按《湛若水年谱》，嘉靖六年（1527）湛若水为其撰写《明定山庄先生墓志铭》。③ 故此书院修建时间可定在此时。

6. 南京新泉精舍。嘉靖二十九年（1550）"四月，阳明门人吕怀等建大同楼于南京新泉精舍，设师像，合讲会"，"精舍在南畿崇礼街"。④

7. 南京崇正书院。嘉靖四十五年（1566），督学御史耿定向建，在今清凉山。

> 耿定向《观生纪》：（嘉靖）四十五年……六月，崇正书院成，延焦竑主其教。⑤

> 乾隆《江南通志》：在江宁府治北清凉山东，嘉靖间督学御史耿定向建，并有学田，后无考。⑥

> 道光《上元县志》：在清凉寺东，提学御史耿定向建，并置学田，今废。⑦

耿定向（1524—1596），湖北红安人，字在伦、子衡，号楚侗，世称天台先生，明代著名心学家，嘉靖三十五年（1556）进士，四十一年（1562）

---

① 黄之隽、赵弘恩：乾隆《江南通志》卷九十《学校志》，永瑢、纪昀等编纂：《四库全书》第509册，上海古籍出版社1987年版，第521页。
② 侯宗海、夏锡宝纂：光绪《江浦埤乘》卷十二《学校下》，《中国地方志集成·江苏府县志辑5》，江苏古籍出版社1991年版，第129页。
③ 黎业明：《湛若水年谱》，上海古籍出版社2009年版，第138页。
④ 王守仁：《王阳明全集》卷三十六，上海古籍出版社1992年版，第1340页。
⑤ 耿定向：《观生纪》，《宋明理学家年谱续编》，北京图书馆出版社2006年版，第307页。
⑥ 黄之隽、赵弘恩：乾隆《江南通志》卷九十《学校志》，永瑢、纪昀等编纂：《四库全书》第509册，上海古籍出版社1987年版，第520页。
⑦ 武念祖修、陈道恒纂：道光《上元县志》卷九《书院》，《中国地方志集成·江苏府县志辑3》，江苏古籍出版社1991年版，第174页。

督学南京,隆庆元年(1567)升任大理寺右寺丞,在南京共六年,其弟子焦竑称其"踞师儒之任,六年于兹,摩荡鼓舞,陈言邪说,披剥解散,新意芽甲,性灵挺出。士苏醒起立,叹未曾有,皆转相号召,雷动从之,虽縻他师者,亦借名耿氏,海内士习,几为之一变"。①

耿定向去世后书院沉寂,焦竑于万历初改为祠祭以祀定向,后演为云巢庵。清乾隆间,庵毁于火。僧人募资重修,增建江天一线阁、禅房等,虽仍名"崇正书院",然已完全是缁流之所矣。当时名儒姚鼐曾来此游览,作有《游故崇正书院记》。《白下琐言》云:"崇正书院,为明耿天台都御讲学处,今为僧院,石坊犹存,地踞清凉之巅,回廊静室,花木竞秀,饶有幽趣,上有高阁,轩窗三面,长江匹练宛在几席间,胡兰川先生颜之曰江光一线,王梦楼、姚惜抱、孙伯渊诸先生皆有题咏。西城登眺之胜,无逾于此。"②

咸丰间,书院又毁于战火。同治四年(1865)僧人重建,辟有地藏殿、灵官殿等建筑,即称小九华寺。近年清凉山故址重建崇正书院。

图6-1 今南京重建之崇正书院(来源:自摄)

① 焦竑:《资德大夫正治上卿总督仓场户部尚书赠太子少保谥恭简天台耿先生行状》,《澹园集》卷三十三,中华书局1999年版,第528页。
② 甘熙:《白下琐言》卷一,南京出版社2007年版,第13页。

### 五、南通新建书院

1. 南通崇川书院。光绪《通州志》："在城东龙津桥,明嘉靖六年(1527)判官史立模建,今圮。"①

2. 南通葵竹山房。嘉靖《惟扬志》："在通州狼山上,嘉靖十二年(1533)知州董汉儒建。"②万历《通州志》："在狼山半山亭上。"③按此山房《惟扬志》列入"书院"条,说明时人视为书院。

3. 如皋修篁书院。嘉靖《惟扬志》："在如皋县治,嘉靖十二年(1533)建。"④

4. 南通通川书院。明嘉靖十六年(1537)同知舒缨建,三十二年(1553)毁于倭寇。万历《通州志》云:"书院三,一在察院东(同治舒缨建,自为记,今改为公署)。一在东门外(判官史立模改建,今毁于倭。)一在石港镇(御史陈其学建。以上并嘉靖间)。"首座即文会,次者则是崇川,再次则是至圣。前二者新建,末者是重建。又云:"通济仓在察院东,洪武间知州熊春建,嘉靖丁酉(十六年,1537)析其半为书院,复改为海防道。"又云:"海防道在察院东,旧为通济仓,嘉靖丁酉同治舒缨析其半建通川书院,自为记,至某年改今名。"⑤光绪《通州志》则综之云:"文会书院在试院东,明嘉靖十六年同知舒缨析通济仓半址建,三十二年毁于倭。"⑥

5. 南通铁渠书院。具体时间不详,进士顾磐讲学之所。万历《通

178

---

① 梁悦馨、莫祥芝修,季念诒、沈锽纂:光绪《通州直隶州志》卷五《学校》,《中国地方志集成·江苏府县志辑 52》,江苏古籍出版社 1991 年版,第 260 页。

② 盛仪:嘉靖《惟扬志》卷七《公署志·书院》,《天一阁藏明代方志选刊》,上海古籍书店 1963 年影印本。

③ 林云程、沈明臣:万历《通州志》卷五《杂志·古迹》,《天一阁藏明代方志选刊》,上海古籍书店 1963 年影印本。

④ 盛仪撰:嘉靖《惟扬志》卷七《公署志·书院》,《天一阁藏明代方志选刊》,上海古籍书店 1963 年影印本。

⑤ 林云程、沈明臣:万历《通州志》卷三《经制志·公署》,《天一阁藏明代方志选刊》,上海古籍书店 1963 年影印本。

⑥ 梁悦馨、莫祥芝修,季念诒、沈锽纂:光绪《通州直隶州志》卷五《学校》,《中国地方志集成·江苏府县志辑 52》,江苏古籍出版社 1991 年版,第 260 页。

州志》:"铁渠书院,州西门外铁河(上乡),进士顾磐讲学之所。"①按,顾磐,明代人,生卒年均不详,字子安,南直隶通州(今江苏南通)人,武宗正德八年(1513)举人。磐诗文流利,能作赋,有《海涯集》十卷行于世。

## 六、苏州新建书院

1. 常熟虞溪书院。康熙《常熟县志》:"在阜成门外,虞仲裔孙参政周木题请特建,弘治间,令计宗道颜其堂曰让德,春秋二祭。"②此是取泰伯奔吴之说,泰伯之弟虞仲后裔祭祀其先祖。

2. 苏州金乡书院。同治《苏州府志》:"在府西市坊,明嘉靖二年(1523)知府胡缵宗因永定废寺之半,建寓公堂,奉澹台灭明主,以灭明尝东游寓吴也。灭明封金乡侯,故以名书院。又以吴之寓贤宋尹肃公焞、魏文靖公了翁附焉。后为正大堂,旁列号舍,俾士之远处乡僻初入城廓者肄习其中。万历初废。崇祯九年(1636),巡抚都御史张国维即书院旁理刑公署,改复旧规,后堂祀赠翰林院待诏朱陞宣,今废。"③

据《史记》记载:"澹台灭明,武城人,字子羽,少孔子三十九岁。状貌甚恶,欲事孔子,孔子以为材薄。既已受业,退而修行,行不由径,非公事不见卿大夫。南游至江,从者二三百人,设取予去就,名施乎诸侯,孔子闻之,曰:'吾以言取人,失之宰予;以貌取人,失之子羽。'"④其南游寓吴并葬于此,苏州城东南有澹台湖,或以为其南游之遗迹;然《吴地记》以为是其住宅后陷成湖。葑门外郭巷镇还有"澹台子祠",旧在尹山巅,南渡后,尹焞读书其中,遂以其附祀。⑤ 唐玄宗开元二十七年(739)封澹台灭明为"江伯",宋真宗大中祥符二年(1009年)升为"金乡侯"从祀孔子,故书院以"金乡"为名。同时又追奉先贤尹焞、魏了翁。

① 林云程、沈明臣:万历《通州志》卷五《杂志·古迹》,《天一阁藏明代方志选刊》,上海古籍书店1963年影印本。
② 高士鹏、杨振藻修,钱陆燦等纂:康熙《常熟县志》卷四《学校》,《中国地方志集成·江苏府县志辑21》,江苏古籍出版社1991年版,第63页。
③ 李铭皖、谭钧培修,冯桂芬纂:同治《苏州府志》卷二十六《学校》,《中国地方志集成·江苏府县志辑7》,江苏古籍出版社1991年版,第624页。
④ 司马迁:《史记》卷六十七《仲尼弟子列传》,中华书局1959年版,第2205—2206页。
⑤ 李铭皖、谭钧培修,冯桂芬纂:同治《苏州府志》卷三十七《坛庙祠宇》,《中国地方志集成·江苏府县志辑7》,江苏古籍出版社1991年版,第153页。

3. 苏州文正书院。民国《吴县志》:"在浒墅镇,嘉靖间(1522—1566)榷使户部侍郎方鹏建。清康熙癸未(四十二年,1703)修葺,乾隆癸亥(八年,1743),守祠世孙范君璿请于庄主范瑶重修。案古之学校为教而设,春秋释菜必祭先圣先师者,仍寓教孝教敬之意也。自师儒之选渐失古意,于是继有书院之立。查文正书院:一在吴境北禅兴寺桥西者,先为祠,继改为书院;一在长(洲)境浒墅镇者,先课士后改为祠。虽并有书院之名,实则自明以来,教事已久废也。"①

4. 苏州查公书院。《桐桥倚棹录》:"查公书院,文志载:'在君子亭西偏,布政使查应兆读书处,应兆,字瑞征,正德十六年进士,历官至河南布政使。谢归,徜祥山水,子懋光,嘉靖间进士,亦居于是。'"②此查公书院只是查氏私人读书处,当在正德、嘉靖年间建。

5. 苏州碧山书院。同治《苏州府志》:"在西城桥北,明吏部侍郎徐缙建,今废。"③按徐缙(1482—1548),字子容,号崦西,俗呼"徐天官",直隶吴县人,弘治十八年(1505)进士,主要活动于正德、嘉靖年间,故此书院当建于此期间。

6. 昆山可贞书院。明昆山周伦读书处,后人建为书院。同治《苏州府志》:"在车塘东寺右,明周康僖公伦读书处。"④按周伦(1463—1542),字伯明,晚号贞翁,昆山人。弘治十二年(1499)进士,授新安知县,擢大理寺少卿,官至南京刑部尚书。卒,谥康僖。约生活在弘治、正德、嘉靖年间。

7. 太仓杏花书屋。民国《镇洋县志》载:"明刑部侍郎周广建,在杨林塘南驷马泾。"⑤按周广(1474—1531)字克之,号玉岩、抑斋、两山,昆山人,明世宗朝南京刑部侍郎,故书院当建在正德年间。

---

① 曹允源、李根源纂:民国《吴县志》卷二十七《书院》,《中国地方志集成·江苏府县志辑 11》,江苏古籍出版社 1991 年版,第 404—405 页。

② 顾禄:《桐桥倚棹录》卷八《第宅园林附》,中华书局 2008 年版,第 344 页。

③ 李铭皖、谭钧培修,冯桂芬纂:同治《苏州府志》卷二十六《学校》,《中国地方志集成·江苏府县志辑 7》,江苏古籍出版社 1991 年版,第 625 页。

④ 李铭皖、谭钧培修,冯桂芬纂:同治《苏州府志》卷二十六《学校》,《中国地方志集成·江苏府县志辑 7》,江苏古籍出版社 1991 年版,第 648 页。

⑤ 王祖畬纂:民国《镇洋县志》卷一《封域》,《中国地方志集成·江苏府县志辑 19》,江苏古籍出版社 1991 年版,第 5 页。

8. 苏州天池书院。民国《吴县志》："在天池山,明吏部御史毛珵建,今废。"[1]毛珵,字贞甫,成化丁末二十三年(1487)进士,官至都察院右副都御史,曾因参与讨伐宁王朱宸濠叛乱深受朝廷信任,八十二岁辞世。故此书院当是成弘、正德、嘉靖年间所修。万历二十五年(1597),其玄孙、通政使毛堪重修。

## 七、泰州新建书院

1. 泰州泰山书院。嘉靖《惟扬志》载:"在泰州泰山上,嘉靖十七年(1538),知州王臣建。"[2]此泰山"在州治西门内,宋绍兴十年(1140)开东西市河,垒土而成,高五丈,周百二十余丈,因州为名,登山四望,距城百里举在目前。"[3]按,王臣乃阳明弟子,字瑶湖,南昌人。此书院有两点需阐明,一是性质不详,按理瑶湖当于此讲明心学,但尚无材料支撑,且此泰山乃是泥堆之小丘,不能容大众教学,故推测当是祭祀先贤之所。二是王臣曾于嘉靖五年(1526)任泰州知州期间重修安定书院,并讲学,见本章下节。然则此泰山书院是否即是彼安定书院?按目前所辑之资料来看,二者时间不一,相隔十数年,当非同一书院。需要进一步说明的是,史志记载中的泰州安定书院及其周边关联书院,颇为杂驳混乱,只有等进一步的材料出现后,才能彻底厘清。

2. 兴化文明书院。嘉靖三十八年(1559)邑人为知县胡顺华所建之生祠。咸丰《重修兴化县志》:"文明书院在胡公祠。"[4]又载:"胡公祠,升仙里,祀明知县胡顺华,旧额文明书院。"并录邑人宗臣之《记》,由之可晓,兴化"去海仅百里奇,地瘠民虚,自古号称难治",嘉靖丁巳(三十六年,1557)春,兴化父老写信给在朝中为官的宗臣,请他建议朝廷为家乡挑选一名优秀官员,因此朝廷精选了胡顺华,"顺华字宾甫,号龙岗,

① 曹允源、李根源纂:民国《吴县志》卷二十七《书院》,《中国地方志集成·江苏府县志辑11》,江苏古籍出版社1991年版,第404页。

② 盛仪撰:嘉靖《惟扬志》卷七《公署志·书院》,《天一阁藏明代方志选刊》,上海古籍书店1963年影印本。

③ 王有庆等修,陈世镕等纂:道光《泰州志》卷三《山川》,《中国地方志集成·江苏府县志辑50》,江苏古籍出版社1991年版,第24页。

④ 梁园棣修,郑之侨、赵彦俞纂:咸丰《重修兴化县志》卷四,《中国地方志集成·江苏府县志辑48》,江苏古籍出版社1991年版,第121页。

丙辰（三十五年，1556）进士，湖广武陵人"，胡氏上任后即率领民众修筑城墙，击溃倭寇进犯，三年任满后，"兴之士大夫凡民醵建生祠祀侯"。①

3. 泰州吴陵书院。王艮之东淘精舍（详见本章第四节）去州治远而不便，故其去世后，上级官员即将去往精舍亲自祭祀王艮之任务交给当地官员就地执行，而自己和诸生则在州郡乡贤祠内祭祀王艮。嘉靖四十四年（1565）耿定向督学扬州时，认为王艮乃海内儒宗，不止一方之贤，遂特建吴陵书院专祀，后改称崇儒祠。而东淘精舍祭祀仍旧。②

## 八、无锡新建书院

1. 江阴延陵书院。光绪《江阴县志》："在城隍庙右，明成化五年（1469）同知谢庭桂倡始，吴氏后裔捐赀协建，嘉靖间，知县李元阳迎季子神位于堂而祭之，万历初改总练官署，崇祯末兵毁。"③其实延陵书院早在宋元之际，即有当地士人王德秀欲创建之。按陆文圭（1252—1336，字子方，号墙东，江阴人）所撰之《王德秀墓志铭》可知，王茂宗，字德秀，"生辛亥，寿六十"，"所居邻季子墓，谋创延陵书院，以待四方之游士，兴义学以教乡里子弟，跨夏浦建大石梁以济病涉者，俱有志未就而卒"。④ 按陆氏所记，王氏长其一岁，故当生在宋理宗淳祐十一年辛亥（1251），六十而没，则是元武宗至大四年辛亥（1311）。

2. 宜兴东坡书院。嘉庆《增修宜兴县旧志》："在邑东南蜀山麓，旧有东坡祠，即公所欲买田筑室处，岁久废为僧居，明弘治间（1488—1505），沈侍郎晖复之，又助地三十余亩，肖公像祀之，额曰东坡书院，聚邑之士绅，讲诵焉。"⑤乾隆《江南通志》："在宜兴县蜀山，明弘治间建，后

① 梁园棣修，郑之侨、赵彦俞纂：咸丰《重修兴化县志》卷一《祠祀》，《中国地方志集成·江苏府县志辑48》，江苏古籍出版社1991年版，第53页。

② 郭汝霖：《东淘精舍记》，《石泉山房文集》卷九，明万历郭氏家刻本。

③ 卢思诚、冯寿镜修，季念诒、夏炜如纂：光绪《江阴县志》卷五《学校》，《中国地方志集成·江苏府县志辑25》，江苏古籍出版社1991年版，第190页。

④ 陆文圭：《王德秀墓志铭》，《墙东类稿》卷十三，永瑢、纪昀等编纂：《四库全书》第1194册，上海古籍出版社1987年版，第697—698页。

⑤ 李先荣原本，阮升基增修、宁楷等增纂：嘉庆《增修宜兴县旧志》卷四《学校》，《中国地方志集成·江苏府县志辑39》，江苏古籍出版社1991年版，第137页。

圮。国朝康熙三十七年(1698),道士蒋普葺而新之。"①按沈晖(1439—1518),字时旸,号豫轩,宜兴人,天顺四年(1460)进士,官至南京工部侍郎。苏轼生前曾多次来宜兴,在丁山买田讲学,故后人建此书院纪念。

3. 无锡二泉(尚德)书院。无锡人邵宝建于正德五年(1510),位于无锡西郊惠山,祭祀宋臣相李纲,初名尚德书院。乾隆《江南通志》:"在无锡惠山寺右。明正德间,邵宝建,有野桥、云阶、海天亭、点易台、超然堂。国朝顺治间,按察使蔡献臣志、提学张能麟先后复捐赀修造。"②光绪《无锡金匮县志》:"又名尚德书院,祀李忠定纲……凡十五景,今并废,人即书院地为祠,祀宝。"③邵宝有《尚德书院祠李忠定公记》,详述其创建经过与日期:"慧于锡为名山……时方考闻宋丞相李忠定公居锡之故,而恨其未之祠也,盖有意于斯者凡十余年,至是幸获休退,而始为堂于竹间,以为公祠……乃颜其门曰尚德书院……是举也,吾甥华珉实任其劳,始于正德庚午(五年,1510)七夕,成于中秋。"④

邵宝(1460—1527),字国贤,号泉斋、二泉,年十九学于江浦庄昶(详江浦新江书院),成化二十年(1484)进士,历中外,卒后赠太子太保,谥文庄。邵宝重建东林书院,详见下文。

4. 无锡崇正书院。在宋宝祐九先生祠基础上发展而成,嘉靖八年(1529)邑人华云建,纪念乡邦七贤。光绪《无锡金匮县志》:"在学宫之东五十步。宋宝祐中,知县袁从为祠于学宫,以祀杨时、陆九渊、张栻、杨简、袁燮、袁甫、喻樗、尤袤、蒋重珍,曰九先生祠。祠既废,后虞荐发即今崇圣祠地改置焉,去陆九渊以下五贤,而益以李祥,名五先生祠。尤栋《记》云:'荐发之志,盖欲去其无关于锡,而进其本邑之贤者也。'岁既久,又改祀文昌。邑人冯善议复之,后又岁有增入。正德中,提学张汝立以邵宝议,退所增于乡贤祠,而此为五先生如故。嘉靖八年,将以

① 黄之隽、赵弘恩:乾隆《江南通志》卷九十《学校》,永瑢、纪昀等编纂:《四库全书》第509册,上海古籍出版社1987年版,第527页。
② 黄之隽、赵弘恩:乾隆《江南通志》卷九十《学校》,永瑢、纪昀等编纂:《四库全书》第509册,上海古籍出版社1987年版,第527页。
③ 裴大中、倪咸生修,秦缃业等纂:光绪《无锡金匮县志》卷六《学校》,《中国地方志集成·江苏府县志辑24》,江苏古籍出版社1991年版,第107页。
④ 邵宝:《尚德书院祠李忠定公记》,《容春堂前集》卷十一,永瑢、纪昀等编纂:《四库全书》第1258册,上海古籍出版社1987年版,第110—111页。

其地建启圣祠。由是华云于其宅之西偏建祠,迁五贤之主,益以李纲及宝为七贤祠,而榜曰崇正书院,即今地也。至崇祯间,又益以顾宪成、高攀龙、叶茂才、邹期桢、吴桂森五人。乾隆元年,又增祀华允诚,共十三人,而七贤之名如故。十四年,知县王镐与邑人华希闵又修葺之,今废。"①

5. 江阴梧溪书院。光绪《江阴县志》:"在席帽山下,嘉靖间知县李元阳建,后废。"②

## 九、徐州新建书院

如前文所述,明代徐州由于治水之因缘,出现系列书院。

1. 徐州吕梁书院。万历《徐州志》:"在吕梁洪,嘉靖癸巳(十二年,1533)工部主事郭持平建。"③

2. 徐州泗上(川上)书院。同治《徐州府志》:"在城东南凤冠山。明嘉靖十四年(1535),主事张铠建观道亭,祀石刻圣像,一名川上书院,捐置祭田。国朝乾隆三十三年(1768),知府邵大业捐建大殿两庑,置祭田七十亩有奇。五十六年(1791),淮徐道康基田重修。咸丰五年(1855),知县王检心即其地改设正谊书院,又设果育蒙学一堂。先后详拨吴邵湖官地四十七顷,以作书院、义学课试经费。"④

3. 沛县泗滨书院。万历《徐州志》:"在(沛)县(泗)河东岸隣旧递运所,即汉高祖书院,故址犹存。"⑤嘉靖《沛县志》:"在县治河东岸,临递运所,即汉高祖书院,故址犹存。"又:"递运所,在河东岸,永乐四年知县

① 裴大中、倪咸生修,秦缃业等纂:光绪《无锡金匮县志》卷六《学校》,《中国地方志集成·江苏府县志辑24》,江苏古籍出版社1991年版,第107—108页。
② 卢思诚、冯寿镜修,季念贻、夏炜如纂:光绪《江阴县志》卷五《学校》,《中国地方志集成·江苏府县志辑25》,江苏古籍出版社1991年版,第190页。
③ 何莘修,梅守德、任子龙等纂:嘉靖《徐州志》卷六《学校》,江苏省地方志编纂委员会办公室:《江苏历代方志全书·徐州府部》第2册,凤凰出版社2018年版,第300页。
④ 吴世熊、朱忻修,刘庠、方骏谟纂:同治《徐州府志》卷十五《学校》,《中国地方志集成·江苏府县志辑61》,江苏古籍出版社1991年版,第458页。
⑤ 姚应龙等纂修:万历《徐州志》卷二《古迹》,《江苏历代方志全书·徐州府部》第3册,凤凰出版社2018年版,第60页。

常瑾建,嘉靖七年重修,厅旁大门三间。"①按嘉靖《沛县志》沛县境图,运河东岸之沛县老城,紧邻古泗水处标有泗滨书院。嘉靖《沛县志》乃是明沛县知县王治修、教喻马伟等纂,其完成于嘉靖二十二年(1543),则建泗滨书院不会迟于此年。

4. 徐州彭东书院。嘉靖《徐州志》:"在城东北隅,嘉靖二十五年(1546)兵备副使王梴建,为诸生讲读之所。"②乾隆《江南通志》:"今圮。"③

5. 徐州彭西书院。乾隆《江南通志》:"在府城西南隅,即旧武学。明嘉靖六年(1527)副使赵春建为武生居业之所,二十五年(1546)王梴复拓之,改为彭西书院,今圮。"④

6. 丰县华山书院。光绪《丰县志》:"嘉靖五年(1526),河复决,城陷,知县高禄遂迁县治于东南华山。"⑤万历《徐州志》:"华山书院,嘉靖丙午(二十五年,1546)知县叶煃以县治迁华山创建,嘉靖三十一年(1552)知县徐冀复还旧县,而书院今遂废矣。"⑥按叶煃,嘉靖二十四年(1545)任丰县知县,《丰县志》有传。时县城早因水患改筑华山,遂于此创华山书院。叶煃《华山书院记》曰:"丰,偏邑也。邑之镇曰华山,崛起中野,山之野有隙地,邻学宫,诸士子以号舍无址,欲为肄业之所,煃为请于督学冯公、兵宪王公,市之于民,复以废仓益之,创为书院。"⑦俟水退,县治还旧址,此华山书院遂渐废弃。

7. 沛县仰圣书院。嘉靖二十九年(1550)工部主事吴衍建。同

---

① 王治修,马伟纂:嘉靖《沛县志》卷二《建置》,《天一阁藏明代方志选刊续编》,上海书店 1990 年版,第65、70 页。

② 何莘修,梅守德、任子龙等纂:嘉靖《徐州志》卷六《学校》,江苏省地方志编纂委员会办公室:《江苏历代方志全书·徐州府部》第 2 册,凤凰出版社 2018 年版,第 299 页。

③ 黄之隽、赵弘恩:乾隆《江南通志》卷九十《学校志》,永瑢、纪昀等编纂:《四库全书》第 509 册,上海古籍出版社 1987 年版,第 529 页。

④ 黄之隽、赵弘恩:乾隆《江南通志》卷九十《学校志》,永瑢、纪昀等编纂:《四库全书》第 509 册,上海古籍出版社 1987 年版,第 529—530 页。

⑤ 姚鸿杰等纂修:光绪《丰县志》卷二《营建》,《中国地方志集成·江苏府县志辑 65》,江苏古籍出版社1991 年版,第 40 页。

⑥ 姚应龙等纂修:万历《徐州志》卷二《古迹》,《江苏历代方志全书·徐州府部》第 3 册,凤凰出版社2018 年版,第 64—65 页。

⑦ 姚鸿杰等纂修:光绪《丰县志》卷十二《艺文类》,《中国地方志集成·江苏府县志辑 65》,江苏古籍出版社 1991 年版,第 224 页。

治《徐州府志》："在沛县上沽头，明嘉靖间主事吴衍建，久废。"民国《沛县志》："在上沽头，今存断碑，上缺数十字。"①时人汪宗元《碑记》详记其时间："嘉靖戊申春，都水南城吴子衍以督河至……越明年，乃卜地……又明年，乃请于总理中丞……"②按成化二十一年（1485），工部都水清吏司在沛县设沽头分司，嘉靖二十年（1541），工部主事侯宁开始兴建沽头城。吴衍，江西临川南城人，嘉靖二十六年（1547）进士，后任工部主事，嘉靖二十七年（戊申，1548）至沽头，两年后，仰圣书院建成。

8. 徐州养正书院。乾隆《江南通志》："在徐州府吕梁分司之南。明嘉靖三十五年（1556）主事王应时因旧社仓拓之为书院，有育德堂，左右翼书屋，后为居学轩，徐邳之士咸肄业于此，今圮。"③

9. 沛县沽头精舍。民国《沛县志》："沽头精舍，明嘉靖间，主事施笃臣建。"④按施笃臣（1530—1574），字敦甫，号青阳居士，安徽青阳人，嘉靖三十五年（1556）进士，任工部主事，因治水有功，升员外郎。故其必是三十五年（1556）之后兴建沽头精舍。

## 十、盐城新建书院

1. 东台东淘精舍。此是王艮故里讲学之书院，详见本章第四节。

2. 盐城正学书院。《古书图书集成》："在县治北，明嘉靖十七年（1538），县丞胡鳌创建。文会堂三间，燕居堂三间，歌鹿堂三间，号房东西各十间。嘉靖三十七年（1558），倭寇内犯，新设参将，遂撤以建府。遗址尚存。"⑤

## 十一、扬州新建书院

1. 扬州维扬书院。嘉靖《惟扬志》："惟扬书馆，在府城西门内，嘉

---

① 于书云修，赵锡蕃纂：民国《沛县志》卷七《学校》，《中国地方志集成·江苏府县志辑 63》，江苏古籍出版社 1991 年版，第 100 页。

② 于书云修，赵锡蕃纂：民国《沛县志》卷七《学校》，《中国地方志集成·江苏府县志辑 63》，江苏古籍出版社 1991 年版，第 100 页。

③ 黄之隽，赵弘恩：乾隆《江南通志》卷九十《学校志》，永瑢、纪昀等编纂：《四库全书》第 509 册，上海古籍出版社 1987 年版，第 530 页。

④ 于书云修，赵锡蕃纂：民国《沛县志》卷七《学校》，《中国地方志集成·江苏府县志辑 63》，江苏古籍出版社 1991 年版，第 100 页。

⑤ 陈梦雷编纂，蒋廷锡校订：《古今图书集成》第 12 册《方舆汇编·职方典》第七百四十六卷《淮安府学校考》，中华书局、巴蜀书社 1985 年版，第 14446 页。

靖五年(1526)巡盐御史雷应龙废淫祠改建,十四年(1535)御史徐九皋撤旧制,新之,欧阳德有记,御史陈蕙、洪垣相继修饰。"①乾隆《江南通志》:"万历间盐使彭端吾修。崇祯间,盐使杨某重葺,令师儒讲肆其中。"②乾隆《江都县志》:"崇祯间巡盐御史扬仁愿重葺,祀部尚书,钱谦益为之记。"③嘉庆《重修扬州府志》:"今废。"④

按雷应龙(1484—1527),字孟升,号觉轩,明代蒙化府人,正德九年(1514)进士,嘉靖五年(1526)任两淮御史。历任巡盐御史多对维扬书院有修葺,如陈蕙、洪垣,特别是嘉靖十四年(1535)巡盐御史徐九皋重修后,欧阳德曾作《维扬书院记》,欧阳德(1496—1554),字崇一,号南野,江西泰和人,王门高弟。此书院设王阳明木主,并有藏经。

2. 扬州谢公书院。在江都邵伯镇,嘉靖六年(1527),成化进士、吏部给事中彭汝实建。又名谢安、安石、东山书院。

嘉靖《惟扬志》:"晋谢安书院,在城东北四十五里邵伯镇,因谢安镇广陵,尝筑邵伯埭,后人仰之,故建此。"⑤董恂《甘棠小志》:"雍正《江都志》言,甘棠庙旧祀晋太傅谢安,岁久庙圮。镇民肖像于五圣祠前殿。明嘉靖六年,给谏彭汝实改题其额曰东山书院。隆庆元年,学使耿定向谓安宜正位于堂,檄扬州知府迁安像居后殿……又按万历《扬州府志》言安石书院在邵伯镇,嘉庆《扬州府志》言在邵伯镇有谢公书院,今俱莫详其迹。考嘉靖间公祠尝改额曰东山书院,据此,两《府志》言安石书院、谢公书院,当亦即谓公祠。"⑥乾隆《江都县志》:"谢公书院在邵伯镇,

① 盛仪撰:嘉靖《惟扬志》卷七《公署志·书院》,《天一阁藏明代方志选刊》,上海古籍书店 1963 年影印本。
② 黄之隽、赵弘恩:乾隆《江南通志》卷九十《学校志·书院》,永瑢、纪昀等编纂:《四库全书》第 509 册,上海古籍出版社 1987 年版,第 529 页。
③ 五格、黄湘纂修:乾隆《江都县志》卷五《学校》,《中国地方志集成·江苏府县志辑 66》,江苏古籍出版社 1991 年版,第 67 页。
④ 阿克当阿修、姚文田、江藩等纂:嘉庆《重修扬州府志》卷十九《学校》,《中国地方志集成·江苏府县志辑 41》,江苏古籍出版社 1991 年版,第 319 页。
⑤ 盛仪撰:嘉靖《惟扬志》卷七《公署志·书院》,《天一阁藏明代方志选刊》,上海古籍书店 1963 年影印本。
⑥ 董醇纂:《甘棠小志》卷四《祠庙》,《中国地方志集成·乡镇志专辑》第 16 册,江苏古籍出版社 1992 年版,第 76 页。

祀晋太傅安。"①嘉庆《重修扬州府志》:"在邵伯镇有谢公书院、甘棠义学,今废。"②光绪《增修甘泉县志》:"安石书院在邵伯镇(万历《扬州府志》)。"③

按东晋名臣谢安(320—385,字安石),镇广陵际,曾筑埭治水,邑人比之西周召伯,故将此埭命名为"邵伯埭",更将此地原名"步邱"改为"邵伯",并建甘棠庙(典出《诗经·甘棠》),又名谢太傅祠,以祭祀谢安。至彭汝实改祠为书院,其实祠也。

3. 扬州甘泉书院。此是扬州著名书院之一,由甘泉而崇雅而梅花,历时悠久,影响深远。始于嘉靖七年(1528)扬州贡士葛涧、巡盐御史朱廷立等为湛若水讲学而建。

> 嘉靖《惟扬志》:甘泉山书馆,在府城大东门外,嘉靖七年贡士葛涧创建,巡盐御史朱廷立、徐九皋、陈蕙、洪垣、提学御史闻人铨、知府侯秩、刘宗仁、知县王惟贤相继修拓,侍郎吕柟撰《记》。④

> 嘉庆《重修扬州府志》:嘉靖七年,巡盐御史朱廷立为南京祭酒湛若水建。又旧名甘泉行窝,御史洪垣改名甘泉书馆……嘉靖十七年,御史洪垣增买田三十三亩,嘉靖三十七年,风变废圮。⑤

> 吕柟《甘泉行窝记》:甘泉行窝者,今少宰甘泉先生增城湛公所过之地也。嘉靖丁亥,先生以大司成考绩北上,道出维扬,其门人不期而至者五十人,居一日,秉贽而谒者又几十人。先生乐之,有至止之意焉。车且起,有葛涧者请立会友约,后来者益众。涧乃谋选地于城东一里,承甘泉山之脉,创行窝焉。曰:此可以哀同志之士,讲先生之道也。扬故有甘泉山,蜀冈诸阜咸发脉焉。高二三十

---

① 五格、黄湘纂修:乾隆《江都县志》卷五《学校》,《中国地方志集成·江苏府县志辑 66》,江苏古籍出版社 1991 年版,第 68 页。

② 阿克当阿修,姚文田、江藩等纂:嘉庆《重修扬州府志》卷十九《学校》,《中国地方志集成·江苏府县志辑 41》,江苏古籍出版社 1991 年版,第 319 页。

③ 徐成敷等修,陈浩恩等纂:光绪《增修甘泉县志》卷六《学校》,《中国地方志集成·江苏府县志辑 43》,江苏古籍出版社 1991 年版,第 248 页。

④ 盛仪撰:嘉靖《惟扬志》卷七《公署志·书院》,《天一阁藏明代方志选刊》,上海古籍书店 1963 年影印本。

⑤ 阿克当阿修,姚文田、江藩等纂:嘉庆《重修扬州府志》卷十九《学校》,《中国地方志集成·江苏府县志辑 41》,江苏古籍出版社 1991 年版,第 316 页。

丈,望五十里。其巅有泉,甚冽,曰甘泉,与先生之号不约而同,行窝正当其结聚处,此所以名也,遂匾于门,柟所书也。①

光绪《增修甘泉县志》:甘泉山房在甘泉山,嘉靖十五年,湛若水出己赀易其地,诸生议建,御史洪垣置田八十亩(嘉靖《江都县志》)。甘泉山房遵道堂,进修、敬义二斋,居学室博约、忠恕二斋,颜乐亭,御史朱廷立建(嘉靖《维扬志》)。②

《扬州画舫录》:若水,字甘泉,广东增城县人,嘉靖间以大司成考绩,道出扬州,一时秉贽而谒者几十人。扬州贡士葛洞与其弟洞早年从之游,是时因选地城东一里,承甘泉山之脉,创讲道之所,名曰行窝。门人吕柟以湛公之号与山名不约而同,书甘泉二字于门,又撰《甘泉行窝记》。行窝门北有银杏树一株,就树筑土为墠,上墠筑基为堂,题曰至止堂。其《心性图说》在北埔,钟磬在东埔,琴鼓在西埔,学习诚明、进修敬义二斋在东序。燕居在堂北,厨库在燕居左右。缭以周垣,凡六十有二丈。垣外有沟,沟外有树。先门外有池,池水与沟水襟带行窝,而池上有桥。当行窝之旁,又置田二十余亩,以资四方来学者,皆洞所助也。通山朱廷立为巡盐御史,改名甘泉山书馆,厥后御史徐九皋立纯正门、礼门,提学御史闻人诠立义路坊,知府侯秩、刘宗仁,知县王维贤相继修拓。御史陈蕙增置祠堂、射圃等地,御史洪垣增置艾陵湖官庄田八十亩。此嘉靖间湛公书院也。③

综上可知其演变如下:其一,嘉靖六年(1527),国子监祭酒湛若水来扬州考绩讲学。其二,七年(1528)扬州贡士葛洞与弟葛洞为其创讲道之所甘泉行窝(湛公书院)。其三,七年,巡盐御史朱廷立改名"甘泉山书馆",又称"甘泉书院"。朱廷立(1492—1566),字子礼,号两崖,湖北通山县人,受学于王阳明,嘉靖二年(1523)进士。御史闻人铨,知府侯秩、刘宗仁,知县王惟贤先后增修。其四,十五年(1536),湛若水出己

---

① 徐成敩等修,陈浩恩等纂:光绪《增修甘泉县志》卷六《学校》,《中国地方志集成·江苏府县志辑43》,江苏古籍出版社1991年版,第243页。

② 徐成敩等修,陈浩恩等纂:光绪《增修甘泉县志》卷六《学校》,《中国地方志集成·江苏府县志辑43》,江苏古籍出版社1991年版,第248页。

③ 李斗:《扬州画舫录》卷三,《续修四库全书》第733册,上海古籍出版社2002年版,第601—602页。

货易其地，御史陈蕙为置田80亩。其五，十七年（1538），御史洪垣增田33亩。其六，三十七年（1558）废圮。其后的演变则是崇雅书院与梅花书院，详见后文。

4. 仪征亲民馆。嘉靖《惟扬志》："仪真讲院，嘉靖九年（1530），知县王皞即天宁寺东隙地创建亲民馆以便讲学，颜其堂曰体仁，邹守益撰记。"①道光《重修仪征县志》："陆志作亲民馆，亦曰讲院。明嘉靖九年，知县王皞于天宁寺桥西建亲民馆讲学，有体仁堂三间，后寝三间左右，厢舍各三间，今悉废。"②按王氏乃阳明弟子。邹守益有《记》："吾友王天民，同受学于先师，其令仪真也，申天地万物一体之义以赠。天民既至，减费节力，以抚摩其民，乃合士之有志者而匡翼之，以学舍方葺，官廨艰于出入，因就天宁寺之隙地，构屋数楹，以便肄习，而题其堂曰体仁。"③

5. 扬州五贤书院。乾隆《江都县志》："在瓜洲镇泗桥东，合祀：汉董仲舒，宋胡瑗、文天祥、李衡、王居正。明吏部郎王纳谏有《记》，《记》曰：嘉靖丁未（二十六年，1547），本镇诸生乔荐、江防东麓魏公，详请学宪象冈胡公，建祠于城内，合祀：汉江都王相董公仲舒、宋胡安定公瑗、文信国公天祥、乐庵李公衡、竹西王公居正于正厅，扁曰五贤祠，又建数十楹为诸生会文所。额设税课司征收本镇南、北、西三门地租银九两有奇，以供有司春秋祭祀，余作岁修之需。迨庚申（嘉靖三十九年，1560），合川周公分守兹土，公，濂溪裔也，集诸生讲学于此，见书院倾圮，即捐俸修葺，重建正厅为会文堂，旁整书舍六间，缭以墙垣，令士人诵读其中，于是镇之诸生始得正学焉。隆庆己巳（三年，1569），凤崖陈公，万历乙亥（三年，1575），绍峰严公，复相继修饬。乙酉（十三年，1585），阆中张公莅任谒祠，见地势卑湿，厅堂不固，方议改建。后值风雨暴作，潮入中堂，墙垣颓败，相度演武场废址垲爽，请诸当道，鸠工庀材而更迁之。建正厅五楹，特祀五贤，题曰风教堂、景行堂，旁为神厨，余建置精舍。

① 盛仪撰：嘉靖《惟扬志》卷七《公署志·书院》，《天一阁藏明代方志选刊》，上海古籍书店1963年影印本。

② 王检心修，刘文淇、张安何纂：道光《重修仪征县志》卷十八《学校》，《中国地方志集成·江苏府县志辑45》，江苏古籍出版社1991年版，第231页。

③ 王检心修，刘文淇、张安何纂：道光《重修仪征县志》卷十八《学校》，《中国地方志集成·江苏府县志辑45》，江苏古籍出版社1991年版，第231页。

西有省牲二斋,斯飞斯革,鼎创一新。院后西南空地,令民佃租,每岁租银一两五钱,充祠香火费。壬辰岁,复就圮。巡按御史高公至,目击心伤,思为世守计。乃谕有司确查五贤子孙有无嫡派,堪作养者,移会提学,世袭奉祀。惟得安定后裔胡潮鸣,给以衣巾,令其世守祠祀。"①嘉庆《重修扬州府志》:"今亦俱废。"②

综之,五贤书院在瓜州城内泗桥东。始称五贤祠,祭祀汉董仲舒,宋胡瑗、文天祥、李衡、王居正。嘉靖二十六年(1547)江防同知魏炯建,嘉靖三十九年(1560)、隆庆三年(1569)、万历三年(1575)先后继修。万历十三年(1585),以地卑易湿,迁建于演武场。后又寻胡瑗后裔胡潮鸣世守祠祀。

## 十二、镇江新建书院

1. 镇江清风书院。乾隆《江南通志》:"在丹徒县寿邱山,宋范仲淹读书处。明正德十五年(1520),知县李东即其地建书院,今圮。"③此书院乃祭祀性质。光绪《丹徒县志》:"后并入县学,而祀文正公于尊经阁。"④

2. 句容三友书院。乾隆《句容县志》:"在察院西,嘉靖戊戌(十七年,1538)令周仕建,寻废。"⑤

## 第三节　明代中期江苏各市重建书院

## 一、常州重建书院

1. 常州龟山书院。前述宋之城东书院,至元重建更名为龟山书

---

① 五格、黄湘纂修:乾隆《江都志》卷五《学校》,《中国地方志集成·江苏府县志辑 66》,江苏古籍出版社 1991 年版,第 68 页。

② 阿克当阿修、姚文田、江藩等纂:嘉庆《重修扬州府志》卷十九《学校》,《中国地方志集成·江苏府志辑 41》,江苏古籍出版社 1991 年版,第 319 页。

③ 黄之隽、赵弘恩:乾隆《江南通志》卷九十《学校志》,永瑢、纪昀等编纂:《四库全书》第 509 册,上海古籍出版社 1987 年版,第 528 页。

④ 何绍章、冯寿镜等修,吕耀斗等纂:光绪《丹徒县志》卷十九《学校》,《中国地方志集成·江苏府县志辑 29》,江苏古籍出版社 1991 年版,第 371 页。

⑤ 曹袭先纂修:乾隆《句容县志》卷六《学校》,《中国地方志集成·江苏府县志辑 34》,江苏古籍出版社 1991 年版,第 616 页。

第六章　明代江苏书院之二:中期之迅猛发展

191

院,毁于兵。入明后,邑人重建祠堂,寻废。成化五年(1469),自原址定东乡夹城图移建于阳湖某地,具见前文。

2. 常州龙山书院。前述两宋之茅山书院三迁至金坛顾龙山。正德十一年(1516)邑令刘天和重建。至顺《镇江志》:"茅山书院在金坛县南五里顾龙山之麓……咸淳七年,乃徙建今所,屋凡二十七间。"①乾隆《江南通志》:"茅山书院在金坛县茅山……咸淳七年,更建于顾龙山,今改为圆通庵。"②民国《重修金坛县志》:"龙山书院在顾龙山新兴寺之右,有大成殿,两庑各五间,先贤祠、明诚堂各三间,地远市□,平湖映带,远山环秀,诚藏修之所也。惜岁久尽废。明武宗正德十一年知县刘天和考图志即遗址重建,今废。"③

## 二、淮安重建书院

1. 盱眙淮山书院。前述元代盱眙第一山有崇圣书院,明正德年间,薛渭野在此山复建"淮山书院"。

> 《泗志备遗》:盱山薛子新立有淮山书院。先是,汉谏议大夫临淮太守孔公立有崇圣书院,在淮山堂玻璃泉上,久废。汪守子宿乃即第一山下新兴尼庵,为之未几,渭野薛子至,改建于瑞岩观之左,为今名,以祀孔公,其右为游息之所,巡按御史李公东扁以海阔天空四字,又立亭碑,书青天白日高山大川八字岩上。④

光绪《盱眙县志》以及《安徽书院志》所载同于上引。⑤《泗志备遗》乃嘉靖七年刊,袁淮修、侯廷训所著。薛渭野,未详何人。上引其接汪子宿,汪即汪应轸,字子宿,号青湖,浙江山阴(今绍兴)人,正德十二年

---

① 俞希鲁编纂:至顺《镇江志》卷十一《学校志》,江苏古籍出版社1999年版,第468—470页。

② 黄之隽、赵弘恩:乾隆《江南通志》卷九十《学校志》,永瑢、纪昀等编纂:《四库全书》第509册,上海古籍出版社1987年版,第528页。

③ 冯煦等:民国《重修金坛县志》卷六《学校志》,《中国地方志集成·江苏府县志辑33》,江苏古籍出版社1991年版,第75页。

④ 袁淮修、侯廷训等纂:《泗志备遗》中卷《礼教第四》,《江苏历代方志全书·直隶州(厅)部》第51册,凤凰出版社2018年版,第441—442页。

⑤ 前者见王锡元修、高延第等纂:光绪《盱眙县志稿》卷五《学校》,《中国地方志集成·江苏府县志辑58》,江苏古籍出版社1991年版,第74页。后者见吴景景:《安徽书院志》,赵法生、薛正兴主编:《中国历代书院志》第1册,江苏教育出版社1995年版,第150页。

进士,选庶吉士,以谏南巡被杖,出知泗州。《古今图书集成》载:"渭野关,在(和)州北五十五里,即夹山铺,两山壁立,峗峭夹道,约五里余,山口崎岖,和与滁接界,此关为南北咽喉,明正德中巨寇刘六等猖獗,州同知薛渭野尝设兵垒石以御之,今寨已废,仅存石垒,故名渭野,此地要害,视诸关为最。"①按,刘六举事在正德五年至七年(1510—1512),②在此期间,薛氏曾任和州(今安徽和县)副知州。则薛氏当在正德年间在盱眙第一山重建"淮山书院"。

2. 淮安节孝书院。《明一统志》:"在府城东门外三里,嘉靖间御史成英建。"③

## 三、南京重建书院

南京明道书院。嘉靖初年,御史卢焕在旧址重建书院,年久倾废。具见前文。

## 四、南通重建书院

1. 南通文会学舍。前述南宋之文会学舍,光绪《通州志》:"明嘉靖中,同知舒缵重建,中为堂四,左右学舍相向,前后为门,左右有塾,刊尚书桂萼规条于堂偏,寻废。"④按舒缵在通州还新建"文会书院",故此重建当在同时或前后,姑以嘉靖十六年(1537)为准。

2. 南通忠孝书院。此书院历三名,至圣→忠孝→文正,旧名至圣,始建不详,明更忠孝,清冠文正。万历《通州志》载:"嘉靖二十七年(1548),御史陈其学复建忠孝书院,崔侍郎有记。"崔侍郎即崔桐(1478—1556),字来凤,号东洲,今南通海门人,正德十一年进士(探花),历中外,官至礼部右侍郎。桐有《宋丞相文文山先生书院记》,详其

---

① 陈梦雷编纂,蒋廷锡校订:《古今图书集成》第13册《方舆汇编·职方典》卷八百三十九《和州·关梁考》,中华书局、巴蜀书社1985年版,第15229页。

② 刘六名宠,刘七名晨,霸州文安县(今河北文安)人,于正德五年(1510年)十月,在霸州发动起义,发展到数万人,起义前后持续三年,转战南北直隶、山东、河南、湖广等广大地区。

③ 李贤:《明一统志》卷十三《淮安府》,永瑢、纪昀等编纂:《四库全书》第472册,上海古籍出版社1987年版,第303页。

④ 梁悦馨、莫祥芝修,季念诒、沈镕纂:光绪《通州直隶州志》卷五《学校》,《中国地方志集成·江苏府县志辑52》,江苏古籍出版社1991年版,第259页。

本末,不赘引,按《记》,则该书院始建于嘉靖二十七年(1548)孟秋,次年孟夏建成。[①] 清时重建,详见后文。

## 五、苏州重建书院

1. 苏州和靖书院。嘉靖二年(1523)知府胡缵宗从虎丘西庵迁至龙兴寺废基复建。同治《苏州府志》载:"元初为寺僧所据。延祐元年(1314),移置长洲县治东、乌鹊桥北(《姑苏志》宋常平提举司故址)。至元中,总管道童建殿庑门堂,后废。明嘉靖二年,知府胡缵宗以龙兴寺废基改复书院,今废。"[②]袁袠《迁尹和靖先生书院记》:"和靖书院旧在虎邱西庵,遗址久湮。天水胡公缵宗来守兹土,考道之暇,大惧荒没,为往哲羞,抑无以法将来,即故地祠而祀焉。又以僻在郊外,学者罕至,乃徙祠于龙兴寺,榜其门曰和靖书院,颜其堂曰三畏……乃选胶序弟子员,弦诵其中,修皇王之业,趋孔孟之规,以无忘和靖先生之意。"[③]嘉靖十七年(1538),吴县知县汪旦仍建祠于故址。至清光绪间渐废。

2. 苏州学道书院。前宋元之学道,久圮,嘉靖二年(1523)知府胡缵宗因旧寺改建,三十年(1551)迁往共社学。同治《苏州府志》:"学道书院,明嘉靖二年,知府胡缵宗以景德寺改建,扁言曰东南邹鲁,堂曰学孔,塑言子像于中,后为讲堂,堂后为弦歌楼(乾隆《江南通志》:两庑各五十楹)。十八年巡按御使赵继本、十九年巡按御使舒汀重修,三十年知府金城改为督粮道署,迁书院于共社学。"[④]缵宗《重建学道书院记》详其格局:"其南为门,稍北为仪门,又北为堂,中奠公主,曰学孔堂。堂之北为师生讲授之所,曰文学堂。堂之东西增作斋舍,以居诸生之学道者,凡若干楹。又北为楼,曰弦歌楼。墼而垣之,四周凡若干丈。须其

---

① 林云程、沈明臣:万历《通州志》卷五《杂志·第宅》《天一阁藏明代方志选刊》,上海古籍书店 1963 年影印本。

② 李铭皖、谭钧培修,冯桂芬纂:同治《苏州府志》卷二十六《学校》,《中国地方志集成·江苏府县志辑7》,江苏古籍出版社 1991 年版,第 638 页。

③ 袁袠(1502—1547),字永之,号胥台山人,苏州府吴县人。转引自陈谷嘉、邓洪波:《中国书院史资料》,浙江教育出版社 1998 年版,第 555 页。

④ 李铭皖、谭钧培修,冯桂芬纂:同治《苏州府志》卷二十六《学校》,《中国地方志集成·江苏府县志辑7》,江苏古籍出版社 1991 年版,第 622 页。

成以闻于朝,岁修祀事,而择弟子之俊秀者,俾讲读其中焉。"①

3. 苏州鹤山书院。宣德年间(1426—1435)鹤山书院原址改为巡抚行台,书院迁至东南角。弘治十一年(1498),魏了翁裔孙魏芳奏请将书院改为专祠。嘉靖四年(1525),巡抚都御史吴廷举重修。嘉靖九年(1530),知府李显移建书院于巡抚行台之左。具见前文,不赘引。

4. 常熟文学书院。承前,元文学书院,至正末年毁,明宣德元年(1426),知县改建,更名"学道书院",寻又圮。嘉靖四十三年(1564),知县王叔杲改建山麓,仍名文学书院。后万历年间改为虞山书院。具见前文。

## 六、泰州重建书院

泰州安定书院。南宋之安定书院,至明中期有三次重建。

> 乾隆《江南通志》:安定书院,一在泰州治东,提举陈垓创于方洲泰山之间,以祀胡瑗,岁久废。成化间,提学陈选塑像儒学中,娄谦迁于小西湖上,弘治五年,判官方岳移今地,有祀堂三间,经义、治事二斋,嘉靖间知府王臣重建。②

> 道光《泰州志》:胡公书院,在州治西、泰山前,宋宝庆二年,守陈垓于泰山左建堂一楹祀胡瑗,扁曰安定书院。明正统间,同知王旻改建泰山祠。明正德间,千户王华改建玉女祠。嘉靖初,御史雷应龙撤祠更置书院,祀范仲淹、胡瑗,建堂二,曰经义,曰治事,建亭一,曰后乐。十七年巡按御史杨瞻檄知州朱篆移祀仲淹名宦祠专祀瑗,复曰安定书院,祠曰安定胡先生祠,改后乐亭曰观海亭。后祠圮。里人改祀碧霞元君。隆庆元年,督学耿定向撤元君祀,仍为讲堂。三年御史王友贤复专祀瑗,扁曰仰止。万历六年兵备副使熊尚文置田为会课茶饼之费。三十三年兵备副使张鸣鹗捐金修葺以并祀胡瑗、岳飞,名曰泰山书院。国朝康熙五十七年,知州魏

① 李铭皖、谭钧培修,冯桂芬纂:同治《苏州府志》卷二十六《学校》,《中国地方志集成·江苏府县志辑7》,江苏古籍出版社1991年版,第623页。
② 黄之隽、赵弘恩:乾隆《江南通志》卷九十《学校志》,永瑢、纪昀等编纂:《四库全书》第509册,上海古籍出版社1987年版,第529页。

锡祚、州人杜光先、朱兆乾、高簪缨等捐赀重修。乾隆五年,知州段振蛟始更今名。嘉庆二年,院长蒲抃请于两淮盐运使曾煥倡捐集赀数千金,大修,使筑周围墙垣,移建胡安定先生祠于讲堂北,增东西斋舍,建二亭,凡弊者完之,隘者廓之,广树花木,规置一新。道光元年,知州赵钺及绅士捐赀千金重修,州人仲振猷董其事。[①]

民国《泰州县志》:胡公书院,见前志,咸丰粤匪之乱,贼氛逼近,书院停课,屋宇荒废。同治七年,举人储树人等厘订章程,议修,不果。光绪五年,知州刘汝贤及绅士捐赀大修,夏嘉谷董其事。[②]

综上可知,其演变如下。其一,正统间(1436—1449),同知王思旻改建泰山祠。成化间(1465—1487),娄谦将书院迁于小西湖上。娄谦为名儒娄谅弟,字克让,江西上饶人,成化二年(1466)进士,时出为督南畿学政。其二,弘治五年(1492),判官方岳移今地,即泰州治东。后废。正德间(1506—1521),千户王华改建玉女祠。其三,嘉靖初,巡盐御史雷应龙改泰山南麓玉女祠为书院,增建"经义""治世"二堂及"后乐"亭一座,祭祀胡瑗与范仲淹。嘉靖五年(1526)知州、王阳明弟子王臣重修(王臣去雷应龙不远,《江南通志》所谓重建当只是重修),并请同门、泰州学派创始人王艮来此讲学。后者《年谱》云:"嘉靖五年秋八月,会讲安定书院。时王瑶湖臣守泰州,会诸生安定书院,礼先生主教事,作《安定集讲说》。"[③]其四,嘉靖十七年(1538),巡按直隶、监察御史杨瞻到泰州巡视,指示知州移走范仲淹入名宦祠专祀,只留安定书院和安定胡先生祠。后祠圮,里人改祀碧霞元君。隆庆元年(1567),督学耿定向撤元君祀,仍为讲堂。其后至清末,多次更名、重修。万历三十三年(1605),兵备副使张鸣鹗捐金修葺以并祀胡瑗、岳飞,更名曰泰山书院。乾隆五年(1740),知州段振蛟将之改名为胡公书院。嘉庆二年(1797)、道光元

① 王有庆等修、陈世镕等纂:道光《泰州志》卷八《学校》,《中国地方志集成·江苏府县志辑 50》,江苏古籍出版社 1991 年版,第 58 页。
② 郑辅东修,王贻牟纂:民国《续纂泰州县志》卷六《学校》,《中国地方志集成·江苏府县志辑 50》,江苏古籍出版社 1991 年版,第 598—601 页。
③ 王艮:《明儒王心斋先生遗集》卷三《年谱》,《王心斋全集》,江苏教育出版社 2001 年版,第 72 页。

年(1821)、光绪五年(1879)重修，清末废书院后转为泰州中学。后文只列其事，不再赘引。

图 6-2　今泰州重建之安定书院(来源：自摄)

## 七、无锡重建书院

无锡东林书院。前述龟山所建之东林书院，入元后，至正十年(1350)，为僧人改作东林庵，按王阳明所说，"龟山殁，其地化为僧区，而其学亦遂沦入于佛老、训诂、词章者且四百年"。[1] 直至明成化间，邑人邵宝方重建书院于泰伯渎上。

> 乾隆《江南通志》：东林书院在金匮县城东，宋杨时讲学处，久圮。明成化间，邑人邵宝建书院于泰伯渎上以讲学。[2]
>
> 光绪《无锡金匮县志》：城南东林书院，在泰伯渎北、保安寺后，明成化间，邵宝以东林旧地已废，尝聚徒讲学于此，门人华云即其地建书院，知县高文豸与邑中人士相率成之，详新建王守仁记。后

---

[1] 王守仁：《东林书院记》，《王阳明全集》卷二十三《外集五》，上海古籍出版社 1992 年版，第 898 页。

[2] 黄之隽、赵弘恩：乾隆《江南通志》卷九十《学校志》，永瑢、纪昀等编纂：《四库全书》第 509 册，上海古籍出版社 1987 年版，第 526 页。

顾宪成别建东林书院于城中,遂无复有过城南者。历年久远,寝就荒落。乾隆间,邑人黄去法重修留馨堂,并建仰止楼,祀杨文靖公及宝,大兴翁方纲有记,今废。[①]

王阳明《东林书院记》详记其建设过程:"成化间,今少司徒泉斋邵先生始以举子复聚徒讲诵于其间。先生既仕而址复荒,属于邑之华氏。华氏,先生之门人也,以先生之故,仍让其地为书院,以昭先生之迹,而复龟山之旧。先生既已纪其废兴,则以记属之某。当是时,辽阳高君文豸方来令兹邑,闻其事,谓表明贤人君子之迹,以风励士习,此吾有司之责,而顾以勤诸生则何事?爰毕其所未备,而亦遣人来请。"[②]

成化年间邵宝尚为举人时在此地聚徒讲诵,未有书院之实体,宝中进士入仕后,此址复荒,其弟子、邑人华云遂建书院,此举得到知县高文豸(辽东人,进士,正德六年任)支持。邵、高遂请阳明作记,时在正德癸酉八年(1513)。

阳明期待由此契机能上溯龟山,恢复正学。据邓洪波先生考证,王门后学此后对东林也极为关心。嘉靖十三年(1534)提学闻人诠、隆庆元年(1567)提学耿定理、万历元年(1573)提学谢廷杰,皆曾应当地王门后学之请,议准修复东林书院。其中尤以无锡生员盛鏊为难得,其于隆庆元年(1567)、万历元年(1573)两次具呈请复书院,虽未能如愿,亦足以表明王门后学对东林之重视。[③] 由此可知,自正德八年至万历张居正禁毁书院之际,阳明本人及王门后学,都曾有过恢复东林之努力。正因此不懈之坚持,后来方在万历间由邑人顾宪成、高攀龙于龟山讲学故址弓河重建,详见后文。

## 八、镇江重建书院

1. 丹阳濂溪书院。明洪武十八年(1385),知事顾信在泮宫东侧创办濂溪书院。成化年间(1465—1487)移至文昌阁东,后废。具见前文。

---

① 裴大中、倪咸生修,秦缃业等纂:光绪《无锡金匮县志》卷六《学校》,《中国地方志集成·江苏府县志辑24》,江苏古籍出版社1991年版,第107页。
② 王守仁:《东林书院记》,《王阳明全集》卷二十三《外集五》,上海古籍出版社1992年版,第898页。
③ 邓洪波:《中国书院史》,武汉大学出版社2012年增订版,第430—431页。

2. 句容南轩书院。光绪《续纂句容县志》："在县治北,知县周仕(嘉靖间任)改接待寺为之(按:此二书院前志无考,疑南轩即三友,正心即华阳,名有互异,因并记之)。"[①]周仕无考,正心书院则见晚明之镇江书院。

# 第四节　本期重要书院——东台东淘精舍

湛王心学门人在全国范围内兴建书院极多,就江苏而言,甘泉及其门人所建有南京新泉书院、江浦新江书院、扬州甘泉书院;阳明后学则有耿定向建南京崇正书院、泰州吴陵书院,史际建溧阳嘉义书院,王臣新建泰州泰山书院、重建泰州安定书院,吕怀建南京新泉精舍,王皞建仪征亲民馆,雷应龙建扬州维扬书院等,但是他们走的都是上层精英路线,依然是士大夫之书院,而真正将明代、心学两重意义的书院推向民间的,则是心斋王艮。

**图 6-3　今盐城东台重建之东淘精舍(来源:自摄)**

① 张绍棠修,萧穆等纂:光绪《续纂句容县志》卷三下,《中国地方志集成·江苏府县志辑35》,江苏古籍出版社1991年版,第77页。

# 一、王艮其人

王艮(1483—1541),字汝止,号心斋,阳明高弟,泰州安丰场人(今盐城东台安丰镇)①,本名王银,出身灶丁,行商而富,尝过曲阜谒先圣,遂立志,常袖经默识,逢人质问,久而有悟,曾梦天陷只手复之,遂自我圣化,又闻江西王阳明学问颇肖己,故著自制之五常服舟往以辩,再输而拜,从此服膺。阳明改名为艮,字汝止,实欲抑其胜心也。不臆阳明去世后,心斋竟青出于蓝,跳出阳明窠臼,成一代宗师,弟子众多,致王学左派之位不能容,以至于黄宗羲辑《明儒学案》时,自觉将心斋一脉单列为泰州学派。

# 二、泰州其学

心斋虽带艺投师,然其学亦出自阳明自身之矛盾。朱子蔽在预设先天(验)、超验合一之本体,陷入形上之独断,其天理遂成孤悬天宇之强制规范。其所谓上达工夫,其实是向一个不证自明的本体之回归。故此由本体说工夫,遂成天堑无法打通,且无涉主体之个体性、现实性、过程性,遑论其又采取外向格物之知识路线。阳明由朱子之本体说工夫转为本体工夫相即之知行合一。② 但在先验论范围内,阳明本体的天赋性又使其工夫具有封闭性。故心斋杀出生天,于本体则"良知见在",于工夫则"百姓日用是道",于成效则"满街都是圣人"。关于其学术宗旨,《明儒学案》具列,后世文章亦伙,此处仅录心斋裔孙民国王士纬所撰之《学述》,计有十四条:良知为自然天则,百姓日用即道,学乐,看书先得头脑,格物有本末之物,修中以立本,修身以立本,大人造命,求万物一体之志,修身讲学以见于世,善教,安身,进不失本退不遗末,学术宗源在出处大节。③ 从中可窥一斑,此不赘述。

然心斋最成功处是将原属于士大夫专用的高级、精致、复杂之义理工夫,简之易之,以愚夫愚妇之唇吻道出,教化乡党,完成心学之平民化

---

① 清乾隆四十年(1775),由泰州析置东台县,安丰隶东台,中华人民共和国成立后东台划归盐城。
② 杨国荣:《王学通论——从王阳明到熊十力》,华东师范大学出版社2009年,第72页。
③ 王士纬:《心斋学谱》,《王心斋全集》,江苏教育出版社2001年版,第89—105页。

与儒学之下行。其派自由讲学、化行乡里。其明确奉守"苟得移风易俗,化及一邑一乡,虽成功不多,却原是圣贤经世家法"①之理念。师弟亦纯任平民,如心斋本为盐户,弟子有樵夫朱恕、吏胥李珠、窑匠韩贞、商人林讷、农夫夏云峰、布衣颜钧等。② 教化对象亦为平民,如心斋弟子韩贞"以化俗自任,随机指点,农工商贾从之游者千余。秋成农隙,则聚徒讲学,一村既毕又之一村,前歌后答,弦诵之声洋洋然也。"③

## 三、东淘其舍

心斋崛起海隅,以布衣直超名公,其所居之安丰,不过一偏陋盐场而已,然过往学者极多,李二曲称:"时大儒太宰湛公甘泉、祭酒吕公泾野、宗伯邹公东廓、欧公南野,咸严重先生,而罗殿元洪先尤数造其榻请益。"④心斋晚年,名动海内,四方学者麇至,故房屋不能容,嘉靖十五年(1536)御史洪垣遂在安丰建书院,名东淘精舍,⑤以供师生讲学。心斋去世后,精舍改作祠堂。

> 《年谱》:(嘉靖)十五年丙申,先生五十四岁。秋八月,御史洪公垣构东淘精舍。洪觉山访,先生与论简易之道……于是觉山请订乡约,令有司行之乡,俗为之变。又为先生构东淘精舍数十楹,以居来学。⑥

洪垣(1507—1593),字峻之,号觉山,徽州婺源人,嘉靖十一年(1532)壬辰进士,时礼部侍郎湛若水讲学京师,垣受业其门,授永康知县,征授御史。十五年过安丰访心斋。时人郭汝霖《东淘精舍记》详记之:

> 迄文成公殁,门人各以其说为教,而先生亦开门授徒,四方问学者多趋,先生舍隘不足以容,侍御觉山洪公垣乃为先生筑东淘精

① 王栋:《明儒王一庵先生遗集·会语续集》,《王心斋全集》,江苏教育出版社 2001 年,第 186 页。
② 黄宗羲:《明儒学案》卷三十二《泰州学案一》,中华书局 2008 年版,第 719—721 页。
③ 黄宗羲:《明儒学案》卷三十二《泰州学案一》,中华书局 2008 年版,第 720 页。
④ 李颙:《二曲集》卷二十二《观感录》,中华书局 1996 年版,第 276 页。
⑤ 东淘乃安丰旧称,北宋范文正公于此筑捍海长堤以防海浸,并将东淘改为安丰。
⑥ 王艮:《王心斋全集》卷三《年谱》,江苏教育出版社 2001 年版,第 186 页。

舍居之。舍凡若干楹,前为门中为厅后为勉仁堂,东西号舍若干间。先生时讲诵于是,闾闾处有濂洛遗风。

心斋即以此为基地,有教无类,与天下读书种子共处,其《送胡尚宾归省》诗云"之子家衡阳,远来路六千。专心求我学,一住即三年",从中可以看出其时也盛。《东淘精舍记》继云:

> 岁庚子,先生谢世,明年,巡盐象冈胡公植肖先生像于舍中,而总督介川毛公恺颜其上曰在田人龙,督学午山冯公天驭又为置祭田、定祀典,有司岁时躬奠。第去州治稍远未便,象冈公来视学时,因诸生请祀先生乡贤,而精舍之祭以场官主之。嘉靖乙丑,督学楚侗耿公定向按杨时,谓先生海内儒宗,不止一方之贤,遂特建吴陵书院专祀先生,而东淘精舍仍旧。①

斯人已逝,此志永存,东淘精舍为其后裔、弟子讲学所用,其后之演迁已不可详,亦不必详。

---

① 郭汝霖:《东淘精舍记》,《石泉山房文集》卷九,明万历郭氏家刻本。

# 第七章 明代江苏书院之三：
## 后期之向死而生

心斋有诗云："一片青天日，隐然星斗藏。未曾当夜景，何以见文章。"其辈躬逢太平，实不能体会明代后期日薄西山、渐坠长夜之漫漫，然明季之人，正是在此黑暗中，方可仰睹前人未曾见过之璀璨星斗，书院亦然。

## 第一节 明代后期江苏书院概述

明代书院如同宋元一样，有自己的低谷、高潮、衰落之轮回，在中期大爆发之后，晚期迎来自己的宿命，几乎与南宋一样，因为政权鼎革而骤然消亡。

### 一、明代后期江苏书院之数据

其一，从数量来看。本期共新建书院 32 所，重修 15 所。

隆庆朝（1566—1572）：新建 8 所：仪征东园书院（元年）、沛县镇山（两河）书院（三年）、沛县河清书院（三年）、徐州境山书院（四年）、淮安崇正书院（五年）、连云港朐阳毓秀书院（六年）、常州龙城书院（六年）、江阴爱溪书院（隆庆年间）；重建 1 所：邳州敬简书院。

万历朝（1572—1620）：新建 17 所，淮安正学书院（二年）、句容正心书院（三年）、句容华阳书院（三年）、宿迁陵云（毓俊）书院（五年）、盐城西书院（十年）、苏州芥隐书院（十七年之后）、东台泰东书院（十八年）、淮安志道书院(二十一年)、南京图南书院(二十七年)、宜兴明道书院(三十三至三十八年)、宜兴崇儒书院(三十三至三十八年)、南京江干书院(四十年)、南京文昌书院(四十三年)、昆山苏公书院(四十七年之后)、丰县中阳书院(四十八年)、南通五山书院、南京三贤书院;重建9所,盱眙登瀛书院(六年)、东台陆公书院(十年)、扬州五贤书院(十三年)、扬州崇雅书院(二十三年)、常州龙城书院(三十一年)、无锡东林书院(三十二年)、句容华阳书院(四十年)、溧阳金渊书院、苏州南山书院。

天启朝(1620—1627):新建3所,句容江左书院、泰兴凝秀书院、泰兴延令书院。

崇祯朝(1627—1644):新建3所,苏州正修讲院(十六年)、南京白马书院(七年至十四年间)、淮安黄公书院。重建4所:苏州金乡书院(九年)、靖江马洲书院(十一年)、镇江香山书院(十四年)、扬州维扬书院。

另有南京明德会馆,新建时间不详,约于万历、天启、崇祯年间所建。常熟虞山书院于万历三十四年、崇祯六年两次重建。

其二,从地域来看,苏南新建16所、重建8所,苏北新建16所、重建6所,南北均衡。

| 序号 | 城市 | 数量 | | 地域 | 总数 | | 备注 |
|---|---|---|---|---|---|---|---|
| | | 新建 | 重建 | | 新建 | 重建 | |
| 1 | 南京 | 6 | | 苏南 | 16 | 8 | |
| 2 | 苏州 | 3 | 3 | | | | |
| 3 | 无锡 | 3 | 1 | | | | |
| 4 | 常州 | 1 | 2 | | | | |
| 5 | 镇江 | 3 | 2 | | | | |
| 6 | 扬州 | 1 | 3 | 苏北 | 16 | 7 | |
| 7 | 泰州 | 2 | 1 | | | | |
| 8 | 南通 | 1 | | | | | |
| 9 | 淮安 | 4 | 1 | | | | |
| 10 | 宿迁 | 1 | | | | | |

| 序号 | 城市 | 数量 | | 地域 | 总数 | | 备注 |
|---|---|---|---|---|---|---|---|
| | | 新建 | 重建 | | 新建 | 重建 | |
| 11 | 盐城 | 2 | 1 | 苏北 | 16 | 7 | |
| 12 | 连云港 | 1 | | | | | |
| 13 | 徐州 | 4 | 1 | | | | |
| | 全省 | 32 | 15 | 全省 | 32 | 15 | |

其三,从创建主体看,新建书院,官办 24 所,民办 5 所,重建书院,官办 11 所,民办 3 所。官办共 35 所,民办 8 所。可见官办占据绝对地位。

| 序号 | 城市 | 性质 | | | 地域 | 总数 | | | 备注 |
|---|---|---|---|---|---|---|---|---|---|
| | | 官办 | 民办 | 不详 | | 官办 | 民办 | 不详 | |
| 1 | 南京 | 3/ | 3/ | / | 苏南 | 10/5 | 4/3 | 2/ | |
| 2 | 苏州 | 2/2 | /1 | 1/ | | | | | 虞山书院重建2次 |
| 3 | 无锡 | 3/ | /1 | / | | | | | |
| 4 | 常州 | 1/1 | /1 | / | | | | | |
| 5 | 镇江 | 1/2 | 1/ | 1/ | | | | | |
| 6 | 扬州 | 1/3 | / | / | 苏北 | 13/6 | 1/1 | 2/ | |
| 7 | 泰州 | /1 | / | 2/ | | | | | |
| 8 | 南通 | 1/ | / | / | | | | | |
| 9 | 淮安 | 4/1 | / | / | | | | | |
| 10 | 宿迁 | 1/ | / | / | | | | | |
| 11 | 盐城 | 2/1 | / | / | | | | | |
| 12 | 连云港 | 1/ | / | / | | | | | |
| 13 | 徐州 | 3/ | 1/1 | / | | | | | |
| | 全省 | 23/11 | 5/4 | 4/ | 全省 | 23/11 | 5/4 | 4/ | |

其四,从执行功能看,新建中综合 2 所、讲学 16 所、祭祀 6 所、自修 1 所,不详 7 所;重建中,综合 2 所、讲学 7 所、祭祀 4 所、不详 2 所。

| 序号 | 城市 | 性质 | | | | | 地域 | 总数 | | | | | 备注 |
|---|---|---|---|---|---|---|---|---|---|---|---|---|---|
| | | 综合 | 讲学 | 祭祀 | 自修 | 不详 | | 综合 | 讲学 | 祭祀 | 自修 | 不详 | |
| 1 | 南京 | / | 3/ | 1/ | 1/ | 1/ | 苏南 | 2/2 | 7/5 | 4/1 | 1/ | 2/ | |
| 2 | 苏州 | 1/2 | / | 2/1 | / | / | | | | | | | |
| 3 | 无锡 | 1/ | 2/1 | / | / | / | | | | | | | |
| 4 | 常州 | / | 1/2 | / | / | / | | | | | | | |
| 5 | 镇江 | / | 1/2 | 1/ | / | 1/ | | | | | | | |
| 6 | 扬州 | / | 1/2 | /1 | | | 苏北 | / | 9/2 | 2/3 | / | 5/2 | |
| 7 | 泰州 | / | / | / | / | 2/1 | | | | | | | |
| 8 | 南通 | / | / | / | / | 1/ | | | | | | | |
| 9 | 淮安 | / | 4/ | / | / | /1 | | | | | | | |
| 10 | 宿迁 | / | 1/ | / | / | / | | | | | | | |
| 11 | 盐城 | / | 1/ | 1/1 | / | / | | | | | | | |
| 12 | 连云港 | / | 1/ | / | / | / | | | | | | | |
| 13 | 徐州 | / | 1/ | 1/1 | / | 2/ | | | | | | | |
| | 全省 | 2/2 | 16/7 | 6/4 | 1/ | 7/2 | 全省 | 2/2 | 16/7 | 6/4 | 1/ | 7/2 | |

## 二、朱子学复兴与书院讲学主角之置换

明代中晚期,书院之主角有阳明学与朱子学之暗置。明代中期,心学独占鳌头,湛王流布天下,至晚期,王门后学依然活跃,继续以书院为基地,大兴讲会,但心学之弊端业已呈现,势如弩末。此如梁任公所云:"晚明学风之敝,流为狂禅,满街皆是圣人,酒色财气不碍菩提路。猖狂至此,势固不得不有所因革。"①反思王学的理学诸子亦渐渐恢复元气,展开对心学之批判,以顾宪成万历年间恢复东林为代表,逐渐取代王门成为书院之主角。张居正、魏忠贤接武禁毁天下书院,王学就此仆矣,而东林书院在天下兴亡的旗帜下,死而复生。详见本章第四节。

---

① 梁启超:《论中国学术变迁之大势》,中国人民大学出版社 2004 年版,第 92 页。

## 三、官方两毁书院

明代中期有嘉靖之毁，晚期则有万历、天启之毁。柳诒徵先生云："明代书院，一毁于张居正，再毁于魏忠贤，民力士气，屡经摧剥。然万历初毁书院，士气犹能复振，东林其荦荦大者，而明道、崇儒为之襟翼焉。天启再毁书院，儒风由之颓丧，启、祯间兴建者寥寥。人亡国瘁，其故可思矣。"①

其一，万历之毁。万历初年，张居正成为内阁首辅之后，开始在思想领域钳制异议、禁毁书院。大致分为两个步骤。

首先，"不许别创书院"。张居正个人非常痛恨讲学，其云："夫昔之为同志者，仆亦尝周旋其间，听其议论矣。然窥其微处，则皆以聚党贾誉，行径捷举，所称道德之说虚而无当，庄子所谓其嗌言者若哇，佛氏所谓虾蟆禅耳。而其徒侣众盛，异趋为事，大者摇撼朝廷，爽乱名实，小者匿蔽魑秽，趋利逃名。嘉隆之间深被其祸，今犹未殄。此主持世教者所深忧也。……仆愿今之学者，以足蹈实地为功，以崇尚本质为行，以遵守成宪为准，以诚心顺上为忠，兔鱼未获无舍筌蹄，家当未完毋撤藩卫，毋以前辈为不足学而轻事诋毁，毋相与造为虚谈，逞其胸臆以挠上德也。"②此是其个人之学术见解，学术乃天下之公器，江陵却以公权霸公器而私之。万历三年（1575）五月初三日，其首提"不许别创书院"的主张："圣贤以经术垂训，国家以经术作人。若能体认经书，便是讲明学问，何必又别标门户，聚党空谈。今后各提学官，督率教官生儒，务将平日所习经书义理，着实讲求，躬行实践，以需他日之用。不许别创书院，群聚徒党，及号招他方游食无行之徒，空谈废业。因而启奔竞之门，开请托之路。违者，提学御史，听吏部督察院考察奏黜，提学按察司官，听巡按御史劾奏，游士人等，许各抚按衙门访拿解发。"③

① 柳诒徵：《江苏书院志初稿》，赵法生、薛正兴主编：《中国历代书院志》第1册，江苏教育出版社1995年版，第34—35页。

② 张居正：《新刻张太岳先生文集》卷二十九《答南司成屠平石论为学》，《续修四库全书》第1346册，上海古籍出版社2002年版，第206—207页。

③ 张居正：《新刻张太岳先生文集》卷三十九《请申旧章饬学政以振兴人才疏》，《续修四库全书》第1346册，上海古籍出版社2002年版，第340页。

其次，"禁毁天下书院"。然彼时士人讲学流布天下，非江陵一人好恶所能遏制，王门后学又与其不断对抗，使学术之争演为政治之争。如罗汝芳"万历五年（1577），进表，讲学于（北京）广慧寺，朝士多从之者，江陵恶焉。给事中周良寅劾其事毕不行，潜住京师，遂勒令致仕"。① 而随后之"夺情"案中，王门后学何心隐、邹元标等猛烈批评江陵"忘亲贪位"，"位极人臣，反不修匹夫之节"，使矛盾进一步激化。江陵自辩云："今人妄谓孤不喜讲学者，实为大诬。孤今所以佐明主者，何有一事一语背于尧舜周孔之道。但孤所为皆欲身体力行，以是虚谈者无容耳。"② 又云："吾所恶者，恶紫之夺朱也，莠之乱苗也，郑声之乱雅也，作伪之乱学也。夫学乃吾人本分内事，不可须臾离者。言喜道学者，妄也，言不喜亦妄也。干中横计去取，言不宜有不喜道学者之名，又妄之妄也。"③ 故至万历七年（1579），常州知府施观民创建龙城书院，被人告发科敛民财，江陵便以此为契机，以"科敛民财，私创书院"，将施观民革职治罪，且罗织"群聚党徒""空谈废业""摇撼朝廷"等罪名禁毁天下书院。如《明史·神宗本纪》载："七年春正月戊辰，诏毁天下书院。"④《明通鉴》载："先是原任常州知府施观民，以科敛民财，私创书院，坐罪褫职。而是时士大夫竞讲学，张居正特恶之，尽改各省书院为公廨，凡先后毁应天等府书院六十四处。"⑤ 沈德符亦云："今上（万历）初政，江陵（张居正）公痛恨讲学，立意翦抑，适常州知府施观民，以造书院科敛见纠，遂遍行天下拆毁，其威令之行，峻于世庙。"⑥

万历之毁纯出于江陵个人之恩怨，故未得人心，万历十年（1582）他死后不久，朝廷即拨乱反正颁旨："凡天下书院，俱准复之。"然湛王书院之局面为之一勒，生气稍挫。如沈德符云："江陵败而建白者力攻，亦以

① 黄宗羲：《明儒学案》卷三十四《泰州学案三》，中华书局 2008 年版，第 760 页。
② 张居正：《答宪长周友山明讲学》，《新刻张太岳先生文集》卷三十，续修四库全书编纂委员会：《续修四库全书》第 1346 册，上海古籍出版社 2002 年版，第 217 页。
③ 张居正：《答宪长周友山讲学》，《新刻张太岳先生文集》卷三十一，续修四库全书编纂委员会：《续修四库全书》第 1346 册，上海古籍出版社 2002 年版，第 231 页。
④ 张廷玉：《明史》卷二十《神宗》本纪一，中华书局 1977 年版，第 266 页。
⑤ 夏燮：《明通鉴》卷六十七，续修四库全书编纂委员会：《续修四库全书》第 366 册，上海古籍出版社 2002 年版，第 102 页。
⑥ 沈德符：《万历野获编·书院》卷二十四，中华书局 1959 年版，第 608 页。

此为权相大罪之一,请尽行修复。当事者以祖制所无折之,其议不果行。近年理学再盛,争以皋比相高,书院聿兴,不减往日,李见罗在郧阳,遂拆参将衙门改造,几为武夫所杀,于是人稍有戒心矣。"①

其二,天启之毁。明末东林书院异军突出,议政干时,忤逆魏忠贤,阉党遂与东林士子展开残酷的政治斗争,天启五年(1625)魏党矫诏拆毁天下书院,东林片瓦寸椽不留,明之禁毁书院,以此为最重。此详见本章第四节。崇祯初年,尽除魏党,诏复书院,然内忧外患,旋遭大变,内外交困,书院亦刚刚恢复生气即遭灭顶之灾。

故有明之三禁书院,嘉靖初禁,只是初步抑制书院之迅猛发展,万历再禁,则手起刀落,斩断书院之全盛气运,天启三禁,则书院全面沦陷。湛王推动下形成的明代书院之辉煌即如夕阳坠落,令人唏嘘。对此毁禁,船山所论极为悲痛,其云:

> 及韩侂胄立伪学之名,延及张居正、魏忠贤,率以此附致儒者于罪罟之中,毁其聚讲之所,陷其受学之人,钳网修士,如防盗贼。彼亦非无挟以为之辞也,固将曰:"天子作君师,以助上帝绥四方者也。亦既立太学于京师,设儒学于郡邑,建师长,饩生徒,长吏课之,贡举登之,而道术咸出于一。天子之导士以兴贤者,修举详备,而恶用草茅之士,私立门庭以亢君师,而擅尸其职,使支离之异学,雌黄之游士,荧天下之耳目而荡其心。"为此说者,听其言,恣其辩,不核其心,不揆诸道,则亦娓娓乎其有所执而不可破也。然而非妨贤病国,祖申、商以虔刘天下者,未有以此为谋国之术者也。
>
> 君子于此,以道自任,而不嫌于尸作师之权者,诚无愧也。道不可隐而明之,人不可弃而受之,非若方外之士,据山林以傲王侯也;非若异端之师,亢政教以叛君父也。所造者,一王之小子;所德者,一王之成人。申忠孝之义,劝士而使之亲上;立义利之防,域士而使之靖民。分天子万几之劳,襄长吏教思之倦;以视抡文之典不足以奖行,贡举之制不足以养恬,其有裨于治化者远矣。
>
> 当四海一王之世,虽尧、舜复起,不能育山陬海澨之人材而使

---

① 沈德符:《万历野获编·书院》卷二十四,中华书局1959年版,第608页。

为君子。则假退处之先觉，以广教思，固其所尸祝而求者也。为君子者，又何愧焉？教行化美，不居可纪之功，造士成材，初无邀荣之志。身先作范，以远于饰文行干爵禄之恶习，相与悠然于富贵不淫、贫贱不诎之中。将使揣摩功利之俗学，愧悔而思附于青云。较彼抡才司训之职官，以诗书悬利达之标，导人弋获者，其于圣王淑世之大用，得失相差，不已远乎？①

船山驳斥官方禁毁之借口，为书院正名，认为儒者以道统自任，不必自嫌，相反应当仁不让，于斯道精勇奋进。

## 第二节　明代后期江苏各市新建书院

### 一、常州新建书院

常州“龙城书院”。隆庆六年(1572)常州知府施观民建，万历七年(1579)禁于张居正。康熙《常州府志》：“龙城书院万历初知府施观民改创，旋奉旨折毁，鬻其地于民。”②乾隆《江南通志》：“施观民，字于我，福清人。隆庆中，守常州，浚玉带河，曰：后此当人文日盛，建龙城书院，选诸生之秀者课之，与其选者人以为荣。”③康熙《常州府志》以施观民在万历初创龙城书院，误。乾隆《江南通志》则定在隆庆中，是。道光《武进阳湖合志》载邑人薛应旂《记》，其中有“隆庆辛未(1571)，郡守施侯观民至，养士治民，勤于课试，于是抚按提学诸公咸属侯为兴复之举，侯乃卜地于府治之东南，旧晋陵县废址，筑焉，改题曰龙城书院”。④ 按施观民，福清进士，隆庆五年(1571)任常州知府，隆庆六年(1572)即创办龙城书

① 王夫之：《宋论》卷三《真宗》，《船山全书》第11册，岳麓书社2008年版，第79—81页。

② 于琨修，陈玉璂纂：康熙《常州府志》卷十五《学校》，《中国地方志集成·江苏府县志辑37》，江苏古籍出版社1991年版，第294—295页。

③ 黄之隽、赵弘恩：乾隆《江南通志》卷一百十四《职官志》，永瑢、纪昀等编纂：《四库全书》第510册，上海古籍出版社1987年版，第366页。

④ 孙琬、王德茂修，李兆洛、周仪暐纂：道光《武进阳湖合志》卷十二《学校》，《江苏历代方志全书·常州府部》第20册，凤凰出版社2018年版，第448页。

院。乾隆《福清县志》载"施观民,字于我,时和人。嘉靖乙丑进士,户部主事,历郎中,出守常州","万历癸酉,举于乡者三十余人",癸酉乃万历元年(1573),则其创建自当是隆庆中。施氏选拔优秀学子,亲自为他们上课,万历二年状元孙继皋即出于此书院,后来名扬天下的东林书院重建者顾宪成、顾允成兄弟也曾就学于此。然见恶于张居正,书院被毁,前文已述。后欧阳东凤重建,详见下文。

## 二、淮安新建书院

1. 淮安崇正书院。乾隆《江南通志》:"在清河县,明隆庆五年(1571)知县张性诚以如意庵改建书院,立号舍二十间,置斋长二人,领袖诸生。中有讲堂,买地为园,以资膏火。天启间圮。"[①]按《江南通志》作"性诚"误,光绪《淮安府志》作惟城,[②]光绪丙子《清河县志》作惟诚,[③]当为张惟诚,字豫吾,河北永清人,隆庆五年(1571)进士,[④]任清河县县令,隆庆六年(1572)调任山东汶上县县令,官至四川右参政。

2. 淮安正学书院。《古今图书集成》:"在郡城西南隅,府学西。明万历二年(1574),都御史王宗沐建,堂轩祠、门厨、号房共七十七间。"[⑤]光绪《淮安府志》:"城内西南隅,万历中建,后废为大云庵。"[⑥]

3. 淮安志道书院。《古今图书集成》:"在郡城府学南,明万历二十一年(1593),署府事推官曹于汴建,前后堂、号房共一十余间。"[⑦]

4. 淮安黄公书院。光绪《淮安府志》:"在蒲葭巷西,明知县黄文焕

① 黄之隽、赵弘恩:乾隆《江南通志》卷九十《学校志》,永瑢、纪昀等编纂:《四库全书》第509册,上海古籍出版社1987年版,第529页。

② 孙云锦修,吴昆田、高延第纂:光绪《淮安府志》卷二十一《学校》,《中国地方志集成·江苏府县志辑54》,江苏古籍出版社1991年版,第301页。

③ 胡裕燕修,吴昆田、鲁蕡纂:光绪丙子《清河县志》卷十《学校》,《中国地方志集成·江苏府县志辑55》,江苏古籍出版社1991年版,第933页。

④ 据《明穆宗实录》记载,张惟诚为隆庆五年辛未科殿试金榜第三甲第240名,赐同进士出身。

⑤ 陈梦雷编纂,蒋廷锡校订:《古今图书集成》第12册《方舆汇编·职方典》第七百四十六卷《淮安府学校考》,中华书局、巴蜀书社1985年版,第14445页。

⑥ 孙云锦修,吴昆田、高延第纂:光绪《淮安府志》卷二十一《学校》,《中国地方志集成·江苏府县志辑54》,江苏古籍出版社1991年版,第298页。

⑦ 陈梦雷编纂,蒋廷锡校订:《古今图书集成》第12册《方舆汇编·职方典》第七百四十六卷《淮安府学校考》,中华书局、巴蜀书社1985年版,第14445页。

建,顺治末知县谷元亨新之,因号黄公书院。院后旧有二帝祠,久之院毁,人但知二帝祠矣。按文焕崇祯中来山阳,政事之暇,召致士人,讲学术,厉风节,□起龙诸人皆其弟子也。"①

### 三、连云港新建书院

连云港胸阳毓秀。隆庆《海州志》:"续建书院,曰胸阳毓秀,在儒学敬一亭前。隆庆六年(1572),知州郑复亨创建。号房十八间,讲堂三间,门楼一座,令生员肄业于中,以时而考课焉。"②

### 四、南京新建书院

1. 南京图南书院。《古今图书集成》:"明万历二十七年(1599),(溧水)前令徐必达以修学羡金,构书院于学宫之右,隙地堂曰浩然堂,左一楹为庖堂,南有轩曰试春轩。后凿地为池,池上有轩曰凤池,别馆轩前之东有亭曰玉莲亭,亭前有台曰钓鳌台,今皆废,惟址存。"③《明史》载:"徐必达(1562—1645),浙江秀水人,字德夫,万历二十年进士,知溧水县。"④天启五年(1625年)八月,阉党矫旨毁天下书院,图南停办。光绪《溧水县志》:"今址亦不可考矣"。⑤

2. 南京江干书院。光绪《江浦埤乘》:"在浦口玉虚观内,明万历四十年(1612)邑国子生沈自明创建,知县余枢题额,有碑记,今俱佚。"⑥

3. 南京文昌书院。《古今图书集成》:"在府学成贤街,原国子监文昌阁也。明万历乙卯(四十三年,1615),国学助教许令典创建。皇清顺治庚子(十七年,1660),学博朱谟同学生郑之璘、白梦鼎、董钦重修,建

---

① 孙云锦修,吴昆田、高延第纂:光绪《淮安府志》卷二十一《学校》,《中国地方志集成·江苏府县志辑54》,江苏古籍出版社1991年版,第298页。
② 张峰纂修:隆庆《海州志》卷五《教典》,《天一阁藏明代方志选刊》,上海古籍书店1962年影印本。
③ 陈梦雷编纂,蒋廷锡校订:《古今图书集成》第12册《方舆汇编·职方典》第六百五十七卷《江宁府学校考》,中华书局、巴蜀书社1985年版,第13680页。
④ 张廷玉:《明史》卷二百九十二《列传》第一百八十,中华书局1977年版,第7501页。
⑤ 傅观光等修,丁维诚纂:光绪《溧水县志》卷七《学校》,《中国地方志集成·江苏府县志辑33》,江苏古籍出版社1991年版,第362页。
⑥ 侯宗海、夏锡宝纂:光绪《江浦埤乘》卷十二《学校下》,《中国地方志集成·江苏府县志辑5》,江苏古籍出版社1991年版,第129页。

坊申请额曰文昌书院,以为读书讲学之所。"①

4. 南京三贤书院。约于万历晚期,溧水崇贤乡(今柘塘)乡民为祀前令徐必达、徐良彦、张锡命而建。光绪《溧水县志》:"三贤书院,在柘塘镇,本惠民仓也。万历间,乡民建以储谷,又因本邑漕粮改折始终其事者,为县令徐必达、徐良彦、张锡命,并肖像以祀焉,共屋十一间。前志云左侧四间稍倾圮,余尚完整。"按《县志》卷五《官师志》云:"张锡命,江西进贤人,由进士(万历)三十六年(1608)任。"②则此书院当建于万历末。

5. 南京明德会馆。万历天崇间邑人郑朝聘建,为讲学之所。光绪《江浦埤乘》:"明德会馆在治南石碛镇,明邑人郑朝聘讲学处,今废。"③又:"郑朝聘,诸生,遵教乡人,少游焦文端竑之门,究心理学,所著庐言家范,皆躬行实践,不等空言。尝讲学明德会馆,大江南北从游者众,称为艮岳先生。"④按,石碛镇即今浦口桥林镇。郑朝聘少从焦竑求学,焦竑逝于万历四十八年(1620),则郑氏讲学当在万历、天崇间。

6. 南京白马书院。《古今图书集成》:"在(江浦)白马寺左,即慕贤祠,祀宋儒陆象山、明儒陈白沙、王阳明,即明知县李维樾讲书处。"⑤光绪《江浦埤乘》:"今废。"⑥按李维樾(?—1654),号荫昌,晚年号素园老人。祖籍从福建迁入瑞安。万历四十三年(1615)中举人,崇祯七年(1634)授江浦令,维樾在江浦任上八年多,敬重乡贤,激励后学,亲临授课,撰《格言纂要》《瑞凤堂讲录》等,并纂修《江浦县志》12卷,一时文风蔚起。十四年(1641)擢升户部给事中,故书院当在崇祯七年至十四年

---

① 陈梦雷编纂,蒋廷锡校订:《古今图书集成》第12册《方舆汇编·职方典》第六百五十七卷《江宁府学校考》,中华书局、巴蜀书社1985年版,第13678页。

② 傅观光等修,丁维诚纂:光绪《溧水县志》卷五《官师志》,《中国地方志集成·江苏府县志辑33》,江苏古籍出版社1991年版,第302页。

③ 侯宗海、夏锡宝纂:光绪《江浦埤乘》卷十二《学校下》,《中国地方志集成·江苏府县志辑5》,江苏古籍出版社1991年版,第129页。

④ 侯宗海、夏锡宝纂:光绪《江浦埤乘》卷二十六《人物五》,《中国地方志集成·江苏府县志辑5》,江苏古籍出版社1991年版,第259页。

⑤ 陈梦雷编纂,蒋廷锡校订:《古今图书集成》第12册《方舆汇编·职方典》第六百五十七卷《江宁府学校考》,中华书局、巴蜀书社1985年版,第13681页。

⑥ 侯宗海、夏锡宝纂:光绪《江浦埤乘》卷十二《学校下》,《中国地方志集成·江苏府县志辑5》,江苏古籍出版社1991年版,第129页。

(1634—1641)间。

## 五、南通新建书院

南通五山书院。光绪《通州志》："在狼山东麓,明万历中知州林云程建,今圮。"[1]林云程,字登卿,号震西,泉州晋江人,嘉靖四十四年(1565)进士,万历三年(1575)任通州知州,故此书院当在此后所建。

## 六、宿迁新建书院

宿迁凌云书院。乾隆《江南通志》："在宿迁县治南,明万历三年(1575)知县喻文伟建。中为明德堂,后为静思轩,左右日新、时习二斋,集诸生会文其中。"[2]同治《徐州府志》："其已废者有凌云书院,在新城南门内,明万历五年(1577)知县喻文伟建,亦名毓俊社学。"[3]按喻文伟(纬),字汝器,号同宇,南昌府人,举人,万历二年(1574)知宿迁,四年后调离。同治《志》谓"在新城南门",此新城乃是对旧城而言。宿迁地卑,处沂、沭、泗之下游,运河及黄河故道穿腹而过,久患洪灾,县治屡迁。宋初黄河夺泗入淮,县治北移,元至元十二年(1275)又移。然新县城地势依低,水患未解,至明嘉靖、隆庆年间,民居已半圮于河,县衙房舍也倒塌过半,故万历四年(1576)县治北迁马陵山麓,次年黄河吞没旧治,洪水走于新治城下。故《江南通志》记作万历三年当误,因彼时宿迁旧城泡在洪水中,至四年方迁新址,故凌云当是五年在新址所建。

## 七、苏州新建书院

1. 苏州芥隐书院。民国《吴县志》："在广济桥南,系明礼部尚书袁安节公洪愈祠。又汉司徒袁邵公安祠,向在长洲县顾家桥西。清康熙

---

① 梁悦馨、莫祥芝修,季念诒、沈锃纂:光绪《通州直隶州志》卷五《学校》,《中国地方志集成·江苏府县志辑52》,江苏古籍出版社1991年版,第260页。

② 黄之隽、赵弘恩:乾隆《江南通志》卷九十《学校志》,永瑢、纪昀等编纂:《四库全书》第509册,上海古籍出版社1987年版,第530页。

③ 吴世熊、朱忻修,刘庠、方骏谟纂:同治《徐州府志》卷十五《学校》,《中国地方志集成·江苏府县志辑61》,江苏古籍出版社1991年版,第463页。

七年,裔孙府学生袁德馨呈宪移主合祀于此。今废。"①袁洪愈(1516—1589),字抑之,号裕春,吴县人,嘉靖二十六年进士,官至礼部尚书,万历十五年,就改吏部,其冬引年乞休。帝重其清德,加太子少保致仕。年七十四卒。则此书院之建,必在万历十七年(1589)去世后。

2. 昆山苏公书院。道光《昆新两县志》:"在宾曦门外,明知县苏寅宾建,后改为苏公祠,即今一宿庵基。"②苏氏字初仲,号日门,同安人,万历四十七年(1619)进士,授昆山县令,故是院之建当在此年之后。

3. 苏州正修讲院。崇祯十六年(1643),吴县县令牛若麟建。清《百城烟水》云:"正修讲院,在虎丘东。崇祯末,吴县令牛若麟生祠。"③乾隆《元和县志》:"正心书院在虎丘山前,斟酌桥西,明崇祯十六年,吴邑令牛若麟捐资建中堂奉先贤周、程十子,后为学舍,又后为楼,额曰正修讲院。去后,士民思之,于后楼奉生位祀焉。见史官徐汧《去思碑记》。"④入清后更为正心书院,详见后文。

## 八、泰州新建书院

1. 泰兴凝秀书院。光绪《泰兴县志》:"在城东隅,明天启中建,今废。"⑤

2. 泰兴延令书院。光绪《通州直隶州志》:"在城南庆延铺,旧在治东,明天启中建。"⑥按,泰兴于清雍正二年(1724)由扬州改属通州,故见此志。

## 九、无锡新建书院

1. 宜兴明道书院。万历三十三至三十八年(1605—1610)间,知县

---

① 曹允源、李根源纂:民国《吴县志》卷二十七《书院》,《中国地方志集成·江苏府县志辑11》,江苏古籍出版社1991年版,第404页。

② 张鸿、来汝缘修,王学浩等纂:道光《昆新两县志》卷四《学校》,《中国地方志集成·江苏府县志辑15》,江苏古籍出版社1991年版,第66页。

③ 徐崧:《百城烟水》卷三,江苏古籍出版社1999年版,第191页。

④ 许治修,沈德潜、顾诒禄纂:乾隆《元和县志》卷六《坛祠》,《中国地方志集成·江苏府县志辑14》,江苏古籍出版社1991年版,第86页。

⑤ 杨激云修,顾曾烜纂:光绪《泰兴县志》卷十三,《中国地方志集成·江苏府县志辑51》,江苏古籍出版社1991年版,第113页。

⑥ 梁悦馨、莫祥芝修,季念诒、沈锽纂:光绪《通州直隶州志》卷五《学校》,《中国地方志集成·江苏府县志辑52》,江苏古籍出版社1991年版,第262页。

喻致知建,名儒毕至,与东林相辉映,天启年间毁于阉党。

　　乾隆《江南通志》:在宜兴县城东隅,周孝侯墓左。明万历间太仆史孟麟讲学其地。知县喻致知倡建书院,为士绅讲习之所,巡抚周孔教题曰"明道",名贤学士云集,与东林相辉映,后圮。①

　　光绪《宜荆新志》:在周孝侯墓左,史太仆(孟麟)于焉讲学。邹南皋(元标)、刘念台(宗周)诸公,不远千里赢粮而至。顾(宪成)、唐(鹤征)、高(攀龙)、钱(一本)暇则携及门讲诵焉,院中祀唐(棣)、周(衡)、万(吉)三先生。而县东三贤之祠,士人课业其间,亦称崇儒书院……天启之叶,魏珰擅国,书院尽废。②

　　嘉庆《增修宜兴县旧志》:在城东隅周孝侯墓侧,明万历间太仆史孟麟讲学之所,后邑令喻公致知倡建,以为士绅讲习地,巡抚周公孔教题曰明道书院,一时名贤学士云集,与东林相辉映,至魏珰擅国时,乃毁。③

　　《明儒学案》:"甲辰,东林书院成……其他闻风而起者……荆溪有明道书院,虞山有文学书院。"④甲辰即万历三十二年(1604),则明道书院乃是在此之后不久。按,周孝侯即西晋之周处,其庙碑是北宋元祐六年(1091)立于宜兴。史孟麟(1559—1623),字际明,号玉池先生,宜兴人。据《登科录》及《在陆草堂文集·史村南传》等文献考得其确切行年。万历十一年(1583)进士,时年25岁。喻致知,是江西新建人,据喻氏族谱载,其于万历三十三至三十八年任宜兴知县,则书院必建在此五年内。

　　2. 宜兴崇儒书院。《古今图书集成》:"在东察院西。明万历甲辰(三十二年,1604)郡守欧阳、邑令王创建,祀宋唐少秘,明周纪善、万学博。元字七十三号基址二亩六分二厘九毫,今废去二分八厘一毫五丝,

---

① 黄之隽、赵弘恩:乾隆《江南通志》卷九十《学校志》,永瑢、纪昀等编纂:《四库全书》第509册,上海古籍出版社1987年版,第528页。

② 施惠、钱志澄修,吴景墙等纂:光绪《宜荆新志》卷四《学校》,《中国地方志集成·江苏府县志辑40》,江苏古籍出版社1991年版,第107页。

③ 李先荣原本,阮升基增修、宁楷等增纂:嘉庆《增修宜兴县旧志》卷四《学校》,《中国地方志集成·江苏府县志辑39》,江苏古籍出版社1991年版,第137页。

④ 黄宗羲:《明儒学案》卷五十八《东林学案一》,中华书局2008年版,第1377页。

东止察院，西止周房，南止街北止周房。"①嘉庆《增修宜兴县旧志》："崇儒书院在宜兴县治东，即今三贤祠，详见坛庙。"②又："三贤祠，一名崇儒书院，在宜兴县治东，万历甲辰郡伯欧阳公、邑令王镔创建，祀宋唐少秘（唐彦思），明周纪善（周道通）、万学博（万古斋）三先生。"③此三贤祠，士人课业其间，又称之为"崇儒书院"。东林书院兴盛之时，以明道书院、崇儒书院为辅。

3. 江阴爱溪书院。光绪《江阴县志》："在学内，隆庆间，训导范丞宠捐俸构讲堂三楹，浚沼筑垣以课诸生，署县高健即其地题曰爱溪，后废。"④

## 十、徐州新建书院

1. 沛县镇山书院。始建于隆庆三年（1569），邑人为纪念治河名臣朱衡而建生祠，朱氏号镇山。万历《徐州志》："在夏镇，镇山为工部尚书朱衡别号。嘉靖乙丑（四十四年，1565），衡奉特命创开新河时，民戴德，即夏镇驻节处祠祀之，衡不居，以书院名，礼部尚书董份记。"⑤民国《沛县志》："在夏镇，明隆庆初建。（钱锡汝《镇山书院记》：镇院者，建为少保大司空朱公生祠也……院建于丁巳年三月成于庚午年五月。）"⑥朱衡（1512—1584），字士南、惟平，号镇山，江西吉安府万安人，嘉靖十一年进士，历任有治声，四十四年擢南京刑部尚书。八月，河决沛县飞云桥，东注昭阳湖，运道淤塞百余里。上忧之甚，改衡工部尚书兼右副都御史，总理河漕，功成，隆庆元年，加太子少保。按隆庆朝无丁巳，故《县

① 陈梦雷编纂、蒋廷锡校订：《古今图书集成》第 12 册《方舆汇编·职方典》第七百十四卷《常州府学校考》，中华书局、巴蜀书社 1985 年版，第 14172 页。

② 李先荣原本，阮升基增修、宁楷等增纂：嘉庆《增修宜兴县旧志》卷四《学校》，《中国地方志集成·江苏府县志辑 39》，江苏古籍出版社 1991 年版，第 137 页。

③ 李先荣原本，阮升基增修、宁楷等增纂：嘉庆《增修宜兴县旧志》卷二《营建》，《中国地方志集成·江苏府县志辑 39》，江苏古籍出版社 1991 年版，第 69 页。

④ 卢思诚、冯寿镜修，季念诒、夏炜如纂：光绪《江阴县志》卷五《学校》，《中国地方志集成·江苏府县志辑 25》，江苏古籍出版社 1991 年版，第 190 页。

⑤ 姚应龙等纂修：万历《徐州志》卷二《古迹》，《江苏历代方志全书·徐州府部》第 3 册，凤凰出版社 2018 年版，第 60 页。

⑥ 于书云修，赵锡蕃纂：民国《沛县志》卷七《学校》，《中国地方志集成·江苏府县志辑 63》，江苏古籍出版社 1991 年版，第 98—99 页。

志》当误,又庚午为隆庆四年(1570),则其创建当在己巳年,即隆庆三年(1569)。

2. 徐州河清书院。万历《徐州志》:"在东门里,因门为河清,故名。隆庆三年(1569),知州章世祯创建。万历二年(1574),知州刘顺之改大门进内数尺,堂后增置寝室,其规益大焉。"①《古今图书集成》:"今废。"②

3. 徐州境山书院。万历《徐州志》:"在境山山麓。隆庆四年(1570),吕梁洪主事吴自新浚河境山,憩于此,因创建焉。"③吴自新,字伯恒,南直隶祁门人,隆庆戊辰(1568)二甲进士。初授工部都水司主事,实际被分发到徐州吕梁洪分司。后升南刑部侍郎,卒。吴自新初任都水主事,官名。明设都水清吏司,属工部,掌川泽池沼桥道舟车等事。

4. 丰县中阳书院。同治《徐州府志》:"明万历末,知县宋士中建。"④按宋士中,奉新人,举人,万历四十八年(1620)任丰县知县,天启三年(1623)由刘调羹(禹州人,进士)接任。万历朝只有四十八年,后面即是天启朝。故此书院必于此年建。其名称取自《易经》,明张榜《新建中阳书院记》云:"《易》之《丰》曰:丰,亨,宜日中。其《象》曰:宜日中,宜天下也。"⑤

## 十一、盐城新建书院

1. 盐城西书院。万历十年(1582)知县杨瑞云建。《古今图书集成》:"西书院在县治西北隅,明万历十年建。正堂三间,东西厢房各三

---

① 姚应龙等纂修:万历《徐州志》卷二《古迹》,《江苏历代方志全书·徐州府部》第3册,凤凰出版社2018年版,第57页。

② 陈梦雷编纂,蒋廷锡校订:《古今图书集成》第12册《方舆汇编·职方典》第七百七十一卷《徐州学校考》,中华书局、巴蜀书社1985年版,第14651页。

③ 姚应龙等纂修:万历《徐州志》卷二《古迹》,《江苏历代方志全书·徐州府部》第3册,凤凰出版社2018年版,第182页。

④ 吴世熊、朱忻修,刘庠、方骏谟纂:同治《徐州府志》卷十五《学校》,《中国地方志集成·江苏府县志辑61》,江苏古籍出版社1991年版,第460页。

⑤ 姚鸿杰等纂修:光绪《丰县志》卷十二《艺文类》,《中国地方志集成·江苏府县志辑65》,江苏古籍出版社1991年版,第225页。

间,东西耳房各三间,二门一座,大门一座。"①光绪《淮安府志》:"废。"②按杨瑞云,字肖韩,广东南海(今新会)人,万历七年(1579)进士,任盐城知县,十三年卸任。故此书院当是杨氏所建。此外,杨令在建阳镇重建陆公书院。

2. 东台泰东书院。嘉庆《东台县志》:"在县治西门内,明万历十八年(1590)分运周公汝登特建,延东台葛雷、何垛、朱纬为会长,偕各场好修之士讲学其中。四十七年(1619)巡盐御史龙公遇奇增式廓焉,国朝康熙五十七年(1718)分司丁世隆重修,今废。"③

## 十二、扬州新建书院

仪征东园书院。隆庆元年(1567)知县申嘉瑞建。道光《重修仪真县志》:"明知县申嘉瑞有《东园书院记》:余为仪真之二年,每行视学宫,东为隙地,前有废沼焉……议建一楼以翼之……考其基即宋东园也,名之曰东园书院……时隆庆改元秋九月既望。"志作者认为"按东园书院个虽已废,然既有此文,则当日必有其址,据文以知,其址在学宫东,所谓学宫,盖未迁时之学宫今资福寺也"。④

## 十三、镇江新建书院

1. 句容华阳书院。万历三年(1575),聂豹弟子、应天巡抚宋仪望(1514—1578,字望之,号阳山、华阳)于句容驻地建华阳书院,讲阳明心学。

乾隆《句容县志》:旧在都察院东,今在督察院之西,旧志载,南畿督学察院,往驻金陵。万历乙未,豫章怀云陈公间,至(安徽)太

① 陈梦雷编纂,蒋廷锡校订:《古今图书集成》第 12 册《方舆汇编·职方典》第七百四十六卷《淮安府学校考》,中华书局、巴蜀书社 1985 年版,第 14446 页。

② 孙云锦修,吴昆田、高延第纂:光绪《淮安府志》卷二十一《学校》,《中国地方志集成·江苏府县志辑54》,江苏古籍出版社 1991 年版,第 299 页。

③ 周右修,蔡复午等纂:嘉庆《东台县志》卷十二《学校》,《中国地方志集成·江苏府县志辑 60》,江苏古籍出版社 1991 年版,第 439—440 页。

④ 王检心修,刘文淇、张安保纂:道光《重修仪征县志》卷十八《学校》,《中国地方志集成·江苏府县志辑 45》,江苏古籍出版社 1991 年版,第 231 页。

平或句容按试各府,诸生以奔走为劳,酌其地无如句容便,且旧有书院可建,乃复购地,大拓其规而成之,至万历四十年芝冈熊公因旧基重建,规模益大,督学每督节焉……雍正十年后,岁科两试学院悉驻金陵而院署几为虚置。乾隆六年令宋楚望以知木堂为华阳书院,捐俸延师讲学其中,后任赵天爵相继踵行,其地与崇明寺相接,浮图矗天,铃铎清韵,时来讲席,前明督学临川易应昌有诗曰:宝塔垂玄铎,玲珑院署深。月临无上相,风动自然音。玉液浮功德,金沙镇古今。云霞长五色,烺烺振冥沈。①

　　嘉庆《大清一统志》:旧在句容县治察院东,明万历建。本朝雍正十年,学使改驻府城,乾隆六年,知县宋楚望以旧学使院知本堂为华阳书院,延师讲学其中。②

　　此书院旧志皆未考明始建者,今略作辨析。依乾隆《句容县志》可知,万历乙未即万历二十三年(1595)时,句容"旧有书院可建",故"乃复购地大拓其规而成之",说明此时督学御史陈怀云对书院只是重修,而非新建。随后万历四十年熊廷弼亦是接武重修。则此开创者为谁?

　　李春芳(1510—1584,字子实,号石麓,明代著名"青词宰相",谥文定)《新建句容华阳书院碑记》则提供关键信息,其云:"华阳书院,在句曲崇明寺左隅,今开府大中丞华阳宋公所建也。公以万历甲戌夏五月来虹南畿,会海上其事孔棘,有诏仍驻苏州。"③文中涉及重要信息,书院名称为华阳,地点在句容崇明寺左隅,创建人是开府大中丞宋公,即指宋仪望。所谓开府大中丞,即应天巡抚,按《明史·职官制》:"总理粮储提督军务兼巡抚应天等府一员。宣德五年,初命侍郎总督粮储兼巡抚。景泰四年,定遣都御史。嘉靖三十三年,以海警,加提督军务,驻苏州。万历中,移驻句容,已复驻苏州"。④ 正合《记》中所述"有诏仍驻苏州"。

① 曹袭先纂修:乾隆《句容县志》卷六《学校》,《中国地方志集成·江苏府县志辑34》,江苏古籍出版社1991年版,第616—617页。
② 穆彰阿、潘锡恩等纂修:《大清一统志》卷八六《江苏江宁府·学校》,《续修四库全书》,第614册,上海古籍出版社2002年版,第263页。
③ 李春芳:《李文定公贻安堂集》卷三《新建句容华阳书院碑记》,明万历十七年(1589)山东巡抚李戴刊,清乾隆十五年(1751)裔孙李司年修版印本。
④ 张廷玉:《明史》卷七十三·志四十九《职官》二,中华书局1977年版,第1775页。

"万历甲戌"是万历二年(1574),"海上其事孔棘""明年有海上之捷",当是倭寇之乱,《明史·宋仪望传》:"万历二年,张居正当国,雅知仪望才,擢右佥都御史,巡抚应天诸府。奏减属郡灾赋。海警稍定,将吏讳言兵,仪望与副使王叔杲修战备。倭果至,御之黑水洋,斩获多,进右副都御史。"① 张居正有《答应天巡抚宋阳山论均粮足民》,②时间是万历二年,正是宋仪望应天巡抚任内。《明史·宋仪望传》:"仪望少师聂豹,私淑王守仁,又从邹守益、欧阳德、罗洪先游。守仁从祀,仪望有力焉。"③ 李《记》中亦云"是时四方结绅学士往来访公于镇,相与讲阳明王公致良知之学。"④

查光绪《续纂句容县志》有光绪丙申乡人所撰之《募捐振兴句曲华阳书院启》正云:"吾邑华阳书院者,明抚军阳山宋公之所建也。"⑤亦可佐上文之推理不误。

综上可知,华阳书院,是应天巡抚宋仪望于万历三年(1575)在句容驻地所建,讲阳明心学于此,书院以宋仪望之号命名,至于是否曾名"正心书院",付阙。而后,万历二十三年(1595)时,督学御史陈公重修,四十年熊廷弼接武重修。

2. 句容正心书院。光绪《续纂句容县志》:"在崇明寺东。万历三年(1575)建,并见陈开虞府志(按:此二书院前志无考,疑南轩即三友,正心即华阳,名有互异,因并记之。)"⑥其地址与创建时间与华阳书院全合,故疑即后者,待考。

3. 句容江左书院。天启初年,句容邑人为学使过庭训建。乾隆《句容县志》:"在县治东一里许,因过公成山建。太师孔文忠有《记》

① 张廷玉:《明史》卷二百二十七《列传》第一一五《宋仪望传》,中华书局1977年版,第5954页。
② 张居正:《答应天巡抚宋阳山论均粮足民》,《新刻张太岳先生文集》卷二十六,续修四库全书编纂委员会:《续修四库全书》第1346册,上海古籍出版社2002年版,第161—162页。
③ 张廷玉:《明史》卷二百二十七·列传第一一五《宋仪望传》,中华书局1977年版,第5954页。
④ 李春芳:《李文定公贻安堂集》卷三《新建句容华阳书院碑记》,明万历十七年(1589)山东巡抚李戴刊,清乾隆十五年(1751)裔孙李司年修版印本。
⑤ 张绍棠修,萧穆等纂:光绪《续纂句容县志》卷二上,《中国地方志集成·江苏府县志辑35》,江苏古籍出版社1991年版,第39页。
⑥ 张绍棠修,萧穆等纂:光绪《续纂句容县志》卷三下,《中国地方志集成·江苏府县志辑35》,江苏古籍出版社1991年版,第77页。

谓:过公视学南畿,士人沐其德教,为书院以祀之,是书院而兼生祠者也。始名成山书院,过公坚弗肯受,谓不敢与姚江、粤海、楚黄分席,于是更额江左内奥,祀成山公,存诸生响慕之意。后废祀。今已并四贤祠,另有记载。"①所谓南畿学使,即在两京督察学政的御史,明时派驻南直隶督导教育行政及考试的专职官员,当时其驻地是句容,故邑人学子建书院兼生祠,后来驻地迁至南京,遂废。过庭训(?—1628),字尔韬,号成山,浙江平湖人,万历癸卯(1603)举人,万历甲辰(1604)年进士,授江陵知县,天启元年(1621),起应天提学御史,督学南畿,天启三年(1623),庭训被任命为江西参政。② 故此书院必在天启初年所建。

# 第三节　明代后期江苏各市重建书院

## 一、常州重建书院

1. 溧阳金渊书院。前述南宋绍兴年间(1131—1162),知县施祐建。至万历年间,邑人史继志重建。久圮,其孙梦帆继续修葺主持,后废。具见前文,不赘引。

2. 常州龙城书院。前述龙城书院被毁后,康熙《常州府志》:"(万历)三十一年(1603),知府欧阳东凤赎地建先贤祠,又创正经堂、传是堂与诸贤讲学其中,盖避书院之名而举行其实,祀先贤六十九人。崇祯间,增祀四人。"③入清后,陆续又增祀若干人。乾隆《江南通志》:"欧阳东凤,字千仞,潜江人。万历间常州知府,清劲拔俗,下车即葺龙城书院,以祀郡之先贤,建传是、经正两堂,集士大夫之贤者讲学其中,寒暑

---

① 曹袭先纂修:乾隆《句容县志》卷六《学校》,《中国地方志集成·江苏府县志辑 34》,江苏古籍出版社 1991 年版,第 616 页。

② 丁煜:《过庭训生平考》,《湖北科技学院学报》,2017 年第 10 期。

③ 于琨修、陈玉璂纂:康熙《常州府志》卷十五《学校》,《中国地方志集成·江苏府县志辑 36》,江苏古籍出版社 1991 年版,第 294—295 页。

无间,一时人才蔚起(常州府志)。"①高攀龙《毗陵欧阳守纪略》云:"欧阳东凤,号宜诸,湖广潜江人,以万历辛丑(二十九年,1601)守常州,故事,新守到任,五县饰供帐,所值千金,公至尽撤还之,自制布帷瓦器,泊如也,日费钱不满百文。积公用千金复龙城书院故址为先贤祠,祀一郡乡贤,自延陵季子以下六十九人,考其行事,人者为传,颁布士庶,使知仰止,每以春秋集五邑绅衿于祠中,讲学问政,凡农桑水利人才赋役,无不咨究,而于激浊扬清、抑强扶弱尤惓惓焉。"②

## 二、淮安重建书院

盱眙登瀛书院。万历六年(1578年)盱眙知县沈梦斗在第一山上,重建书院,更名"登瀛书院"。光绪《盱眙县志稿》:"登瀛书院在文庙东、玻璃泉上,即崇圣书院旧址改建。"明知县沈梦斗《登瀛书院记》载"万历六年,余奉命来尹盱眙,既至","在文庙东玻璃泉上,即崇圣书院旧址改建",登瀛取义"海中有岛曰瀛洲"之传说。③ 据光绪《盱眙县志稿》,"沈梦斗,字应宿,嘉善进士,六年任",直到万历八年。④

## 三、苏州重建书院

1. 苏州南山书院。前文已述,南宋建炎、绍兴年间(1127—1162),苏州士民为纪念故县令赵忠果而建,明万历年间督学御史柯挺重建,具见前文,不赘引。

2. 常熟虞山书院。原文学——学道书院,万历十年(1582)废,万历三十四年(1606),知县耿橘重修,更名虞山书院。天启议毁书院,废。崇祯六年(1633),知县杨鼎熙重建。具见前文,不赘引。

3. 苏州金乡书院。同治《苏州府志》:"金乡书院……万历初废。

① 黄之隽、赵弘恩:乾隆《江南通志》卷一百十四《职官志·名宦三》,永瑢、纪昀等编纂:《四库全书》第510册,上海古籍出版社1987年版,第366页。
② 高攀龙:《高子遗书》卷十,永瑢、纪昀等编纂:《四库全书》第1292册,上海古籍出版社1987年版,第634页。
③ 王锡元修,高延第等纂:光绪《盱眙县志稿》卷五《学校》,《中国地方志集成·江苏府县志辑58》,江苏古籍出版社1991年版,第74页。
④ 王锡元修,高延第等纂:光绪《盱眙县志稿》卷七《秩官》,《中国地方志集成·江苏府县志辑58》,江苏古籍出版社1991年版,第93页。

崇祯九年(1636)巡抚都御史张国维即书院旁理刑公署,改复旧规,后堂祀赠翰林院待诏朱陛宣,今废。"①

## 四、泰州重建书院

靖江马洲书院。乾隆《江南通志》:"在靖江县南门外。明知县陈函辉建,集诸生会课于中。"②《古今图书集成》:"原在西沙,旧迹已湮。知县赵应旃植棘为篱,中建宝纶堂三楹,董其昌题额,天章阁五楹,堂以迎诏名,阁以祀文昌名,舍旁各数楹,规制略备。明崇祯十一年(1638)知县陈函辉相度经理,就址前及左右市民田十余亩,旧篱门南出数武,增建堂室二十余楹,署曰马洲书院。后毁于兵。"③按赵应旃,字敏卿,江西南昌人。万历二十五年(1597)进士,董其昌弟子,故请董题额,万历四十二年(1614)至四十七年(1619)任靖江知县。陈函辉(1590—1646),原名炜,字木叔,号小寒山子,别号寒椒道人,浙江临海人,明亡殉国。马洲旧属泰兴,后属靖江,故两志均载之。清时孔之后裔改建他地。

## 五、无锡重建书院

无锡东林书院。万历三十二年(1604)名儒顾宪成等重建。天启五年(1625年)毁,崇祯复建。详见下节。

## 六、徐州重建书院

邳州敬简书院。隆庆中重建,具见前文,不赘引。

## 七、扬州重建书院

1. 扬州五贤书院。嘉靖二十六年(1547)江防同知魏炯建。万历十三年(1585),以地卑易湿,迁建于演武场。具见前文,不赘引。

---

① 李铭皖、谭钧培修、冯桂芬纂:同治《苏州府志》卷二十六《学校》,《中国地方志集成·江苏府县志辑7》,江苏古籍出版社1991年版,第624页。

② 黄之隽、赵弘恩:乾隆《江南通志》卷九十《学校志》,永瑢、纪昀等编纂:《四库全书》第509册,上海古籍出版社1987年版,第528页。

③ 陈梦雷编纂、蒋廷锡校订:《古今图书集成》第12册《方舆汇编·职方典》第七百十四卷《常州府学校考》,中华书局、巴蜀书社1985年版,第14173页。

2. 扬州崇雅书院。前述之甘泉书院,在扬州广储门,既废,万历二十年(1592),扬州知府吴秀开浚城壕,将淤泥置于甘泉书院旧址,堆成一座土岭,并在上面植梅数百株而成梅花岭,又于岭前建平山别墅,用作诸生讲学之所。二十三年(1595)巡按御史牛应元改“崇雅书院”。魏忠贤毁。

乾隆《江都县志》:在广储门处,建自明巡盐御史朱廷立,后郡守吴秀即其遗址茸为平山别墅,继亦渐圮,存敝屋数楹而已。[1]

光绪《增修甘泉县志》:万历二十年知府吴秀即其址为平山别墅,俗呼梅花岭,二十三年,巡按御史应元改曰崇雅书院。(万历《扬州府志》)。[2]

《扬州画舫录》:万历二十年,太守吴秀开浚城濠,积土为岭,树以梅,因名梅花岭。缘岭以楼台池榭,名曰平山别墅,东西为州县会馆,名之曰偕乐园,后立吴公木主于园中子舍,名曰吴公祠。三十三年,太监鲁保重修,知府朱锦作碑记,当道橄毁之,存其堂与楼,为诸生讲学之所。巡按御史牛应元改名之曰崇雅书院,祀湛公木主于堂,又曰湛公祠。崇祯间,书院又废。[3]

至清在此址复建书院,更曰梅花,是为甘泉书院→崇雅书院→梅花书院。

3. 扬州维扬书院。前引《江南通志》载:维扬书院“崇祯间,盐使杨某重茸”,此指巡漕御史杨仁愿,时间当在崇祯十六年(1643)前不久。

## 八、盐城重建书院

建湖陆公书院。光绪《盐城县志》:“陆公书院,在建阳镇(相传为陆忠烈公读书处),均废。”[4]前文已述南宋时东台建有“陆公书院”以纪念

---

① 五格、黄湘纂修:乾隆《江都志》卷五《学校》,《中国地方志集成·江苏府县志辑 66》,江苏古籍出版社1991年版,第 68 页。

② 徐成敫等修,陈浩恩等纂:光绪《增修甘泉县志》卷六《学校》,《中国地方志集成·江苏府县志辑 43》,江苏古籍出版社 1991 年版,第 247 页。

③ 李斗:《扬州画舫录》卷三,《续修四库全书》第 733 册,上海古籍出版社 2002 年版,第 602 页。

④ 刘崇照修,陈玉树、龙继栋纂:光绪《盐城县志》卷五《学校》,《中国地方志集成·江苏府县志辑 59》,江苏古籍出版社 1991 年版,第 105 页。

陆秀夫。至明代,知县杨瑞云重建书院,名为"景忠书院",亦称"陆公书院"。杨瑞云前文已述,其是广东新会人,陆秀夫投海之崖山即在其家乡,故其极景仰陆公,有《重修陆丞相祠碑记》云:"盖丞相死所,乃余之乡也;余所宰邑,则又丞相之乡也,似有异代之谊矣!"

### 九、镇江重建书院

1. 镇江香山书院。前述之淮海书院,光绪《丹徒县志》:"明初并入县学,嘉靖甲申(三年,1524)迁学于寿邱山麓,以其地为总军府。"①乾隆《江南通志》:"崇祯十四年(1641)知府郑一岳创建于故址,改名香山书院。国朝顺治五年(1648)知府赵士冕增修楼舍,更其名曰三山书院。十一年(1654)以后改为驻镇军府。"②

2. 句容华阳书院。万历二十三年(1595)督学御史陈怀云重修,四十年(1612)熊廷弼接武重修。具见前文。

## 第四节 本期重要书院——无锡东林书院

如果说宋代是士权与王权的充分合作,清代士权完全驯服于王权,那么东林代表了明代士权与王权斗争的巅峰,其奋进于学术与政治之间,以其对学术与政治的两重批判,特别是以其对政治的深度涉入,表现出彻底的主体性、批判性、建设性,开出学术团体政党化的新可能。

### 一、万历之重建

东林之重建非一日之功,乃经长期之酝酿。顾宪成、高攀龙、刘元珍、钱一本等首创者早期均有各自在邑里讲学之经历,后来由顾宪成之

① 何绍章、冯寿镜修,吕耀斗等纂:光绪《丹徒县志》卷十九《学校》,《中国地方志集成·江苏府县志辑29》,江苏古籍出版社1991年版,第371页。

② 黄之隽、赵弘恩:乾隆《江南通志》卷九十《学校志·书院》,永瑢、纪昀等编纂:《四库全书》第509册,上海古籍出版社1987年版,第528页。

图 7 - 1 东林书院(来源：自摄)

联合方同声相应、同气相求,如顾氏于万历二十六年(1598)云:"我吴尽多君子,若能联属为一,相牵相引,接天地之善脉于无穷,岂非大胜事哉!"①由此可见,东林之重建,是为渊源有自,水到渠成。

万历三十二年(1604),顾宪成在无锡城东弓河上重建东林书院,时常州知府欧阳东凤作《重修东林书院记》、无锡知县林宰作《重修道南祠记》、邹元标作《依庸堂记》详其原委、宗旨,方志载之亦详,略举几则如下。

> 《东林书院志》:万历三十二年甲辰,顾端文公(宪成)倡始,携高忠宪公(攀龙)等重建书院,十月落成,事闻抚按,道府州县又各捐金增修道南祠,于是龟山讲堂复还旧观矣。端文公主盟,岁集吴越士一大会,月一小会。时中丞周公(孔教)、直指杨公(廷筠)、观察使蔡公(献臣),皆移橄授餐,而四方来观者,上自名公卿,下迨布

---

① 顾宪成:《泾皋藏稿》卷五《東高景逸之六》,永瑢、纪昀等编纂:《四库全书》第1292册,上海古籍出版社1987年版,第78页。

衣，莫不虚己悚神，执经以听，东南讲学之盛，遂甲天下。①

光绪《无锡金匮县志》：万历三十二年顾宪成及弟允成始构成之。宪成殁，高攀龙、叶茂才相继主其事，榜其门曰"东林书院"。②

林宰《重建东林书院道南祠记》：宋儒杨文靖龟山先生，故闽产，第熙宁九年进士，调官不赴，师事二程于伊洛。归，载道而南，至梁溪之滨，邑子除舍设皋比，于是先生止锡十八年，为阐人欲非性之旨，立儒释之防，而锡始知有程氏之学。先生殁，书院废为僧区四百年，而邵二泉先生复之。后百年复废，今选部泾阳顾公偕诸同志请当道复焉。而侍御骧宇顾公实捐厥址，左为祠，祀先生。祠之右翼以讲堂、丙舍，集四方士问业其中。为规为约，亡怃亡懱，辨经析疑，昭若发复，而伊洛渊源不啻披雾雾而耀日月矣……是役也，后先台使监司守相若督抚中丞获鹿曹公嗣山、直指御史灵寿马公起莘、督学御史余姚杨公意白、备兵观察使余姚邹公龙望、同安蔡公虚台、太府潜江欧阳公宜，诸各捐俸钱以佐。畚锸费金三百七十有奇，其羡九十有奇，宰更足以金失及毁淫之直其四百金，营田二百亩，供春秋祀及其学者饩。经始于万历甲辰初夏，成于是年孟冬。而讲堂则诸君子输橐构焉。诸君子者，顾选部公泾阳、仪部公泾凡、高大行公景逸、安封部公我素、刘职方公本孺、张孝廉公弦所、史太常公玉池及叶尚玺公园适、陈比部公筼塘、钱侍御公启新、王孝廉公俭斋也。经理其事者，则顾光禄公泾白。而诸生马希尹、王纯一、孙之贤，实始具呈以请，法得书。万历丙午孟春，知无锡县事、后学金浦林宰记。③

其建筑构造，"院左为龟山祠，院有堂三，其后之中和堂，祀孔子，亦谓之庙。书院之祀先圣，宋元旧制也。"

---

① 严毅等辑：《东林书院志》上卷《沿革》，赵法生、薛正兴主编：《中国历代书院志》第7册，江苏教育出版社1995年版，第12—13页。

② 裴大中、倪咸生修，秦缃业等纂：光绪《无锡金匮县志》卷六《学校》，《中国地方志集成·江苏府县志辑24》，江苏古籍出版社1991年版，第105页。

③ 高隆等增辑：《东林书院志》卷十五《文翰》，光绪七年重印本，赵法生、薛正兴主编：《中国历代书院志》第7册，江苏教育出版社1995年版，第398—399页。

光绪《无锡金匮县志》:门之前建坊曰洛闽中枢,其阴曰观海来游。入门曰丽泽堂,更入为讲堂,曰依庸,后有门,颜曰燕居,其内有堂曰中和奉先师木主。东西两楼藏祭器、经籍。①

《东林书院志》:书院在道南祠之右,面南凿池,济以木桥,桥前广道十丈有奇,建石坊,颜曰洛闽中枢,曰观海来游。坊前为衢,通左右,止弓河。濒河而东,稍折而南,亦济以木桥。院建大门二楹,榜曰:东林书院。门联曰:此日今还再,当年道果南。两旁翼房数间,仪门一楹。入门为丽泽堂三楹,左右联曰:愿闻己过,乐道人善。进为川堂,再进为讲堂,颜曰依庸,皆三楹。依庸堂左右联曰:庸德之行,庸言之谨。又曰:坐间谈论人可贤可圣,日用寻常事即性即天。堂后庙门一楹,曰燕居,庙联曰:得其门而入,不可阶而升。庙颜中和二字,左右联曰:尽性至命立三才极,继往开来为万世师。庙左右翼以楼,祭器、古乐器暨书籍悉贮焉。堂左右有长廊通大门,廊外俱有书室,属主院者各自营造。②

其主要的领导者,开始为顾宪成、允成,书院落成后,顾氏兄弟与高攀龙、钱一本等人讲学其中。宪成去世后,书院由高攀龙、叶茂才等主持。《东林书院志》:"至四十年壬子,端文公卒,忠宪公主盟,癸丑冬,偕吴觐华先生(桂森),延毗陵钱启新先生(一本),讲易东林易□大著。"③柳诒徵先生谓:"初,东林魁宿,有八君子之称,大抵皆常州府人。"④《明史·叶茂才传》:"始同邑顾宪成、允成,安希范,刘元珍,及攀龙并建言去国,直声震一时,茂才只以醇德称。及官太仆,清流尽斥,邪议益炽,遂奋身与抗,人由是服其勇。时称东林八君子,宪成、允成、攀龙、安希范、元珍、武进钱一本、薛敷教及茂才也。"⑤

① 裴大中、倪咸生修,秦缃业等纂:光绪《无锡金匮县志》卷六《学校》,《中国地方志集成·江苏府县志辑24》,江苏古籍出版社1991年版,第105页。

② 严毅等辑:《东林书院志》上卷《沿革》,赵法生、薛正兴主编:《中国历代书院志》第7册,江苏教育出版社1995年版,第14页。

③ 严毅等辑:《东林书院志》上卷《沿革》,赵法生、薛正兴主编:《中国历代书院志》第7册,江苏教育出版社1995年版,第14页。

④ 严毅等辑:《东林书院志》上卷《沿革》,赵法生、薛正兴主编:《中国历代书院志》第7册,江苏教育出版社1995年版,第12—13页。

⑤ 张廷玉:《明史》卷二百三十一《列传》第一百一十九,中华书局1977年版,第6052—6053页。

其发展,主要分为三期,其主盟东林者则为顾宪成、高攀龙、吴桂森三人。顾宪成首盟东林,自万历三十二年(1604)开讲,至四十年(1612)逝世为止,前后八年,此是东林讲学最盛时期,但是晚期已被视为东林党,讲学略挫。而后高攀龙接武,自万历四十年至天启元年(1612—1621)北上任御史止,共十年。此时东林已经卷入党争甚深,危机四伏。而后吴桂森继任,始于天启元年(1621)冬攀龙北上之日,直到崇祯五年(1632)逝世止,共十二年。历经天启五年书院被废和崇祯元年奉命修复书院,悲喜交加,全力维持。

除此之外,一时俊彦,常集于此,如最早提倡并研究西洋实用科学的李之藻、徐光启、杨廷筠等,也常到东林书院讲学,另有慕名而来之学者不计其数。

## 二、学统之贡献——拨乱反正

东林学派于学术之贡献,形式上承接湛王讲会,发扬学术民主,内容上则拨乱反正,对治王学之流弊。

其一,在学术宗旨上,饬四要、破二惑、崇九益、屏九损。"宪成揭孔孟要语及《白鹿洞规》,诏学者,而申之以饬四要、破二惑、崇九益、屏九损。而其知本识性一则,尤与阳明学派不同,故东林诸贤在明儒中别为一系。"[1]宪成《东林会约》云:

> 愚惟朱子《白鹿洞规》,至矣尽矣。东林之会惟是偕我同志,讲明而服行之,尚能何替一辞哉。然而发端易、究竟难,诚欲明者常明,行者常行,相与持诸久而勿坏,其必饬四要、破二惑、崇九益、屏九损而后可也。四要:一曰识性,一曰立志,一曰尊经,一曰审几。二惑:一则曰讲学迂阔而不切,又高远难从。如朱子洞规,皆须史所不可离,曷云迂阔? 夫妇所可知能,曷云高远? 此不当惑者也。一则曰学顾力行何如耳,若讲之而所行则非,何益? 不知此病在所行非所讲耳,岂得亿逆其行而先诟讲学也? 此不必惑为也。九益

---

① 柳诒徵:《江苏书院志初稿》,赵法生、薛正兴主编:《中国历代书院志》第 1 册,江苏教育出版社 1995 年版,第 24 页。

者，国家设学本教人为圣为贤，非止科名，讲学庶几不负，一也；广联同志，二也；指视森严，三也；整肃习气，四也；寻师觅友，五也；广见博闻，六也；一日之中，可以按既往以筹将来，七也；人之责望我者愈重，八也；我之自树立者方真，九也。九损者，比昵狎玩，鄙也；党同伐异，僻也；假公行私，贼也；评议是非，浮也；谈论琐怪，妄也；文过饰非，怙也；多言人过，悻也；執是争辩，满也；道听途说，莽也。①

其二，在内容上，辟王尊朱，拨乱反正。东林诸君针对王学末流束书不观、游谈无根之弊，展开批判。如欧阳东风就称："龟山者，固程夫子所目为道南者也。晋陵之有宋儒学也，自龟山始也……嗟乎！世皆以新会之自然，姚江之良知为第一义，而究其所以，实非于人性上另添一物也。主敬主此，穷理穷此，亦非于率性外另为一事也。何必曰千古秘密至今日始泄机，欲闰宋儒之统哉！余为此惧，私心时时念之，幸而有人焉，超然反其所自始，相与联集同好，恢宏遗绪，此其尊德乐道，又非第泛涉其涯而已。"②

顾宪成则"于阳明无善无恶一语，辩难不遗余力，以为坏天下教法，自斯言始"。③ 其在《东林会约·饬四要·知本》中说道："阳明先生曰：无善无恶心之体，有善有恶意之动，知善知恶是良知，为善去恶是格物。其立言岂不最精密哉，而卒不免于弊，何也？本体、工夫原来合一，夫既无善无恶矣，且得为善去恶乎？夫既为善去恶矣，且得无善无恶乎？然则本体、工夫，一乎？二乎？将无自相矛盾耶？是故无善无恶之说伸，则为善去恶之说必屈，为善去恶之说屈，则其以亲义序别信为土苴，以学问思辩行为桎梏，一切藐而不事者必伸。虽圣人复起，亦无如之何矣，尚可得而救正耶？阳明之揭良知，真足以唤醒人心，一破俗学之陋，而独其所标性宗一言，难于瞒心附和，反复寻求，实是合不来，说不去，

① 顾宪成《东林会约》，见严瑴等辑：《东林书院志》下卷《院规》，《中国历代书院志》第7册，清康熙年间刻本影印，第74—81页。原文较长，柳诒徵先生予以概括。

② 欧阳东风《重修东林书院记》，高廪等增辑：《东林书院志》卷十五《文翰》，光绪七年重印本，赵法生、薛正兴主编：《中国历代书院志》第7册，江苏教育出版社1995年版，第397—398页。

③ 黄宗羲：《明儒学案》卷五十八《东林学案一》，中华书局2008年版，第1397页。

而则流弊又甚大耳。是故以性善为宗,上之则羲、尧、周、孔诸圣之所自出,下之则周、程诸儒所自出也。以无善无恶为宗,上之则昙、聃二氏之所自出,下之则无忌惮之中庸、无非刺之乡愿之所自出也,不可不察也。"①

高攀龙,其弟子丹阳周彦文则云:"自顿悟之教炽,而实修之学衰。嘉隆以来,学者信虚悟而卑实践。渐磨既久,浸灌益深,视居敬为拘因,目穷理为学究,恶言工夫,托之本体,更不知操存涵养为何物矣。斯文未丧,东林代兴。高景逸先生心程朱而脉孔孟,拜官之日,首辟世则张子之邪说,使程朱之学晦而复明。未几,罢官归里三十年,与泾阳顾先生辈力扶正学,尚事实修。"②

吴桂森《真儒一脉叙》也说:"盖良知之说与紫阳氏原自立一赤帜也。故议之最久乃定,自是尊王学者导流扬波,至有心学、理学之名,而脉若分为二矣。悟门既辟,一切穷理居敬之学视为尘垢秕糠,而流弊且中于人心。于是,东林君子起而维之,言体则必合之于用,言悟则必证之于修,程朱之说复揭中天。"③

其三,在形式上大行讲会。东林之特别者,还在其性质并非常见师生授学之场所,而是同志讲习之社团。《东林书院志·顾泾阳先生东林会约》载:"东林落成于万历甲辰之秋,十月遍启诸同人,始以月之九日、十日、十一日大会东林讲堂。"光绪《无锡金匮县志》:"当宪成、攀龙讲学时,岁两大会、月一小会,各三日,悉仿白鹿洞规,远近名贤同声相应,天下学者咸以东林为归。"④后讲会即成为制度,《东林书院志·会约仪式》详载之:

> 一、每年一大会,或春或秋,临期酌定。先半月遣帖启知。每

① 顾宪成《东林会约·饬四要》,高廪等增辑:《东林书院志》卷二《院规》,光绪七年重印本,赵法生、薛正兴主编:《中国历代书院志》第7册,江苏教育出版社1995年版,第197页。

② 周彦文《东林景逸高夫子论学语序》,高廪等增辑:《东林书院志》卷十六《文翰》,光绪七年重印本,赵法生、薛正兴主编:《中国历代书院志》第7册,江苏教育出版社1995年版,第412页。

③ 吴桂森《真儒一脉序》,高廪等增辑:《东林书院志》卷十五《文翰》,光绪七年重印本,赵法生、薛正兴主编:《中国历代书院志》第7册,江苏教育出版社1995年版,第413页。

④ 裴大中、倪咸生修,秦缃业等纂:光绪《无锡金匮县志》卷六《学校》,《中国地方志集成·江苏府县志辑24》,江苏古籍出版社1991年版,第106页。

月一小会,除正月、六月、七月、十二月祁寒盛暑不举外,二月、八月以仲丁之日为始,余月以十四日为始。会各三日,愿赴者至,不必遍启。

一、大会之首日,恭捧圣像,悬于讲堂,午初击鼓三声,各具本等冠服诣圣像前,行四拜礼,随至道南祠,礼亦如之。礼毕,入讲堂,东西分坐,先各郡各县,次本郡本县,次会主。各以齿为序,或分不可同班者,退一席。俟众已齐集,东西相对二揖。申末,击磬三声,东西相对一揖,仍诣圣像前及道南祠,肃揖而退。第二日、第三日免拜。早晚肃揖,用常服。其小会,二月、八月,如第一日之礼。余月,如第二日、第三日之礼。

一、大会每年推一人为主,小会每月推一人为主,周而复始。

一、大会设知宾二人。愿与会者,先期通一刺于知宾,即登入门籍。会日,设木柝于门,客至,阍者击柝传报,知宾延入讲堂。

一、每会推一人为主,说《四书》一章。此外有问则问,有商量则商量。凡在会中,各虚怀以听,即有所见,须俟两下讲论已毕,更端呈请,不必搀乱。

一、会日久坐之后,宜歌诗一章,以为涤荡凝滞,开发性灵之助。须互相倡和,反复涵泳,每章至数遍,庶几心口融洽,神明自通,有深长之味也。

一、会众毕聚,惟静乃肃。须烦各约来从者,令于门外听候,勿得混入,以致喧扰。

一、每会须设门籍,一以稽赴会之疏密,验现在之勤惰;一以稽赴会之人,他日何所究竟,作将来之法戒也。

一、每会设茶点,随意令人传递,不必布席。

一、各郡各县同志临会午饭,四位一桌,二荤二素,晚饭荤素共六色,酒数行。第三日之晚,每桌加果四色,汤点一道,攒盒一具,亦四位一桌,酒不拘,意浃而止。

一、同志会集,宜省繁文,以求实益,故揖止班揖,会散亦不交拜。惟主会者遇远客至,即以一公帖迎谒。客至会所,亦止共受一帖。其同会中有从未相识,欲拜者,止于会所,各以单帖通名,庶不至疲敝精神,反生厌苦。其有必不可已者,俟会毕行之。①

从上可见,东林书院讲学活动有其自己的特点。其既继承阳明学派的讲会方式,又具有开明的思想见解。东林学者认为圣贤之学问,不过是集众人学问之大成,主张天下事应当由天下人众议、众为、众治。参会者思想活跃,各抒己见,辩难蜂起,气氛热烈,讲学之余,常讽议朝政,裁量人物,把学术交流与抨击时政结合,又使得其学术活动具有浓厚的政治色彩。②

### 三、政统之贡献——社团议政

孔子云"天下有道,则庶人不议"。明季无道,天下大乱将至,故士人挺身而出,针砭时事,公然干政,欲挽狂澜。此是与明代早期、中期皆不同之特点。

宋明王权与士权关系实有变迁。宋与士大夫共治天下,故学与政,彬彬相宜,即学统、政统兼得,乾淳诸老可得君行道,施上行路线,表现在书院上,即官学化之形式与自由研究之精神相得益彰。明代士权与皇权之间,则极为紧张,前期太祖、成祖以打江山之强人直接予以高压。中期皇权也唯我独尊,如遇挑战则严厉镇压,如大礼仪,故湛王之士转为下行,在民间以书院行教化之道。后期皇权则以宦官、特务做爪牙,行白色恐怖,万历中期以后,政治日益黑暗,天启间,阉党肆其专权,横行无忌,士人毫不避让,坚决斗争,此又以东林为首。

"风声雨声读书声,声声入耳;家事国事天下事,事事关心",此是顾宪成代表东林士子之口号,其认为"士之号为有志者,未有不呕呕于救时者也",③其"论学与世为体。尝言官辇毂,念头不在君父上;官封疆,念头不在百姓上;至于水间林下,三三两两,相与讲求性命,切磨德义,念头不在世道上,即有他美,君子不齿也。故会中亦多裁量人物,訾议

---

① 高攀等增辑:《东林书院志》卷二《院规》,光绪七年重印本,赵法生、薛正兴主编:《中国历代书院志》第7册,江苏教育出版社1995年版,第200—201页。

② 江苏省地方志编纂委员会:《江苏省志·教育志》,江苏古籍出版社2000年版,第55页。

③ 顾宪成:《泾皋藏稿》卷八《赠风云扬君令峡江序》,永瑢、纪昀等编纂:《四库全书》第1292册,上海古籍出版社1987年版,第102页。

国政,亦冀执政者闻而药之也。天下君子以清议归于东林,庙堂亦有畏忌"。① "当是时,士大夫抱道忤时者,率退处林野,闻风向附,学舍至不能容","讽议朝政,裁量人物。朝士慕其风者,多遥相应和。由是,东林名大著"。② 由此,东林士子,由江南而京师,由山野读书人而朝廷命官、地方方伯,由学术而政治,渐渐变成一个以学术为底的拥有全国性影响的政治社团,甚至是一个制约王权的符号。

故书院立甫八年,即有徐兆魁之弹劾。《明史·神宗本纪》:"万历三十九年(1611)五月壬寅,御史徐兆魁疏劾东林讲学诸人阴持计典,自是诸臣益相攻击。"③徐氏认为东林人士本年度京察,便将其冠为"东林党",其疏称:

> 臣观今日天下大势,尽趋东林。今年计典之误,实由于此。盖无锡县有东林书院,宋儒杨时祠也。顾宪成自谪官归,会林居诸臣,讲学于此。未几,其徒日众,挟制有司,凭凌乡曲,门遂如市矣。黄正宾者,以赀郎冒迁谪名,因结淮抚、东林,所至郡县,一喜一怒,足系诸有司祸福。凡东林讲学所至,主从百余,该县必先设厨,传戒执事,馆谷程席之需,非二百金上下不能办。会讲中必杂以时事,讲毕,立刊传布。远近各邑行事有与之左者,必速改图,其令乃得安。今已及浙中诸郡矣。杨龟山失足蔡京,君子讥焉。宪成之结淮抚,不过以淮抚为蔡京耳。宪成学术驳杂,颇似王安石而行远不逮。即家食,而之淮之浙,席不暇暖。与其徒书札所及,大能使南北交攻,邪正角胜。而党附者,不曰清流,则曰清议之臣。岂谓天下耳目尽可涂哉!……至东林败坏天下,其祸更显。盖自假讲学以结党行私,而道德性命与功名利达混焉一途,而天下之学术坏;自濡足淮扬,而气节坏;自广纳赀币,庇短护贪,而天下之吏治人品并坏;自游扬之书四出,而天下之官评坏;自指摘之怨生,而移书捃单,假计典尽剪其所忌,而天下之元气坏。④

① 黄宗羲:《明儒学案》卷五十八《东林书院学案一》,中华书局 2008 年版,第 1377 页。
② 张廷玉:《明史》卷二百三十一《列传》第一百一十九,中华书局 1977 年版,第 6032 页。
③ 张廷玉:《明史》卷二十一《神宗本纪》,中华书局 1977 年版,第 288 页。
④《明神宗实录》卷四百八十三,上海书店影印中研院校勘本 1982 年版,第 9093—9094 页。

此疏将东林冠以朋党,由一般单纯的学术争论上升为王室存亡之虞,如此挑战王权,已犯朝廷之大忌。天启以后,代表王权的魏阉、厂卫极速壮大,则两个集团之碰撞不可避免。如此一来,正如《明史》所评:"名高速谤,气盛招尤,物议横生,党祸继作,乃至众射之的,咸指东林,甘陵之部、洛蜀之争,不烈于矣。宪成诸人,清节矫修,为士林标准。虽未尝激扬标榜,列君宗、顾、俊之目,而负物望者引以为重,猎时誉者资以梯荣,附丽游扬,薰莸猥杂,岂讲学初心实然哉?"①东林士子在被系列攻击后,天启五年(1625)遭遇彻底之镇压。魏阉罗织罪名,"刊党籍",颁七录,兴党狱,对东林学者横加残害,且胥天下之异己者而目为东林,网罗数千人,并矫诏"拆毁天下书院,首及东林",于是高攀龙自沉,次年书院被毁。

> 《东林书院志》:迨天启中,逆阉窃政,钩党祸兴,乙丑八月,拆毁天下书院,东林首被其毒,然止撤依庸堂,若燕居庙暨左右长廊书室赖忠宪保护获存。明年丙寅三月,忠宪公殉难,五月初旬,抚按檄邑令某尽毁圣庙书室,由是东林遂为瓦砾区。②
>
> 《明史·熹宗本纪》:五年八月壬午毁天下东林讲学书院。③
>
> 光绪《无锡金匮县志》:天启五年,钩党祸作,诏毁天下书院,而东林实居其首。逾年知县吴大朴奉檄督毁。④

然彼时"深山穷谷,虽黄童、白叟、妇人、女子,皆知东林为贤。贩夫竖子或相诮让,辄曰'汝东林贤者耶?何其清白如是耶?'至今农夫野老相传以为口实,犹喋喋不休焉。"⑤此正是"天下有道,庶人不议"精神之体现。

胡适称"明朝太监专政,乃有无锡东林书院学者出而干涉,鼓吹建

① 张廷玉:《明史》卷二百三十一《列传》第一百十九,中华书局1977年版,第6053页。
② 严毅等辑:《东林书院志》上卷《沿革》,赵法生、薛正兴主编:《中国历代书院志》第7册,江苏教育出版社1995年版,第13页。
③ 张廷玉:《明史》卷二十二《熹宗本纪》第二十二,中华书局1977年版,第304页。
④ 裴大中、倪咸生修,秦缃业等纂:光绪《无锡金匮县志》卷六《学校》,《中国地方志集成·江苏府县志辑24》,江苏古籍出版社1991年版,第106页。
⑤ 陈鼎:《东林列传》卷二《高攀龙传》,永瑢、纪昀等编纂:《四库全书》第458册,上海古籍出版社1987年版,第203—204页。

议,声势极张。此派在京师亦设有书院,如国家政令有不合意者,彼辈虽赴汤蹈火,尚仗义直言,以致为宵小所忌,多方倾害,死者亦多,政府并名之曰东林党。然而前者死后者继,其制造舆论,干涉朝政,固不减于昔日。于此可知书院亦可代表古时候议政的精神,不仅为讲学之地了"。①

客观而论,东林非现代之政党,亦非传统之朋党。前者以议会为舞台、政权为中心,自迥异于中土之现实。后者乃争夺治权而党同伐异之私利组织,东林与其动机目的等别如霄壤。东林底色还是一学术团体,尚不足以成为代表民意之机构,②唯其持孔门体用一贯之传统,以公天下为目的,讲学议政,积极干时,推动社会进步,而卷入朝政,具备了政党某些特征而已。③

虽然如此,《明儒学案》言:"今天下之言东林者,以其党祸与国运终始……论者以东林为清议所宗,祸之招也。子言之'君子之道,辟则坊与',清议者天下之坊也。夫子议臧氏之窃位,议季氏之旅泰山,独非清议乎?清议熄而后有美新之上言,媚奄之红本,故小人之恶清议,犹黄河之碣砥柱也。熹宗之时,龟鼎将移,其以血肉撑拒,没虞渊而取坠日者,东林也。毅宗之时,攀龙髯而蓐蝼蚁者,属之东林乎?属之攻东林者乎?数十年来,勇者燔妻子,弱者埋土室,忠义之盛,度越前代,犹是东林之流风余韵也。一堂师友,冷风热血,洗涤乾坤,无智之徒,窃窃然从而议之,可悲也夫。"④则是至论。

东林既毁,至崇祯初,官绅会议修复,未能一反其旧。《东林书院志》云:

> 又明年戊辰,崇祯改元,二月,御史刘公(士佐)请复天下书院,奉圣旨:这所奏,崇正辟邪,朕已知道,各处书院宜表章者,着提学官尽行修复。时吴觐华先生得旨大悦,乃函请诸当事捐赀重建龙

---

① 胡适:《书院制史略》,《胡适文集》第12册,北京大学出版社1998年版,第451—452页。
② 此点可参樊树志:《东林书院的实态分析——"东林党"论质疑》,《中国社会科学》2001年第2期。樊树志:《东林非党论》,《复旦学报(社会科学版)》2001年第1期。
③ 参见张宪博:《东林党、复社与晚明政治》,万明主编《晚明社会变迁问题与研究》,商务印书馆2005年版,第462—567页。
④ 黄宗羲:《明儒学案》卷五十八《东林学案一》,中华书局2008年版,第1375页。

泽堂,偕先师邹经畬先生(期祯)辈奉讲堂旧约,互为主盟,已又遇直指祁公彪佳、中丞张公国维,雅意作人东林不绝如线,然所望以昌明斯道克复端文、忠宪之盛者,实在忠宪门人华选部凤超公(允诚)也,不在意生非其时,至戊子四月,凤超公亦殉,自是东林旧人凋落殆尽,道南一脉盖不能所俟云。①

直至崇祯十六年(1643)高世泰以湖广提学副使致仕归家,渐次修复书院,主盟东林三十四年。然此时清军已经入关,明祚恍若隔世,早成一帘幽梦。

从此一个自由学术研究、积极干预时政的书院古典时代终结了。入清以后,遥远的南宋型书院——官民相宜宛若春梦了无痕,炽烈的明代书院——民间社团议政亦俱往矣,书院遂成为庙堂圈养的宠物,学术成为政治的附庸。而黄宗羲将东林精神写入著名的《明夷待访录·学校》,又是一遍遍地考问历史,学统何以哉,政统何以哉,道统何以哉!

---

① 严毅等辑:《东林书院志》上卷《沿革》,赵法生、薛正兴主编:《中国历代书院志》第7册,江苏教育出版社1995年版,第13页。

# 第八章　清代江苏书院之一：
## 顺康之禁绝与默许

有清聚集各族精英，吸取历代得失，开疆之广，驭权之稳，皆属罕见。然一言以蔽，王权独断，在游牧主奴基础上，形成空前之专制。故户口虽蕃，经济蹙蹀于传统小农，文化虽盛，士人积习于章句小楷，君主愈劬，天下愈愚，臣工愈勤，王事愈靡，不仅不能出治乱循环之缧绁，其文明之质量下宋明亦远矣，更隔绝于新教文明三百年，俟其狼突西来，则七宝楼台，一朝而尽。

## 第一节　清代江苏书院概述

经过自唐至清 800 年之发展，书院已遍布神州，"以数量而言，仅清代新建书院即已达 3700 余所，已经远远超过唐至明代新建书院数的总和。如果再加上 600 多所修复、重建前代书院，几乎接近清前书院总数的两倍"。① 在此时代背景下，江苏书院也获得了空前的发展，可谓数量众多、规模巨大，然烂熟之际，即是蒂落之时。洎乎末造，世变日亟。清代江苏书院基本已官学化、科举化，虽然表面上攀至数量巅峰，但形式之多元、功能之齐全则大幅下落。其间虽有汉学、理学、今文经学交相胜，但书院主要形态还是科举之补习班。清末太平天国运动对江苏书院特别是苏南书院造成极大破坏，同治中兴后，书院得到快速恢复，然

---

① 白新良：《中国书院发展史》，天津大学出版社 1995 年版，第 122 页。

内外刺激下，此中兴却如昙花一现，随风飘逝，新式学堂建立，书院俱成历史。

## 一、清代江苏书院分期概述

清代江苏书院之发展，可以分为四个历史时期，其分期与主要特征如下：

其一，"禁绝——默许"期，历顺治、康熙两朝，共 79 年。在国家政策上，顺治初期，书院犹承晚明之余风流韵，可自由讲学，后期朝廷遽然收缩，政治高压，严禁书院运作。直至康熙方始松弛，康熙宗奉理学，默许书院发展。在讲学内容上，前期性质多元，理学、实学等均有体现，后期集中至朱子学，在讲学方式上渐废讲会，在讲学目的上向科举转变。

其二，"反复——兴盛"期，历雍正、乾隆两朝，共 73 年。从国家政策来看，雍正略有反复，由禁止至许可。乾隆政策不再动摇，寓控制于支持，以创建上下一统、制度完善、定性明确的官办书院教育体系为主要目标，特别是省会书院得到巨大发展，清代书院进入快速发展、全面繁荣期。但是在形式上开始全面官学化，官方严格控制之，特别是以科举为主，实际上取代了官学的功能。在讲学内容上，由于乾隆对经史之推动，故科举制艺外，乾嘉汉学全面兴起。

其三，"衰落——毁灭"期，历嘉庆、道光、咸丰三朝，共 66 年。在国家政策层面，嘉道赓续乾隆，在官学化、科举化、规范化道路上继续发展，省会城市新建书院并不多，但精耕细作，略有成绩，州县书院则成为建设主体，进一步深入壮大，乡村书院亦有些许发展，唯后劲已疲，步入衰落。在讲学内容上，除科举制艺外，宗奉汉学之书院依是主流，宗奉朱子理学之书院顽强存在，提倡"通经致用"的今文经学的书院横空出世、日渐活跃。至咸丰因太平军兴，江苏赤墨糜烂，尤其是苏南书院毁圮几空。

其四，"复兴——终结"期，历同治、光绪两朝，共 47 年。一是同治中兴后，政府对书院高度重视，新建、重建书院数量巨大，总计 99 所，为清代四期之冠。二是质量极高，新建或重建之省会级书院，不逊于前期之省会书院。三是层次完整,特别是乡村书院深度发展,完全替代社学功能,而形成了新的功能,如自发抵抗基督教、公共议事机构等。四是有西方教会书院之成立。五是学术上前期汉宋合流,后期西学兴起。然而在西方文化降维打击下,虽经主动改良,但最终还是殉葬于旧文化,千年书院之制度,一朝瓦解,完全终结。

## 二、清代江苏书院之特点

其一,形式上的官学化、科举化、规范化。一是官学化。章柳泉先生云:"自元代起书院已逐渐官学化,清代的府、州、县书院,几乎与学校没有什么两样,都是应科举考试的准备场所,学的相同,是不足奇怪的。"①古代的学校体系至清代已经完全腐朽。《清史稿》谓:"迄于嘉庆,(官学)月课渐不举行……嗣是教官多闒茸不称职,有师生之名,无训诲之实矣……儒学寝衰,教官不举其职,所赖以造士者,独在书院。其裨益育才,非浅鲜也。"②民国《金坛县志》亦云:"学校之制莫详于三代,秦汉以后,虽有国学,而郡邑阙如,宋虽诏天下皆立学,而州县或不尽举,明立科举、设学官,于是天下始皆有学,迄于今,司铎之官仅成虚设,入学之士但习制艺,明体达用废而不讲,学术之衰,即世风所由降志。"③即古代书院有两大转变,书院代学校,科举代学术,此亦在清代彻底完成。《金坛县志》继云:"其在各乡则有社学,其教士之法本甚详备,及乎既久,学官不能举其职,士亦不复就学,校舍浸成虚设,于是民间各建书院,聘山长以课士子,天下郡邑,大抵各有书院,则又学校之一变矣。溯书院之名昉于宋代……其时讲学盛行,各书院大抵以名师讲授,文行兼修,体用并举,学术之兴,于斯为盛。后一变为课文,则浸失初意。"④

① 章柳泉:《中国书院史话——宋元明清书院的演变及其内容》,教育科学出版社 1981 年版,第 9 页。

② 赵尔巽等:《清史稿》卷一百六《志八十一·选举一》,中华书局 1977 年版,第 3119 页。

③ 冯煦等:民国《重修金坛县志》卷六《学校志》,《中国地方志集成·江苏府县志辑 33》,江苏古籍出版社 1991 年版,第 71 页。

④ 冯煦等:民国《重修金坛县志》卷六《学校志》,《中国地方志集成·江苏府县志辑 33》,江苏古籍出版社 1991 年版,第 75 页。

清朝书院业已制度化,基本上类似于三代之乡学,或宋明之州县官学体系。冯桂芬《改建正谊书院记》:"事有创自晚近,而于三代圣人之法适合者,今书院是也。书院始于唐,明皇建丽正书院,盖六馆之属,与今书院异。宋元时辄因先贤遗迹,思而祠之,请于朝,设官主教事,如苏州之学道、文正、和靖、鹤山皆是,盖祠堂之属,与今书院同而异。今书院之法,实即三代乡学,宋元郡县学之法。何以言之?《学记》:'家有塾,党有庠,术有序。'《注》:'古者仕焉而已者,归教于闾里,朝夕坐于门。'《疏》引《书传》说:'大夫为父师,士为少师。新谷已入,余子皆入学。上老平明坐于右塾,庶老坐于左塾,中年考校。'《注》:'乡遂大夫,间岁则考学者之德行、道艺。'非即今师课、官课之法乎?史称胡安定教授苏湖,立经义、治事两斋。又称范文正守郡立学,延安定为师。考是时,天下未有学,莅教事者以礼聘、不以选授。迨后文正《天章阁十事之疏》既上,始命郡县皆立学,取安定学法为太学法,著为令,至于今不废。非即今延山长、选内课之法乎?穆堂李氏不深考,乃谓后世立学未尝聚弟子员于学宫,散而无纪,疏而不亲,课无与为程,业无与为考,不如书院以聚处讲贯,而学业易成。不知古来之学,本无不聚,后仅名存实废之,学始不然。而书院则转存古学之法,然所习仅制举文字,犹无当也。务令究心经史有用之学,无失文昭遗意,斯于古学法有合焉。"①

清时之书院,以官办为主,如南京、苏州之省会书院,江苏学政所办之江阴之书院,甚至包括盐政于扬州所办之安定、梅花书院等。

二是科举(八股)化。清代江苏书院官学化与科举化深度交融,其学习内容绝大部分以科举为主,只有少数书院会加入一些经史或科技之学术研究。科举作为国家挑选人才的主要渠道,此形式并无错,相反更是对中国对人类政治文明一大贡献。其谬在于唯以八股取士,如此即拖累了书院。本来有官学作为科举主流,书院可作自由研究,但书院

---

① 转引自柳诒徵:《江苏书院志初稿》,赵法生、薛正兴主编:《中国历代书院志》第1册,江苏教育出版社1995年版,第40页。

取代官学后,成为科举主力,就不得不接过制艺作为学习的主要内容,从而严重地八股化。

时人处于二者之矛盾中,有为其辩护者,如钱人麟《龙城书院志序》云:"志圣贤之学者,曰士;习制举之学者,亦曰士。两者趋向虽异,而实可同归一致者也。宋大儒如明道、横渠、龟山、晦庵、象山、东莱、西山诸公,明大儒如敬轩、椒邱、克庵、东白、枫山、虚斋、整庵、阳明、庄渠、东廓、豫石、念台、石斋及东林四先生者皆以科第起家;而如一峰、泾野、梓溪、念庵、阳和皆以文章魁天下;其他以名儒抡元魁、跻显爵者,尤指不胜屈。是圣贤与科第正两不相妨,胡必相背而驰,务其一而遂弃其一哉! 书院之设,其初皆以讲学,其后遂专以课文。"①江都教谕吴锐《梅花书院碑记》亦云:"慨然有澄清之志,以为先自士习始,士习端,则民风相率而驯,而遽与研究精微,辨析同异,将茫茫然无所向方,不若先之以帖括制艺使有所约束驯习,以敛其心,而渐之乎道德之涂。"②即表达了时人对于学术与科举两全之态度。

三是规范化、标准化。清代江苏绝大部分书院以科举为指挥棒,学习内容、运行模式都大同小异。其课程一般分为官课、院课(师课、斋课),官课由地方之抚、藩、郡(府)、县或其他上级官员给生徒授课考试,院课由聘请的山长(掌院)授课考试,一般官、院课每月各授一次,或初二、十六或初五、二十五不一,主要讲科举所要考试的相关内容。除此之外,某些书院还设有小课,由山长讲诗赋、经解、策论等。学生一般分为生员与童生,童生目标为考秀才,生员则为考举人,部分书院还招孝廉,即举人,其目标乃是进士。招收的总名额视本地区财力、人口与书院级别、教学能力而定,一般县级只有十数名或数十名,大的省会级书院人数才会上百。学生在入学肄业前,根据成绩被分为上中下三个等级,一般称为正(内)课、附(外)课、随课,前两种学生人数都有固定名额,第三种则没有。少数书院还模仿宋代另设"上舍",即优等生,名额

---

① 卢文弨:《常郡八邑艺文志》卷六下,清光绪十六年刻本。
② 阿克当阿修、姚文田、江藩等纂:嘉庆《重修扬州府志》卷十九《学校》,《中国地方志集成·江苏府县志辑41》,江苏古籍出版社1991年版,第317页。

更是有限。入学后,规定时间内也要考核,上述级别随考试成绩予以调整。学生在经济方面有两种收入,都根据成绩而定。一是固定性之膏火,就是学习津贴,一般正课、附课都会有,而随课则没有。二是临时性之优奖,即考核后的奖励,不分正副随,成绩好都有。老师批改学生的作业称为课艺,许多书院如钟山、惜阴等都曾编辑、出版自己的课艺集。各书院制定了详细的章程,如乾隆年间盱眙知县郭起元为当地崇圣(敬一)书院制定条规,后来杨绳武、钱大昕先后为江苏江宁钟山书院制定规约等。

下面以光绪《江都县续志》所载扬州诸书院为例来说明之。① 以太平天国为界分为前后两期,一是太平天国运动爆发之前:

| 书院 | 性质 | 学生分类 | | | | | | 课程分类 | |
|---|---|---|---|---|---|---|---|---|---|
| | | 正课 | | 附课 | | 随课 | | 官课(官员) | 院课(山长) |
| | | 名额 | 膏火 | 名额 | 膏火 | 名额 | 膏火 | 每月二日 | 每月十六日 |
| 孝廉堂 | 举人肄业 | 100名 | 3两 | 100名 | 1.5两 | 100名 | 无 | 盐政/盐运史月试之 | 无山长 |
| 安定书院 | 生监肄业 | 100名 | 3两 | 100名 | 1.5两 | 100名 | 无 | 盐政/盐运史月试之 | 山长月试之 |
| 梅花书院 | | 100名 | 3两 | 100名 | 1.5两 | 100名 | 无 | | 山长月试之 |
| 广陵书院 | 文童肄业 | 100名 | 3两 | 100名 | 1.5两 | 100名 | 无 | 知府及两县轮月试之 | 山长月试之 |

附:分类办法:常课四书文一首,试律一首。三年一甄别,四书文二首,试律一首,其膏火之数以甄别之年正、附、随业为断。升降办法:正课取一等后五名,降附课,附课取一等后五名,降随课,随课取超等前五名,升附课;附课取超等前五名,升正课。

二是平定太平天国运动之后:

---

① 谢延庚修,刘寿曾纂:光绪《江都县续志》卷十六《学校》,江苏省地方志编纂委员会办公室:《江苏历代方志全书·扬州府部》第 23 册,凤凰出版社 2018 年版,第 154—155 页。

| 书院 | 性质 | 学生分类 | | | | | | 课程分类 | | |
| --- | --- | --- | --- | --- | --- | --- | --- | --- | --- | --- |
| | | 正课 | | 附课 | | 随课 | | 官课（官员） | 院课（山长） | 小课（山长） |
| | | 名额 | 膏火 | 名额 | 膏火 | 名额 | 膏火 | | | |
| 孝廉堂书院 | 举人肄业,同治五年复入梅花 | 20名 | 3两 | 20名 | 1.5两 | 无定额 | 前20名各1两 | 每月二日盐运使月试之 | 无山长课 | 可参加梅花小课 |
| 安定书院 | | 生监50名童生20名 | 生监3两童生2两 | 生监50名文童40 | 生监1.5两童生1两 | 无定额 | 生监前30名各1两童生前20名各5钱 | 每月二日盐运使月试之 | 每月十六日山长月试之 | 每月二十日别试诗赋、经解、策论。不超过40名。童生亦可参加 |
| 梅花书院 | 同治三年复课,生童通课 | | | | | | | | | |
| 广陵书院 | | 生监30名文童20名 | 不详 | 无定额 | 不详 | 无定额 | 不详 | 每月四日,知府及两县轮试之 | 每月十八日山长试之 | 同治六年增小课,每月二十六日,生监10名童生5名 |

附：学生分类办法：常课：官课,山长课皆书四书文一首,试律一首。其正、附、随课皆书四书文一首,试律一首。山长课四书皆正课,附课膏火,优奖与生监同",但未注明生监之膏火,故广陵之膏火均不详。每年二月甄别。

按：《续志》云"广陵书院童生正课,附课膏火,优奖与生监同",但未注明生监之膏火,故广陵之膏火均不详。

其二，书院学术多元，发展逻辑非常清晰。盛朗西在《中国书院制度》一书中云："清之书院方式，大别为三：一为讲求理学之书院，一为考试时文之书院，一为博习经史词章之书院。"①除去科举制艺之时文不论，则相较于明代的理学、心学之争，清代书院之学术更复杂一些，王国维将清代学术分为三变："国初一变也，乾嘉一变也，道咸以降一变也。国初之学大，乾嘉之学精，道咸以降之学新。"②其链条为：宋明道学（朱子理学→阳明心学→船山气学）→清初实学→乾嘉汉学→今文经学→西方新学。质言之，与江苏书院相关，则有四个阶段。

一是清初之批判王学，由此朱子学小兴，理学心学继续交锋，此如东林书院。此后阳明学一蹶不振，朱子学则未曾间断，其论战之对象亦转为汉学。江苏书院多有宗朱子学者，省会级书院如江苏巡抚张伯行所创之苏州紫阳书院崇奉朱子，州县级如巡抚都御史汤斌重修苏州鹤山书院，无锡新建共学山居"其规制条约悉仿东林"，乡村级如靖江东川书院"条约所颁悉遵朱子白鹿洞箴"，此外还有纪念陈瑚之安道书院，纪念陆世仪之桴亭书院等。

二是清初实学批判整个宋明道学，或由体转用，或由哲学转经史，此派分支众多。但在时局恶化、文网箍锁后，实学迅速缩小为朴学，学者为避刀俎，遂转宗汉儒，以考据、训诂之法研究经史，是为反宋学之乾嘉汉学，吴派、皖派、扬州学派接踵，此类书院江苏为数不少。

三是汉学崇东汉之古文经，反东汉则有今文经学兴起，常州学派独步宇内，其求通经致用，又回应清初实学之宗旨，直至龚自珍、魏源、康有为辈，则恰与西学相接轨。此如李兆洛主讲之暨阳书院。

四是西方之新学。清末改学堂之前，江苏某些书院早就未雨绸缪，在讲授经史词章外，兼授自然科学。如苏州学古堂，虽以经学为主，然旁及小学、四史、文选、算学等。常州龙城书院则"设经古精舍，导源于经史词章，别设致用精舍，博习乎舆地算学，延请江阴缪太史筱珊、金匮华拔贡若溪两先生分主讲席"，其中缪荃孙乃著名学者，而华若溪乃数

---

① 盛朗西：《中国书院制度》，《民国丛书》第三编第54册，上海书店1991年影印商务印书馆1934年版，第154页。
② 王国维：《沈乙庵先生七十寿序》，《观堂集林》，河北教育出版社2003年版，第574页。

学家。江阴南菁书院更试办农场,"参用西学,树艺五谷果蔬棉麻"。淮安勺湖书院"嗣设经、算两塾,课经解及算术、几何"①。

然其缺憾也同样明显,清初尚有晚明之遗绪,晚清则政治控制松弛,除此一头一尾尚有自由研究之可能,中间自由讲学之精神几乎完全隳坏,极度萎缩,与宋明相比,可谓是全面驯服。

其三,乡村书院出现新功能。相对于省会、州县书院之万马齐喑,乡村书院却有前所未有之新功能。民间则主要致力于乡村、家族书院的建设,承担着普及文化知识的基础教育任务。由于官民两种力量的共同努力,清代书院进入前所未有的繁荣时期,基本普及城乡。

一是替代社学承担基层蒙童之教育,如吴江禊湖书院,本是义学,康熙五十四年(1715)里人陈时夏等创建,又名黎川学舍。同治五年(1866)里人重修,捐赀存典,充脯修膏火各费。又如江阴后梅镇西郊书院,同治元年(1862)邑人金国琛集赀创建,为西乡十镇生童肄业之所。

二是议政之公共职能。黄宗羲曾汲取东林书院之精神,欲以此改造学校为议政之机关。未承想,此理想至清末,竟在江苏乡村书院自身发育出来,除了公共教育之外,还举行读法、讲乡约等活动,"官绅士庶,月吉宣圣谕、明乡约"。其中南京高淳学山书院甚至承当了七乡公所之职能,公事决议于此。

三是与天主教对抗以保文化。在迎接西方文化挑战中,书院主动行动起来,承担了根据地之作用,如宜兴鹅西讲舍、鹅山书院等。光绪《宜荆新志》载:"离杨巷十里,天主邪徒自他邑来立祠传教,官不能禁,士绅议建讲舍,朔望讲圣谕,讲堂后进祀宋文节公吴师古。先是,宜兴知县施惠欲于官村立书院,谋议未就,至鹅西讲舍落成读法之后,即行课士。施令捐千缗为士子膏火,三邑之民靡然,乡风十年以来,无一人归异教者。"②

① 邱沅、王元章修,段朝瑞等纂:民国《续纂山阳县志》卷七《学校》,《中国地方志集成·江苏府县志辑54》,江苏古籍出版社1991年版,第353页。
② 施惠、钱志澄修,吴景墙等纂:光绪《宜荆新志》卷四《学校》,《中国地方志集成·江苏府县志辑40》,江苏古籍出版社1991年版,第107—108页。

### 三、清代江苏书院之数据与总表

顺治朝,新建4所,重建1所,共5所。康熙朝,新建36所,重建6所,共42所。雍正朝,新建5所,重建4所,共9所。乾隆朝,新建54所,重建18所,共72所。嘉庆朝,新建14所,重建6所,共20所。道光朝,新建11所,重建12所,共23所。咸丰朝,新建1所,重建2所,共3所。同治朝,新建书院10所,重建32所,共42所。光绪朝,新建42所,重建15所,共57所。另有始建时间不详书院7所。

新建数,乾隆朝第一,光绪朝第二,康熙朝第三,嘉庆第四,道光第五,同治第六,雍正第七,顺治第八,咸丰第九。

重建数,同治第一,乾隆第二,光绪第三,道光第四,康熙、嘉庆第五,雍正第六,咸丰第七,顺治第八。

总数,乾隆第一,光绪第二,康熙、同治第三,道光第四,嘉庆第五,雍正第六,顺治第七,咸丰第八。

| 朝代 | 第一期 | | | 第二期 | | | 第三期 | | | | 第四期 | | |
| | 顺治 | 康熙 | 合计 | 雍正 | 乾隆 | 合计 | 嘉庆 | 道光 | 咸丰 | 合计 | 同治 | 光绪 | 合计 |
|---|---|---|---|---|---|---|---|---|---|---|---|---|---|
| 新建 | 4 | 36 | 40 | 5 | 54 | 59 | 14 | 11 | 1 | 26 | 10 | 42 | 52 |
| 重建 | 1 | 6 | 7 | 4 | 18 | 22 | 6 | 12 | 2 | 20 | 32 | 15 | 47 |
| 合计 | 5 | 42 | 47 | 9 | 72 | 81 | 20 | 23 | 3 | 46 | 42 | 57 | 99 |

另有始建不详书院7所,加上表统计,共280所。

## 第二节　顺康时期江苏书院概述

入关之初,顺治之政策与元初不同,元廷尚优待文士,甚至允许遗民创建书院,委身其中,寄其哀思,只是登记在册,官派山长,加以把握而已。清初却严禁书院创建,至康熙方默许书院发展,而后迅速掀起书院建设高潮。

### 一、顺康时期江苏书院之数据

其一,从创建数量看。顺康期间,江苏共新建书院40所,重建

7 所。

顺治朝（1644—1661）：新建 4 所：常熟亭林书院（元年）、太仓白公讲院（十一年）、镇江杏坛书院（十三年）、昆山梅岩书院；重建书院 1 所：沛县两河书院（十六年）。

康熙朝（1662—1722）：新建 36 所：扬州安定书院（元年）、苏州讲德书院（康熙初年）、常熟养贤书院（四年）、苏州清和书院（六年）、常州延陵书院（十年）、靖江骥腾书院（十一年）、南京东山书院（十二）、淮安翁公书院（十六年）、常熟思文书院（十六年）、南京虹桥书院（二十一年）、扬州敬亭书院（二十二年）、扬州虹桥书院（二十二年）、昆山安道书院（二十五年）、太仓安道书院（二十五年）、阜宁观澜书院（二十五年）、镇江去思书院（二十七年）、无锡共学山居（三十年）、淮安临川书院（三十二年）、苏州新安书院（三十八年）、盐城诚意书院（四十年）、淮安图公书院（四十四年）、丰县凤鸣书院（四十四年）、靖江东川书院（五十年）、苏州紫阳书院（五十二年）、苏州禊湖书院（五十四年）、徐州姜公书院（五十七年）、睢宁桂林（昭义）书院（五十七年）、苏州道南书院（五十八年）、徐州醴泉书院（五十八年）、南京赵公书院（五十九年）、苏州静宁书院、南京三山书院、南京大新书院、常熟清风书院、常熟南华书院、江阴阳城书院；重建 6 所：南京明道书院（六年）、苏州正心书院（八年至十年）、宜兴东坡（蜀山）书院（三十七年）、苏州乐圃书院（五十八年）等。

另，靖江马洲书院、无锡东林书院重建时间不详。

其二，从地域来看。苏南新建 26 所、重建 5 所，苏北新建 14 所、重建 2 所，苏南略占上风。

| 序号 | 城市 | 数量 | | 地域 | 总数 | | 备注 |
| --- | --- | --- | --- | --- | --- | --- | --- |
| | | 新建 | 重建 | | 新建 | 重建 | |
| 1 | 南京 | 5 | 1 | 苏南 | 26 | 5 | |
| 2 | 苏州 | 16 | 2 | | | | |
| 3 | 无锡 | 2 | 2 | | | | |
| 4 | 常州 | 1 | | | | | |
| 5 | 镇江 | 2 | | | | | |

| 序号 | 城市 | 数量 | | 地域 | 总数 | | 备注 |
|---|---|---|---|---|---|---|---|
| | | 新建 | 重建 | | 新建 | 重建 | |
| 6 | 扬州 | 3 | | | | | |
| 7 | 泰州 | 2 | 1 | | | | |
| 8 | 南通 | | | | | | |
| 9 | 淮安 | 3 | | 苏北 | 14 | 2 | |
| 10 | 宿迁 | | | | | | |
| 11 | 盐城 | 2 | | | | | |
| 12 | 连云港 | | | | | | |
| 13 | 徐州 | 4 | 1 | | | | |
| | 全省 | 40 | 7 | 全省 | 40 | 7 | |

其三,从建设主体来看,官办新建 17 所、重建 3 所;民办新建 23 所、重建 4 所,民间力量超过官方,说明彼时书院尚未完全官学化。

| 序号 | 城市 | 性质 | | | 地域 | 总数 | | | 备注 |
|---|---|---|---|---|---|---|---|---|---|
| | | 官办 | 民办 | 不详 | | 官办 | 民办 | 不详 | |
| 1 | 南京 | 3/1 | 2/ | / | | | | | |
| 2 | 苏州 | 4/1 | 12/1 | / | | | | | 白公讲院有很多所 |
| 3 | 无锡 | / | 2/2 | / | 苏南 | 9/2 | 17/3 | / | |
| 4 | 常州 | 1/ | / | / | | | | | |
| 5 | 镇江 | 1/ | 1/ | / | | | | | |
| 6 | 扬州 | 2/ | 1/ | / | | | | | |
| 7 | 泰州 | / | 2/1 | / | | | | | |
| 8 | 南通 | / | / | / | | | | | |
| 9 | 淮安 | 1/ | 2/ | / | 苏北 | 8/1 | 6/1 | / | |
| 10 | 宿迁 | / | / | / | | | | | |
| 11 | 盐城 | 2/ | / | / | | | | | |
| 12 | 连云港 | / | / | / | | | | | |
| 13 | 徐州 | 3/1 | 1/ | / | | | | | |
| | 全省 | 17/3 | 23/4 | / | 全省 | 17/3 | 23/4 | / | |

其四,从执行功能来看,综合型新建4所,讲学(课士)新建16所、重建3所,祭祀新建14所、重建1所,自修无,不详新建6所、重建4所。可见当时功能尚未完全一统。

| 序号 | 城市 | 性质 | | | | | 地域 | 总数 | | | | | 备注 |
|---|---|---|---|---|---|---|---|---|---|---|---|---|---|
| | | 综合 | 讲学 | 祭祀 | 自修 | 不详 | | 综合 | 讲学 | 祭祀 | 自修 | 不详 | |
| 1 | 南京 | / | 2/1 | 1/ | / | 2/ | 苏南 | 2/ | 9/2 | 12/ | / | 3/3 | 东林书院重建2次 |
| 2 | 苏州 | 1/ | 5/ | 9/ | / | 1/2 | | | | | | | |
| 3 | 无锡 | 1/ | /1 | 1/ | / | /1 | | | | | | | |
| 4 | 常州 | / | 1/ | / | / | / | | | | | | | |
| 5 | 镇江 | / | 1/ | 1/ | / | / | | | | | | | |
| 6 | 扬州 | 2/ | 1/ | / | / | / | 苏北 | 2/ | 7/1 | 2/1 | / | 3/ | |
| 7 | 泰州 | / | 2/ | /1 | / | / | | | | | | | |
| 8 | 南通 | / | / | / | / | / | | | | | | | |
| 9 | 淮安 | / | 1/ | 2/ | / | / | | | | | | | |
| 10 | 宿迁 | / | / | / | / | / | | | | | | | |
| 11 | 盐城 | / | 1/ | / | / | 1/ | | | | | | | |
| 12 | 连云港 | / | / | / | / | / | | | | | | | |
| 13 | 徐州 | / | 2/1 | / | / | 2/ | | | | | | | |
| | 全省 | 4/ | 16/3 | 14/1 | / | 6/3 | 全省 | 4/ | 16/3 | 14/1 | / | 6/3 | |

## 二、顺康之发展

其一,顺治之禁绝。清廷入关后之顺治年间(1644—1661),南明之抵抗及反清余炽未尽,故清廷对内地之政策依旧是全盘高压,书院亦不例外。与元初的怀柔政策不同,清廷严厉禁止书院发展,此颇类明初。

清廷首先重建官学。顺治诏令"帝王敷治,教化为先",迅速恢复官学,中央设国子监,分六堂教习,地方设府、州、县学,乡村基层社会设社学、义学等,形成一个完整的自上向下之系统,如"顺治九年(1652),题准每乡置社学一区,择其文义通晓、行谊谨厚者补充社师,免其差役,量给廪饩养赡。提学按临日,造姓名册,申报查考"。① 此是欲以官学取代书院教育功能。同时又严禁书院,九年还诏令"各提学官督率教官、生儒,务将平日所习经书义理,着实讲求,躬行实践。不许别创书院,群聚徒党,及号召地方游食无行之徒,空谈废业"。② 同年还颁布《学校禁例十八条》,其中有《训士卧碑文》,有"军民一切利病,不许生员上书陈言,如有一言建白,以违制论,黜革治罪。生员不许纠党,多人立盟结社,把持官府,武断乡曲。所作文字,不许妄行刊刻;违者,听提调官治罪"。③ 十六年(1659)清廷重申严禁"士习不端,结盟订社"。④ 本来经明清易代战争,江苏书院已毁圮太半,经此严禁,残存之书院更纷纷闭歇,如前述镇江之香山书院顺治十一年(1654)后即改为驻镇军府。整个顺治年间江苏新建书院只有四所,重建只有一所,明代书院盛行之风,戛然而止,几成绝唱。

其二,康熙之默许。康熙时期(1662—1722),天下甫定,文治略作松弛,却重蹈宋明旧辙,企图以官学封杀民间书院,然官学宿弊难逃,遂不得不恢复书院。以上述社学为例,由于办学制度、人才、资金等弊端,地方社学迅速衰败,故康熙二十五年(1686),清廷下令"社学近多冒滥,令提学严行查革"。⑤ 由此朝野呼吁复兴书院之声不绝,庙堂亦遂逐渐开禁,书院政策由不许别建至赐书赐额,由限制至默许。康熙几十年中不断赐书赐额前后不下十余处之多,江苏境内,四十四年(1705)为苏州文正书院御书"济时良相",同年为镇江宝晋书院赐"宝晋遗踪",为扬州安定书院赐"经术造士",六十一年(1722)又为苏州紫阳书院御书"学道还纯"。由此书院迎来复兴契机,特别是科举类书院。康熙间,江苏共

---

① 陈梦雷编纂,蒋廷锡校订:《古今图书集成》第66册《经济汇编·选举典》第三十六卷《养士部》,中华书局、巴蜀书社1985年版,第80073页。

② 陈梦雷编纂,蒋廷锡校订:《古今图书集成》第66册《经济汇编·选举典》卷十七《学校部》,中华书局、巴蜀书社1985年版,第79884页。

③ 黄之隽、赵弘恩:乾隆《江南通志》卷九十《学校志·书院》,永瑢、纪昀等编纂:《四库全书》第509册,上海古籍出版社1987年版,第449页。

④ 昆冈等修,刘启端等纂:《钦定大清会典事例》卷三九五,《续修四库全书》第804册,上海古籍出版社2002年版,第116页。

⑤ 昆冈等修,刘启端等纂:《钦定大清会典事例》卷三九六,《续修四库全书》第804册,上海古籍出版社2002年版,第309页。

新建书院 36 所,重建 6 所,较顺治时期,成长不少。

## 三、本期书院学术之特点

顺康时书院讲学的内容与形式上,与明代相比有巨大的转变。

其一,在讲学内容上提倡朱子学。有明程朱陆王相互争锋,湛王风行天下,神州陆沉之后,诸儒反思,认定心学乃祸源之一,遂恢复程朱以对治王学末流之空疏。清廷反复比较亦认可之。康熙云"朱子洵称大儒,非泛言道学者可比拟";① "先儒中,惟朱子之言最为确当,其他书册所载,有不可尽信者";② "夫六经、四书、濂洛关闽,学之正者也"。③ 康熙四十年(1701)后他下令李光地汇编《朱子全书》《性理精义》,并亲制序文,以朱子"绪千百年绝传之学,开愚蒙而立亿万世一定之规"。又说:"朕读其书,察其理,非此不能知天人相与之奥,非此不能治万邦于衽席,非此不能仁心仁政施于天下,非此不能内外为一家。"因而,他向臣民宣示:"朕自冲龄笃好读书,诸书无不览诵,每见历代文士著述即一句一字于理义稍有未安者辄为后人指摘,惟宋儒朱子注释群经阐发道理,凡所著作及编纂之书,皆明白精确,归于大中至正,经今五百余年,学者无敢疵议。朕以为孔孟之后,有裨斯文者,朱子之功最为弘巨。"④ 故定程朱为官学,又颁谕将朱子由孔庙东庑先贤之列升至大成殿十哲。江苏各书院亦遵行之,如著名理学家张伯行创建苏州紫阳书院,其《紫阳书院记》云:"钦定紫阳全书以教天下万世,其论遂归于一。始知学者之所以为学,与教者之所以为教,当以紫阳为宗,而俗学、异学有不得参焉者矣。"⑤

① 《清实录》第 6 册,《圣祖实录》卷二一六"康熙四十三年六月"条,中华书局影印本 1985 年版,第 190 页。

② 《清实录》第 6 册,《圣祖实录》卷二九一"康熙六十年三月"条,中华书局影印本 1985 年版,第 832 页。

③ 《清实录》第 6 册,《圣祖实录》卷二五十"康熙五十一年四月"条,中华书局影印本 1985 年版,第 472 页。

④ 《清实录》第 6 册,《圣祖实录》卷二四九"康熙五十一年五月"条,中华书局影印本 1985 年版,第 466 页。

⑤ 李铭皖、谭钧培修,冯桂芬纂:同治《苏州府志》卷二十五《学校》,《中国地方志集成·江苏府县志辑 7》,江苏古籍出版社 1991 年版,第 610 页。

其二，在讲学方式上渐废讲会。宋明以来，讲会盛行，湛王之学遍天下，讲会居功甚伟。在砥定天下之前，清廷著力军事之剿灭，尚未顾及文化，在此难得之缝隙中，前朝遗民依然延续讲会之风，自由讲学，名师辈出。[①] 然时贤亦反思之，认为讲会弊端甚多，如陆桴亭云："天下无讲学之人，此世道之衰，天下皆讲学之人，亦世道之衰。三代之世，君君臣臣，父父子子，各务躬行，各敦实行，庠序之中，诵诗书、习礼乐而已，未尝以口角相胜也。嘉、隆之间，书院遍天下，讲学者以多为贵，呼朋引类，动辄千人，附影逐声，废时失事，甚至有借以行其私者，此所谓处士横议也，天下何赖焉。"[②]又在《高顾两公语录大旨》中云："有明学脉，衍于国初，著于宣、统，烂漫于正、嘉，瞀乱于隆、万。何以言之？国初之学，如宋景濂、方正学，皆与闻其略而衍其绪也。宣、统则有曹月川、薛文清诸公，是时诸公专尚躬行，不为口耳。进而居官务修职业，退而林下略有讲贯，无聚徒讲学之风也。至正、嘉时，湛甘泉、王阳明诸先生出，而书院生徒乃遍天下。盖讲学于斯为烂漫矣，而阳明良知之学为尤盛，龙溪、心斋诸公继之。渐流渐失，迄于隆、万，此时天下几无日不讲学，无人不讲学，三教合了之说昌言无忌，而学脉之瞀乱于斯为极。不惟绌紫阳，几祧孔孟。吁，亦可畏哉！"[③]后来如熊赐履在《重修东林书院记》中亦认为"晚近以来，往往以讲学之故，致干时君时相之怒"，故士人当"反而内求，吾党亦当有分任其咎者"，书院领袖当"以默识为真修，以笃行为至教，勿口舌轧击以矜能，勿意见纷挐以长傲，尊贤容众，嘉善矜愚，偕游于大道为公之世"。[④] 儒士自己反省如此，加上清朝残酷的文字狱，康熙中期以后，讲会制度渐废。

---

① 其主要者，有顺康间施闰章主讲于江西南昌龙冈书院、庐陵白鹭洲书院，沈国模、史孝咸主讲于浙江余姚姚江书院，吴慎、施璜、高愈等先后主讲于江苏无锡东林书院、安徽歙县紫阳书院、安徽歙县还古书院等，孙奇逢于河辉县百泉书院，李颙于陕西西安关中书院，黄宗羲于浙东各书院，颜元于直隶肥乡漳南书院。参见白新良：《中国书院发展史》，天津大学出版社 1995 年版，第 147 页。

② 陆世仪：《思辨录辑要前集》卷一，《桴亭先生遗书》，永瑢、纪昀等编纂：《四库全书》第 724 册，上海古籍出版社 1987 年版，第 11 页。

③ 陆世仪：《高顾两公语录大旨》，《桴亭先生文集》卷一，续修四库全书编纂委员会：《续修四库全书》第 1398 册，上海古籍出版社 2002 年版，第 446 页。

④ 熊赐履《重修东林书院记》，高隆等增辑：《东林书院志》卷十五《文翰》，光绪七年重印本，赵法生、薛正兴主编：《中国历代书院志》第 7 册，江苏教育出版社 1995 年版，第 406 页。

其三,在讲学目的上向科举转变。顺治年间在高压之下,某些还能得以新建、重建的书院,其性质一律为科举课士,如顺治初新建之昆山梅岩书院、顺治十三年(1656)新建之镇江杏坛书院、顺治十六年(1659)重建之沛县两河书院,此信号非常明显。故随着思想控制之加强和讲会制度之废止,以月书季考经义策论、制艺帖括而帮助士子准备科举考试的书院大量涌现,康熙之后,渐风行天下。①

## 第三节　顺康时期江苏各市新建书院

### 一、常州新建书院

常州延陵书院。康熙十年(1671),延陵裔孙、武进诸生吴发祥捐资,布政慕天颜、知府骆钟麟主持重建。院成,集郡邑名士定期会讲,曾聘名儒李颙讲学其中。

> 乾隆《江南通志》:在府城双桂坊季子祠西,国朝康熙十年,布政慕天颜、知府骆钟麟就祠侧地建书院。②
>
> 魏禧《延陵书院记》:常州为古延陵地,吴季子所封邑,故郡县季子遗庙最多。旧志有延陵书院,故址不可考,盖其废而不兴者,不知几百年矣。岁辛亥,郡太守骆公钟麟慨然以风教为己任,有意兴复之,而延陵裔孙、武进诸生发祥,鬻产以谋建造。于是就郡城双桂里季子祠偏之废址,创复古延陵书院。太守时与郡邑大夫士讲学其中。未几,太守以忧去,而新太守纪公尧典复振兴其事,讲习如旧。时常州为古今人文之薮,倡明道学者代有其人。书院之设,自南宋周伯忱先生至明孙文介、张清惠凡四五建,至于今废隳者数十年,一旦得贤有司起而举之,常之大夫士观感兴起,彬彬乎

① 参见白新良:《中国书院发展史》,天津大学出版社 1995 年版,第 153 页。
② 黄之隽、赵弘恩:乾隆《江南通志》卷九十《学校志·书院》,永瑢、纪昀等编纂:《四库全书》第 509 册,上海古籍出版社 1987 年版,第 525 页。

道德之林矣。①

光绪《武进阳湖县志》：在阳湖中右厢双桂坊，康熙七年知府骆钟麟建。道光十八年，知府黄冕重建，有田一千六百余亩，存典钱五千千，岁收租息钱并布捐钱给用。主讲一人，每年束脩二百四十千。生童肄业，每年膏火钱一千十六千，花红钱二百二十千。②

光绪《武阳志余》：在中右□季祠西，兵后未复。③

按《江南通志》重建时间是康熙十年（1671），而光绪《县志》是康熙七年（1668），考魏《记》，为"岁辛亥"，则当是康熙十年。且《清史稿·骆钟麟传》载"（康熙）八年，擢江南常州知府"，④可知七年为不可能。道光十八年重建，下文不再赘引。

## 二、淮安新建书院

1. 淮安翁公书院。康熙十六年（1677）后，邑人为纪念淮关榷使翁英建。《钵池山志》载："翁英，满洲人，康熙十六年，以工部屯田司员外郎任淮安关监督，政尚宽简，商贾悦服，凡所惠恤士民者，又无不周至。关署密迩钵池山，翁英目睹山寺倾圮，会漕、河、抚三院捐俸，慨为之倡，翁英竭力为之佐。商民去后追思，于河堤堡房之侧建立书院，设尸祝之。《淮安关志》，参翁英《重修景会寺碑志》。"⑤《续纂淮关统志》载："翁英，满洲人，以工部屯田司员外[郎]简任淮榷。政尚宽简，商贾悦服。公务之暇，凡所以惠恤士民者，又无不周至。是以商民咸感其德，去后追思，乃于河堤堡房之侧建立书院，设位尸祝之。"⑥《淮关小志》载："翁

---

① 柳诒徵：《江苏书院志初稿》，赵法生、薛正兴主编：《中国历代书院志》第1册，江苏教育出版社1995年版，第36页。

② 王其淦、吴康寿修，汤成烈等纂：光绪《武进阳湖县志》卷五《学校》，《中国地方志集成·江苏府县志辑37》，江苏古籍出版社1991年版，第150页。

③ 庄毓鋐、陆鼎翰纂修：光绪《武阳志余》卷三《书院》，《中国地方志集成·江苏府县志辑38》，江苏古籍出版社1991年版，第141页。

④ 赵尔巽等撰：《清史稿》卷四百七十六，《列传二百六十三·骆钟麟传》，中华书局1977年版，第12981页。

⑤ 冒广生：《钵池山志》卷五《人物志》，方志出版社2006年版，第342页。

⑥ 马璘修；杜琳等重修；李如枚等续修；荀德麟等点校：《续纂淮关统志》卷八《题名》，方志出版社2006年版，第253页。

英,康熙间任。政尚宽简,商民感德,建立书院,设位尸祝之。"①

2. 淮安临川书院。乾隆《江南通志》:"临川书院在清河县渔沟镇,距县四十里。国朝康熙三十二年(1693),知县管巨以渔沟市民辐凑,子弟多向学,思造就之,乃建书院,令就学焉。"②光绪《淮安府志》:"嘉庆十五年(1810)圮。邑人吴朝观与弟昌基、族子安静重建于三元宫之西。"③光绪丙子《清河县志》:"咸丰《志》云,学舍二十二间,官吏占居,将假而不归,非建置之本意矣。按近年占居者已迁徙,书院延师授学,一如初制。"④民国《续纂清河县志》:"光绪三十二年(1906)停止课士。"⑤

3. 淮安图公书院。翁英之后,康熙四十四年(1705)邑人建书院纪念権使图兰。《续纂淮关统志》载:"图兰,满洲人。内务府郎中。清操雅饬,恂恂儒者之风。権税,耻为苛细。慈祥和蔼,不动声色,而商贾亦未有敢欺者。尤爱抚育穷篝,扶翼名教。士民倾戴,共建书院禋祀之,比之前明欧阳公云。"⑥又云:"图公书院,板闸镇大关楼南运河东岸。康熙四十四年,里人为前监督图兰建。嗣于乾隆癸酉年重修。今又倾圮矣。"⑦《淮关小志》载:"图兰,康熙间任。清操雅饬,恂恂儒者,耻为苛细,士民倾戴,共建书院禋祀之。"⑧按欧阳公,即指明代権使欧阳禄明,弘治间任,捐俸推广社学,俾镇之子弟读书其中,士民感激,勒碑记事。

## 三、南京新建书院

1. 南京东山书院。光绪《江浦埤乘》:"在治东南二里,康熙十二年

① 冒广生:《淮关小志》,方志出版社 2006 年版,第 505—506 页。
② 黄之隽、赵弘恩:乾隆《江南通志》卷九十《学校志》,永瑢、纪昀等编纂:《四库全书》第 509 册,上海古籍出版社 1987 年版,第 529 页。
③ 孙云锦修,吴昆田、高延第纂:光绪《淮安府志》卷二十一《学校》,《中国地方志集成·江苏府县志辑 54》,江苏古籍出版社 1991 年版,第 301 页。
④ 胡裕燕修,吴昆田、鲁贲纂:光绪丙子《清河县志》卷十《学校》,《中国地方志集成·江苏府县志辑 55》,江苏古籍出版社 1991 年版,第 933 页。
⑤ 刘枟寿等修,范冕纂:民国《续纂清河县志》卷五《学校》,《中国地方志集成·江苏府县志辑 55》,江苏古籍出版社 1991 年版,第 1123 页。
⑥ 马璘修;杜琳等重修;李如枚等续修;荀德麟等点校:《续纂淮关统志》卷八《题名》,方志出版社 2006 年版,第 254—255 页。
⑦ 马璘修;杜琳等重修;李如枚等续修;荀德麟等点校:《续纂淮关统志》卷十二《古迹》,方志出版社 2006 年版,第 378 页。
⑧ 冒广生:《钵池山志》卷五《人物志》,方志出版社 2006 年版,第 506 页。

(1673)知县徐龙光建,今废。"①

2. 南京虹桥书院。乾隆《江南通志》:"在江宁府城卢妃巷,国朝康熙二十一年(1682)总督于成龙建,檄上下江知名士,肄业其中,一时称盛。"②嘉庆《新修江宁府志》:"今废"。③

3. 南京赵公书院。光绪《溧水县志》:"康熙五十九年(1720)建,祀县令赵世臣,屋宇亦渐颓废。乾隆四十年(1775),知县凌世御集绅士捐金改建高平书院。"④

4. 南京大新书院。光绪《江浦埤乘》:"在浦口龙虎巷北,康熙中邑人创建,今废。"⑤

5. 南京三山书院。《古今图书集成》:"在水西门外末宁庵侧,江南粮储道章钦文建立书院,公余率士讲学于此。"⑥按章钦文康熙年间历官山西潞安、江南凤阳知府、湖北粮道、江西按察史、江苏布政史,至二十五年官至河南巡抚,诰授资政大夫。故此书院当在康熙年间建。

## 四、苏州新建书院

1. 昆山梅岩书院。道光《昆新两县志》:"在马鞍山东麓,因上有梅花峪,故名。顺治初,知县王鑨课士之所。"⑦同治《苏州府志》:"今废。"⑧

① 侯宗海、夏锡宝纂:光绪《江浦埤乘》卷十二《学校下》,《中国地方志集成·江苏府县志辑5》,江苏古籍出版社1991年版,第129页。

② 黄之隽、赵弘恩:乾隆《江南通志》卷九十《学校志》,永瑢、纪昀等编纂:《四库全书》第509册,上海古籍出版社1987年版,第521页。

③ 吕燕昭修、姚鼐纂:嘉庆《新修江宁府志》卷十六《学校》,《中国地方志集成·江苏府县志辑1》,江苏古籍出版社1991年版,第148页。

④ 傅观光等修、丁维诚纂:光绪《溧水县志》卷七《学校》,《中国地方志集成·江苏府县志辑33》,江苏古籍出版社1991年版,第361页。

⑤ 侯宗海、夏锡宝纂:光绪《江浦埤乘》卷十二《学校下》,《中国地方志集成·江苏府县志辑5》,江苏古籍出版社1991年版,第129页。

⑥ 陈梦雷编纂、蒋廷锡校订:《古今图书集成》第12册《方舆汇编·职方典》第六百五十七卷《江宁府学校考》,中华书局、巴蜀书社1985年版,第13678页。

⑦ 张鸿、来汝缘修、王学浩等纂:道光《昆新两县志》卷四《学校》,《中国地方志集成·江苏府县志辑15》,江苏古籍出版社1991年版,第66页。

⑧ 李铭皖、谭钧培修、冯桂芬纂:同治《苏州府志》卷二十七《学校》,《中国地方志集成·江苏府县志辑7》,江苏古籍出版社1991年版,第647页。

2. 常熟亭林书院。此为顾炎武顺治元年（1644）创于常熟唐市镇。《唐市志》载："明季，天下多故，奉母避兵居语廉泾。"①周可真先生《顾炎武年谱》载："崇祯十七年（1644），余在吴门，闻京师之报，人心凶惧。余乃奉母避之常熟之语濂泾，依水为固，与陈君鼎和隔垣而居。（《亭林余集·常熟陈君墓志铭》）……语濂泾在唐市，唐市又在双凤乡，双凤乡即先生先祖之故里。"②顾炎武遂在此创亭林书院，地址在今唐市镇河西街，东邻从善堂，招收学子，讲授经史，一时从学者甚众，为当地培养了不少文人学士。亭林北上，便告终结。民国期间曾作小学校址，"亭林书院"匾额一度悬挂屋梁间。中华人民共和国成立后改作粮库，匾额亦毁。③

3. 太仓白公讲院。宣统《太仓州志》载："国朝白公讲院，顺治年为知州白公登明建，四城及各镇皆设。其可考者：直塘镇在广安寺，陈瑚有《直塘镇白公讲院记》，双凤镇不详其处，茜泾镇改为白高二公祠，大西关外改为白公祠，并毁于咸丰季年粤匪之乱，沙溪镇在长寿寺内，今神像及详文规条碑石俱完好。"④《沙头里志》载："白公讲院在长寿寺东房，顺治甲午，里民感公德建祠祀公，公固辞，改讲院，课生童、讲乡约。"又《白公书院碑记》载："辽左白公以知柘城县著廉能，来守太仓州，甫下车而尽返其宿弊，民心翕然，今及期矣，德泽之浸润下民不啻刻肌而浃髓也，四郊已外，皆欲为民建祠肖像以尸祝之，独沙溪首创，鸠工不日而成，曰白公书院。"⑤由此可知，此为太仓洲沙溪邑人于顺治十一年（1654）为知州白登明所建之生祠，位于镇内长寿寺东房，当时白公固辞，改为讲院，课生童，讲乡约，后来在全太仓推广，数目不详，其功能当以祭祀为主，咸丰年间皆毁于兵，唯沙溪之遗址独存至宣统。

4. 常熟养贤书院。康熙《常熟县志》："在明伦堂之西，康熙四年

---

① 倪赐纂，苏双翔补纂：《唐市志》卷中《人物》，《中国地方志集成·乡镇志专辑》第9册，江苏古籍出版社1992年版，第535页。

② 周可真：《顾炎武年谱》，苏州大学出版社1998年版，第65页。

③ 王晋玲、李峰：《清代苏州书院教育述论》，《苏州科技学院学报》（社会科学版），2008年第4期。

④ 王祖畬纂：宣统《太仓州镇洋县志》卷九《学校下》，《中国地方志集成·江苏府县志辑18》，江苏古籍出版社1991年版，第146页。

⑤ 曹焯纂、陆松龄增订：《沙头里志》卷三《祠院》，《中国地方志集成·乡镇志专辑》第8册，江苏古籍出版社1992年版，第553—554页。

(1665)复学宫旁侵址,海防同知鲁超建为讲学之地。"①乾隆《江南通志》:"督粮道参政卢綋、海防同知鲁超特设讲学,知县李璞捐建。"②同治《苏州府志》:"今废。"③

5. 苏州清和书院。邑人建于康熙六年(1667)祀知州吴道煌。《桐桥倚棹录》载:"吴郡守祠,即清和书院,在虎丘二山门内,祀国朝苏州府知府道煌。按《府志》:道煌字瑶如,宛平人。顺治二年进士,康熙二年知苏州府事。六年,郡人顾予感感其循政,请祠于此,宋德宜《记》。"④

6. 常熟思文书院。康熙十六年(1677)邑人为粮道迟日震建,道光十一年(1831),知县周岱龄重修以作社学,咸丰十年(1860)毁。同治《苏州府志》载:"思文书院,俗名迟公书院,在城内西北隅文学里。国朝康熙十六年邑人为粮道迟日震建。道光十一年,常熟县知县周岱龄重修,咸丰十年毁。"⑤光绪《常昭合志稿》:"道光十一年,常熟知县周岱龄集捐洋银二千余元,以半作修理费并增建书厅,以半并田租学租等为师生修膳之资,仍名思文书院,而勒虞阳义学四字于院墙。十九年以存钱九百千文移入宾兴局,书院遂废。咸丰十年,屋宇尽毁,而基址犹存。"⑥

7. 昆山安道书院。同治《苏州府志》:"在蔚州村陈顽潭,国朝安道先生太仓陈瑚故居。康熙中,巡抚汤斌即其居改建,徐元文有记。今废。"⑦按陈瑚(1613—1675),明崇祯壬午举人,字言夏,号确庵,太仓人,尝居太仓小北门外。明亡,绝意仕进,奉父居昆山之蔚村。顺治间荐举

---

① 高士鶒、杨振藻修,钱陆燦等纂:康熙《常熟县志》卷四《学校》,《中国地方志集成·江苏府县志辑21》,江苏古籍出版社1991年版,第63页。

② 黄之隽、赵弘恩:乾隆《江南通志》卷九十《学校志》,永瑢、纪昀等编纂:《四库全书》第509册,上海古籍出版社1987年版,第524页。

③ 李铭皖、谭钧培修,冯桂芬纂:同治《苏州府志》卷二十七《学校》,《中国地方志集成·江苏府县志辑7》,江苏古籍出版社1991年版,第657页。

④ 顾禄:《桐桥倚棹录》卷四,中华书局2008年版,第290—291页。

⑤ 李铭皖、谭钧培修,冯桂芬纂:同治《苏州府志》卷二十七《学校》,《中国地方志集成·江苏府县志辑7》,江苏古籍出版社1991年版,第657页。

⑥ 郑钟祥、张瀛修,庞鸿文等纂:光绪《常昭合志稿》卷十四《学校》,《中国地方志集成·江苏府县志辑22》,江苏古籍出版社1991年版,第200页。

⑦ 李铭皖、谭钧培修,冯桂芬纂:同治《苏州府志》卷二十六《学校》,《中国地方志集成·江苏府县志辑7》,江苏古籍出版社1991年版,第648页。

隐逸,以疾辞,私谥安道先生,有《确庵先生集》。康熙二十五年(1686),巡抚汤斌分别在太仓小北门与昆山蔚村建书院纪念他,均以其谥号命名书院。

8. 太仓安道书院。康熙二十五年(1686年),巡抚汤斌在太仓小北门建,后废。道光十八年(1838)知州黄冕重建于城内三尖嘴,大门题额曰青云顶。后毁于兵。同治八年(1869)知州蒯德模改建于王氏南园。同治十二年(1873)知州吴承潞在海门桥西南,陆世仪讲学处旧址建尊道书院,安道书院并入。

> 宣统《太仓州志》:在小北门外,康熙二十五年,巡抚汤斌以安道先生陈瑚故居改建……后废。道光十八年,署知州黄冕重建于城内三尖嘴,颜其大门曰青云顶(安道书院初设时即娄东书院正附课,生童给票赴院……),咸丰十年毁,同治八年,署知州蒯德模改建于王氏南园(改建以后定额取经解生童各十六名……后移入尊道书院肄业)。十二年,知州吴承潞增建尊道书院于海门桥西桴亭遗址(嘉庆年,邑人即其地建吕祖师庙,咸丰十年毁),祀尊道先生陆世仪,移安道书院肄业生童于此。两书院长年经费除一州四县合捐外,拨入州境田八十九亩五分四毫,县境田二百八十八亩一分一毫。又契买新阳县境稻田一百二十一亩三分六厘,凡州县暨新阳县境归入安道、尊道两书院者计其花稻田四百九十八亩九分六厘五毫。初,合肥蒯公德模署州事添肄业生童于安道书院,捐购经史子集若干部(《周易哲中》《书经传说汇纂》《诗经传说汇纂》《春秋传说汇纂》《三礼义疏》《十三经注疏》《十三经读本》《康熙字典》《资治通鉴》《十七史》《近史录集注》《书仪》《读书分年日程》《胡文忠公遗集》)。①

下文重建仅记其事,不再赘引。

9. 苏州新安书院。《盛湖志》:"在东肠圩,康熙三十八年(1699),

① 王祖畲纂:宣统《太仓州镇洋县志》卷九《学校下》,《中国地方志集成·江苏府县志辑18》,江苏古籍出版社1991年版,第144—145页。

医士张佩兰创建。乾隆三年(1738)拆废。"①书院在今吴江盛泽,张佩兰为新安人,故名。

10. 苏州紫阳书院。紫阳书院由江苏巡抚张伯行创建于康熙五十二年(1713),地址在府学内尊经阁,详见本章第五节。

11. 苏州禊湖书院(黎川学舍)。本是义学,康熙五十四年(1715)里人陈时夏等创建,又名黎川学舍。乾隆《吴江县志》:"黎里义学二所,一在染字圩,康熙五十四年里人陈时夏等创建,雍正十年修,乾隆八年知县丁正元颜曰黎川学舍。"②光绪《吴江县续志》:"禊湖书院在黎里镇染字圩,亦曰义学,知县丁元正颜曰黎川学舍。乾隆四十年里人李璋重修,嘉庆十四年里人陈楷琛等重修,道光二十八年里人萧铠等重修。同治五年,里人重修,张曜、王国桢等捐赀存典,充脯修膏火各费。"③

12. 苏州讲德书院。康熙初年,邑人建,在绿水桥东,亦名韩中丞祠,祀巡抚都御史韩世琦。吴伟业《讲德书院记》详记源起。苏州素来赋税较重,韩氏抵任后奏免"十五年以前旧赋",并"撤姑苏驻防之兵还京师",有"惠泽于兹土","吴民欢欣凫藻,拜首叩门者日累万人。公推让不居,曰:此乃朝廷如天之赐,抚臣何力之有",为了报答韩氏,邑人遂立专祠,创讲院,让"黄发儿齿,循阶及序,相与论说敬君事上之礼"。④

13. 苏州道南书院。康熙五十八年(1719)布政使杨朝麟建,祀杨时等人。《桐桥倚棹录》载:"先儒杨文靖公祠,在(吴县)东山浜,亦名道南书院,祀宋龟山先生时,明兵部尚书庄简公成、解元忠文先生廷枢祔。国朝康熙五十八年布政司杨朝麟建。乾隆二年给帑修。三十二年重修。道光九年,祠裔杨承湛等重修。"⑤民国《吴县志》:"道南书院在黄鹂坊桥,明南京兵部尚书杨庄简公成专祠即其地(后移至虎丘二山门内二

① 仲沈洙纂,仲枢增纂,仲周霈再增纂:《盛湖志》卷上《祠庙》,《中国地方志集成·乡镇志专辑》第11册,江苏古籍出版社1992年版,第393页。
② 陈𦵡缵、丁正元修,倪师孟、沈彤纂:乾隆《吴江县志》卷八《学校》,《中国地方志集成·江苏府县志辑19》,江苏古籍出版社1991年版,第405页。
③ 金福曾等修,熊其英等纂:光绪《吴江县续志》卷三《学校》,《中国地方志集成·江苏府县志辑20》,江苏古籍出版社1991年版,第349页。
④ 吴伟业:《吴梅村全集》卷四十文集《讲德书院记》,上海古籍出版社1990年版,第840—843页。
⑤ 顾禄:《桐桥倚棹录》卷四《祠宇》,中华书局2008年版,第184页。

程夫子祠隔壁,乾隆三年奉旨发帑修葺)。今废。"①按杨成(1521—1600),字汝大,号震厓,乃杨时后裔,谥庄简。

14. 苏州静宁书院。《桐桥倚棹录》载:"慕公祠,在井亭街口,亦名静宁书院,祀国朝江苏巡抚天颜。按《府志》:天颜,字鹤鸣,静宁人,顺治十二年(1655)进士,累官至江苏巡抚,历上减粮等七疏,又条上免坍荒、停捐例等八疏。后坐他事,降调去任。"②按慕天颜(1624—1696),甘肃静宁人,康熙年间曾任江苏巡抚,故此书院乃祭祀慕氏,且以其故乡命名,为邑人建于康熙年间。

15. 常熟清风书院。康熙《常熟县志》:"在县治右,康熙年间,邑令晋江林象祖莅虞七载,讲学化民,士民公建,以永去思。"③此是邑人纪念知县晋江人林象祖而建。

16. 常熟南华书院。康熙《常熟县志》:"在阜成门外殿桥西,枕山临流,四郡士民为粮道副使刘鼎建,为讲学之所。按四郡指刘氏于康熙十七年所督之苏松常镇四郡漕务。唐使相刘晏为南华人,官阶勋业姓氏与公相符,而南国精华继学道爱人者,惟公有焉,义取诸此。"④此是康熙年间邑人为粮道副使刘鼎建。

## 五、泰州新建书院

1. 靖江骥腾书院。光绪《靖江县志》:"在南门外节孝祠东,康熙十一年(1672)绅士萧松龄等建,为郑侯重课士之地。门三楹,厅三楹,堂三楹,左右缭以垣墙。堂东有净室一楹,居守院僧。十二年,郑侯擢行人去,院中塑陈忠节公与郑侯像奉祀弗替。"⑤

2. 靖江东川书院。光绪《靖江县志》:"在东门外秦家桥东,康熙五

---

① 曹允源、李根源纂:民国《吴县志》卷二十七《书院》,《中国地方志集成·江苏府县志辑 11》,江苏古籍出版社 1991 年版,第 404 页。

② 顾禄:《桐桥倚棹录》卷四《祠宇》,中华书局 2008 年版,第 290—291 页。

③ 高士鸃、杨振藻修,钱陆燦等纂:康熙《常熟县志》卷四《学校》,《中国地方志集成·江苏府县志辑 21》,江苏古籍出版社 1991 年版,第 63 页。

④ 高士鸃、杨振藻修,钱陆燦等纂:康熙《常熟县志》卷四《学校》,《中国地方志集成·江苏府县志辑 21》,江苏古籍出版社 1991 年版,第 64 页。

⑤ 叶滋森修,褚翔等纂:光绪《靖江县志》卷六《书院》,《中国地方志集成·江苏府县志辑 5》,江苏古籍出版社 1991 年版,第 536 页。

十年(1711),诸生杨坦、杨方浚、黄吕声等公建,为讲学地。其条约所颁悉遵朱子白鹿洞箴,堂凡三楹,其中央供先师神位;东厢屋三楹,乾隆十三年(1748)奉学使尹公会一札,立杨黄三君子位;西侧屋三楹,守院者居之。置田二十余亩,以给春秋祭祀及讲学时供亿之费。今废久矣。"①按此书院名称由江苏巡抚张伯行取自韩愈"障百川而东归"。

## 六、无锡新建书院

1. 无锡共学山居。光绪《无锡金匮县志》:"在锡山东麓,康熙三十年(1691)邑人顾培及武进金敞筑以为讲学之所,而设主以祀宜兴汤之锜。春秋两会学者,其规制条约悉仿东林。杨铭敦亦尝从敞游,培晚年以山居属铭敦,其后顾与杨迭主祀事。咸丰初归杨氏,今废。"②钱穆先生云:"顾昀滋培、顾恒惺鏊,相与筑共学山居于无锡之锡山,习景逸(高攀龙)静坐法。仪封张伯行抚吴,来讲东林,二顾持论不屈。伯行虽鼎贵,无以难也。一时闻风来者不下百余人……其后从学者患举业之妨功,而授徒者率以举业不获教弟子以正学,遂谋鸠聚诸友别买田为力耕代馆之计。并相约罢应举,停处馆,卒拮据大困,而共学山居遂他属。"③按金、汤皆明清易代士子,汤学以主静为宗,承高攀龙,二顾与金氏皆师事之,汤逝,顾金即于锡山建共学山居,可视为东林之殿军。④

2. 江阴阳城书院。光绪《江阴县志》:"在学宫南,康熙间阳城张泰交视学江左,清介拔俗,邑人定海令缪遂建此以志遗爱,咸丰十年毁。"⑤张泰交(1651—1706)山西阳城人,字公孚,号泊谷,康熙三十八年(1699)任江苏学政,故邑人建此书院纪念,并以张氏故乡命名。

---

① 叶滋森修,褚翔等纂:光绪《靖江县志》卷六《书院》,《中国地方志集成·江苏府县志辑5》,江苏古籍出版社1991年版,第537页。

② 裴大中、倪咸生修,秦缃业等纂:光绪《无锡金匮县志》卷六《学校》,《中国地方志集成·江苏府县志辑24》,江苏古籍出版社1991年版,第108页。

③ 钱穆:《中国近三百年学术史》,商务印书馆1997年版,第21—22页。

④ 具体请详参徐雁平先生著作《清代东南书院与学术及文学》第一章第二节,安徽教育出版社2007年版,第20—32页。

⑤ 卢思诚、冯寿镜修,季念诒、夏炜如纂:光绪《江阴县志》卷五《学校》,《中国地方志集成·江苏府县志辑25》,江苏古籍出版社1991年版,第191页。

## 七、徐州新建书院

1. 丰县凤鸣书院(乐育馆)。康熙四十四年(1705)知县王初集建，本为义塾，后改为书院。同治《徐州府志》载："凤鸣书院旧为乐育馆，在县治西，康熙四十四年，知县王初集建，并置田五十亩。嘉庆二年，知县艾荣松重修，并改今名。道光六年，邑人袁大本、渠公义等倡捐钱四千六百千有奇，存典生息，嗣遭兵燹，存款荡然。同治十年，徐海道吴世熊酌定章程，每年由道捐廉聘延掌教，其生童每月膏火由道府县按月轮课暂行捐廉发给。"①邑人顾惟楫《创建乐育馆记》详其创建："是乃邑侯汝南王公所置也。康熙四十三年，公来莅丰，越明年，政通人和，治具毕张，□邑沐公甘雨，卜斯地欲为公建生祠，公闻而逊谢曰：君子爱人以德，曷宜有此，若不获已，请建为义塾，聚诸生徒而教育之，不为美乎……公讳初集，号恕求，乙卯科举教廉，河南光州人也。"②其后重建，光绪《丰县志》："凤鸣书院即乐育馆，嘉庆元年为河水颓坏，二年，邑令艾荣松重建，为对凤鸣塔，改名凤鸣书院。道光六年，邑今朱勇斋复新之。咸丰年，叠被兵燹，又复颓废。光绪二十年，(知县姚鸿)杰捐资倡修。"③

2. 徐州姜公书院。民国《铜山县志》："在大士岩，康熙五十七年(1718)知州姜焯建。"④

3. 睢宁桂林书院。康熙五十七年(1718)，县令刘如晏立，按刘氏为桂林人，故称此名。乾隆《江南通志》："在睢宁县治后，国朝康熙五十七年，知县刘如宴作义学于城隍庙西，监生王讷捐今地建书院为课士之

---

① 吴世熊、朱忻修，刘庠、方骏谟纂：同治《徐州府志》卷十五《学校》，《中国地方志集成·江苏府县志辑61》，江苏古籍出版社1991年版，第460页。

② 姚鸿杰等纂修：光绪《丰县志》卷十二《艺文类》，《中国地方志集成·江苏府县志辑65》，江苏古籍出版社1991年版，第226页。

③ 姚鸿杰等纂修：光绪《丰县志》卷二《营建》，《中国地方志集成·江苏府县志辑65》，江苏古籍出版社1991年版，第43页。

④ 余家谟、章世嘉、王嘉铣、王开孚纂：民国《铜山县志》卷十六《学校考》，《中国地方志集成·江苏府县志辑62》，江苏古籍出版社1991年版，第248页。

所,而以义学地立院。"①五十九年兴化孙骐《桂林书院碑》载其始末云:"桂林书院,睢陵士民为令君刘公立也。睢故凋残,公视事二年,大改于旧,民风土俗,日进醇良,公清苦自持,节缩所赢,不为丰殖。凡坛庙学宫城池仓库公署,修建聿新,迄于成功,而民间不知有役,士民以功在社稷,能为邑捍患御灾,法皆得祀,举欲为公建祠,公辞之再三,不止,至援令甲所载,揭示以禁,邑人谓公志在兴学化民,请为书院。"②

4. 徐州醴泉书院。同治《徐州府志》载:"在吕梁北,康熙五十八年(1719)州人同建。"③

## 八、盐城新建书院

1. 阜宁观澜书院。民国《阜宁县新志》:"故址在本城上马头,先是,庙湾无书院,明海防同知杜绳甲就大魁楼讲学。清康熙二十五年(1686),海防同知郎文煌毁五通庙设观澜书院,旋以庙湾场社学倾圮,自海防署后移此,而观澜书院遂废。"④

2. 盐城诚意书院。康熙四十年(1701)建于白驹盐场,时大使关所芳将旧社学讲堂移建而成。后圮。咸丰年间邑人重建,后文不再赘引。

> 咸丰《重修兴化县志》:(盐场)诚意书院,盐《志》白驹社学中,存讲堂。国朝康熙四十年,大使关所芳详请旧仓三间移建,讲堂今俱圮,社田一百三十亩。⑤

> 民国《续修兴化县志》:诚意书院在白驹,与三贤祠毗连,咸丰间邑人杨己山、杨松园等解囊重建讲堂,前后各三楹,以为延师教读之所,复于东边三贤祠旧址修两进计六楹,崇奉先贤,春秋致祭,

① 黄之隽、赵弘恩:乾隆《江南通志》卷九十《学校志》,永瑢、纪昀等编纂:《四库全书》第509册,上海古籍出版社1987年版,第530页。
② 侯昭瀛修,丁显纂:光绪《睢宁县志稿》卷八《学校志》,《中国地方志集成·江苏府县志辑65》,江苏古籍出版社1991年版,第394—395页。
③ 吴世熊、朱忻修,刘庠、方骏谟纂:同治《徐州府志》卷十五《学校》,《中国地方志集成·江苏府县志辑61》,江苏古籍出版社1991年版,第458页。
④ 焦忠祖、庞友兰纂:民国《阜宁县新志》卷七《教育》,《中国地方志集成·江苏府县志辑60》,江苏古籍出版社1991年版,第153页。
⑤ 梁园棣修,郑之侨、赵彦俞纂:咸丰《重修兴化县志》卷四《书院》,《中国地方志集成·江苏府县志辑48》,江苏古籍出版社1991年版,第123页。

由绅士朱绣等呈县场详请藩宪吴颁示勒石。光绪十九年清理社田一百七十九亩,增长租息供师膏火,三十四年杨春旭等建屋三楹修整墙垣,改为学校,田费收入拨充教费。[1]

按白驹即白驹场,古之盐场,范仲淹修海堤至此,元末张士诚揭竿于此,是元末两淮 29 盐场、明初两淮 30 盐场之一,白驹场自有历史记录以来属兴化管辖。故旧《志》皆谓诚意书院属兴化。新中国成立后行政区划调整,旧盐城分属兴化与大丰,诚意书院旧址属大丰之白驹镇,故此书院归入盐城。

### 九、扬州新建书院

1. 扬州安定书院。康熙元年(1662)盐使胡文学在扬州三元坊建安定书院,祭祀胡瑗。柳诒徵先生云:"江宁布政使所属各府之文化,以扬州称首。两淮盐利甲天下,书院之膏火资焉。故扬州之书院,与江宁省会相颉颃。其著者,有安定、梅花、广陵三书院。省内外人士,咸得肄业。乾隆间,梅花、安定两院规制,及师弟子之著闻者,俱详《扬州画舫录》。段、王、汪、刘、洪、孙、任、顾诸贤,皆出于邗之书院,可谓盛矣。咸同以降,稍不逮前,然江南北知名之士,不试于扬州书院者,盖尠。濯磨淬厉,其风有足称焉"。[2]

> 嘉庆《重修扬州府志》:在府东北三元坊,康熙元年鹾使胡文学建,祀宋儒胡瑗,后圮。雍正十一年鹾使高斌、运使尹会一建。乾隆五十九年,运使曾焕增修学舍,于生徒中录其尤者,仿上舍之例增膏火。嘉庆五年,为复公车资费,士有举于乡者,具旗区荣之,每岁科两试及秋闱各资路费。[3]

> 光绪《增修甘泉县志》:咸丰三年粤匪陷城,遭毁。迨同治四

年,两江总督兼理盐政李鸿章檄行运司李宗羲兴复书院,以安定书院旧址费巨,骤难修复。五年春,运司丁日昌莅任,先借广陵书院给卷开课,山长暂居别舍。七年,始建于东关街疏理巷口官房。①

《两淮盐法志》:雍正十一年重建,凡工费白金七千四百有奇。其生徒员额初以六十人为率,后增至五百人。乾隆二年,运使徐大枚详定额选四十人。至六年运使朱续晫复增二十人,并合梅花书院生徒附院讲课,共百二十人。五十九年,运使曾燠增修学舍,复定规条,正、附课各七十二人,随课无定额。月二课,正课月给膏火三两,附课一两。住院肄业者,于常额外日增膏火三分。每课一等至二等之首,书其殿最,岁登下之,其尤者,仿古上舍之例,增正课膏火一两五钱,无定额。咸丰间,院宇全毁。同治四年,盐政李鸿章饬运司李宗羲筹款重建,以安定书院旧址费巨,骤难修复。五年运司丁日昌莅任,先借广陵书院给卷开课,山长暂居别舍。七年始建于东关街疏理道署口官房。书院向课生监,今则童生亦得与课。十二年,增定生监正课四十名,附课四十名,随课无定额。童生上取十五名,中取二十名,次取无定额,每年二月甄别后,每月初二日官课,十六日馆课,按月升降。开课后仍令投考三次,每月另设小课,随卷之多寡,录取亦无定额。②

综上可知,安定书院演迁如下:雍正十一年(1733),鹾使高斌、运使尹会一重建,后陆续增修;咸丰三年(1853)毁于太平天国兵燹;同治七年(1868),运司丁日昌重建于东关大街。后文仅列其事,不再赘引。

2. 扬州敬亭书院。嘉庆《重修扬州府志》:"敬亭书院在北桥,康熙二十二年(1683)两淮为鹾政袭充美公建,今废。"③此是盐商出资所建。

3. 扬州虹桥书院。乾隆《江都县志》:"在北门外,康熙间两江总督

---

① 徐成敿等修,陈浩恩等纂:光绪《增修甘泉县志》卷六《学校》,《中国地方志集成·江苏府县志辑43》,江苏古籍出版社1991年版,第250—251页。

② 柳诒徵:《江苏书院志初稿》,赵法生、薛正兴主编:《中国历代书院志》第1册,江苏教育出版社1995年版,第50—51页。

③ 阿克当阿修,姚文田、江藩等纂:嘉庆《重修扬州府志》卷十九《学校》,《中国地方志集成·江苏府县志辑41》,江苏古籍出版社1991年版,第318—319页。

于成龙建,集郡士肄业其中,今废。"①于成龙在南京亦建同名书院。

## 十、镇江新建书院

1. 镇江杏坛书院。乾隆《镇江府志》:"在寿邱山,顺治丙申(十三年,1656)知县张晋创建,缭垣植杏数百株,使诸生居之,渐颓圮。"②
2. 镇江去思书院。光绪《丹徒县志》:"在昭关下,滨江,康熙二十七年戊辰(1688),邑绅徐诰武、笪重光、何金兰等为郡守高龙光建。咸丰三年(1853)毁,同治初改建于试院之西。"③

# 第四节　顺康时期江苏各市重建书院

## 一、南京重建书院

南京明道书院。康熙六年(1667)在知府陈开虞、推官谢铨倡导下,明道书院得以恢复旧制,至嘉庆年间废。具见前文。

## 二、苏州重建书院

1. 苏州正心书院。前述之虎丘"正修讲院",至康熙时更为"正心书院"。《百城烟水》云:"顺治初为陆履长孝廉垂帘处。今额正心书院。"④乾隆《元和县志》:"鼎革时,学舍倾圮,巡抚马祐更额正心书院。"⑤按陆履长孝廉,即陆坦,字履常(长),光绪《嘉定县志》有传:"工诗,精医,有高行。举崇祯庚午乡试,侨居虎邱(丘),与杨廷枢、郑敷教、

① 五格、黄湘纂修:乾隆《江都志》卷五《学校》,《中国地方志集成·江苏府县志辑66》,江苏古籍出版社1991年版,第68—69页。
② 高得贵修,张九征等纂,朱霖等增纂:乾隆《镇江府志》卷十五《学校》,《中国地方志集成·江苏府县志辑27》,江苏古籍出版社1991年版,第327页。
③ 何绍章、冯寿镜修,吕耀斗等纂:光绪《丹徒县志》卷十九《学校》,《中国地方志集成·江苏府县志辑29》,江苏古籍出版社1991年版,第372页。
④ 徐崧:《百城烟水》卷三,江苏古籍出版社1999年版,第191页。
⑤ 许治修,沈德潜、顾诒禄纂:乾隆《元和县志》卷六《坛祠》,《中国地方志集成·江苏府县志辑14》,江苏古籍出版社1991年版,第86页。

许元溥称吴门四孝廉。明末,授南丰知县,不赴,隐支硎、邓尉间。年六十余,以穷饿死。著《乡兵条议大旨》。"《百城烟水》作者是明遗民徐崧,辛亥年即康熙十年(1671),则其与友人共访讲院时,讲院已更名为"正心书院",其有《辛亥中秋祠中遇友人》诗。① 此重建者,乃马祐,其是康熙八年至十五年(1669—1676)期间任江苏巡抚,徐崧去时是康熙十年(1671),则正心书院之重修至少是在康熙八年至十年(1669—1671)之间重修。乾隆年间废。

2. 苏州乐圃书院。宝祐三年(1255)敕建,元毁于兵,明太祖重建,康熙五十八年(1719)朱长文后裔呈请改建。具见前文。

## 三、泰州重建书院

靖江马洲书院。前述南宋马洲书院,明末崇祯十一年(1638)知县陈函辉重建。后圮。入清,孔氏后裔移址重建,但只是祭祀性质。光绪《靖江县志》:"旧马洲书院,起自圣裔元虔,原在西沙,旧迹已湮。崇祯十一年,陈侯函辉就迎恩亭址扩之,仍其名。国朝鼎兴以来,院宇系毁于兵,仅存基址。西乡圣裔改建于流泗港永宁桥,则以祀至圣为祖师堂,纳赋仍名马洲书院。其西北半里许,有孔元虔墓。乾隆二十八年衍圣公咨江苏巡抚,饬县勒石,另编图里,永免孔氏差徭。厥后南门外基址亦坍没矣。"②

## 四、无锡重建书院

1. 宜兴东坡书院。乾隆《江南通志》:"在宜兴县蜀山,明弘治间建,后圮。国朝康熙三十七年(1698),道士蒋普葺而新之。"③

2. 无锡东林书院。清代东林书院可以分为两个发展阶段。顺康与雍乾之后,其表现与性质有极大之差异,亦代表明代书院与清代书院

---

① 诗云:"自为牛公建,先贤列讲堂。垂帘何处去,卖药有人来。海涌月犹好,山塘花正开。喜逢知己在,挂笠共徘徊。"徐崧:《百城烟水》卷三,江苏古籍出版社1999年,第191页。

② 叶滋森修,褚翔等纂:光绪《靖江县志》卷六《书院》,《中国地方志集成·江苏府县志辑5》,江苏古籍出版社1991年版,第533—536页。

③ 黄之隽、赵弘恩:乾隆《江南通志》卷九十《学校志》,永瑢、纪昀等编纂:《四库全书》第509册,上海古籍出版社1987年版,第527页。

之变化。

其一，顺康时期。天启之毁后，东林书院于崇祯年间又有恢复，然清军入关后，旋废。

一是硬件之恢复。此分两次，第一次是高攀龙之侄高世泰（1604—1677）所为。世泰字汇旃，崇祯十年进士，明亡后三十四年皆为遗民，以恢复东林为志，俟机缘成熟，便开始重建。光绪《无锡金匮县志》："崇祯初，有诏修复。吴桂森、邹期桢稍葺丽泽堂三楹。国朝顺治十一年知府檄除东林地税，攀龙从子世泰作燕居庙如旧制，并建再得草庐，又于依庸堂右构三公祠，以祀明知府欧阳东凤、曾樱、知县林宰。康熙中巡抚汤斌亲诣会讲，尚书熊赐履、巡抚宋荦、学使许汝霖倡捐缮治，复重建依庸堂，俾知县徐永言董其役，悉复旧观。"①《东林书院志·建置》："门一楹，榜曰东林精舍，内颜洛闽中枢，门前本坊一颜曰观海来游，徐邑尊日炯改建坊屋三楹，入门为丽泽堂三楹，吴觐华先生重建，北壁置石刻东林书院记，欧阳宜诸撰，石刻依庸堂记，邹南皋撰，俱文湛持书。进为依庸堂三楹……又左三楹为再得草庐，皆高汇旃先生建。"②

第二次是高攀龙从孙节培请建，巡抚汤斌复建，巡抚宋荦成之。乾隆《江南通志》："康熙中，巡抚汤斌复营建，巡抚宋荦成之。"③熊赐履《重修东林书院记》："汇旃公子莒生、芷生，集里中戚友申请于有司，庀材鸠工，广行购募，越期月而落成。讲堂、学舍，规制悉备。诸生以时诵习，不异曩时。莒生、芷生乃走书至金陵，属余为文以纪其事。"④

二是讲学之恢复。书院既复，自世泰开始，即陆续制订规程等，恢复讲会，尚能保持自由讲学之风气，名冠士林。

吴觐华先生申订《东林会约》四则，笃力行以宗教，课实功以穷经，绝议论以乐时，屏俗梦以尽分。高汇旃先生申订《东林讲会规则》："每

① 裴大中、倪咸生修，秦缃业等纂：光绪《无锡金匮县志》卷六《学校》，《中国地方志集成·江苏府县志辑24》，江苏古籍出版社1991年版，第106页。
② 高隆等增辑：《东林书院志》卷一《建置》，光绪七年重印本，赵法生、薛正兴主编：《中国历代书院志》第7册，江苏教育出版社1995年版，第192页。
③ 黄之隽、赵弘恩：乾隆《江南通志》卷九十《学校志》，永瑢、纪昀等编纂：《四库全书》第509册，上海古籍出版社1987年版，第526页。
④ 熊赐履《重修东林书院记》，高隆等增辑：《东林书院志》卷十五《文翰》，光绪七年重印本，赵法生、薛正兴主编：《中国历代书院志》第7册，江苏教育出版社1995年版，第406页。

岁春秋上丁日开讲会友,至仲丁日设祭先圣之后为止,凡十日。依古礼,三斋七戒之期,为十日讲习之实。是日会友初到,先谒圣,次谒三公祠,次谒道南祠,讲毕再谒圣。俱行一揖一躬礼。入座东西两班,客东主西。两班中各以齿序,不必东西走易。供书案,班揖。撤书案,班揖。客后至,班揖。勿乱威仪,勿私笑语,勿谈时事。质疑问难,俱于听毕后任从枚举。远客相访,即于会所答拜,不必至客舟、客寓。通名只用单帖。每期会友必登姓氏,以验后操履。是日午饭后,齐集座上,只设一点充饥。为远客设馔,止用四簋,两荤两素,不杀生,酒只数行。"①

但还是汲取晚明教训,注意当时士风,有所调整,不及时事。巨子硕儒时至东林,特别是关中李颙曾至东林讲学,是为一时之盛。熊赐履云:

> 春秋会讲,四方学者相率造庐问学。祁阳刁先生包,笃信忠宪为师,与先生往复论学,朔南相望,学者有南梁北祁之称。休宁汪学圣参究禅宗几二十年,闻先生讲道东林,野服造门而请先生,与言:"后学宗派惟程朱,程朱宗派惟孔孟。阐发程朱是为正宗,厌薄程朱是为乱宗。世之谈性者既荒唐于禅宗之徒,尤荒唐于援儒入禅之徒,必欲坚持三教一家之说,惜误用其精神矣。"留语数十日,而学圣遂悟从前所学之非。关中李颙学尚姚江,特造东林会讲,先生因语之曰:"言满天下无口过,其惟紫阳朱子乎!六经皆我注脚,是陆象山之口过也;满街都是圣人,是王新建之口过也。"颙因答云:"陆、王矫枉救弊,其言如药中大黄、巴豆,疏人胸中积滞,未可概施之虚怯之人,先生所虑极是。"退而语其从游,谓宜奉为典型。新安汪知默、陈二典、胡□、汪佑、吴曰慎、朱弘、施璜辈讲朱子之学于紫阳书院,因汪学圣游先生门,相次问学,于是更定《紫阳通志录》,以广薪传,又以《中庸》一书与紫阳诸子答问往复,著《中庸问答》。②

---

① 高廷瓒等增辑:《东林书院志》卷二《院规》,光绪七年重印本,赵法生、薛正兴主编:《中国历代书院志》第7册,江苏教育出版社1995年版,第201—202页。

② 熊赐履《高汇旃先生传》,高廷瓒等增辑:《东林书院志》卷十一《列传》,光绪七年重印本,赵法生、薛正兴主编《中国历代书院志》第7册,江苏教育出版社1995年版,第350页。

李颙此次东林之会为康熙十年(1671)仲春,高李关于朱子与陆王同异之论述,在学术史上地位极为重要。前文已述,常州知府骆钟麟师事李颙并将其迎至辖内之延陵书院,李氏遂又主讲东林,继讲于江阴、靖江、宜兴,兴起甚众。

东林讲会还留下施璜赴讲之佳话;《施虹玉先生传》云:

> 闻之东林故老云,先生始来会讲也,临别时与高公约以某年月日必赴讲。及期,高公设榻以待。或谓公曰:"遥隔千余里,安能必施君之果如约耶?"公曰:"不然,施生笃行君子也,如失期不来者,吾不复交天下士矣。"言未竟,先生果携其子担囊而至。论者谓非高公不能信先生,非先生不能取信于高公。以此两贤之。至今传为讲堂佳话。嗟呼!重然诺,矜期许,此风今已渺然矣。必诚必信如先生者,真古人哉! 真古人哉![1]

按,施璜,字虹玉,休宁人,为徽州朱子学之俊彦。

其二,雍乾之后。柳诒徵先生云:"惜乎雍乾以降,讲学之风衰,东林之名虽存,无巨儒硕德领袖其间,遂亦仅等于各郡邑之书院,试制艺,分膏火焉。"[2]"当时建置书院,后率废坠。集会讲学者,亦不能大振其坛坫。积久而书院廪士,苟贱不廉,重为识者訾诋。"[3]东林书院虽然在硬件不停修葺,但办学精神逐被阉割,日趋没落,沦为一般的科举补习场所。

> 光绪《无锡金匮县志》:乾隆四年,知县王允谦增构时雨斋、寻乐处于依庸堂左右。嘉庆四年,邑人秦震钧增置学舍院前隙地,缭以周垣。十七年,秦瀛修燕居庙、道南祠及享堂三楹。道光二十六年,邹鸣鹤又葺之,会巡抚裕谦檄毁尼庵,因得并泗水庵地,改置学舍。咸丰十年,兵燹毁坏。同治三年,修葺重建道南祠及学舍十

① 秦源宽《施虹玉先生传》,高隆等增辑:《东林书院志》卷十二《列传》,光绪七年重印本,赵法生、薛正兴主编《中国历代书院志》第7册,江苏教育出版社1995年版,第366页。
② 柳诒徵:《江苏书院志初稿》,赵法生、薛正兴主编:《中国历代书院志》第1册,江苏教育出版社1995年版,第34页。
③ 柳诒徵:《江苏书院志初稿》,赵法生、薛正兴主编:《中国历代书院志》第1册,江苏教育出版社1995年版,第38—39页。

楹,而移构三公祠于燕居庙。光绪二年,丽泽堂圮,知县裴大中、倪咸生捐建。①

此时大名鼎鼎之东林已与一般制艺书院无甚差别。

### 五、徐州重建书院

沛县两河书院。民国《沛县志》:"初名镇山书院,顺治十六年(1659)工部郎中顾大申重建,并改今名,即五中丞祠也。"②

## 第五节　本期重要书院——苏州紫阳书院

紫阳书院由江苏巡抚张伯行创建于康熙五十二年(1713),地址在府学内尊经阁,书院以朱子之号命名,并祀之。为叙述完整,将康熙后之发展亦并录于此。

乾隆《江南通志》:苏州府书院在府学尊经阁后,国朝康熙五十三年巡抚张伯行建,为士子肄业之所。崇祀朱子其中,颜曰"紫阳书院"。雍正二年,江苏布政使鄂尔泰重为修葺,增廓其制,征七郡之士弦诵其中,间以政暇聚于春风亭,亲与唱和,士风一时振起,刻有《南邦黎献集》二种(一制义,一古文诗赋)。鄂升任后,士庶于书院旁构堂,颜为西林氏讲学处(按,鄂尔泰姓西林觉罗氏),十年奉旨建立书院,即于此重加整理,书院中旧有田三百亩,钦赐帑金一千两,置田以资膏火,为永久计。③

同治《苏州府志》:紫阳书院在府学内尊经阁后,康熙五十二年巡抚都御史张伯行建。择所属高材诸生肄业其中,中奉朱子木主。

---

① 裴大中、倪咸生修,秦缃业等纂:光绪《无锡金匮县志》卷六《学校》,《中国地方志集成·江苏府县志辑 24》,江苏古籍出版社 1991 年版,第 106 页。

② 于书云修,赵锡蕃纂:民国《沛县志》卷七《学校》,《中国地方志集成·江苏府县志辑 63》,江苏古籍出版社 1991 年版,第 99 页。

③ 黄之隽、赵弘恩:乾隆《江南通志》卷九十《学校志》,永瑢、纪昀等编纂:《四库全书》第 509 册,上海古籍出版社 1987 年版,第 521—522 页。

事闻,圣祖仁皇帝御书"学道还淳"四字额以赐。是年伯行拨吴江县水北庵僧入官田以廪诸生。雍正三年布政使鄂尔泰增广学舍,建春风亭于中堂之西。十一年,世宗宪皇帝赐帑一千两,令官置田。十三年,巡抚尚书高其倬拨给赎锾,并变卖废祠银置田。乾隆三年,巡抚御史杨永斌奏请拨帑四万两生息,增诸生膏火。十年,巡抚侍郎陈大受以元和县学训导吴中,衡请岁于田租内拨银八两供书院中朱子祀事,附以张清恪公伯行及高文良公其倬。十三年知府傅椿重修,改建大门为东向。十六年,高宗纯皇帝御书"白鹿遗规"四字额以赐。道光二年,巡抚魏元煜重修。咸丰十年毁于兵,克复后权借梵门桥巷邵氏宅为考校之所。同治十年,巡抚张之万拨给藩库银六千两生息增诸生膏火。十三年,巡抚张树声重建旧地,奏颁御书"通经致用"额。

又,道光三年,核实田九百五十一亩三分九里二毫。咸丰十年,兵燹籍亡。同治四年,巡抚李鸿章拨入正谊书院田若干亩,今共存实在田三千三百三十八亩五毫,又常熟县沙田七百六十八亩九分三厘三毫,皆附入宾兴局征租。①

民国《吴县志》:光绪二十八年,书院之名改称校士馆,科举停后,即开办为师范学堂。②

书院之发展、经费等均见上引。所需补明者如下。

其一,创建时间。乾隆《江南通志》定为康熙五十三年,同治《苏州府志》则定为五十二年。考张伯行《紫阳书院记》中云"经始于癸巳之冬,落成于甲午之春"③,故可知始建于康熙五十二年,成于次年。又张氏曾在福建创鳌峰书院,紫阳即以鳌峰为蓝本而建,故"其规模制度及讲贯课试之法,大略与闽同"④。

① 李铭皖、谭钧培修,冯桂芬纂:同治《苏州府志》卷二十五《学校》,《中国地方志集成·江苏府县志辑7》,江苏古籍出版社1991年版,第609—610页。
② 曹允源、李根源纂:民国《吴县志》卷二十七《书院》,《中国地方志集成·江苏府县志辑11》,江苏古籍出版社1991年版,第400页。
③ 李铭皖、谭钧培修,冯桂芬纂:同治《苏州府志》卷二十五《学校》,《中国地方志集成·江苏府县志辑7》,江苏古籍出版社1991年版,第609—610页。
④ 钱仪吉:《碑传集·张伯行行状》,中华书局1993年版,第504页。

其二,紫阳书院在当时地位极高。柳诒徵先生云:"江苏巡抚驻苏州,苏之人文固盛,益以省治所在,大府倡立书院,分课制艺经古,其风气不下江宁、扬州也。旧有书院之外,清代创建者,曰紫阳,曰正谊,为最大。"①创建时,康熙御书"学道还淳"四字额以赐,六十一年(1722)又书"学宗洙泗"以赐。乾隆十三年(1748),又赐匾"白鹿遗规"。同治十三年(1784),亦赐御书"通经致用"。不仅如此,乾隆六次南巡来到苏州,每次都到紫阳书院,题字作诗,以示嘉勉。②

其三,学术宗旨。张《记》亦申明之:"顾幸生大道昌明之会,仰见我皇上学术渊源于二帝三王孔曾思孟之道,靡不兼综条贯,复加意表章濂洛关闽数大儒,尤以朱子为集诸儒之大成,而升之于十哲之列,圣明特见,诚前古后今之所莫及也。昔圣门四科,文学居一,当时游夏二子,已不能无少异同,及至后世,尊德性、道问学两家,分门几成聚讼,而朱子之道迭明迭晦,于五百年之间,惟我皇上躬行心得,独深信朱子之道,钦定紫阳全书,以教天下万世,朱子之道明,即二帝三王孔曾思孟之道无不明矣。然则学者之所以为学,教者之所以为教,其可不以紫阳为宗乎哉!……故乐与多士恪遵圣教,讲明朱子之道而身体之,此紫阳书院之建所以不能已也。"③故可知书院非单纯课士,而以朱子学讲授为主,辅以制艺。

但是雍乾之后,紫阳书院的学术却由朱子理学向经史汉学转变,此由鄂尔泰开始。柳诒徵先生云:"紫阳创于张伯行,而盛于鄂尔泰。雍正初年,鄂尔泰为苏藩,访求才彦,召集省会,为春风亭会课,躬宴之于署斋。已,复留若干人,肄业于书院。鄂尔泰与苏之绅耆,及一时召集之士所作之文若诗,汇刻为《南邦黎献集》。书院之由讲求心性,变为稽古考文,殆以是为津渡,此康熙以降书院之美谈也。"④可见张伯行重朱

---

① 柳诒徵:《江苏书院志初稿》,赵法生、薛正兴主编:《中国历代书院志》第 1 册,江苏教育出版社 1995 年版,第 55 页。

② 乾隆十六年(1751)题诗《紫阳书院题句》;二十二年(1757)《过紫阳书院叠旧作韵》;二十七年(1762)《过紫阳书院示诸生》;三十年(1765)《过紫阳书院》;四十九年(1784)《过紫阳书院口号》。

③ 李铭皖、谭钧培修,冯桂芬纂:同治《苏州府志》卷二十五《学校》,《中国地方志集成·江苏府县志辑7》,江苏古籍出版社 1991 年版,第 609—610 页。

④ 柳诒徵:《江苏书院志初稿》,赵法生、薛正兴主编:《中国历代书院志》第 1 册,江苏教育出版社 1995 年版,第 56 页。

子理学,鄂尔泰已转为汉学。后来惠栋主讲,吴派滥觞,紫阳竟由朱子学之模范演为汉学之大本营。

其四,规章制度。柳诒徵先生云:"陈宏谋《培远堂集》载书院条规,亦可以考见乾隆中肄业紫阳书院之梗概。《培远堂偶存稿书院条规示》(乾隆二十四年正月):一、书院诸生六十名,每月膏火二两四钱,米三斗。附课四十名,每月给银一两。止附一课者,给银五钱。一、每月两课,官课一次,掌教课一次。课卷以一二三等为次序,一等者首名给赏一两五钱,余名一两;二等者六钱。一、每月课文二次,讲书六次,或四书,或经,或史,不拘长短。一、凡课期,毋论在院、附课,齐集讲堂上,按桌列坐,将大门封锁不许一人出入。一、诸生各列功课簿一本,各将每月所读何书,所看何书,或临某帖,逐一注明,以备掌院不时取阅。一、本城诸生每月许告假五日,外县告假者出院五日后停发膏火,俟销假日起支。"①

又云:"陶澍抚苏时,书院肄业生达千数百人。澍为增广课额,兼示为学之要,此大吏之可称者也。其《告示》:吴会人文渊薮,茂才佳士之所集,本部院亲临甄别紫阳、正谊二书院,多至一千三四百人,实系美不胜收。查旧例,紫阳内课四十名,外课八十名,正谊内课廿五名,外课五十名,未免人多额少。今与两司及府县监院诸君酌议,于紫阳加内课十名,外课二十名,正谊加内课十五名,外课三十名,俾多士得资向学。惟是课额既加,功修宜密,循名责实,始有真儒。兹将为学摘要摘叙,大凡条列于左:一、为学必先立志;一、为学必须植品;一、为文宜先宗经;一、读书宜亲师友。"②

其五,掌院。据民国《吴县志》记载,在191年中,掌院27人:冯嵩,康熙癸巳科(五十二年,1713)进士;朱启昆,康熙丁丑科(三十六年,1697)进士;韩孝基,康熙庚辰科(三十九年,1700年)进士;陈祖范,雍正癸卯科(元年,1723)进士;吴大受,待考;王俊,雍正癸卯科(元年,

---

① 柳诒徵:《江苏书院志初稿》,赵法生、薛正兴主编:《中国历代书院志》第1册,江苏教育出版社1995年版,第57—58页。

② 柳诒徵:《江苏书院志初稿》,赵法生、薛正兴主编:《中国历代书院志》第1册,江苏教育出版社1995年版,第58页。

1723)进士;沈德潜,乾隆己未科(四年,1739)进士;廖鸿章,乾隆丁巳科(二年,1737)进士;韩彦曾,雍正庚戌科(八年,1730)进士;彭启丰,雍正丁未科(五年,1727)状元;蒋元益,乾隆乙丑科(十年,1745)会元;钱大昕,乾隆甲戌科(十九年,1754)进士;冯培,乾隆戊戌科(四十三年,1778)进士;吴省兰,乾隆戊戌科(四十三年,1778)进士;吴萧,嘉庆己未科(四年,1799)进士;吴俊,乾隆壬辰科(三十七年,1772)进士;石韫玉,乾隆庚戌科(五十五年,1790)状元;朱珔,嘉庆壬戌科(七年,1802)进士;翁心存,道光壬午科(二年,1822)进士;董国华,嘉庆戊辰科(十三年,1808)进士;赵振祚,道光乙未科(十五年,1835)进士;俞樾,道光庚戌科(三十年,1850)进士;程庭桂,道光丙戌科(六年,1826)进士;夏同善,咸丰丙辰科(六年,1856)进士;潘遵祁,道光乙巳科(廿五年,1845)进士;陆懋宗,咸丰庚申科(十年,1860)进士;邹福保,光绪丙戌科(十二年,1886)榜眼。其中,有状元 2 人,榜眼 1 人,会元 1 人,进士 22 人。大都是当时的名流学者,并有专著遗留后世。①

其中尤为突出者,如柳诒徵先生云:"沈德潜长紫阳时,门下号称多士。钱大昕为紫阳书院肄业生,晚而掌教十六年,且终于书院,尤为盛事。有后有朱珔、俞樾,皆以博洽道士。珔尝主钟山,与大昕皆为宁苏大师。"②其生徒亦不乏名士,如汉学巨擘王鸣盛于乾隆九年(1744),时二十三岁,入紫阳书院肄业,复从惠栋、沈彤等游处,时惠栋以汉学倡,鸣盛得闻绪论,知诂训必以汉儒为宗。③ 其《墓志》亦载:"肄业紫阳书院,与惠征君松厓讲经义,知训诂必以汉儒为宗,服膺《尚书》,探索久之,乃信东晋之古文固伪,而马郑所注,实孔壁之古文也。东晋所献之《太誓》固伪,而唐儒所斥为伪《太誓》者,实非伪也。古文之真伪辨,而《尚书》二十九篇粲然具在,知所从事矣。"④钱大昕亦学于惠栋,其尝

---

① 曹允源、李根源纂:民国《吴县志》卷二十七《书院》,《中国地方志集成·江苏府县志辑 11》,江苏古籍出版社 1991 年版,第 400 页。

② 柳诒徵:《江苏书院志初稿》,赵法生、薛正兴主编:《中国历代书院志》第 1 册,江苏教育出版社 1995 年版,第 58—61 页。

③ 陈鸿森:《王鸣盛年谱》,台湾"中央研究院历史语言研究所"集刊,第八十二本,第四分,2011 年 12 月,第 695 页。

④ 陈鸿森:《王鸣盛年谱》,台湾"中央研究院历史语言研究所"集刊,第八十二本,第四分,2011 年 12 月,第 695 页。

论:"宋元以来,说经之书盈屋充栋,高者蔑古训以夸心得,下者袭人言以为己有。独惠氏世守古学,而栋所得尤精。拟诸前儒,当在何休、服虔之间,马融、赵岐辈不及也。"[①]

紫阳名震江南二百载,然时世翻转,亦不得不随之起舞,光绪二十七年(1901),改课经典策论。二十八年(1902),改为校士馆,三十一年(1905)废科举,办学校,校士馆也因之停办,改为江苏师范学堂,今苏州中学前身之一。

---

① 赵尔巽等撰:《清史稿》卷四百八十一《列传二百六十八·惠栋传》,中华书局 1977 年版,第13181 页。

# 第九章　清代江苏书院之二：
## 雍乾之反复与兴盛

　　雍乾以后，域内一统，政治安定，社会平稳，经济繁荣，文化上由于清帝个人喜爱之引导，汉学兴起，物、财、人诸事具备，书院在康熙朝之基础上，更上层楼。

## 第一节　雍乾时期江苏书院概述

　　雍正朝书院政策颇有反复，初期限制，后期支持，在全国成立 23 所省会书院。乾隆则全面予以规范，在形式上官学化，内容上汉学化，目的上科举化，由此书院被逼入皇权所设定之窠臼，步入畸形之繁荣期。"各省都会及府州县又立书院，延师给饩，以为士子群居肄诵之所"。①

### 一、雍乾时期江苏书院之数据

　　其一，从创建数量来看。雍乾时期共新建书院 59 所，重建 22 所。

　　雍正朝（1723—1735）：新建 5 所，南京钟山书院（二年）、如皋崇正书院（二年）、常熟游文书院（三年）、徐州云龙书院（十三年）、扬州邗江学舍（十三年）；重建 4 所：扬州安定书院（十一年）、扬州梅花书院（十二年）、常熟文学书院、苏州澹台书院。

---

① 唐仲冕修，汪梅鼎纂：嘉庆《海州直隶州志》卷十八《学校》，《中国地方志集成·江苏府县志辑 64》，江苏古籍出版社 1991 年版，第 331 页。

乾隆朝(1736—1795),新建 54 所,扬州甪里学舍(三年)、苏州松陵书院(四年)、连云港卫公书院(八年)、昆山玉峰书屋(八年)、镇江鹤林书院(八年)、苏州松陵学舍(八年)、苏州汤公书院(九年)、连云港天池书院(十年)、常州金沙学舍(十年)、南通紫琅书院(十年)、靖江正谊书院(十年)、东台南沙书院(十年)、苏州震泽书院(十一年)、南京养正书院(十一年)、南京六峰书院(十二年)、如皋雉水书院(十二年)、苏州同川书院(十二年)、盐城表海书院(十二年)、太仓州娄东书院(十七年)、盐城草堰正心书院(二十一年)、昆山崇文书院(二十三年)、宜兴蜀山(阳羡)书院(二十四年)、连云港朐山书院(二十四年)、高邮珠湖书院(二十四年)、扬州竹西书院(二十五年)、南京珠江书院(二十六年)、苏州平江书院(二十七年)、镇江宝晋书院(二十八年)、常熟琴川课院(二十八年)、常熟正修书院(二十八年)、常熟梅李书院(二十八年)、常熟智林书屋(二十八年)、常熟清水书屋(二十八年)、常熟海东书屋(二十八年)、沭阳厚邱书院(二十九年)、靖江崇文书院(二十九年)、淮安丽正书院(三十一年)、沭阳于公书院(三十一年)、淮安崇实书院(三十三年)、仪征乐仪书院(三十三年)、丹阳鸣凤(云阳)书院(三十六年)、常州青山书院(四十年)、溧阳平陵书院(四十一年)、南京凤池书院(四十二年)、海安明道书院(四十五年)、沛县歌风书院(四十六年)、常州金沙书院(五十年)、扬州艾湖学舍(五十九年)、江阴桐山书院、兴化昭阳书院、淮安淮阴书院、淮安惜阴书院、阜宁紫阳书院、无锡锡山书院;重建书院 18 所:江阴澄江——暨阳书院(三年、二十年)、句容华阳书院(六年)、盱眙敬一书院(九年)、常州龙城书院(十九年)、泰兴延令书院(二十二年)、昆山玉山书院(二十三年)、睢宁昭义书院(三十三年)、盐城表海书院(三十五年)、南京高平书院(四十年)、阜宁观海书院(四十年)、扬州广陵书院(四十六年)、高邮珠湖书院(四十九年)、苏州甫里书院(四十九年)、连云港朐山书院(五十三年)、南通文正书院(五十八年)、连云港怀仁书院(六十年)、宜兴东坡书院、邳州敬简书院。

其二,从地域分布来看,苏南新建 31 所、重建 9 所,苏北新建 28 所、重建 13 所,整体来看,苏北超过了苏南。

| 序号 | 城市 | 数量 | | 地域 | 总数 | | 备注 |
|---|---|---|---|---|---|---|---|
| | | 新建 | 重建 | | 新建 | 重建 | |
| 1 | 南京 | 5 | 1 | 苏南 | 31 | 9 | |
| 2 | 苏州 | 16 | 4 | | | | |
| 3 | 无锡 | 3 | 2 | | | | 澄江书院重建2次 |
| 4 | 常州 | 4 | 1 | | | | |
| 5 | 镇江 | 3 | 1 | | | | |
| 6 | 扬州 | 6 | 4 | 苏北 | 28 | 13 | |
| 7 | 泰州 | 3 | 1 | | | | |
| 8 | 南通 | 4 | 1 | | | | |
| 9 | 淮安 | 4 | 1 | | | | |
| 10 | 宿迁 | 2 | | | | | |
| 11 | 盐城 | 4 | 2 | | | | |
| 12 | 连云港 | 3 | 2 | | | | |
| 13 | 徐州 | 2 | 2 | | | | |
| | 全省 | 59 | 22 | 全省 | 59 | 22 | |

其三,从建设主体来看,官办新建46所、重建10所,超过了民办新建12所、重建11所。

| 序号 | 城市 | 性质 | | | 地域 | 总数 | | | 备注 |
|---|---|---|---|---|---|---|---|---|---|
| | | 官办 | 民办 | 不详 | | 官办 | 民办 | 不详 | |
| 1 | 南京 | 4/1 | 1/ | / | 苏南 | 21/4 | 9/5 | 1/ | |
| 2 | 苏州 | 12/1 | 4/3 | / | | | | | |
| 3 | 无锡 | 1/ | 2/2 | / | | | | | |
| 4 | 常州 | 1/1 | 2/ | 1/ | | | | | |
| 5 | 镇江 | 3/1 | / | / | | | | | |
| 6 | 扬州 | 5/1 | 1/3 | / | 苏北 | 25/6 | 3/6 | /1 | |
| 7 | 泰州 | 2/1 | 1/ | / | | | | | |
| 8 | 南通 | 3/ | 1/ | /1 | | | | | |

| 序号 | 城市 | 性质 | | | 地域 | 总数 | | | 备注 |
|---|---|---|---|---|---|---|---|---|---|
| | | 官办 | 民办 | 不详 | | 官办 | 民办 | 不详 | |
| 9 | 淮安 | 4/ | /1 | / | | | | | |
| 10 | 宿迁 | 2/ | / | / | | | | | |
| 11 | 盐城 | 4/1 | /1 | / | 苏北 | 25/6 | 3/6 | /1 | |
| 12 | 连云港 | 3/2 | / | / | | | | | |
| 13 | 徐州 | 2/1 | /1 | / | | | | | |
| | 全省 | 46/10 | 12/11 | 1/1 | 全省 | 46/10 | 12/11 | 1/1 | |

其四,从执行功能来看,综合型新、重建各 1 所,讲学课士新建 51 所、重建 15 所,占绝对优势,祭祀新建 2 所、重建 4 所,另有 5 所新建、2 所重建不详,自修完全绝迹。而在治学中,科举又占十之八九,纯讲学者,仅钟山、暨阳等少数书院。

| 序号 | 城市 | 性质 | | | | | 地域 | 总数 | | | | | 备注 |
|---|---|---|---|---|---|---|---|---|---|---|---|---|---|
| | | 综合 | 讲学 | 祭祀 | 自修 | 不详 | | 综合 | 讲学 | 祭祀 | 自修 | 不详 | |
| 1 | 南京 | / | 5/ | /1 | / | / | | | | | | | |
| 2 | 苏州 | 1/ | 13/1 | 1/2 | / | 1/1 | 苏南 | 1/ | 24/5 | 2/3 | / | 4/1 | |
| 3 | 无锡 | / | 2/2 | 1/ | / | / | | | | | | | |
| 4 | 常州 | / | 2/1 | / | / | 2/ | | | | | | | |
| 5 | 镇江 | / | 2/1 | / | / | 1/ | | | | | | | |
| 6 | 扬州 | /1 | 5/3 | / | / | 1/ | | | | | | | |
| 7 | 泰州 | / | 3/1 | / | / | / | | | | | | | |
| 8 | 南通 | / | 4/1 | / | / | / | | | | | | | |
| 9 | 淮安 | / | 4/1 | / | / | / | 苏北 | /1 | 27/10 | /1 | / | 1/1 | |
| 10 | 宿迁 | / | 2/ | / | / | / | | | | | | | |
| 11 | 盐城 | / | 4/1 | / | / | /1 | | | | | | | |
| 12 | 连云港 | / | 3/2 | / | / | / | | | | | | | |
| 13 | 徐州 | / | 2/1 | /1 | / | / | | | | | | | |
| | 全省 | 1/1 | 51/15 | 2/4 | / | 5/2 | 全省 | 1/1 | 51/15 | 2/4 | / | 5/2 | |

## 二、雍乾时期江苏书院之发展

其一，雍正之反复。雍正年间(1723—1735)，书院政策略有反复，由禁止至许可。雍正即位之初，一反康熙之默许，对书院尤其是生祠类书院极为厌恶，元年(1723)即许《吏部右侍郎史贻直奏请禁造生祠书院折》，命各省改生祠书院为义学，延师以广文教。

> 上谕：人臣膺命效职，果能实心爱民、清白自矢，则官去民思，甘棠留咏，有愈久而不能忘者，从古有之。若今之生祠书院，不知始自何人，自督抚、提镇，以及监司、守令，所在多有。究其实，不过该官员在任之时，或系属员献媚，或系地方绅士逢迎，甚至有出入公门、包揽词讼之辈，倡议纠合、假公派费、占地兴工，以至园囿亭台穷极华丽，劳民伤财一无顾惜。营造之后，而或为宴会游玩之场，或本官竟据为产业。果系官去民思，不忘遗爱，特为兴造者甚少。此事向曾禁止，而踵弊如故，应加严饬。嗣后如有仍造生祠书院者，或经告发，或被纠参，即将本官及为首之人严加议处。其现在之生祠书院如果系名宦去任之后民间追思盖造者，准其存留，其余俱着地方官查明，一概改为别用，或为义学，延师授徒，以广文教。如此，则以无用为有用，惜民财力、杜绝虚浮，于地方风俗大有裨益。①

并由此重新提倡官学，如礼部侍郎蒋廷锡疏言："国家广黉序，设廪膳，以兴文教，乃生员经年未尝一至学宫。请敕学臣通饬府、州、县、卫教官，凡所管生员，务立程课，面加考校，讲究经史。学臣于岁、科考时，以文艺优劣定教职贤否。《会典》载顺治九年定乡设社学，以冒滥停止。请敕督抚令所属州、县，乡、堡立社学，择生员学优行端者充社师，量给廪饩。乡民子弟年十二以上、二十以下有志者得入学。"下部议，从之。② 此是要重建社学，并对整个官学体系严格管理。故虽然雍正二年

---

① 《世宗宪皇帝圣训》卷二十六，永瑢、纪昀等编纂：《四库全书》第412册，上海古籍出版社1987年版，第347页。
② 赵尔巽等撰：《清史稿》卷二百八十九《列传七十六·蒋廷锡传》，中华书局1977年版，第10250页。

（1724）两江总督查弼纳以特殊机缘在南京建钟山书院，①雍正赐匾"敦崇实学"，但四年（1726）江西巡抚裴𢓉度奏请为白鹿洞书院选取掌教，礼部议复"应不准行"，雍正即"深嘉部议"，称：

> 朕临御以来，时时以教育人材为念，但期实有益于学校，不肯虚务课士之美名。盖欲使士习端方，文风振起，必赖大臣督率所司，躬行实践，倡导于先，劝学兴文，孜孜不倦，俾士子观感奋励，立品勤学，争自濯磨，此乃为政之本。至于设立书院，择一人为师，如肄业者少，则教泽所及不广；如肄业者多，其中贤否混淆、智愚杂处，而流弊将至于藏垢纳污。若以一人教授，即能化导多人俱为端人正士，则此一人之才德即可以膺辅弼之任、受封疆之寄而有余。此等之人，岂可易得？当时孔子至圣，门弟子三千余人，而史称身通六艺者仅七十有二，其余不必皆贤。况后世之以章句教人者乎？是以朕深嘉部议，不肯草率从裴𢓉度之请也。其奏请颁发未备之典籍，亦不知未备者是何等书，不便颁发。至于奏请特赐匾额，常年既经圣祖仁皇帝赐以御书，朕亦不必再赐。②

可见雍正对书院在育才方面之作用极为怀疑，直至十一年（1733）方才转为支持，要求各省建立省会书院，其云：

> 各省学校之外，地方大吏每有设立书院聚集生徒讲诵肄业者。朕临御以来，时时以教育人材为念，但稔闻书院之设，实有裨益者少，浮慕虚名者多，是以未尝敕令各省通行，盖欲徐徐有待而后颁降谕旨也。近见各省大吏渐知崇尚实政，不事沽名邀誉之为，而读书应举者，亦颇能屏去浮嚣奔竞之习，则建立书院，择一省文行兼优之士，读书其中，使之朝夕讲诵，整躬励行，有所成就，俾远近士子观感奋发，亦兴贤育才之一道也。督抚驻扎之所，为省会之地，着该督抚商酌举行，各赐帑金一千两。将来士子群聚读书，须预为筹划，资其膏火，以垂永久。其不足者，在于存公银内支用。封疆

① 参见孟义昭：《清代江宁钟山书院研究》，南京大学 2014 年硕士毕业论文。
② 《世宗宪皇帝上谕内阁》卷四十三，永瑢、纪昀等编纂：《四库全书》第 414 册，上海古籍出版社 1987 年版，第 378 页。

大吏等并有化导士子之职,各宜殚心奉行,黜浮崇实,以广国家菁莪棫朴之化。如此,则书院之设,于士习民风有裨益而无流弊,乃朕之所厚望也。①

此后各地总督、巡抚,奉令动用公帑,或新建,或扩建,或改建,各省省会皆兴办书院,随后各省府州县也陆续兴办书院,"或由绅士出资立,或地方官拨公经理,俱申报该管官查核"。然雍正两年后即去世。故正因雍正有此反复,江苏此时期之书院数量极少,与顺治相仿,可谓聊胜于无。

其二,乾隆之规范。乾隆年间(1736—1795),其书院政策寓控制于支持,以创建上下一统、制度完善、定性明确的官办书院教育体系为主要目标。至此,清代书院进入全速发展期。

即位之初,乾隆元年(1736)五月三十日,即颁布《训饬直省书院师生谕》,明确书院诸事宜。② 一是定位。"书院之制,所以导进人材,广学校所不及。我世宗宪皇帝命设之省会,发帑金以资膏火,恩意至渥也。古者乡学之秀,始升于国,然其时诸侯之国皆有学,今府州县学并建,而无递升之法。国子监虽设于京师,而道里辽远,四方之士不能胥会,则书院即古侯国之学也。"此是将书院尤其是省会书院确定为官学体系。

二是师生资格,他要求"居讲席者固宜老成宿望,而从游之士亦必立品勤学,争自濯磨,俾相观而善,庶人材成就,足备朝廷任使,不负教育之意。若仅攻举业,已为儒者末务,况藉为声气之资,游扬之具,内无益于身心,外无补于民物,即降而求文章成名,足希古之立言者,亦不多得,宁养士之初指耶?"首先是山长。"该部即行文各省督抚学政,凡书院之长,必选经明行修足为多士模范者以礼聘请","学臣三年任满,谘访考核,如果教术可观,人材兴起,各加奖励。六年之后著有成效,奏请酌量议叙"。其次是学生。"负笈生徒,必择乡里秀异沉潜学问者肄业其中,其恃才放诞佻达不羁之士不得滥入书院中,酌仿朱子白鹿洞规条立之仪节,以检束其身心,仿分年读书法予之程课,使贯通乎经史,有不率教者则摈斥勿留";"诸生中材器尤异者,准令荐举一二,以示鼓励"。

① 《世宗宪皇帝圣训》卷二十六,永瑢、纪昀等编纂:《四库全书》第 412 册,上海古籍出版社 1987 年版,第 153 页。
② 《清实录》第 9 册,《高宗实录》卷二十"乾隆元年六月",中华书局影印本 1985 年版,第 487—488 页。

后来又时有补充规定。首先是师长。三十年(1765)先后两颁谕旨,一是严禁丁忧者袭据教席:"督抚有维持风教之责,缙绅中积学砥行,足备师资者,谅不乏人,何必令丁忧人员腼居讲席。"二是改山长之称谓:"各省书院延师训课,向有山长之称,名义殊为未协,既曰书院,则主讲席者,自应称为院长。"①四十年(1775)陕西巡抚毕沅奏称"访查各属院长,向来多系上官同僚,互相推荐,遂致循情延请,有名无实,现饬各属务选端谨积学之人,加意振作,将所请院长姓名、籍贯、更换到馆日期,造册详报抚藩衙门查核",乾隆遂将此办法在全国普遍推广,并"传谕各督抚,嗣后省城及各府州县大小书院,务访学行兼优者,俾主讲席,一切考核稽查之法,俱照毕沅所奏办理"。② 五十年(1785)又令"各省书院,不得久虚讲席,教职本有课士之责,不得兼充院长,以责专成"。③ 其次是学生。九年(1744),乾隆下令:"各省督抚会同学政,将现在书院生徒,细加甄别,务使肄业者,皆有学有品之人,不得莠良混杂。"又规定:"嗣后各省书院肄业之人,令各州县秉公选择报送,各布政司会同专司稽查之,道员再加考验,其果才堪造就者,方准留院肄业,毋得滥行收送。"④

乾隆又在学习内容上予以规范引导。前文已述康熙尊崇理学,乾隆更重经史。九年(1744)颁布谕旨:"嗣后书院肄业士子,令院长择其资禀优异者,将经学、史学、治术诸书,留心讲贯,以其余功兼及对偶声律之学。其资质难强者,且令先工八股,穷究专经,然后徐及余经,以及史学、治术、对偶声律。至每月课试,仍以八股为主,或论或策,或表或判,听酌量兼试,能兼长者酌赏,以示鼓励。再各省学宫,陆续颁到圣祖仁皇帝钦定《易》《书》《诗》《春秋传说汇纂》及《性理精义》《通鉴纲目》《御纂三礼》诸书,各书院院长自可恭请讲解。至《三通》等书,未经

---

① 昆冈等修,刘启端等纂:《钦定大清会典事例》卷三九五,《续修四库全书》第804册,上海古籍出版社2002年版,第305页。

② 昆冈等修,刘启端等纂:《钦定大清会典事例》卷三九五,《续修四库全书》第804册,上海古籍出版社2002年版,第306页。

③ 昆冈等修,刘启端等纂:《钦定大清会典事例》卷三九五,《续修四库全书》第804册,上海古籍出版社2002年版,第306页。

④ 昆冈等修,刘启端等纂:《钦定大清会典事例》卷三九五,《续修四库全书》第804册,上海古籍出版社2002年版,第304页。

备办者,饬督抚行令司道各员,于公用内酌量置办,以资诸生诵读。"①十六年(1751)乾隆南巡,在南京发布上谕:"经史,学之根底也。会城书院,聚黉庠之秀而砥砺之,尤宜示之正学。朕时巡所至,有若江宁之钟山书院、苏州之紫阳书院、杭州之敷文书院,各赐武英殿新刊之《十三经》、二十二史一部,资髦士稽古之学。"②由乾隆之引导,乾嘉汉学亦油然而生。

乾隆对各地著名书院极表关怀,加赐帑金、赐额、赐书,就江苏而言,乾隆十六年(1751)赐吴县文正书院"学醇业广",赐苏州紫阳书院"白鹿遗规"。以赐书而言,十六年首次南巡,即向南京钟山书院赐新刊殿版《十三经》,并多次驻跸南京钟山书院、苏州紫阳书院。

乾隆既倡导之,则风行草偃,上行下效,通都名郡,山野草泽,遍立书院。此期江苏共计新建书院 54 所,重建前代书院 18 所,较之顺康,不啻天壤。

### 三、雍乾时期江苏书院之特点

其一,学术之汉学化。柳诒徵先生云:"第综有清一代而论,书院风气,与朱明迥殊,其课帖括者,无论矣。乾嘉以来,崇尚朴学,转于古学法有合。"③乾隆时期江苏书院有两个非常明显的特点,内容上汉学兴起,形式上官学化。书院讲学的内容,由程朱理学转为经史考据之学。

其转变原因,一是由于儒学内之在发展逻辑,宋明理学是为哲学化的新儒学,由理学而心学而气学,儒学内部的哲学化——宋学潜力暂时耗尽,其内在之可能性已发展完成,故儒者对此有两个方向之转变,首先是由体至用,重其经世致用,此正是顾宁人辈所着力者,然清初政治高压,致此途遽亡,故唯余越过宋学回溯,则经史化的儒学,取法考订名物典章、训诂文字韵者,汉学,即成为可以选择的对象。二是前文已述,

---

① 昆冈等修,刘启端等纂:《钦定大清会典事例》卷三九五,《续修四库全书》第 804 册,上海古籍出版社 2002 年版,第 304—305 页。

②《清实录》第 14 册,《高宗实录》卷三八四"乾隆十六年三月",中华书局 1986 年影印版,第 44—45 页。

③ 柳诒徵:《江苏书院志初稿》,赵法生、薛正兴主编:《中国历代书院志》第 1 册,江苏教育出版社 1995 年版,第 40 页。

顺康之学者对明季士子肆言干政提出反思,故儒家内部亦有远离时政潜心学术之内在转圜,清初黄宗羲、顾炎武、方以智、阎若璩、胡渭和毛奇龄等人已为乾嘉汉学之发生奠定基础。三是文字狱起,乾隆对士子动辄火其书、车其身、诛其族,极尽残酷之镇压,天下咸伏彼之淫威,被迫穷途独善,噤若寒蝉,埋首故纸,此正如梁任公云:"考证古典之学,半由'文网太密'所逼成。"①从此乾淳诸老、湛王东林议政干时之流风余韵一朝告罄,"避席畏闻文字狱,著书都为稻粱谋"。四是科举时艺误人,应试帖括之外,自当有真学问之空间,义理既罢,考据辞章骤兴,亦在情理之中。五是出于乾隆个人对经史之偏爱,其多年殿试策问中加入经史内容,一改心性天理一统天下的局面,也成为官方提倡博习经史词章之学的风向标志,从而一大批经史研究有成的学者被吸收到各级政权中来。即以历科会试而言,所取进士著名者已有庄存与、卢文弨、王鸣盛、钱大昕、纪昀、朱筠、王昶、毕沅、赵翼、任大椿、邵晋涵、孔广森、程晋芳、孔继涵、王念孙、戴震、章学诚、武亿、孙星衍、洪亮吉、阮元、凌廷堪、潘世恩等数十人。六是由于科举时文之弊所刺激。如钟山书院山长杨绳武云:"近二十年来,文章之病有二:槁其面目,钝置其心思,开卷索然,了无意味,假先辈之病也;臃肿其肢体,痴肥其肠胃,捲卷茫然,不知何语,烂时文之病也。有起而矫之者,又或貌新奇则实庸腐,外倔强而内空疏,牛鬼蛇神,虎皮羊质,是为假西江假国初,盖不培其本而澄其原,故无以起其靡而矫其陋。"②由此,乾嘉汉学正式兴起。

江苏书院之发展亦与之彼此纠缠,在互动中相塑造。

宋学乃哲学,故其内容以道体、性体、心体、工夫、发用等为中心,形式则以纯粹的哲学思辨、修养工夫、日用践履为主。汉学批判其蹈虚凌空,在内容上以古字古音以明古训,明古训然后明经,又由音韵、文字、训诂,拓展到整个经学、史学之校勘、辑佚、辨伪,甚至还包括金石、地理、天文、历法、数学、自然科学等。在形式上,则不尚空谈,完全摒弃静坐、讲会此类理学家常见之方式,转以实事求是之考据为主,极近乎西

① 梁启超:《中国近三百年学术史》,天津古籍出版社 2003 年版,第 28 页。
② 杨绳武:《钟山书院学规》,转引自陈谷嘉、邓洪波:《中国书院史资料》中册,浙江教育出版社 1998 年版,第 1494 页。

方近代自然科学之研究方法。

溯其源头,黄宗羲、顾炎武开其端。江藩《国朝汉学师承记》云:"明人讲学,袭语录之糟粕,不以六经为根底,束书不读。终明之世,学案百出,而经训家法,寂然无闻;儒林之名,徒为空疏藏拙之地。自黄梨洲起而振其颓波,顾亭林继之,于是承学之士,知古经义矣。"①而后阎若璩、胡渭承其绪,惠栋、戴震、钱大昕张皇之,段玉裁、王念孙、王引之遂臻于极盛。

一般而言,乾嘉汉学可分为吴皖两派。江藩《国朝汉学师承记》云:"经术一坏于东西晋之清谈,再坏于南北宋之道学,元明以来,此道益晦,至本朝三惠(惠周惕、惠士奇、惠栋祖孙三代)之学兴于吴中,江永、戴震继起于歙,从此汉学昌明,千载沉霾,一朝复旦。"②吴派除三惠外,主要还有江声、余萧客、王鸣盛、钱大昕、汪中、刘台拱、江藩等。皖派除江、戴之外,还有段玉裁、王念孙、王引之、任大椿、汪绂、卢文弨、孔广森、金榜、程瑶田、凌廷堪、胡培翚等人。章太炎曾述二派之差异:"吴始惠栋,其学好博而尊闻。皖南始江永、戴震,综形名,任裁断。此其所异也。"③此外,近代学者以扬州学派可独立出来,如梁启超云:"尚有扬州一派,领袖人物是焦理堂(循)、汪容甫(中),他们研究的范围比较广博。"④张舜徽则云:"余尝考论清代学术,以为吴学最专,徽学最精,扬州之学最通。无吴、皖之专精,则清学不能盛;无扬州之通学,则清学不能大。"⑤

然乾嘉汉学之产生与壮大不能自外于书院,绝大多数汉学家栖身书院,或肄业为生,或执教为师。上述汉学之三派,吴派滥觞于苏州之紫阳书院,已如前述。扬州学派则分见梅花、安定。皖派戴震曾长期在扬州执教,其著名弟子,所谓戴段二王之段玉裁、王念孙、王引之皆是江苏人,皆成长于江苏各书院。柳诒徵先生云:"段、王、汪、刘、洪、孙、任、顾诸贤皆出于邗之书院,可谓盛矣! 咸同以降,稍不逮前,然江南北知

① 江藩:《国朝汉学师承记》卷八,《续修四库全书》第179册,上海古籍出版社2002年版,第342页。

② 江藩:《国朝汉学师承记》卷一,《续修四库全书》第179册,上海古籍出版社2002年版,第258页。

③ 章太炎:《检论》卷四《清儒》,《章太炎全集》(三),上海人民出版社1984年版,第473页。

④ 梁启超:《中国近三百年学术史》,东方出版社1996年版,第27页。

⑤ 张舜徽:《清代扬州学记》,华中师范大学出版社2005年版,第6页。

名之士,不试于扬州书院者,盖尠。"①此八人依次是段玉裁、王念孙、汪中、刘台拱、洪亮吉、孙星衍、任大椿和顾九苞,皆肄业于安定或梅花,均为扬州学派巨子。除苏州、扬州外,南京之书院,如钟山,则为彼时江苏最大之汉学中心。

至于汉学大师辈出,执掌于各书院,又是学术史一大盛事。杨绳武主讲于南京钟山书院,杭世骏主讲于扬州安定书院,夏之蓉主讲于南京钟山书院、淮安丽正书院,陈祖范主讲于苏州紫阳书院、徐州云龙书院,王峻主讲于苏州紫阳书院、扬州安定书院,沈德潜主讲于苏州紫阳书院,沈廷劳主讲于仪征乐仪书院,卢文弨主讲于南京钟山书院、苏州紫阳书院、太仓州娄东书院、江阴暨阳书院、常州龙城书院,段玉裁主讲于太仓州娄东书院,邵齐焘主讲于常州龙城书院,蒋士铨主讲于扬州安定书院,储寅亮主讲于常州龙城书院,赵翼主讲于扬州安定书院,王昶主讲于太仓州娄东书院,钱大昕主讲于苏州紫阳书院、南京钟山书院、太仓州娄东书院,姚鼐主讲于南京钟山书院、苏州紫阳书院。②

其二,书院形式之官学化。以书院代学校,完成过去的官学体系的重建。经顺康之发展,至雍乾时,江苏书院与科举结合,基本取代官学,由此形成了上下一统的书院教育体系。江苏在雍乾时期,官办新建 46 所、重建 10 所、民办新建 12 所、重建 11 所,其中执行课士功能的书院十之八九,祭祀功能大幅萎缩,自修功能完全消失。

一是省会书院崛起。前文已述,雍正十一年(1733),诏令各总督、巡抚于其驻节之地建立省会书院,这是清代正式建立省级书院的标志。于是,总督、巡抚奉诏在各省省会相继建立了置于其直接控制之下的 23 所省级书院。③

但其实在此之前,雍正二年(1724)由两江总督查弼纳在南京已建立钟山书院,其具体发展情况,请参见本书十一章第四节。除钟山书院

① 柳诒徵:《江苏书院志初稿》,赵法生、薛正兴主编:《中国历代书院志》第 1 册,江苏教育出版社 1995 年版,第 53 页。
② 白新良:《中国书院发展史》,天津大学出版社 1995 年版,第 195—196 页。
③ 全国建立省会书院,请参见邓洪波:《中国书院史》,武汉大学出版社 2012 年增订版,第 506—520 页。

外,江苏由于行政多中心化,还形成了江苏巡抚所在地苏州之紫阳书院、江苏学政所在地江阴之暨阳书院。①

二是各级书院建立。州县书院逐步建立,延伸至乡村书院。如盐城"阜邑书院,设于清初,虽经中辍,然复兴以还,历百数十年,始随科举而俱废。今考其制,延聘山长以课生童,每月初二日举行县课,十六日举行学课,课有定额,膏奖多寡,以录名高下为衡。科举时代造士之法,莫善于斯。社学、义学均与书院相表里。"②又如光绪《常昭合志稿》载:"今各乡如鹿苑塘桥等处亦各有小书院",③已无法详细记载。

最基层的是私立的家族书院和民办的乡村书院,中间层是府州县立书院,最上是省会书院,书院逐渐取代官学而成为国家养士的主要场所,诚如清人程廷祚所说:"通邑大都以及幽遐阻绝之区,莫不有学,可谓盛矣。"④

# 第二节　雍乾时期江苏各市新建书院

## 一、常州新建书院

1. 常州金沙学舍。民国《金坛县志》:"金沙学舍在文清桥北□□大士庵。乾隆十年(1745)署县事魏廷会改,题额曰金沙学舍,今废。"⑤按金坛别称金沙,故名。

2. 常州青山书院。光绪《武进阳湖县志》:"在武进北直厢孟家村,

① 一般各省学政皆驻于省会,唯江苏驻江阴县、安徽驻太平府(今当涂),陕西驻三原县,广东先驻肇庆,后移广州。

② 焦忠祖、庞友兰纂:民国《阜宁县新志》卷七《教育》,《中国地方志集成·江苏府县志辑60》,江苏古籍出版社1991年版,第153页。

③ 郑钟祥、张瀛修,庞鸿文等纂:光绪《常昭合志稿》卷十四《学校》,《中国地方志集成·江苏府县志辑22》,江苏古籍出版社1991年版,第202页。

④ 程廷祚:《与陈东皋论书院书》,转引自陈谷嘉、邓洪波:《中国书院史资料》,浙江教育出版社1998年版,第1431页。

⑤ 冯煦等:民国《重修金坛县志》卷六《学校志》,《中国地方志集成·江苏府县志辑33》,江苏古籍出版社1991年版,第75页。

建时未详。道光二十二年重修。"①光绪《武进阳湖合志》:"在北直图孟家村,旧有惜字院,年久废弛。道光二十二年,邑人张星照、赵琬、吴绍汾、吴容光等复兴。"又,"乾隆年间,张谷西、赵升朝合建,院内外基地六亩余。道光二十二年重修,咸丰兵燹后,光绪十四年建复告成,里人议设创建书院张、赵二公神龛以祀之。"②《青山书院记》则云:"始事于乾隆甲午三月,告成于次年乙未正月,不一载而规模具备,手定章程,务在持久。"③

由上引可知,青山书院始建于乾隆三十九年(1774),次年完成,乃武进张、赵两姓合办,延请名师,教两族子弟学做科举时文,年久废弛,道光二十二年(1842)重修,后毁于太平天国兵燹,光绪十四年(1888)重建。④

3. 溧阳平陵书院。乾隆四十一年(1776)建于金渊旧址,咸同中相继扩修。嘉庆《溧阳县志》:"平陵书院在都察院西,明弘治间,都察院废址,金渊书院久废,既为缺典。国朝乾隆间试童二千数百人,县署不容,或至暴露。四十一年邑人考职主簿史楚请于官,以四十年民捐赈賸钱并续劝捐,即其地创建书院,兼为考棚。"⑤光绪《溧阳县续志》:"平陵书院在城北偏。大门、仪门各一,东西号舍二十四间,讲堂三间,东西斋各三间,后楼五间,楼右友石斋两进,楼左厨房三间,并旧置仪门右屋三间,咸丰中建,后楼五间,同治中建。凡岁修膏火项下,清丈案内原续垦田共三百四十九亩零,地五亩零,塘三亩零,市房十五所,基地两块。又四季经古课项下,共田八十九亩零、地一亩零、塘九亩零。"⑥

4. 常州金沙书院。乾隆五十年(1785)始建,寻圮。道光七年

---

① 王其淦、吴康寿修,汤成烈等纂:光绪《武进阳湖县志》卷五《学校》,《中国地方志集成·江苏府县志辑37》,江苏古籍出版社1991年版,第151页。

② 光绪《武进阳湖合志》第十二卷《学校志》,光绪丙戌仲秋刊本。

③ 见《青山书院记》、《重修青山书院记》,武进《青山门赵氏支谱》,民国十七年(1928)崇礼堂刻本,卷六"青山书院"。

④ 见《青山书院记》、《重修青山书院记》,武进《青山门赵氏支谱》,民国十七年(1928)崇礼堂刻本,卷六"青山书院"。

⑤ 李景峰、陈鸿寿修,史炳、史津纂:嘉庆《溧阳县志》卷七《学校》,《中国地方志集成·江苏府县志辑32》,江苏古籍出版社1991年版,第181页。

⑥ 朱畯修,冯煦纂:光绪《溧阳县续志》卷五《学校》,《中国地方志集成·江苏府县志辑32》,江苏古籍出版社1991年版,第458—459页。

(1827)金坛教谕戴开文、县令毛德辉等率绅民重建。咸丰毁。同治六年(1868)邑人移建，光绪二十八年(1902)改为小学。陶澍《重修金沙书院碑记》云:"丙戌(道光六年,1826)秋,门人戴开文谕是邑,以俸满保荐来谒,询知金坛自乾隆乙巳年(1785)创修书院,岁久倾圮,士子几无肄业之地,因谕开文,读圣贤书,凡职所当为,务尽心力,况教官职司训课、董率士绅,虽金沙旧无监院,而修废举坠,不得诿为异人任也。开文回任后,即与邑之孝廉冯调鼎等十余人谋所以更新之,邑令毛德辉捐廉为倡,士绅响应,相与同心,鸠工庀材,自春徂秋完缮。有未竟者,署令周恭寿复竭力以亟其成。"①光绪《金坛县志》:"金沙书院旧在城东景阳门路南,咸丰十年毁于兵燹。同治六年,邑人袁昶移建考棚后,共二十余楹。后光绪二十八年,改为高等小学堂。"②

## 二、淮安新建书院

1. 淮安淮阴书院。同治《重修山阳县志》:"天妃宫后。旧为君子堂,有号舍十余间,以居学者。乾隆初,漕督常安建为书院,后漕督顾琮益振之,四方向学之士皆自远而至,时称极盛,今废。"③

2. 淮安丽正书院。同治《重修山阳县志》:"城内东南隅,乾隆三十一年(1766)漕督杨锡绂建,道光十五年(1835),漕督程裔采修。同治十年(1871),漕督张公兆栋复修,肄业生正课三十二名,副课二十名,肄业童正副课各二十名。"④

3. 淮安崇实书院。咸丰《清河县志》:"乾隆三十三年(1768)建"。⑤ 光绪《淮安府志》:"旧崇实书院在禹王台西。"⑥建者不详。

---

① 陶澍:《陶文毅公全集》卷三十三,《续修四库全书》1503册,上海古籍出版社2002年版,第330页。

② 冯煦等:民国《重修金坛县志》卷六《学校志》,《中国地方志集成·江苏府县志辑33》,江苏古籍出版社1991年版,第76页。

③ 张兆栋、孙云修、何绍基、丁晏等纂:同治《重修山阳县志》卷八《学校》,《中国地方志集成·江苏府县志辑55》,江苏古籍出版社1991年版,第127页。

④ 张兆栋、孙云修、何绍基、丁晏等纂:同治《重修山阳县志》卷八《学校》,《中国地方志集成·江苏府县志辑55》,江苏古籍出版社1991年版,第127页。

⑤ 吴棠修:鲁一同纂:咸丰《清河县志》,民国八年刊本。

⑥ 孙云锦修,吴昆田、高延第纂:光绪《淮安府志》卷二十一《学校》,《中国地方志集成·江苏府县志辑54》,江苏古籍出版社1991年版,第302页。

4. 淮安惜阴书院。淮人高士魁《淮安郡城新建奎文书院记》："奎文书院，原名惜阴书院，原位于楚州夹城内。始建于清乾隆初期，为淮安郡伯课士之所也。乾隆初淮安太守陶公易，于城北寺中得周公、孔子像，建楼祀之，名曰悦道，旁起庐舍，名曰惜阴书院，集诸生讲学其中。嘉庆初太守宫懋弼捐养廉银捐修，六邑官绅助经费，立课程，改名曰奎文书院。"①

## 三、连云港新建书院

1. 连云港天池书院。"在板浦东，乾隆十年（1745）建。"②此乃盐场所建，课灶籍子弟，嘉庆中移建更名郁洲书院。

2. 连云港朐山书院。朐山即海州城南之锦屏山。嘉庆《海州志》："旧在治西大街。乾隆二十四年（1759），知州李永书请支存库节省钱三百八十八缗购置张文茴屋，延宜兴翰林李英为院长，束脩膏火皆牧令蠲奉给之，未几而废。五十三年（1788），知州李逢春改建南门外蒲神庙左，书室三间，讲堂三间，门楼一座，耳房二间，官师以时集生徒课之。今建石室书院，改为小学，延诸生之勤笃者为童子师，岁修四十两，来学者常二十余人，属学官董之。"③

3. 连云港卫公书院。嘉庆《海州志》："赵开裕《续志》在新安、大伊两镇，为前知州卫哲治建也。今按：嘉庆十年（1805），大伊镇理问衔王学导等重修，以四百金取息，为延师课乡人子弟之资，知州唐仲冕题其额。"④柳诒徵先生云："卫公书院在新安、大伊两镇，为前知州卫哲治建也。嘉庆十年，大伊镇理问衔王学导等重修。光绪末改为三育书院，旋

① 孙云锦修，吴昆田、高延第纂：光绪《淮安府志》卷二十一《学校》，《中国地方志集成·江苏府县志辑54》，江苏古籍出版社1991年版，第298页。

② 柳诒徵：《江苏书院志初稿》，赵法生、薛正兴主编：《中国历代书院志》第1册，江苏教育出版社1995年版，第91页。

③ 唐仲冕修，汪梅鼎纂：嘉庆《海州直隶州志》卷十八《学校》，《中国地方志集成·江苏府县志辑64》，江苏古籍出版社1991年版，第329页。

④ 唐仲冕修，汪梅鼎纂：嘉庆《海州直隶州志》卷十八《学校》，《中国地方志集成·江苏府县志辑64》，江苏古籍出版社1991年版，第330页。

改三育学堂。在新安镇者亦改为新新小学。"①

按《清史稿·卫哲治传》:"卫哲治,字我愚,河南济源人。雍正七年,以拔贡生廷试优等,发江南委用。初署赣榆知县,调盐城……乾隆二年,补长洲,兼摄吴县……八年,迁海州知州。岁歉治赈,全活二十万人,流民有自山东就食者。擢淮安知府。十年,河决陈家堡……"②故可知其在海州建书院当在乾隆八年(1743)至九年(1744)之间。

## 四、南京新建书院

1. 南京钟山书院。雍正二年(1724)由两江总督查弼纳创建于钱厂街,详见本章第四节。

2. 南京养正书院。嘉庆《新修江宁府志》:"即明邑令张启崇之祠也,乾隆十一年(1746),(六合)知县严森捐俸葺其前堂为棠城小学。"③

3. 南京六峰书院。嘉庆《新修江宁府志》:"乾隆十二年(1747),六合县知县严森建。"④

4. 南京凤池书院。凤池与奎光是清代南京专课童生之书院,凤池相关材料略辑如下:

> 嘉庆《新修江宁府志》:在县学忠义祠后,原名文会楼,乾隆四十二年改建。⑤

> 道光《上元县志》:在县学名宦祠后,原名文会楼,乾隆三十二年改建以来,课应童子试者,详后社学。附:承训楼在凤池书院内,前院长钱塘陈俨亭公玉万以地狭小,膏火亦不充,欲推广之未果行。嘉庆己卯,公子桂生巡抚江苏,克承先志,捐银千金增广额课童生膏火,购地增置屋楼六间为肄业地。邑人感焉,于楼上奉俨亭

① 柳诒徵:《江苏书院志初稿》,赵法生、薛正兴主编:《中国历代书院志》第1册,江苏教育出版社1995年版,第91页。

② 赵尔巽等撰:《清史稿》卷三百九,《列传九十六·卫哲治传》,中华书局1977年版,第10606页。

③ 吕燕昭修,姚鼐纂:嘉庆《新修江宁府志》卷十六《学校》,《中国地方志集成·江苏府县志辑1》,江苏古籍出版社1991年版,第149页。

④ 吕燕昭修,姚鼐纂:嘉庆《新修江宁府志》卷十六《学校》,《中国地方志集成·江苏府县志辑1》,江苏古籍出版社1991年版,第148页。

⑤ 吕燕昭修,姚鼐纂:嘉庆《新修江宁府志》卷十六《学校》,《中国地方志集成·江苏府县志辑1》,江苏古籍出版社1991年版,第148页。

公牌位,春秋致祭,中丞又捐银二百两生息,为祭费。楼名承训,中丞幼年从学于此,不忘庭训也,有《凤池书院增建承训楼记》,见艺文志。

又,"社学条":康熙三十九年,制府阿公山以县治后钱厂旧基置义学,并捐俸金四百两取息以延师儒。雍正元年,即其地建钟山书院。于是,分设义学……按凤池书院规条□载,康熙四十五年,制府阿公山捐银四百两,乾隆九年监生高官佑捐银三百八十两,至三十二年盐巡道暻善请于总督高公晋拨道库匣费银二千两发典生息,经费乃足,现在社学无存而阿制府及高监生捐银悉归凤池书院,是义学之设,是其肇端欤。①

又,陈桂生《凤池书院增建承训楼记》:凤池书院在县学忠义祠后,乾隆四十二年始改旧时文会楼为之。②

同治《上江两县志》:府城故设凤池书院以养正。原在忠义祠后,名文会楼。乾隆四十二年改建,亦不过规制粗建,祠中旧有承训楼。③

同治《续纂江宁府志》:凤池旧在县学内,规制狭隘。嘉庆二十五年,苏抚仁和陈公桂生以乃父俨庭(名玉万)曾主讲席,公实随侍,因筑承训楼以祀其祖,并捐廉奉千金生息,广内外课若干名(内课银月八钱,外课半之)。道光二十□年,乃改建于旧王府五亩园之东,池馆桥亭遂擅一时之胜。经贼毁拆,今成桑园。同治七年,知府涂宗瀛乃购新廊民屋为之,递有修葺。④

《金陵待征录》:凤池书院本在学内,后移王府之绣春园地,则俞太守德渊为之。⑤

① 武念祖修、陈道恒纂:道光《上元县志》卷九《书院》,《中国地方志集成·江苏府县志辑3》,江苏古籍出版社1991年版,第174页。
② 武念祖修、陈道恒纂:道光《上元县志》卷二十三《艺文志》,《中国地方志集成·江苏府县志辑3》,江苏古籍出版社1991年版,第478页。
③ 莫祥芝、甘绍盘修,汪士铎等纂:同治《上江两县志》卷八《学校》,《中国地方志集成·江苏府县志辑4》,江苏古籍出版社1991年版,第169页。
④ 蒋启勋、赵佑长修,汪士铎等纂:同治《续纂江宁府志》卷五《学校》,《中国地方志集成·江苏府县志辑2》,江苏古籍出版社1991年版,第48页。
⑤ 金鳌:《金陵待征录》卷二,台北成文出版社1984年影印本,第31页。

同治《续纂江宁府志》:(乱后重建)凤池书院随同大书院一体兴考。山长束脩三百两,火食一百二十两,节敬二十四两。课额:上取二十名,中取三十名,共五十名。初二日膏火,每月共三十八两,计十一课,共银三百八两。又十六日减半膏火,共银百四十两,计十课。又二十三经古,上取八名,中取十名,每月十两四钱,共银一百一十四两四钱。兴考之月停课,闰月照加。初二、十六、二十三考试杂费约需一千数百两。其凤池经费,亦岁由淮南解银一千两,交江宁府收支。①

《白下琐言》:旧王府凤池书院,自改建以来,号舍、讲堂规模井井,原为童生肄业而设。讲堂之后,池塘亭榭,花木蓊然,犹是孙氏五亩园之旧,过其地者辄流连不忍去。奈迭遭水涝,山长难以设帐其中,及水退时重加修葺,又屡为有司强借以作客官公馆,久假弗归,视若固然。所藏书籍及各号器物,多被残失,不堪其扰,致令肄业生徒,托足无所,大失旧守俞公殷殷培才之美意矣。己亥庚子间,天津沈公兆沄任盐巡道时,洞察其弊,于大门外竖石碑,大书深刻"永远禁止借作公馆",自是其风乃革。②

凤池书院发展演变之大概如下:

其一,乾隆四十二年(1777)由原文公楼改建。其创建时间,嘉庆《新修江宁府志》与同治《上江两县志》皆以乾隆四十二年改建,道光《上元县志》卷九《书院》记为三十二年,而卷二十三《艺文志》记为四十二年,故三十二年当是误刻。据道光《上元县志》,康熙三十九年(1700),制府阿公山以县治后钱厂旧基置义学,康熙四十五年(1706),制府阿公山捐银四百两,雍正元年(1723),此地兴建钟山书院,义学别迁,乾隆九年(1744)监生高官佑捐银三百八十两,至三十二年(1767)盐巡道暻善请于总督高公晋拨道库匣费银二千两发典生息,后义学废,凤池书院兴建,这些经费就全部转入凤池书院。故论凤池之渊源,可以远溯制府阿公山。

---

① 蒋启勋、赵佑长修,汪士铎等纂:同治《续纂江宁府志》卷五《学校》,《中国地方志集成·江苏府县志辑 2》,江苏古籍出版社 1991 年版,第 47—48 页。
② 甘熙:《白下琐言》卷八,南京出版社 2007 年版,第 153 页。

其二,嘉庆二十五年(1820)扩建。时江苏巡抚陈桂生,因幼时在此就学,其父陈俨亭为书院院长,故筑承训楼。按陈桂生(1767—1840),字坚木,号芎谷,浙江钱塘人,以优贡生考取教习,仕至江苏巡抚,署两江总督。

其三,道光二十□年,太守俞德渊改建书院于旧王府东北角之绣春园,后毁于太平天国。

其四,同治七年(1868),涂太守宗瀛购民舍重建。然积弊渐重,发展乏力,随时代而沉沦。

道光、同治年间之重建,后文仅列其目,不再赘引。

5. 南京珠江书院。《大清一统志》:"在江浦县治学宫旁,本朝乾隆二十六年(1761),知县曹袭先等建。"[1]光绪《江浦埤乘》:"在明伦堂右,明隆庆初知县王之纲尝于治城内创立青云、文昌、三茅、聚奎四会,以校文艺并置田亩为会费,差其高下而给以饩。国朝乾隆中建院,乏膏火,道光十八年(1838)邑人集赀置有洲产,因禀请知县邓梦鲤兴办。寇乱废。同治中复。"[2]同治《续纂江宁府志》:"江浦书院向推明伦堂右之珠江,浦口之同文,汤泉惠济寺之英华,三处人文萃聚,今俱为贼毁。惟同文于光绪二年举行,然屋宇未复。"[3]同治《续纂江宁府志》认为珠江书院毁后未恢复,但光绪《江浦埤乘》认为其同治中即已复建,并附有《珠江书院各产》,其中有"石碛桥市房""石碛桥基地",注明"以上二项,同治中宫弁邱昌良捐充"。[4] 故可知珠江书院于同治年间重建。后文不再赘引。

## 五、南通新建书院

1. 如皋崇正书院。嘉庆《如皋县志》:"在学宫东南隅百步,国朝雍

---

① 穆彰阿、潘锡恩等纂修:《大清一统志》卷七十三《江苏江宁府·学校》,《续修四库全书》第614册,上海古籍出版社2002年版,第263页。

② 侯宗海、夏锡宝纂:光绪《江浦埤乘》卷十二《学校下》,《中国地方志集成·江苏府县志辑5》,江苏古籍出版社1991年版,第128页。

③ 蒋启勋、赵佑长修,汪士铎等纂:同治《续纂江宁府志》卷五《学校》,《中国地方志集成·江苏府县志辑2》,江苏古籍出版社1991年版,第49页。

④ 侯宗海、夏锡宝纂:光绪《江浦埤乘》卷十二《学校下》,《中国地方志集成·江苏府县志辑5》,江苏古籍出版社1991年版,第128页。

正二年(1724),知县曹枢建。邑人胡香山、沈宗聃、袁士彪、冒琏、石景羲、石立、李士贤、朱日跻共斥县南沙田五百七十七亩五分零,曰育材圩,沈宗聃又斥田一百二十五亩,曰复兴沙,共征租米三百八十余担,以为脩脯膏火之资。乾隆十二年(1747)改为育婴堂。"①乾隆十二年(1747)雉水书院建,崇正书院膏火田并入,见下文。

2. 南通紫琅书院。光绪《通州志》:"在治北盐义仓后,国朝乾隆十年(1745)知州董权文建。二十九年(1764),知州沈雯修大门一,讲堂三楹,后讲堂三楹。面临清池,旁列号舍,有亭有楼,宾馆庖湢皆具。三十八年(1773),巡道袁鉴、知州荆如棠更定课程。嘉庆十六年知州唐仲冕,道光十年知州周焘,二十二年知州景寿春相继修。同治十一年,知州梁悦馨重修。"②

3. 如皋雉水书院。乾隆十二年(1747)知县赵廷健就明代张玉成露香园故址改建雉水书院,崇正书院膏火田并入。嘉庆《如皋县志》:"雉水书院在县治东北隅,乾隆十二年知县赵廷健建,按即明张玉成露香池馆故址,为邑人范大年别业,赵令捐俸得之,改为雉水书院。袁士彪、沈全道、石立、胡申谷、李士侃、冒天枢、石镐、胡之本等呈请捐送崇正书院膏火田七百零二亩五分并入焉。"③

4. 海安明道书院。道光《泰州志》:"在海安镇,旧为义学,乾隆四十年(1775)监生程旭捐赀创建。四十五年(1780)附贡生程禧禀州通详改为书院,名曰明道。嘉庆八年(1803)程熙瑞重建讲堂,有司勒石记之。十七年(1812)监生韩大鹏捐置田亩以资膏火。"④按海安原属泰州,今属南通。

---

① 杨受廷、左元镇等修,马汝舟、江大键纂:嘉庆《如皋县志》卷九《学校》,江苏省地方志编纂委员会办公室:《江苏历代方志全书·扬州府部》第41册,凤凰出版社2018年版,第182页。
② 梁悦馨、莫祥芝修,季念诒、沈镗纂:光绪《通州直隶州志》卷五《学校》,《中国地方志集成·江苏府县志辑52》,江苏古籍出版社1991年版,第260页。
③ 杨受廷、左元镇等修,马汝舟、江大键纂:嘉庆《如皋县志》卷九《学校》,江苏省地方志编纂委员会办公室:《江苏历代方志全书·扬州府部》第41册,凤凰出版社2018年版,第183页。
④ 王有庆等修,陈世镕等纂:道光《泰州志》卷八《学校》,《中国地方志集成·江苏府县志辑50》,江苏古籍出版社1991年版,第60页。

## 六、宿迁新建书院

1. 沭阳厚邱书院。嘉庆《海州志》:"怀文书院在明伦堂之东,旧名厚邱,今改。乾隆二十九年(1764)知县钱汝恭蠲俸倡建,以尊经阁为讲堂,于明伦堂隙地建瓦房九楹,又明伦堂两旁旧有东西二斋各五间,及忠义、节孝二祠之东西两厢共二十余间,建厨房五间,以为诸生肄业馔食之所。邑人吴九龄等蠲膳脩膏火银一千两。三十年(1765)监生周光燕等蠲钱三百二十千。三十四年(1769)知县倪学洙蠲钱一千三百七十文,交董事生息,每月纳息钱二十七千四百文,每年师生修膳杂支不敷之数,知县蠲养廉以足之。"①按沭阳旧称厚邱(丘),因地为名,嘉庆年间改名怀文,道光年间重建,详见下文。

2. 沭阳于公书院。民国《重修沭阳县志》:"在治东九十里高家沟镇。乾隆三十一年(1766)六塘河同知于中行捐廉创建,后堂三楹、穿堂三楹,公余课士,佐以膏火,学子桢以造就者甚多,于公去后,课遂停止,房屋永为公产。道光五年(1825)重修,汪九成颜其门曰于公书院。"②

## 七、苏州新建书院

1. 常熟游文书院。同治《苏州府志》:"游文书院(原注:旧志作虞山书院),在虞山南麓梁昭明太子读书台右。国朝康熙中,督粮参议刘殿邦因台构堂以为游憩之所。雍正三年(1725),副使扬本植改建书院。乾隆二年(1737)副使姚孔鈵延师课士其中。八年(1743)知府觉罗雅尔哈善重修,并移祀巫公于内。十一年(1746)参议程光钜辟圃于后,作亭曰卓尔,距亭西数武石壁间有泉涌出,甘冽不涸,名曰蒙泉。四十二年(1777),邑绅言如泗等增建照墙,厅之南,建巫相祠三楹。道光十八年(1838),知县陈延恩建白文公、苏文忠公合祠于巫公祠西。咸丰十年(1860)毁。同治九年(1871)邑人重建讲堂,十一年(1873)重建至山堂

① 唐仲冕修,汪梅鼎纂:嘉庆《海州直隶州志》卷十八《学校》,《中国地方志集成·江苏府县志辑64》,江苏古籍出版社1991年版,第331页。

② 戴仁修,钱崇威纂:民国《重修沭阳县志》卷四《学校》,《中国地方志集成·江苏府县志辑57》,江苏古籍出版社1991年版,第100页。

及旁舍塞门,十三年(1875)重建巫相祠、白、苏二公祠。"①光绪《常昭合志稿》:"光绪二十八年(1902),改为常昭小学堂,仍于其中设校士馆,改课策论。每年官课十次,课长课十次,照旧给予膏火。"②按所祭祀之巫公指商王太戊之相巫贤,白文公、苏文忠公乃白居易、苏轼之谥号。

2. 苏州平江书院。柳诒徵先生云:"苏州府立者,曰平江,则以课童生。"③同治《苏州府志》:"在乘鲤坊,旧在王废基鼓楼坊。乾隆八年(1743)知府雅尔哈善创建平江学舍及六门义学,以为童蒙读书之地。二十七年(1762)知府李永书并为书院,凡吴(县)、长(洲)、元(和)三县童生,邑选十人入业肄业,诸生亦与焉。其后诸生尽入紫阳、正谊两书院,而平江书院专课童生。道光时,知府额腾伊重修。咸丰十年(1860),毁于兵。同治六年(1868),知府蒯德模重建今所,并祀文丞相于中,今复设义塾,教里中子弟。"④

3. 苏州松陵书院。松陵即吴江之别称。⑤ 同治《苏州府志》:"松陵书院在(吴江)玉带桥,旧在学宫后。国朝乾隆四年(1739)邑人汪涵光建,颜曰松陵书塾,教谕廖维新记。十二年(1747)知县陈莫缵修,并奉朱子神位,改题今额。嘉庆中移建今所。咸丰十年毁,同治六年,吴江县知县沈锡华拨款重建,并置田六十二亩有奇,又查出旧田二十二亩。"⑥光绪《吴江县续志》:"松陵书院旧在学宫后,嘉庆中知县陈汝栋改移城内,已前毁。同治六年,知县沈锡华于城东门建造二十三间,九年续建一十七间。"⑦按此书院本建在学宫后,寻毁,嘉庆中移建于玉带桥,

① 李铭皖、谭钧培修,冯桂芬纂:同治《苏州府志》卷二十七《学校》,《中国地方志集成·江苏府县志辑7》,江苏古籍出版社 1991 年版,第 656 页。
② 郑钟祥、张瀛修,庞鸿文等纂:光绪《常昭合志稿》卷十四《学校》,《中国地方志集成·江苏府县志辑22》,江苏古籍出版社 1991 年版,第 198 页。
③ 柳诒徵:《江苏书院志初稿》,赵法生、薛正兴主编:《中国历代书院志》第 1 册,江苏教育出版社 1995 年版,第 56 页。
④ 李铭皖、谭钧培修,冯桂芬纂:同治《苏州府志》卷二十五,《中国地方志集成·江苏府县志辑 7》,江苏古籍出版社 1991 年版,第 611—612 页。
⑤ 顾祖禹:《读史方舆纪要》卷二十四《南直六》:"吴江县,府东南四十五里,东北至松江府……唐曰松陵镇。"中华书局 2005 年版,第 1167 页。
⑥ 李铭皖、谭钧培修,冯桂芬纂:同治《苏州府志》卷二十七《学校》,《中国地方志集成·江苏府县志辑7》,江苏古籍出版社 1991 年版,第 663 页。
⑦ 金福曾等修,熊其英等纂:光绪《吴江县续志》卷三《学校》,《中国地方志集成·江苏府县志辑 20》,江苏古籍出版社 1991 年版,第 348 页。

咸丰十年(1860)毁于太平天国,同治六年(1867)邑侯重建,建屋五十间,获田八十四亩,可谓得力。

4. 苏州松陵学舍。《盛湖志》云:"松陵学舍(即盛湖西书院)在充字圩北观音街,国朝乾隆八年(1743)知县丁元正奉府檄劝捐,九月里人姚仲英、殷宜镎等三十九人及济宁济南平阳众商捐建,凡二十九间,九年(1744)成,知府雅尔哈善《记》。"①同治《苏州府志》云:"咸丰九年(1859),里人王元相于舍南凿放生池。"②光绪《吴江续志》云:"同治八年(1869)里人仲廷机等改建学舍。"③沈云《盛湖竹枝词》曰:"镇东西旧有两书院,东曰松陵,西曰笠泽。今西书院存为国民学校,东书院亦改女校及蒙养院,仅存遗额而已。"④

按,盛湖即今吴江盛泽。《盛湖志》以松陵学舍为盛湖之西书院,《盛湖竹枝词》则相反,未详孰是。考笠泽书院即盛湖书院(详见下文),位于盛泽之大适圩,查盛湖志所载之地图,则充字圩在西,大适圩在东,中隔中和桥河,⑤故可认定松陵学舍为西书院,盛湖书院则是东书院。

又,光绪《吴江县续志》:"前志称:《会典》康熙五十二年始令各省州县多立义学,邑中前后设六所,今称为书院者三,盛泽仍颜曰松陵学舍云。"⑥其义即松陵学舍本是义学,未改称书院即是强调其义学之特质。

光绪二十九年(1903)里人创盛湖公学,校址在盛湖东书院,民国二年(1913)改为吴江县第三高等小学,六年(1917)与盛湖女校交换校址,迁往他处,故沈云谓东书院改女校云。光绪三十三年(1907)里人创明

① 仲廷机纂,仲虎腾续纂:《盛湖志》卷四《学舍》,《中国地方志集成·乡镇志专辑》第 11 册,江苏古籍出版社 1992 年版,第 467 页。
② 李铭皖、谭钧培修,冯桂芬纂:同治《苏州府志》卷二十七《学校》,《中国地方志集成·江苏府县志辑 7》,江苏古籍出版社 1991 年版,第 663 页。
③ 金福曾等修,熊其英等纂:光绪《吴江县续志》卷三《学校》,《中国地方志集成·江苏府县志辑 20》,江苏古籍出版社 1991 年版,第 348 页。
④ 柳诒徵:《江苏书院志初稿》,赵法生、薛正兴主编:《中国历代书院志》第 1 册,江苏教育出版社 1995 年版,第 88 页。
⑤ 仲廷机纂,仲虎腾续纂:《盛湖志》卷一《疆域》,《中国地方志集成·乡镇志专辑》第 11 册,江苏古籍出版社 1992 年版,第 375 页。
⑥ 金福曾等修,熊其英等纂:光绪《吴江县续志》卷三《学校》,《中国地方志集成·江苏府县志辑 20》,江苏古籍出版社 1991 年版,第 349 页。

德小学,以西书院为校舍,后改名观音弄小学,现为盛泽实验小学。

5. 苏州汤公书院。此为祭祀顺康时著名理学家、江苏巡抚汤斌而建。按汤斌(1627—1687),字孔伯,别号荆岘,晚又号潜庵,河南睢州(今睢县)人,顺治举人,康熙进士,康熙二十三年(1684)任江苏巡抚,二十五年(1686)擢升离任后,邑人建祠纪之。乾隆九年(1744)知府觉罗雅尔哈善改祠为书院。《百城烟水》:"汤公书院,在府学西侧。公抚吴两载,孳孳以崇实返朴为务。自月吉读法而外,辄举孝经、小学二书会讲学中,为士民劝,又延有学行者为之解,锡山张子秋绍实应辟主讲席。康熙丙寅(二十五年,1686),公内擢,辅导东宫,吴郡绅士思之,为建生祠。及公殁,又名书院。"①

6. 苏州震泽书院。同治《苏州府志》:"在北门内下塘巷。国朝乾隆十一年(1746)知县陈和志建(按《县志》云:乾隆八年(1743),和志设义学于文昌道院。至是,始买民房改建)。咸丰十年(1860)毁。"②按,雍正二年(1724),由吴江县西部析立震泽县,民国元年(1912)撤废并入吴江。陈和志乾隆六年(1741)知震泽。

7. 苏州同川书院。同里镇三河并流似川字,故又名同川。乾隆《吴江县志》:"同里镇义学在富观桥下,乾隆十二年(1747),知县陈□穰奉知府傅椿谕创建,颜曰同川书院。"③同治《苏州府志》:"在同里镇,里人倪兆鹏设,乾隆十二年(1747)知县陈奠纕复建于富观桥北,题额,自为记。二十九年(1764)里人王士增重修,知县沈名揆记。今废,田亦无考。"④综上,里人倪兆鹏设义学,知县陈氏奉知府谕更为书院,类于上述之震泽书院。

8. 太仓娄东书院。因太仓直隶省管,故书院规格较高,远超一般县级书院,甚至不亚于一般府级书院。

① 徐崧:《百城烟水》卷三,江苏古籍出版社 1999 年,第 21—22 页。
② 李铭皖、谭钧培修,冯桂芬纂:同治《苏州府志》卷二十七《学校》,《中国地方志集成·江苏府县志辑7》,江苏古籍出版社 1991 年版,第 664 页。
③ 陈奠纕、丁正元修,倪师孟、沈彤纂:乾隆《吴江县志》卷八《学校》,《中国地方志集成·江苏府县志辑19》,江苏古籍出版社 1991 年版,第 404 页。
④ 李铭皖、谭钧培修,冯桂芬纂:同治《苏州府志》卷二十七《学校》,《中国地方志集成·江苏府县志辑7》,江苏古籍出版社 1991 年版,第 663 页。

其一,创建发展。宣统《太仓州志》:"在文庙西,乾隆十七年(1752)知州宋楚望、镇洋县知县冷时松建。大门一楹、二门三楹、讲堂三楹,堂右门曰云路,内斋舍二十七楹、正舍三楹、二程祠三楹,旁舍、庖湢咸具。五十九年(1790)知州鳌图修,并于讲堂前增建左右翼房各三楹,正舍后增建书斋五楹,改二程祠曰希贤堂。嘉道间,屡经修葺。咸丰十年(1860)毁。光绪二年(1876),知州吴承潞、知县谭明经重修,惟云路及后书斋未复,余悉如旧制。"①

其二,课程名额。宣统《太仓州志》:"初建书院时,每年甄别生童,取正课三十名肄业,后定为四十名。知州鳌图捐俸增附课二十名、外课无定额。嘉道间,额取生员正课二十四名(月给膏火二两二钱),附课二十八名(月给膏火八钱),童生正课二十名(月给膏火一两),附课二十四名(月给膏火六钱),州县轮课每年各四月。知州徐家槐捐俸各增四名,后遂为定额。同治四年,知州方传书改为随课升降捐增膏火。"②

其三,经费供应。宣统《太仓州志》:"其常年经费除州县捐外,凡州县境内田原存四百六十四亩五分九毫。"③

其四,名师辈出。其历任山长有沈起元、毛泳、秦大成、蒋元益、卢文弨、钱大昕、王昶、顾宗泰、段玉裁等著名学者。④ 且书院生徒规模常在百余名,远超过当时太仓官学——州学、县学入学人数的总和。⑤

9. 常熟琴川课院。光绪《常昭合志稿》:"昭邑境方塔寺右。乾隆间知县康基田创立,年久渐圮,四十三年(1778)重建,咸丰十年(1860)

① 王祖畬纂:宣统《太仓州镇洋县志》卷九《学校下》,《中国地方志集成·江苏府县志辑 18》,江苏古籍出版社 1991 年版,第 141 页。
② 王祖畬纂:宣统《太仓州镇洋县志》卷九《学校下》,《中国地方志集成·江苏府县志辑 18》,江苏古籍出版社 1991 年版,第 141—142 页。
③ 王祖畬纂:宣统《太仓州镇洋县志》卷九《学校下》,《中国地方志集成·江苏府县志辑 18》,江苏古籍出版社 1991 年版,第 142 页。
④ 王祖畬纂:宣统《太仓州镇洋县志》卷九《学校下》,《中国地方志集成·江苏府县志辑 18》,江苏古籍出版社 1991 年版,第 143—144 页。
⑤ 据穆彰阿、潘锡恩等纂修:《大清一统志》卷一〇三《江苏太仓直隶州·学校》载:"太仓州学入学额数 18 名;镇洋县学入学额数 12 名;崇明县学入学额数 20 名;嘉定县学入学额数 13 名;宝山县学入学额数 12 名",总计 75 名。《续修四库全书》第 614 册,上海古籍出版社 2002 年版,第 670 页。

毁。"①又,"琴川实为昭邑社学,故不称院长、山长,而称社师、课师也。考吾邑社学始于明洪武八年(1375),诏五十家设一社学,岁久渐废。"②按昭文由常熟析置,后又并入。

10. 常熟正修书院。光绪《常昭合志稿》:"在支塘镇,本系查毁之淫祠,奉言子木主于内,后里人葺为薰修之所,至昭令黎龙若始改建社学,额其堂曰正修。乾隆二十八年(1763),令康基田既建琴川课院,复设五书院于东乡(正修、梅里、智林、清水、海东),遂就改为正修书院。咸丰庚申(1860)毁,光绪六年(1880)里人许垚集捐重修。"③同治《苏州府志》:"共置田一百四亩九分五厘(外田七亩三分,为主者赎归),又续增田十二亩。"④

11. 常熟梅里(李)书院。本为乡贤之祠,康基田改为书院。同治《苏州府志》:"乾隆二十九年(1764),知县康基田复改为书院,奉王公木主其中,拓地三亩,增门堂斋舍规制乃备。"⑤光绪《常昭合志稿》:"在梅李镇,本宋乡贤王师德祠,里人改为奉佛之所,康公迁其像于他庙,奉王公木主于中,就葺为书院,有绅士捐田一百四十亩有奇,及康公捐银五百两生息为费。咸丰庚申(1860)存项散失,同治八年(1869)复募捐田二十余亩,附设义学。光绪十六年(1890)里人郑仁植等重修。"⑥

12. 常熟"智林""清水""海东"三书屋。光绪《常昭合志稿》:"智林书屋在东徐市智林寺东,康公建,有公捐田五十一亩有奇为经费,咸丰庚申屋毁。清水书屋在清水港,康公建,有公捐田三十一亩,由吕姓经理为经费,今屋尚存。海东书屋在西周市,康公建,有公捐田三十二亩

---

① 郑钟祥、张瀛修,庞鸿文等纂:光绪《常昭合志稿》卷十四《学校》,《中国地方志集成·江苏府县志辑22》,江苏古籍出版社1991年版,第200页。

② 郑钟祥、张瀛修,庞鸿文等纂:光绪《常昭合志稿》卷十四《学校》,《中国地方志集成·江苏府县志辑22》,江苏古籍出版社1991年版,第200页。

③ 郑钟祥、张瀛修,庞鸿文等纂:光绪《常昭合志稿》卷十四《学校》,《中国地方志集成·江苏府县志辑22》,江苏古籍出版社1991年版,第201页。

④ 李铭皖、谭钧培修,冯桂芬纂:同治《苏州府志》卷二十七《学校》,《中国地方志集成·江苏府县志辑7》,江苏古籍出版社1991年版,第658页。

⑤ 李铭皖、谭钧培修,冯桂芬纂:同治《苏州府志》卷二十七《学校》,《中国地方志集成·江苏府县志辑7》,江苏古籍出版社1991年版,第658页。

⑥ 郑钟祥、张瀛修,庞鸿文等纂:光绪《常昭合志稿》卷十四《学校》,《中国地方志集成·江苏府县志辑22》,江苏古籍出版社1991年版,第201页。

有奇为经费,今屋已废。"①又,"以上五所(正修、梅里、智林、清水、海东),因兼课帖括,故以书院名之,实皆社学也。"②

13. 昆山玉山(玉峰)书院。同治《苏州府志》:"玉山书院在望山桥东,旧名玉峰书院,在荐严寺南。国朝乾隆八年,知府觉罗雅尔哈善檄昆山知县吴韬、新阳知县姚士林创建。十年,新阳知县张予介重修,并置田以资膏火之用。二十三年,知县康基田移建于此,改今名(先后捐田共二百一十八亩,并池涝基地等,收息充用。邑人张家栩、唐琳等主之)。嘉庆十八年,诸生吴汝俶等募修,昆山知县吴青莲等捐俸置田四十八亩四分一厘八毫给生童膏火(青莲自撰记,今田尚存,并无增置)。咸丰十年毁,同治九年,新阳县知县廖纶重建知止山房,改为朱孝定先生祠,十年,蒋泰咸重建讲堂。"③光绪《昆新两县续修合志》所记大体相同,唯乾隆二十三年康基田移建后,又详述其内部结构,"前为大门,次仪门,内为春云草堂,后为讲堂,并三楹。又其后为知止山房,上下楼房凡十四楹。右为书室一楹,讲堂之右为诸生肄业之所,前后凡九楹。其前为庖湢及守者所居"。嘉庆十八年修后,又补充"旧存膏火田计二顷一十八亩四分七厘,续捐膏火田四十八亩四分一厘八毫",同治九年,又云"昆山知县王定安拨经、古膏火田,计六十亩五分九厘"。④

综上可知,乾隆八年(1743)知府雅尔哈善檄昆山知县吴韬和新阳知县姚士林创建玉峰书院。二十三年(1758)知县康基田移址重建,更名玉山书院。嘉庆十八年(1813)修。咸丰十年(1860)毁,同治九年(1870)新阳县知县廖纶重建,昆山知县拨经古课膏火田。

14. 昆山崇文书院。同治《苏州府志》:"在真义镇,魏恭简公校居第东,本魏氏义学。明嘉靖中,校从子希明建。明季改土神祠。国朝康熙三十一年(1692),里人黄宏等白县,仍设义学,延师训里中子弟,并为

① 郑钟祥、张瀛修,庞鸿文等纂:光绪《常昭合志稿》卷十四《学校》,《中国地方志集成·江苏府县志辑22》,江苏古籍出版社1991年版,第201—202页。
② 郑钟祥、张瀛修,庞鸿文等纂:光绪《常昭合志稿》卷十四《学校》,《中国地方志集成·江苏府县志辑22》,江苏古籍出版社1991年版,第202页。
③ 李铭皖、谭钧培修,冯桂芬纂:同治《苏州府志》卷二十七《学校》,《中国地方志集成·江苏府县志辑7》,江苏古籍出版社1991年版,第648页。
④ 金吴澜、李福沂修,汪堃、朱成熙纂:光绪《昆新两县续修合志》卷四《学校》,《中国地方志集成·江苏府县志辑16》,江苏古籍出版社1991年版,第75—76页。

县尹学博宣讲乡约之所。乾隆二十三年(1758),监生王拱辰等请于学使李因培捐赀改为书院,因培命名崇文,为题美富同瞻额。后废。"[1]按魏校(1483—1543),明官员、学者,谥恭简。此书院本嘉靖所建之魏氏义学,乾隆二十三年(1758)监生王拱辰等请于学使李因培改为书院。[2] 道光《昆新两县志》犹云"今堂庑尚存,数楹半就,颓废所望于抚兴者,甚急也",[3]至同治《志》已废,良可叹也。

## 八、泰州新建书院

1. 兴化昭阳书院。咸丰《重修兴化县志》:"(兴化)书院向无定在,乾隆初知县李希舜、李交借拱极台课士,名昭阳书院。每年租息仅百余千。嘉庆八年,知县苏昌阿倡捐三千余金,存典生息以给师生,撰文泐石。"[4]按,兴化战国时曾为楚令尹昭阳之封邑,故名。拱极台古名玄武台,始建于宋初,位于兴化城北海子池畔。据学者考证,道光年间,由于频发水灾,两岸崩坍,师生难于渡河。加之拱极台上宋代建筑又不宜改建或扩建,每逢县试、岁考席号不够,甚至风雨不蔽,难煞山长老师和生童,往往叫苦不迭,故昭阳书院渐渐废止,改为景贤祠。[5]

2. 靖江正谊(新马洲)书院。光绪《靖江县志》:"在南城内,原名正谊书院。乾隆十年(1850),杨侯逢泰因入官旧宅新之。门五楹,前厅五楹,讲堂五楹,后室五楹,室旁侧厦各两楹,基地一亩二分二厘一毫……先后共捐置田一千三百六十六亩有奇。贾侯益谦署篆时,以靖旧有马洲书院,因详请易正谊二字,仍以马洲名之。"[6](此是新马洲书院,非即宋时之故址,以其循宋旧名,故附著于此。)按杨逢泰,奉天宁远人,举

① 李铭皖、谭钧培修,冯桂芬纂:同治《苏州府志》卷二十七《学校》,《中国地方志集成·江苏府县志辑7》,江苏古籍出版社1991年版,第648页。

② 李因培(1717—1767),字其材,号鹤峰,晋宁锦川里人,乾隆时两任江苏学政抚。

③ 张鸿、来汝缘修,王学浩等纂:道光《昆新两县志》卷四《学校》,《中国地方志集成·江苏府县志辑15》,江苏古籍出版社1991年版,第66页。

④ 梁园棣修,郑之侨、赵彦俞纂:咸丰《重修兴化县志》卷一《祠祀》,《中国地方志集成·江苏府县志辑48》,江苏古籍出版社1991年版,第122页。

⑤ 朱军:《扬州书院与藏书家史话》,广陵书社2012年版,第59—60页。

⑥ 叶滋森修,褚翔等纂:光绪《靖江县志》卷六《书院》,《中国地方志集成·江苏府县志辑5》,江苏古籍出版社1991年版,第533页。

人,乾隆六年至十三年知靖江县。贾益谦,山西夏县人,举人,道光二十八年至三十年(1848—1850)知靖江,咸丰元年(1851)署元和县。贾侯悯圣裔之漂零、正学之剥落,欲以继斯文,然则吾道不孤,可知也。

3. 靖江"崇文书院"。《靖江县志》:"崇文书院在永庆园,乾隆二十九年(1764)诸生沈泓、万一夔等建,劝捐平课田四十余亩充费。"

## 九、无锡新建书院

1. 宜兴阳羡(蜀山)书院。乾隆二十四年(1759),邑人建。

《大清一统志》:蜀山书院,本朝乾隆二十四年建。[1]

光绪《宜荆新志》:乾隆间,巡抚陈宏谋檄各县建书院课士,宜兴乃即蜀山东坡书院故址经理之,延师讲课。肄业者苦其阻僻,移近城西(会真庵侧),溯所自来,颜曰"蜀山"。后易为阳羡书院。嘉庆间改入城中(通真观巷),具见前志。咸丰间兵毁,克复后借他屋为之。光绪六年,荆溪知县徐景福更建南街,前明阴阳学故址在焉,规制宏敞,迥逾曩昔。讲堂后为学海楼,设苏文忠位,以蜀山旧祀仍而不改,兼祀史太仆,楼下书室题曰"明道宗遗绪也"。而荆溪蜀山之东坡书院,嘉庆道光间复踵修焉。[2]

光宣《宜荆续志》:蜀山镇东坡书院,光绪八年里人增修,三十二年改为东坡高等小学堂。[3]

光宣《宜荆续志》:阳羡书院,光绪三十二年改为经正学堂。[4]

前述蜀山镇之东坡书院,后有两路发展,一是留在原地,乾隆间,即旧址重建书院,后书院迁走,此地原书院在嘉庆道光间不断增修,至光绪三十二年(1906)改为高等小学堂;二是"东坡"→"蜀山"→"阳羡",于

① 穆彰阿、潘锡恩等纂修:《大清一统志》卷八六《江苏常州·学校》,《续修四库全书》第614册,上海古籍出版社2002年版,第428页。
② 施惠、钱志澄修,吴景墙等纂:光绪《宜荆新志》卷四《学校》,《中国地方志集成·江苏府县志辑40》,江苏古籍出版社1991年版,第107页。
③ 陈善谟、祖福广修,周志靖纂:光宣《宜荆续志》卷二《书院》,《中国地方志集成·江苏府县志辑40》,江苏古籍出版社1991年版,第392页。
④ 陈善谟、祖福广修,周志靖纂:光宣《宜荆续志》卷二《书院》,《中国地方志集成·江苏府县志辑40》,江苏古籍出版社1991年版,第392页。

乾隆间迁往城内,并易名为蜀山书院,后来更名为阳羡书院,至光绪三十二年改为学堂。

故东坡书院列入重建,而此蜀山书院虽号称源自东坡书院,但性质上是新建,不列入重建。

2. 江阴桐山书院。光绪《江阴县志》:"在广福寺右,邑人蔡寅斗、高交栋以学使张廷璐莅任九载,教思所及,历久弗谖,建此尸祝,今废。"①张廷璐(1675—1745),字宝臣,号药斋,安徽桐城人,雍正七年(1729)、十一年(1733)两督江苏学政,共九载。此书院即为邑人为其所建之祠。

3. 无锡锡山书院。始建不详。光绪《无锡金匮县志》:"五里街口旧有文社曰锡山书院,仅楼三楹、堂宇四五楹,岁延师月课诸童文艺,亦称义学。乾隆中犹存,后废。"②

## 十、徐州新建书院

1. 徐州云龙书院。同治《徐州府志》:"在府城南云龙山,康熙六十年(1721)淮徐同知孙国瑜于其地置义学,雍正十三年(1735)知府李根云改建书院,乾隆五十三年(1788),淮徐道康基田增建。"③民国《铜山县志》:"至光绪二十九(1903)年改为徐州中学堂。"④云龙书院今已恢复。

2. 沛县歌风书院。民国《沛县志》:"旧在栖山,知县孙朝干建。"⑤乾隆四十六年(1781)黄河决口,淹没沛县,县令孙朝干将县城移至栖山镇,建歌风书院。同治七年(1868)知县王荫福重建,光绪十年(1884)拟移建未果,详后文。

① 卢思诚、冯寿镜修,季念诒、夏炜如纂:光绪《江阴县志》卷五《学校》,《中国地方志集成·江苏府县志辑 25》,江苏古籍出版社 1991 年版,第 191 页。
② 裴大中、倪咸生修,秦缃业等纂:光绪《无锡金匮县志》卷六《学校》,《中国地方志集成·江苏府县志辑 24》,江苏古籍出版社 1991 年版,第 108 页。
③ 吴世熊、朱忻修,刘庠、方骏谟纂:同治《徐州府志》卷十五《学校》,《中国地方志集成·江苏府县志辑 61》,江苏古籍出版社 1991 年版,第 458 页。
④ 余家谟、章世嘉、王嘉铣、王开孚纂:民国《铜山县志》卷十六《学校考》,《中国地方志集成·江苏府县志辑 62》,江苏古籍出版社 1991 年版,第 248 页。
⑤ 于书云修,赵锡蕃纂:民国《沛县志》卷七《学校》,《中国地方志集成·江苏府县志辑 63》,江苏古籍出版社 1991 年版,第 99 页。

图 9-1 徐州重建的云龙书院(来源:自摄)

## 十一、盐城新建书院

1. 东台南沙书院。嘉庆《重修扬州府志》:"在东台县治东南枡茶场。先是,明大使周广设学社于五贤祠,乾隆十年(1745)场使姚德璘改设于场署西范公堤旧址,遂名南沙书院。五十九年(1794),场使沈钧重修。"①

2. 盐城表海书院。光绪《淮安府志》:"乾隆十二年(1747),知县黄垣创建表海书院于学宫东,后圮废。三十五年(1770)重建于县署后,复圮。"②光绪《盐城县志》:"道光二十八年(1848),知县焦肇瀛重修,后复圮。光绪六年(1880),知县张振镖改建于文场,后振镖又创建观澜文会,亦于书院文场局试。十七年(1891)淮扬道临桂谢公元福拨喻义局

① 阿克当阿修,姚文田、江藩等纂:嘉庆《重修扬州府志》卷十九《学校》,《中国地方志集成·江苏府县志辑41》,江苏古籍出版社1991年版,第335页。
② 孙云锦修,吴昆田、高延第纂:光绪《淮安府志》卷二十一《学校》,《中国地方志集成·江苏府县志辑54》,江苏古籍出版社1991年版,第299页。

粮捐五文归书院,兼定课士章程。"①

3. 盐城草堰正心书院。咸丰《重修兴化县志》:"本义学旧址,乾隆二十一年(1756)大使郝月桂改为正心书院。"②按草堰为江苏古代著名盐场,地处大丰、东台、兴化三地交界,今属大丰。

4. 阜宁紫阳、观海书院。此处是两个书院,新建者曰紫阳,复建者曰观海,因彼此交织,故撮于一处。

> 民国《阜宁县新志》:观海书院故址在孔子庙东偏,观澜书院既废,清乾隆间,知县李元奋改紫阳庵为紫阳书院,捐廉以资膏火。三十八年,知县周凤歧拨无主田及民捐田共二十六顷十八亩五分三厘,坐落三堰苏家嘴等处,岁收租息为书院经费,训导黄达为之记。四十年,知县阎循霖以其地淤隘,移设观澜旧址,适邑人戴观海以领升芦荡营、黄黑泥漥熟地二百三十二顷二十四亩一厘捐充膏火,以经永久,因易紫阳之名曰观海。固扩学者溥博渊泉之量,亦志戴之德义于不朽也。嘉庆六年,知县宗守移建学官之东,讲堂、上舍甫落成而去任。十五年,知县范溙葺而新之。③

> 光绪《淮安府志》:观海书院,城内东南隅。初,康熙中海防同知郎文煌以南门外废五通庙改为观澜书院。未几,改为社学。乾隆中,知县李元奋以西门外紫阳庵改为紫阳书院。四十年,知县阎循霖以其地淤溢,复于旧学官故址(即文煌所建观澜书院,时学官未立,即其处举行春秋祭)改设观海书院。嘉庆六年,知县宗守改建于学官左侧文昌官后。十五年,知县范溙葺而新之。④

其演变如下:一是紫阳书院,乾隆间,阜宁知县李元奋建紫阳书院,后因其地淤溢,废弃。按李元奋,湖北云梦举人,乾隆十五年(1750)调

---

① 刘崇照修,陈玉树、龙继栋纂:光绪《盐城县志》卷五《学校》,《中国地方志集成·江苏府县志辑59》,江苏古籍出版社1991年版,第105页。

② 梁园棣修,郑之侨、赵彦俞纂:咸丰《重修兴化县志》卷一《祠祀》,《中国地方志集成·江苏府县志辑48》,江苏古籍出版社1991年版,第124页。

③ 焦忠祖、庞友兰纂:民国《阜宁县新志》卷七《教育》,《中国地方志集成·江苏府县志辑60》,江苏古籍出版社1991年版,第153页。

④ 孙云锦修,吴昆田、高延第纂:光绪《淮安府志》卷二十一《学校》,《中国地方志集成·江苏府县志辑54》,江苏古籍出版社1991年版,第300页。

任阜宁知县。二是观澜书院,康熙中海防同知郎文煌建观澜书院,后废,于其地举行春秋祭。后又建学宫。乾隆四十年(1775),知县阎循礼废紫阳书院,在原观澜书院旧址建观海书院。三是嘉庆六年(1801),知县宗守改建他处。后文不再赘引。

## 十二、扬州新建书院

1. 扬州邗江学舍。嘉庆《重修扬州府志》:"在课士堂前,雍正十三年(1735)知县朱辉立。今废。"实并入广陵书院。[①] 光绪《增修甘泉县志》:"广陵书院,乾隆四十六年,知府恒豫令郡属公捐,买东关大街官房一所创立。向府署西街有邗江学舍,课诸童生,房宇渐倾废,因更移于此。"[②]

2. 扬州角里学舍。嘉庆《重修扬州府志》:"在缺口门外大滩,乾隆三年(1738)邑人萧嵩建,今废。"[③]

3. 高邮珠湖书院。嘉庆《高邮州志》:"在城内忠三铺西、塔左……书院旧在州北门长生庵左,乾隆二十三年(1759)知州李洊德于庵僧不守清规案内准士民贾蒪林等呈请,划出僧房改建书院,即将庵产充公,永作生徒膏火。四十七年(1782)州人吴兆萱、居麟友等捐购西门民房改建。"[④]光绪《再续高邮州志》:"咸丰二年(1852)知州魏源于文游台左改建文台书院,同治三年(1864)知州马鸿翔以路远课士不齐,拟复珠湖书院,适总镇黄开榜捐助木料谕董兴修移请学正叶觐扬督造,遂复旧规。"[⑤]此书院之变迁如下,乾隆二十四年(1759)建,四十九年(1784)移建,咸丰二年(1852)改建为文台书院,同治三年(1864)又回旧址重建为

---

① 阿克当阿修,姚文田、江藩等纂:嘉庆《重修扬州府志》卷十九《学校》,《中国地方志集成·江苏府县志辑41》,江苏古籍出版社1991年版,第319页。

② 徐成甡等修,陈浩恩等纂:光绪《增修甘泉县志》卷六《学校》,《中国地方志集成·江苏府县志辑43》,江苏古籍出版社1991年版,第240页。

③ 阿克当阿修,姚文田、江藩等纂:嘉庆《重修扬州府志》卷十九《学校》,《中国地方志集成·江苏府县志辑41》,江苏古籍出版社1991年版,第319页。

④ 杨宜仑修,夏之蓉、沈之本纂:嘉庆《高邮州志》卷一《书院》,《中国地方志集成·江苏府县志辑46》,江苏古籍出版社1991年版,第76页。

⑤ 金元烺、龚定瀛修,夏子镠纂:光绪《再续高邮州志》卷一《舆地》,《中国地方志集成·江苏府县志辑47》,江苏古籍出版社1991年版,第26—27页。

珠湖书院。下文仅列其目,不再赘引。

4. 扬州竹西——广陵书院。此为扬州清代专课童生之著名书院,相关材料略撮如下:

> 嘉庆《重修扬州府志》:广陵书院初名义学,在府治西。康熙五十一年,知府赵宏煜建。乾隆二十五年,知府劳宗发改名竹西书院。四十六年,知府恒豫、今漕督前任知府马慧裕先后创建,移于东关街,更今名,专课童生。①

> 嘉庆《江都县续志》:广陵书院,乾隆四十六年知府恒豫饬属公捐,在甘泉界之东关大街,专课童生,邑绅黄履昊捐银二百两,州同方绣章捐六浅河西包田六十三亩零、江振鹍捐王统庄圩田四十亩,又运同汪葆光续捐银四千两,有碑在院,发典生息,田夏秋收租充膏火修膳之用。②

> 光绪《增修甘泉县志》:广陵书院,乾隆四十六年知府恒豫令郡属公捐,买东关大街官房一所创立。向府署西街有邗江学舍,课诸童生,房宇渐倾废,因更移于此。③

> 朱方增《广陵书院增额记》:嘉庆十三年,长白阿厚庵直指巡视两淮,宏奖士类,下车后即添设安定、梅花、乐仪三书院膏火资。既又念广陵为童子肄业之地,人才发轫实基于此,旧时设额过隘,且岁入数百金,不足以瞻多士,遂于十四年秋广课额、益膏火、加修脯,以为学者劝。④

> 光绪《增修甘泉县志》:咸丰三年,粤匪陷城,堂宇倾圮。同治四年知府孙恩寿重修,向课童生,自此兼课生监。⑤

---

① 阿克当阿修、姚文田、江藩等纂:嘉庆《重修扬州府志》卷十九《学校》,《中国地方志集成·江苏府县志辑41》,江苏古籍出版社1991年版,第318页。

② 王逢源修、李保泰纂:嘉庆《江都县续志》卷一《书院》,《中国地方志集成·江苏府县志辑66》,江苏古籍出版社1991年版,第525—526页。

③ 徐成敻等修、陈浩恩等纂:光绪《增修甘泉县志》卷六《学校》,《中国地方志集成·江苏府县志辑43》,江苏古籍出版社1991年版,第240页。

④ 柳诒徵:《江苏书院志初稿》,赵法生、薛正兴主编:《中国历代书院志》第1册,江苏教育出版社1995年版,第50页。

⑤ 徐成敻等修、陈浩恩等纂:光绪《增修甘泉县志》卷六《学校》,《中国地方志集成·江苏府县志辑43》,江苏古籍出版社1991年版,第240、252页。

《两淮盐法志》：广陵书院，同治四年，运使李宗羲据扬州府详，经费不敷，批准自明年起，每年于安定、梅花两书院款内拨给膏火银五百七十六两。①

其变迁为广陵义学→竹西书院→广陵书院。其一，康熙五十一年（1712），扬州知府赵宏煜在府治西建义学。其二，乾隆二十五年（1760），知府劳宗发改名竹西书院。其三，乾隆四十六年（1781），知府恒豫移建，更名广陵书院，专课童生。其四，咸丰三年（1853）毁于太平天国，同治四年（1865）重建复课，兼课生监，并有小课。书院经费多从盐官处及盐行捐款中提取，饩廪甚厚。光绪二十八年（1902）改为广陵校士馆。后文仅列其目，不再赘引。

5. 仪征乐仪书院。此与安定、梅花均属盐政，故资金优渥，为清代扬州地区著名书院，非囿于区区一县也。嘉庆《重修扬州府志》："在仪真天宁桥坊，乾隆三十三年（1768）知县卫晞骏创建。生童膏火由纲埠捐输。五十二年（1787）归并盐务。六十年（1795）运使曾燠添设正、附课额数。嘉庆七年（1802）重葺。十四年（1809），鹾政阿克当阿增设生、童额数，并加给膏火。"②《两淮盐法志》："咸丰三年（1853）书院遭毁。同治六年（1867）五月开课，暂借太平庵给卷。十二年（1873）增定生监正课二十五名，附课二十名，随课无定额。考课之法亦与安、梅两书院同。光绪元年（1875）即旧址重建。"③

6. 扬州艾湖学舍。光绪《增修甘泉县志》："在邵伯镇，乾隆五十九年（1794）浙赵履元为扬州通判，好士励学，因普济书堂旧址改建，以时会课生童，自捐廉俸，未几病卒，遂废。"④

---

① 转自柳诒徵：《江苏书院志初稿》，赵法生、薛正兴主编：《中国历代书院志》第1册，江苏教育出版社1995年版，第51页。

② 阿克当阿修，姚文田、江藩等纂：嘉庆《重修扬州府志》卷十九《学校》，《中国地方志集成·江苏府县志辑41》，江苏古籍出版社1991年版，第325页。

③ 转引自柳诒徵：《江苏书院志初稿》，赵法生、薛正兴主编：《中国历代书院志》第1册，江苏教育出版社1995年版，第85页。

④ 徐成敤等修、陈浩恩等纂：光绪《增修甘泉县志》卷六《学校》，《中国地方志集成·江苏府县志辑43》，江苏古籍出版社1991年版，第249页。

## 十三、镇江新建书院

1. 镇江鹤林书院。光绪《丹徒县志》:"乾隆癸亥(八年,1743),知县宋楚望建在南门内善济一坊,后废。"①

2. 镇江宝晋书院。光绪《丹徒县志》:"乾隆癸未(二十八年,1763),邑令贵中孚以北固山麓米元章海岳庵旧址改建。甲辰(四十九年,1784),郡守周樽增修。"②刘书云《复建宝晋书院碑记》:"迨粤寇滋扰后,弦诵之区,鞠为茂草,田租隐漏,经费又复不充……贤郡伯倡率于前,都人士奋兴于后,并得以其余力于丙子(光绪二年,1876)岁暮,复建书院。先成讲堂三楹,斋房六间,门屋厨屋各几间,楼居横舍,均拟次第兴复,不数年将见轮奂聿新,顿还旧观。"③镇江北固山北麓海岳庵乃宋代大书法家米芾修行习学处,里面建有宝晋斋。康熙四十四年(1705)南巡至此,书"宝晋遗踪"额。宝晋书院重八股,至清末废科举方停办。

《宝晋书院规条》分别规定了举人、秀才和童生在考课中的录取名额:

> 一、书院向例:肄业生员定数二十名,童生二十名。至乾隆五十年,增为生员五十名,童生三十名。嗣后经费渐充,逐次加增生员额数百六十名,童生额数百六十名。一、京口驻防于嘉庆八年拨定德永请细四小洲租息为驻防生童膏火,始行开课。一、书院初无孝廉课,至道光七年镇江府窦始立孝廉堂开课。一、肄业孝廉,每课取上上卷八名,上卷八名,余列中卷。一、肄业生员每课取超等四十名,特等四十名,余列一等。一、驻防肄业生员每课取超等四名,特等四名,余列一等。一、肄业童生每课取上取四十名,中取四十名,余列次取。一、驻防肄业童生每课取上取二名,

---

① 何绍章、冯寿镜修,吕耀斗等纂:光绪《丹徒县志》卷十九《学校》,《中国地方志集成·江苏府县志辑29》,江苏古籍出版社1991年版,第372页。

② 何绍章、冯寿镜修,吕耀斗等纂:光绪《丹徒县志》卷十九《学校》,《中国地方志集成·江苏府县志辑29》,江苏古籍出版社1991年版,第372页。

③ 贵中孚编、赵佑宸等续编:《宝晋书院志》卷九《艺文》,光绪二年重刊本,赵法生、薛正兴主编:《中国历代书院志》第7册,江苏教育出版社1995年版,第696页。

中取二名,余列次取。①

3. 丹阳鸣凤书院。光绪《丹阳县志》:"在凝真观东。乾隆三十六年(1771)知府周樽因新涨洲田三千五百七十三亩零,详准归院,作生童膏火之资。珥村陆氏助出巨宅一所,计房舍楼庭二十七间。每岁甄别录取生、童四十五名,附课生、童各四十五名,取陆姓生、童正课各一名。每年十课。同治四年,知县张保衡改为逐月升降,两学师添设小课兼诗赋。"②民国《丹阳县志补遗》:"光绪三十一年(1905)停废。"③该院延聘讲学者多为江浙名人学士,最负盛名者为清末著名思想家龚自珍。

# 第三节　雍乾时期江苏各市重建书院

## 一、常州重建书院

常州龙城书院。前述明朝之龙城书院,天启年间魏党擅政,令天下禁毁书院,常州知府曾樱上表坚称"龙城系课文之地非讲学之所","故独得不毁",后倭寇犯境,龙城一度改为兵备道署。入清后,乾隆十九年(1754),知府宋楚望移建先贤祠基,咸丰十年(1860)毁,同治四年(1865)复建。后文仅列其事,不再赘引。

光绪《武进阳湖县志》:乾隆十九年,知府宋楚望移建今先贤祠基。同治四年,知府札克丹仍建今地,有田千余亩,市房一所,屋基六间,岁收租钱麦米给用。主讲一人,每年束脩钱二百四十千。生童肄业,每年膏火钱六百四千八百,花红钱一百五十三千二百

① 贵中孚编、赵佑宸等续编:《宝晋书院志》卷四《规条》,光绪二年重刊本,赵法生、薛正兴主编:《中国历代书院志》第7册,江苏教育出版社1995年版,第655页。

② 刘浩、凌焯等修,徐锡麟、姜璘纂:光绪《重修丹阳县志》卷十《学校》,《中国地方志集成·江苏府县志辑31》,江苏古籍出版社1991年版,第106页。

③ 孙国钧、周桂荣等纂:民国《丹阳县志补遗》卷七《学校》,《中国地方志集成·江苏府县志辑31》,江苏古籍出版社1991年版,第626页。

六十。①

　　光绪《武阳志余》：国朝咸丰十年，先贤祠毁，同治四年改建贡院，寻复为龙城书院。②

　　柳诒徵先生云："江苏布政使司所属各府之文化，以常州为称首。常州之书院，曰龙城，曰延陵，而龙城为最著。龙城之著，以卢文弨尝掌教，其门下多通材，李兆洛尤有声于时。"又引如下。《卢抱经年谱》："乾隆五十四年己酉（1789），七十三岁，主讲龙城书院。六十年乙卯（1795），七十九岁，十一月二十八日卒于常州。"钱馥《龙城札记跋》："《龙城札记》，抱经先生掌教龙城时之所记也。先是先生掌教钟山，有《钟山札记》四卷，尝自序而刻之。先生嗜学，至老不衰，有所得辄随手札记。即癸丑家居后，未尝一日废铅椠也。去年冬，先生访友金陵，留止钟山者旬余，归道毗陵，病终龙城书院。今刻是书，益增死生之感矣。"《李养一先生行状》："仁和卢抱经学士主讲龙城书院，从游者极一时之俊，而学士独推许先生为第一流。虽同时从游者，亦心折无异词也。"李兆洛《抱经堂诗钞序》："乾隆五十四年己酉（1789），先生主讲常州之龙城书院。兆洛才弱冠，从受业讲习制举文而已，于先生之学无所窥也。同几席者臧在东、顾子明，颇能研求一二，私心喜之，不能专意。甲寅岁，先生之钟山，道毗陵，示疾于书院，遽捐馆舍，兆洛侍属纩焉。"又《说文述谊序》："既从先师卢抱经游，师教人读书必先识字，其治《说文解字》尤精。"③自上引可窥抱经先生于龙城书院教学育才之大要。

## 二、淮安重建书院

　　盱眙"敬一书院"。光绪《盱眙县志》："敬一书院在县治西玻璃泉上，乾隆九年（1744 年）知县郭起元即旧书院建……院内厅堂楼阁门亭

① 王其淦、吴康寿修，汤成烈等纂：光绪《武进阳湖县志》卷五《学校》，《中国地方志集成·江苏府县志辑 37》，江苏古籍出版社 1991 年版，第 150 页。

② 庄毓铉、陆鼎翰纂修：光绪《武阳志余》卷三《书院》，《中国地方志集成·江苏府县志辑 38》，江苏古籍出版社 1991 年版，第 139 页。

③ 柳诒徵《江苏书院志初稿》，赵法生、薛正兴主编：《中国历代书院志》第 1 册，江苏教育出版社 1995 年版，第 61—62 页。

凡五十余间,讲堂中有至圣石像。"①

### 三、连云港重建书院

1. 连云港朐山书院。乾隆二十四年(1759),知州李永书建,五十三年(1788)知州李逢春移址改建。嘉庆七年(1802)石室书院建立后,此书院即改为小学,专课童子。具见前文。

2. 赣榆怀仁书院。赣榆旧有怀仁书院,位于西关之南,兴废不可考。乾隆六十年(1795),知县王城重建于南门大街之西。嘉庆《海州志》:"怀仁书院,王城《赣榆县志》:在城内南门大街西,地近黉宫,乾隆六十年,知县王城建。旧书院在西关南首,有碑。前知县张位清立书院于南仓,在今书院之西,旋废。"②光绪《赣榆县志》:"怀仁书院旧在西关之南,其兴废不可考。乾隆六十年知县王城建于南门大街之西,与学宫相近。堂、斋备具,不久倾圮。同治十三年,署知县吴启英募建于县治西南。凡大门三间,讲堂三间,翼堂而左右考棚十余间,堂以后考棚五间左右三间,最后为房五间,左右亦三间。其西为厨,考棚五间知县特秀所建也。"③同治十三年(1874)重建,不再赘引。

### 四、南京重建书院

南京高平书院。乾隆四十年(1775),(溧水)知县凌世御将已颓圮的赵公书院改建为高平书院,祭祀前任诸贤县令、尉等。咸丰六年(1856)毁于兵火。

> 光绪《溧水县志》:旧在小东门外,前志云旧学宫之西有"安公祠"祀国朝知县安应晬,年久为营兵占住,嗣知县吴湘皋清查劝喻绅士捐赀清还,并明县令徐良彦、朱身修合祀为"三贤祠",日久倾

---

① 王锡元修,高延第等纂:光绪《盱眙县志稿》卷五《学校》,《中国地方志集成·江苏府县志辑58》,江苏古籍出版社1991年版,第74—76页。
② 唐仲冕修,汪梅鼎纂:嘉庆《海州直隶州志》卷十八《学校》,《中国地方志集成·江苏府县志辑64》,江苏古籍出版社1991年版,第331页。
③ 王豫熙修、张睿等纂:光绪《赣榆县志》卷六《学校》,《中国地方志集成·江苏府县志辑65》,江苏古籍出版社1991年版,第177—179页。

圮。祠西为"赵公书院",康熙五十九年建,祀县令赵世臣,屋宇亦渐颓废。乾隆四十年,知县凌世御集绅士捐金改建"高平书院",仍祀三贤于后楼,又考明县令贺一桂、刘应雷、傅应祯、吴仕诠、陈子贞、徐必达、董懋中、张锡命、国朝县令车辂明、学博宗贤、吴世济,旧时祠宇俱废,并合祀焉。前志云车公则湛身狴狱,虽无专祠,邑之耆老痛公死非其罪,岁时仍有为位而祭者,县尉朱育恩与公同死事,并为置主合祀于书院,以昭循良之报,且俾守土之吏有所矜式焉……咸丰六年毁于兵,荡然无存。①

嘉庆《新修江宁府志》:在溧水学官旁,绅士捐建,国朝县令凌世御为之记。②

同治《续纂江宁府志》:溧水高平书院在小东门外,毁于兵火,无款重建,前各贤尹咸殷劝学,皆即县署扃试,膏火之资,捐廉给发,迄今踵行不替。③

光绪十九年(1893),知县殷以愻于县城大东门内重建。光绪二十七年(1901),清廷谕令各地设立学堂。光绪三十一年(1905),知县陈凤蔚将书院改为溧水县立高等小学堂。

## 五、南通重建书院

南通文正书院。前忠孝书院,光绪《通州志》:"国朝康熙三年(1664)运判杨鹤年修,更今名,内设先师及诸贤位,岁二丁祀焉。乾隆五十八年(1793)移建文山上,中为讲堂,堂左为瓣香楼,后为寝,又后为讲舍,左右为耳室。道光二十年(1840),运判赵祖玉修。咸丰六年(1856),运判沈柄重修。"④

---

① 傅观光等修,丁维诚纂:光绪《溧水县志》卷七《学校志》,《中国地方志集成·江苏府县志辑33》,江苏古籍出版社1991年版,第361页。

② 吕燕昭修,姚鼐纂:嘉庆《新修江宁府志》卷十六《学校》,《中国地方志集成·江苏府县志辑1》,江苏古籍出版社1991年版,第149页。

③ 蒋启勋、赵佑长修,汪士铎等纂:同治《续纂江宁府志》卷五《学校》,《中国地方志集成·江苏府县志辑2》,江苏古籍出版社1991年版,第49页。

④ 梁悦馨、莫祥芝修,季念诒、沈锽纂:光绪《通州直隶州志》卷五《学校》,《中国地方志集成·江苏府县志辑52》,江苏古籍出版社1991年版,第261页。

## 六、苏州重建书院

1. 常熟文学书院。其一，元至顺二年（1331），州人曹善诚始建。其二，元末毁，明宣德九年（1434）知县郭南改建他址，巡抚周忱将之改名为学道书院。寻圮。其三，嘉靖四十三年（1564），知县王叔杲改建他址，仍名文学书院。其四，万历三十四年（1606），知县耿橘重修，更名虞山书院。天启议毁书院，废。其五，崇祯六年（1633），知县杨鼎熙重建。其六，康熙四十六年（1707），粮道马逸姿重修。未久即圮。其七，雍正中，言德坚修之又圮。至咸丰十年（1860），所余莞尔堂亦毁，只存言子祠。见前文，不赘引。

2. 苏州澹台书院。尹山旧有澹台书院，雍正初重建。民国《吴县志》："澹台子祠在葑门外郭巷镇，旧在尹山巅，祀先贤澹台灭明。宋南渡后尹和靖读书其中，遂以和靖先生附祀。明练埙设义塾于其中，改名澹台书院。后毁。清康熙中尹山寺僧明宗谋重建而未成，至雍正初始落成焉。乾隆十六年，高宗南巡诏以明姚安太守施悌配享。咸丰十年毁。同治中移建今所。施氏后裔主祭。"①按邑人彭定求有《募建澹台书院引》，其云："（尹）山上旧有先贤澹台书院……慨自人心不古，土豪营冢，妄议风水而毁之，历有年，所俎豆湮没，莫有过而问者。寺中明宗上人来自嘉禾，殷然有志于重兴书院，告募鸠工，属余一言为引。"②此亦可见彼时三教合一之风尚也。

3. 昆山玉山（玉峰）书院。按新阳旧从昆山析置，后又并入昆山。乾隆八年（1743）由知府雅尔哈善橄、昆山知县吴韬和新阳知县姚士林创建，名为玉峰书院。乾隆二十三年（1758），昆山知县康基田移今址，改为玉山书院。具见前文，不赘引。

4. 苏州甫里书院。元朝之甫里书院，乾隆四十九年（1784）陆肇域移建虎丘山下塘，咸丰十年（1860）毁。具见前文，不赘引。

---

① 曹允源、李根源纂：民国《吴县志》卷三十五《坛庙祠宇三》，《中国地方志集成·江苏府县志辑11》，江苏古籍出版社1991年版，第528页。

② 彭定求：《募建澹台书院引》，《南畇文稿》卷十二，清乾隆三十九年（1774）刻本。

## 七、泰州重建书院

泰兴延令书院。光绪《通州直隶州志》:"在城南庆延铺,旧在治东,明天启中建。国朝知县介玉涛移建今地。有课诵堂、藏修室,中为宾馆,左右分列号舍。"①光绪《泰兴县志》:"乾隆二十二年(1757)署知县介玉涛建。嘉庆五年(1800),邑人张大鹏等修,今更为体善堂。"②

## 八、无锡重建书院

1. 江阴澄江——暨阳书院。柳诒徵先生云:"江阴者,提督学政驻节之地。故虽一僻县,而为文化枢轴,暨阳之资地,视省会书院。"③乾隆年间,此书院历澄江、暨阳两次重建。前文已述,江阴在元至正年间有"澄江书院"。乾隆三年(1738),江阴知县蔡澍奉江苏学政张廷璐之命,重建书院,仍袭"澄江"。二十年(1755),光禄寺卿李因培来督江苏学政,于二十三年(1758)扩建之,次年竣工,以江阴古称暨阳,故更新名,是为江苏学政所属之省级书院。

> 光绪《江阴县志》:暨阳书院在学宫左,先是,学署内有讲堂三楹,为邑人课业地。康熙间,知县陶彝题额记之,岁久颓圮。乾隆三年,知县蔡澍请于督学使者,就东城栖霞精舍稍建书寮,延山长主讲席,仍额曰"澄江",从古也。其修脯经费则取给学租羡余,并学使者与长令协助焉。壬戌秋,大兴庙学,从绅士缪诜等请,以僧舍非育才地,改傍学宫为便,乃即已废讲堂廊而新之。前建门三楹,后为厅事,山长设讲席于此,厅后楼三楹,其外庖湢寝处各有常所。乾隆二十三年,学使李因培以规制未备,檄县兴建,邑绅苏士镐、陈昌龄等踊跃襄事,不逾年落成,易曰"暨阳书院"。其制讲堂三楹,堂之前为门,门外为奎星阁,堂之后为厅事,厅事后为楼者

---

① 梁悦馨、莫祥芝修,季念诒、沈锟纂:光绪《通州直隶州志》卷五《学校》,《中国地方志集成·江苏府县志辑 52》,江苏古籍出版社 1991 年版,第 262 页。

② 杨激云修,顾曾烜纂:光绪《泰兴县志》卷十三,《中国地方志集成·江苏府县志辑 51》,江苏古籍出版社 1991 年版,第 113 页。

③ 柳诒徵:《江苏书院志初稿》,赵法生、薛正兴主编:《中国历代书院志》第 1 册,江苏教育出版社 1995 年版,第 64 页。

二,共六楹,厅事之右为书舍,共一十九楹。山长署其轩曰
"辈学"。①

其后一直兴学不断,知名山长有三十二人之多,"沈涛、钱兆凤、邢
和、李梦总、华历翔、许廷荣、方世壮、方国柱、侯陈龄、胡世科、张迪、卢
文弨、谢祖庚、黄甲、吴哲、钱维乔、张潮普、伊桂、李惇、李枝昌、黄绍桂、
徐嵩、王寰、张口、潘曾起、施莺坡、张诒、应泰华、蒋泰阶、殷长福、丁履
泰、李兆洛等"。② 其中以卢文弨、李兆洛最为著名。

卢文弨于乾隆二十一年(1756)主暨阳,阅四十年,兆洛以暨阳之学
生亦主教席。③ 兆洛主暨阳十八年(1823—1840),是暨阳书院最为辉煌
的时期。④ 书院咸丰年间毁于战火,同治十一年(1872)重建,改名礼延,
降为县级书院。后文仅列其事,不再赘引。

> 光绪《江阴县志》:暨阳书院,咸丰十年毁于兵燹。同治十一年
> 署县林达泉详请建复,以是冬兴工,越明年落成,易名礼延。⑤
> 民国《江阴续志》:礼延书院,同治十一年,大埔林令达泉建复
> 暨阳书院,取敬礼延陵季子之义,更定今名。每年甄录生、童各百
> 名。在院肄业生别为超等、特等、一等,童生别为上取、中取、次取,
> 课以八股试帖(后添设词赋小课)。年分官课(由知县评卷)、师课
> (由山长评卷)各十期,期有膏火,分内、外、附课发给(超等、上取为
> 内课,特等、中取为外课,各定十四名,后均增二名。一等、次取前
> 列者各为附课,计各十八名)。官课且加优奖,名曰花红。定章局

---

① 卢思诚、冯寿镜修,季念诒、夏炜如纂:光绪《江阴县志》卷五《学校》,《中国地方志集成·江苏府县志
辑 25》,江苏古籍出版社 1991 年版,第 186 页。
② 卢思诚、冯寿镜修,季念诒、夏炜如纂:光绪《江阴县志》卷五《学校》,《中国地方志集成·江苏府县志
辑 25》,江苏古籍出版社 1991 年版,第 187 页。
③ 柳诒徵先生云:"卢文弨尝主江阴暨阳,阅四十年,兆洛为暨阳山长。"李兆洛《抱经堂诗钞序》:"先生
主讲暨阳,为乾隆丙子,盖在主讲龙城前。阅四十年而兆洛继践斯席,向时弟子略无在者。庭中花
木多先生所植,其人士犹设先生位于寝楼,岁释菜,兆洛朔望摄衣冠拜焉。"见柳诒徵《江苏书院志
初稿》,赵法生、薛正兴主编:《中国历代书院志》第 1 册,江苏教育出版社 1995 年版,第 62—63 页。
④ 李兆洛主暨阳之过程与贡献,详参徐雁平先生《清代东南书院与学术及文学》第三章,安徽教育出版
社 2007 年,第 89—141 页。
⑤ 卢思诚、冯寿镜修,季念诒、夏炜如纂:光绪《江阴县志》卷五《学校》,《中国地方志集成·江苏府县志
辑 25》,江苏古籍出版社 1991 年版,第 186 页。

门课试,由院供一饭一点。后改散卷,每名给饭资钱一百文,每年计钱四百千文。光绪二十四年,改试策论,寻复旧。二十七年,遵章废八股,更书院为校士馆。二十九年,兼办高等小学堂。三十一年,科举废,校士馆乃停。掌教题名:季念诒、顾曾沐、叶贞干、唐毓庆、陈熙治、陈爔庚。①

2. 宜兴蜀山镇东坡书院。前文已述蜀山镇之东坡书院,有两路发展,一是留在原地,乾隆间,即于旧址重建书院,后书院迁走,此原地之书院于嘉庆道光间不断增修,至光绪三十二年(1906)改为高等小学堂;另一则是"东坡"→"蜀山"→"阳羡",于乾隆间迁往城内,并易名为蜀山书院,后来更名为阳羡书院,至光绪三十二年也改为学堂。具见前文,不赘引。按陈宏谋两任江苏巡抚,一是乾隆二十二年(1757),一是乾隆二十三年至二十七年(1758—1762),②重建书院迁往城内是在乾隆二十四年(1759),故东坡书院的修建当在乾隆二十二至二十四年(1757—1759)之间。

## 九、徐州重建书院

1. 睢宁昭义书院。前桂林书院,乾隆三十三年(1768)移建。光绪《睢宁县志》:"昭义书院在东城外,厅堂号舍约百余间。初名桂林书院,康熙五十七年,士民为县令刘如晏立。乾隆三十三年,知县严安儒、绅富王雅贤等捐资移建于城东堤外,更名昭义。光绪十年,知县侯绍瀛置书数千卷于院中,以备观览。"③

2. 邳州敬简书院。乾隆年间重建,具见前文,不再赘引。

## 十、盐城重建书院

1. 盐城表海书院。乾隆十二年(1747),知县黄垣创建。三十五年

---

① 陈思修,缪荃孙篡:民国《江阴县续志》卷六《学校》,《中国地方志集成·江苏府县志辑 26》,江苏古籍出版社 1991 年版,第 92 页。

② 赵尔巽等撰:《清史稿》卷三百七《列传九十四·陈宏谋传》,中华书局 1977 年版,第 10560 页。

③ 侯昭瀛修,丁显篡:光绪《睢宁县志稿》卷八《学校志》,《中国地方志集成·江苏府县志辑 65》,江苏古籍出版社 1991 年版,第 394—395 页。

(1770),知县朱洛臣移建于县署后,光绪六年(1880),知县张振锁改建于文场。具见前文,不再赘引。

2. 阜宁观海书院。乾隆四十年(1775),知县阎循霂废紫阳书院,在原观澜书院旧址建观海书院,详见上节。

## 十一、扬州重建书院

1. 扬州安定书院。康熙元年(1662)盐使胡文学在扬州府治东北三元坊建安定书院,祭祀胡瑗。雍正十一年(1733),醋使高斌、运使尹会一重建。具见前文,不赘引。

2. 扬州梅花书院。前甘泉书院一演而为崇雅,再演而为梅花,雍正十二年(1734),盐商马曰琯建。梅花书院是清代较少的专课举人之书院,江都教谕吴锐《梅花书院碑记》称其“与岳麓、嵩阳、应天、白鹿并传不朽”,其与安定书院一起,在乾嘉期间,培养了众多汉学大经师,对扬州学派的形成起到重大作用。

其一,重建。江都教谕吴锐乃亲历者,故其所撰之《梅花书院碑记》记载尤详:

> 文登刘公重选以名进士来佐兹邦,慨然有澄清之志……于是进阁郡生童而与之约,匝月一课,招之坐隅,讲贯切摩,不啻塾师之督其弟子,间进之以立品立心、敦本敦行之实。久之,赴课者众,而公堂非讲艺之区,官廨非栖士之舍。郡人马君曰琯,种学绩行,吾党之祭酒也!以梅花岭旧有崇雅书院,前明秀水吴公守杨时改筑偕乐园,今毁且久矣。乃寻其遗址曰:是闲且旷,正可为公宏奖人才所也。遂独任其事,减衣节食,鸠材命工,前列三楹为门舍,其左为双忠祠,右为萧孝子祠,又三楹为仪门,题以梅花书院之额,从其朔也,升阶而上,为大堂,凡五重,复道四周,又进为讲堂,亦五重,东构号舍六十四间,旁立隙宇为庖厨浴涫之所,西有土阜,高丈许,所谓梅花岭也。岭上望数楹,虚窗当檐,檐以外凭墉而立,四望烟户如列屏障,下岭则虚亭翼然,树以梅桐杂木,四时花卉之花。经始于雍正十二年之春,不期月而落成。公以政余,校课凡月,一举

如旧例焉。①

盖郡守刘文登课士于官廨公堂，久而难支，盐商雅儒马曰琯遂捐资任力，在广储门外梅花岭崇雅书院旧址兴建梅花书院，时在雍正十二年之春。

其二，大事记。相关记载如下：

> 嘉庆《重修扬州府志》：梅花书院在广储门外，明湛若水书院故址也……国朝雍正十二年，府同知刘重选即其地课士。郡人马曰琯独力兴建，更名梅花书院。乾隆四年，巡盐御史三保以转运使徐大枚请，重定诸生膏火，以运库公支项下动给。八年，并附安定书院。四十二年，曰琯子振伯呈请归公，运使朱孝纯以广陵为人文之薮，谕商捐修，并定每年经费，更新其制。六十年，运使曾燠重立规条，其诸经费视安定损益之。嘉庆十一年，鹾政额勒布督课安定、梅花，诸生并于梅花。书院中种梅数百株，检丰山相国梁文定公法帖，向刻于洪氏倚虹园者，移石嵌列讲堂壁间，缘文定少曾肄业安定，欲诸生目击名书，效文定抡元入阁也。十三年，鹾政阿克当阿加诸生额数，并增膏火，又招孝廉入院肄业，每课奖赏逾格，来学者四远麇至。次年，礼闱中式，济济称盛，得殿试及第第一人。又建文昌楼五楹，下为孝廉会文堂，左为使者课士厅，右为状元厅。②

> 《扬州画舫录》：乾隆初年，复名甘泉书院。戊戌，长白朱孝纯由泰安知府转运两淮，又名梅花书院，而廓新其宇，于市河之西岸立大门，自书梅花书院扁，刻石陌门上。③

> 《两淮盐法志》：梅花书院，乾隆六十年，运使曾燠重立规条，正、附各五十人，随课无定额。其诸经费，略视安定而损益之。咸丰间寇乱，书院全毁。同治七年，移建于左卫街入官民房。开课原

① 阿克当阿修，姚文田、江藩等纂：嘉庆《重修扬州府志》卷十九《学校》，《中国地方志集成·江苏府县志辑41》，江苏古籍出版社1991年版，第317页。
② 阿克当阿修，姚文田、江藩等纂：嘉庆《重修扬州府志》卷十九《学校》，《中国地方志集成·江苏府县志辑41》，江苏古籍出版社1991年版，第316页。
③ 李斗：《扬州画舫录》卷三，《续修四库全书》第733册，上海古籍出版社2002年版，第602页。

委生童额数,并与安定书院同。①

阿克当阿《文昌楼孝廉堂会文堂碑记》:余以嘉庆戊辰秋奉命莅扬,政事之暇,进诸生而校试之,既第其甲乙,复优加奖赉,以激劝之。既乃增广旧额,益加月给为膏火资。每课期必亲莅,竟日见诸生以文行相勖。于是,士争劝学,来者日众。因推是意于郡属之广陵书院,而亦捐资益额焉。会明年值礼部试,士之登贤书诣公车者,皆来就决科,盖斯事前所未有。余乃就梅花书院聚而课之,初至才三十八人,其继也,他省郡县有闻风至者,渐增至百余人。余窃喜其慕学之勤,各给以资,送之京师。迨榜,获隽四人,与馆选者二,授中书、学正者各一,而洪生莹竟以第一及第……兹洪君既已崛兴斯名,为不负矣。余因欲广其舍为孝廉会文之所,相院后尚有隙地,遂创构文昌楼五楹,每月集多士校艺于此,就其左为使者临莅时所暂息,其右即名状元厅,使与试者皆观感而兴起焉。②

光绪《增修甘泉县志》:梅花书院,咸丰三年粤匪窜扬,夷为平地。同治五年建于东关街,疏理道巷口官房。七年,移建于左卫街入官民房,原地改为安定书院。③

钱振伦《移建安定书院记》:咸丰间,扬城迭次失陷,及收复,而故迹不可复问。同治五年,都转丁公议复安定、梅花两书院,权建于东关大街民舍。安定亦同时开课,而尚未得地。越二年,得宅于左卫街,梅花之名属焉。而东关之宅遂建为安定书院。④

综合如下:雍正十二年(1734),盐商马曰琯建。乾隆初年(1736),复名甘泉书院;四年(1739),巡盐御史三保以转运使徐大枚请,重定诸生膏火;八年(1743),并入安定书院,房舍归马氏,书院由盐务延师;四十二年(1777),曰琯子振伯呈请将原房舍归公;四十三年(1778),运使

---

① 柳诒徵:《江苏书院志初稿》,赵法生、薛正兴主编:《中国历代书院志》第1册,江苏教育出版社1995年版,第51页。
② 转自陈谷嘉、邓洪波:《中国书院史资料》,浙江教育出版社1998年版,第1038—1039页。
③ 徐成敷等修、陈浩恩等纂:光绪《增修甘泉县志》卷六《学校》,《中国地方志集成·江苏府县志辑43》,江苏古籍出版社1991年版,第251—252页。
④ 转自陈谷嘉、邓洪波:《中国书院史资料》,浙江教育出版社1998年版,第1029页。

朱孝纯接受呈请,并谕商捐修,复名梅花书院,更新学制;六十年(1795),运使曾燠重立规条。嘉庆十三年(1808),鹾政阿克当阿加诸生额数,并增膏火,又招孝廉入院肄业,建文昌楼五楹。咸丰三年(1853)毁。同治五年(1866),权建于东关大街民舍;七年(1868),重建于左卫街。光绪二十八年(1902)梅花书院改为尊古学堂,三十四年(1908)改为两淮师范学堂。

其三,课程制度。《扬州画舫录》详记之:

> 朱公(孝纯)亲为校课,币月一举,谓之官课。延师校课,亦币月一举,谓之院课。主讲席者,谓之掌院。延府县学教谕训导一人点名、收卷、支发膏火,谓之监院。在院诸生分正课、附课、随课,正课岁给膏火银三十六两,附课岁给膏火银十二两,随课无膏火。一岁中取三次优等者升,取三次劣等者降。至仓运司以一岁太宽,限以一月连取三次者升,后又改为连取五次优等者升。第一等第一名给优奖银一两,二三名给优奖银八钱,以下六钱。仓运使又定额,一等止取十四名。鹿运使以二等第一名给优奖银五钱,而一等不拘取数。癸丑,南城曾燠转运两淮,亲课诸生,又拔取尤者十余人置于正课之上,名曰上舍,岁加给膏火银十八两。①

其四,著名师儒。《扬州画舫录》则云:

> 刘公(文登)亲为校课,币月一举,而先后校士院中者,鹾政则有朱续晫,知府则有蒋嘉年、高士籛,知县则有江都朱辉、甘泉龚鉴诸公。一时甄拔如刘复、罗敷五、郭潮生、郭长源、周继濂、周珠、孙玉甲、蒋爽、耿元城、裴玉音、闵鲤翔、杨开鼎、吴志汲、史芳湄诸人。
>
> 刘重选建梅花书院,亲为校士,而无掌院。迨刘公后,归之有司,皆属官课。朱公修复,乃与安定同例,均归盐务延师掌院矣。安定书院自王步青始,梅花书院自姚鼐始……梅花掌院五人:姚鼐、茅元铭、蒋宗海、张铭、蒋之前。以安定肄业诸生掌梅花书院者,唯蒋宗海舍人一人……自立书院以来,监院互用府县学学师,

---

① 李斗:《扬州画舫录》卷三,《续修四库全书》第 733 册,上海古籍出版社 2002 年版,第 602—603 页。

皆知名有道之士,以所知详略详于左:金兆燕、顾惇量、夏宾、李保泰、俞升潜、王嵩伯、范鉴。①

李斗《扬州画舫录》云"梅花书院自姚鼐始",清人陈康棋《郎潜纪闻》则详云:"姚姬传在京师与辽东朱孝纯子颖、丹徒王文治梦楼,最称深友。一日天寒微雪,偕过黑窑厂,置酒纵谈,咏歌击节,旁若无人。明日,盛传都下。既而王自云南罢官旋里,朱为两淮运使,闻姬传归,三人者,相约复聚于扬州。朱特修书院梅花岭侧,一夕植梅五百株,延姚姬传主讲席,即梅花书院所自始。"②

图9-2　扬州梅花书院(来源:自摄)

3. 扬州广陵书院。如前所述,其变迁为广陵义学→竹西书院→广陵书院。康熙五十一年(1712),扬州知府赵宏煜在府治西建义学。乾隆二十五年(1760),改名竹西书院。乾隆四十六年(1781),移建,更名广陵书院。后毁于太平天国,同治四年(1865)重建。具见前文,不赘引。

① 李斗:《扬州画舫录》卷三,《续修四库全书》第733册,上海古籍出版社2002年版,第602—605页。
② 蔡春:《历代教育笔记资料》第四册《清代部分》,中国劳动出版社1993年版,第61页。

4. 高邮珠湖书院。乾隆二十四年(1759)知州李洊德创建。四十九年(1784),邑绅捐城西民房呈请移建。具见前文,不赘引。

## 十二、镇江重建书院

句容华阳书院。前述明之华阳书院,至清重建。嘉庆《新修江宁府志》:"雍正十年(1732)后,学使改驻金陵。乾隆六年(1741),知县宋楚望以旧学使院知本堂为华阳书院,捐俸延师,讲学其中。"①

# 第四节 本期重要书院——南京钟山书院

清季冯煦曾云:"江宁钟山书院,权舆于查尚书弼讷时,乾隆之中,文治大昌……卢抱经、钱竹汀、姚姬传诸先生相继主讲席,劘之礲之,郁为国宝,上备天子顾问,下亦通一经之业,领袖来者。故钟山之目,魁然为海内四书院之冠。"②柳诒徵先生亦云:"省会若大郡,多名师,其所造就,尤有可称。省会书院,首推江宁之钟山。"③可见钟山在清代中期之地位。其发展以太平天国为界,可分前后两期,为求连贯,并述于此。

## 一、前期

其一,建立。雍正二年(1724)由两江总督查弼纳创建于钱厂街,在全省范围内选士子入学。十年(1732)定为省会书院,次年获朝廷帑金千两。

> 乾隆《江南通志》:江宁府书院在上元县治北,旧为钱厂地。国朝雍正二年,总督查弼纳建,颜曰钟山书院。檄选通省士子肄业其中,延师教训,月给廪饩。世宗宪皇帝御书"敦崇实学"扁额赐之。

---

① 吕燕昭修,姚鼐纂:嘉庆《新修江宁府志》卷十六《学校》,《中国地方志集成·江苏府县志辑 1》,江苏古籍出版社 1991 年版,第 148 页。

② 冯煦:《蒿盦类稿》卷二十三《重建钟山书院记》,转自陈谷嘉、邓洪波:《中国书院史资料》,浙江教育出版社 1998 年版,第 877 页。

③ 柳诒徵:《江苏书院志初稿》,赵法生、薛正兴主编:《中国历代书院志》第 1 册,江苏教育出版社 1995 年版,第 41 页。

十年,奉旨省会建立书院,赐帑金一千两,复加葺治。凡门二层,堂二进,楼二层,两旁斋舍百余间。以帑金置田,兼支存公银两为士子膏火资,使朝夕讲诵,以期成德达材。①

同治《上江两县志》:钟山书院,今在门东漕坊。院本在中城钱厂桥明之铸钱处也。雍正元年,总督查弼纳字右侯创建,世宗赐以"敦崇实学"之额。十年,复葺治之,特颁帑金一千两……道光十二年,藩司贺长龄增修东西学舍五十间,自为碑记之。堂上有朱子忠孝廉节四大字木碑。有济斋讲学碑,乾隆八年,为总督宗室德沛立。其生徒内课五十名,膏火银月二两四钱;外课七十名,半之;八旗生五名,如内课。月以初二日,总督司道轮试;十六,则院长课之。其院长别课以诗赋杂体,则别期各书院所同也。惟十三年胡竹村先生为院长,以经学教士,逢八日进诸生而教之,此不同耳。②

钟山书院凡门二层、堂二进、楼二层、两旁斋舍百余间。道光九年(1829),布政司贺长龄筹款新建院中学舍。

同治《续纂江宁府志》:前志所载诸书院,嘉庆中多圮,惟存钟山。道光九年,布政司贺长龄筹款新建,院中学舍东西各五重,每重平房并列五间。月二试,科举年场前,月三试,逢二为期,官课一,师课二。每试辰入酉出,有午饭肉一方、蔬一盂。又纂《皇朝经世文编》以教士。钟山内课五十名,外加驻防五名,外籍者准附试(须有本学学官印文,否则不准),外课七十名(膏火银内课月二两四钱,外课半之),附课无额。③

其二,规约。雍正三年(1725),查弼纳发布了《书院长久规模告示》,④乾隆年间又陆续增补。乾隆元年(1736),总督尹继善勒石《白鹿

① 黄之隽、赵弘恩:乾隆《江南通志》卷九十《学校志》,永瑢、纪昀等编纂:《四库全书》第509册,上海古籍出版社1987年版,第520页。
② 莫祥芝、甘绍盘修,汪士铎等纂:同治《上江两县志》卷八《学校》,《中国地方志集成·江苏府县志辑4》,江苏古籍出版社1991年版,第170页。
③ 蒋启勋、赵佑长修,汪士铎等纂:同治《续纂江宁府志》卷五《学校》,《中国地方志集成·江苏府县志辑2》,江苏古籍出版社1991年版,第47—48页。
④ 汤椿年:《钟山书院志》卷六《文告》,赵法生、薛正兴主编:《中国历代书院志》第7册,江苏教育出版社1995年版,第537—541页。

洞规条》和《分年读书法》于讲堂,院长杨绳武定规约十条,强调立志立品,勤学读书,穷经通史。四十六年(1781),总督萨载定书院规条,院长钱大昕定条约。

> 嘉庆《新修江宁府志》:乾隆元年奉上谕,各省会书院仿朱子白鹿洞规条及分年读书法。总督尹继善勒石堂上,院长杨绳武为之记。安徽布政使晏斯盛援国学例,请增学徒膳银。乾隆四十六年,两江总督萨载定书院规条,院长詹事府少詹钱大昕定学约。①

杨绳武的《钟山书院规约》分先励志、务立品、慎交游、勤学业、穷经学、通史学、论古文源流、论诗赋派别、论制义得失、戒抄袭倩代、戒矜夸忌毁等共十一条。兹引"穷经学"条如下:

> 穷经学:经之名起于《礼记·经解》,《易》《诗》《书》《春秋》《礼》《乐》所谓"六经"也,亦曰"六艺"。《史记》载籍极博,必考信于六艺。"五经"之名则自汉武置五经博士始,合《易》《诗》《书》《三礼》《三春秋》为九经,益以《尔雅》《论语》《孝经》《孟子》为"十三经"。唐开成中有"九经"之刻,宋李至、刘敞各有"七经"之说,其后或为"十经",或为"十一经",至"十三经"而大备。说经者或为传,或为学,或为笺注,或为疏解,或为章句。"十三经"有注疏,"五经"有大全,而注疏、大全而外又有历代经解。其书具在,都未失传,真理学之渊海也。大抵汉儒之学主训诂,宋儒之学主义理,晋、唐以来都承汉学,元、明以后尤尊宋学,博综历代诸家之说,而以宋程、朱诸大儒所尝论定者折衷之,庶不囿乎一隅,亦无疑于歧路。古人穷经,不专为文章,而文章之道,亦非经不可。韩子曰:"上规姚姒,浑浑无涯,《周诰》《殷盘》,佶屈聱牙,《春秋》谨严,《左氏》浮夸,《易》奇而法,《诗》正而葩。"柳子曰:"本之《书》以求其质,本之《诗》以求其变,本之《礼》以求其宜,本之《春秋》以求其断,本之《易》以求其动。"合二子之论文,可以知文章之道非原本于经不

---

① 吕燕昭修,姚鼐纂:嘉庆《新修江宁府志》卷十六《学校》,《中国地方志集成·江苏府县志辑 1》,江苏古籍出版社 1991 年版,第 148 页。

可矣。①

其三,藏书。钟山书院藏书丰富,创办之初就有《易经》《春秋》《册府元龟》等书籍 31 种 119 套。乾隆南下赐武英殿刻印本《十三经》《二十二史》各一部。除御赐外,公卿大夫、以方官吏也时有赠书。其保管与流通俱有章法。《钟山书院志》载,书橱"系朴素浑坚杉木做成,安顿内厅堂上,每乘书橱用大锁一把,钥匙交副掌教收执。如岁暮及新年时节,副掌教归任,将钥匙送江宁府谨收,不许疏失。平时院内师生要看,须另册注明,以免遗散"。②

其四,山长。山长又称院长、掌教,据《钟山书院志》,其选拔办法为"采访有文望、品望,年高而精明强固,足以诲人者为之,不拘爵秩,不拘本省、外省,督宪修庄启聘仪,付地方官敦请。如辞未赴,仍再启固请速驾至,则具柬拨舆远迎"。其下设副掌教 2 名,其主要负责"一管书院东偏号舍诸生,一管书院西偏号舍诸生,稽查出入,课其勤惰。每季檄调学优行洁之教官,轮班值季,以司其事,所以赞襄掌教之讲席也"。③ 柳诒徵先生云:"钟山山长之著闻者,有杨绳武、夏之蓉、钱大昕、卢文弨、姚鼐、朱珔、程恩泽、胡培翚、任泰诸人。"④

> 同治《上江两县志》:钟山书院讲堂左有屋一间,祀总督查弼纳、德沛、尹继善、巡道方昂、院长吴(县)杨皋里绳武、高邮夏醴谷之蓉、嘉定钱竹汀大昕、余姚卢抱经文弨、桐城姚姬传鼐、绩溪胡竹邨培翚、荆溪任阶平泰诸人。⑤

> 《白下琐言》:泾县朱兰坡先生珔,癸未甲申间主讲钟山书院,以经学勖士,成就者多。每月立小课,以经解、诗赋试之,刊有钟山

① 转自陈谷嘉、邓洪波:《中国书院史资料》,浙江教育出版社 1998 年版,第 1492 页。

② 汤椿年:《钟山书院志》卷九《经籍》,赵法生、薛正兴主编:《中国历代书院志》第 7 册,江苏教育出版社 1995 年版,第 544 页。

③ 汤椿年:《钟山书院志》卷七《延师》,赵法生、薛正兴主编:《中国历代书院志》第 7 册,江苏教育出版社 1995 年版,第 541—542 页。

④ 柳诒徵:《江苏书院志初稿》,赵法生、薛正兴主编:《中国历代书院志》第 1 册,江苏教育出版社 1995 年版,第 44 页。

⑤ 莫祥芝、甘绍盘修,汪士铎等纂:同治《上江两县志》卷八《学校》,《中国地方志集成·江苏府县志辑 4》,江苏古籍出版社 1991 年版,第 170 页。

书院课艺。程春海大司成恩泽,安徽歙县人,博通群籍,经史而外,医卜星相之学,靡不淹贯,篆隶行草,各臻其妙。己丑冬,蒋砺堂节相延主钟山书院,循循善诱,有叩必鸣,士皆奉为山斗,真当代经师也。①

陶澍《钟山书院课艺序》:余以庚寅秋建节斯土,时以退食之暇,进诸生观其角艺,四年于兹矣。适院长胡竹村先生将有课艺之刻……往时卢抱经、钱竹汀、姚姬传诸先生尝主斯席,皆以实学为教,数十年来流风未沫。今又得胡先生为之提唱,吾见其风气蒸蒸日上也。②

又,《尊经书院课艺序》:刻钟山课艺将竣,而尊经院长任阶平太史亦汇其尊经课艺见示,遂同付之梓。盖金陵有二书院,一钟山,一尊经,其岁取高材生而廪之、节之,月煅而季炼之,均也。(柳诒徵按:任泰,盖先主尊经,后主钟山。)③

下面略举几任山长。

钱大昕。柳诒徵先生云:“大昕最淹博,居钟山凡四年,其教士以通经读史为先。《廿二史考异》实成于钟山。”④按钱大昕(1728—1804),字晓征、及之,号辛楣、竹汀居士、潜研老人,今上海嘉定人。乾隆十六年南巡召试特赐举人,授内阁中书学习行走。十九年,进士及第,改翰林院庶吉士,升编修。累迁侍读、侍讲学士,官终詹事府少詹事。四十八岁丁忧返里,历主钟山、娄东、紫阳三书院,门下士两千余人,嘉庆九年卒,年七十七。大昕为一代朴学大师,乾嘉巨子,其学兼综众艺,博大精微,始以辞章闻名,后精研经史,勤于著述,“于经义之聚讼难决者,皆剖析源流,文字、音韵、训诂、天算、地理、氏族、金石,以及古人爵里、事实、

---

① 甘熙:《白下琐言》卷三,南京出版社 2007 年版,第 48 页。

② 陶澍:《钟山书院课艺序》,《陶文毅公全集》卷三七《文集》,《续修四库全书》第 1503 册,上海古籍出版社 2002 年版,第 410 页。

③ 陶澍:《尊经书院课艺序》,《陶文毅公全集》卷三七《文集》,《续修四库全书》第 1503 册,上海古籍出版社 2002 年版,第 411 页。

④ 柳诒徵:《江苏书院志初稿》,赵法生、薛正兴主编:《中国历代书院志》第 1 册,江苏教育出版社 1995 年版,第 45 页。

年齿,了如指掌"。① 阮元对其高度推崇:"国初以来,诸儒或言道德,或言经术,或言史学,或言天学,或言地理,或言文字音韵,或言金石诗文,专精者固多,兼擅者尚少,唯嘉定钱辛楣先生能兼其成。"②其在史学、古音韵学上的贡献尤为卓越,史学成就在王鸣盛、赵翼之上,其对古声纽的创见则独步千古。其著述宏富,主要有《廿二史考异》《元史氏族表》《元史·艺文志》《宋辽金元四史朔闰考》《通鉴注辨正》《潜研堂金石跋尾》《十驾斋养心录》《潜研堂文集》《潜研堂诗集》等。其中《廿二史考异》,系统考证二十二部正史及其注疏之史实、文字、训诂,订正若干讹误,与赵翼《廿二史札记》、王鸣盛《十七史商榷》并称清代三大史学名著。乾隆四十三年夏初,总督高晋聘为钟山书院院长,与诸生讲论古学,以通经读史为先。钱大昕《十驾斋养新录》附《年谱》载:

> 乾隆四十三年戊戌。夏初,总督高文端居(晋)延请为钟山书院院长。居士雅不喜为人师,而家居贫约,不无借束脩以供甘旨。江宁去家不远,岁时便于定省,乃勉应之。五日到院,与诸生讲论古学,以通经读史为先。课试之暇,与袁简斋、严冬友诸公为文酒之会,城内外名胜,屐齿几遍。四十年年己亥,在江宁访求金石刻,手拓吴天玺纪功碑及梁始兴、安成、吴平三碑,所得南唐、宋、元石刻甚多。上元谈泰善算术,来从居士游,授以古今推步异同疏密之旨。四十六年辛丑,居士在钟山四载,士子经指授成名者甚众,而江浦韩明府廷秀、上元董方伯教增、鲍文学珽,宣城孙州牧元诏,尤所讲赏者也。夏末,归省太恭人,遂不赴馆。③

胡培翚《钱竹汀先生入祀钟山书院记》亦云:

> 道光十二年,培翚来钟山讲院,得先生所撰《学约》,切实该括,有裨学者。求其版不可得,乃重梓之以诏在院之士。其堂之东有祠,祀院长之有学行者,而先生未与,心窃嗛焉。既与诸荐绅言之,

---

① 赵尔巽等撰:《清史稿》卷六八《儒林传》,中华书局 1977 年版,第 5500 页。
② 阮元:《十驾斋养新录序》,钱大昕《十驾斋养新录》,上海书店 1983 年,第 7 页。
③ 转引自柳诒徵:《江苏书院志初稿》,赵法生、薛正兴主编:《中国历代书院志》第 1 册,江苏教育出版社 1995 年版,第 45 页。

而陈君懋龄、吴君刚、汪君云官六七人同声应曰:是真讲邦之缺典也。亟制栗主,敬送入祠。陈君为言,先生主讲时伊年尚幼,曾受业焉。先生精风角,亲验其术,其著《廿二史考异》,即在院内。然则兹地之祀先生乌容已钦![1]

卢文弨。柳诒徵先生又云:"文弨精校勘,再主讲席,与大昕相先后。其《钟山札记》即主讲时校勘所积也。"[2]按卢文弨(1717—1795),字召弓,号矶渔、檠斋、抱经,晚年更号弓父,世称抱经先生,浙江杭州人。乾隆十七年(1752)一甲三名进士,授翰林院编修、上书房行走,历官左春坊左中允、翰林院侍读学士、广东乡试正考官、提督湖南学政等职。三十四年,乞养归里,先后主讲江浙诸书院二十余年,以经术导士。其中两主钟山,历时十年,《钟山札记》积于是处。

《卢抱经年谱》:乾隆三十八年,主讲钟山书院。《声音发源图解序》:"吾来钟山,悼世人字体之不正,欲以说文救其失,而俗学迷昧,安于所习,其能够从吾言者盖寡。"三十九年,在江宁。四十年,在江宁。四十一年,在江宁。《寄孙楚池书》:在钟山几五载,幸有一二同志信而从焉。至于渐染俗学已深者,殆终不能变也。始文弨初至时,肄业者百数十人,今则倍之矣。每课必卷卷而评校之。四十二年,在江宁。《答彭允初书》:仆在钟山,不得已而看时文、讲时文,实非性之所乐。四十三年,在江宁(是年辞讲席,钱大昕继其后)。乾隆五十年,复主钟山钟院。《续汉书律历志补注序》:"顷复来主钟山书院。辛楣之从子溉亭亦为郡博士,于斯一见如故交,哀然出其所著。"五十一年,在江宁校刻《逸周书》及《荀子》。五十二年,在江宁,刊《群书拾补》。《新雕西京杂记源起》:乾隆丙午之岁,为同年谢少宰墉校梓《荀子》。既竣,计剞劂之直,尚剩数金,思小书可以易讫工者,有向来所校《西京杂记》,因以授之。费尚不足,钟山诸子从余游者率赀为助,而工始完。余赀即雕《群书拾补》。

---

[1] 转引自柳诒徵:《江苏书院志初稿》,赵法生、薛正兴主编:《中国历代书院志》第1册,江苏教育出版社1995年版,第45页。

[2] 柳诒徵:《江苏书院志初稿》,赵法生、薛正兴主编:《中国历代书院志》第1册,江苏教育出版社1995年版,第45—46页。

五十三年,在江宁。①

　　卢文弨《钟山札记序》:余前后忝钟山讲席最久,故以《钟山札记》标其目。②

文弨著有《抱经堂集》34 卷、《礼仪注疏详校》17 卷、《钟山札记》4卷、《龙城札记》3 卷、《广雅释天以下注》2 卷,均《清史列传》并传于世。其在钟山所著即有《声音发源图解》《续汉书律历志补注》《群书拾补》《逸周书》《荀子》《西京杂记》《钟山札记》。其校精严,正谬无数,其中乾隆五十二年(1787)于钟山亲刊《群书拾补》,合经史子集 38 种,据善本精校,诶正文字,于原书脱漏者,摘字而注异同、衍脱,于艺林功德无量,任公以为“最精善之校勘家著作”。

姚鼐。柳又云:“鼐尤老寿,主讲钟山最久。以古文义法教门弟子,门弟子管同、梅曾亮等,传其文笔,天下号为桐城派。”③按姚鼐(1732—1815),字姬传、梦谷,安徽桐城人。乾隆二十八年(1763)进士,授庶吉士,三年后散馆改主事,曾任山东、湖南副主考,会试同考官。三十八年(1773)入四库全书馆充纂修官,三十九年(1774)秋借病辞归,先后主讲于扬州梅花书院、安庆敬敷书院、歙县紫阳书院、南京钟山书院,培养众多弟子。自乾隆五十五年(1790)至嘉庆五年(1800)、嘉庆十年(1805)至二十年(1815)两掌钟山(中间移教敬敷),前后二十年,后逝世于钟山。姚鼐治学以经学为主,兼及子史、诗文,为桐城派大家,著有《惜抱轩诗文集》,编有《古文辞类纂》等。

　　曾国藩《欧阳生文集序》:姚先生晚而主钟山书院讲席,门下著籍者上元有管同异之、梅曾亮伯言,桐城有方东树植之、姚莹石甫四人者,称为高第弟子,各以所得传授徒友,往往不绝。④

① 转引自柳诒徵:《江苏书院志初稿》,赵法生、薛正兴主编:《中国历代书院志》第 1 册,江苏教育出版社 1995 年版,第 45—46 页。
② 转引自柳诒徵:《江苏书院志初稿》,赵法生、薛正兴主编:《中国历代书院志》第 1 册,江苏教育出版社 1995 年版,第 46 页。
③ 柳诒徵:《江苏书院志初稿》,赵法生、薛正兴主编:《中国历代书院志》第 1 册,江苏教育出版社 1995 年版,第 46 页。
④ 转引自柳诒徵:《江苏书院志初稿》,赵法生、薛正兴主编:《中国历代书院志》第 1 册,江苏教育出版社 1995 年版,第 46 页。

《姚惜抱先生年谱》:乾隆五十五年庚戌,先生年六十岁,主讲江宁钟山书院(自庚戌至嘉庆庚申,主钟山书院十一年)。嘉庆二年丁巳,江宁诸生为刻"三传"、《国语补注》。五年庚申,江宁诸生合为镌刻文集十六卷。六年辛酉,年七十一岁,改主敬敷书院。十年乙丑,七十五岁,移主钟山书院。先生已至皖矣,四月铁冶亭制军(铁保)遣人固邀至金陵,先生因有买宅居金陵之意(自乙丑至乙亥,主讲钟山书院十一年)。十四年巳巳,《九经说》刻成后,人生复有所论,增益旧文合得十七卷。冬,门人陶定为补录于江宁。十九年甲戌,年八十四岁。在书院犹与诸生讲论不倦,耳目聪明,齿牙未豁,著读之暇,惟静坐为主,行步轻健如飞,见者以为神仙中人。二十年乙亥,年八十五岁。先是先生居江宁久,喜登摄山,尝有卜居意,未决,迁延不果归。七月微疾,九月十三日卒于江宁书院,门人共治其丧。门弟子知名甚众,其尤著者,上元管同、梅曾亮,同邑方东树、刘开,而歙县鲍桂星、新城陈用光、江宁邓廷桢最为显达。至私淑称弟子者,则宜兴吴德旋、宝山毛岳生、华亭姚椿、同邑张聪咸,皆以文学著述称名。[①]

《白下琐言》:姚惜抱先生主讲钟山书院,先后二十余年,历时最久,教泽及人为最深。祺仁伯兄从游学诗,先生诱掖奖借,谓五律似钱刘,将来必成家数。新城陈硕士侍郎未达时,千里就业古文辞,得其心法。道光乙酉典试,江南撤棘后,亲诣书院设奠,痛哭不已。休宁陈君暨胡心斋师,皆旧时同门好友,并躬自延访,赠以书籯,垂念故人,古谊殊不可及。[②]

其五,弟子。钟山初选本地士子,后许外籍士子附试,因交通便利、师资雄厚、饩廪优沃,实乃东南地区跨省之最高学府,故生徒贤人辈出。杨绳武勉诸生云:"数年来,书院诸生或以乡会举,或以实学优行举,以及学使岁科、节使采风,大都得之书院者为多。然余所望于诸生者,犹不尽此……上则开来继往,为圣贤不朽之业;次则砥节励行,为豪杰有

---

① 转引自柳诒徵:《江苏书院志初稿》,赵法生、薛正兴主编:《中国历代书院志》第1册,江苏教育出版社1995年版,第46页。

② 甘熙:《白下琐言》,南京出版社2007年版,第53页。

用之才；即等而下之，而仅仅以科举之学自奋，亦必经明行修，文章尔雅，不愧为读书种子，而后可不愧为书院之士。"①生徒中，邓廷桢官至两江总督，成为一代名臣，冯粹中尝裹粮徒步出游，遍历沿河各地，探黄淮水道利弊，著《治河前后策》四卷。书院所留遗事亦多，如《白下琐言》云："国朝二百年来，官一二品者不乏人，而无入相者。秦易堂先生，嘉庆戊寅主讲钟山书院，于庭之左右种紫薇数十株，取薇省丝纶之兆。课试即以讲院树薇命题，不拘体格，金伟军《鳌赋》一篇，累千余言，拔置第一。陈宗之维翰句云：'种树正如培子弟，看花何只到儿孙。'亦先生所心赏。"②

其六，社会功能。前文屡言，江苏省书院发展至清代，又在自身肌体内生长出全新之功能，如处理公共事务。据《清实录》载，嘉庆十九年（1814）"江苏省被旱歉收，亟需调剂"，故清廷谕旨，"江苏省现当荒旱之年，米粮缺少，正须尽心抚字"，③《白下琐言》载："甲戌（嘉庆十九年，1814）大旱，谷价腾贵，人心惶惶。此乾隆乙巳（乾隆五十年，1785）后之奇灾也。八月，总制文敏公百龄躬莅钟山书院，召集绅商劝捐，共得金十七万有奇。官为督率，绅民为经理，按户给钱，设厂赈粥，城厢内外灾黎得所。"④由此可知，时任两江总督的百龄（字菊溪，张氏，汉军正黄旗人，1811—1816 在任）在钟山书院内召集绅商，裁议赈灾事宜，可见时人心中，书院与公权力的官府与祭祀化的官学不同，其拥有准公权力，更便于处理社会领域而非公权领域的公务事务。后高淳学山书院成为七乡公所，则是此逻辑之合理延伸。

## 二、后期

其一，重建。太平天国陷南京，钟山书院毁。复城后，曾国藩、刘坤一先后重建。

---

① 杨绳武《钟山书院碑记》，陈谷嘉、邓洪波：《中国书院史资料》，浙江教育出版社 1998 年版，第 878 页。
② 甘熙：《白下琐言》卷二，南京出版社 2007 年版，第 23 页。
③ 《清实录》第 31 册《仁宗实录》（四），嘉庆朝卷二百九十七，中华书局 1986 年，第 1070 页。
④ 甘熙：《白下琐言》卷一，南京出版社 2007 年版，第 7—8 页。

同治《续纂江宁府志》：经乱皆废。曾文正公复城后，他务未遑，先命建钟山书院，其年冬即民屋兴建（在门东旧漕坊苑街东花阁，故回光寺之前）。以后递次修建（地偏于一隅，不似旧地居城之中也），规制略备。①

冯煦《重建钟山书院记》：粤寇鸱张，书院烬焉。南宇再康，百务凋劫，曾湘乡草创于城东隅，非其旧也。堂庑斋舍之制十不逮一，章缝弦诵者靡所栖止，学者憾焉。新宁刘公督两江之明年，化理翔洽，士和民宜，公以为政在人，为人在学，学而元元本本，弹见洽闻在书院，乃规钟山旧址，廓而新之。凡□月落成，为屋□十有□楹，燕息讲肆于是乎在，甚盛典也。②

刘坤一《奏重建钟山书院折》：江宁省城钟山书院，经前督臣查弼纳于雍正元年奏建，世宗宪皇帝御赐"敦崇实学"扁额，天章宸翰，多士荣之，故江南人文科甲之盛，彪炳海内。盖寿考作人之化，其所由来久矣。同治三年，克复江宁，复经前督臣曾国藩、沈葆桢等，先后延聘前大理寺卿李联琇、前山西布政司林寿图递主讲席。诸生相从请业，观感有资，咸知蒸蒸向学。而书院旧址，毁于兵火，前因经费未裕，仅就城南地方伪王府改作数椽，为掌教安砚之地。湫隘尘嚣，厕讲幄于阛阓，致诸生无所栖托。其有自远负笈而至者，辄废然而返，阻其从师之心。至旧时弦诵之场，则岁月骎骎，鞠为茂草……钟山书院无论本省外省士子，均得肄业，规模较大，故高材生亦最多……臣谨饬司，就城内书院旧址（按即钱厂街，今称门帘桥），披荆棘，辟瓦砾，参酌图志，饬工庀材，一切规制以坚朴为度，凡得房屋一百间有奇，讲堂、学舍、廊庑、庖湢之属无弗备。搏节估计，共需款一万五千余两，由宁藩司、淮连司、江粮道三库筹拨，以济要工，计年底可以□役。光绪七年八月二十日。③

① 蒋启勋、赵佑长修，汪士铎等纂：同治《续纂江宁府志》卷五《学校》，《中国地方志集成·江苏府县志辑 2》，江苏古籍出版社 1991 年版，第 47—48 页。
② 冯煦：《蒿盦类稿》卷二十三，转引自陈谷嘉、邓洪波：《中国书院史资料》，浙江教育出版社 1998 年，第 876 页。
③ 柳诒徵《江苏书院志初稿》，赵法生、薛正兴主编：《中国历代书院志》第 1 册，江苏教育出版社 1995年版，第 43 页。

按曾国藩同治三年(1864)只是临时性复建钟山书院,借民居而栖。刘坤一任两江总督的次年,即光绪七年(1881)开始正式在原址重建。

其二,建成后,课额与经费设置如下:

> 同治《续纂江宁府志》:山长束脩八百两,火食一百六十两,节敬二十四两。课额:超等五十名,每名二两六钱;特等七十名,每名一两三钱。初二日膏火,每月二百二十一两,通年计十一课,共银二千四百三十一两,逢闰加一课。又十六日减半膏火,计十课,共银一千一百零五两。十二月无师课,逢闰加一课。恩课十名,每名二两六钱,计十一课,共银二百八十六两。①

当时南京总计各项经费,书院专款每年达 11000 两,钟山书院每年得到书院专款内 4806 两,逢闰之年 5137.5 两,其经费占书院专款的 43.7%,闰年更是高达 46.7%,②可见其地位之重要。

至于山长,曾国藩收复金陵后,首延前大理寺卿李联琇主讲,后由孙锵鸣、唐鉴、梁鼎芬续任,最后由缪荃孙收官。清末,钟山书院改为江南高等学堂。

---

① 蒋启勋、赵佑长修,汪士铎等纂:同治《续纂江宁府志》卷五《学校》,《中国地方志集成·江苏府县志辑 2》,江苏古籍出版社 1991 年版,第 47—48 页。
② 孟义昭:《晚清钟山书院的运作实态与变革历程——一项书院史个案研究》,《文史杂志》2017 年第 1 期。

# 第十章　清代江苏书院之三：
## 嘉道咸之衰落与毁灭

　　嘉庆、道光、咸丰三朝，共66年，时清王朝由盛转衰，民族、阶级矛盾逐渐恶化，官员腐败日益严重，白莲教、天理教、太平天国等农民起义纷纷爆发，西方列强开始大举入侵，内忧外患下，国势衰落，史称"嘉道中衰"，江苏书院建设也步入下行道，特别是苏南书院在兵燹中遭受毁灭性打击。

## 第一节　嘉道咸时期江苏书院概述

　　"莲花冠子道人衣，日侍君王宴紫徽。花开不知人已去，年年斗绿与争绯。"雍乾以降，江苏书院姹紫嫣红，斗绿争绯，煞是好看，然皆如深宫之歌女，不知斗转星移，大难已至。

### 一、嘉道咸时期江苏书院之数据

　　其一，从创建数量来看。嘉道咸时期，江苏共新建书院26所，不详始建7所，共33所；重建20所。

　　嘉庆朝（1796—1820）：新建14所，宝应画川书院（元年）、淮安文津书院（三年）、连云港郁洲书院（三年）、连云港石室书院（七年）、南京尊经书院（十年）、南京鸡鸣书院（十年）、东台西溪书院（十年）、苏州正谊书院（十年）、邳州东徐书院（十二年）、扬州孝廉堂（十三年）、海门师山书院（十四年）、苏州仰云书塾（二十一年）、南京奎光书院（二十五年）、武进溪南书院;重建6所,盐城阜宁观海书院(六年)、海安明道书院(八年)、邳州敬简书院(十二年)、淮安临川书院、苏州松陵书院、江阴君山梅花书院。

道光朝(1821—1850):新建11所,宿迁钟吾书院(三年)、扬州邗阳书院(四年)、苏州浒墅关锦峰书院(十三年)、兴化文正书院(十四年)、连云港敦善书院(十七年)、邳州峄阳书院(十八年)、南京惜阴书院(十八年)、连云港选青书院(二十六年)、宜兴临津书院(二十七年)、盐城崇文书院(二十八年)、常州道南书院;重建12所:如皋安定书院(元年)、常熟虞溪书院(二年)、南京学山书院(八年)、南京六峰书院(九年)、沭阳怀文书院(十三年)、睢宁昭义书院(十五年)、常州金沙书院(十七年)、太仓安道书院(十八年)、常州延陵书院(十八年)、南京凤池书院(二十一年)、盱眙敬一书院(二十三年)、泗阳淮滨书院(二十七年)。

咸丰朝(1851—1861):新建1所:泰兴襟江书院(十年);重建2所:高邮文台书院(二年)、盐城诚意书院。另始建不详7所:无锡学海书院、南京同文书院、南京英华书院、句容道一书院、兴化景范书院、兴化石鹿书院、南京崇义堂。

其二,从地域分布来看。苏南新建15所、重建9所,苏北新建18所、重建11所,苏北在书院数量上超过苏南。

| 序号 | 城市 | 数量 | | 地域 | 总数 | | 备注 |
| --- | --- | --- | --- | --- | --- | --- | --- |
| | | 新建 | 重建 | | 新建 | 重建 | |
| 1 | 南京 | 7 | 3 | 苏南 | 15 | 9 | |
| 2 | 苏州 | 3 | 3 | | | | |
| 3 | 无锡 | 2 | 1 | | | | |
| 4 | 常州 | 2 | 2 | | | | |
| 5 | 镇江 | 1 | | | | | |
| 6 | 扬州 | 3 | 1 | 苏北 | 18 | 11 | |
| 7 | 泰州 | 4 | | | | | |
| 8 | 南通 | 1 | 2 | | | | |
| 9 | 淮安 | 1 | 2 | | | | |

| 序号 | 城市 | 数量 | | 地域 | 总数 | | 备注 |
|---|---|---|---|---|---|---|---|
| | | 新建 | 重建 | | 新建 | 重建 | |
| 10 | 宿迁 | 1 | 2 | 苏北 | 18 | 11 | |
| 11 | 盐城 | 2 | 2 | | | | |
| 12 | 连云港 | 4 | | | | | |
| 13 | 徐州 | 2 | 2 | | | | |
| | 全省 | 33 | 20 | 全省 | 33 | 20 | |

其三,从建设主体来看,官办新建 20 所、重建 13 所,民办新建 10 所、重建 6 所,另有 3 所新建、1 所重建不详。可见官办占据优势。

| 序号 | 城市 | 性质 | | | 地域 | 总数 | | | 备注 |
|---|---|---|---|---|---|---|---|---|---|
| | | 官办 | 民办 | 不详 | | 官办 | 民办 | 不详 | |
| 1 | 南京 | 3/3 | 2/ | 2/ | 苏南 | 7/7 | 5/1 | 3/1 | |
| 2 | 苏州 | 3/2 | / | /1 | | | | | |
| 3 | 无锡 | 1/ | 1/1 | / | | | | | |
| 4 | 常州 | /2 | 2/ | / | | | | | |
| 5 | 镇江 | / | / | 1/ | | | | | |
| 6 | 扬州 | 2/1 | 1/ | / | 苏北 | 13/6 | 5/5 | / | |
| 7 | 泰州 | 3/ | 1/ | / | | | | | |
| 8 | 南通 | 1/1 | /1 | / | | | | | |
| 9 | 淮安 | 1/ | /2 | / | | | | | |
| 10 | 宿迁 | /2 | 1/ | / | | | | | |
| 11 | 盐城 | 1/1 | 1/1 | / | | | | | |
| 12 | 连云港 | 4/ | / | / | | | | | |
| 13 | 徐州 | 1/1 | 1/1 | / | | | | | |
| | 全省 | 20/13 | 10/6 | 3/1 | 全省 | 20/13 | 10/6 | 3/1 | |

其四,从执行功能来看,综合型新建 1 所,讲学课士新建 26 所、重建 16 所,祭祀新建 3 所、重建 2 所,自修无,另有 3 所新建、2 所重建不详。

| 序号 | 城市 | 性质 | | | | | 地域 | 总数 | | | | | 备注 |
|---|---|---|---|---|---|---|---|---|---|---|---|---|---|
| | | 综合 | 讲学 | 祭祀 | 自修 | 不详 | | 综合 | 讲学 | 祭祀 | 自修 | 不详 | |
| 1 | 南京 | / | 7/3 | / | / | / | 苏南 | 1/ | 11/8 | 1/1 | / | 2/ | |
| 2 | 苏州 | / | 3/2 | /1 | | | | | | | | | |
| 3 | 无锡 | 1/ | 1/1 | / | / | / | | | | | | | |
| 4 | 常州 | / | /2 | / | / | /1 | | | | | | | |
| 5 | 镇江 | / | | / | / | /1 | | | | | | | |
| 6 | 扬州 | / | 3/1 | / | / | / | 苏北 | / | 15/8 | 2/1 | / | 1/2 | |
| 7 | 泰州 | / | 2/ | 2/ | | | | | | | | | |
| 8 | 南通 | / | 1/1 | / | | /1 | | | | | | | |
| 9 | 淮安 | / | 1/2 | | | | | | | | | | |
| 10 | 宿迁 | / | 1/2 | | | | | | | | | | |
| 11 | 盐城 | / | 1/2 | | | /1 | | | | | | | |
| 12 | 连云港 | / | 4/ | | | | | | | | | | |
| 13 | 徐州 | / | 2/ | /1 | | /1 | | | | | | | |
| | 全省 | 1/ | 26/16 | 3/2 | / | 3/2 | 全省 | 1/ | 26/16 | 3/2 | / | 3/2 | |

## 二、嘉道咸时期江苏书院之发展

其一,嘉道之深入发展。雍乾时期江苏书院建设已成规模,故嘉道期间,一是省府级城市之书院进入精耕细作阶段。如南京,嘉庆十年(1805)、二十五年(1820)增鸡鸣、奎光,专课童生,道光二十一年(1841)则重修凤池,将鸡鸣并入。又如扬州,嘉庆十三年(1808),梅花书院内兴建孝廉堂,为当时全国唯一之举人书院,后道光七年(1827)镇江宝晋也立孝廉堂开课。再如苏州,嘉庆十年(1805)增正谊书院以课士。

二是查遗补漏,州县书院则成为建设主体,进一步深入壮大。如嘉庆元年(1796)所建的宝应画川书院是宝应地区首座书院。嘉庆十二年(1807)、道光十八年(1838)邳州先后新建东徐书院、峄阳书院,邳州历史上兴建书院较少,北宋真宗大中祥符年间建敬简书院之后,此是第二、三所,时间已隔千年。嘉庆十四年(1809)所建之海门师山书院为海门仅有之书院。道光三年(1823)所建的宿迁钟吾书院是该地区有史可查的第二所书院(第一所是万历五年所建的凌云书院)。道光二十六年(1846)新建的连云港赣榆选青书院则是该县史志明确记载三所书院之第二所,第一、三所分别是乾隆六十年(1795)怀仁书院和光绪十三年(1887)溯沂书院。

三是乡村书院有较大发展。嘉庆二十一年(1816)新建的苏州仰云书塾位于太湖东山岛,道光二十七年(1847)新建的宜兴临津书院在徐舍镇,南京英华书院在汤泉惠济寺、同文书院在浦口,无锡学海书院在荡口镇,常州溪南书院在大有乡郊村,道光十三年(1833)新建的苏州锦峰书院在浒墅关镇,道光年间新建的常州道南书院在雪堰镇。

四是出现了一批专门职能机构或商人兴建的书院。如嘉庆三年(1798)新建的淮安淮关文津书院,由淮商所立的南京崇义堂,另外还有一些盐场书院,如嘉庆三年(1798)连云港郁洲书院之中正场、道光十七年(1837)连云港敦善书院之板浦场、道光二十八年(1848)盐城崇文书院之伍祐场,重建的也有盐城大丰白驹盐场诚意书院。

五是书院的功能也有所转变,如道光十八年(1838)建立的南京惜阴书院不行科举,"课士经史诗赋,不及制艺";扬州"邗阳书院"为"里人教授会文之地,与官立课士者不同"。[①] 祭祀功能的进一步削弱,江阴梅花书院旧由祭祀转为课士。

其二,咸丰之毁坏。咸丰朝(1851—1861)与太平天国(1851—1864)在时间上基本重叠,又因太平军主要活动在江浙地区,且定都南京,对峙双方兵锋所至玉石俱焚,故江苏书院特别是苏南书院扫荡一空,检阅此时期方志,凡书院处,多是毁圮字样,触目惊心,如句容华阳书院,"兵燹后,圮废无存";扬州安定、梅花"咸丰三年,夷为平地";泰州胡公书院,"咸丰粤匪之乱,贼氛逼近,书院停课,屋宇荒废";南京凤池书院,"经贼毁拆,今成桑园",南京学山书院,"兵后田地荒宪,典息全尽";常州延陵书院,"向无恒产",陆续有官民捐赠钱田,然"兵后尽被盗卖"等等。本期新建书院1所、重建2所,而且都在江北。

---

① 钱祥保、桂邦杰等纂:民国《江都县续志》卷八下《学校》,《中国地方志集成·江苏府县志辑67》,江苏古籍出版社1991年版,第523页。

### 三、嘉道咸时期江苏书院学术之转变

本期书院之学术有崭新变化，汉学渐失独尊，朱子学老而弥坚，今文经学后来居上，至于老师宿儒稍逊前期，然亦不容小觑。

其一，研习汉学之书院。是期乾嘉汉学继续发展，惠戴之后，阮元堪为中坚。[①] 受阮氏影响，道光十八年(1838)两江总督陶澍在南京龙蟠里建惜阴书舍，课士经史诗赋，不及制艺，在科举大潮中独擎一帜，非同凡响，此详见下文。另有诸多经师入主江苏书院之教席，如嘉庆初，洪亮吉主讲于扬州梅花；道光中，丁晏主讲于盐城表海，朱骏声主讲于江阴暨阳，江藩主讲于淮安丽正，胡培翚主讲于南京钟山，朱琦历主南京钟山、苏州正谊和紫阳等。

其二，研习朱子学之书院。然乾嘉汉学发展至此，其生力已尽，弊端皆曝，如梁任公所言："顾、阎、胡、惠、戴、段、二王诸先辈，非特学识渊粹卓绝，即行谊亦至狷洁；及其学既盛，举国希声附和，浮华之士亦竞趋焉，固已渐为厌。且兹学荦荦诸大端，为前人发挥略尽；后起者率因袭补苴，无复创作精神；即有发明，亦皆末节，汉人所谓碎义逃难也；而其人犹自倨贵，俨成一种'学阀'之观。"[②] 故引起其他流派之批判，本来在乾嘉际，"其时与惠、戴学树敌者曰桐城派。方东树《汉学商兑》抨击不遗余力，其文辞斐然，论锋敏锐，所攻者间亦中症。"[③] 桐城派以善为古文、学宗朱子、籍于桐城而著，包括方苞、刘大櫆、姚鼐、方东树等人。其巨擘而执教于江苏者，为姚鼐，其生平前文已述，真可谓学宗朱子，文以载道，其《赠钱献之序》云：

> 孔子没而大道微，汉儒承秦灭学之后，始立专门，各抱一经，师弟传受，侪偶怨怒嫉妒，不相通晓，其于圣人之道，犹筑墙垣而塞门巷也。久之，通儒渐出，贯穿群经，左右证明，择其长说。及其敝

---

① 阮元(1764—1849)，字伯元，江苏仪征人，乾隆五十四年进士，累仕至云贵总督，体仁阁大学士，在杭州创诂经精舍，在广州创学海堂，聚拢大批汉学名师，讲授汉学，完成并出版《经籍纂诂》、《十三经注疏》120 卷、《学海堂经解》《皇清经解》)1412 卷等成果，是当时书院讲学的主流。
② 梁启超：《清代学术概论》，中国人民大学出版社 2004 年版，第 136 页。
③ 梁启超：《论中国学术变迁之大势》，中国人民大学出版社 2004 年版，第 113 页。

也,杂之以谶纬,乱之以怪僻猥碎,世又讥之……宋之时,真儒乃得圣人之旨,群经略有定说。元明守之,著为功令。当明佚君乱政屡作,士大夫维持纲纪,明守节义,使明久而后亡,其宋儒论学之效哉!且夫天地之远,久则必变。是故夏尚忠,商尚质,周尚文。学者之变也,有大儒操其本而齐其弊,则所尚也贤于其故,否则不及其故,自汉以来皆然已。明末至今日,学者颇厌功令所载为习闻,又恶陋儒不考古而蔽于近,于是专求古人名物制度训诂书数,以博为量,以窥隙攻难为功。其甚者,欲尽舍程朱,而宗汉之士,枝之猎而去其根,细之蒐而遗其钜,夫宁非蔽与?①

其中辟汉崇宋之理路与态度一目了然。方东树即其弟子。姚姬传曾长期主讲扬州梅花书院、南京钟山书院,于一片降幡之中,可谓障西川而东归之豪杰。

同宗朱子学者,又有唐鉴(1778—1861),字栗生、泽翁,号镜海、敬楷,湖南善化(今长沙县)人,嘉庆进士。柳诒徵先生云:"道光中,唐鉴倡程朱之学,其传顾不迨鼐之盛。"②唐氏为官多地,所至之处,致力兴学,晚年致仕,则主讲南京钟山书院。在学术上,其"宗尚洛闽诸贤,著《学案小识》,推陆陇其为传道之首,以示宗旨"。③ 按陆陇其(1630—1692)于明清之际,专宗朱子,排斥陆王,被清廷誉为"本朝理学儒臣第一",与陆世仪并称"二陆"。唐鉴《年谱》载:"道光二十一年(1841),时64岁。七月十四日曾国藩问检身之要、读书之法。告之当以《朱子全书》为宗,此书最宜熟读,以为课程,身体力行。又言治经宜专一经;为学只有三门:义理、考核、文章;经济不外看史;检摄于外,只有'整齐严肃'四字,持守于内,只有'主一无适'四字。二十三年(1843),66岁。以有明王学讲良知矜捷获足乱圣道藩篱,著《国朝学案小识》十五卷,以陆陇其、张履祥、陆世仪、张伯行四人为传道,余为翼道、守道,而以张沐

① 姚鼐:《赠钱献之序》,《惜抱轩文集》卷七,《续修四库全书》第1453册,上海古籍出版社2002年版,第56页。

② 柳诒徵:《江苏书院志初稿》,赵法生、薛正兴主编:《中国历代书院志》第1册,江苏教育出版社1995年版,第47页。

③ 赵尔巽等撰:《清史稿》卷四八〇,《列传二百六十七·唐鉴传》,中华书局1977年版,第13155页。

等为心宗,于孙奇逢亦致不满。二十五年(1845),68 岁。初夏,《学案小识》书成。曾国藩、何桂珍、窦垿皆为后跋,后贤基复将书进呈御览,皆推服。二十七年(1847 年),70 岁。应两江总督李石梧、江苏巡抚陆立夫之聘,由楚至吴,行抵江南,主讲尊经书院。咸丰二年(1852),75 岁。应陆立夫制军延聘,移席钟山书院。每逢课期亲为讲解。"①曾国藩云:"致仕南归,主讲金陵书院。文宗践阼,有诏召公赴阙,凡进对十有五次,中外利弊无所不罄。谕旨以其力陈衰老,不复强之服官,今还江南矜式多士。公至金陵,学徒益盛,以贼犯湖南,急欲归展先茔,咸丰三年乃自浙还湘。"②

朱子学者此番努力也得到了官方认可,道光三十年(1850),咸丰皇帝即位伊始,即下谕旨,要求地方各级官员:"朕思性理诸书,均为导民正轨,著各直省督抚会同各该学政转饬地方官及各学教官,于书院、家塾教授生徒,均令以《御纂性理精义》《圣谕广训》为课读讲习之要,使之家喻户晓。"③因王学之空疏自不需言,汉学持客观化之方法,面对旧材料之对象,完全脱离社会民生,无法因应天崩地裂、内忧外患之现实问题,然则可依仗者,唯朱子理学而已。

其三,研习今文经学之书院。此期学术之新者,为常州学派庄存与、孔广森、刘逢禄等开出之今文经学。所谓乾嘉汉学只是宗奉东汉之古文经,常州学派罢黜之,上溯西汉之今文经,由此立下家法。梁任公云:"入清代则节节复古,顾炎武、惠士奇辈专提倡注疏学,则复于六朝、唐。自阎若璩攻伪《古文尚书》,后证明作伪者出王肃,学者乃重提南北朝郑、王公案,绌王申郑,则复于东汉。乾嘉以来,家家许、郑,人人贾、马,东汉学烂然如日中天矣。悬崖转石,非达于地不止。则西汉今古文旧案,终必须翻腾一度,势则然矣。"④且常州学派之新精神尚"在乾嘉间

---

① 李健美:《唐鉴年谱简编》,《湖南工程学院学报》(社会科学版),2009 年第 2 期。

② 曾国藩:《唐确幢公墓志铭》,《曾文正公文集》卷四,《续修四库全书》第 1537 册,上海古籍出版社 2002 年版,第 659 页。

③ 《清实录》第 40 册,《文宗实录》卷二十三,"道光三十年十二月"条,中华书局影印本 1985 年版,第 335 页。

④ 梁启超:《清代学术概论》,中国人民大学出版社 2004 年版,第 195—196 页。

考证学的基础之上建设顺康间'经世致用'之学。"①其经既古,故为绝学,其用既张,故为显学。然则清代学术之链条,宋明道学(朱子理学→阳明心学→船山气学)→清初之实学→乾嘉汉学→今文经学,当真是各领风骚数十年。

嘉道咸时于江苏书院执通经致用之大纛者为李兆洛、龚自珍。

李兆洛(1769—1841),宇申耆,晚号养一老人,常州人,少时肄业于常州龙城书院,师从卢抱经先生,嘉庆十年(1805)进士,曾任安徽凤台县令,颇有事功,非柔翰之辈,其"增堤防,设沟闸,岁以屡丰。择耆老劝民孝谨,优叙之。于僻远设义学,为求良师。其捕盗,尤为人所喜称。尝骑率健勇出不意得其魁,因察而抚之。"②故颇厌汉学之独尊,倡公羊而黜郑玄,以为"汉学之可考见于今者,公羊氏而止矣。毛公之《诗》虽存,而节目不备。其余众家,或掇拾于煨烬之中,章驳句脱,大义了不可知。今之所谓汉学也,独奉一康成氏焉耳,而不知康成氏者,汉学之大蠹也"。③ 兆洛自道光三年(1823)起,"主讲暨阳二十年,以实学课士,其治经学、音韵、训诂,订舆图,考天官历术及习古文辞者辈出。如江阴承培元、宋景昌、缪尚诰、六承如等,皆其选也"。④

龚自珍(1792—1841),字璱人,号定盦,浙江杭州人,段玉裁外孙。"昨日相逢刘礼部,高言大句快无加。从君烧尽虫鱼学,甘作东京卖饼家",此是龚自珍写给刘逢禄之诗。嘉庆二十四年(1819),自珍时二十八岁,首次参加会试落第,在京师和魏源一起向刘逢禄学公羊学,刘时任礼部主事。定盦后来成为今文经学之大家,所为者,乃"天地东西南北之学",魏源谓其"于经通《公羊春秋》,于史长西北舆地,其文以六书小学为入门,以周秦诸子、吉金乐石为崖郭,以朝章国故世情民隐为质干,晚尤好西方之书(按,此指释氏,非泰西),自谓造深微云"。⑤ 梁任公

---

① 梁启超:《中国近三百年学术史》,商务印书馆 2011 年版,第 31 页。
② 赵尔巽等撰:《清史稿》卷四八六,《列传二百七十三·文苑三》,中华书局 1977 年版,第 13415 页。
③ 李兆洛:《序》,张金吾:《两汉五经博士考》卷首,《丛书集成新编》第 30 册,台北新文丰出版公司 1985 年,第 268 页。
④ 赵尔巽等撰:《清史稿》卷四八六,《列传二百七十三·文苑三》,中华书局 1977 年版,第 13415 页。
⑤ 魏源:《定盦文录序》,《古微堂外集》卷三,《续四库全书》第 1522 册,上海古籍出版社 2002 年版,第 382 页。

曾评曰："当嘉、道间,举国醉梦于承平,而定盒忧之,儇然若不可终日。"①又云:"晚清思想之解放,自珍确与有功焉。光绪间所谓新学家,大率人人皆经过崇拜龚氏之一时期,初读《定庵文集》,若受电然。"②定盒与江苏之书院仅月余之因缘,吴昌绶《定盒先生年谱》:"道光二十一年(1895)辛丑五十岁,春就丹阳云阳书院讲席,七月至丹阳,馆于县署,八月十二日暴疾捐馆。"③

# 第二节　嘉道咸时期江苏各市新建书院

## 一、常州新建书院

1. 常州溪南书院。光绪《武进阳湖县志》:"在武进大有乡郯村,嘉庆间建,光绪四年(1878)武进知县鹿伯元重兴。"④

2. 常州道南书院。道光间,因武进阳湖新塘乡雪堰桥(今武进雪堰镇)有龟山,自南宋开始即有人认为杨时在常州时乃居此并以此山自号,故此际里人吴奎光等遂建道南书院祭祀之。

> 光绪《武进阳湖县志》:在阳湖新塘乡龟山,同治八年建。⑤
>
> 光绪《武阳志余》:在阳湖新塘乡龟山,同治八年建。夫山许械有《书院经费记》曰:吾郡延陵、龙城两书院,都人士咸肄业其中,而去城辽远之区,罕克至焉,乡僻有志之士每以为憾。同治己巳中丞丁公以造就人材为亟,牒下县令各乡设义塾以广弦诵,于是阳邑之新塘、迎春、太平三乡言于邑侯张公清华曰:宋杨文靖公讲学毗陵十八年,邦贤景其遗教,爰建道南、龟山两书院于城,今虽已废,遗

① 梁启超:《论中国学术思想变迁之大势》,中国人民大学出版社2004年版,第115—116页。
② 梁启超:《清代学术概论》,中国人民大学出版社2004年版,第197页。
③ 吴昌绶:《定盒先生年谱》,《续修四库全书》第557册,上海古籍出版社2002年版,第353页。
④ 王其淦、吴康寿修,汤成烈等纂:光绪《武进阳湖县志》卷五《学校》,《中国地方志集成·江苏府县志辑37》,江苏古籍出版社1991年版,第151页。
⑤ 王其淦、吴康寿修,汤成烈等纂:光绪《武进阳湖县志》卷五《学校》,《中国地方志集成·江苏府县志辑37》,江苏古籍出版社1991年版,第151页。

址可考于志,而新塘有龟山,卷翠临湖,扬秀攉波,映带群峰,山麓有圮宅,或谓公南还毗陵居此,因以自号。道光间,里人吴处士奎光等创建书院,其地龚秀才望曾为之记,侍郎铠书勒石,为士子文会所,仍名道南,旋燬于兵燹。夫便于彦咏而可久,莫若复书院,即三乡之学者,官与师五课其成庶野处之士,不匮其秀乎。张侯毖之告于中丞,三乡合捐钱四百千,起息供膏火,张侯又月分廉俸六千,奖前茅者。后莅兹土,咸遵行之。①

咸淳《毗陵志》:乌龟山在县南新塘乡,与黄山相对,其状如龟,故名。或传下有杨文靖公旧宅,疑以此自号。②

《广舆记》:杨时,延平人,令萧山任满,寓居毗陵十八年,讲道城东隅,从游者云集。按杨时,字中立,号龟山,谥文靖。今县南新塘乡有龟山,在章山东南,其形如龟,或传下有杨文靖宅,疑以此山自号云。山麓有大梅一株,荫可百亩。③

此书院后毁于兵燹。同治八年(1870)新塘、迎春、太平三邑民众申请重建,下文不再赘引。

## 二、淮安新建书院

淮安文津书院。嘉庆三年(1798)淮关榷使阿厚安,始于淮关板闸,借翁氏家祠与爱莲亭讲学,嘉庆十年(1805),淮关榷使李如枚另建书院。《淮关小志》载:"文津书院之名,立于厚庵榷使阿克当阿,其会课则假翁公书院及爱莲亭。嘉庆十年,李怡庵榷使如枚始建。"④又:"阿克当阿,嘉庆三年任,兴书院,添义学,士民德之。"⑤又:"李如枚,嘉庆九年任,设立文津书院,留意斯文,重修《关志》。"⑥《续纂淮关统志》载:"阿克

① 庄毓铉、陆鼎翰纂修:光绪《武阳志余》卷三《书院》,《中国地方志集成·江苏府县志辑 38》,江苏古籍出版社 1991 年版,第 144 页。
② 史能之:咸淳《毗陵志》志十五《山水》,《宋元方志丛刊》第 3 册,中华书局 1990 年版,第 3080 页。
③ 陆应阳:《广舆记》卷三,明万历刻本。
④ 冒广生:《淮关小志》,方志出版社 2006 年版,第 510 页。
⑤ 冒广生:《淮关小志》,方志出版社 2006 年版,第 506 页。
⑥ 冒广生:《淮关小志》,方志出版社 2006 年版,第 507 页。

当阿,满洲正白旗人。内务府郎中兼参领。三年四月二十六日到任,四年五月初十日卸事。在任,兴书院,添义学,士民德之。升任九江,今调粤海。"①又:"李如枚,汉军镶黄旗人。内务府郎中,恩加四品佐领衔。九年十一月二十二日到任,十一年正月二十五日卸事。"②文津书院环境优美,人才济济,一时之盛。

## 三、连云港新建书院

1. 连云港郁洲书院。"嘉庆三年(1798),原天池书院移置中正场,改为郁洲书院。六年,复移建板浦。"③嘉庆《海州志》:"在板浦镇,盐场所建以课灶籍子弟,束脩膏火岁有常规,海州运判主之。"④移址易名,故归新建。

2. 连云港石室书院。嘉庆七年(1802)知州唐仲冕建。嘉庆《海州志》:"在治西北。故明守御千户所公廨址也。嘉庆七年知州唐仲冕首捐养廉,率一州两邑士民输助,即州同衔杨鼎盛所蠲地基,建讲堂五间,堂侧斋房东西各三间,堂前东西考棚各九间,仪门三间,大门三间,讲堂后内门一座,书堂三间,东西厢各三间,厨二间,书堂北房室六间,皆累石为垣,大门外有八字墙,南为照壁,讲堂后有格木一株,大合抱,数百年物也。明年,书院以其余财五千金付典商生息,岁纳子金七百五十两,又拨沭阳、汤家涧无主官荒地十五顷有奇,收其租入,招一州两邑诸生肄业。分上课、中课、附课、外课,优以膏火,奖以花红……十年,州属师生环求拓书院为试院,请提督学政按临考试。先是,州属生童皆附淮郡应考,督学自淮郡岁试,即按徐郡岁科连考,仍回淮郡科试,相距不及三月,士子苦于奔波,远者将五百里,近者亦二百里,中隔大河长淮之险,并海又有潮汐泥淖跋涉维艰,是以相率蠲赀广造墙宇,敦迫吁恳,代

① 马璘修;杜琳等重修;李如枚等续修;荀德麟等点校:《续纂淮关统志》卷八《题名》,方志出版社2006年版,第277页。

② 马璘修;杜琳等重修;李如枚等续修;荀德麟等点校:《续纂淮关统志》卷八《题名》,方志出版社2006年版,第278页。

③ 柳诒徵:《江苏书院志初稿》,赵法生、薛正兴主编:《中国历代书院志》第1册,江苏教育出版社1995年版,第91页。

④ 唐仲冕修,汪梅鼎纂:嘉庆《海州直隶州志》卷十八《学校》,《中国地方志集成·江苏府县志辑64》,江苏古籍出版社1991年版,第330—331页。

为申求按部至州,岁科并举,以优寒畯,此制若定,则海滨孤寒受无穷之利,而三年一考,不过月余,试院仍为书院矣,一举两得,莫便于此,计举行当在来年,爰先识之于策。"①

3. 连云港敦善书院。"道光丁酉年(1837),分司童濂择地改建敦善书院,后为临兴场大使借住,仅传题课士而已。"又,"敦善书院在板浦场署东崇庆院左,道光十七年(1837)连判童濂建,光绪三十三年(1907)改为北辙中学。"②敦善除取灶籍生外,还特别增录商籍生,解决商贩子弟读书之忧。

4. 连云港选青书院。光绪《赣榆县志》:"在青口镇,道光二十六年(1846)知县彭荣诰与举人龙良恒、汪元恺、候选训导程恺勋、谢恒祥、拔贡刘义、岁贡杨大需、文生张上吉、孝廉方正、李锦麟等募建。凡大门一间,肄业所十八间,会文堂四间。咸丰十一年会文堂毁,同治十二年县人许恩普、周定鈇等蠲赀重建。"③

## 四、南京新建书院

1. 南京尊经书院。原为县学尊经阁,嘉庆十年(1805)阁遭火灾毁,布政使康基田建为书院。相关材料略撮如下:

> 嘉庆《新修江宁府志》:尊经书院即县学内尊经阁也。阁在学后,明代贮国学经籍二十一史板,国朝因之。嘉庆十年,尊经阁毁,二十一史板及三段碑、落星石皆归于烬。前布政使康基田捐资重建,即其地设书院。阁后旧有土阜,建亭其上。④

> 同治《续纂江宁府志》:尊经书院者,嘉庆十年五月杪,尊经阁毁于火,总督铁保、藩司康基田重建之,因立书院。道光中,藩司贺

---

① 唐仲冕修,汪梅鼎纂:嘉庆《海州直隶州志》卷十八《学校》,《中国地方志集成·江苏府县志辑64》,江苏古籍出版社1991年版,第330页。

② 柳诒徵:《江苏书院志初稿》,赵法生、薛正兴主编:《中国历代书院志》第1册,江苏教育出版社1995年版,第91页。

③ 王豫熙修、张謇等纂:光绪《赣榆县志》卷六《学校》,《中国地方志集成·江苏府县志辑65》,江苏古籍出版社1991年版,第179—180页。

④ 吕燕昭修,姚鼐纂:嘉庆《新修江宁府志》卷十六《学校》,《中国地方志集成·江苏府县志辑1》,江苏古籍出版社1991年版,第148页。

长龄局门试士,因即阁前明德堂置几案焉。①

又,前志所载诸书院,嘉庆中多圮,惟存钟山(道光九年,布政司贺长龄筹款新建……又纂《皇朝经世文编》以教士)、尊经(贺公课之如钟山,惟无地建屋耳)……尊经内课三十名,外课九十名,无驻防(膏火如钟山)……经乱皆废。尊经本无院舍(院长寓居县学尊经阁下),今亦未建(院长寄居惜阴书舍中)……附记:尊经书院,山长束脩五百两,火食二百四十两,节敬二十四两。课额超等三十名,每名二两二钱;特等七十名,每名一两一钱。初二日膏火,每月共一百四十三两,通年计十一课,共银一千五百七十三两,逢闰加一课。又十六日减半膏火,计十课,共银七百一十五两,逢闰加一课。②

《金陵待征录》:尊经书院,嘉庆十年因尊经阁灾而为之,主讲席者,前有石执如殿撰亦尝挈眷以来,然赁屋别居,不敢住阁下。③

尊经名师尚有薛时雨(1818—1885),字慰农,一字澍生,晚号桑根老农,安徽全椒人。同治八年(1869),两江总督马端敏聘时雨主讲尊经兼惜阴。时雨主尊经时,院中肄业者200余人,除师课外,尚有官课,有课艺刊行于世。按尊经本是县学之尊经阁,无余地可教学,甚至师长亦寓居别处,此困境一直不能解决,太平天国乱后,问题依旧,至清末先后改为尊经校士馆、师范传习所。

2. 南京鸡鸣书院。嘉庆《新修江宁府志》:"鸡鸣书院在府学东斋后,国朝嘉庆十年(1805),布政使康基田建,十二年(1807)并于凤池书院。"④按并入凤池后,原址后新建奎光书院。

3. 南京奎光书院。奎光虽号称为旧鸡鸣书院改建,然实是新建,唯位原址而已。嘉庆二十五年(1820),由邑人伍光瑜等请于两江总督

---

① 蒋启勋、赵佑长修,汪士铎等纂:同治《续纂江宁府志》卷五《学校》,《中国地方志集成·江苏府县志辑2》,江苏古籍出版社1991年版,第46页。

② 蒋启勋、赵佑长修,汪士铎等纂:同治《续纂江宁府志》卷五《学校》,《中国地方志集成·江苏府县志辑2》,江苏古籍出版社1991年版,第48页。

③ 金鏊:《金陵待征录》卷二,台北成文出版社1984年影印本,第31页。

④ 吕燕昭修,姚鼐纂:嘉庆《新修江宁府志》卷十六《学校》,《中国地方志集成·江苏府县志辑1》,江苏古籍出版社1991年版,第148页。

孙玉庭,拨公款为膏火,并由江宁知府余霈元易名。这下先前因无地寓居城南的师生方才回归以正常教学。然咸丰间毁于战火,同治间因经费无出而未能恢复。

同治《上江两县志》:旧城北府学明伦堂左,向有鸡鸣书院,前布政司康基田建,旋废。嘉庆二十五年,邑人伍光瑜等请于制府孙玉庭,筹拨公项银二千两,发典生息,为院中膏火,改名奎光,以大成殿告成有祥光也。道光二年夏,署太守周以勋定内外课童生三十名,附课三十名,皆取北城之士,而院长即以六学博分课之。

《金陵待征录》:奎光书院在府学内,本名鸡鸣,余太守霈元更易。先是,府学正副斋皆僦寓南城,建书院以课士归学,师始复其所。[1]

同治《续纂江宁府志》:(乱后)奎光则无议复者,以经费无出也。[2]

4. 南京惜阴书院。道光十八年(1838)两江总督陶澍建,详见本章第四节。

5. 南京崇义堂。始建不详,由淮商所立,咸丰年间毁于太平天国。同治《续纂江宁府志》:"昔者小试书院莫善于崇义堂。堂为淮商所立,在羁子巷内。分四堂,延师教授,皆住堂中。不住堂者曰附考,不与住堂者同甲乙(奖资上取一名三百文,余半之,次取则无)。住堂者,其县、府、院考诸费,皆堂中代送,然有定格。入泮则题其名于榜,一时科第之士,出于此者十八九(住堂皆贫士,附考则不论贫富。月之初二,本府及两县论试之,其时太守不试太书院也。每年二月二日,则请巡道甄别,以定其甲乙,一切由商人经理)。乱后亦废。"[3]《金陵待征录》:"崇义书塾则扬商为之,在羁子巷,延师课士,善举也。所望永终,知敝振作而湔

---

① 金鳌:《金陵待征录》卷二,台北成文出版社 1984 年影印本,第 31 页。

② 蒋启勋、赵佑长修,汪士铎等纂:同治《续纂江宁府志》卷五《学校》,《中国地方志集成·江苏府县志辑 2》,江苏古籍出版社 1991 年版,第 48 页。

③ 蒋启勋、赵佑长修,汪士铎等纂:同治《续纂江宁府志》卷五《学校》,《中国地方志集成·江苏府县志辑 2》,江苏古籍出版社 1991 年版,第 48 页。

被之。"①

6. 南京英华书院,始建不详,咸丰年间毁。光绪《江浦埤乘》:"旧在汤泉惠济寺,今未复。"②

7. 南京同文书院。同治《续纂江宁府志》:"江浦书院向推明伦堂右之珠江,浦口之同文,汤泉惠济寺之英华,三处人文萃聚,今俱为贼毁。惟同文于光绪二年举行,然屋宇未复也。"③始建不详,毁于太平天国。光绪二年(1876)恢复讲学,但屋宇未及全复。后文不再赘引。

## 五、南通新建书院

海门师山书院。光绪《海门厅志》:"在学宫之右,嘉庆十四年(1809)同知刘平骄建。课增减额多少无常数,光绪十二年(1886)定岁官课五、师课五。春以三月开课,秋以九月开课。每课生内课额二十名,外课额三十名;童内课额三十名,外课额六十名。生童每内课一名给膏火钱六百,外课一名三百。生童第一名俱给奖赏钱一千,二、三名八百,四、五名六百,六至十四百。官、师课膏火、奖赏皆由院给发。师课兼试经解、古学曰小课,生、童额各十名,但给奖赏,无膏火。"④

## 六、宿迁新建书院

宿迁钟吾书院。同治《徐州府志》:"在城北马陵山,道光三年(1823)邑人叶峻嵋等倡捐创建。江督孙玉庭奏定岁拨骆马湖租钱四千七百三十九千文,六年江督琦善后减钱九百八十二千零,八年,知县平翰详拨湖草地四十三顷八十七亩零,岁以湖息一千二百千作津贴。"⑤

① 金鳌:《金陵待征录》卷二,台北成文出版社1984年影印本,第31—32页。
② 侯宗海、夏锡宝纂:光绪《江浦埤乘》卷十二《学校下》,《中国地方志集成·江苏府县志辑5》,江苏古籍出版社1991年版,第129页。
③ 蒋启勋、赵佑长修,汪士铎等纂:同治《续纂江宁府志》卷五《学校》,《中国地方志集成·江苏府县志辑2》,江苏古籍出版社1991年版,第49页。
④ 刘文彻等修,周家禄等纂:光绪《海门厅图志》卷十三《学志》,《中国地方志集成·江苏府县志辑53》,江苏古籍出版社1991年版,第377—378页。
⑤ 吴世熊、朱忻修,刘庠、方骏谟纂:同治《徐州府志》卷十五《学校》,《中国地方志集成·江苏府县志辑61》,江苏古籍出版社1991年版,第403页。

## 七、苏州新建书院

1. 苏州正谊书院。嘉庆十年（1805）两江总督铁保、江苏巡抚汪志伊建。咸丰十年（1860）毁。同治三年（1864）李鸿章购民居改建，十二年（1873）巡抚张树声迁回原址重建。

同治《苏州府志》：在府学东沧浪亭后，嘉庆十年两江总督铁保、江苏巡抚汪志伊建。道光二年，布政使廉敬率属捐银一万两生息充费。咸丰十年，毁于兵。克复后，巡抚李鸿章购中由吉巷民居改建，初与紫阳书院俱以经艺课士，至是乃专课经解古学，择诸生十人肄业其中，筹银一万两为膏火之费。同治十年，巡抚张之万拨给藩库银四千两生息，增诸生膏火，并增住院生五人。十二年，巡抚张树声重建旧地，奏颁御书"正谊明道"额……旧置田产尽拨入紫阳书院，今实存田二千三百三十三亩九分九厘九毫，皆同治四年以后陆续拨款增置。又租房一所，在中吉由巷徐庄愍公祠左。①

掌院题名十五人，皆老师硕儒，同治《苏州府志》："倪为炳，字朴园，江苏崇明人，乾隆庚子科（四十五年，1780）举人；汪庚，安徽全椒人，嘉庆辛酉科（六年，1801）进士；费振勋，字鹤江，吴江人，乾隆乙未科（四十年，1775）进士；吴颐，长洲人，嘉庆辛酉科（六年，1801）进士。朱方增，字虹舫，浙江海盐人，嘉庆辛酉科（六年，1801）进士；余集，字蓉裳，浙江仁和人，乾隆丙戌科（三十一年，1766）进士；吴廷琛，字棣华，元和人，嘉庆壬戌科（七年，1802）状元；魏成宪；朱珔；费庚吉；翁心存；赵振祚；温葆深，字明叔，江宁上元人，道光壬午科（二年，1822）进士；冯桂芬，字景亭，吴县人，道光庚子科（二十年，1840）榜眼；蒋德馨，字心香，长洲人，道光乙未科（十五年，1835）进士。"②其中尤以"江左经师之冠"朱珔和"殚力经世之学"之冯桂芬，为士林推重。

朱珔（1769—1850），安徽泾县人，字玉存、兰坡，嘉庆七年进士，选

---

① 李铭皖、谭钧培修，冯桂芬纂：同治《苏州府志》卷二十五《学校》，《中国地方志集成·江苏府县志辑7》，江苏古籍出版社1991年版，第610—611页。

② 李铭皖、谭钧培修，冯桂芬纂：同治《苏州府志》卷二十五《学校》，《中国地方志集成·江苏府县志辑7》，江苏古籍出版社1991年版，第611页。

翰林院庶吉士,道光间告养归,历主钟山、正谊、紫阳书院,年八十二卒。其"主讲席几三十年,教士以通经学古为先,与桐城姚鼐、阳湖李兆洛并负儒林宿望,鼎足而三"①,此三人正代表本期书院之三种类型。

> 陈宝箴《重刊小万卷斋文集序》:乾嘉以来,桐城姚姬传氏赓望溪之绪,以古文提倡后学,天下宗之。阳湖李氏申耆,兼讨古义以规时务,有意于经世之学者,多取则焉。方是时,泾县朱兰坡先生崛起徽宁,与姚、李两先生标帜相望,以词臣间居教授钟山暨紫阳、正谊书院,垂三十年,嶷然为江左经师之冠,风会为之日上。②

> 朱琦《正谊书院经解诗赋录序》:书院之例,率以制义试贴为主,而按月别命经解诗赋诸题,间及杂文,特缓其期,使宽暇,得检书,优且加奖厉,立法可云周至,但不严程限,因之应者颇寡。余自丁亥来吴门,遇有旁搜典籍并综擅词章之人,辄为击节欣赏,迄今已十载,始综核成帙。

> 又《正谊书院课选二编序》:余昔处金陵讲舍凡四载,都人士颇不鄙夷,曾刻文以行(柳诒徵按:集中有《钟山课艺序》)。逮丁亥移席吴门,历今年数,厥惟倍旧,春已将前三载课艺择付剞劂,而肄业生复请续辑庚寅至壬辰为《二编》。

> 又《正谊书院课艺三编序》:余之忝斯席经九年矣,文已再刻,三岁为一集。顷复始癸巳迄乙未,择录成帙。③

2. 苏州仰云书塾。同治《苏州府志》:"太湖书院在洞庭东山,旧名仰云书塾。嘉庆二十一年(1816),太湖厅同知罗琦建。咸丰十年(1860)毁,同治十一年(1872),同知朱守和重建,改今额。延余荫甫太史主教席,自为记。"④后文仅列其事,不赘引。

3. 苏州锦峰书院。同治《苏州府志》:"在浒墅关,道光十三年

---

① 赵尔巽等撰:《清史稿》卷四八二,《列传二百六十九·朱琦传》,中华书局1977年版,第13264页。
② 引自柳诒徵:《江苏书院志初稿》,赵法生、薛正兴主编:《中国历代书院志》第1册,江苏教育出版社1995年版,第60页。
③ 引自柳诒徵:《江苏书院志初稿》,赵法生、薛正兴主编:《中国历代书院志》第1册,江苏教育出版社1995年版,第60—61页。
④ 李铭皖、谭钧培修,冯桂芬纂:同治《苏州府志》卷二十六《学校》,《中国地方志集成·江苏府县志辑7》,江苏古籍出版社1991年版,第622页。

(1833),织造豫堃建,延广文尤崧镇主讲席,咸丰十年毁。"①

## 八、泰州新建书院

1. 兴化文正书院。咸丰《重修兴化县志》:"文正书院考棚在城内县署东来范里……宋范文正公作令时官廨,明为主簿署,缺裁为县丞署。国朝道光十二年(1832),缺裁丞署,奉文估卖,十四年(1834)知县龚善思允绅士请改建书院,并建考棚,便岁科试。"②民国《续修兴化县志》继云:"计屋五十七间,延山长每月课士于此。光绪二十四年(1898)知县谢元洪将毗连书院之东西如来庵房屋二十余间拨归书院,廓充精舍为文正校士馆,考选优等生徐德培等十人留馆读书,延师教习,并拊廉壹千串,购买中西书籍多种藏院,俾士子研究实学,有所参考,自科举罢后,遂改此书院为学校矣。"③

2. 泰兴襟江书院。光绪《泰兴县志》:"在学宫东,咸丰十年(1860)知县金以诚建。讲堂三楹,东西号舍各二十楹,重门凡六楹,余房十一楹,碑廊十六楹,堂后楼五楹,东西书房七楹,余房四楹。光绪三年知县张兴诗、十二年署知县杨激云增建西偏号舍三十五楹、余房十楹。"④宣统《泰兴县志续》:"光绪二十七年(1901)改建县学堂。"⑤

3. 兴化景范书院。祭祀范仲淹,始建不详,咸丰尤盛。咸丰《重修兴化县志》:"在范公祠内,为邑人会文之所。"⑥又:"范公祠,太平里,祀宋范文正仲淹。知县陈垓初建于旧学宫左。"⑦

① 李铭皖、谭钧培修,冯桂芬纂:同治《苏州府志》卷二十五《学校》,《中国地方志集成·江苏府县志辑7》,江苏古籍出版社1991年版,第612页。

② 梁园棣修,郑之侨、赵彦俞纂:咸丰《重修兴化县志》卷四,《中国地方志集成·江苏府县志辑48》,江苏古籍出版社1991年版,第121页。

③ 李恭简修,魏儁、任乃赓纂:民国《续修兴化县志》卷五《学校》,《中国地方志集成·江苏府县志辑48》,江苏古籍出版社1991年版,第506页。

④ 杨激云修,顾曾烜纂:光绪《泰兴县志》卷十三,《中国地方志集成·江苏府县志辑51》,江苏古籍出版社1991年版,第113—114页。

⑤ 王元章修,金鉽纂:宣统《泰兴县志续》卷六《学校》,《中国地方志集成·江苏府县志辑51》,江苏古籍出版社1991年版,第323页。

⑥ 梁园棣修,郑之侨、赵彦俞纂:咸丰《重修兴化县志》卷四《学校》,《中国地方志集成·江苏府县志辑48》,江苏古籍出版社1991年版,第121页。

⑦ 梁园棣修,郑之侨、赵彦俞纂:咸丰《重修兴化县志》卷一《祠祀》,《中国地方志集成·江苏府县志辑48》,江苏古籍出版社1991年版,第52页。

4. 兴化石鹿书院。祭祀明代兴化状元李春芳。始建不详,咸丰尤盛。咸丰《重修兴化县志》:"即崇德祠。"①又:"崇德祠,通利里,祀明少师邑贤李春芳。"②按李春芳(1511—1584),字子实,号石麓(鹿)。南直隶扬州府兴化县(今江苏兴化)人,祖籍句容,嘉靖十年(1531)中举人,先后拜欧阳德、湛若水为师,请益于王艮,受学于丁养晦,二十六年(1547),擢进士第一,后成为一代名相。

## 九、无锡新建书院

1. 无锡学海书院。本是里人文会之所,道光十年(1830)邑绅捐资,每月聚会,春秋祭祀,位于无锡县荡口镇。光绪《无锡金匮县志》:"荡口三公祠后楼亦为里人文会之所,号学海书院,向无经费,道光十年、徐熿、华文桂、华汾等粜捐田二百亩为修脯饮馔及春秋祭费,每月一举,生童咸集,至今行之。"③

2. 宜兴临津书院。光绪《宜荆新志》:"在徐舍镇。道光二十七年(1847)荆溪知县高长绅创建。当赵宋时为临津乡,晋临津县地也,北望溪滨,任昉之庙在焉,教泽犹存,音徽未沫,庚申之变,西乡创义者皆聚于此,既遭兵燹,重建前进堂斋,更增又在其后(高长绅于光绪六年自京师邮寄白金二百两,捐建讲堂斋舍二十九楹,祀梁义兴太守任昉)。"④光宣《宜荆续志》:"咸丰十年(1860)兵毁,光绪十三年(1887)县令薛星辉重建,光绪三十年(1904)改为临津高等小学堂。"⑤

## 十、徐州新建书院

1. 邳州东徐书院。同治《徐州府志》:"在县城学宫之左,嘉庆间知

---

① 梁园棣修,郑之侨、赵彦俞纂:咸丰《重修兴化县志》卷四《学校》,《中国地方志集成·江苏府县志辑48》,江苏古籍出版社1991年版,第121页。

② 梁园棣修,郑之侨、赵彦俞纂:咸丰《重修兴化县志》卷一《祠祀》,《中国地方志集成·江苏府县志辑48》,江苏古籍出版社1991年版,第54页。

③ 裴大中、倪咸生修,秦缃业等纂:光绪《无锡金匮县志》卷六《学校》,《中国地方志集成·江苏府县志辑24》,江苏古籍出版社1991年版,第108页。

④ 施惠、钱志澄修,吴景墙等纂:光绪《宜荆新志》卷四《学校》,《中国地方志集成·江苏府县志辑40》,江苏古籍出版社1991年版,第107页。

⑤ 陈善谟、祖福广修,周志靖纂:光宣《宜荆续志》卷二《书院》,《中国地方志集成·江苏府县志辑40》,江苏古籍出版社1991年版,第392页。

州丁观堂建，其经费由官绅捐赏，在城西良王城共买典地十顷四亩有奇，每年约收租田百五十千。同治十年，田主备价赎回典田二顷二十余亩，余田每岁科租三百五十千，典价交商，每年生息。"①按《江苏省通志稿·职官志》第十八卷《清嘉庆时期官员官职名单》"邳州知州"条，"丁观堂，顺天宛平人，嘉庆十二年十月题，二十二年仍见"。可知此书院在嘉庆十二年(1807)以后建。

2. 邳州峄阳书院。同治《徐州府志》："在旧城学宫之左，清道光十八年(1838)邑廪生徐景山、花赐祺等倡建。其经费：一、宿邑骆马湖田三十九顷；一、龚家湖田二十顷；一、拨入旧城义学田十六顷四亩有奇，共计田七十五顷四亩有奇，每年约收租钱六百千。"②

## 十一、盐城新建书院

1. 东台西溪书院。嘉庆《东台县志》："在县治东南五铺……嘉庆十年(1805)，水灾监赈官、知江阴县师承祖倡义劝捐，邑人苏林、苏榕遵其父学遗命，出白金千有一百，购韦姓屋二十四间地址十八亩，建为书院，以西溪名之……二十一年(1816)知县周右、分司单壮图议定月课章程……每年二月开馆，十一月终散馆。每月初二日官课，在公署，知县、分司轮流主之，榜发其名，列优等及上取者酌送奖赏银，有差。十六日师课，在书院，山长主之。"又，江宁布政使康基田《西溪书院碑记》曰："名曰西溪书院，取晏丞相、范文正讲学西溪之遗意。"③此书院乃是为了纪念宋晏殊与范仲淹曾宦于此地。

2. 盐城崇文书院。民国《续修盐城县志》："道光二十八年(1848)，伍祐场大使赵建于场之东北隅。光绪初，场大使翟乐善改建于文庙西，岁壬寅(二十八年，1902)，场大使龙纳言重兴之。"④

---

① 吴世熊、朱忻修，刘庠、方骏谟纂：同治《徐州府志》卷十五《学校》，《中国地方志集成·江苏府县志辑61》，江苏古籍出版社1991年版，第462页。

② 吴世熊、朱忻修，刘庠、方骏谟纂：同治《徐州府志》卷十五《学校》，《中国地方志集成·江苏府县志辑61》，江苏古籍出版社1991年版，第462页。

③ 周右修，蔡复午等纂：嘉庆《东台县志》卷十二《学校》，《中国地方志集成·江苏府县志辑60》，江苏古籍出版社1991年版，第440—441页。

④ 林懿均、李直夫修，胡应庚、陈钟凡纂：民国《续修盐城县志稿》卷七《教育》，《中国地方志集成·江苏府县志辑59》，江苏古籍出版社1991年版，第437页。

## 十二、扬州新建书院

1. 宝应画川书院。道光《重修宝应县志》:"嘉庆元年(1796),宣城孙尹圃源潮以进士宰斯邑。甫下车,即以诸生弦诵地谋于乡先生王太守嵩高、刘司马台斗等。因乔石林侍读裔孙捐送园基,相与倡率,建堂三楹,颜曰景贤,祀石林先生,仍袭园名,曰画川书院,此其始基也。嗣是石阡郑侯其忠复建讲堂、号舍,及廊庑、庖湢略备,无何石阡去任,竟未落成,渐致颓败者又二十余载。道光五年(1825),秀水叶两垞维庚以庶常改莅斯土,慨然于书院之中废也,复谋于邑绅,遴选董事,鸠工庀材,补葺而增新之,更建厅事四间,于是书院遂获修整……每年二月定期甄别,生员正课六十名,童生正课八十名,正、六、腊月并,科岁考场不课。"[1]民国《宝应县志》详记其过程,不赘。[2] 画川书院于光绪二十九年(1903)改为官立高等小学。

2. 扬州邗阳书院。民国《江都县续志》:"在翠屏洲,道光四年(1824)邑人卞萃文、王豫等捐建。咸丰间毁于兵。光绪中里人尹德培、张守业重建。凡六楹,奎星阁附焉(案邗阳书院为里人教授会文之地,与官立课士者不同)。"[3]

3. 扬州孝廉堂。前述嘉庆十三年(1808)盐政阿克当阿招孝廉入梅花书院肄业,次年又在书院后兴建文昌楼孝廉会文堂,专为举人肄业之所。乱后附入梅花书院。正、附课额时有增减,随课无定额。膏火、优奖亦因时而异。无山长,故只有官课,无院课。可参与梅花小课。《两淮盐法志》:"孝廉堂会课本附梅花书院,今仍附入。同治十二年(1873),增定正课十五名,附课十五名,随课无定额。每月无馆课,小课仍随生监并考,每遇会试停课。五月预给膏火,考课之法,亦如生监

---

① 孟毓兰修,乔载繇等纂:道光《重修宝应县志》卷三《书院》,《江苏历代方志全书·扬州府部》第45册,凤凰出版社2018年版,第141—144页。

② 戴邦桢、赵世荣修,冯煦、朱荟生纂:民国《宝应县志》卷六《书院》,《中国地方志集成·江苏府县志辑49》,江苏古籍出版社1991年版,第90—91页。

③ 钱祥保、桂邦杰等纂:民国《江都县续志》卷八下《学校》,《中国地方志集成·江苏府县志辑67》,江苏古籍出版社1991年版,第523页。

例。"①举人课如果追述的话,可以推到明代虞山书院,其"每月初六日,孝廉会文于弦歌楼,本县亲阅"。②

### 十三、镇江新建书院

句容道一书院。光绪《续纂句容县志》:"道光中,惟天王寺之道一书院甚盛。"③始建不详,道光时甚盛。

## 第三节　嘉道咸时期江苏各市重建书院

### 一、常州重建书院

1. 常州金沙书院。乾隆五十年(1785)始建,寻圮。道光七年(1827)教谕戴开文、县令毛德辉等率绅民重建。咸丰毁。同治六年(1868)邑人移建,光绪二十八年(1902)改为小学。详见前文。

2. 常州延陵书院。道光十八年(1838),知府黄冕重建。毁于咸丰兵火。详见前文。

### 二、淮安重建书院

1. 淮安临川书院。前述康熙三十二年(1693)清河知县管巨建临川书院,嘉庆十五年(1810)圮,后邑人吴朝观等重建。光绪三十二年(1906)停办。具见前文。

2. 盱眙敬一书院。光绪《盱眙县志》:"道光中邑绅杨殿邦、汪云任倡捐重修。"④时任盱眙县训导的哈晋丰有《重建敬一书院记》,其云:"敬

---

① 柳诒徵:《江苏书院志初稿》,赵法生、薛正兴主编:《中国历代书院志》第 1 册,江苏教育出版社 1995
　　年版,第 51 页。

② 张鎏等纂:《虞山书院志》卷四,赵法生、薛正兴主编:《中国历代书院志》第 8 册,江苏教育出版社
　　1995 年版,第 70 页。

③ 张绍棠修,萧穆等纂:光绪《续纂句容县志》卷三下,《中国地方志集成·江苏府县志辑 35》,江苏古籍
　　出版社 1991 年版,第 77 页。

④ 王锡元修,高延第等纂:光绪《盱眙县志稿》卷五《学校》,《中国地方志集成·江苏府县志辑 58》,江苏
　　古籍出版社 1991 年版,第 74—76 页。

一书院者,崇圣书院故址也。地在盱眙治南玻璃泉上⋯⋯乾隆九年(1744),郭令起元更而新之,造士其间,改名敬一,岁久倾圮,讲堂、生舍、籆阁、台榭浸成墟矣。癸卯(道光二十三年,1843)春,邑绅杨侍郎叠云、汪廉访孟棠首捐倡修,邑之人方奋兴赞成是役,而晋丰适于斯年选盱眙训导,因得奔走捐输,经营土木,肩随二三君子后襄盛举焉。谨案是设起自二十三年(1843)五月,成至二十五年(1845)三月。"[1]按邑绅杨殿邦(1773—1859),字翰屏,号叠云,曾任漕运总督。汪云任(1784—1850),字孟棠,号茧园,原陕西布政使。光绪《盱眙县志》又云:"咸丰中迭经寇乱,院圮田芜,同治三年(1865),邑绅吴棠重建大门、燕居殿、院长寝室,并捐资开垦义田。光绪七年(1881),知县方瑞兰修理文昌阁及照淮冰玉等处。"[2]

## 三、南京重建书院

1. 南京学山书院。前述明嘉靖四年(1525)高淳知县刘启东所建之高淳书院,久圮。入清重建。

> 同治《续纂江宁府志》:本名高淳书院,道光八年知县许心源创兴,捐款甚巨。兵燹后官营田地荒芜,典息全尽。同治十一年,盐道凌公焕捐钱三百千,营官李龙元捐钱一百千文,知县杨福鼎捐钱五百千,始能举行月课。[3]

> 民国《高淳县志》:道光八年戊子,知县许心源因尊经阁建置学山书院。咸丰庚申匪陷被折。同治二年癸亥,县境恢复,七乡董事循旧址重建文昌官规模一如旧制,即今书院。光绪三十年,科举停办后,转为县立第一高等小学。[4]

---

① 王锡元修,高延第等纂:光绪《盱眙县志稿》卷五《学校》,《中国地方志集成·江苏府县志辑58》,江苏古籍出版社1991年版,第75页。
② 王锡元修,高延第等纂:光绪《盱眙县志稿》卷五《学校》,《中国地方志集成·江苏府县志辑58》,江苏古籍出版社1991年版,第74—76页。
③ 蒋启勋、赵佑长修,汪士铎等纂:同治《续纂江宁府志》卷五《学校》,《中国地方志集成·江苏府县志辑2》,江苏古籍出版社1991年版,第49页。
④ 刘春堂纂,吴寿宽修:民国《高淳县志》卷五《学校》,《中国地方志集成·江苏府县志辑34》,江苏古籍出版社1991年版,第80—82页。

综之如下:其一,道光八年(1828),知县许心源因尊经阁重建。其二,咸丰十年(1860)毁于太平天国。其三,同治二年(1863)邑人重建。其四,同治十一年(1873),知县等捐廉,始复课。其四,光绪三十年(1904)改小学。

学山书院还承担了一些社会公共功能,在清代极为突出。民国《新建七乡办公总所碑记》云:"淳邑办公,向以学山书院为总化关。前清咸丰间,粤匪入境,城郭一空。同治初恢复后,诸务未遑,特先重建书院,既以为课士地,而一切百废待举,即借此为基础,如清查劝农诸要务,文庙、武庙、县署各工程均于书院举行,筹办经费固于是取给,所有余款,即无不归并于是。名为书院,其实一七乡办公总所也。"①所谓七乡,指明代弘治四年(1491)自溧水县分西南之崇教、立信、永丰、永成、游山、唐昌、安兴七乡共十二"里"新建高淳县,②故此处以七乡借代高淳全境。另乡公所为民国基层行政设置,县下所设,相当乡一级的政府机构。此处所谓七乡办公总所,即高淳七乡的公共行政机构。由此可见,晚清高淳县公议地方大事,一向以学山书院为总机关,举凡政务、学务,无不毕集于此。从某种意义上而言,学山书院虽名为书院,实为高淳最高之行政机构。

2. 南京六峰书院。前述乾隆十二年(1747)六合知县严森所建之六峰书院,久废。道光九年(1829),知县云茂琦在县城西门吕祖祠易地重建。按云茂琦(1790—1849),字以卓,号贝山,又号澹人,海南文昌人,道光六年(1826)进士及第,出任沛县知县,九年(1829)调任六合知县,十二年(1832)擢任,在六合任上重建六峰书院。

云氏所记数条可详其始末。其《语录》云:"六合书院,历任所募膏火经费,实收者只十之一。莅任阅三月,遂捐廉五百千为之倡。曰:此地之钱,即当为此地公事用。且平日俭节何为? 只欲于当用处用之耳。而士民亦闻风而起,踊跃争先。不数日,陆续捐缴,几有万贯。事在道光九年之十月。"其《重建六邑书院记》云:"棠邑(愚按,六合春秋之名)

① 杨新华、夏维中等:《南京历代碑刻集成》,上海书画出版社 2011 年版,第 331 页。
② 刘春堂修,吴寿宽纂:民国《高淳县志》卷一《沿革》,《中国地方志集成·江苏府县志辑 34》,江苏古籍出版社 1991 年版,第 26—27 页。

书院久废,欲兴复久矣,而无力。适见文庙旁有神祠,基址高爽,屋宇闳丽。问其神,则非羽翼吾道功德及民之正神,本不宜祀。又占此朗爽幽雅之胜境,尤可惜。因取诸神像付之一炬,悬额于大门曰六峰书院。转移于半日间,而延师有地,蒸髦有方,课艺有所。昔则音闻梵呗,今则声听弦歌;昔则异教久污,今则贤关新辟。诸生于于而来,其亦欢讲学之得地乎!"《致句容进士裴印川书》云:"弟质等坚瓠,才谢铅刀,莅棠五载,毫无建树,幸与士民情相浃洽,鸠拙藉藏。此间淫祀甚繁,而书院与万寿宫独缺。至先农、社稷,虽存一庙名,而湫隘塌陷,不堪其陋,每念及,殊歉仄。再四筹思,欲鼎新创建,非数千金不可。以积年荒歉之区,官民俱困,何敢筹议。近择得二古刹,毁其佛像六七十个,一改为万寿宫,一改为先农社稷庙。又勘得吕祖祠地势高阜,房舍宏敞,而附近黉序,即换以为六峰书院,约数月可立规模,此后师生可得讲肆会萃之所。"《云茂琦墓志铭》亦云:"邑之六峰书院废弛有年,公捐廉六百缗,募万余金,重建规模兼裕束脩膏火之费,延名师主讲,月有课,文教大兴。公于月课时,与诸生论文,勉以立圣贤之志。尝谓学者专事考据则病丛杂,高谈名理易涉空虚,能以汉儒之淹通折诸宋儒之义蕴,则学术正而士风不患其不古。"

六峰于太平天国乱后未能尽复。同治《续纂江宁府志》:"六合六峰书院向在西门吕祖祠,其房舍庭庑甚合规制,兵火后略加修葺,未能如旧观也。"①

3. 南京凤池书院。道光二十一年(1841),知府俞德渊改建书院于旧王府东北角之绣春园。详见前文,不赘引。

## 四、南通重建书院

1. 海安明道书院。乾隆四十年(1775)州人捐建义学,四十五年(1780)改为书院。嘉庆八年(1803)重建,详见前文。

2. 如皋安定书院。道光《如皋县续志》:"安定书院即原雉水书院。道光元年(1821),知县托克托布率绅士黄沣、胡萱生、石和、石峥重修。

---

① 蒋启勋、赵佑长修,汪士铎等纂:同治《续纂江宁府志》卷五《学校》,《中国地方志集成·江苏府县志辑 2》,江苏古籍出版社 1991 年版,第 49 页。

建正屋三楹,奎阁、洗砚池等处。考斯邑为宋胡文昭故里,更名安定。"①光绪二十九年(1903)改为安定学堂。

## 五、宿迁重建书院

1. 沭阳怀文书院。前厚邱书院,民国《沭阳县志》云:"年久倾圮,道光十三年(1833),知县王梦龄移建于县署西北城内后街,头门三楹、仪门三楹,东西棚场各九楹,大堂三楹,宅门一府,后楼三楹,东西花厅各三楹,厨房三楹,头门外照墙一座,东西更道墙各一座,县试即以此为考棚。"②

2. 泗阳淮滨书院。民国《泗阳县志》云:"泗阳书院旧在学宫东侧,倾废已久,创建不可考。清道光丁未(十七年,1847)重建于旧处,名曰淮滨书院(知县姚维城建)。计大门三楹,南向,门东建号房二间,北为振德堂,为讲堂,为进德斋,为藏书楼,均三楹南向(清光绪二十八年知县张镕万同绅士田建瓴、葛龙田等增建进德斋、藏书楼),西与学宫之四斋相通(正谊、明道、经义、治事),楼后更建膳堂、厨房,规制略备,院内聘山长一人,掌教务,月有斋、县两课,斋课由山长主之,县课由知县主之,膏奖多寡视录名高下为准。虽未能如钟山(南京省立书院)、崇实(清江漕院所设书院)乐育群才,然岁时讲贯,至是则有所归宿矣。"又:"青选学堂,清光绪二十九年(1903),知事张镕万同绅士田建瓴、葛龙田等创办,就淮滨书院及试院改设校舍。三十一年(1905)改名官立高等小学堂,民国三年改堂为校,七年改名县立第一高等小学校,十二年改称县立小学校。"③

## 六、苏州重建书院

1. 苏州松陵书院。乾隆四年(1739)邑人汪涵光捐建。嘉庆中吴

---

① 范仕义修,吴铠纂:道光《如皋县续志》卷三《学校》,《江苏历代方志全书·直隶州(厅)部》第42册,凤凰出版社2018年版,第69页。

② 戴仁修,钱崇威纂:民国《重修沭阳县志》卷四《学校》,《中国地方志集成·江苏府县志辑57》,江苏古籍出版社1991年版,第100页。

③ 李佩恩等修,张相文、王聿望等纂:《泗阳县志》卷十八《教育》,《江苏历代方志全书·淮安府部》第21册,凤凰出版社2018年版,第177—178、190页。

江知县陈汝栋自学宫后移建玉带桥。见前文,不赘引。

2. 太仓安道书院。康熙二十五年(1686)巡抚汤斌建于太仓小北门,道光十八年(1838)知州黄冕重建于城内三尖嘴。详见前文,不赘引。

3. 常熟虞溪书院。前述明之虞溪书院,同治《苏州府志》:"道光二年(1822)移清权祠侧,今废。"①

## 七、无锡重建书院

江阴梅花书院。初建不详。光绪《江阴县志》:"在君山尸祝学使苏铨处,年久圮废。嘉庆间诸生曹大钧、何春煦集赀重建,并设号舍数十间,学使汤金钊曾令书院诸生会课于此,咸丰十年(1860)毁。"②按苏铨(1611—1684),直隶交河人,字伯昭,号次公,崇祯十年(1637)进士,顺治三年(1646)任苏松学政。

## 八、徐州重建书院

1. 睢宁昭义书院。同治《徐州府志》:"在县治东门外,旧在县治后,名桂林书院,康熙五十七年(1718),知县刘如晏建。道光十五年(1835),知县刘与权移建并改今名。"③

2. 邳州敬简书院。嘉庆十二年(1807)至十五年(1810)重修,具见前文,不再赘引。

## 九、盐城重建书院

1. 阜宁观海书院。前观海书院,嘉庆六年(1801)知县宗守改建于学宫左侧文昌宫后。十五年(1810),知县范溙葺而新之。具见前文。

2. 盐城诚意书院。康熙四十年(1701)建于大丰白驹盐场,后圮。

---

① 李铭皖、谭钧培修,冯桂芬纂:同治《苏州府志》卷二十七《学校》,《中国地方志集成·江苏府县志辑7》,江苏古籍出版社1991年版,第657页。

② 卢思诚、冯寿镜修,季念诒、夏炜如纂:光绪《江阴县志》卷五《学校》,《中国地方志集成·江苏府县志辑25》,江苏古籍出版社1991年版,第190—191页。

③ 吴世熊、朱忻修,刘庠、方骏谟纂:同治《徐州府志》卷十五《学校》,《中国地方志集成·江苏府县志辑61》,江苏古籍出版社1991年版,第464页。

咸丰年间邑人重建。具见前文。

## 十、扬州重建书院

高邮珠湖——文台——珠湖书院。乾隆二十四年(1759)知州李涤德创建。四十九年(1784),绅士等捐城西民房呈请移建。咸丰二年(1852)知州魏源于文游台左改建文台书院。同治三年(1864)知州马鸿翔复珠湖书院。具见前文,不再赘引。

# 第四节  本期重要书院——南京惜阴书院

道光十八年(1838)两江总督陶澍仿阮元诂经精舍、学海堂例,在今南京清凉山下乌龙潭畔龙蟠里建惜阴书院(舍)。其名出自先祖陶侃所云之"大禹圣人,犹惜寸阴。至于众人,当惜分阴,岂可逸游荒醉"。①

孙锵鸣《惜阴书院东斋课艺序》:金陵之有惜阴书院,道光中陶文毅公督两江时仿浙之诂经精舍、粤之学海堂而为之也。②

《白下琐言》:仿西湖诂经精舍为惜阴书舍,延请山长,专课经解、诗、古文词,举人与试焉。③

《金陵待征录》:惜阴书舍在盋山园侧,陶文毅公创建以来,诸生尊经史文艺,公□后建祠,书舍春秋祀之。④

同治《续纂江宁府志》:道光十八年,总督陶文毅公立惜阴书舍于盋山园,课士经史诗赋,不及制艺,有优奖,无膏火,月一试之。公自捐廉一万两发典生息焉(超等第一,四两;二、三名,三两;四名至十名,二两;十名外,一两;特等皆五钱)。

惜阴在当时书院中,可谓独立之清流。

首先,"课士经史诗赋,不及制艺",迥异一般书院,陶澍明确表示:

---

① 房玄龄等:《晋书》卷六十六《陶侃传》,中华书局 1974 年版,第 1774 页。
② 转引自陈谷嘉、邓洪波:《中国书院史资料》,浙江教育出版社 1998 年版,第 1928 页。
③ 甘熙:《白下琐言》卷八,南京出版社 2007 年版,第 149 页。
④ 金鳌:《金陵待征录》卷二,台北成文出版社 1984 年影印本,第 31 页。

"国家造就人才,自三年大比、岁科两试之外,又以书院课试辅贡举之不逮。其所望于诸生,岂惟是能为制举之文,遂诩然自足哉?亦将厉之以通经学古而致诸用也。"①又云:"今兹增设惜阴书舍,专为激励翘秀趋实慕古。故仿鸡笼遗意,分经、史、词章三门,命题课士。制举之业仍归两书院(按,即钟山、尊经),俾免重复。"②其"于春秋校射之暇,时艺帖括之余,课以经史,勖以词赋,亲加讲导,俾为通儒"。③

其次,陶公自捐廉一万两发典生息,不设"膏火",但设优奖,每月一试,按次奖励。如此则可自动筛选淘汰为薄利而投机之人,故至惜阴者,皆是清刚正大之读书种子。

惜阴咸丰间毁于太平天国战火,同治七年(1868)重建。

> 同治《上江两县志》:惜阴书院乱后存屋十余间,同治七年九月增修。④

> 孙锵鸣《惜阴书院东斋课艺序》:金陵自粤寇荡平,前制军曾文正公孜孜于振起人文,首复钟山、尊经两书院。逾年,今相国合肥李公至,又复惜阴书院,月一课焉,而以两院长分主之。⑤

> 同治《续纂江宁府志》:(书院)经乱皆废……其后李公鸿章又复建惜阴书舍(盋山园即四松庵,陶文毅于其西建祠,祀其远祖晋长沙桓公侃,因取桓公语以名书舍。乱后,邑人石楷见文毅木主于庵厨,因告当路祀其主于书舍)。……(惜阴书院,钟、尊两山长兼阅课艺。山长束脩年终致送银二百两。课额:超等二十四名,特等四十名,共六十名,每月膏火银五十七两,计十一课,共银六百二十七两)。⑥

---

① 陶澍:《尊经书院课艺序》,《陶文毅公全集》卷三七《文集》,《续修四库全书》第1503册,上海古籍出版社2002年版,第411页。

② 陶澍:《惜阴书舍章程》,转引自陈谷嘉、邓洪波:《中国书院史资料》,浙江教育出版社1998年版,第1697页。

③ 汪士铎:《汪梅村先生集》卷六《惜阴书舍记》,见《续修四库全书》第1531册,上海古籍出版社2002年版,第641页。

④ 莫祥芝、甘绍盘修,汪士铎等纂:同治《上江两县志》卷八《学校》,《中国地方志集成·江苏府县志辑4》,江苏古籍出版社1991年版,第170页。

⑤ 转引自陈谷嘉、邓洪波:《中国书院史资料》,浙江教育出版社1998年版,第1928页。

⑥ 蒋启勋、赵佑长修,汪士铎等纂:同治《续纂江宁府志》卷五《学校》,《中国地方志集成·江苏府县志辑2》,江苏古籍出版社1991年版,第47—48页。

惜阴课艺由钟山、尊经山长评阅，前后名师辈出，柳诒徵先生云："道光以来，盋山四松擅丘壑之胜，而惜阴书舍主讲者，率多大师宿儒，如俞理初、胡竹邨、冯林一诸先生倡学于前，李小湖、薛桑根诸先生讲艺于后，龙蟠里一隅遂为南京学术界之奥区，他书院莫之比也。"①又云："马新贻聘薛时雨主讲尊经，与联琇轮课惜阴，而词章之士蔚起。惜阴虽晚建，亦多名师。道光中，主讲者有俞正燮、胡培翚、冯桂芬等。至时雨长惜阴，朴学虽逊，而声闻甚都。"②

按薛时雨担任惜阴书院山长十六七年，贡献巨大。顾云《薛桑根先生行状》："同治八年(1869)，马端敏公总督两江，聘主江宁尊经书院，兼惜阴书院。"③

李联琇(1820—1878)江西临川人，字季莹，号小湖，道光二十五年(1845)进士，授编修，咸丰间官至大理寺卿，以病告归。同治间，"江表既平，曾文正公延主钟山、惜阴两讲席，谓人曰：吾为此郡得一大宗师矣。琇在院，裁成诱掖，十四年如一日。"(《续纂江宁府志·李联琇传》)④凡天文舆地、名物训诂、典章制度、琐闲轶事、考证解释等皆有独到，绩学敦行，来学者日盛。故孙锵鸣《惜阴书院东斋课艺》谓"前院长李小湖大理，邃于经，蔚于文，主此席者十有三年，陶冶所成，几于家许、郑而人枚、马矣"。⑤

光绪四年(1878)李联琇去世，孙锵鸣接任。孙锵鸣(1817—1901)，字韶甫，号蕖田，晚号止庵，浙江瑞安人，道光二十一年(1841)进士，官翰林院侍读学士。同治元年(1862)曾应江苏巡抚李鸿章延请主苏州正谊书院，光绪间两任钟山山长，主惜阴时编《惜阴书院课艺》。其兄分巡江宁盐法道孙衣言亦曾于"同治十年(1860)，上议都府，取湖北、浙江、苏州、江宁四书局新刊经籍，藏于惜阴书院。而达官寓公又各出善本益

---

① 柳诒徵：《国立中央大学国学图书馆小史》，中央大学图书馆1928年版，第57页。
② 柳诒徵：《江苏书院志初稿》，赵法生、薛正兴主编：《中国历代书院志》第1册，江苏教育出版社1995年版，第49页。
③ 柳诒徵：《江苏书院志初稿》，赵法生、薛正兴主编：《中国历代书院志》第1册，江苏教育出版社1995年版，第48页。
④ 转引自柳诒徵：《江苏书院志初稿》，赵法生、薛正兴主编：《中国历代书院志》第1册，江苏教育出版社1995年版，第48页。
⑤ 转引自陈谷嘉、邓洪波：《中国书院史资料》，浙江教育出版社1998年版，第1928页。

之,统名曰劝学官书。使本籍士子之无书者,得诣书院借读,事领于官而簿钥藏出纳则绅士掌之"。①

南京人顾云(1845—1906)曾学于此,其《盋山志》记载了第一手资料,颇令人神肖之:

> 惜阴书院(同治中增建)。负盋山正立面,南向即昔惜阴书舍也。径桐柏以入,曰景陶堂。循而西,有门入之,曰碧琅玕馆轩。其后牖之玻璃,其外竹数十百竿,俨立阶下,坐者神为之远。与相望者曰藤香馆(桑根先生全椒旧馆名,今补题居之,其右为内宅)。编竹篱界之,蓺群卉其中,篱所被,独月季,花时灼灼,张锦屏矣,直景陶堂后曰飨堂,龛陶文毅公祜。又入,有楼枕山麓,书籍所庋(金陵书局劝学官书)。出循而东,有门入之,曰盋山精舍。两梅相对立,夜寒始花,新月忽觉香为所浸,冷甚,拂拂趋镫檠,读书其中,清绝也(自庚辰至壬午,假馆此中三年)。始书舍之立文毅公,俾士用经史古文相摩厉(见公《行状》)。而劂其先桓公于石,祀焉。更氏其山曰博。②

惜阴于科举时艺之浊世,独立而不改,所望厚矣。

书院前期道光年间主讲胡培翚有《惜阴书院别诸生文》云:"长沙陶文毅公总制两江,以育才为急,特于金陵博山之阳,建惜阴书舍。择取钟山、尊经两院高才生肄业其中,仿鸡笼山故事,而课以经史文三者,使日讲求有用之学,无仅耗心力于时艺。其立教可谓善矣……自今以往,愿诸生日有就、月有将,无忽乎惜阴之称,无昧乎经史文之义,无急功名而薄气节,无骛浮华而忘实践,异时羽仪王国,本所学以用于世,俾朝廷收得人之效,与周之治内治外比烈焉,是则余之所深望也夫。"③后期薛时雨于光绪四年(1878)《惜阴书院西斋课艺序》亦殷殷期盼:"愿诸生益扩其器识,酌古今之通,待用于世。上之匡时弼教,郁为右文之治;次亦出其所业,待诏阙下,备天子之顾问,国有大典礼,研京炼都,润色鸿业,

---

① 莫祥芝、甘绍盘修,汪士铎等纂:同治《上江两县志》卷一二《艺文考》,《中国地方志集成·江苏府县志辑4》,江苏古籍出版社1991年版,第207页。
② 顾云:《盋山志》卷三,南京出版社2009年版,第12页。
③ 转引自陈谷嘉、邓洪波:《中国书院史资料》,浙江教育出版社1998年版,第1497页。

亦足张相如、子云之风;不幸而不遇,犹得键户述作,比烈雅颂,垂不朽于后世,使天下知儒者之业有其远者大者,不同于刀笔筐筐之士。若穷年尽性汨没于词章训诂,无当于用,岂予所望于诸生与文毅、伯相创之、复之之意耶!"①诸生亦果不负师望,张謇曾就读于惜阴,他日为国之栋梁。

几经沧桑,惜阴书院于光绪三十四年(1908)改为江南图书馆,辛亥革命后更江南图书局。现仅存陶风楼,为南京图书馆特藏部。②

---

① 转引自陈谷嘉、邓洪波:《中国书院史资料》,浙江教育出版社1998年版,第1929页。
② 南京市文化局、南京市文物局:《南京文物——精华建筑编》,上海美术出版社2000年版,第54页。

# 第十一章　清代江苏书院之四：
## 同光之中兴与终结

"花落春仍在,天时尚艳阳",俞曲园以此诗博得曾文正赏识,可谓代表同光一代精英对中兴无限之期待。同治、光绪乃三千年政局之最后一幕,其时内则兵燹方熄,百废待举,外则列强横刃,天下阽危,所谓中兴,不能说只是粉饰因循,朝野上下亦欲奋发维新,重振国运,然艨艟巨舰,迭经修补,凿裂朽驳,实已无法维系,最后轰然解体,亦是势之必然。落日余晖,何去何从,旧江山浑是新愁。

## 第一节　同光时期江苏书院概述

同光期间,遭受太平天国毁灭性打击的江苏书院全面重建,名公巨卿竭力经营,民间绅衿络绎不绝,故快速恢复,放射出末世之绚丽光彩。在主体上是儒士还是教会,在内容上是中学还是西学,在前途上是改良还是废除,诸多碰撞,一时风起云涌,蔚为大观。然这一切只是回光返照而已,甲午战败、戊戌变法后,旧文化终于不支全面解体,书院亦尽数改为新式学堂。

### 一、同光时期江苏书院之数据

其一,从数量来看。同光时期江苏共新建书院 52 所、重建 47 所。

同治朝(1862—1874):新建 10 所,江阴西郊书院(元年)、淮安养蒙书院(三年)、镇江太平洲书院(五年)、南通东渐书院(七年)、苏州盛湖书院

(八年)、苏州博习(存养)书院(十年)、淮安明德书院(十年)、太仓尊道书院(十二年)、宜兴鹅西讲舍(十二年)、苏州澹台书院;重建32所,淮安崇实书院(元年)、南京学山书院(二年)、南京钟山书院(三年)、高邮珠湖书院(三年)、盱眙敬一书院(三年)、扬州广陵书院(四年)、苏州正谊书院(四年、十二年)、常州龙城书院(四年)、句容华阳书院(四年)、苏州平江书院(六年)、苏州松陵书院(六年)、常州金沙书院(六年)、南京惜阴书院(七年)、沛县歌风书院(七年)、扬州安定书院(七年)、扬州梅花书院(七年)、南京凤池书院(七年)、太仓安道书院(八年)、常州道南书院(八年)、昆山玉山书院(九年)、常熟游文书院(九年)、淮安节孝书院(十年)、江阴礼延书院(十一年)、苏州太湖书院(十一年)、连云港选青书院(十二年)、连云港怀仁书院(十三年)、沭阳怀文书院(十三年)、苏州紫阳书院(十三年)、镇江去思书院、淮安奎文书院、苏州文正书院、南京珠江书院。

光绪朝(1875—1908):新建42所:苏州切问书院(元年)、常州高山书院(元年)、徐州登瀛书院(二年)、昆山鸳湖寄塾(三年)、常州棠荫书院(四年)、淮安勺湖书院(四年)、常州三近书院(五年)、句容华阳书院(六年)、淮安射阳书院(六年)、宜兴鹅山书院(六年)、常州金台书院(六年)、宜山国山书院(七年)、常州岘阳书院(七年)、常州临津书院(七年)、盐城筑川书院(八年)、江阴南菁书院(十年)、宜兴漰南书院(十年)、常州道乡书院(十一年)、昆山文节书院(十一年)、泰兴丽黄书院(十二年)、连云港溯沂书院(十三年)、南京汇文书院(十四年)、苏州学古堂(十四年)、镇江培风书院(十五年)、南京文正书院(十六年)、南京基督书院(十七年)、南京尊经书院(十七年)、镇江南濡学舍(十八年)、南京益智书院(二十年)、张家港梁丰书院(二十一年)、盐城尚志书院(二十一年)、苏州宫巷书院(二十二年)、淮安犹龙书院(二十三年)、淮安袁江书院(二十三年)、江阴锦带书院(二十三年)、丹阳蒙城书院(二十六年)、南京宏育书院(三十二年)、常熟学爱精庐、镇江敷文书院、溧阳南麓书院、宜兴竹(竺)西书院、泰兴崇化书院;重建15所:仪征乐仪书院(元年)、南京同文书院(二年)、太仓娄东书院(二年)、镇江宝晋书院(二年)、常州溪南书院(四年)、盐城表海书院(六年)、常熟正修书院(六年)、宜兴临津书院(十三年)、常州青山书院(十四年)、苏州甪直甫里书院(十五年)、宜兴宜荆试院(十八年)、兴化昭阳书院(二十五年)、扬州邗阳书院、盐城崇文书院(光绪初、二十八年)、连云港新石室书院。

其二,从地域来看,苏南新建 39 所,重建 29 所,苏北新建 13 所,重建 18 所,苏南高于苏北。

| 序号 | 城市 | 数量 | | 地域 | 总数 | | 备注 |
|---|---|---|---|---|---|---|---|
| | | 新建 | 重建 | | 新建 | 重建 | |
| 1 | 南京 | 6 | 6 | 苏南 | 39 | 29 | |
| 2 | 苏州 | 11 | 12 | | | | 苏州正谊书院重建 2 次 |
| 3 | 无锡 | 8 | 3 | | | | |
| 4 | 常州 | 8 | 5 | | | | |
| 5 | 镇江 | 6 | 3 | | | | |
| 6 | 扬州 | | 6 | 苏北 | 13 | 18 | |
| 7 | 泰州 | 2 | 1 | | | | |
| 8 | 南通 | 1 | | | | | |
| 9 | 淮安 | 6 | 4 | | | | |
| 10 | 宿迁 | | 1 | | | | |
| 11 | 盐城 | 2 | 2 | | | | 盐城崇文书院重建 2 次 |
| 12 | 连云港 | 1 | 3 | | | | |
| 13 | 徐州 | 1 | 1 | | | | |
| | 全省 | 52 | 47 | 全省 | 52 | 47 | |

其三,从建设主体来看,官办新建 20 所、重建 31 所,民办新建 30 所、重建 11 所,另有 2 所新建、5 所不详。此是继第一期后,官办又逊于民办。

| 序号 | 城市 | 性质 | | | 地域 | 总数 | | | 备注 |
|---|---|---|---|---|---|---|---|---|---|
| | | 官办 | 民办 | 不详 | | 官办 | 民办 | 不详 | |
| 1 | 南京 | 2/3 | 4/1 | /2 | 苏南 | 12/17 | 26/8 | 1/4 | |
| 2 | 苏州 | 4/8 | 7/3 | /1 | | | | | |
| 3 | 无锡 | 1/3 | 6/ | 1/ | | | | | |
| 4 | 常州 | /2 | 8/3 | / | | | | | |
| 5 | 镇江 | 5/1 | 1/1 | /1 | | | | | |

| 序号 | 城市 | 性质 | | | 地域 | 总数 | | | 备注 |
|---|---|---|---|---|---|---|---|---|---|
| | | 官办 | 民办 | 不详 | | 官办 | 民办 | 不详 | |
| 6 | 扬州 | /4 | /1 | /1 | 苏北 | 8/14 | 4/3 | 1/1 | |
| 7 | 泰州 | 1/1 | / | 1/ | | | | | |
| 8 | 南通 | 1/ | / | / | | | | | |
| 9 | 淮安 | 3/3 | 3/1 | / | | | | | |
| 10 | 宿迁 | /1 | / | / | | | | | |
| 11 | 盐城 | 1/2 | 1/ | / | | | | | |
| 12 | 连云港 | 1/2 | /1 | / | | | | | |
| 13 | 徐州 | 1/1 | / | / | | | | | |
| | 全省 | 20/31 | 30/11 | 2/5 | 全省 | 20/31 | 30/11 | 2/5 | |

其四,从执行功能来看,综合型重建2所,讲学课士新建36所、重建35所,祭祀新建4所、重建1所,自修无,另有11所新建、9所重建不详。讲学与课士占绝对之主流。

| 序号 | 城市 | 性质 | | | | | 地域 | 总数 | | | | | 备注 |
|---|---|---|---|---|---|---|---|---|---|---|---|---|---|
| | | 综合 | 讲学 | 祭祀 | 自修 | 不详 | | 综合 | 讲学 | 祭祀 | 自修 | 不详 | |
| 1 | 南京 | / | 6/5 | / | / | /1 | 苏南 | /2 | 27/20 | 4/1 | / | 7/6 | 南菁经古之学,亦刻书 |
| 2 | 苏州 | /2 | 7/8 | 3/ | / | 1/2 | | | | | | | |
| 3 | 无锡 | / | 5/2 | 1/ | / | 1/1 | | | | | | | |
| 4 | 常州 | / | 4/3 | /1 | / | 4/1 | | | | | | | |
| 5 | 镇江 | / | 5/2 | / | / | 1/1 | | | | | | | |
| 6 | 扬州 | / | /6 | / | / | / | 苏北 | / | 9/15 | / | / | 4/3 | |
| 7 | 泰州 | / | 1/1 | / | / | 1/ | | | | | | | |
| 8 | 南通 | / | 1/ | / | / | / | | | | | | | |
| 9 | 淮安 | / | 4/4 | / | / | 2/ | | | | | | | |
| 10 | 宿迁 | / | /1 | / | / | / | | | | | | | |
| 11 | 盐城 | / | 2/ | / | / | /2 | | | | | | | |

| 序号 | 城市 | 性质 | | | | | 地域 | 总数 | | | | | 备注 |
|---|---|---|---|---|---|---|---|---|---|---|---|---|---|
| | | 综合 | 讲学 | 祭祀 | 自修 | 不详 | | 综合 | 讲学 | 祭祀 | 自修 | 不详 | |
| 12 | 连云港 | / | /2 | / | / | 1/1 | 苏北 | / | 9/15 | / | / | 4/3 | |
| 13 | 徐州 | / | 1/1 | / | / | / | | | | | | | |
| | 全省 | /2 | 36/35 | 4/1 | / | 11/9 | 全省 | /2 | 36/35 | 4/1 | / | 11/9 | |

## 二、同治之中兴

同治三年(1864)清军攻克南京平定太平天国后,清廷与封疆大吏迅速开展了书院重建,整个同光时期共重建书院 47 所,除同治元年、二年淮安崇实、南京学山外,皆从此时所为。

其一,上层重视。早在同治二年(1863),清廷即下令各省督抚清理书院财产,恢复旧有书院:"近来军务省分各府州县,竟将书院公项借端挪移,以致肄业无人,月课废弛。嗣后由各督抚严饬各属,于事平之后,将书院膏火一项,凡从前置有公项田亩者,作速清理,其有原存经费无存者,亦当设法办理,使士子等聚处观摩,庶举业不致久荒,而人心可以底定。"①名公巨卿,或亲自主持,或饬令下属,恢复已毁书院、新建书院。如曾国藩主持重建南京钟山书院、支持重建沛县歌风书院;左宗棠在两江总督任上,支持创建江阴南菁书院,提倡经史实学,引天文、算学、舆地为教学内容;李鸿章则重建苏州正谊书院、南京惜阴书院,并协助新建南通东渐书院等。

其二,新、重建书院数量巨、质量高、层次完整。一是数量上超高速发展,本期新建书院 52 所,重建 47 所,总数 99 所,为清代四期之冠。二是新建或重建之省府级书院,质量极高,不逊于前期之省府书院,如南京惜阴书院、南京文正书院、苏州正谊书院、江阴南菁书院,皆一时之选。三是乡村书院深度发展,完全替代社学功能,如同治元年(1862)兴建的江阴西郊书院,由邑人金国琛所建,承担"西乡十镇生童肄业";光

---

① 昆冈等修,刘启端等纂:《钦定大清会典事例》卷三九五,《续修四库全书》第 804 册,上海古籍出版社 2002 年版,第 308 页。

绪五年(1879)新建的常州三近书院为"三乡生童肄业之所",七年(1881)创建的常州岘阳书院为"是乡生童肄业之所",十一年(1885)新建的常州"道乡书院"则为"循理、安东、依东、德泽四乡生童肄业之所"。

由于上自省府中至州县下至乡村书院的充分发育,书院业已完全取代官学。此如民国《高淳县志》载光绪十三年(1887)知县陶在铭《尊经书院记》所说:"国家之陶才也,学校以聚之,文宗以时升降之,乡会试以举之贡之,而平日之滋培而扶植之者则书院之力为多,遍十八行省中,士之翘然负异于春秋榜者,率其先称书院。"①

其三,乡村书院形成了新的功能。如自发抵抗基督教、成为公共议事机构等,已见清代综述部分,此不赘复。质言之,明末之东林,在于精英,清末之乡村,在于平民,皆是江苏书院对我国文化不朽之贡献。

其四,学术上汉宋合流。本期汉学类书院继续发展。如南京诸书院,柳诒徵先生云:"(两江总督)马新贻聘薛时雨主讲尊经,与联琇轮课惜阴,而词章之士蔚起。惜阴虽晚建,亦多名师……至时雨长惜阴,朴学虽逊,而声闻甚都。光绪中,梁鼎芬、缪荃孙长钟山,黄体芳、张謇长文正,学术风尚,视时雨又异。"②又如苏州正谊书院于嘉庆十年(1805)新建时"与紫阳书院俱以经艺课士",同治三年(1864)李鸿章重建后,"至是乃专课经解古学"。③然汉学之弊此时已毕现,无所潜遁,故又引起学术之新变化,即汉宋合流。检讨汉宋两橛,并非始于此际,嘉道间已渐为识者所倡,尊如汉学干城阮元既言:"我朝……崇宋学之性道,而以汉儒经义实之,圣学所指,海内响风。"④六合知县云茂琦亦云:"尝谓学者专事考据则病丛杂,高谈名理易涉空虚,能以汉儒之淹通折诸宋儒之义蕴,则学术正而士风不患其不古。"故咸丰之始已复重理学,以纠独尊汉学之弊。同治元年(1862)清廷下令国子监"于应课时文外,兼课论

① 刘春堂修,吴寿宽纂:民国《高淳县志》卷五《学校》,《中国地方志集成·江苏府县志辑34》,江苏古籍出版社1991年版,第82页。

② 柳诒徵:《江苏书院志初稿》,赵法生、薛正兴主编:《中国历代书院志》第1册,江苏教育出版社1995年版,第48—49页。

③ 李铭皖、谭钧培修,冯桂芬纂:同治《苏州府志》卷二十五《学校》,《中国地方志集成·江苏府县志辑7》,江苏古籍出版社1991年版,第610—611页。

④ 阮元:《儒林传稿·序》,《续修四库全书》第537册,上海古籍出版社2002年版,第617页。

策,以经史性理诸书命题,用觇实学"。① 由是朝野响应,兼综汉宋之风遂大盛。如曾国藩,在唐鉴讲学京师时,即"与倭仁、吴廷标、何桂珍严事之,治义理之学。兼友梅曾亮及邵懿辰、刘传莹诸人,为词章考据";②同治三年(1864)重建南京钟山书院后,聘李联琇为院长,兼讲汉宋。又如光绪十年(1884),江苏学政黄体芳建江阴南菁书院,延黄以周主讲,"教以博文约礼,实事求是,道高而不立门户"。③ 而后,王先谦继任督学,又"广筹经费,每邑拔取才士入院而督教之,诱掖奖劝,成就人材甚多"。④

其五,旧式学术大师之最后辉煌。此时各种老师宿儒,皆是旧式大师,不论其知不知晓、愿不愿意,学术范式与内容即将迎来沧桑巨变,故其最后之辉煌尤显苍凉。兹略举几位。

柳诒徵先生云:"冯桂芬殚力经世之学,亦以肄业生为两院院长,士林尤推重焉。"⑤按冯桂芬(1809—1874),字林一,号景亭,吴县人,师从林则徐,道光二十年(1840)进士,授编修,咸丰初在籍办团练,同治初,入李鸿章幕府。其精于小学,重经世致用之术,受西学影响,对中西算术也深有研究,著《校邠庐抗议》40 篇,提出"以中国之伦常名教为原本,辅以诸国富强之术",开时代之先声,启蒙近代洋务派、改良派。先后主讲惜阴、敬业、紫阳、正谊各书院,共 20 年,造就名士极多。

> 冯桂芬《崇祀乡贤录》:一故宦引掖后进出于至诚,先后主讲惜阴、敬业、紫阳、正谊各书院,几二十年,造就多知名士.其素无文誉而激励成材者,不可胜数。⑥

> 吴大澂《显志堂集序》:道光朝,林文忠公抚吴有政声,公余之暇,与紫阳、正谊两书院肄业士讲求文艺,鉴别人伦。吾师林一冯

① 昆冈等修,刘启端等纂:《钦定大清会典事例》卷一〇九九《国子监》,《续修四库全书》第 813 册,上海古籍出版社 2002 年版,第 277 页。
② 赵尔巽等撰:《清史稿》卷四〇五,《列传一百九十二·曾国藩传》,中华书局 1977 年版,第 11907 页。
③ 赵尔巽等撰:《清史稿》卷四八二,《列传二百六十九·儒林三》,中华书局 1977 年版,第 13297 页。
④ 赵尔巽等撰:《清史稿》卷四八二,《列传二百六十九·儒林三》,中华书局 1977 年版,第 13302 页。
⑤ 柳诒徵:《江苏书院志初稿》,赵法生、薛正兴主编:《中国历代书院志》第 1 册,江苏教育出版社 1995 年版,第 61 页。
⑥ 柳诒徵:《江苏书院志初稿》,赵法生、薛正兴主编:《中国历代书院志》第 1 册,江苏教育出版社 1995 年版,第 61 页。

公,以学问文章受知于文忠最深,有一时无两之誉。大澂肄业正谊时,适公主讲席,重刻段氏《说文注》,大澂与参校之役。①

俞樾(1821—1907),字荫甫,号曲园,浙江德清人,道光三十年(1850)进士,官翰林院编修,治经史小学。主讲苏州紫阳书院,学识广博,仅两年时间,接人颇盛。

张文虎(1808—1885),字孟彪、啸山,上海人,号天目山樵,为南菁书院首任院长,以经学、小学、历算、乐律教授生徒。

缪荃孙(1844—1919),字炎之,号筱珊,晚号艺风,江阴人,幼承家学,"少时避兵居淮安,肄业丽正书院,从院长丁晏受经学、小学。一生治经,宗主汉儒故训,实植基于此"。按淮安丽正书院,江藩、阮元曾在此课士,丁晏从其受业。此番丁晏"教以读经先研究小学",后缪氏中光绪二年(1876)进士,官翰林院编修。其长于金石、目录、版本、校勘等学,恪守乾嘉学派,治经以汉学为归。光绪二十二年(1896)因张之洞之约,挈家至南京,主钟山书院,直至光绪二十七年(1901)。每月一课,约讲四百卷。弟子甚众,程先甲、王瀣、梁炎、夏仁虎、茅乃登、陆春官、卢重庆、杨炎昌为优异者。缪氏历主南菁书院、钟山书院讲席。创办江南图书馆、京师图书馆。钟山书院改为高等学堂后,缪氏任总教习,亲赴日本考察学务。回国后,酌情订定课程,编辑课本,草创中西之学。②

## 三、光绪之终结

清季书院虽有短暂、剧烈之复兴,却如昙花一现,无法逃脱终结之命运,在西方文明的打击下,殉葬于旧文明,于戊戌变法、庚子之役等一系列大因缘中,戛然而止、轰然解体,转为新式学堂。此过程经过了主动改良与无奈解体两步骤。

其一,书院改良之原因。一是科举之连累。五百年中,八股消磨多少豪杰!科举取士之腐朽国人反省汗牛充栋,无须赘言。其实时人陷溺其中,受害更深,极有共识。如陶澍云:"夫自八比取士之法行,虽魁

---

① 柳诒徵:《江苏书院志初稿》,赵法生、薛正兴主编:《中国历代书院志》第1册,江苏教育出版社1995年版,第61页。
② 杨洪升:《缪荃孙研究》,上海古籍出版社2008年版,第7—24页。

才硕学,不能不降而就律令。"①顺天府府尹胡燏芬上《条陈变法自强疏》云:"今中国各省书院、义塾,制亦大备,乃于八股试帖、词赋经义而外,一无讲求。又明知其无用,而徒以法令所在,相沿不改。人才消耗,实由于此。"②康有为云:"学八股者,不读秦汉以后之书,更不考地球万国之事,然可以通籍累至大官。今群臣济济,然无以任事变者,皆由八股致大位之故。故台、辽之割,不割于朝廷,而割于八股;二万万之款,不赔于朝廷,而赔于八股;胶州、旅大、威海、广州之割,不割于朝廷,而割于八股。"③唯废科举引发书院之终结实为本可避免之悲剧。此亦可证明,清末书院已完全科举化,④无法自证清白,故玉石俱焚。

二是西学之入侵。西学传入,一文一武,武者坚船利炮,文者教会学堂。传教士潮涌入境,新建一系列学校,因彼时国内官学已失,唯余书院,故此类宗教学校亦冠以书院之名,其在江苏者,以南京、苏州为集中地,如苏州博习(存养)书院(同治九年)、南京汇文书院(光绪十四年)、南京宏育(基督)书院(光绪十七年)、南京益智书院(光绪二十年)等,其所传之宗教与科技,完全于四书诗赋之外,别有洞天。

三是新式学堂之刺激。由上述原因,部分开明权贵、洋务先锋遂开始在旧学体系之外,模仿西人建立新式学堂,如同治二年恭亲王奕䜣创建京师同文馆,五年左宗棠奏建福建船政学堂,十三年上海江南制造局建立操炮学堂等。光绪间此风更长。结果新学堂其效堪用,旧书院相形见绌,故其灭亡亦加速矣。

其二,书院之主动调整。书院本无辜,为科举所裹挟而已,故时贤亦曾欲改良之,以旧瓶装新酿。甲午之后,康南海上书光绪即云:"令各州县遍开艺学书院,凡天文、地矿、医律、光重、化电、机器、武备、驾驶、

---

① 陶澍:《钟山书院课艺序》,《陶文毅公全集》卷三七《文集》,《续修四库全书》第 1503 册,上海古籍出版社 2002 年版,第 410 页。

② 见朱有瓛主编:《中国近代学制史料》第一辑下册,华东师范大学出版社 1986 年版,第 473 页。

③ 康有为:《康南海自编年谱》,中华书局 1992 年版,第 43 页。

④ 如康南海云:"我各直省及府州县,咸有书院,多者十数所,少者一二所。其民间亦有公书院、义学、社学、学塾。皆有师生,皆有经费,惜所课皆八股试帖之业,所延多庸陋之师,或拥席不讲,垩受修脯者。其省会间有考据词章之学者,天下数所而已。"康有为:《康有为全集》第四集,《请饬各省改书院淫祠为学堂折》,中国人民大学出版社 2007 年版,第 320 页。

分立学堂,而测量、图绘、语言、文字皆学之。"①光绪二十二年(1896)六月山西巡抚胡聘之《请变通书院章程折》云:"查近日书院之弊,或空谈讲学,或溺志词章,既皆无裨实用。其下者专摹帖括,注意膏奖,志趣卑陋,安望有所成就。宜将原设之额,大加裁汰,每月诗文等课,酌量并减,然后综核经费,更定章程,延硕学通儒,为之教授,研究经义,以穷其理,博综史事,以观其变。由是参考时务,兼习算学,凡天文、地舆、农务、兵事,与夫一切有用之学,统归格致之中,分门探讨,务臻其奥。"②光绪允准并经礼部"通行各省在案"。光绪二十三年(1897),诸省众多书院增加自然科学如天文、舆地、算学,乃至光学、电学、化学、物理等。江苏则先行一步,光绪二十一年(1895)盐城尚志书院"课生徒以经史、性理、时务之学,一时才俊之士多出其中"。③ 淮安勺湖书院亦"设经解及算术、几何,一月一课"。④ 值此,南京惜阴、苏州文正、苏州正谊、江阴锦带、句容华阳等均改定课章,添设西学。如锦带"定期举课外,又集捐购置经史百家及时务西学书籍凡一千五百卷"。⑤ 华阳《章程》中有"时务之学,所包者,广统中西学而言之,曰掌故之学、三通政典之学以及天文地舆兵家边务律令测算考工方言格致农桑矿务,为学不一"。⑥ 光绪二十四年(1898)七月十一日,江苏学政瞿鸿禨奏请将江阴南菁书院原有沙田试办农学。⑦

其三,书院之彻底废除。然而上述之改良,犹抱琵琶,五十步耳,随时局之剧变,甲午之耻,推动戊戌变法,庚子国难,更掀全民狂热,彻底更改旧式、改良式书院为全新学堂之途径愈加清晰,声响也越来越大。

早在光绪二十二年(1896)五月刑部左侍郎李端棻《奏请推广学校

① 康有为:《康有为全集》第二集,《上清帝第二书》,中国人民大学出版社 2007 年版,第 42 页。

② 陈谷嘉、邓洪波:《中国书院史资料》,浙江教育出版社 1998 年版,第 1988 页。

③ 林懿均、李直夫修,胡应庚、陈钟凡纂:民国《续修盐城县志稿》卷七《教育》,《中国地方志集成·江苏府县志辑 59》,江苏古籍出版社 1991 年版,第 437 页。

④ 邱沅、王元章修,段朝瑞等纂:民国《续纂山阳县志》卷七《学校》,《中国地方志集成·江苏府县志辑 55》,江苏古籍出版社 1991 年版,第 437 页。

⑤ 陈思修,缪荃孙纂:民国《江阴县续志》卷六《学校》,《中国地方志集成·江苏府县志辑 26》,江苏古籍出版社 1991 年版,第 93 页。

⑥ 张绍棠修,萧穆等纂:光绪《句容县志》卷三下《学校》,《江苏历代方志全书·江宁府部》第 3 册,凤凰出版社 2018 年版,第 76 页。

⑦ 陈谷嘉、邓洪波:《中国书院史资料》,浙江教育出版社 1998 年版,第 2472 页。

折》即建议自京师至各省府州县建立完整的新式学堂体系,且不必周折,可由现存之书院体系入手改造,①光绪下令将之转发各省督抚并命其"或就原有书院,量加程课;或另建书院,肄习专门。果使业有可观,三年后,由督抚奏明,再行议定章程,请旨考试录用"。②

二十四年(1898)四月光绪颁布"定国是诏":"各宜努力向上,发愤为雄,以圣贤义理之学,植其根本,又须博采西学之切于时务者,实力讲求,以救空疏迂谬之弊。专心致志,精益求精,毋徒袭其皮毛,毋竟腾其口说,总期化无用为有用,以成通经济变之才。"③

五月,康有为即连上《请开学校折》《请饬各省改书院淫祠为学堂折》,认为旧式书院"师徒万千,日相率为无用之学,故经费虽少,虚靡则多。今既罢弃八股,而大学堂经济常科,皆须小学、中学之升擢,而中学、小学直省无之。莫若因省府州县乡邑公私现有之书院、社学、学塾,皆改为兼习中西之学校。省会之大书院为高等学,府州县之书院为中等学,义学、社学为小学"。④ 此是期待彻底改革将全国书院皆改为学堂。

光绪嘉许之,立下《改书院为学校上谕》:"前经降旨,开办京师大学堂。入堂肄业者,由中学、小学依次而升,必有成效可睹。惟各省中学、小学,尚未一律开办。总计各直省省会暨府厅州县无不各有书院。著各该督抚督饬地方官,各将所属书院处所、经费数目,限两个月详复具奏。即将各省府厅州县现有之大小书院,一律改为兼习中学、西学之学校。至于学校阶级,自应以省会之大书院为高等学,郡城之书院为中等学,州县之书院为小学,皆颁给京师大学堂章程,令其仿照办理。其地方自行捐办之义学、社学等,亦令一律中西兼习,以广造就。"⑤

然戊戌变法失败,书院改学堂一事,曾一度停止。但庚子一役,八国入寇,帝后西狩,举国蒙羞,故深化变法之事又提上日程。光绪二十

① 陈谷嘉、邓洪波:《中国书院史资料》,浙江教育出版社 1998 年版,第 1980—1985 页。
② 陈谷嘉、邓洪波:《中国书院史资料》,浙江教育出版社 1998 年版,第 1986 页。
③ 中国史学会:《中国近代史资料丛刊·戊戌变法》第二册,上海人民出版社 1957 年版,第 4 页。
④ 康有为:《康有为全集》第四集,《请饬各省改书院淫祠为学堂折》,中国人民大学出版社 2007 年版,第 320 页。
⑤ 中国史学会:《中国近代史资料丛刊·戊戌变法》第二册,上海人民出版社 1957 年版,第 34 页。

七年(1901)八月再次下诏:"著将各省所有书院,于省城均改设大学堂,各府及直隶州均改设中学堂,各州县均改设小学堂,并多设蒙养学堂。其教法当以四书五经纲常大义为主,以历代史鉴及中外艺学为辅。"①于是各省纷纷执行。本年十二月江苏巡抚聂缉椝《奏陈改设学堂折》禀明,"苏州省城先于光绪二十四年……设立中西学堂……延聘中西教习,分等授课,近又加课东文(日文),兼习体操,规模略备……应即以此为苏州省城大学堂……再将省城正谊书院改为苏州府中学堂……平江书院改为长洲、元和、吴县三县小学堂……省城原有学古堂,本讲求有用实学,所取多高材生,亦应循旧办理,加意整顿……至于外府县如常州致用精舍,常熟、昭文二县文游书院,无锡、金匮二县东林书院,俟实学堂,亦早分课经策,兼及泰西各学。兹复通饬各府厅州县,将已改者逐渐扩充,未改者从速酌改"。② 次年(1902)春,刘坤一《奏陈筹办江南省各学堂折》,其中南京如下,"兹将江南文正书院改设小学堂一所","钟山书院改设中学堂一所","尊经、凤池两书院改为校士馆","各府州县书院,亦已饬全改为学堂"。③

光绪二十九年(1903),张之洞等人制《奏定学堂章程》,即"癸卯学制",加速书院改制,三十年(1904),江苏普遍完成从书院到学堂之改革。三十一年(1905),清政府下令废除科举考试制度,则作为其附庸的书院也完全失去了存在之价值。

## 第二节 同光时期江苏各市新建书院

### 一、常州新建书院

1. 常州高山书院。光绪《武进阳湖县志》载:"在阳湖大宁乡三河

---

① 转引自陈谷嘉、邓洪波:《中国书院史资料》,浙江教育出版社1998年版,第2500页。
② 转引自陈谷嘉、邓洪波:《中国书院史资料》,浙江教育出版社1998年版,第2490—2491页。
③ 转引自陈谷嘉、邓洪波:《中国书院史资料》,浙江教育出版社1998年版,第2501—2502页。

口,光绪元年(1875)建。"①光绪《武阳志余》:"往李先生兆洛实居三河口。"②然则此地为李兆洛家乡。

2. 常州棠荫书院。光绪《武阳志余》载:"在阳湖惠化乡寨桥,光绪四年(1878)建,光绪末年废。"③光绪《武进阳湖县志》载:"阳湖惠化乡寨桥拟建棠阴书院,有阳湖知县吴康寿捐钱二百千。"④

3. 常州三近书院。光绪《武阳志余》载:"在阳湖升西乡横塘桥岳庙旁,光绪五年(1879)建。升西乡孙清载,从政乡史汉、太平乡孙润璋等禀请集捐创建,为三乡生童肄业之所。"⑤

4. 常州金台书院。光绪《武阳志余》载:"在武进安西乡奔牛镇,光绪六年(1880)创设。"⑥

5. 常州岷阳书院。光绪《武阳志余》载:"在丰南乡普济堂,光绪七年(1881)创设。由邑人任九皋等申呈创设,为是乡生童肄业之所。"⑦

6. 常州临津书院。光绪《武阳志余》载:"在安尚乡青城桥,光绪七年(1881)建。政成乡苏恩暹、安尚乡黄始善等呈请集捐于青城寺废基建。"⑧

7. 常州道乡书院。光绪《武阳志余》载:"在武进循理乡小新桥惜字公局,光绪十一年(1885)建。邑人呈请创设为循理、安东、依东、德泽

---

① 王其淦、吴康寿修,汤成烈等纂:光绪《武进阳湖县志》卷五《学校》,《中国地方志集成·江苏府县志辑 37》,江苏古籍出版社 1991 年版,第 151 页。

② 庄毓鋐、陆鼎翰纂修:光绪《武阳志余》卷三《书院》,《中国地方志集成·江苏府县志辑 38》,江苏古籍出版社 1991 年版,第 142 页。

③ 庄毓鋐、陆鼎翰纂修:光绪《武阳志余》卷三《书院》,《中国地方志集成·江苏府县志辑 38》,江苏古籍出版社 1991 年版,第 143 页。

④ 王其淦、吴康寿修,汤成烈等纂:光绪《武进阳湖县志》卷五《学校》,《中国地方志集成·江苏府县志辑 37》,江苏古籍出版社 1991 年版,第 151 页。

⑤ 庄毓鋐、陆鼎翰纂修:光绪《武阳志余》卷三《书院》,《中国地方志集成·江苏府县志辑 38》,江苏古籍出版社 1991 年版,第 143 页。

⑥ 庄毓鋐、陆鼎翰纂修:光绪《武阳志余》卷三《书院》,《中国地方志集成·江苏府县志辑 38》,江苏古籍出版社 1991 年版,第 141 页。

⑦ 庄毓鋐、陆鼎翰纂修:光绪《武阳志余》卷三《书院》,《中国地方志集成·江苏府县志辑 38》,江苏古籍出版社 1991 年版,第 143 页。

⑧ 庄毓鋐、陆鼎翰纂修:光绪《武阳志余》卷三《书院》,《中国地方志集成·江苏府县志辑 38》,江苏古籍出版社 1991 年版,第 143 页。

四乡生童肄业之所。"①

8. 溧阳南麓书院。光绪《溧阳县续志》载："在惠得区戴埠镇,前后房屋两进各三间,光绪中史良、尤炳等倡捐建造。俟经费充裕,拟仿平陵书院章程,禀请分期开课。"②

## 二、淮安新建书院

1. 淮安养蒙书院。同治《重修山阳县志》载："在河下,同治三年(1864)立,存典生息钱凡三款一千六百千。以上三书院(明德、节孝、养蒙)皆绅士经理,规制类义学。"③

2. 淮安明德书院。同治《重修山阳县志》载："在安定祠内,同治十年(1871)立,经费生息银一千两存清河典。"④

3. 淮安勺湖书院。民国《续纂山阳县志》载："在城西北隅,光绪四年(1878)邑人顾云臣修(院为邑人阮学浩别业。乾隆中,学浩自湖南学政乞养归里,于此课士。后毁于水。光绪丁丑,邑人顾云臣亦归自湖南学政任,重为修葺,月集生童课文,得士甚盛。嗣设经、算两塾,课经解及算术、几何。一月一课,正课生、童各十名,副课无定额,膏奖由漕督善后局拨给)。光绪二十八年、三十年,以上各书院先后改办学堂。"⑤

4. 淮安射阳书院。光绪《淮安府志》："在城内西南留云道院内,光绪六年(1880)知县陆元鼎即旧五云堂建。"⑥民国《续纂山阳县志》："肄业生正课十五名,副课十名,肄业童正、副课亦如之。"⑦又"以上各书院

① 庄毓鋐、陆鼎翰纂修:光绪《武阳志余》卷三《书院》,《中国地方志集成·江苏府县志辑38》,江苏古籍出版社1991年版,第142页。

② 朱畯修,冯煦纂:光绪《溧阳县续志》卷五《学校》,《中国地方志集成·江苏府县志辑32》,江苏古籍出版社1991年版,第459页。

③ 张兆栋、孙云修,何绍基、丁晏等纂:同治《重修山阳县志》卷八《学校》,《中国地方志集成·江苏府县志辑55》,江苏古籍出版社1991年版,第127页。

④ 张兆栋、孙云修,何绍基、丁晏等纂:同治《重修山阳县志》卷八《学校》,《中国地方志集成·江苏府县志辑55》,江苏古籍出版社1991年版,第127页。

⑤ 邱沅、王元章修,段朝瑞等纂:民国《续纂山阳县志》卷七《学校》,《中国地方志集成·江苏府县志辑55》,江苏古籍出版社1991年版,第353页。

⑥ 孙云锦修,吴昆田、高延第纂:光绪《淮安府志》卷二十一《学校》,《中国地方志集成·江苏府县志辑54》,江苏古籍出版社1991年版,第298页。

⑦ 邱沅、王元章修,段朝瑞等纂:民国《续纂山阳县志》卷七《学校》,《中国地方志集成·江苏府县志辑55》,江苏古籍出版社1991年版,第353页。

（丽正、奎文、射阳、勺湖）光绪二十八年、三十年，以上各书院先后改办学堂"。①

5. 淮安犹龙书院。民国《续纂清河县志》："在老子山，光绪二十三年（1897）邑令侯绍瀛建，未久即废。"②

6. 淮安袁江书院。民国《续纂清河县志》："在东门内，光绪二十三年（1897）邑令侯绍瀛购周姓民房，扩充建……延师讲授，肄业其中者颇极一时之盛。三十二年（1906）停止课士。"③

### 三、连云港新建书院

连云港溯沂书院。光绪《赣榆县志》："在赣榆县大沙河镇，光绪十三年（1887）知县王豫熙创建。"据王豫熙《溯沂书院记》，赣榆原有怀仁、选青两书院，但偏在县东，大沙河位于县之西南，人众地偏，无就学之所，故与乡绅创是院。④

### 四、南京新建书院

1. 南京汇文书院。柳诒徵先生云："西人来华设学，意书院即中国之学校，故恒以书院名其学校，如汇文书院、约翰书院之类。迨中国废书院为学堂，亦从而易其书院之称。"⑤汇文书院是清末第一所传入南京的西方新式教会学校，建于清光绪十四年（1888），位于中山路169号（干河沿），原是美国基督教美以美会传教士博罗创办的教会学校。首任院长是美国人福开森，后由美国人师图尔、包文继任。宣统二年（1910）汇文书院与宏育书院合并为金陵大学堂，原汇文书院的中学堂

---

① 邱沅、王元章修，段朝瑞等纂：民国《续纂山阳县志》卷七《学校》，《中国地方志集成·江苏府县志辑55》，江苏古籍出版社1991年版，第353页。

② 邱沅、王元章修，段朝瑞等纂：民国《续纂山阳县志》卷七《学校》，《中国地方志集成·江苏府县志辑55》，江苏古籍出版社1991年版，第1123页。

③ 邱沅、王元章修，段朝瑞等纂：民国《续纂山阳县志》卷七《学校》，《中国地方志集成·江苏府县志辑55》，江苏古籍出版社1991年版，第1123页。

④ 王豫熙修、张謇等纂：光绪《赣榆县志》卷六《学校》，《中国地方志集成·江苏府县志辑65》，江苏古籍出版社1991年版，第180—182页。

⑤ 柳诒徵：《江苏书院志初稿》，赵法生、薛正兴主编：《中国历代书院志》第1册，江苏教育出版社1995年版，第91—92页。

遂改称为金陵大学附属中学,简称金大附中、金陵中学。①

2. 南京文正书院。光绪十六年(1890)曾国藩弟子、江宁布政使许振祎(1827—1899,字仙屏,江西奉新县人)为纪念曾国藩而建。黄体芳、张謇等曾任山长,有课艺刊行。

> 《首都志》:最晚立者为文正书院,黄体芳、张謇尝为山长,学术风尚与(薛)时雨又异,要皆砥砺于经史文学。②

> 张謇《文正书院丙庚课艺录序》:自布政使奉新许公,以湘乡曾文正公再造江南,而在江宁尤久,建立书院,俾邦人士永无穷之讴思,于是江宁有文正书院。(柳诒徵按:文正书院建于光绪十六年庚寅,所谓丙庚者,丙申至庚子也。)③

> 《张謇年谱》:光绪二十一年乙未十二月,南皮聘继黄先生长文正书院。二十二年丙申二月,至江宁任文正书院院长。江谦、江导岷、束日瑄、陆宗舆等从学于书院。二十三年丁酉,长文正书院。二十四年戊戌,长文正书院。二十五年己亥,仍长文正书院。二十六年庚子,选文正书院课艺。二十七年辛丑,三月辞文正书院,举丁恒斋自代。④

光绪二十一年(1895)改江宁府中学堂,民国后陆续改称江宁府学堂、江宁中学堂、江苏省立第一中学校,地址位于中正街八府塘,民国十六年并入南京中学。⑤

3. 南京尊经书院。民国《高淳县志》载:"光绪十七年(1891)知县陶在铭捐廉、谕董筹捐,重建尊经阁,并创设尊经书院。陶《记》曰:高淳学山书院创于道光戊子,毁于咸丰癸丑,重修于同治丁卯,其时度支不

---

① 施美菊:《汇文书院》,《钟山风雨》2006 年第 4 期。

② 叶楚伧、柳诒徵主编,王焕镳主纂:《首都志》卷七教育上,《民国丛书》第 5 编 76,正中书局 1937 年版影印,第 701 页。

③ 柳诒徵:《江苏书院志初稿》,赵法生、薛正兴主编:《中国历代书院志》第 1 册,江苏教育出版社 1995 年版,第 43 页。

④ 柳诒徵:《江苏书院志初稿》,赵法生、薛正兴主编:《中国历代书院志》第 1 册,江苏教育出版社 1995 年版,第 43 页。

⑤ 叶楚伧、柳诒徵主编,王焕镳主纂:《首都志》,《民国丛书》第 5 编 76,77,正中书局 1937 年版影印,第 701 页。

足,因陋就简,主讲无人,一年仅四试,试辄属之县官,诸生至者寥寥,取文具塞责而已。己丑春,予来知县事……谋就尊经阁故址建尊经书院……越两年,书院落成,尊经阁亦新焉,而淳邑于是有学山、尊经两书院。学山仍循旧章,尊经则分内外课,延山长督之。"①

4. 南京基督书院。光绪十七年(1891),美国传教士美在中(Frank E. Meigs,字兰陵,原名美葛斯)在南京鼓楼坡下创办了基督书院(Christian College)并自任院长。

5. 南京益智书院。光绪二十年(1894),美国长老会传教士贺子夏(美籍)在南京户部街建益智书院(The Presbyterian Academy),后由文怀恩(J. E. Williams)继任院长。

6. 南京宏育书院。光绪三十二年(1906),由上述基督书院和益智书院合并而成宏育书院(The Union Christian College),美在中为院长,文怀恩为副院长。

## 五、南通新建书院

南通东渐书院。同治七年(1868),两江总督李鸿章和知州梁悦馨率邑绅建。东渐取自《尚书·禹贡》"东渐于海,西被于流沙,朔南暨,声教讫于四海"。光绪《通州志》:"在四甲镇,国朝同治七年知州梁悦馨建。经费:爵督李鸿章捐钱四百千,知州梁悦馨捐钱八百千,典商捐钱六百千,彭维聪、彭宝荣捐钱一千六百千,吕四、余东、余西、金沙四场商每引捐钱三百四十千,盐基墩荡田岁租钱一百四十八千九百十二文。"②其后之发展则见《南通县图志》:"建设之意,以本乡之东,地近海滨,解诗书者十不得一,乃谋之斯院以促进文化焉。自学校兴,即改为初等小学;近复改为南通县第三高等小学,而以初等小学移建于院东之东岳庙云。"

① 刘春堂修,吴寿宽纂:民国《高淳县志》卷五《学校》,《中国地方志集成·江苏府县志辑 34》,江苏古籍出版社 1991 年版,第 82 页。
② 梁悦馨、莫祥芝修,季念诒、沈镗纂:光绪《通州直隶州志》卷五《学校》,《中国地方志集成·江苏府县志辑 52》,江苏古籍出版社 1991 年版,第 261—262 页。

## 六、苏州新建书院

1. 苏州盛湖书院。同治《苏州府志》载："盛湖书院在盛泽镇大适圩，国朝同治八年(1869)，里人仲廷机以沈氏入官屋改建。"①《盛湖志》："添设肄业公所，匾亦悬松陵学舍，即盛湖东书院。在大适圩太平桥东□，国朝同治八年冬，里人仲廷机等禀请以官封沈氏房屋凡八十间，作为生童会课之处，知府李铭皖、知县黎庶昌先后给示勒碑。"②按此即前述沈云《盛湖竹枝词》之笠泽书院，俗称东书院。

2. 苏州存养——博习书院。同治十年(1871)美国基督教监理公会传教士曹子实在苏州租赁葑门十全街教友殷勤山之屋，此是存养书院之始，采用中文教学，不教外语，主要讲授《圣经》、西学和儒学，学生入学年龄大致限于八九岁至 15 岁之间。1876 年潘慎文牧师至苏州协助曹子实工作。1878 年监理会开始在天师庄(后名天赐庄)购地，兴建传教士住宅和学校。1879 年曹子实被调往上海，其原住处出租，学校迁入天师庄，由潘慎文接管，共有 18 名学生迁入天师庄。在这次搬迁过程中，美国肯塔基州的一位教友捐资 6000 元用于兴建学校和教堂，故学校正式取名为存养书院，亦名存养书塾。1884 年存养书院改名为博习书院，以同名纪念在该校发展中捐资最巨之友人。后渐兴盛。1899 年初春，监理会决定将博习书院迁往上海合并到中西书院，而学校的建筑、仪器则移交给孙乐文的宫巷中西书院。后演为东吴大学。③

3. 太仓尊道书院。见前文太仓安道书院。同治十二年(1873)知州吴承潞在海门桥西南陆世仪讲学处旧址建桴亭书院，因陆世仪号桴亭，故名。后改名尊道书院，安道书院并入。

4. 苏州澹台书院。尹山旧有澹台书院，雍正初重建，咸丰十年(1860)毁，同治间，移至葑门外郭巷镇，同名异址，故算作新建，其完全是祭祀类型，无讲学活动，详见前文。

---

① 李铭皖、谭钧培修，冯桂芬纂：同治《苏州府志》卷二十七《学校》,《中国地方志集成·江苏府县志辑 7》,江苏古籍出版社 1991 年版，第 641 页。

② 仲廷机纂，仲虎腾续纂：《盛湖志》卷四《学舍》,《中国地方志集成·乡镇志专辑》第 11 册，江苏古籍出版社 1992 年版，第 467 页。

③ 本书院参见胡卫清：《博习书院述论》,《苏州大学学报》1994 年第 1 期。

5. 苏州切问书院。光绪《吴江县续志》载:"在卢墟镇□字圩,光绪元年(1875)新建,知县金福曾为记。颜曰切问者,以陆中丞耀切问斋名之也,中奉陆丞神位。"①按陆耀(1723—1785),字青来,吴江芦墟人,乾隆十七年(1752)中举人,授内阁中书,入军机处,累官至湖南巡抚,著有《切问斋文集》等。

6. 常熟学爱精庐。光绪《常昭合志稿》载:"在方塔弄琴川课院旧基之右。光绪初,昭文知县陈康祺建为县试童生之所,兼聘院长专课古学,二十九年裁课,以其经费归入小学堂。"②

7. 昆山鸳湖寄塾。民国《昆新两县续补合志》载:"光绪三年(1877),昆山县金吴澜捐建,以庙田充公租息作膏火课士。七年,金令移官去,张令绍渠莅任,始则仍在鸳墅考试,旋移至署中,未几改章,每年散卷分课两次,时举时止,至二十三年,后由邑人禀请改设官塾,延师阅文,寻亦废。"③按此书院虽名寄塾,但列在书院目下,且其性质亦为书院。

8. 昆山文节书院。民国《昆新两县续补合志》载:"在石浦镇中市通里桥南,即真如观之旧址,祀宋卫文节公泾、明张提学副使和叶文庄公盛,光绪十一年(1885),里人朱静初创捐、吴钟麟创办。"④

9. 苏州学古堂。柳诒徵先生云:"光绪中,黄彭年为布政使,建学古堂,以经古课士,盖等于江宁之惜阴焉。"⑤可见其性质与地位。其梗概可见民国《吴县志》:"学古堂在沧浪亭北,正谊书院右,光绪十四年(1888),江苏布政使黄彭年建,地为可园旧基,正谊书院所未围入者。

① 金福曾等修,熊其英等纂:光绪《吴江县续志》卷三《学校》,《中国地方志集成·江苏府县志辑 20》,江苏古籍出版社 1991 年版,第 349 页。

② 郑钟祥、张瀛修,庞鸿文等纂:光绪《常昭合志稿》卷十四《学校》,《中国地方志集成·江苏府县志辑 22》,江苏古籍出版社 1991 年版,第 202 页。

③ 连德英修,李传元纂:民国《昆新两县续补合志》卷二《学校》,《中国地方志集成·江苏府县志辑 16》,江苏古籍出版社 1991 年版,第 339 页。

④ 连德英修,李传元纂:民国《昆新两县续补合志》卷二《学校》,《中国地方志集成·江苏府县志辑 16》,江苏古籍出版社 1991 年版,第 339 页。

⑤ 柳诒徵:《江苏书院志初稿》,赵法生、薛正兴主编:《中国历代书院志》第 1 册,江苏教育出版社 1995 年版,第 56 页。

三十一年(1905)改为游学预备科,三十三年(1907)又改为存古学堂。"①据诸可宝《学古堂记》,黄彭年"好学爱士,不厌不倦,先以翰林告养日久,主莲池书院讲席,储书分课,畿辅至今称道",故至苏州莅任后,感到"浙有诂经精舍,粤有学海堂,若鄂若湘、若巴蜀、若豫章,无不有藏书督课之地,独此大邦,阙焉未备,甚非宜也",因创学古堂。"即聘雷深之主讲席,选高材生胡玉缙、章钰为斋长,任典守渐陶之责",又选"褚可宝、吴寿萱为算学斋长,示有专家察诸生之勤惰"。另设监院考察诸生日常言行。课程则"参仿莲池事例,订立课程",教学质量极高,"屡科皆有隽者"。其经费来源,主要赖政府拨款及地方官筹措。②

其课程设置可见《采访录》:"学古堂在苏州沧浪亭可园故址,光绪十四年(1888)布政司黄彭年创建。定额内课省十八员,外课生不限额,课程以经为主,由诸生自报专经外,旁及小学、四史、文选、算学等。每月缴日记一册,由山长详定等次,前列者酌给奖金有差。历届山长:吴县雷浚,慈溪林颐山、吴县袁宝璜,均由藩司订聘。光绪三十年(1904),改为存古学堂。"章钰《陶楼文钞跋》:"光绪十有四年戊子,贵筑黄子寿先生开藩吴中,用前掌教莲池故事,就正谊书院西偏可园建学古堂,购书数万卷,遴诸生分斋肄业。"③

10. 张家港梁丰书院。光绪二十一年(1895)里人建。民国《江阴县续志》:"梁丰书院在杨舍镇堡城外、同善堂后,萧梁时曾置梁丰县于镇境,故取以为名。旧有古暨阳文社,经费渐裕,于光绪二十一年(1895)禀县立案改办书院……三十一年(1905)改设学堂。"④杨舍镇旧属江阴,中华人民共和国成立后设沙洲县,杨舍改隶,后沙洲更为张家港市,属苏州。

11. 苏州宫巷书院。光绪二十二年(1896)美国基督教监理会传教

① 曹允源、李根源纂:民国《吴县志》卷二十七《书院》,《中国地方志集成·江苏府县志辑11》,江苏古籍出版社1991年版,第401页。
② 曹允源、李根源纂:民国《吴县志》卷二十七《书院》,《中国地方志集成·江苏府县志辑11》,江苏古籍出版社1991年版,第401—402页。
③ 柳诒徵:《江苏书院志初稿》,赵法生、薛正兴主编:《中国历代书院志》第1册,江苏教育出版社1995年版,第56页。
④ 卢思诚、冯寿镜修,季念贻、夏炜如纂:民国《江阴县续志》卷六《学校》,《中国地方志集成·江苏府县志辑26》,江苏古籍出版社1991年版,第93页。

士孙乐文创建,此是监理会在苏州所办第二所书院。学生平均年龄是18—20岁,课程除英语外,还有国文、算学、自然科学常识和神学课。学生们参加汉语早祷,读中英文对照的福音书。因讲授内容有中学和西学,故亦称宫巷中西书院。1899年起,监理公会和孙乐文策划在苏州办一所大学,并筹组董事会。1900年12月15日,制定《东吴大学校董会章程》,推选孙乐文为首任校长。1901年3月,宫巷书院迁入天赐庄博习书院旧址,定名东吴大学。

## 七、泰州新建书院

1. 泰兴太平洲书院。详见下文镇江太平书院,此处仅列其名,不计总数。

2. 泰兴丽黄书院。光绪《泰兴县志》:"在泰兴县黄桥镇,光绪十二年(1886)知县杨激云建。"①宣统《泰兴县志续》:"光绪三十四年(1908)改建丽黄初等小学。"②

3. 泰兴崇化书院。宣统《泰兴县志续》:"在口岸镇,旧为文社。按此为前志所未载,其改称书院未详始自何年。光绪二十七年(1901)改建蒙养学堂。"③

## 八、无锡新建书院

1. 江阴西郊书院。光绪《江阴县志》:"西郊书院在后梅镇,同治元年(1862)邑人金国琛请于邑侯集赀创建,以为西乡十镇生童肄业之所在。"④民国《江阴续志》:"光绪三十二年(1906)改办学堂。"⑤

---

① 杨激云修,顾曾烜纂:光绪《泰兴县志》卷十三,《中国地方志集成·江苏府县志辑51》,江苏古籍出版社1991年版,第114页。

② 王元章修,金鉽纂:宣统《泰兴县志续》卷六《学校》,《中国地方志集成·江苏府县志辑51》,江苏古籍出版社1991年版,第323页。

③ 王元章修,金鉽纂:宣统《泰兴县志续》卷六《学校》,《中国地方志集成·江苏府县志辑51》,江苏古籍出版社1991年版,第323页。

④ 卢思诚、冯寿镜修,季念贻、夏炜如纂:光绪《江阴县志》卷五《学校》,《中国地方志集成·江苏府县志辑25》,江苏古籍出版社1991年版,第190页。

⑤ 卢思诚、冯寿镜修,季念贻、夏炜如纂:民国《江阴续志》卷六《学校》,《中国地方志集成·江苏府县志辑26》,江苏古籍出版社1991年版,第93页。

2. 宜兴鹅西讲舍。同治十二年(1873)邑人为抵抗天主教之侵入而建,位于杨巷镇,民国二年(1913)改为杨巷市立第一初等小学校。详见本章第五节。

3. 宜兴鹅山书院。光绪六年(1880)邑人为抵抗天主教之侵入而建,位于和桥镇。光绪《宜荆新志》:"今称柯城者,乃近和桥之镇,崇正辟邪,闻风而起(近和桥十里西人亦有袄教,故建书院),购地筑室,命曰鹅山书院。南瞰吕山金鹅之峰,罗列几案,凭窗啸咏,可以壮文兴助诗情。"①光宣《宜荆续志》:"和桥镇鹅山书院,光绪三十二年(1906)改为鹅山高等小学堂。"②

4. 宜兴竹(竺)西书院。光绪《宜荆新志》:"周铁之镇东有竹山,与柯城之山同名,书院建于其西,是称竹西。"③又:"光绪二十九年(1903)改为竺西高等小学堂。"④

5. 宜兴国山书院。位于张渚镇,由邑人集资,光绪五年(1879)建,七年(1881)成。开始只是祭祀乡贤,至光绪十二年(1886),方行课士。光绪《宜荆新志》:"张渚镇,古属国山,封禅吴碑,十里而近,书雄词健,好古者珍之,九峰蜿蜒,人物劲秀,何武茇之旧第,张文石之故墟,湄隐卢园(按,何武茇未出时有湄隐园,卢园即卢象升之园),相去尺咫,方临津置院时,议建国山书院,迁延未就(知县高长绅兴临津书院同时创捐,捐赀已集,因兵荒未及举行),迟之二十年踵议兴筑,半载落成(祀前朝张主事纳陛、何侍郎亚、卢尚书象升)。"⑤光绪十三年(1887)里人徐泽霖《国山书院碑记》云:"经始于己卯仲秋,落成于光绪辛巳夏,越两年而竣。因绌于课赀,延至光绪丙戌,薛公祖奎五莅任,捐资兴学出示上谕,

① 施惠、钱志澄修,吴景墙等纂:光绪《宜荆新志》卷四《学校》,《中国地方志集成·江苏府县志辑 40》,江苏古籍出版社 1991 年版,第 108 页。
② 陈善谟、祖福广修,周志靖纂:光宣《宜荆续志》卷二《书院》,《中国地方志集成·江苏府县志辑 40》,江苏古籍出版社 1991 年版,第 392 页。
③ 施惠、钱志澄修,吴景墙等纂:光绪《宜荆新志》卷四《学校》,《中国地方志集成·江苏府县志辑 40》,江苏古籍出版社 1991 年版,第 108 页。
④ 陈善谟、祖福广修,周志靖纂:光宣《宜荆续志》卷二《书院》,《中国地方志集成·江苏府县志辑 40》,江苏古籍出版社 1991 年版,第 392 页。
⑤ 施惠、钱志澄修,吴景墙等纂:光绪《宜荆新志》卷四《学校》,《中国地方志集成·江苏府县志辑 40》,江苏古籍出版社 1991 年版,第 107 页。

始得甄别取汰。迄今堂构聿新,规模整肃。"光宣《宜荆续志》:"张渚镇国山书院、杨巷镇鹅西书院,宣统三年以前仍旧。"①

6. 江阴南菁书院。详见本章第四节。

7. 宜兴漏南书院。光绪《宜荆新志》:"自和桥而迤西,又有漏南书社,屋虽未建,而月课文士,蒸蒸日上。"②光宣《宜荆续志》:"高塍镇漏南书院,光绪初年里人邵继尧、邵子铿、王有谟倡捐巨款以漏阳书社改筑,陈德贤、邵乃冈经建,光绪十年(1884)竣工,三十二年(1906)改为漏南高等小学堂。"③

8. 江阴锦带书院。光绪二十三年(1897)里人建。光绪《江阴县志》:"在顾山,山故有梁昭明太子读书楼,知县蔡澍旁构院舍五楹,署曰锦带,因太子有十二月锦带书,用以志美也。"④民国《江阴县续志》:"锦带书院在顾山镇,锦带命名之义已见前志,向无生童肄业,同治后,由里人设立文社,沿用锦带之名,至光绪二十三年(1897)禀县立案改为书院,以文社旧有款产并拨入草子捐项为经费,定期举课外,又集捐购置经史百家及时务西学书籍,几一千五百卷,增设学社,备士子就院阅览。三十年(1904)改学堂。"⑤

## 九、徐州新建书院

徐州登瀛书院。民国《铜山县志》载:"在试院西,光绪二年(1876)知县蒋志拨建,原拨程子湖、花马张、境山三处湖地,共二十顷有奇,后因地形洼下,十年九灾,经费有名无实,旋废。三十三年(1907)改为崇

---

① 陈善谟、祖福广修,周志靖纂:光宣《宜荆续志》卷二《书院》,《中国地方志集成·江苏府县志辑 40》,江苏古籍出版社 1991 年版,第 392 页。

② 施惠、钱志澄修,吴景墙等纂:光绪《宜荆新志》卷四《学校》,《中国地方志集成·江苏府县志辑 40》,江苏古籍出版社 1991 年版,第 108 页。

③ 陈善谟、祖福广修,周志靖纂:光宣《宜荆续志》卷二《书院》,《中国地方志集成·江苏府县志辑 40》,江苏古籍出版社 1991 年版,第 392 页。

④ 卢思诚、冯寿镜修,季念贻、夏炜如纂:光绪《江阴县志》卷五《学校》,《中国地方志集成·江苏府县志辑 25》,江苏古籍出版社 1991 年版,第 191 页。

⑤ 陈思修,缪荃孙纂:民国《江阴县续志》卷六《学校》,《中国地方志集成·江苏府县志辑 26》,江苏古籍出版社 1991 年版,第 93 页。

实小学堂。"①

## 十、盐城新建书院

1. 盐城筑川书院。光绪八年(1882)里人沈增缨等以旧社学荡产建。盐城"新兴场旧有社学荡产,同治丙寅一案抵押殆尽,嗣沈增缨等清理收回,光绪八年建立书院,先后延曹昕、沈恩福主讲,民国二年,社产改归学产"②。

2. 盐城尚志书院。"光绪二十一年(1895),知县刘崇熙创,地址在义井街。先后主讲者为邑人陈玉澍、山阳徐嘉、大兴王宗炎,兼课生徒,以经史、性理、时务之学,院中资给膏火,一时才俊之士多出其中。"③

## 十一、镇江新建书院

1. 镇江太平书院。扬子江中之太平洲(即今扬中市)与扬州的江都、甘泉,常州的武进,镇江的丹徒、丹阳接壤,同治五年(1866)六邑共建太平(洲)书院。其地今属镇江,故此书院亦列入镇江,然扬中无志乘,故采丹徒、泰兴二县志。

> 光绪《泰兴县志》:同治五年建。洲与扬之江甘、常之武进、镇之徒阳合境,六邑公建斯院,由巡道甄别,府县轮课。泰邑扬费,通计田滩塌地岸埂一千八百亩有奇。④
>
> 光绪《丹徒县志》:太平书院权设太平洲徒邑之龙王庙,同治五年郡守李仲良建。⑤
>
> 光绪《丹徒县志摭余》:太平书院在太平洲龙王庙。岁丙午,太

---

① 余家谟、章世嘉、王嘉铣、王开孚纂:民国《铜山县志》卷十六《学校考》,《中国地方志集成·江苏府县志辑 62》,江苏古籍出版社 1991 年版,第 248 页。

② 林懿均、李直夫修,胡应庚、陈钟凡纂:民国《续修盐城县志稿》卷七《教育》,《中国地方志集成·江苏府县志辑 59》,江苏古籍出版社 1991 年版,第 437 页。

③ 林懿均、李直夫修,胡应庚、陈钟凡纂:民国《续修盐城县志稿》卷七《教育》,《中国地方志集成·江苏府县志辑 59》,江苏古籍出版社 1991 年版,第 437 页。

④ 杨激云修,顾曾烜纂:光绪《泰兴县志》卷十三,《中国地方志集成·江苏府县志辑 51》,江苏古籍出版社 1991 年版,第 114 页。

⑤ 何绍章、冯寿镜修,吕耀斗等纂:光绪《丹徒县志》卷十九《学校》,《中国地方志集成·江苏府县志辑 29》,江苏古籍出版社 1991 年版,第 372 页。

平洲划分疆界改为太平厅,不隶徒邑。①

宣统《泰兴县志续》:光绪三十三年,设厅治,改隶太平厅。②

2. 句容华阳书院。此与句容城内之华阳书院不同。光绪《续纂句容县志》:"茅山华阳书院,光绪六年(1880)改茅山道士下宫为之,知县袁照题今额,尚未设课。"③ 又,"兵火后,茅山下之华阳书院,知县袁照一修之,未设课也"。④ 同治《续纂江宁府志》则云:"兵火后,茅山下之华阳书院尚存,亦未修。知县周公光斗创新书院以教士,自捐廉也。"⑤此三段记载颇为矛盾,按第一条,则光绪六年(1880)时,袁照新建之。按第二条,袁只是重修,非创建。按第三条,此书院旧时即有,同治四年(1865)尚存未修。且以第一条为准,定为新建。

3. 镇江培风书院。《丹徒县志摭余》:"在县署,光绪己丑(十五年,1889)邑令王芝兰创设,每月捐廉另增膏火,加课士子。士林爱戴公,上海人不倦四字扁额于署。"⑥

4. 镇江南濡学舍。光绪《丹徒县志摭余》:"在府署西偏,岁壬辰(十八年1892)郡守王仁堪创建,邑人鲍上傅董其事,常熟潘山长文熊掌教。"⑦柳诒徵先生按曰:"南濡学舍故址即今镇江中学。潘文熊兼为宝晋书院山长,宝晋课制艺,南濡讲经古,宝晋试前列者,得住南濡读书,月给膏火三千文。"⑧

---

① 李恩绶撰,李丙荣续辑:光绪《丹徒县志摭余》卷三《学校》,《江苏历代方志全书·镇江府部》第 21 册,凤凰出版社 2018 年版,第 288 页。

② 王元章修,金鈘纂:宣统《泰兴县志续》卷六《学校》,《中国地方志集成·江苏府县志辑 51》,江苏古籍出版社 1991 年版,第 323 页。

③ 张绍棠修,萧穆等纂:光绪《续纂句容县志》卷二上《学校》,《中国地方志集成·江苏府县志辑 35》,江苏古籍出版社 1991 年版,第 39 页。

④ 张绍棠修,萧穆等纂:光绪《续纂句容县志》卷三下《学校》,《中国地方志集成·江苏府县志辑 35》,江苏古籍出版社 1991 年版,第 77 页。

⑤ 蒋启勋、赵佑长修,汪士铎等纂:同治《续纂江宁府志》卷五《学校》,《中国地方志集成·江苏府县志辑 2》,江苏古籍出版社 1991 年版,第 48 页。

⑥ 李恩绶撰,李丙荣续辑:光绪《丹徒县志摭余》卷三《学校》,《江苏历代方志全书·镇江府部》第 21 册,凤凰出版社 2018 年版,第 288 页。

⑦ 李恩绶撰,李丙荣续辑:光绪《丹徒县志摭余》卷三《学校》,《江苏历代方志全书·镇江府部》第 21 册,凤凰出版社 2018 年版,第 288 页。

⑧ 柳诒徵:《江苏书院志初稿》,赵法生、薛正兴主编:《中国历代书院志》第 1 册,江苏教育出版社 1995 年版,第 77 页。

5. 丹阳蒙城书院。民国《丹阳县志补遗》："在东乡吕城镇,其地为同仁堂、养正义塾、培风书屋故址。光绪二十六年(1900)邑人荆国霖等呈明知县刘炳青准,以本镇充公木植修建,二十八年(1902)落成开课,三十一年(1905)改设学堂。"①

6. 镇江敷文书院。《丹徒县志摭余》："在旗营将军署后,与昭忠、节孝等祠比邻,将军穆腾阿创设,杨履泰春元、袁善颜振复诸山长掌教。"②按穆腾阿(1824—1884)为八旗驻防江宁将军,此书院具体创建时间不详。

# 第三节　同光时期江苏各市重建书院

## 一、常州重建书院

1. 常州龙城书院。乾隆十九年(1754),知府宋楚望移建今先贤祠基,咸丰十年(1860),先贤祠毁,同治四年(1865)知府札克丹复建。具见前文,不赘引。至光绪二十七年(1901),曾任常州知府的有泰在《龙城书院课艺序》中载其办学宗旨为"远绍安定之绪,近师文达之规,设经古精舍,导源于经史词章,别设致用精舍,博习乎舆地算学,延请江阴缪太史筱珊、金匮华拔贡若溪两先生分主讲席,招致生徒,肄业其中,广置图籍,优予膏火。日有程,月有课,甚盛事也"。其中缪荃孙乃著名学者,而华若溪乃数学家。

2. 常州道南书院。前述道光间,因武进阳湖新塘乡雪堰桥(今武进雪堰镇)有龟山,或以为有杨时旧宅,里人遂建道南书院祭祀之。后毁于兵燹。同治八年(1869),新塘、迎春、太平三邑民众申请重建。详见前文,此不赘引。

---

① 孙国钧、周桂荣等纂:民国《丹阳县志补遗》卷七《学校》,《中国地方志集成·江苏府县志辑 31》,江苏古籍出版社 1991 年版,第 627 页。

② 李恩绶撰、李丙荣续辑:光绪《丹徒县志摭余》卷三《学校》,《江苏历代方志全书·镇江府部》第 21 册,凤凰出版社 2018 年版,第 288 页。

3. 常州金沙书院。乾隆五十年（1785）建，咸丰十年（1860）毁，同治六年（1867）邑人袁昶移建，光绪二十八年（1902）改为小学，详见前文，不赘引。

4. 常州溪南书院。嘉庆年间邑人建，光绪四年（1878），武进知县鹿伯元重兴。具见前文，此不赘引。

5. 常州青山书院。武进张、赵两姓合办青山书院，始建于乾隆三十九年（1774），次年竣工，延请名师，教两族子弟学作科举时文，后毁于太平天国兵燹，光绪十四年（1888）重建，详见前文，不赘引。

## 二、淮安重建书院

1. 淮安崇实书院。光绪《淮安府志》："旧崇实书院在禹王台西，咸丰十年（1860）毁。重建崇实书院在运河北岸海神庙西，同治元年（1862），漕运总督吴棠置。"①民国《续纂清河县志》："光绪二十七年（1901）废，时交试帖肄业生童改试策论，三十二年（1906）停止课士。"②

2. 盱眙敬一书院。咸丰毁，同治三年（1864），邑绅吴棠重建，见前文，不赘引。

3. 淮安奎文书院。前述乾隆初兴建之惜阴书院，嘉庆间改名奎文，咸丰中，毁于乱，同治《山阳县志》载："（在）城西北隅。同治三年（1864）知府顾思尧自联城移建，厅堂号舍百余间。"③光绪《淮安府志》又载："肄业生内课二十名，外课十名，肄业童内、外课各十五名。"④《续纂山阳县志》："奎文课额，光绪七年（1881）知府孙云锦筹款增加，并每月在院肩试。肄业生正、副课各二十名，肄业童正、副课亦如之。又，生童

① 孙云锦修，吴昆田、高延第纂：光绪《淮安府志》卷二十一《学校》，《中国地方志集成·江苏府县志辑54》，江苏古籍出版社1991年版，第302页。
② 刘坛寿等修，范冕纂：民国《续纂清河县志》卷五《学校》，《中国地方志集成·江苏府县志辑54》，江苏古籍出版社1991年版，第1123页。
③ 张兆栋、文彬修，丁晏、何绍基等纂：同治《重修山阳县志》卷八《学校》，《江苏历代方志全书·淮安府部》第13册，凤凰出版社2018年版，第379页。
④ 孙云锦修，吴昆田、高延第纂：光绪《淮安府志》卷二十一《学校》，《中国地方志集成·江苏府县志辑54》，江苏古籍出版社1991年版，第298页。

随课前四十名,均给与膏火。"①

4. 淮安节孝书院。元代的节孝书院,明朝天顺、嘉靖重建,入清再建。同治《重修山阳县志》:"在节孝祠内,同治十年(1871)立,费由清淮同善局支给。"②光绪《淮安府志》:"绅士经理,规制类义学。"③

## 三、连云港重建书院

1. 连云港选青书院。道光二十六年(1846)赣榆知县彭荣诰等人建。咸丰毁,同治十二年(1873)重建。见前文,不赘引。

2. 连云港怀仁书院。赣榆旧有怀仁书院,位于西关之南,兴废不可考。乾隆六十年(1795),知县王城重建于南门大街之西,后圮。同治十三年(1874),知县吴启英重建于县治西南。见前文,不赘引。

3. 连云港新石室书院。"在旧书院西半里,知州吴增仅捐建。自科举废,改建中学。"④按吴增仅,生卒不详,盱眙人,光绪十一年(1885)拔贡。故此书院亦为光绪年间重建,具体未详。

## 四、南京重建书院

1. 南京学山书院。原高淳书院,道光八年(1828)高淳知县许心源重建,改名学山书院。咸丰间毁于战火,同治二年(1863)邑人重建。详见前文,不赘引。

2. 南京钟山书院。咸丰间毁于战火,同治三年(1864),曾国藩重建。详见前文,不赘引。

3. 南京凤池书院。咸丰间毁于战火,同治七年(1868),知府涂宗瀛乃购新廊民屋重建。详见前文,不赘引。

4. 南京惜阴书院。咸丰间毁于战火,同治七年(1868),李鸿章重

---

① 邱沅、王元章修,段朝瑞等纂:民国《续纂山阳县志》卷七《学校》,《中国地方志集成·江苏府县志辑54》,江苏古籍出版社 1991 年版,第 353 页。

② 张兆栋、孙云修,何绍基、丁晏等纂:同治《重修山阳县志》卷八《学校》,《中国地方志集成·江苏府县志辑 55》,江苏古籍出版社 1991 年版,第 127 页。

③ 孙云锦修,吴昆田、高延第纂:光绪《淮安府志》卷二十一《学校》,《中国地方志集成·江苏府县志辑54》,江苏古籍出版社 1991 年版,第 298 页。

④ 柳诒徵:《江苏书院志初稿》,赵法生、薛正兴主编:《中国历代书院志》第 1 册,江苏教育出版社 1995 年版,第 81 页。

建。详见前文。

5. 南京珠江书院。乾隆二十六年(1761)建,咸丰间毁于战火,同治年间恢复。详见前文,不赘引。

6. 南京同文书院。始建不详,咸丰间毁于战火,光绪二年(1876)恢复讲学,但屋宇未及全复。详见前文,不赘引。

## 五、苏州重建书院

1. 苏州正谊书院。嘉庆十年(1805年),两江总督铁保、江苏巡抚汪志伊建。咸丰十年,毁于兵。同治三年(1864),巡抚李鸿章收复苏州后,觅地重建。十二年(1873),巡抚张树声重建于旧地。具见前文,不赘引。"科举停废后,与紫阳书院田并归入学款处,开办中小各学堂。"①光绪二十七年(1901),清廷诏令各省城书院改大学堂,各府书院改中学堂,各州县书院改小学堂,并多设蒙养学堂。二十八年(1902),江苏巡抚聂缉规将正谊书院正式改为苏州府中学堂。后演为今苏州一中。

2. 苏州平江书院。前述乾隆二十七年(1762)知府李永书立平江书院,专课童生。咸丰十年(1860),毁于兵。同治六年(1867),知府蒯德模重建今所。具见前文,不赘引。

3. 苏州松陵书院。乾隆四年(1739)邑人汪涵光捐建。咸丰十年(1860)毁,同治六年(1867),知县沈锡华拨款重建,见前文,不赘引。

4. 常熟游文书院。雍正三年(1725),督粮副使杨本植建。咸丰十年(1860)毁。同治九年(1870)邑人陆续重建。见前文,不赘引。

5. 昆山玉山(玉峰)书院。乾隆八年(1743)昆山知县吴韬和新阳知县姚士林创建,名玉峰书院。二十三年(1758),知县康基田移今址,改为玉山书院。咸丰十年(1860)毁,同治九年(1870),新阳知县廖纶重建知止山房,改为朱孝定先生祠,十年(1871)蒋泰咸重建讲堂。具见前文,不赘引。民国《昆新两县续补合志》:"光绪二十九年(1903)遵省城紫阳书院新章,改名玉山校士馆,三十年(1904)暂设东区县高等小学

---

① 曹允源、李根源纂:民国《吴县志》卷二十七《书院》,《中国地方志集成·江苏府县志辑11》,江苏古籍出版社1991年版,第401页。

堂,三十三年(1907)开法政讲习所,宣统二年(1910)六月在内筹备县自治,旋设城自治等公所。"①

6. 苏州太湖书院。嘉庆二十一年(1816)同知罗琦建仰云书塾,咸丰十年(1860)毁,同治十一年(1872),同知朱守和重建,改今额。具见前文,不赘引。

7. 太仓安道书院。康熙二十五年(1686年),巡抚汤斌在太仓小北门建。道光十八年(1838)知州黄冕重建于城内三尖嘴。咸丰十年(1860)毁,同治八年(1869),署知州蒯德模改建。同治十二年(1873),知州吴承潞在海门桥西南陆世仪讲学处旧址建尊道书院,安道书院并入。详见前文,不赘引。

8. 苏州紫阳书院。前述紫阳书院,咸丰十年(1860)毁于战火。同治十三年(1874),巡抚张树声重建。光绪二十八年(1902),改称校士馆,科举停后,即开办为师范学堂。

9. 苏州文正院。南宋咸淳十年(1247),知县潜说友奏建范公祠以祀范仲淹。院址在吴县东北,禅兴寺桥西。元至正六年(1346),廉访佥事赵承禧、总管吴秉彝改祠为书院。屡兴废。咸丰十年(1860)毁,同治中重建。具见前文,不赘引。

10. 太仓娄东书院。乾隆十七年(1752),知州宋楚望、镇洋县知县冷时松建。咸丰十年(1860)毁。光绪二年(1876),知州吴承潞、知县谭明经重建。见前文,不赘引。

11. 常熟正修书院。乾隆二十八年(1763),令康基田既建琴川课院,后来又建五间书院于东乡,是为正修、梅里、智林、清水、海东。咸丰十年(1860)毁,光绪六年(1880),里人许垚集捐重修。具见前文,不赘引。

12. 苏州甫里书院。历兴废迁移,乾隆四十九年(1784)陆肇域移建虎丘山下塘。咸丰十年(1860)毁。光绪十五年(1889),甪直镇绅士沈国琛在鲁望祠畔重建,三十一年(1905),国琛次子改其为甫里公学。具见前文,不赘引。

---

① 连德英修,李传元纂:民国《昆新两县续补合志》卷二《学校》,《中国地方志集成·江苏府县志辑16》,江苏古籍出版社1991年版,第339页。

## 六、宿迁重建书院

沭阳怀文书院。前述重建之怀文书院，民国《沭阳县志》云："年久失修，遂多坍塌。同治十三年（1874），知县张光甲谕捐重修，后聘邑人王栩为主讲，每月命题课士评次甲乙给以膏奖。光绪二十七年（1901）知县高振声复购院西徐姓一宅以作避雨舍，是年奉上谕，各县书院均为小学堂，三十年（1904）知县叶元鋆改办为高等小学校。"[①]

## 七、泰州重建书院

兴化昭阳书院。前述昭阳书院已废，民国《续修兴化县志》："光绪二十五年（1899），知县谢元洪以海子池南放生庵荒庙无僧，详准改充昭阳书院，计屋二十八间，光绪二十九年（1903）邑人成占春等禀请改为昭阳学校，并将惜字局房屋六间划归校有。"[②]

## 八、无锡重建书院

1. 江阴礼延书院。前述暨阳书院，咸丰年间毁于战火，同治十一年（1872）重建，改名礼延书院，降为县级书院。具见前文，不赘引。

2. 宜兴临津书院。道光二十七年（1847）荆溪知县高长绅创建，位于徐舍镇，光绪十三年（1887）县令薛星辉重建，光绪三十年（1904）改办为临津高等小学堂。具见前文，不再赘引。

3. 宜兴宜荆试院。光宣《宜荆续志》："光绪十八年（1892），宜兴令万立钧、荆溪令薛星辉又于通真观巷书院（按，即旧阳羡书院）旧址，会绅重建宜荆试院，经年始峻。宏壮如昔，各费用皆由募集不动正项，银币至万三千一百余圆，钱千余缗。详见碑记。既成，岁科试两县令轮驻试士，与书院同，始臻完善。光绪二十九年（1903）改为宜荆经史学堂，

① 戴仁修，钱崇威纂：民国《重修沭阳县志》卷四《学校》，《中国地方志集成·江苏府县志辑57》，江苏古籍出版社1991年版，第99页。

② 李恭简修，魏儁、任乃赓纂：民国《续修兴化县志》卷五《学校》，《中国地方志集成·江苏府县志辑48》，江苏古籍出版社1991年版，第507页。

光绪三十二年（1906）又改为知新学堂。"①

## 九、徐州重建书院

沛县歌风书院。前述旧歌风书院在栖山镇，邑还旧治后，同治七年（1868）知县王荫福重建，光绪十年（1884）拟移建未果。同治《徐州府志》："同治五年（1866），江督曾国藩丈拨湖地一百二十顷岁收租息二千四百千为书院经费。七年（1868），知县王荫福在旧城南阡创建讲堂、大门各三间。十年（1871），知县许诵宣因其狭隘，复于旧城西阡购买民房三十二间，拟重修增建作为书院，以原造讲堂改作义塾。"②民国《沛县志》："同治十年（1871），知县许诵宣因其狭隘，复于城西购买民屋三十余间拟移重建，项绌中止。光绪十二年（1886），知县陆秉森将前院房舍改为文场，容坐千余人，规模略备。"③

## 十、盐城重建书院

1. 盐城崇文书院。道光二十八年（1848），伍祐场赵大使建。光绪初，场大使翟乐善改建于文庙西，二十八年（1902），场大使龙纳言重兴之。具见前文，不赘引。

2. 盐城表海书院。乾隆十二年（1747），知县黄垣创建。三十五年（1770），知县朱洛臣移建于县署后，光绪六年（1880），知县张振镶改建于文场。具见前文，不再赘引。

## 十一、扬州重建书院

1. 高邮珠湖——文台——珠湖书院。乾隆二十四年（1759），知州李涪德创建。四十九年（1784），绅士等捐城西民房呈请移建。咸丰二年（1852），知州魏源于文游台左改建文台书院。同治三年（1864），知州

---

① 陈善谟、祖福广修，周志靖纂：光宣《宜荆续志》卷二《书院》，《中国地方志集成·江苏府县志辑40》，江苏古籍出版社 1991 年版，第 391—392 页。

② 吴世熊、朱忻修，刘庠、方骏谟纂：同治《徐州府志》卷十五《学校》，《中国地方志集成·江苏府县志辑61》，江苏古籍出版社 1991 年版，第 461 页。

③ 于书云修，赵锡蕃纂：民国《沛县志》卷七《学校》，《中国地方志集成·江苏府县志辑63》，江苏古籍出版社 1991 年版，第 99 页。

马鸿翔复珠湖书院。具见前文,不再赘引。

2. 扬州广陵书院。光绪《增修甘泉县志》:"咸丰三年(1853),粤匪陷城,堂宇倾圮。同治四年(1865)知府孙恩寿重修,向课童生,自此兼课生监。"①康熙五十一年(1712),扬州知府赵宏煜在府治西建。乾隆二十五年(1760)改名竹西书院。乾隆四十六年(1781),知府恒豫重建,仍名广陵书院,邗江学舍并入。咸丰三年(1853)毁,同治四年(1865)重建。其堂宇倾圮,故虽言重修,类于重建。

3. 扬州安定书院。康熙元年(1662),盐使胡文学在扬州府治东北三元坊建安定书院,祭祀胡瑗。雍正十一年(1733),鹾使高斌、运使尹会一重建,后陆续增修。咸丰三年(1853)毁于太平天国兵燹。同治七年(1868),运司丁日昌重建于东关大街。具见前文,不再赘引。

4. 扬州梅花书院。咸丰毁,同治五年(1868)运司丁日昌以东关民宅暂复梅花、安定,七年觅地重建梅花,东关地归安定。

> 光绪《增修甘泉县志》:梅花书院,咸丰三年粤匪窜扬,夷为平地。同治五年建于东关街,疏理道巷口官房。七年,移建于左卫街入官民房,原地改为安定书院。②

> 钱振伦《移建安定书院记》:咸丰间,扬城迭次失陷,及收复,而故迹不可复问。同治五年,都转丁公议复安定、梅花两书院,权建于东关大街民舍。安定亦同时开课,而尚未得地。越二年,得宅于左卫街,梅花之名属焉。而东关之宅遂建为安定书院。③

光绪二十八年(1902)梅花书院改为尊古学堂,三十四年(1908)改为两淮师范学堂。

5. 仪征乐仪书院。乾隆三十三年(1768)知县卫晞骏创建。咸丰三年(1853)毁,光绪元年(1875)即旧址重建。具见前文,不赘引。

---

① 徐成敩等修,陈浩恩等纂:光绪《增修甘泉县志》卷六《学校》,《中国地方志集成·江苏府县志辑 43》,江苏古籍出版社 1991 年版,第 252 页。
② 徐成敩等修,陈浩恩等纂:光绪《增修甘泉县志》卷六《学校》,《中国地方志集成·江苏府县志辑 43》,江苏古籍出版社 1991 年版,第 251—252 页。
③ 徐成敩等修,陈浩恩等纂:光绪《增修甘泉县志》卷六《学校》,《中国地方志集成·江苏府县志辑 43》,江苏古籍出版社 1991 年版,第 251 页。

6. 扬州邗阳书院。道光四年(1824)邑人卞萃文、王豫等捐建。咸丰十年(1860)毁于兵燹,光绪年间里人尹德培、张守业重建。具见前文,不赘引。

## 十二、镇江重建书院

1. 镇江去思书院。光绪《丹徒县志》载:"在昭关下,滨江,康熙二十七年(1688)戊辰,邑绅徐诰武、笪重光、何金兰等为郡守高龙光建。咸丰三年(1853)毁,同治初改建于试院之西。"①

2. 句容华阳书院。前述明之华阳书院,至乾隆六年(1741),知县宋楚望重建。后毁于兵燹,同治四年(1865),知县周光斗易地于城西购民宅建书院,仍用旧名。后陆续修葺,光绪二十九年(1903)秋改句容官立第一高等小学堂。

> 光绪《续纂句容县志》:华阳书院旧在县治东北隅,督学试院之西,兵燹后圮废无存。同治四年,知县周光斗捐绅富购治西民房一所,前后五进,计三十余间,改为书院,仍沿华阳书院旧名。时虽有书院,未设课也。八年,知县龙寅绶履任,始行开课。九年,李公宝始定每月一课,超、特、上、中各四名。裘公辅又加超、特、上、中各一名,皆自捐廉给奖。光绪六年,知县袁照稍稍清厘旧时院田,谕院董黄辂等撙节办理。继莱阳张公沈清至,捐廉加奖,又增设小课。赵公受璋至,加奖倍之。迨武冈邓公炬来权邑篆,力为整顿,首捐俸银壹千两为之倡复,谕董骆文凤、张澍、田进道、张恩福等筹捐,绅富集成巨款,除修治讲堂、购买书籍存院外,余款存典生息,作津贴诸生膏火之资,并添设师课,聘请山长,又举在院之优于品学者为斋长,兼掌书籍。二十五年,皖桐张公绍棠宰斯邑,甫下车,即留心文教,除奖赏正课、师课外,复择尤加奖,其嘉惠士林至矣。今黄侯傅祁踵行之。②

---

① 何绍章、冯寿镜修,吕耀斗等纂:光绪《丹徒县志》卷十九《学校》,《中国地方志集成·江苏府县志辑29》,江苏古籍出版社1991年版,第372页。

② 张绍棠修,萧穆等纂:光绪《续纂句容县志》卷三下,《中国地方志集成·江苏府县志辑35》,江苏古籍出版社1991年版,第74—75页。

又,华阳书院旧在县治察院东,已圮,今移西门大街,同治四年购民房改建。光绪二十三年知县邓炬重加修葺。①

3. 镇江宝晋书院。乾隆二十八年(1763)知县贵中孚建。后毁于太平天国,光绪二年(1876)重建。具见前文。

# 第四节  本期重要书院之——江阴南菁书院

在江苏省书院的发展中,以江阴南菁书院为代表,预示着旧式书院完全可以走出一条自我演化与时俱进之新途。

## 一、创建过程

南菁为光绪九年(1883)学政黄体芳(1832—1899)创建,柳诒徵先生云,至"同光中,(暨阳)改名礼延,仅隶知县,与西郊、梁丰、锦带书院次比;而南菁书院代暨阳而兴,彬彬焉为人文渊薮"。② 民国《江阴县续志》云:"南菁书院在邑城内中街,本长江水师京口营游击署故址。光绪十年甲申(1884),江苏学政黄体芳捐廉议创"③。然张文虎《南菁书院记》"经始壬午之冬,落成癸未之秋"④,壬午为光绪八年(1882),癸未则为次年,且张氏落款亦为光绪九年(1883)。另范当世《南菁书院记》亦云"经始八年九月,成于九年六月"⑤。故创建当于九年。然民国《志》所记亦不无理由,因书院十年秋方正式开课。书院之名乃取自朱子《子游祠堂记》"南方之学,得其菁华"之义,意使来者不忘其初也。黄氏乃浙

---

① 张绍棠修,萧穆等纂:光绪《续纂句容县志》卷二上,《中国地方志集成·江苏府县志辑 35》,江苏古籍出版社 1991 年版,第 39 页。

② 柳诒徵:《江苏书院志初稿》,赵法生、薛正兴主编:《中国历代书院志》第 1 册,江苏教育出版社 1995 年版,第 65 页。

③ 陈思修,缪荃孙纂:民国《江阴县续志》卷六《学校》,《中国地方志集成·江苏府县志辑 26》,江苏古籍出版社 1991 年版,第 91—92 页。

④ 柳诒徵:《江苏书院志初稿》,赵法生、薛正兴主编:《中国历代书院志》第 1 册,江苏教育出版社 1995 年版,第 67 页。

⑤ 柳诒徵:《江苏书院志初稿》,赵法生、薛正兴主编:《中国历代书院志》第 1 册,江苏教育出版社 1995 年版,第 68 页。

江瑞安人,曾主讲诂经精舍,故仿其制创建南菁,另黄氏晚年曾主讲于南京文正书院。

## 二、硬件设施

其一,经费保障。书院创建、维系得到两江总督左宗棠的大力支持,"书院常年经费始以左宗棠捐集公款银二万两为大宗,易钱三万三千千文,分存常州府属八县各典中,月取息一分。后光绪十四年(1888),由苏松费学曾、姚文枏捐入横沙承佃之芦草滩地二万二十五亩,又由王先谦筹银六千八十八两零购,入郁姓承佃之二万二十五亩,连同接涨之白涂水滩九千四百四亩九分零,共滩四万九千四百四十五亩五分五厘。十五(1889)、十六(1890)两年复由费学曾、盛康、陈美棠、郑惇五等先后捐本邑小阴沙新滩九千六百十七亩二分二厘七毫,为课生宾兴之费。数年后产息日赢,历次加膏火,增斋舍,广住额,出入相抵,尚复有余,至二十四年(1898)续存各典之款几达二万千文。"①

其二,基建设备。书院"第一进三楹为头门,第二进三楹为讲堂。堂后东西相对,各七楹。第三进五楹,均为课生斋舍。第四进楼房五楹,楼上贮藏调取各省局刊书籍,中间神龛供郑、朱两先儒栗主,掌教率诸生朔望行礼,楼下为会客所。第五进五楹,为掌教住宅。第六进八楹,亦为斋舍。合前三斋编'德行道艺'四字,统四十四号。最后筑观星台一座,备诸生考察天文之用。未几拆去,增屋七楹,拟供黄学政长生位,黄力辞遂移奉郑、朱栗主于此……十四年(1888)杨颐继任,加意扩充增广住院额,改刊书局旧屋,添建斋舍十四楹,编列'礼乐诗书'四字,合前共八斋。"②

其三,师生福利。诸生膏火亦甚丰厚,"所取内课经二十名、古三十名,有经古并取者止作一名,余额则调取岁科两试连列三次一等者补之。每名每月给膏火钱五千文,以十个月计算(年底不归者,黄会优

---

① 陈思修,缪荃孙纂:民国《江阴县续志》卷六《学校》,《中国地方志集成・江苏府县志辑 26》,江苏古籍出版社 1991 年版,第 91—92 页。

② 陈思修,缪荃孙纂:民国《江阴县续志》卷六《学校》,《中国地方志集成・江苏府县志辑 26》,江苏古籍出版社 1991 年版,第 91 页。

给一月膏火，不由书院开销）。故经古月课亦每年各十次，第一名均优奖八千文，余以次递减。古较少于经，以课卷多十本也。院外应课名次列前者，一例给奖，但无膏火。四斋各设一长，别给膏火钱三千文"。"十四年（1888）……每生每月膏火增钱二千文，合前共七千文，斋长十千文，惟月课给奖仍旧。乡试年，内外课均发宾兴费，每名银元三枚（本年月课不满十次者不给）。十七年（1891）、二十年（1894），溥良、龙湛霖继任，溥循杨旧章，龙则于课生中择最优者为正斋长，次为副斋长，每月膏火正长二十四千文，副长十六千文，诸生亦增加三千文为十千文"。①

## 三、办学宗旨

民国《江阴县续志》云："是院专课经学、古学，以补救时艺之偏……此住院生为内课，余为外课，每年正月由学政分经、古两场甄别录取。经学则性理附焉，古学则天文、算学、舆地、史论附焉。"②张文虎《南菁书院崇祀汉高密郑氏、宋新安朱子栗主记》则详释之："南菁书院既成，黄公以为士多柄腹，既责以读书而使之自备，微特寒士不能也。乃檄江左右、浙江、湖南北、山东诸书局汇所刻书藏之中楼，而秩祀汉高密郑氏、宋新安朱子栗主焉。或曰：'汉儒之学训诂、名物，宋儒之学性命、义理，且两朝之儒亦众矣，何独祀两贤？'曰：'贤者著书启迪后人，各从其诣力所至，不能以己徇人，亦不能强人从己。且汉宋两朝著述之多，孰有如二贤者？今各路所调书咸备，于是有出于训诂、名物、性命、义理者乎？夫高密博极群书无论已，新安于百家杂说无不究其指归，晚年定仪礼经传通解，一以高密为主。然则其学已汇于同，而訾訾者犹强辨之，多见其不知量矣。'公于是以七月之吉，率在事诸人安位于藏书之楼而释奠焉。"③

① 陈思修，缪荃孙纂：民国《江阴县续志》卷六《学校》，《中国地方志集成·江苏府县志辑26》，江苏古籍出版社1991年版，第91—92页。
② 陈思修，缪荃孙纂：民国《江阴县续志》卷六《学校》，《中国地方志集成·江苏府县志辑26》，江苏古籍出版社1991年版，第91—92页。
③ 柳诒徵：《江苏书院志初稿》，载赵法生、薛正兴主编《中国历代书院志》第1册，江苏教育出版社1995年版，第67页。

此宗旨与前述之暨阳可谓一脉相承。后来南菁亦刻书，"十一年（1885），王先谦继任院课，均遵旧章，奏准在院中设局汇刊《皇清经解续编》，于院西长江水师协镇署故址建屋两进为刊书局。越两载全书告成，都一千四百三十卷，一万七千三百六十二板，体例一仿阮刻《皇清经解》；又刊《南菁丛书》一百四十四卷，《南菁札记》二十一卷，《南菁讲舍文集》六卷，藏板院中以惠艺林。"①后板毁兵火，荡然无遗。

南菁师生俱一时毓秀。"掌教提名：张文虎、黄以周、缪荃孙、林颐山、王亦曾、陈昌绅。"②柳诒徵先生云："张文虎以淹博之学开其端。黄以周、缪荃孙继之，分掌经、古，沾溉愈宏。院生传其学者，赵圣传、陈庆年，精博冠时，其他瑰异妍雅者尤伙云。"③前后出任之山长皆为一代学术名流，然则名师高徒，又培养出吴稚晖、白毓昆、陈玉树、唐文治、蒋维乔等大批后来活跃于晚清民国政、教、文、商界的学生。

## 四、改建学堂

南菁虽设于江阴，远离省城。但因其规格高，名师高弟辈出，办学效果极佳，故在江苏书院历史中影响较大。南菁书院可谓是我国书院自我演进以适应现代教育之典范，本可撷西方大学之长，存中土书院之真，创一伟岸之教育共同体，然在时代大潮裹挟下，泥沙俱下，竟被迫改制中断。光绪"二十三年（1897），瞿鸿禨继任，明年政府力图变法，命各省大小书院一律改为中西兼习之学堂，瞿以南菁虽在江阴县治，而入院肄业者乃全省人才所萃，奏请照省城书院例改办高等学堂"。④ 此是改制之始。《南菁书院大事记》载，二十七年（1901），各处书院多已改办学堂，学使李殿林乃奏改南菁高等学堂为江苏全省高等学堂，设学额百名，即以课生充之。当时学堂设政科、艺科两种：政科分经学、掌故

---

① 陈思修，缪荃孙纂：民国《江阴县续志》卷六《学校》，《中国地方志集成·江苏府县志辑 26》，江苏古籍出版社 1991 年版，第 91—92 页。

② 陈思修，缪荃孙纂：民国《江阴县续志》卷六《学校》，《中国地方志集成·江苏府县志辑 26》，江苏古籍出版社 1991 年版，第 91—92 页。

③ 柳诒徵：《江苏书院志初稿》，赵法生、薛正兴主编：《中国历代书院志》第 1 册，江苏教育出版社 1995 年版，第 68—69 页。

④ 陈思修，缪荃孙纂：民国《江阴县续志》卷六《学校》，《中国地方志集成·江苏府县志辑 26》，江苏古籍出版社 1991 年版，第 91—92 页。

等门,为必修科,专重日记,而无讲义;艺科分算学、理化、测量、东文四门,后增英文、法文,均许学生自行选择。次年,因《钦定学堂章程》公布,李学使重新核定课程,有所调整。① 后演为今之江苏省南菁高级中学。

# 第五节　本期重要书院之二——宜兴鹅西讲舍

本期书院,就其重要性而言,宜兴乡间一二小书院,为抵抗基督教而建,是书院生长之全新功能,亦是中国文化史上崭新事物,尤值注重。和桥镇鹅山书院前文已述,此处重点论述杨巷镇之鹅西讲舍。

## 一、创建目的

1858年,清政府被迫与列强签订《天津条约》,由此西方获得了进入内地的传教权。同年,基督教圣公会韦廉臣等即由上海进入苏州的常熟地区传教,此是苏南基督教进入之始。② 相比而言,明末天主教势力进入中国是实行上层路线,即通过交结士大夫之权贵显达直通庙堂,清末基督教则实施下层路线,在获得传教权后,深入城乡,稳扎稳打,建立教堂,以之为据点,慢慢渗透,与中国文化相摩荡。清廷对此无能为力,光绪二十三年(1897)十二月下谕"自西教开禁之后,教堂几遍天下,传教洋人相望于道,华民入教者亦日增月盛。地方官措置一有失当,则内忧外侮皆从此起,此诚治乱之关键"。③ 对于此种异质文化之侵入,民间与其矛盾异常激烈,1866年苏州发生了"还堂案",1868年常州发生了"反洋教揭帖案",1891年无锡等地发生了"长江教案"。④ 宜兴乡间

① 转引自陈谷嘉、邓洪波:《中国书院史资料》,浙江教育出版社1998年版,第22156—2157页。
② 姚兴富:《江苏基督教史》,社会科学文献出版社2018年版,第18页。
③《清实录》第57册《德宗实录》(六),光绪二十三年十二月,中华书局1987年版,第403页。
④ "还堂案"指1860年后在苏南涌现的大量传教士以旧堂被毁或被占,而又试图依靠条约索还教堂的案件。"反洋教揭帖案"指1868年常州士绅印刷、传播敌对基督教的揭贴案件。"长江教案"是1891年长江流域的流民谣言攻击基督教。详参陈佳:《晚清基督教传播的冲突与适应——基于1860—1911年苏南地方社会的考察》,苏州科技学院2015年硕士论文。

民众面对刺激,立即采取果断措施予以反制,兴建书院以对抗西式教会。

宜兴,古称荆邑、阳羡、义兴等,宋时避讳改宜兴,旧属常州府,清雍正四年(1726)析置荆溪县,民元(1912)恢复原建制,新中国成立后划属无锡。所谓鹅洲,亦是旧称之一,以邑内金鹅山命名。

太平天国运动结束后,江南渐渐恢复乱前状态,此时基督教会却悄然深入其腹地乡村。光绪《宜荆新志》载"宜兴之境,乡间素无书院,兵乱以后,袄祠建、异学鸣","离杨巷十里,天主邪徒自他邑来立祠传教,官不能禁"。[①] 古代波斯拜火教(琐罗亚斯德教)传入中国后被称为袄教,此处是借用此名来代称基督教,故所谓袄祠即指基督教堂。所谓"天主邪徒"指基督徒,按当时进入江南者当为基督新教,而非旧天主教。"自他邑来"可见当时基督教势力已蔓延甚广,地方政府势弱竟不能禁止。此是宜兴反教会书院创建之背景。

而乡人所可资藉者,有两股精神动力。

一是历代贤勇之正气。按宜兴为东吴、西晋际名臣周处故乡,其长子周玘三兴义兵平乱,朝廷因设义兴郡。光绪《宜荆新志》载:"杨巷镇界跨荆溪,西接溧阳,故㠭亭之城也。溯姚溪而北,吴文节尝居焉,锓板募金,闻者至今增气。"㠭亭城是东汉蒋澄封㠭亭侯时所筑,在滕上里,俗称城头池。[②] 澄父横,随刘秀讨赤眉有功,封浚遒侯,后受冤,诸子各散,澄、默隐居宜兴,冤释,分封㠭亭侯、云阳侯。吴文节即宋之吴师古,宜兴人,举进士,官至吏部尚书,谥文节。高宗绍兴中,秦桧决策主和,时枢密编修胡铨抗疏论之,坐贬,师古锓木(即雕版印刷)而传其疏,金人以千金募得之。秦桧命直秘阁王缙究实,因坐罪,编管袁州。宜兴最近之武德则是乡民反对太平天国

---

① 施惠、钱志澄修,吴景墙等纂:光绪《宜荆新志》卷四《学校》,《中国地方志集成·江苏府县志辑 40》,江苏古籍出版社 1991 年版,第 107—108 页。以下所引光绪《宜荆新志》,以及《新志》中吴协心所作之《鹅西讲舍记》,不再注明页码。

② 《宜荆新志·古迹遗址》:"㠭亭城,在今㠭亭乡杨巷镇。吴景墙曰:古者十里一亭,亭有长,汉承秦制,或为侯,封自㠭亭。至此皆古驿传之亭,非后世览胜之筑所并也。"施惠、钱志澄修,吴景墙等纂:光绪《宜荆新志》卷四《学校》,《中国地方志集成·江苏府县志辑 40》,江苏古籍出版社 1991 年版,第 320 页。

运动,"发贼之变,西乡先揭义旗,振臂一呼,从者如云,决腹断膑,奋不顾身"。

二是东林等书院所传下的讲学传统。明代宜兴与无锡均属常州府,其时东林讲学盛极一时,宜兴之明道、崇儒两书院为之羽翼,此见前文。故吴协心《记》云"吾邑自前代讲学并于东林,明季尚义彪炳史册,迄今二百余载",所以抵抗太平天国之英勇,"固地禀之秀劲,亦由讲学之烈久而未泯也"。

## 二、创建过程

其地点选择在杨巷镇。"杨巷镇为丞署所在",因此基督教堂相中此核心地段,于离此十里之地兴建教堂,故乡人在此设书院,一则有领导组织,二则与其短兵相接针锋相对。

其时间,依《记》中"皇上御极之七载……越五载",可定时间为同治十二年(1873)。

其过程,光绪《宜荆新志》载,为抵御异教,"爰创讲舍,题以鹅西,因鹅洲而名之。月吉(月初一)读法,课士其间,名虽殊实书院矣";"士绅议建讲舍,朔望讲圣谕,讲堂后进祀宋文节公吴师古。先是,宜兴知县施惠欲于官村立书院,谋议未就,至鹅西讲舍落成读法之后,即行课士。施令捐千缗为士子膏火"。吴协心《记》云:"皇上御极之七载,海氛靖、江表清,大吏念愚萌之未涤,浇风僻壤之或趋异教,令各州县于乡镇举读法之典,官绅士庶,月吉宣圣谕、明乡约。宜兴杨巷镇为丞署所在,初于庙宇行之,湫隘嚣纷,观听未肃。越五载,既依亢亭城故址立忠义祠,谋建讲舍于右。议甫,创助址者、输财者风从响应,两月而工竣,堂舍庭庑毕具,以宜兴有鹅州之名,而讲舍在极西也,名曰鹅西。落成之后,朔望将事以经艺及诗,课士于间。宜兴令施君惠捐奉钱千缗为多士膏火赀。"则可知,宜兴知县施惠欲立书院未就,后士绅为拒异教自行建成讲舍。

其功能甚多。一是月吉(初一)或朔望(初一、十五)宣圣谕、明乡约、读法。所谓"读法"源于《周官·地官司徒·州长》"正月之吉,各属其州之民而读法,以考其德行道艺而劝之,以纠其过恶而戒之",即宣讲法律条文以扶正祛邪。而所谓"宣圣谕"与"讲乡约"在清代是一体之事。[1]"乡约是明清政府治理基层与道德教化的制度之一。清代的乡约制度较之明代有很大的改变,不同于明代以乡约、保甲、社学、社仓为整体性的乡治系统,清代乡约的主要任务是宣讲圣谕,并成为一种定期的政治教育。清代江南地区的乡约所大多建于旌善亭、宗祠、乡校以及宗教性建筑寺观庙宇等公共建筑中。最迟至咸丰时期,江南地区乡约的主要职责还是宣讲圣谕、教化民众、旌别善恶,像乡约长力役化、乡约催科及'乡保化'色彩尚不突出,教化职能胜于行政职能。"[2]二是教学,由施令课士其中。三是祭祀先贤吴师古等。然此综合之目的,乃是强化本土文化以抵御基督教,其效果良好,"三邑之民靡然,乡风十年以来,无一人归异教者"。

## 三、创建意义

其一,主体。江苏书院之发展依创建主体可分为三种:一是少数文化精英创办,主要从事自由研究与教学;二是官方兴办之国民教育体系,指定纲要、教材与宗旨;三是乡间由村民兴办之书院,此标志书院已完全掌握群众,书院之主体业已置换,非达官贵人、文化英雄,而下行普及至寻常村陌,并由个体、从士人之特定集团拓展至整个社会,此意义尤其重大,平民之主体既立,则整体民族发动之能量自然非常巨大。

其二,功能。与宋代的讲学、祭祀、自修相比,宜兴乡间书院已具备

---

[1]《清会典事例》"讲约"条载:"凡直省州县乡村巨堡,及番寨土司地方,设立讲约处所,拣选老成者一人,以为约正,再择朴实谨守者三四人,以为直月,每月朔望,齐集耆老人等宣讲圣谕广训、钦定律条,务令明白讲解,家喻户晓。"其内容沿袭明代并于顺治九年(1653)正式颁布,共有六条:"孝顺父母、恭敬长上、和睦乡里、教训子孙、各安生理、无作非为。""十六年议准设立乡约,申请诚谕,原以开导愚氓,从前屡行申饬,恐有司视为故事,应严行各直省地方牧民之官,与父老子弟,实行讲究。钦颁六谕原文,本明白易晓,仍据旧址讲解,其乡约正副,不应以土豪仆隶奸胥蠹役充数,应会合乡人,公举六十以上,业经告给衣顶,行履无过德业素著之生员统摄,每遇朔望,申明诚谕,并旌别善恶实行,登记簿册,使之共相鼓舞。"康熙九年(1670)将圣谕扩展十六条:敦孝弟以重人伦、笃亲族以昭雍睦、和乡党以息争讼、重农桑以足衣食、尚节俭以惜财用、隆学校以端士习、黜异端以崇正学、讲法律以儆顽愚、明礼让以厚风俗、务本业以定民志、训子弟以禁非为、息诬告以全良善、诫匿逃以免株连、完钱粮以省催科、联保甲以弭盗贼、解仇忿以重身命。崑冈等修,刘启端等纂:《清会典事例》卷三百九十七《礼部·风教》续修四库全书第804册,第314页。

[2] 张海英:《清代江南地区的乡约》,《明清史评论》第二辑,中华书局2019年,第170—185页。

了祠堂、学校、基层议事厅、乡间俱乐部等多种政治的、社会的公共职能，甚至可以说，在某些程度上履行了基层政府的职能。陆桴亭曾将我国基层自治组织总结为保乡三约，社仓、乡约、保甲，分摄经济、政治、军事功能。就其中政治而言，宋之乡约为石破天惊无中生有之天才创造，而宜兴乡间书院则是在书院肌体中慢慢调整、扩充，方生长出这些公共职能。如果联系到前述南京高淳学山书院也拥有类似的公共职能，则可以看到这种基层书院公共职能的扩充，是一个普遍的、潜移默化的现象。而此现象之生成，也与宋以后皇权不下县之政权设置不能因应清末基层民间公共事务趋众此一变化极有关系，标志着在公共权力末稍未主动自县延伸至基层之前，民众所作出的创造性转化和创新性发展。

其三，文化。前文所述之书院，其在学术文化上不论理学心学、汉学宋学、古文今文，均是中国文化内部之互动，而鹅西讲舍已发展为中西文化之互动。与顶级精英全面变法、改革书院为学堂的立场不同，基层民众依然对数千年传统抱有极大之信心与景仰，以书院楔入抵抗基督文化入侵之前沿阵地。之所以破天荒地选择书院此一形式并自无至有迅速建成，是由于书院本身的文化、祭祀功能也具有超越时空的作用，可以此为基地，在中华文化大道统之下构建地方文化的小道统，以这些地方贤达所构成的民间小道统，借其戡乱安土、流芳百世的超越时空之精神，以书院实体面对教堂实体，以圣贤崇拜取代上帝崇拜，以道统信仰消解天堂信仰，由此针锋相对，教化百姓，对治基督教。此种孤勇，在江南腹地，由群众自发引燃，如火如荼，成为轰轰烈烈大时代的一帧剪影，然而最后亦不得不在全国书院改建学堂的圣旨声中熄灭，留下历史之一声长叹。

# 结　语

民初沈云《盛湖竹枝词》曰"松陵笠泽各东西，多少儿童上学齐。教育已更新气象，莫将书院旧名提"。此是描述彼时姑苏乡间盛泽镇的儿童去新式学堂上学的景象，令人无限神往。然而此诗也正是一首绝笔，因为在其轻快欢欣的氛围背后，隐藏着一段彼时轻言抛却、今日遗忘已久的千年文化——江苏书院史。

在正文部分，我们回顾了江苏书院是如何发生、发展、鼎盛、消亡的，并思考了其在我国文化史上的角色、作用、意义与影响，结语部分，则对今日江苏书院向何处去略作思考。

## 一、清末废书院之草率

今日重检书院，仿佛考古之揭开古墓，棺椁尸骸皆无所取，唯陪殉之不朽金玉，或以其制作之饕餮，或以其历史之深宏，或以其文化之精美，使人取诸深尘重泉之下，奉之国馆明堂之上。书院即如此金玉，其在我国文化史、教育史乃至政治史之地位极为重要，堪称点睛，但在清末却无奈殉葬于旧文明。清末书院之改制，可谓玉石俱焚。其实当时书院之形式完全可以保留，废科举，留书院是为最好之选择。

江苏书院于元、明、清三次衰落，都出于外部之力之截断，而非内部之原因。宋代书院至南宋时风生水起，却因元廷入主而被截断，明朝至崇祯复兴许多，士人对讲会亦有反思，书院内部明显具有自我更新生长之能力,却为清廷南下所截断。清末同治中兴,书院一时欣欣向荣,此时如能以我为主,学习西方学校之优点,完全可以完成书院之改造,使自由研学之精神继续发扬,而加以全新之内容,然又被废除呼声淹没,全盘阉割。

总之,江苏书院在清代随全国书院一起,因官学化而异常成熟,最终也因官学化而被废黜,是恶紫之夺朱也,然则松柏后凋,其可待乎!

而新式学堂效果又如何呢?后来梁启超即批评道:"夫一国之有公共教育也,所以养成将来之国民也,而今之言教育者何如?各省纷纷设学堂矣,而夫学堂之总办提调,大率皆最工于钻营奔竞、能仰承长吏鼻息之候补人员也;学堂之教员,大率皆八股名家弋窃甲第武断乡曲之巨绅也。其学生之往就学也,亦不过曰此时世妆耳,此终南径耳,与其从事于闭房退院之诗云子曰,如何从事于当时得令之 ABCD!考选入校,则张红然爆以示宠荣,资派游学,则苞苴请托以求中选。若此者,皆今日教育事业开宗明义第一章,而将来为一国教育之源泉者也。试问循此以往其所养成之人物,可以成一国国民之资格乎?可以任为将来一国之主人翁乎?可以立于今日民族主义竞争之潮涡乎?吾有以知其必不能也。"①由此可见,旧弊依然未能根除,旧日中国教育之病不在书院之形式亦明矣。

# 二、民国书院之复兴

故民国之后,多有学者对书院予以反思与复兴。

其一,理论之检讨。民国知识分子反思书院实则拥有极优秀之品质,不能随科举而轻易废除。如胡适认为书院的精神与当时教育界所倡导的道尔顿制极为相似,其总结古代书院的精神主要有三者,代表时代精神,讲学与议政,自修与研究。故其对废除书院相当不满,认为"书院之废,实在是吾中国一大不幸,一千年来学者的自动研究精神,将不

---

① 梁启超:《新民说》,《梁启超全集》,北京出版社 1999 年版,第 687 页。

复现于今日了。"①又如毛泽东早在 1921 年 8 月即以其远见卓识断言，"从前求学的地方在书院，书院废而为学校，世人便争毁书院，争誉学校，其实书院和学校各有其可毁，也各有其可誉。所谓可毁，在他的研究内容不对；书院研究的内容，就是八股等等干禄之具，这些只是一些玩物，那能算得上正当的学问"。而学校之弊，一则"师生间没有感情，先生抱一个金钱主义，学生抱一个文凭主义，交易而退，各得其所，什么施教受教，不过是一种商业行为罢了"；二则"用一种划一的机械的教授法和管理法去戕贼人性，人的资性各不相同，高才低能，悟解迥别，学校则全不管这些，只晓得用一种同样的东西去灌给你吃。人类为尊重人格，不应该说谁管理谁，学校乃袭专制皇帝的余威，蔑视学生的人格，公然将学生管理起来。自有划一的教授，而学生无完全的人性；自有机械的管理，而学生无完全的人格；这是学校最大的缺点，有心教育的人所万不能忽视的"；三则"是钟点过多，课程过繁，终日埋头于上课，几不知上课以外还有天地，学生往往神昏意怠，全不能用他们的心思为自动自发的研究"；其"坏的总根，在使学生立于被动，销磨个性，灭掉性灵，庸懦的随俗浮沉，高才的相与裹足"。相比而言，"书院形式上的坏处虽然也有，但上面所举学校的坏处，则都没有。一来，是师生的感情甚笃；二来，没有教授管理，但为精神往来，自由研究；三来，课程简而研讨周，可以优游暇豫，玩索有得。故从研究的形式一点说，书院比学校实在优胜得多。但是现代学校有一项特长，就是他研究的内容专用科学，或把科学的方式去研究哲学和文学，这一点则是书院所不及学校的。"故其目标，乃综二者之长，去二者之短："自修大学之所以为一种新制，就是录取古代书院的形式，纳入现代学校的内容，而为适合人性便利研究的一种特别组织。"②其实毛泽东所批判的书院缺点，确指清代官办书院，其所拥护者，恰是宋明儒所办之民间书院，其思其虑，对今天的学校教育和研究都有重要的指导意义。

其二，实践之继承。民国以后，新儒家创办了一系列书院。

① 胡适：《书院制史略》，《胡适文集》第 12 册，北京大学出版社 1998 年版，第 449 页。
② 毛泽东：《湖南自修大学创立宣言》，《新时代》第一卷第 1 号，1923 年，第 4 页。

一是纯粹的旧式书院。如1939年马一浮先生在四川乐山乌尤寺创"复性书院",取"学术人心所以分歧,皆由溺于所习而失之,复其性则然矣"之意。承古儒,延师长(聘熊十力为讲师)、制学规(一曰主敬为涵养之要者,二曰穷理为致知之要者,三曰博文为立事之要者,四曰笃行为进德之要者),以"六艺"(即《诗》《书》《礼》《乐》《易》《春秋》,也就是通常所说的"六经")教学,然由于生源师资偏少、经费不足,以及完全复古无法适应新时代要求等原因,不日而废。

二是合中西之长类书院。如1935年,张君劢先生在广州创办学海书院,冀在当时大学制度普遍地只重视知识之外,重拾古典书院"师生问学、道德相勉"的优良传统,以德智并重,重建民族文化。① 然由于涉入政治斗争而失败。1941年,梁漱溟先生在重庆创办勉仁书院,由熊十力主讲,其大旨亦与学海相类,后由于经费不足而告终。

作为民国书院复兴运动的尾声,1949年钱穆、唐君毅、张丕介等学者至香港创新亚书院,后牟宗三、徐复观等人亦加入,使之成为一方文化重镇。其宗旨在于"上溯宋明书院讲学精神,旁采西欧大学导师制度,以人文主义之教育宗旨,沟通世界中西文化,为人类和平社会幸福谋前途"。1963年,新亚书院与崇基学院和联合书院正式合并组成香港中文大学。

# 三、当代书院向何处去

由此亦可知,清末书院之改制,其实只是官学型学院之终结,而宋明儒式自由讲学之书院则在冬眠而已。其所代表的自由研究、仁智并进、师长相宜之精神一定会重回大地,书院亦必有复苏之日。

改革开放以来,书院重回社会与教育领域,迄今有公立学校内部设置书院者,有民办学校冠名书院者,也有民间私人创建书院者。则今日之新书院,在新的历史时期,其性质、功能如何定位,如何创造性转化、

---

① 张君劢:《书院制度之精神与学海书院之设立》,《新民月刊》(一卷),1935年,第7、8期。

创新性发展,以为中华文化复兴贡献力量,是一个漫长的探索与调适过程。就大的原则而言,于古,须全面继承传统书院自由研读、仁智并进、师生相宜等优点。于今,须与时俱进,民国以来的理论与实践业已证明,完全复古型书院不能因应新时代之发展,已丧失合法性,今日江苏书院须结合时代与地方特点,走出一条适合自身的发展道路。比如,在现代学校体系内,可作为研究所存在,于师生、教学等方面自由灵活,以补现行学制森严刻板之弊,以培养通才。在社会层面,则可作为民间文化交流场所,以文会友,以友辅仁,以普及知识,增进道德。

如此一来,新型书院则极富价值。于基层社会大众而言,有利于推进民众道德建设,匡正人心,重建斯文。今日中国,部分民众道德蔽败。富不知礼,在上者有贪污腐化;贫而愤怨,在下者有暴戾蛮横。人心之症,似入膏肓。其形成原因与治疗方案众多,然传统书院仁智并进,高度重视民众道德培养正可对治之,"道之以德,齐之以礼,有耻且格",肯定要强过"道之以政,齐之以刑,民免而无耻"(《为政》),可绾带人心,使"民德归厚"(《学而》)。

于高层之文明对话而言,有利于强化文化主体性,推进与其他宗教、文化之间的和平、健康交流。今日世界文化可谓多元,众多世界性、地区性的文化风行中国,然则何以因应之?儒家一直认为"道并行而不悖",然须"和而不同"。那么在中国本有的儒释道等文化中,儒家自是主干,自当负有对话之责,而其他文化皆有自己之道场,如果儒家之道场——书院能够复兴,则可大力推动以儒家为中心的传统文化更好的发展,以与各大文化和平健康交流。

综之,新时代下新型书院之建立,正积极响应习近平总书记提出的"四个自信"特别是"文化自信"此一当代中国思想与文化自我认同的时代最强音,为中国文化之建设作出自身的贡献。

# 参考文献

## 一、古代典籍

### (一)史乘

(汉)班固:《汉书》,中华书局 1962 年版。

(南朝宋)范晔:《后汉书》,中华书局 1965 年版。

(宋)欧阳修:《新五代史》,中华书局 1974 年版。

(元)脱脱等:《宋史》,中华书局 1977 年版。

(元)马端临:《文献通考》,中华书局 1986 年版。

(明)宋濂等:《元史》,中华书局 1976 年版。

(明)雷礼、范守己、谭希思撰:《皇明大政纪》,《续修四库全书》第 354 册,上海古籍出版社 2002 年版。

《明太祖实录》,上海书店影印中研院校勘本 1982 年版。

《明神宗实录》卷四百八十三,上海书店影印中研院校勘本 1982 年版。

(清)柯劭忞:《新元史》,开明书店,1935 年版。

(清)张廷玉:《明史》,中华书局 1977 年版。

(清)赵尔巽等:《清史稿》,中华书局 1977 年版。

(清)钦定《续文献通考》,《四库全书》第 627 册,上海古籍出版社 1987 年版。

(清)夏燮:《明通鉴》,《续修四库全书》第 365 册,上海古籍出版社 2002 年版。

(清)昆冈等修,(清)刘启端等纂:《钦定大清会典事例》,《续修四库全书》第 804 册,上海古籍出版社 2002 年版。

（清）《清实录》第 6 册，《圣祖实录》，中华书局影印本 1985 年版。

（清）《清实录》第 9 册，《高宗实录》，中华书局影印本 1985 年版。

（清）《清实录》第 40 册，《文宗实录》，中华书局影印本 1985 年版。

（清）《世宗宪皇帝圣训》，《四库全书》第 412 册，上海古籍出版社 1987年版。

（清）《世宗宪皇帝上谕内阁》，《四库全书》第 414 册，上海古籍出版社 1987 年版。

（清）穆彰阿、潘锡恩等纂修：《大清一统志》，《续修四库全书》，第 614 册，上海古籍出版社 2002 年版。

（二）方志

（宋）马光祖修，（宋）周应合纂：景定《建康志》，《宋元方志丛刊》第 2 册，中华书局 1990 年版。

（宋）史能之：咸淳《毗陵志》，《宋元方志丛刊》第 3 册，中华书局 1990年版。

（宋）李心传：《建炎以来朝野杂记》，中华书局 2007 年版。

（宋）范成大：《吴郡志》，《宋元方志丛刊》第 1 册，中华书局 1990 年版。

（元）张铉：至正《金陵新志》，《宋元方志丛刊》第 6 册，中华书局 1990年版。

（元）俞希鲁编纂：至顺《镇江志》，江苏古籍出版社 1999 年版。

（明）盛仪：嘉靖《惟扬志》，《天一阁藏明代方志选刊》，上海书店 1963 年影印本。

（明）林云程、沈明臣：万历《通州志》，《天一阁藏明代方志选刊》，上海古籍书店 1963 年影印本。

（明）王僖征修，程文纂：弘治《句容县志》，《天一阁藏明代方志选刊》，上海古籍书店 1963 年影印本。

（明）张峰纂修：隆庆《海州志》，《天一阁藏明代方志选刊》，上海古籍书店 1962 年影印本。

（明）王治修，（明）马伟纂：嘉靖《沛县志》，《天一阁藏明代方志选刊续编》，上海书店 1990 年版。

（明）袁淮修，侯廷训等纂：《泗志备遗》，《江苏历代方志全书·直隶州（厅）部》第 51 册，凤凰出版社 2018 年版。

（明）何莘修，（明）梅守德、任子龙等纂：嘉靖《徐州志》，《江苏历代方志全书·徐州府部》第 2 册,凤凰出版社 2018 年版。

（明）姚应龙等纂修:万历《徐州志》,《江苏历代方志全书·徐州府部》第 3 册,凤凰出版社 2018 年版。

（明）张鼐等纂:《虞山书院志》,赵法生、薛正兴主编:《中国历代书院志》第 8 册,江苏教育出版社 1995 年版。

（明）王鏊:《姑苏志》,见（清）永瑢、纪昀等编纂:《四库全书》第 493 册,上海古籍出版社 1987 年版。

（清）吕燕昭修,（清）姚鼐纂:嘉庆《新修江宁府志》,《中国地方志集成·江苏府县志辑 1》,江苏古籍出版社 1991 年版。

（清）蒋启勋、赵佑长修,（清）汪士铎等纂:同治《续纂江宁府志》,《中国地方志集成·江苏府县志辑 2》,江苏古籍出版社 1991 年版。

（清）武念祖修,（清）陈道恒纂:道光《上元县志》,《中国地方志集成·江苏府县志辑 3》,江苏古籍出版社 1991 年版。

（清）莫祥芝、甘绍盘修,（清）汪士铎等纂:同治《上江两县志》,《中国地方志集成·江苏府县志辑 4》,江苏古籍出版社 1991 年版。

（清）叶滋森修,（清）褚翔等纂:光绪《靖江县志》,《中国地方志集成·江苏府县志辑 5》,江苏古籍出版社 1991 年版。

（清）侯宗海、夏锡宝纂:光绪《江浦埤乘》,《中国地方志集成·江苏府县志辑 5》,江苏古籍出版社 1991 年版。

（清）李铭皖、谭钧培修,（清）冯桂芬纂:同治《苏州府志》,《中国地方志集成·江苏府县志辑 7》,江苏古籍出版社 1991 年版。

（清）许治修,（清）沈德潜、顾诒禄纂:乾隆《元和县志》,《中国地方志集成·江苏府县志辑 14》,江苏古籍出版社 1991 年版。

（清）张鸿、来汝缘修,（清）王学浩等纂:道光《昆新两县志》,《中国地方志集成·江苏府县志辑 15》,江苏古籍出版社 1991 年版。

（清）金吴澜、李福沂修,（清）汪堃、朱成熙纂:光绪《昆新两县续修合志》,《中国地方志集成·江苏府县志辑 16》,江苏古籍出版社 1991 年版。

（清）陈㙹纕、丁正元修,（清）倪师孟、沈彤纂:乾隆《吴江县志》,《中国地方志集成·江苏府县志辑 19》,江苏古籍出版社 1991 年版。

（清）金福曾等修,熊其英等纂:光绪《吴江县续志》,《中国地方志集成·江苏府县志辑 20》,江苏古籍出版社 1991 年版。

（清）高士䥉、杨振藻修,（清）钱陆燦等纂:康熙《常熟县志》,《中国地方志集成·江苏府县志辑21》，江苏古籍出版社1991年版。

（清）郑钟祥、张瀛修，（清）庞鸿文等纂：光绪《常昭合志稿》，《中国地方志集成·江苏府县志辑22》，江苏古籍出版社1991年版。

（清）裴大中、倪咸生修，（清）秦缃业等纂：光绪《无锡金匮县志》，《中国地方志集成·江苏府县志辑24》，江苏古籍出版社1991年版。

（清）卢思诚、冯寿镜修，（清）季念诒、夏炜如纂：光绪《江阴县志》，《中国地方志集成·江苏府县志辑25》，江苏古籍出版社1991年版。

（清）高得贵修，（清）张九征等纂，朱霖等增纂：乾隆《镇江府志》，《中国地方志集成·江苏府县志辑27》，江苏古籍出版社1991年版。

（清）何绍章、冯寿镜修，（清）吕耀斗等纂：光绪《丹徒县志》，《中国地方志集成·江苏府县志辑29》，江苏古籍出版社1991年版。

（清）刘诰、凌焯等修，（清）徐锡麟、姜璘纂：光绪《重修丹阳县志》，《中国地方志集成·江苏府县志辑31》，江苏古籍出版社1991年版。

（清）李景峄、陈鸿寿修，（清）史炳、史津纂：嘉庆《溧阳县志》，《中国地方志集成·江苏府县志辑32》，江苏古籍出版社1991年版。

（清）朱畯修，（清）冯煦纂：光绪《溧阳县续志》，《中国地方志集成·江苏府县志辑32》，江苏古籍出版社1991年版。

（清）傅观光等修，（清）丁维诚纂：光绪《溧水县志》，《中国地方志集成·江苏府县志辑33》，江苏古籍出版社1991年版。

（清）曹袭先纂修：乾隆《句容县志》，《中国地方志集成·江苏府县志辑34》，江苏古籍出版社1991年版。

（清）张绍棠修，（清）萧穆等纂：光绪《续纂句容县志》，《中国地方志集成·江苏府县志辑35》，江苏古籍出版社1991年版。

（清）于琨修，（清）陈玉璂纂：康熙《常州府志》，《中国地方志集成·江苏府县志辑37》，江苏古籍出版社1991年版。

（清）王其淦、吴康寿修，（清）汤成烈等纂：光绪《武进阳湖县志》，《中国地方志集成·江苏府县志辑37》，江苏古籍出版社1991年版。

（清）庄毓铉、陆鼎翰纂修：光绪《武阳志余》，《中国地方志集成·江苏府县志辑38》，江苏古籍出版社1991年版。

（清）李先荣原本，（清）阮升基增修、宁楷等增纂：嘉庆《增修宜兴县旧志》，《中国地方志集成·江苏府县志辑39》，江苏古籍出版社1991年版。

（清）施惠、钱志澄修，（清）吴景墙等纂：光绪《宜荆新志》卷四《学校》，《中国地方志集成·江苏府县志辑 40》,江苏古籍出版社 1991 年版。

（清）阿克当阿修,（清）姚文田、江藩等纂:嘉庆《重修扬州府志》,《中国地方志集成·江苏府县志辑 41》,江苏古籍出版社 1991 年版。

（清）徐成敳等修,（清）陈浩恩等纂:光绪《增修甘泉县志》,《中国地方志集成·江苏府县志辑 43》,江苏古籍出版社 1991 年版。

（清）王检心修,（清）刘文淇、张安何纂:道光《重修仪征县志》,《中国地方志集成·江苏府县志辑 45》,江苏古籍出版社 1991 年版。

（清）杨宜仑修,（清）夏之蓉、沈之本纂:嘉庆《高邮州志》,《中国地方志集成·江苏府县志辑 46》,江苏古籍出版社 1991 年版。

（清）左辉春等纂修:道光《续增高邮州志》,《中国地方志集成·江苏府县志辑 46》,江苏古籍出版社 1991 年版。

（清）金元烺、龚定瀛修,（清）夏子鐊纂:光绪《再续高邮州志》,《中国地方志集成·江苏府县志辑 47》,江苏古籍出版社 1991 年版。

（清）梁园棣修,（清）郑之侨、赵彦俞纂:咸丰《重修兴化县志》,《中国地方志集成·江苏府县志辑 48》,江苏古籍出版社 1991 年版。

（清）王有庆等修,陈世镕等纂:道光《泰州志》,《中国地方志集成·江苏府县志辑 50》,江苏古籍出版社 1991 年版。

（清）杨激云修,顾曾烜纂:光绪《泰兴县志》,《中国地方志集成·江苏府县志辑 51》,江苏古籍出版社 1991 年版。

（清）梁悦馨、莫祥芝修,（清）季念诒、沈锽纂:光绪《通州直隶州志》,《中国地方志集成·江苏府县志辑 52》,江苏古籍出版社 1991 年版。

（清）刘文彻等修,周家禄等纂:光绪《海门厅图志》,《中国地方志集成·江苏府县志辑 53》,江苏古籍出版社 1991 年版。

（清）孙云锦修,（清）吴昆田、高延第纂:光绪《淮安府志》,《中国地方志集成·江苏府县志辑 54》,江苏古籍出版社 1991 年版。

（清）胡裕燕修,（清）吴昆田、鲁蕡纂:光绪丙子《清河县志》,《中国地方志集成·江苏府县志辑 55》,江苏古籍出版社 1991 年版。

（清）王锡元修,（清）高延第等纂:光绪《盱眙县志稿》,《中国地方志集成·江苏府县志辑 58》,江苏古籍出版社 1991 年版。

（清）刘崇照修,（清）陈玉树、龙继栋纂:光绪《盐城县志》,《中国地方志集成·江苏府县志辑 59》,江苏古籍出版社 1991 年版。

（清）焦忠祖、庞友兰纂:民国《阜宁县新志》,《中国地方志集成·江苏府县志辑 60》,江苏古籍出版社 1991 年版。

（清）周右修,（清）蔡复干等纂:嘉庆《东台县志》,《中国地方志集成·江苏府县志辑 60》,江苏古籍出版社 1991 年版。

（清）吴世熊、朱忻修,（清）刘庠、方骏谟纂:同治《徐州府志》,《中国地方志集成·江苏府县志辑 61》,江苏古籍出版社 1991 年版。

（清）于书云修,（清）赵锡蕃纂:民国《沛县志》,《中国地方志集成·江苏府县志辑 63》,江苏古籍出版社 1991 年版。

（清）董用威、马轶群修,（清）鲁一同纂:咸丰《邳州志》,《中国地方志集成·江苏府县志辑 63》,江苏古籍出版社 1991 年版。

（清）唐仲冕修,（清）汪梅鼎纂:嘉庆《海州直隶州志》,《中国地方志集成·江苏府县志辑 64》,江苏古籍出版社 1991 年版。

（清）侯昭瀛修,（清）丁显纂:光绪《睢宁县志稿》,《中国地方志集成·江苏府县志辑 65》,江苏古籍出版社 1991 年版。

（清）姚鸿杰等纂修:《丰县志》,《中国地方志集成·江苏府县志辑 65》,江苏古籍出版社 1991 年版。

（清）王豫熙修、（清）张謇等纂:光绪《赣榆县志》,《中国地方志集成·江苏府县志辑 65》,江苏古籍出版社 1991 年版。

（清）五格、黄湘纂修:乾隆《江都县志》,《中国地方志集成·江苏府县志辑 66》,江苏古籍出版社 1991 年版。

（清）王逢源修,李保泰纂:嘉庆《江都县续志》,《中国地方志集成·江苏府县志辑 66》,江苏古籍出版社 1991 年版。

（清）曹焯纂、（清）陆松龄增订:《沙头里志》,《中国地方志集成·乡镇志专辑》第 8 册,江苏古籍出版社 1992 年版。

（清）倪赐纂,（清）苏双翔补纂:《唐市志》,《中国地方志集成·乡镇志专辑》第 9 册,江苏古籍出版社 1992 年版。

（清）仲沈洙纂,（清）仲枢增纂,（清）仲周需再增纂:《盛湖志》,《中国地方志集成·乡镇志专辑》第 11 册,江苏古籍出版社 1992 年版。

（清）董醇纂:《甘棠小志》,《中国地方志集成·乡镇志专辑》第 16 册,江苏古籍出版社 1992 年版。

（清）陈开虞纂修:康熙《江宁府志》,《江苏历代方志全书·江宁府部》第 4 册,凤凰出版社 2018 年版。

（清）张绍棠修,（清）萧穆等纂:光绪《句容县志》,《江苏历代方志全书·江宁府部》第 3 册,凤凰出版社 2018 年版。

(清)孙琬、王德茂修,(清)李兆洛、周仪暐纂:道光《武进阳湖合志》,《江苏历代方志全书·常州府部》第 20 册,凤凰出版社 2018 年版。

(清)叶玉衢辑:《海安考古录》,《江苏历代方志全书·扬州府部》第 41 册,凤凰出版社 2018 年版。

(清)杨受廷、左元镇等修,(清)马汝舟、江大键纂:嘉庆《如皋县志》,《江苏历代方志全书·扬州府部》第 41 册,凤凰出版社 2018 年版。

(清)朱弘修,周洙等纂:康熙《盱眙县志》,《江苏历代方志全书·直隶州(厅)部》第 58 册,凤凰出版社 2018 年版。

(清)谢延庚修,刘寿曾纂:光绪《江都县续志》,《江苏历代方志全书·扬州府部》第 23 册,凤凰出版社 2018 年版。

(清)孟毓兰修,乔载繇等纂:道光《重修宝应县志》,《江苏历代方志全书·扬州府部》第 45 册,凤凰出版社 2018 年版。

(清)范仕义修,吴铠纂:道光《如皋县续志》,《江苏历代方志全书·直隶州(厅)部》第 42 册,凤凰出版社 2018 年版。

(清)李恩绶撰,李丙荣续辑:光绪《丹徒县志摭余》,《江苏历代方志全书·镇江府部》第 21 册,凤凰出版社 2018 年版。

(清)尹会、程梦星等纂修:雍正《扬州府志》,成文出版社 1976 年版。

(清)高嵂等增辑:《东林书院志》,赵法生、薛正兴主编:《中国历代书院志》第 7 册,江苏教育出版社 1995 年版。

(清)贵中孚编、(清)赵佑宸等续编:《宝晋书院志》,赵法生、薛正兴主编:《中国历代书院志》第 7 册,江苏教育出版社 1995 年版。

(清)汤椿年:《钟山书院志》,赵法生、薛正兴主编:《中国历代书院志》第 7 册,江苏教育出版社 1995 年版。

(清)黄之隽、赵弘恩:乾隆《江南通志》,《四库全书》第 509 册,上海古籍出版社 1987 年版。

曹允源、李根源纂:民国《吴县志》,《中国地方志集成·江苏府县志辑 11》,江苏古籍出版社 1991 年版。

连德英修,李传元纂:民国《昆新两县续补合志》,《中国地方志集成·江苏府县志辑 16》,江苏古籍出版社 1991 年版。

王祖畬纂:宣统《太仓州镇洋县志》,《中国地方志集成·江苏府县志辑 18》,江苏古籍出版社 1991 年版。

王祖畬纂:民国《镇洋县志》,《中国地方志集成·江苏府县志辑 19》,江苏古籍出版社 1991 年版。

陈思修,缪荃孙纂:民国《江阴县续志》,《中国地方志集成·江苏府县志辑 26》,江苏古籍出版社 1991 年版。

孙国钧、周桂荣等纂:民国《丹阳县志补遗》,《中国地方志集成·江苏府县志辑 31》,江苏古籍出版社 1991 年版。

冯煦等:民国《重修金坛县志》,《中国地方志集成·江苏府县志辑 33》,江苏古籍出版社 1991 年版。

刘春堂修,吴寿宽纂:民国《高淳县志》,《中国地方志集成·江苏府县志辑 34》,江苏古籍出版社 1991 年版。

陈善谟、祖福广修,周志靖纂:光宣《宜荆续志》,《中国地方志集成·江苏府县志辑 40》,江苏古籍出版社 1991 年版。

李恭简修,魏儁、任乃赓纂:民国《续修兴化县志》,《中国地方志集成·江苏府县志辑 48》,江苏古籍出版社 1991 年版。

戴邦桢、赵世荣修,冯煦、朱葆生纂:民国《宝应县志》,《中国地方志集成·江苏府县志辑 49》,江苏古籍出版社 1991 年版。

郑辅东修,王贻牟纂:民国《续纂泰州县志》,《中国地方志集成·江苏府县志辑 50》,江苏古籍出版社 1991 年版。

王元章修,金鉽纂:宣统《泰兴县志续》,《中国地方志集成·江苏府县志辑 51》,江苏古籍出版社 1991 年版。

邱沅、王元章修,段朝瑞等纂:民国《续纂山阳县志》,《中国地方志集成·江苏府县志辑 54》,江苏古籍出版社 1991 年版。

刘枟寿等修,范冕纂:民国《续纂清河县志》,《中国地方志集成·江苏府县志辑 55》,江苏古籍出版社 1991 年版。

戴仁修,钱崇威纂:民国《重修沭阳县志》,《中国地方志集成·江苏府县志辑 57》,江苏古籍出版社 1991 年版。

林懿均、李直夫修,胡应庚、陈钟凡纂:民国《续修盐城县志稿》,《中国地方志集成·江苏府县志辑 59》,江苏古籍出版社 1991 年版。

余家谟、章世嘉、王嘉铣、王开孚纂:民国《铜山县志》,《中国地方志集成·江苏府县志辑 62》,江苏古籍出版社 1991 年版。

窦鸿年:民国《邳志补》,《中国地方志集成·江苏府县志辑 63》,江苏古籍出版社 1991 年版。

钱祥保、桂邦杰等纂：民国《江都县续志》，《中国地方志集成·江苏府县志辑 67》，江苏古籍出版社 1991 年版。

李佩恩等修，张相文、王聿望等纂：(民国)《泗阳县志》，《江苏历代方志全书·淮安府部》第 21 册，凤凰出版社 2018 年版。

吴景贤：《安徽书院志》，赵法生、薛正兴主编：《中国历代书院志》第 1 册，江苏教育出版社 1995 年版。

（三）其他

(东汉)许慎：《说文解字》，中华书局 1963 年版。

(北魏)郦道元：《水经注》，《四库全书》第 573 册，上海古籍出版社 1987 年版。

(唐)李吉甫：《元和郡县志》，《四库全书》第 468 册，上海古籍出版社 1987 年版。

(宋)朱熹：《朱子全书》，上海古籍出版社、安徽教育出版社 2002 年版。

(宋)吕祖谦：《吕祖谦全集》，浙江古籍出版社 2008 年版。

(宋)张栻：《张栻集》，中华书局 2015 年版。

(宋)真德秀：《真文忠公读书记》，《四库全书》第 706 册，上海古籍出版社 1987 年版。

(宋)邵伯温：《邵氏闻见录》，中华书局 1983 年版。

(宋)欧阳修：《欧阳修全集》，中华书局 2001 年版。

(宋)陈傅良：《止斋集》，《四库全书》第 1150 册，上海古籍出版社 1987 年版。

(元)吴澄：《吴文正集》，《四库全书》第 1197 册，上海古籍出版社 1987 年版。

(元)欧阳玄：《圭斋文集》，《四库全书》第 1210 册，上海古籍出版社 1987 年版。

(元)郑元祐：《侨吴集》，《四库全书》第 1216 册，上海古籍出版社 1987 年版。

(元)程文海：《雪斋集》，《四库全书》第 1202 册，上海古籍出版社 1987 年版。

(元)苏天爵：《滋溪文稿》，《四库全书》第 1214 册，上海古籍出版社 1987 年版。

(元)程端学：《积斋集》，《四库全书》第 1212 册，上海古籍出版社 1987

年版。

（元）程端礼：《畏斋集》，《四库全书》第 1199 册，上海古籍出版社 1987 年版。

（元）陆文圭：《墙东类稿》，《四库全书》第 1194 册，上海古籍出版社 1987 年版。

（元）佚名：《庙学典礼》，《四库全书》第 648 册，上海古籍出版社 1987 年版。

（明）陈邦瞻：《元史纪事末本》，《四库全书》第 353 册，上海古籍出版社 1987 年版。

（明）宋濂：《文宪集》，《四库全书》第 1224 册，上海古籍出版社 1987 年版。

（明）凌迪知：万历《万姓统谱》，《四库全书》第 956 册，上海古籍出版社 1987 年版。

（明）李贤：《明一统志》，《四库全书》第 472 册，上海古籍出版社 1987 年版。

（明）王守仁：《王阳明全集》，上海古籍出版社 1992 年版。

（明）湛若水：《湛甘泉先生文集》，广西师范大学出版社 2014 年版。

（明）陆楫：《古今说海》，《四库全书》第 885 册，上海古籍出版社 1987 年版。

（明）陶安：《陶学士集》，《四库全书》第 1225 册，上海古籍出版社 1987 年版。

（明）朱谋垔：《画史会要》，《四库全书》第 816 册，上海古籍出版社 1987 年版。

（明）郑真：《荥阳外史集》，《四库全书》第 1234 册，上海古籍出版社 1987 年版。

（明）沈德符：《万历野获编》，中华书局 1959 年版。

（明）邵宝：《容春堂续集》，《四库全书》第 1258 册，上海古籍出版社 1987 年版。

（明）王艮：《王心斋全集》，江苏教育出版社 2001 年版。

（明）焦竑：《澹园集》，中华书局 1999 年版。

（明）郭汝霖：《石泉山房文集》，明万历郭氏家刻本。

（明）张居正：《新刻张太岳先生文集》，续修四库全书编纂委员会：《续修四库全书》第 1346 册，上海古籍出版社 2002 年版。

（明）李春芳：《李文定公贻安堂集》，明万历十七年(1589)山东巡抚李戴刊，清乾隆十五年(1750)裔孙李司年修版印本。

（明）顾宪成：《泾皋藏稿》，《四库全书》第1292册，上海古籍出版社1987年版。

（明）高攀龙：《高子遗书》，《四库全书》第1292册，上海古籍出版社1987年版。

（明）王夫之：《船山全书》，岳麓书社2008年版。

（明）马璘修，(清)杜琳等重修，李如枚等续修：《续纂淮关统志》：方志出版社2006年版。

（清）黄宗羲：《黄梨洲文集》，中华书局1959年版。

（清）陈鼎：《东林列传》，《四库全书》第458册，上海古籍出版社1987年版。

（清）蔡上翔：《王荆公年谱考略》，上海人民出版社1973年版。

（清）陈梦雷编纂，(清)蒋廷锡校订：《古今图书集成》第12册《方舆汇编·职方典》，中华书局、巴蜀书社1985年版。

（清）陈梦雷编纂，(清)蒋廷锡校订：《古今图书集成》第13册《方舆汇编·职方典》，中华书局、巴蜀书社1985年版。

（清）陈梦雷编纂，(清)蒋廷锡校订：《古今图书集成》第62册《理学汇编·学行典》，中华书局、巴蜀书社1985年版。

（清）陈梦雷编纂，(清)蒋廷锡校订：《古今图书集成》第66册《经济汇编·选举典》，中华书局、巴蜀书社1985年版。

（清）黄宗羲：《宋元学案》，中华书局1986年版。

（清）黄宗羲：《明儒学案》，中华书局2008年版。

（清）袁枚：《随园随笔》，《袁枚全集》第5册，江苏古籍出版社1993年版。

（清）彭定求：《南畇文稿》，清乾隆三十九年(1774)刻本。

（清）黄以周：《儆季杂著七种》，《史学略四》，清光绪年间刊本。

（清）石韫玉：《独学庐四稿》，《续修四库全书》第1466册，上海古籍出版社2002年版。

（清）陆心源辑：《宋史翼》：《续修四库全书》第311册，上海古籍出版社2002年版。

（清）顾禄：《桐桥倚棹录》，中华书局2008年版。

（清）段玉裁《说文解字注》，上海古籍出版社1981年版。

（清）朱骏声：《说文通训定声》，中华书局 1984 年版。

（清）毕沅：《续资治通鉴》，《续修四库全书》第 343—346 册，上海古籍出版社 2002 年版。

（清）金鳌：《金陵待征录》，台北成文出版社 1984 年影印本。

（清）朱彝尊：《日下旧闻》，见（清）永瑢、纪昀等编纂：《四库全书》第 497 册，上海古籍出版社 1987 年版。

（清）甘熙：《白下琐言》，南京出版社 2007 年版。

（清）李斗：《扬州画舫录》，《续修四库全书》第 733 册，上海古籍出版社 2002 年版。

（清）徐崧：《百城烟水》，江苏古籍出版社 1999 年版。

（清）卢文弨：《常郡八邑艺文志》，清光绪十六年刻本。

（清）陆世仪：《桴亭先生遗书》，《四库全书》第 724 册，上海古籍出版社 1987 年版。

（清）陆世仪：《桴亭先生文集》，《续修四库全书》第 1398 册，上海古籍出版社 2002 年版。

（清）吴伟业：《吴梅村全集》，上海古籍出版社 1990 年版。

（清）李元度：《国朝先正事略》，《续修四库全书》第 538 册，上海古籍出版社 2002 年版。

（清）钱仪吉：《碑传集》，中华书局 1993 年版。

（清）江藩：《国朝汉学师承记》，《续修四库全书》第 179 册，上海古籍出版社 2002 年版。

（清）陶澍：《陶文毅公全集》，《续修四库全书》1503 册，上海古籍出版社 2002 年版。

（清）顾祖禹：《读史方舆纪要》，中华书局 2005 年版。

（清）冯煦：《蒿盦类稿》，《近代中国史料丛刊》第 33 辑，文海出版社影印本 1969 年版。

（清）姚鼐：《惜抱轩文集》，《续修四库全书》第 1453 册，上海古籍出版社 2002 年版。

（清）魏源：《古微堂外集》，《续四库全书》第 1522 册，上海古籍出版社 2002 年版。

（清）吴昌绶：《定盦先生年谱》，《续修四库全书》第 557 册，上海古籍出版社 2002 年版。

（清）汪士铎：《汪梅村先生集》，《续修四库全书》第 1531 册，上海古籍出版社 2002 年版。

（清）顾云：《盋山志》，南京出版社 2009 年版。

（清）阮元：《儒林传稿》，《续修四库全书》第 537 册，上海古籍出版社 2002 年版。

## 二、近现代著述

白新良：《中国书院发展史》，天津大学出版社 1995 年版。

班书阁：《书院掌教考》，《女师院期刊》，1933 年第 2 期。

蔡春：《历代教育笔记资料》第四册《清代部分》，中国劳动出版社 1993 年版。

陈东原：《书院史略》，《学风》，1931 年第 9 期。

陈谷嘉、邓洪波：《中国书院制度研究》，浙江教育出版社 1997 年版。

陈谷嘉、邓洪波：《中国书院史资料》，浙江教育出版社 1998 年版。

陈鸿森：《王鸣盛年谱》，台湾"中央研究院"历史语言研究所集刊，1988 年版。

邓洪波：《中国书院史》，武汉大学出版社 2012 年增订版。

邓洪波：《中国书院学规》，湖南大学出版社 2000 年版。

邓洪波：《中国书院学规集成》，中西书局 2011 年版。

胡适：《书院制史略》，《胡适文集》第 12 册，北京大学出版社 1998 年版。

季啸风主编：《中国书院辞典》，浙江教育出版社 1996 年版。

江苏省地方志编纂委员会：《江苏省志·教育志》，江苏古籍出版社 2000 年版。

江苏省地方志编纂委员会：《江苏省志·水利志》，江苏古籍出版社 2001 年版。

句容市地方志办公室：《句容茅山志》，黄山书社 1998 年版。

康有为：《康有为全集》，中国人民大学出版社 2007 年版。

康有为：《康南海自编年谱》，中华书局 1992 年版。

李国钧、王炳照主编：《中国教育制度通史》，山东教育出版社 2004 年版。

李国均、王炳照、李才栋：《中国书院史》，湖南教育出版社 1994 年版。

梁启超：《中国近三百年学术史》（新校本），商务印书馆 2011 年版。

梁启超：《清代学术概论》，中国人民大学出版社 2004 年版。

梁启超:《论中国学术变迁之大势》,中国人民大学出版社 2004 年版。

柳诒徵:《国立中央大学国学图书馆小史》,国立中央大学图书馆,1928 年版。

柳诒徵:《江苏书院志初稿》,载赵法生、薛正兴主编《中国历代书院志》第 1 册,江苏教育出版社 1995 年版。

毛泽东:《湖南自修大学创立宣言》,《新时代》(第一卷)第 1 号,1923 年版。

冒广生:《淮关小志》,方志出版社 2006 年版。

牟宗三:《生命的学问》,三民文库 1997 年版。

钱穆:《中国近三百年学术史》,中华书局 1986 年版。

盛朗西:《中国书院制度》,《民国丛书》第三编第 54 册,上海书店 1991 年影印商务印书馆 1934 年版。

四川大学古籍整理研究所:《全宋文》,巴蜀书社 1993 年版。

王国维:《观堂集林》,河北教育出版社 2003 年版。

徐雁平:《清代东南书院与学术及文学》,安徽教育出版社 2007 年版。

杨国荣:《心学之思——王阳明哲学的阐释》,中国人民大学出版社 2009 年版。

杨国荣:《王学通论——从王阳明到熊十力》,华东师范大学出版社 2009 年版。

杨洪升:《缪荃孙研究》,上海古籍出版社 2008 年版。

杨新华、夏维中等:《南京历代碑刻集成》,上海书画出版社 2011 年版。

叶楚伧、柳诒徵主编,王焕镳主纂:《首都志》卷七《教育上》,《民国丛书》第 5 编第 76 册,正中书局 1937 年版影印。

于北山:《范成大年谱》,上海古籍出版社 1987 年版。

于浩辑:《宋明理学家年谱》,国家图书馆出版社 2005 年版。

余英时:《余英时文集》,广西师范大学出版社 2004 年版。

张君劢:《书院制度之精神与学海书院之建立》,《新民月刊》,1935 年第 7、8 期。

张舜徽:《清代扬州学记》,华中师范大学出版社 2005 年版。

章柳泉:《中国书院史话——宋元明清书院的演变及其内容》,教育科学出版社。

章太炎:《章太炎全集》,上海人民出版社 1984 年版。

中国史学会:《中国近代史资料丛刊·戊戌变法》,上海人民出版社 1957年版。

周可真:《顾炎武年谱》,苏州大学出版社 1998 年版。

朱军:《扬州书院与藏书家史话》,广陵书社 2012 年版,第 59—60 页。

# 后　记

　　书院是我国源远流长、生生不息、极具特色的文化共同体，江苏又素为书院大省，关于江苏书院之大著，前辈今贤珠玉在前，"深劳哀纂，殊用叹嘉"，晚学获此机缘，继貂献曝，诚惶诚恐，困思勉学，奋战三载，勉以成书，祈能不辱使命。

　　然而囿于晚学才力、时间、材料等多重原因，最后呈现还有诸多不足。如在义理提炼和行文表述方面，本欲使全文其形神、其理圆、其气和，然挂一漏万在所难免。又如在材料蒐集方面，因历史上的小书院特别是乡村书院不胜枚举，或散见于各乡镇志与文集、碑记，或者已湮没于历史之尘土，如光绪《常昭合志稿》言清代"今各乡如鹿苑塘桥等处亦各有小书院，已见镇志中，兹不重记"，[①]无法尽数搜检，故统计数据不能完全准确。这些问题，只有待师友与各界批评指正后再作修改。

　　最后要感谢江苏省社科院、江苏人民出版社的相关领导、专家、编辑以及评审专家对拙著的关心和指导，没有你们的付出，这本小书的完成是不可想象的。

---

① 郑钟祥、张瀛修，庞鸿文等纂：光绪《常昭合志稿》卷十四《学校》，《中国地方志集成·江苏府县志辑22》，江苏古籍出版社1991年版，第202页。